Hélène -

Mexique

Guatemala et Belize

Robert Freck/ODYSSEY

« Et lorsque nous vîmes tant de villes et villages habités... nous fûmes saisis d'admiration, et nous disions que ces choses semblaient nées par enchantement... et certains de nos soldats disaient même que ce qu'ils voyaient était sorti des rêves, et il ne faut pas s'étonner que j'écrive ici de cette manière, car il y a tant à célébrer en tout cela que je ne sais comment le rapporter : voir des choses jamais racontées, ni même rêvées, comme nous les voyions. »

Bernal Díaz de Castillo

Histoire véritable de la conquête de la Nouvelle-Espagne

MICHELIN
Editions des Voyages
46, avenue de Breteuil – 75324 Paris Cedex 07
☎ 01 45 66 12 34
www.ViaMichelin.fr
LeGuideVert@fr.michelin.com

Manufacture française des pneumatiques Michelin
Société en commandite par actions au capital de 304 000 000 EUR
Place des Carmes-Déchaux – 63 Clermont-Ferrand (France)
R.C.S. Clermont-Fd B 855 200 507

Dépôt légal mars 2001 – ISBN 2-06-000133-1 – ISSN 0293-9436
Printed in France 03-02/2.2

Compogravure : NORD COMPO, Villeneuve d'Ascq
Impression et brochage : I.M.E., Baume-les-Dames

Maquette de couverture extérieure : Agence Carré Noir à Paris 17e

LE GUIDE VERT, l'esprit de découverte

Avec cette nouvelle collection LE GUIDE VERT, nous avons l'ambition de faire de vos vacances des moments passionnants et mémorables, d'accompagner votre découverte de nouveaux horizons, bref... de vous faire partager notre passion du voyage.
Voyager avec LE GUIDE VERT, c'est être acteur de ses vacances, profiter pleinement de ce temps privilégié pour découvrir, s'enrichir, apprendre au contact direct du patrimoine culturel et de la nature.
Alors, plongez vite dans LE GUIDE VERT à la découverte de votre prochaine destination de voyage.
Partagez avec nous cette ouverture sur le monde qui donne au temps des vacances, son sens, sa substance et en définitive son véritable esprit.
L'esprit de découverte.

Jean-Michel DULIN
Rédacteur en Chef

Sommaire

Votre guide 8
Légende 9
Carte des principales curiosités 10
Itinéraires régionaux recommandés 15

Renseignements pratiques 17

Avant de partir 18
Transports 22
Hébergement 25
Le Mexique au quotidien 28
Découvrir le Mexique autrement 32
Principales manifestations 37
Lexique 39

Bienvenue au Mexique ! 41

Mexique : pays de l'inattendu 42
Géographie 43
Économie 46
Repères chronologiques 48
La présence indienne 54
Le Panthéon précolombien 60
Art et Architecture 61
Littérature 67
Cinéma 69
Musique et danses populaires 70
Traditions 71
Artisanat et gastronomie 73

Taxco – Église Ste-Prisca

Au marché dominical de Chichicastenango

Villes et sites 83

Mexique 84

Mexico 84

Centre historique 94 – Bois de Chapultepec 110 – Musée national d'Anthropologie 114 – Paseo de la Reforma 119– Quartiers Sud 124

Centre du Mexique 134

Cacaxtla-Xochitécatl 135 – Cholula 139 – Cuernavaca 141 – Malinalco 145 – Pachuca 146 – Puebla 149 – Querétaro 158 – Missions de la Sierra Gorda 162 – Teotihuacán 163 – Tepotzotlán 168 – Tlaxcala 169 – Toluca 173 – Tula 177 – Xochicalco 178

Centre-Ouest 180

Aguascalientes 181 – Guadalajara 184 – Guanajuato 191 – Manzanillo 199 – Puerto Vallarta 200 – San Miguel de Allende 201 – Tepic 204

Nord-Ouest 206

Chihuahua 207 – Chemin de fer Chihuahua-Pacifique 210 – Durango 213 – Hermosillo 214 – Mazatlán 215 – Paquimé 216

Presqu'île de Basse Californie 218

Basse-Californie 219 – Basse-Californie du Sud 226

Nord-Est 232

La Huasteca Potosina 233 – Monterrey 235 – Saltillo 240 – San Luis Potosí 242 – Tampico 246 – Zacatecas 247

Golfe du Mexique 254

El Tajín 255 – Veracruz 259 – Villahermosa 265 – Xalapa 268

Côte Pacifique 272

Acapulco 273 – Baies de Huatulco 276 – Mitla 278 – Monte Albán 280 – Morelia 283 – Oaxaca 289 – Palenque 300 – Pátzcuaro 303 – San Cristóbal de las Casas 308 – Taxco 313 – Tuxtla Gutiérrez 316 – Yaxchilán 318

Yucatán 320

Campeche 321 – Cancún 325 – Chetumal 328 – Chichén Itzá 330 – Mérida 336 – La route Puuc 344 – La route Río Bec 346 – Tulum 347 – Uxmal 350

Guatemala 355

Antigua 364 – Lac d'Atitlán 367 – Guatemala 370 – Quirigua 376 – Tikal 379

Belize 385

Belize City 392 – Belmopan 394 – District de Cayo 395 – Corozal Town 398 – Lamanai 398 – Les « cayes » septentrionaux 399 – Zone protégée du río Bravo 402 – La côte méridionale 403

Index 407

© Robert Frerck/ODYSSEY

Détail de l'église de Tonantzintla

© Robert Frerck/Odyssey

Le roi Pakal de Palenque

Cartographie

EN ÉVENTUEL COMPLÉMENT DU GUIDE VERT

Carte MICHELIN n° 493 États-Unis Ouest

– Carte de grand format à l'échelle 1/2 400 000 (1 cm = 24 km) fournissant une image du réseau routier de la frange Nord du Mexique.

Carte MICHELIN n° 930 USA Lieux touristiques – Parcs nationaux

– Carte à l'échelle 1/3 450 000 (1 cm = 34,5 km) donnant la trame du réseau routier principal des États-Unis et de celui de tout ou partie des États du Nord du Mexique (Basse-Californie, Sonora, Chihuahua, Coahuila, Durango, Nouveau-Léon, Tamaulipas).

Historic Urban Plans

Extrait de la carte du monde (1635)

INDEX DES CARTES ET DES PLANS

Principales curiosités 10
Itinéraires régionaux recommandés 15
Amplitudes thermiques au Mexique 21
Fuseaux horaires 29
Relief du Mexique 44-45
Régions culturelles de Méso-Amérique 57
États et régions du Mexique 74
Le Guatemala 358-359
Le Belize 388

Mexique

Schémas

Centre du Mexique 136-137
Cuernavaca : excursions 143
Puebla : excursions 154-155
Tlaxcala : excursions 172
Toluca : excursions 176
Chemin de fer Chihuahua-Pacifique 210
Baie d'Acapulco 275
Acapulco : excursions 276
Pátzcuaro : excursions 306
Mérida : excursions 341

Plans de villes

Mexico : agglomération 92-93
Mexico : centre historique 94-95
Mexico : Alameda/Madero et environs 104-105
Mexico : Coyoacán/Quartiers Sud 126-127
Puebla 151
Querétaro 159
Aguascalientes 183
Guadalajara 187
Guanajuato 192-193
San Miguel de Allende 203
Monterrey 236
San Luis Potosí 243
Zacatecas 249
Veracruz 262
Morelia 285
Oaxaca 291
Taxco 315
Campeche 322
Mérida 338

Sites et monuments

Mexico : Bois de Chapultepec 110
Mexico : Musée national d'Anthropologie 114
Teotihuacán 165
El Tajín 258
Monte Albán 281
Palenque 302
Chichén Itzá 332
Uxmal 352

Guatemala

Plans de villes

La Antigua Guatemala 367
Guatemala 373

Sites et monuments

Tikal 379

Votre guide

Ce guide a été conçu pour vous aider à tirer le meilleur parti de votre voyage en Amérique centrale. Il est présenté en trois grandes parties : **Mexique**, **Guatemala** et **Belize**, précédées de **Renseignements pratiques** et d'une **Introduction au voyage** présentant le Mexique. Une présentation de chacun des deux autres États est néanmoins assurée au début des parties qui leur sont consacrées.

- Les cartes des pages 10 à 15 vous aident à préparer votre voyage : la carte des **principales curiosités** situe les pôles d'intérêt les plus importants, et la carte des **itinéraires de visite** propose des circuits régionaux.

- Nous vous recommandons de lire, avant votre départ, les **Renseignements pratiques**, qui vous apporteront les informations indispensables pour entreprendre votre périple, et l'**Introduction au voyage**, qui vous propose une approche culturelle du Mexique.

- Le Mexique est présenté en neuf chapitres correspondant aux grandes régions géographiques du pays, alors que Guatemala et Belize forment chacun un chapitre indépendant. Chacun de ces chapitres décrit les principales villes et les grands sites archéologiques précolombiens de la région, répertoriés dans l'ordre alphabétique. Les localités et sites moins importants sont décrits en excursions à partir des plus conséquents. Dans tous les cas, les **conditions de visite** (adresses, horaires et tarifs) des sites et monuments figurent dans le texte qui leur est consacré. Lorsque les curiosités sont pourvues de capacités d'accueil propres, celles-ci sont signalées par les symboles 🅿 (stationnement), ✗ (restauration) et ⚠ (présence d'un terrain de camping).

Si vous avez des remarques ou des suggestions à faire, nous sommes à votre disposition sur notre site Web ou par courrier électronique :
www.ViaMichelin.fr
LeGuideVert@fr.michelin.com

Bon voyage !

Légende

★★★ **Vaut le voyage**

★★ **Mérite un détour**

★ **Intéressant**

Curiosités

Itinéraire décrit et son point de départ

Église, chapelle – Synagogue

Ville décrite

AZ B Localisation d'une curiosité sur le plan

Curiosités diverses

Mine – Grotte

Moulin à vent – Phare

Fort – Mission

Bâtiment décrit

Autre bâtiment

Petit bâtiment, statue

Fontaine – Ruines

Information touristique

Bateau – Épave

Panorama – Vue

Autres symboles

80 Autoroute fédérale (USA)

225 Route fédérale

180 Autre route

Transcanadienne

401 Autoroute canadienne

9 Autoroute fédérale mexicaine

Autoroute, pont

Péage, échangeur

Autoroute à chaussées séparées

Route principale, route secondaire

21 Distance en kilomètres

655 Col, altitude

△ 1917 Altitude

Aéroport – Aérodrome

Transport des voitures et des passagers

Transport des passagers

Chute – Barrage

Frontière

Limite d'état, limite de province

Vignoble

Grand axe de circulation

Voie à chaussées séparées

Rue à sens unique

Rue piétonne

Tunnel

Escalier – Porte

Pont mobile – Château d'eau

Parking – Bureau principal de poste

Université – Hôpital

Gare ferroviaire – Gare routière

Station de métro

Bonne adresse – Observatoire

Cimetière – Marais

Sports et loisirs

Téléphérique, télécabine

Chemin de fer touristique

Croisière – Port de plaisance

Surf – Windsurf

Plongée – Kayak

Ski de descente – Ski de fond

Stade – Golf

Parc floral, arboretum – Espace boisé

Réserve naturelle

Parc animalier, zoo

Sentier

Sentier balisé

Curiosités susceptibles de plaire aux enfants

Abréviation et symboles particuliers

PG Palais du Gouvernement

PM Hôtel de ville

PN Parc National

POL Bureaux de la Police

Site archéologique

Métro de Mexico

Marché couvert

Toilettes

Parking

Hippodrome

Sauf indication contraire, le Nord est toujours en haut sur les plans de ville et les cartes

Principales curiosités

VAUT LE VOYAGE ★★★

Mérite un détour ★★

Intéressant ★

Les noms de lieux en caractères noirs indiquent les villes et sites décrits dans ce guide (voir Index).

0 — 200 km

0 — 100 mi

De — in Deutsh
En — in English
Es — en Español
Fr — en Français
It — in Italiano
Ne — in het Nederlands
Po — em Português

CARTES DES EXCURSIONS FIGURANT DANS LE GUIDE

- A Chemin de fer Chihuahua-P
- B Cuernavaca
- C Mérida
- D Pátzcuaro
- E Puebla
- F Tlaxcala
- G Toluca

STATES OF AMERICA
Rio Grande
FORT WORTH
DALLA
CIUDAD JUÁREZ
Nuevo Casas Grandes
Brazos
Colorado
SAN ANTONIO
Río Grande
Río Bravo
Chihuahua ★
Concho
Piedras Negras
Nueces
Nuevo Laredo
Río Salado
Monclova
Fuerte
★★ Grutas de García
Matamoros
Torreón
Monterrey
Culiacán
★ Dunas de Bilbao
Parras de la Fuente
Saltillo
Conchos
Parque Natural El Tecuán
Durango ★
▲ Sierra de Órganos ★★
Copala
Concordia
Sombrerete
★ Real de Catorce
Matehuala
★★ Mazatlán
★ Alta Vista
Zacatecas ★★★
R. San Pedro
★ La Quemada
San Luis Potosí ★
Tampico
★ Aguascalientes
Ciudad Valles
Pánuco
★ Puerto de San Blas
Tepic
★ Lagos de Moreno
R. Grande del Santiago
★ Misiones de la Sierra Gorda ★
LEÓN
San Miguel de Allende ★★
★★★ Guanajuato
Poza Rica
★★ Puerto Vallarta
Irapuato
★★ Guadalajara
Querétaro ★★
Lerma
★★ Yuriria
Tula
Pachuca
El Taj
L. Chapala
★★ Cuitzeo
★★★ CIUDAD DE MÉXICO
Cuetzal
Nevado de Colima
★★★ Pátzcuaro
Tlaxcala ★
Libres
★ Barra de Navidad
Uruapan
★★ Morelia
Toluca
Acatzing
Colima
★ Cuernavaca
★ Manzanillo
Cuyutlán
★★★ Puebla
Córdo
★ Costa de Michoacán
★★★ Taxco
Balsas
Lázaro Cárdenas
★ Yanhuit
Teposcolula
★ Ixtapa/ Zihuatanejo
★★★ Oaxaca
cifique
★★ Acapulco
★★★ Monte Albán
Puerto Escondid
OCÉANO

Itinéraires régionaux recommandés

○ o Villes décrites dans le guide (voir index)

Liaison par bateau - liaison aérienne

Ville-étape possible

★★★Puebla Ville ou région avec plan ou carte dans le guide

1 **Baja California - Tijuana, Guerrero, Negro, La Paz, Los Cabos :**
10 jours - 2524km

2 **Chihuahua, Ciudad Juárez, Hermosillo :**
6 jours - 1840km et 14heures en train

3 **Zacatecas, Torreón, Monterrey, San Luis Potosí :**
8 jours - environ 1760km

4 **Zacatecas, Guadalajara, Mazatlán, Durango :**
13 jours - environ 1740km

5 **Guadalajara, Manzanillo, Puerto Vallarta :**
8 jours - environ 1250km

6 **Querétaro, Tampico, El Tajín :**
10 jours - environ 1690km

7 **Mexico City, Taxco, Acapulco, Morelia :**
14 jours - environ 1585km

8 **Querétaro, Zacatecas, Guanajuato, Morelia :**
16 jours - environ 1400km

9 **Puebla, Oaxaca, Veracruz, Cuetzalan :**
Puebla - Tlaxcala : 5 jours - 235km
Puebla - Veracruz : 6 jours - environ 600km
Puebla - Oaxaca : 9 jours - environ 900km

10 **Villahermosa, San Cristóbal de las Casas :**
7 jours - environ 1110km

11 **Yucatán-Mérida, Campeche, Chetumal, Cancún :**
15 jours - environ 1860km

La côte caraïbe au Sud de Tulum

Renseignements pratiques

Avant de partir

ADRESSES UTILES

Renseignements touristiques

Dans le pays de départ – Pour organiser son voyage, rassembler la documentation nécessaire, vérifier certaines informations, s'adresser en premier lieu à l'**Office de tourisme du Mexique** :
en **France** : 4, rue Notre-Dame des Victoires, 75002 **Paris**, ☎ 01 40 20 07 34, E-mél : *otmex@worldnet.fr*
au **Canada** : 1, place Ville Marie, suite 1931, **Montréal**, Québec H3B 2C3, ☎ (514) 871 11 03, E-mél : *turimex@cm.org*
ou 2 Bloor Street West, suite 1502, **Toronto**, Ontario M^{4}W 3^{E}2, ☎ (416) 925 27 53, E-mél : *mexto3@inforamp.net*
Faute de représentation touristique du Mexique en Belgique et en Suisse, on peut se tourner vers les services consulaires des ambassades du Mexique, voire vers les services d'information touristique installés dans d'autres pays :
– Office de tourisme du Mexique en **Allemagne** : Wiesenhüttenplatz 26, 60329 Frankfurt/Main, ☎ (49 69) 25 35 09, E-mél : *mexiconline@compuserve.com*
– section consulaire de l'ambassade du Mexique à **Bruxelles** : av. Franklin-Roosevelt 94, 1050 Bruxelles, ☎ (02) 629 07 77.
– consulat honoraire du Mexique à **Anvers** : Francis Wellesplein 1, 2018 Antwerpen, ☎ (03) 240 40 80.
– consulat honoraire du Mexique à **Gand** : Sint-Amandstraat 18, 9000 Gent, ☎ (09) 233 13 38.
– consulat honoraire du Mexique au **Grand-Duché de Luxembourg** : rue de Bragance 40, 1255 Luxembourg, ☎ (00352) 45 30 05.

Au Mexique – Le **Secrétariat du Tourisme (Sectur)**, av. Presidente Masaryk 172, P.B., colonia Polanco, C.P. 11587, México, D.F. ☎ 52 50 01 23 ou 52 50 01 51 et *www.mexico-travel.com* propose des informations sur les tarifs, l'hébergement et les visites guidées, ainsi que des brochures.

Chaque État mexicain a son office de tourisme propre.

Région 1 : Mexico

Distrito Federal	Amberes 54, planta baja, colonia Juárez, C.P. 06600, México, D.F. ☎ 55 25 93 80

Région 2 : Centre du Mexique

Hidalgo	Av. Revolución 1300, colonia Periodista, Pachuca, C.P. 042060, ☎ (7) 718 44 89 ou 718 39 37
État de Mexico	Av. Urawa 100, Pta. 110, colonia Izcalli Ipiem, Toluca C.P. 50150, ☎ (7) 219 51 90 ou 219 61 58
Morelos	Av. Morelos Sur 187, colonia Las Palmas, Cuernavaca, C.P. 62050, ☎ (7) 314 39 20 ou 314 38 72
Puebla	5 Oriente 3, colonia Centro, Puebla, C.P. 72000, ☎ (2) 246 20 44
Querétaro	Luis Pasteur Nte. 4, Centro Histórico, colonia Centro, Querétaro, C.P. 76000, ☎ (4) 212 14 12
Tlaxcala	Av. Juárez, angle de Lardizábal, derrière l'ancien Palais Législatif, Tlaxcala, C.P. 90000, ☎ (2) 4 62 00 27

Région 3 : Centre-Ouest

Aguascalientes	Plaza de la Patria, Palacio de Gobierno, planta baja, Aguascalientes, C.P. 20000, ☎ (4) 915 11 55 ou 916 03 47
Colima	Hidalgo 96, colonia Centro, Colima, C.P. 28000, ☎ (3) 313 75 40
Guanajuato	Plaza de la Paz 14, Guanajuato, C.P. 36000, ☎ (4) 732 82 75 ou 732 45 65
Jalisco	Morelos 102, Plaza Tapatía, Guadalajara, C.P. 44100, ☎ (3) 613 03 06, 668 16 00 ou (01 800) 363 22 00
Nayarit	Av. México y del Ejército Nacional, Ex Convento de la Cruz, Tepic, C.P. 63168, ☎ (3) 214 80 71 à 214 80 73

Région 4 : Nord-Ouest

Chihuahua	Libertad 1300, 1° piso, Palacio de Gobierno, Centro, Chihuahua, C.P. 31000, ☎ (1) 410 10 77 ou (01 800) 49 52 48
Durango	Florida 100, 2 piso, colonia Barrio del Calvario, Zona Centro, Durango, C.P. 34000, ☎ (1) 811 21 39 ou 811 11 07

Sinaloa	Av. Camarón Sábalo, esq. Tiburón 4, Edif. Banrural, 4° piso, Fracc. Sábalo Country Club, Mazatlán, C.P. 82110, ☎ (6) 916 51 60 à 65
Sonora	Centro de Gobierno, Comonfort y Paseo Canal, Ala Norte, 3er nivel, Hermosillo, C.P. 83280, ☎ (6) 217 00 44

Région 5 : Basse-Californie

Basse-Californie (Nord)	Paseo de los Héroes 10289, Zona Río, Edif. Nacional Financiera, 4° piso, Tijuana, C.P. 22320, ☎ (6) 634 30 85 ou 634 63 30
Basse-Californie du Sud	Carretera Norte, Km. 5,5, Edif. Fidepaz, Apdo. Postal 419, La Paz, C.P. 23090, ☎ (1) 124 01 00 ou 124 01 03

Région 6 : Nord-Est

Coahuila	Periférico Luis Echeverría Álvarez 1560, Edif. Torre Saltillo, 11e piso, Saltillo, C.P. 25286, ☎ (8) 415 17 14 ou 415 40 53 ou (01 800) 718 42 20
Nuevo León	Hidalgo 441, Ote., colonia Centro, Monterrey, C.P. 64000, ☎ (8) 345 08 70 ou 345 09 02
San Luis Potosí	Álvaro Obregón 520, colonia Centro, San Luis Potosí, C.P. 78000, ☎ (4) 812 99 06 ou 812 99 39
Tamaulipas	16 Rosales 272, Ote., colonia Centro, Cd. Victoria, C.P. 87000, ☎ (1) 312 70 02 ou 312 10 57
Zacatecas	Av. Hidalgo 403, 2° piso, Zacatecas, C.P. 98000, ☎ (4) 924 40 47 ou 922 34 26

Région 7 : Golfe du Mexique

Tabasco	Av. los Ríos, angle de calle 13, Tabasco 2000, Villahermosa, C.P. 86035, ☎ (9) 316 28 89 ou 316 36 33
Veracruz	Blvd. Cristóbal Colón 5, Frac. Jardines de las Ánimas, Xalapa, C.P. 91190, ☎ (2) 812 85 00, poste 127 ou (01 800) 712 66 66

Région 8 : Côte Pacifique

Chiapas	Blvd. Belisario Domínguez 950, Edif. Plaza de las Instituciones, planta baja., Tuxtla Gutiérrez, C.P. 29060, ☎ (9) 613 44 99 ou (01 800) 280 35
Guerrero	Costera Miguel Alemán 4455, Centro de Convenciones, Acapulco, C.P. 39850. ☎ (7) 484 44 16 ou 484 45 83
Michoacán	Nigromante 79, colonia Centro, Palacio Clavijero, Morelia, C.P. 58000, ☎ (4) 317 23 71
Oaxaca	Av. Independencia 607, angle de García Vigil, colonia Centro, Oaxaca, C.P. 68000, ☎ (9) 516 01 23 ou 516 48 28

Région 9 : Yucatán

Campeche	Av. Ruiz Cortínez, Plaza Moch-Couhuo, colonia Centro, Campeche, C.P. 24000, ☎ (9) 816 55 93 ou 816 73 64
Quintana Roo	Calz. del Centenario 622, colonia del Bosque, Chetumal, C.P. 77100, ☎ (9) 832 86 82
Yucatán	Calle 59, 514 (entre 62 et 64), colonia Centro, Mérida, C.P. 97000, ☎ (9) 924 92 90 ou 946 13 00

Ambassades et consulats

En France

Ambassade du Mexique : 9, rue de Longchamp, 75116 Paris, ☎ 01 53 70 27 70, E-mél : *embamex-francia@wanadoo.fr*

Consulat général : 4, rue Notre-Dame-des-Victoires, 75002 Paris, ☎ 01 42 86 56 20, E-mél : *consulmex.paris@wanadoo.fr*

En Belgique

Ambassade du Mexique : 94, avenue Franklin-Roosevelt, 1050 Bruxelles, ☎ (02) 629 07 77, E-mél : *embamexbel@pophost.eunet.be*

En Suisse

Ambassade du Mexique : Bernastrasse 57, 3005 Bern, ☎ (41 31) 351 18 75, E-mél : *embamex1@swissonline.ch*

Au Canada
Ambassade du Mexique : 45 O'Connor Street, Suite 1500, Ottawa, Ont. K1P 1A4, ☎ (613) 233 99 17, E-mél : *info@embamexcan.com*
Consulat général : 2055 Peel, Suite 1000, Montréal, P.Q., H3A 1V4 ☎ (514) 288 25 02, E-mél : *comexmt@consulmex.qc.ca*

Ambassades et consulats au Mexique – On trouve les ambassades et tous les consulats à Mexico. Certains consulats sont établis dans plusieurs États de la République. Pour en connaître les adresses et numéros de téléphone s'informer auprès des organismes ci-dessous.

France
Ambassade : Campos Elíseos 339, colonia Polanco, Delegación Miguel Hidalgo, C.P. 11560 México, D.F., ☎ 52 82 97 00, Internet : *www.emb-fr.org.mx*
Consulat général : La Fontaine 32, 11560 México, D.F., ☎ 52 82 98 40, Internet : *www.consul-fr.org.mx*

Belgique
Ambassade : Av. Alfredo Musset 41, colonia Polanco, 11550 México, D.F., ☎ 54 05 49 93, E-mél : *Mexico@diplobel.org*
D'autres représentations de la Belgique se trouvent à Cancún, Chihuahua, Guadalajara, Monterrey, Puebla et Tampico.

Suisse
Ambassade : Paseo de las Palmas 405, Torre Óptima, Piso 11, Lomas de Chapultepec, Delegación Miguel Hidalgo, 11000 México, D.F., ☎ 55 20 30 03.
Des agences consulaires suisses sont installées à Guadalajara, Mérida, Monterrey et Veracruz.

Canada
Ambassade : Schiller 529, Rincón del Bosque, colonia Polanco, Apdo. Postal 105-05, 11580 México, D.F., ☎ 57 24 79 00, Internet : *www.canada.org.mx*, E-mél : *d-mxico@dfait-maeci.gc.ca* et *embassy@canada.org.mx*
Des consulats du Canada sont implantés à Acapulco, Cancún, Guadalajara, Mazatlán, Monterrey, Oaxaca, Puerto Vallarta, San José del Cabo et Tijuana.

FORMALITÉS

Documents – Les **citoyens de l'UE et de Suisse** séjournant au Mexique pour moins de 90 jours, comme ceux du **Canada**, doivent être en possession d'un passeport en cours de validité expirant au moins 6 mois après la date du retour. C'est l'une des conditions exigées pour obtenir la **carte de touriste** (validité pouvant aller jusqu'à six mois) dont doit être muni tout visiteur souhaitant rester plus de 72 heures. Cette carte est délivrée par les consulats mexicains, les compagnies aériennes se rendant au Mexique ou l'Institut national de l'immigration (INM, Instituto Nacional de Migración) dans les ports d'entrée au Mexique. Si vous entrez au Mexique depuis le Guatemala et le Belize, vous obtiendrez en principe une carte de touriste d'une validité de 15 jours, validité qui peut être prolongée par un bureau de l'INM. Mais on vous demandera alors de présenter votre passeport et de justifier de ressources suffisantes pour ne pas devoir travailler sur place… Les mineurs (moins de 18 ans) voyageant seuls ou accompagnés d'un seul parent ou d'un tiers doivent être porteurs d'une autorisation signée des deux parents et légalisée par un notaire, d'une pièce d'identité et d'un certificat de naissance. Les cartes de touriste sont à remettre au service d'immigration à la sortie du pays.
Pour un **voyage d'affaires**, demander le visa pour hommes d'affaires (FM/3) ou le document d'immigration (FMVC), délivrés aux ressortissants belges, canadiens, français, luxembourgeois et suisses sur présentation entre autres d'un passeport valable au moins 6 mois après le retour du Mexique et d'une lettre de la société pour laquelle on travaille. Avant de voyager, demander à l'ambassade ou au consulat du Mexique le règlement d'immigration.

Vaccins et assurance médicale – Aucun **vaccin** n'est obligatoire, à l'exception toutefois des vaccins contre le choléra et la variole si l'on s'est rendu dans un pays contaminé deux semaines avant son voyage au Mexique. Un traitement contre le paludisme est cependant conseillé : si le risque est faible, on peut néanmoins contracter la maladie dans les régions chaudes en période de pluies.
Avant de partir, vérifier si son assurance couvre les urgences, les frais médicaux, les médicaments et l'hospitalisation pendant le voyage. Tout **médicament prescrit** doit obligatoirement figurer sur une ordonnance médicale, dont on doit avoir copie sur soi. Certaines compagnies d'assurances, par exemple celles des cartes de crédit, proposent des formules d'assistance pour les voyageurs (Europe Assistance pour Visa, Global Assistance pour American Express).

Douane – On peut introduire dans le pays des objets personnels, trois litres de boissons alcoolisées et 400 cigarettes ou 20 cigares (le porteur doit être majeur), ainsi que des cadeaux dont la valeur n'excède pas 300 USD. **Sont interdits** les drogues illégales, tous biens ou articles périssables, tous types de plantes. Pour le règlement relatif aux armes à feu et à l'exportation d'antiquités, se renseigner auprès de l'ambassade ou du consulat du Mexique. Les **pièces archéologiques** ne peuvent pas sortir du pays.

QUAND PARTIR ?

Climat – Le Mexique est situé entre les 14e et 32e parallèles, ce qui le place sous l'influence de deux bandes climatiques de l'hémisphère boréal, désertique au Nord, tropicale au Sud, avec des variations liées aux accidents du relief et à l'influence de l'air marin du Pacifique et du golfe du Mexique, qui induisent d'innombrables modifications dans le climat et la végétation. Le séjour y est ainsi agréable en toute saison. Sur la côte comme dans l'intérieur du pays, le climat est chaud ; la température moyenne annuelle est de 25-28 °C/77-82 F, avec des pointes à 38 °C/100 F, et même 41 °C/106 °F dans certaines parties de la côte comme le Yucatán. La zone tempérée se situe aux altitudes de 900-1 900 m avec 17-21 °C/62-70 °F. À partir d'une altitude de 2 000 m et plus, on enregistre des températures moyennes de 15-16 °C/59-60 °F. La **saison des pluies** se situe entre les mois de mai et d'octobre. L'hiver, d'octobre à janvier, est la meilleure saison sur la côte pacifique, avec des températures qui oscillent entre 24 et 31 °C/75-88 °F et une moyenne mensuelle des précipitations de 8 mm. Il en va de même pour la péninsule du Yucatán, avec des températures de 21 à 32° C/70-90°F et des précipitations de 80 à 200 mm.

La bonne période – Les périodes de plus grande affluence touristique sont la Semaine sainte, juin-juillet-août et décembre. Mais si vous le pouvez, choisissez de vous rendre au Mexique entre octobre et janvier si vous séjournez sur la côte pacifique ou au Yucatán, mars-avril et septembre-octobre si vous allez dans le Nord du pays.

Que prendre avec soi – Les vêtements en coton léger conviennent parfaitement, mais il faut prévoir un chandail léger pour le soir si vous séjournez sur les hautes terres. N'oubliez pas des chaussures de marche pour les visites des sites.

Décalage horaire – En période d'horaires dits d'hiver, la différence entre Berne, Bruxelles et Paris d'une part et Mexico d'autre part est de 7 heures. Lorsqu'il est midi dans les trois premières villes, il n'est que 5 h du matin à Mexico. Mais n'oubliez pas que le Mexique est lui-même couvert par quatre fuseaux horaires *(voir Fuseaux horaires, p. 29)*, et que cet écart sera donc différent selon que vous irez à Tijuana ou à Cancún...
Si vous venez de Montréal, vous n'aurez pas à souffrir du décalage horaire, la différence avec Mexico n'étant que de 1 heure en moins.

Taxes – Depuis juillet 1999, le visiteur étranger entrant au Mexique doit acquitter une « taxe touristique » de 150 MXP, comprise dans le prix du billet d'avion à destination du Mexique. Si l'on vient par la route, elle doit être acquittée à des postes de contrôle situés en deçà de la frontière, à la limite d'une bande frontalière exempte de cette taxe et large d'environ 25 km.

Législation sur la consommation d'alcool – L'âge légal pour consommer de l'alcool est 18 ans. Tous les types de boissons alcoolisées se vendent dans les magasins self-service et les *vinaterias*. Une loi d'interdiction de vente appelée « leyseca » s'applique pendant les fêtes nationales (notamment élections, fête du travail, 16 septembre), soit toute la journée, soit pendant quelques heures. Conduire en état d'ébriété est interdit.

Transports

COMMENT SE RENDRE AU MEXIQUE

En avion – Seuls l'aéroport de Roissy-Charles-de-Gaulle et l'aéroport Lester B. Pearson de Toronto sont reliés directement et quotidiennement à Mexico par des vols assurés par les compagnies Air France, AeroMéxico, Mexicana Airlines ou Air Canada (Canadien International). De Belgique et de Suisse, il est nécessaire le plus souvent de transiter par Londres, Madrid ou Miami. De Mexico, on peut ensuite gagner par des vols intérieurs les principales villes mexicaines.

Air France : 119, av. des Champs-Élysées, 75008 Paris (renseignements et réservations : ☎ 0 802 802 802).

AeroMéxico : 1, bd. de la Madeleine, 75001 Paris (☎ 0 800 423 091).

Mexicana Airlines : 2 Bloor Street West, Suite 1503, Toronto, Ontario M4W 3E2 (☎ (416) 967 68 18) ou 5757 bd Cavendish, Côte St. Luc, Montréal, Québec H4W 2W8 (☎ (514) 487 06 85).

Centre **Air Canada** : 50 rue Bay, Toronto, Ontario M^{3}J 2X3, ou C.P. 9000, Succursale Aéroport, Dorval, Québec H4Y 1C2.

Au Canada, on peut réserver et ramasser, selon l'expression canadienne, ses billets aux billetteries Air Canada suivantes, ouvertes du lundi au vendredi de 9 h à 17 h :
Montréal : 979, bd. de Maisonneuve Ouest et 777, rue De la Gauchetière Ouest ;
Ottawa : 275, Slater Street (rez-de-chaussée) ;
Toronto : 100, Front Street West, Royal York Hotel.

Au Mexique, la taxe d'aéroport est fréquemment modifiée ; elle est incluse dans le prix du billet par l'agence de voyages ou la compagnie aérienne.

En bateau – Certaines croisières dans la mer des Caraïbes ou le long de la côte pacifique, ayant pour origine des ports américains, font escale dans les principaux ports du Mexique. Si vous envisagez cette formule, contactez directement des agences de voyages.

En autocar – La compagnie américaine d'autobus **Greyhound** (☎ (1 800) 531 53 32) propose des liaisons au départ de toutes les grandes villes des États-Unis jusqu'à la frontière Nord du Mexique. Si, depuis les États-Unis, vous souhaitez faire une incursion en territoire mexicain par ce mode de locomotion, renseignez-vous auprès de l'agence Greyhound du Mexique, dans les gares routières ou au ☎ 56 69 12 87, 56 69 09 86 ou (01 800) 010 06 00 *(du lundi au vendredi de 8 h à 16 h).*

À la **frontière Sud**, une ligne d'autobus exploitée par Galgos franchit la frontière du Guatemala pour rejoindre Tapachula, au Chiapas. Une ligne d'autobus Batty Brothers Bus Service (☎ (501) 27 20 25) traverse la frontière du Belize et dessert Chetumal, au Quintana Roo. Pour plus d'**informations** et les **réservations**, contactez directement les compagnies mexicaines *(voir Se déplacer au Mexique).*

SE DÉPLACER AU MEXIQUE

En avion – Au Mexique, plusieurs compagnies aériennes desservent les villes principales. Certaines lignes aériennes proposent des forfaits ou des prix spéciaux. Pour plus de renseignements, contactez une agence de voyages. *Réserver pour la haute saison : Semaine sainte, juin à août et décembre.*

Compagnies aériennes	☎ Réservations
AeroMéxico	☎ 55 71 36 00
Mexicana	☎ 54 48 09 90
Aerolíneas Internacionales	☎ 55 43 12 23
AeroCalifornia	☎ 52 07 13 92
Taesa	☎ 52 27 07 00
Aviasca	☎ 54 48 89 00
Aeromar	☎ 56 27 02 07

En train – Le Mexique dispose d'un réseau de 25 000 km de voies ferrées qui couvre presque tout le pays. Pour toute réservation ou information sur les horaires, les itinéraires et les tarifs, contacter directement la **gare centrale de Buenavista**, Insurgentes Norte, colonia Buenavista, México D.F., C.P. 06358, ☎ 55 47 10 84. Les lignes les plus importantes sont celles de Chihuahua au Pacifique (Los Mochis), de Veracruz et de Mérida. Il n'est pas nécessaire de réserver pour voyager en **seconde classe** (avec toilettes). Les trains circulent tous les jours à partir de 6 h. Les prix varient suivant la destination et le type de service souhaité : « primera preferente », salon-cabine *(camarote)* ou chambre *(camarín)* pour 2 personnes, compartiment *(alcoba)* pour 4 personnes. La majorité des trains ne sont pas conçus pour le tourisme, mais depuis août 1999 une rénovation de tous les trains est en cours. *Pour le confort et la sécurité, on recommandera plutôt de voyager en autocar.*

En autocar – Le réseau d'autocars mexicain est bien développé et dessert presque toutes les localités du pays. La plupart des gens voyagent en autocar, car les tarifs sont raisonnables, les départs fréquents – y compris pour les lignes rapides – et les horaires généralement respectés. Les lignes d'autocars offrent les catégories suivantes : **Clase Ejecutiva** (avec siège individuel inclinable, téléviseur/vidéo, déjeuner, service de boissons et sanitaires), **Primera de Lujo** (avec climatisation, service de boissons, sanitaires, téléviseur/vidéo, stewards et sièges inclinables), **Primera Clase** (avec climatisation, sanitaires, téléviseur/vidéo et sièges inclinables), **Pullman** (avec climatisation et sanitaires) et **Clase Económica** (parfois avec climatisation et sanitaires). Les catégories de service varient selon les lignes et les destinations. Il est conseillé de réserver à l'avance. Pour renseignements et réservations, s'adresser aux gares routières.

Compagnies	États desservis à partir de Mexico	☎ Réservations
ADO **AU**	**Sud-Est du Mexique** : Chiapas, Oaxaca, Tabasco, Campeche, Yucatán et Quintana Roo	☎ 51 33 24 24
ETN	**Région du Bajío** : Querétaro, Aguascalientes, Guanajuato, Jalisco, Michoacán, San Luis Potosí et Zacatecas	☎ 55 67 94 66 ou 55 67 37 73
Estrella de Oro	Acapulco, Cuernavaca, Taxco et Zihuatanejo (États de Morelos et Guerrero)	☎ 55 49 85 20 /29
UNO	**Golfe du Mexique** : Veracruz, Tamaulipas et Tabasco, ainsi que des lignes vers le Sud-Est	☎ 51 33 24 24
Estrella Blanca	**Nord, Est et Ouest** : Querétaro, San Luis Potosí, Jalisco, Aguascalientes, Zacatecas, Nuevo León, Coahuila, Chihuahua, Michoacán, Nayarit, Sinaloa, Durango, Tamaulipas et Veracruz	☎ 57 29 07 07

En taxi – Chaque ville a sa flotte de taxis, de couleur différente. Les aéroports et les gares routières et ferroviaires ont leurs centrales de taxis. Pour des raisons de sécurité, nous recommandons de contacter les taxis par l'intermédiaire de l'hôtel, ou d'avoir recours à des radio-taxis plutôt que de prendre n'importe quel taxi dans la rue.

En voiture – Des routes modernes, sûres et bien entretenues sillonnent le pays en reliant les villes principales. Avant de prendre la route, vérifier l'état de son véhicule, emporter l'outillage de base et attacher les ceintures de sécurité (obligatoire). Les offices de tourisme locaux tiennent à votre disposition toute la documentation concernant la réglementation et les numéros de téléphone des services de secours ainsi que les cartes routières.

Des patrouilles d'assistance (bilingues anglais et espagnol) veillent sur les routes : les **Ángeles Verdes**, ☎ 52 50 82 21 (centre de localisation par radio). Avec l'aide de **Sectur**, on peut obtenir leurs services dans tout le pays ☎ (01 800) 903 92 00 *(24 h/24)*. Ils assurent l'assistance mécanique, le remplacement des pneus, les premiers secours, l'information touristique et la protection. Le service est gratuit, le conducteur devant uniquement rembourser les frais d'essence et de réparation. La **Asociación Mexicana Automovilística** (AMA – ☎ 52 08 83 29) propose des brochures, des conseils pratiques pour le voyage, des cartes et des **services d'assistance routière** : ☎ 55 88 70 55.

Certaines routes principales disposent de **bornes d'appel d'urgence**, reconnaissables à leur logo, un téléphone jaune, et au sigle S.O.S. On trouve du **carburant** (payable en espèces) dans n'importe quelle station PEMEX, en ville comme sur les routes. Le prix au litre varie suivant la nature du carburant, par exemple **Magna Sin** (sans plomb, pompes de couleur verte) ou la Premium de qualité supérieure (modèles récents équipés de pots catalytiques ; pompes de couleur rouge). La plupart des stations sont ouvertes de 6 h à 22 h. Il est de coutume de laisser un pourboire de 2 ou 3 MXP au pompiste.

© Edward Thomas

Location de voitures – Le conducteur doit avoir plus de 18 ans, présenter un permis de conduire en cours de validité, un passeport et une carte de crédit internationale (les espèces ne sont pas acceptées). Les tarifs sont établis au jour, à la semaine, avec kilométrage illimité, suivant le modèle du véhicule. Si l'on rend la voiture à un endroit différent de celui où on l'a prise, on doit acquitter un supplément *(drop-off)*. Le contrat d'assurance est obligatoire. En cas d'accident ou de vol, spécifier le type de couverture de l'assurance, totale ou partielle (l'agence de location couvre 90 % et le conducteur 10 %). Pour plus de renseignements sur les agences, consultez les pages jaunes (Sección amarilla). Réservez avant de partir.

Avis	☏ 57 62 32 62
Budget	☏ 55 66 68 00
Hertz	☏ 57 84 76 28
Europcar	☏ 57 85 93 30
Fresno	☏ 55 88 38 19 ou 55 78 90 16

Conditions d'importation d'un véhicule – Les personnes qui souhaitent entrer au Mexique en automobile pour une distance de plus de 24 km doivent demander une autorisation temporaire d'importation de véhicule (formulaires disponibles dans les bureaux AAA, CAA ou FIA). Présenter obligatoirement une pièce d'identité, un permis de conduire en cours de validité, les papiers du véhicule et la carte grise. Pour tous ces documents, qui doivent être au nom du conducteur, on doit présenter l'original plus une copie.

On doit acquitter 15 USD pour les droits de licence d'importation du véhicule, uniquement par carte de crédit internationale (Visa, Mastercard, American Express, Diners Club). À la sortie du Mexique, on remet aux autorités douanières tous les documents correspondants à l'autorisation temporaire d'importation du véhicule.

En **Basse-Californie**, aucun permis n'est requis pour entrer avec son propre véhicule, sauf si celui-ci est transporté par bateau vers le territoire mexicain.

Code de la route – Au Mexique, on conduit à droite, et les dépassements se font uniquement à gauche. Les limites de vitesse sont indiquées sur toutes les routes en km/h. La vitesse maximale autorisée est de 50 km/h en zone urbaine ; sur la route, 100 km/h le jour et 90 km/h la nuit. Attention, ralentir pour la traversée des voies ferrées. Il est interdit de se garer en double file, sur le trottoir ou devant une entrée de véhicule. Éviter de stationner dans la rue, opter plutôt pour les parcs de stationnement. Le port de la **ceinture de sécurité** est obligatoire.

Assurance automobile – L'assurance automobile est obligatoire. À l'arrivée dans le pays, on peut souscrire une police auprès de n'importe quelle compagnie d'assurances mexicaine. Les assurances des États-Unis, d'Amérique centrale et d'Amérique du Sud ne sont pas valables au Mexique. Les automobilistes canadiens se renseigneront auprès de leur bureau CAA local avant de partir.

En cas d'accident – En cas d'incident mineur ou de simple dommage matériel, contactez l'agent d'assurances. S'il s'agit d'une voiture de location, appelez l'agence de location. Si l'accident est sans gravité, ou en cas de panne mécanique, appelez les *Ángeles Verdes (voir plus haut)* ou demander assistance aux autres automobilistes ; garez le véhicule sur un côté de la chaussée et signalez sa présence. Le conducteur impliqué dans un **accident grave** est détenu jusqu'à l'arrivée de l'autorité compétente ; dans ce cas, il est recommandé de se mettre en contact avec son ambassade.

Hébergement

On trouve au Mexique des types d'hébergement pour tous les goûts et tous les budgets : depuis les hôtels internationaux des grandes villes et les palaces grand tourisme du littoral et des îles jusqu'aux étapes économiques le long des autoroutes et aux auberges de jeunesse. On doit ajouter aux prix des hôtels 15 % de TVA (IVA) et 2 % de taxe de séjour. Le ministère du tourisme classe les établissements en six catégories : une à cinq étoiles et Gran Turismo. Les prix des chambres varient selon la saison et l'emplacement de l'hôtel. En général, on peut obtenir des tarifs spéciaux par l'intermédiaire des chaînes hôtelières internationales, des compagnies d'aviation et des agences de voyages. Pour les communications téléphoniques internationales, les hôtels perçoivent une surtaxe de 10 à 15 %. Il est conseillé de réserver, surtout aux périodes de forte fréquentation touristique *(Semaine sainte, juin à août et décembre)*. Les réservations se font sur carte de crédit et doivent, si possible, être confirmées par écrit. Il est également recommandé, au moment de la réservation, de se renseigner sur les conditions d'annulation. Dans les régions moins touristiques, certains hôtels n'acceptent pas les cartes de crédit.

Service de réservations – Pour les réservations à l'hôtel, s'adresser à **Sectur** *(voir Avant de partir – ☎ 52 55 10 06)*, aux agences de voyages ou directement aux chaînes hôtelières.

Hôtels – **De lujo** (de luxe – 5 étoiles/diamants) : *chambres doubles de 1 200 à 3 000 MXP la nuit.* Air conditionné, personnel polyglotte, restaurants et bars privés internationaux, discothèques, salles de conférences, télévision par câble, équipements pour handicapés, installations sportives, piscine, service d'étage 24 h/24, billetterie automatique, boutiques, agence de voyages. **Primera Clase** : *chambres doubles de 800 à 1 200 MXP la nuit.* Restaurants et bars, boutiques, personnel polyglotte, installations sportives, piscine, service d'étage 24 h/24, coffre-fort, télévision par câble, boutiques. **Comerciales et Económicos** : *chambres doubles de 100 à 500 MXP la nuit.* Ventilateurs au plafond, restaurant ou cafétéria et autres services de base.
En règle générale, les hôtels de luxe sont situés à proximité ou à l'intérieur des centres touristiques (plages, centres des villes) ; les établissements de première classe (4 étoiles/diamants) sont éloignés des sites touristiques ; les hôtels économiques sont à l'extérieur des villes.

Chaînes principales	☎ Réservations / Informations
Camino Real	52 03 21 21/01 800 901 23
Hotel Marquis Reforma	52 11 36 00/01 800 901 76 00
Calinda (Quality) Hotels	01 800 90 000
Club Med	52 03 30 86/01 800 901 70 00
Fiesta Inn ou Americana	53 26 69 00/01 800 504 50 00
Holiday Inn	56 27 02 99/01 800 009 99 00
Hyatt	56 26 78 70/01 800 005 00 00
Krystal	56 05 96 95/01 800 903 33
Marriott	52 07 10 16/01 800 900 88
Sheraton	52 07 39 33/01 800 900 88
Westin	52 30 17 77/227 05 55/01 800 902 23

Motels – On en trouve dans tous les États du Mexique, en général en bord de route ou à la sortie des villes. Ceux de première classe acceptent les cartes de crédit et les réservations, mais de manière générale, les motels ne prennent que les paiements en espèces. Le prix d'une chambre en classe économique avec climatisation est de 200 à 400 MXP.

Hôtels coloniaux et haciendas – Certains bâtiments anciens (haciendas, couvents, maisons coloniales, édifices administratifs) ont été transformés en hôtels. En majorité du 19e s., ils sont équipés de mobilier en bois massif sculpté. Certains ont encore leurs peintures d'origine sur les murs et les plafonds et de ravissants jardins exubérants. Quelques-uns de ces hôtels ont anciennement servi de résidences à des personnages célèbres. La hacienda de Barbara Hutton abrite aujourd'hui l'hôtel Camino Real Sumiya, à Cuernavaca, et l'hôtel Quinta Quetzalcóatl, près de Guadalajara, était autrefois le domicile de D.H. Lawrence. En règle générale, les restaurants de ces établissements offrent une cuisine de qualité et des spécialités régionales préparées par des chefs de grande renommée. Il est recommandé de réserver, car certains de ces hôtels ne comptent qu'un petit nombre de chambres. Le service offert et le prix dépendent de la catégorie *(600 à 1 200 MXP)*.

Localité	Hôtel	☎ Réservations
Ciudad de México	**Hotel de Cortés** *(voir p. 108)*	55 18 21 81/85
Cuernavaca	**Las Mañanitas**	(7) 314 14 66
	Camino Real Sumiya	(7) 320 91 99
Guadalajara	**El Francés**	(3) 613 11 90
	Quinta Quetzalcóatl (Chapala, Jalisco)	(3) 765 36 53

Localité	Hôtel	☎ Réservations
Guanajuato	**Museo Posada Santa Fe**	(4) 732 00 84
Monterrey	**Radisson Plaza Gran Hotel Ancira**	(8) 150 70 00
Morelia	**Virrey de Mendoza**	(4) 312 49 40
	Hotel Villa Montana	(4) 314 02 31
Querétaro	**Mesón de Santa Rosa**	(4) 224 26 23
Oaxaca	**Ancien couvent de Sainte Catherine de Sienne** *(voir p. 295)*	(9) 516 06 11
San Miguel de Allende	**Casa de Sierra Nevada**	(4) 152 04 15
Taxco	**Monte Taxco** *(voir p. 316)*	(7) 622 13 00
	Hacienda del Solar	(7) 622 03 23
	Hotel Posada La Misión	(7) 622 05 33
Valladolid	**Hotel Chichén**	(9) 851 00 45
	Hacienda Mayaland, Chichén Itza	(9) 851 00 77
	Hacienda Uxmal, Uxmal	(9) 946 23 33
Zacatecas	**Quinta Real** *(voir p. 251)*	(4) 922 91 04
	Mesón de Jobito *(voir p. 249)*	(4) 924 17 22

Centres de remise en forme et de thermalisme – Les centres exclusivement réservés à ce type de services proposent des programmes variés : culture physique, soins de beauté et de bien-être, amincissement, relaxation, etc. Par exemple Misión del Sol, Cuernavaca ☎ (73) 21 09 99 ; Ixtapán de la Sal, Toluca ☎ 52 64 26 13 ; Avándaro, Valle de Bravo ☎ (726) 603 66. En outre, quelques hôtels de la catégorie Gran Turismo, pour la plupart situés dans les grandes villes ou les stations balnéaires, disposent d'installations de remise en forme, avec soins de beauté, massages, jacuzzis, saunas, bains de vapeur, piscines et programmes d'exercices physiques. Pour de plus amples informations, consultez Sectur *(voir Avant de partir)* ou s'adresser à une agence de voyages.

© Robert Freerck/ODYSSEY

Centres de vacances – Les meilleurs centres proposent des services et des installations relevant de la catégorie de luxe (salles de jeux, centres de conférence, chambres de luxe, activités de loisirs, location d'équipements nautiques, agence de pêche, location de voiliers, plongée avec masque et tuba ou avec bouteille, jet-ski, discothèques, et parfois jacuzzi, sauna, hammam et gymnase). *Chambre double : 2 500 à 3 000 MXP.* Les chaînes d'hôtels comme Sheraton ou Presidente disposent de plusieurs complexes hôteliers sur les grandes plages. Les réservations se font exclusivement par carte de crédit ; toute annulation doit avoir lieu 48 heures à l'avance.

Villas et appartements – Pour les familles avec enfants, les villas ou appartements meublés *(condominios)* sont plus économiques que les hôtels. Ils comprennent une salle de séjour, une cuisine complètement équipée, une salle à manger, plusieurs chambres et salles de bains, télévision (certains ont le câble ou une antenne parabolique) et la climatisation ou des ventilateurs au plafond. On peut également demander des services de nettoyage. À certains endroits, des transports sont organisés vers les curiosités de la région. Le prix moyen est de 600 à 700 MXP par jour et par personne en haute saison. Pour une villa au bord de la mer, il faut compter quelque 3 000 MXP de plus. Il faut réserver (se renseigner sur les conditions d'annulation). Pour plus de renseignements, contactez son agence de voyages ou **Sectur** *(voir Avant de partir)* ou Internet *www.mexico-accommodations.com*

Auberges de jeunesse – Affiliée à la Fédération internationale des Auberges de Jeunesse (FIAJ), l'**Instituto Mexicano de la Juventud**, Serapio Rendón 76, México, D.F., C.P. 06470, ☎ 57 05 60 72 et (01 800) 716 00 92 fournit à toute personne de 12 à 29 ans, résidente ou étrangère, la carte Causa Joven *(25 MXP)* qui permet d'obtenir des tarifs spéciaux d'hébergement dans les auberges de jeunesse, *villas juveniles*, hôtels et campings, ainsi que pour d'autres services. La chambre double dans les auberges ou *villas* est de 100 MXP par personne. Il n'est pas nécessaire de posséder la carte pour s'y loger, mais on n'obtiendra pas de réduction. Contact au Canada à Ottawa ☎ (613) 237 78 84 ou *www.hiayh.org*

Campings et parcs de caravaning – Il existe des campings dans les États de Quintana Roo, Guerrero (Ixtapa-Zihuatanejo), Jalisco, Basse Californie du Sud (Loreto), Durango et Morelos. Certains campings disposent aussi de cabanes et de chambres *(70 à 200 MXP par personne en chambre double)*. Plus rares sont ceux qui n'offrent que des emplacements de tentes. Il est déconseillé de camper dans des endroits reculés. Les parcs pour camping-cars *(casas rodantes)* abondent au Mexique. Ils proposent eau potable, raccordement à l'égout, stationnement, douches, laverie et télévision ; certains offrent d'autres services payants (commerces, installations sportives, visites). Certains acceptent les cartes de crédit internationales. Dans les parcs de camping-cars, l'emplacement coûte 30 à 50 MXP. Pour les campeurs, en tente ou en camping-car, comptez 50 à 280 MXP pour deux personnes, et 8 à 40 MXP par personne supplémentaire, suivant l'État, le terrain et les services. Il est conseillé de réserver, en particulier en haute saison et en décembre et janvier. Pour plus de renseignements, consultez **Sectur** *(voir Avant de partir)*, l'**Instituto Mexicano de la Juventud** *(voir plus haut)* ou les bureaux de CAA (au Canada).

Le Mexique au quotidien

BON À SAVOIR

Devises

Monnaie – L'unité monétaire du Mexique est le **peso** (MXP), en pièces et en billets. À titre indicatif, nous donnons les taux de change du peso au moment de la mise à jour de ce guide (novembre 2000) :

1 franc français (FRF) = 1,26 MXP	1 MXP = 0,80 FRF
1 franc belge (BEF) = 0,23 MXP	1 MXP = 4,90 BEF
1 franc suisse (CHF) = 5,43 MXP	1 MXP = 0,18 CHF
1 dollar canadien (CAD) = 6,19 MXP	1 MXP = 0,16 CAD

1 MXP = 100 ¢ MXP = peso ¢ = centavo
Le billet de 1MXP n'existe pas

Devises, cartes de crédit et chèques de voyage – Les principales banques mexicaines sont **Banamex** et **Bancomer**. Elles ont des distributeurs automatiques de billets (ATM) partout dans le pays, connectés au système Cirrus y Plus. Les **bureaux de change** (Casas de Cambio, ouverture de 9 h à 16 h 30) acceptent toutes les devises.
Les principaux établissements commerciaux, magasins, restaurants, hôtels, compagnies d'assurances, agences de location de voitures et compagnies aériennes acceptent les cartes de crédit internationales (American Express, Diners Club, Mastercard/Eurocard et Visa). Les chèques de voyage sont acceptés dans la plupart des établissements. Certains hôtels acceptent de les échanger contre des espèces. Se renseigner au préalable auprès de l'établissement.
Pour d'autres services, par exemple signaler la perte ou le vol d'une carte bancaire ou d'un chèque de voyage : American Express ☎ (01 800) 005 55, Diners Club ☎ 52 58 32 20 ; MasterCard ☎ (01 800) 307 73 09, Visa ☎ (33) 836 69 08 80.

Heures d'ouverture – Les banques sont ouvertes du lundi au vendredi de 9 h à 13 h 30, dans les grandes villes également le samedi de 9 h à 12 h. Les commerces et les boutiques ouvrent du lundi au samedi de 9 h à 20 h 30, les restaurants et les cafétérias de 9 h à 22 h. Les horaires des administrations sont du lundi au vendredi de 8 h 30 à 19 h, sauf les jours fériés. Les heures de travail varient en fonction des États ou des régions du pays. Dans certaines villes, les commerces ferment entre 12 h et 14 h.

Poste et téléphone

Poste – La poste fonctionne de manière satisfaisante. Les bureaux sont ouverts de 8 h à 19 h. Envois à l'étranger par transport terrestre : 3 MXP pour une carte postale ou lettre jusqu'à 20 g ; par avion pour un courrier de 20 g : 4,20 MXP vers les États-Unis et le Canada), 5,30 MXP vers l'Europe et l'Amérique du Sud, 5,90 MXP vers les autres pays. On peut aussi se faire expédier du courrier en s'inscrivant poste restante *(Lista de Correos)*. Pour plus d'informations, consultez directement la poste de chaque État, ou l'Oficina Central de Servicio Postal Mexicano à Mexico ☎ 57 09 96 00 ou 57 22 95 00.

Des sociétés de messagerie privées proposent leurs services (lettres et colis) à Mexico et dans le reste du pays : UPS (service national et international) ☎ 52 28 79 00 ou (01 800) 902 92 00, Federal Express (service international) ☎ 52 28 99 04 ou (01 800) 900 11 00, DHL (service national et international) ☎ 53 45 70 00.

Téléphone et télégrammes – La numérotation téléphonique au Mexique est différente pour les trois villes de Mexico, Guadalajara et Monterrey du reste du pays. Pour les trois premières, les abonnés sont pourvus d'un numéro à 8 chiffres, sans indicatif géographique ; dans le reste du pays, les numéros des abonnés ont 7 chiffres, et sont précédés d'un indicatif géographique que l'on ne compose pas si l'on téléphone localement, à l'intérieur de la zone. Appel local : 0,50 MXP la minute.

Appels longue distance vers Mexco : 01 + numéro à 8 chiffres.

Opératrice pour un appel **longue distance national** : 020. **Opératrice pour l'international** : 090.

Appel direct pour l'international : 00 + indicatif du pays + numéro (ex : France : 00 33/ Belgique : 00 32/Suisse : 00 41) +numéro à 9 chiffres, sans le premier 0. Appel pour le Canada : 001 +indicatif du pays +indicatif de région +numéro. Les communications internationales sont majorées d'une taxe de 15 %.
Pour connaître l'indicatif d'une région mexicaine, consulter les pages jaunes de l'annuaire. Les **téléphones publics** fonctionnent avec une **carte téléphonique Ladatel** *(30 ou 50 MXP)* qu'on achète entre autres dans les pharmacies, supermarchés, stations de métro, restaurants, cafétérias, magasins et aéroports. Les numéros de téléphones précédés de **(01 800)** sont gratuits et ne fonctionnent que sur le territoire mexicain. On peut envoyer des télégrammes des bureaux Telecom *(lundi au vendredi de 8 h à 16 h 45, samedi et dimanche de 9 h à 21 h)*. Les **télégrammes** au Mexique peuvent aussi être envoyés par téléphone ☎ 57 09 85 00 *(lundi au vendredi de 8 h à 21 h)* 1,15 MXP le mot ; les **télégrammes internationaux** ☎ 57 09 86 25 *(lundi au vendredi, de 9 h à 13 h)* 1,20 MXP le mot.

Vie pratique

Langue – La langue officielle est **l'espagnol**. Mais il n'est pas rare de rencontrer des personnes bilingues, parlant aussi l'anglais, le français ou l'italien. Si on ne parle pas espagnol, il convient d'emporter un lexique avec les phrases ou les mots de base.

Jours fériés et fêtes nationales – Les banques, les administrations, les écoles et certains établissements ferment pour les fêtes officielles.

Nouvel An	1er janvier
Anniversaire de la Constitution de 1917	5 février
Anniversaire de la naissance de Benito Juárez	21 mars
Semaine sainte (jeudi et vendredi)	mars-avril
Fête du travail	1er mai
Fête de l'Indépendance	16 septembre
Tous les 6 ans : Élection présidentielle	1er décembre
Noël	25 décembre

Fuseaux horaires – Au Mexique, il y a **quatre fuseaux horaires** : Basse-Californie du Nord (méridien 120° ; en hiver 2 heures de moins et en été 1 heure de moins qu'au centre du Mexique); Basse-Californie du Sud, Chihuahua, Nayarit, Sinaloa et Sonora (méridien 105° : 1 heure de moins qu'au centre du Mexique) ; Quintana Roo (méridien 75° : 1 heure de plus qu'au centre du Mexique) ; centre du Mexique et le reste du pays (méridien 90°).

L'heure d'été est en vigueur du premier dimanche d'avril au dernier dimanche d'octobre : il faut avancer sa montre d'une heure.

Appareils électriques – La distribution électrique du pays est de 120 Volts alternatif, fréquence 60 Hz. Certains appareils électriques étrangers nécessitent un adaptateur (fiches plates).

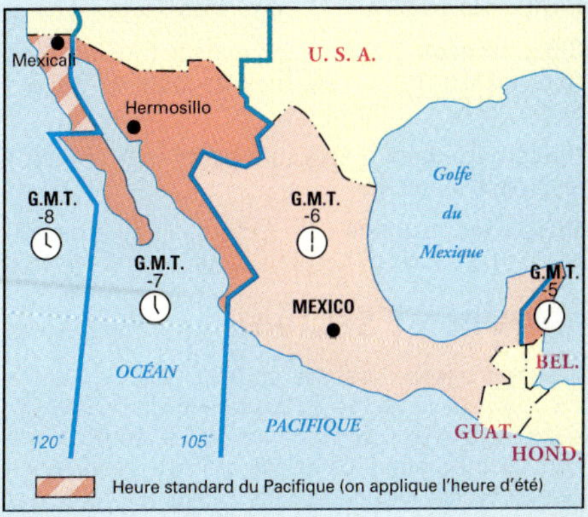

Poids et mesures – Au Mexique, on utilise le système métrique. Les distances et les limites de vitesse sont indiquées en kilomètres, et les températures se mesurent en degrés Celsius (centigrades).

Taxes et pourboires – Au Mexique, la **taxe à la valeur ajoutée** (IVA) appliquée aux biens et services est de 15 % dans

Brigitta L. House/MICHELIN

toutes les régions, sauf à Cancún, Isla Mujeres et Cozumel, où elle est de 10 %. Dans l'ensemble du pays, la taxe d'hébergement est de 17 % (15 % d'IVA + 2 % pour l'État, *voir Où loger ?*). Les pourboires *(propina)* varient suivant l'endroit ; dans les hôtels de luxe, le pourboire des garçons d'étage et des femmes de chambre est de 15 à 20 %. Dans les restaurants, il est de 15 % de la note. Dans les stations-service, il est d'usage de donner un pourboire au pompiste. On acquitte une taxe de 10 à 15 % sur les appels téléphoniques internationaux.

Achats – *Voir Artisanat et gastronomie, pour des informations sur l'artisanat par État et par région.* Dans chaque région, les habitants produisent des objets d'artisanat. Des Indiens de villages éloignés viennent en ville un jour ou deux par semaine pour vendre leurs produits. On peut acheter ces articles directement sur les marchés ou *tianguis (voir Traditions)*. On les trouve aussi dans les grandes villes, dans les boutiques des hôtels, des aéroports et des centres commerciaux, ou dans les magasins Fonatur. Les marchandises proposées par les **vendeurs ambulants** ne sont pas de bonne qualité, surtout les bijoux. Si on achète des objets en verre taillé ou soufflé, demandez s'ils peuvent contenir du liquide, car certains perdent leur couleur ou ne sont pas étanches.
Les produits les plus caractéristiques du Mexique sont les bijoux en or, en argent, en cuivre ou en onyx, ainsi que les ponchos et couvertures particulièrement colorés, des tapis ou la célèbre faïence de Puebla.

Conditions générales de visite

Ce guide indique les conditions de visite notées au moment de sa rédaction. La nature du tourisme fait que certaines de ces données ne seront peut-être plus actuelles, ce que les lecteurs auront l'amabilité de comprendre.

Temps de visite – Les temps indiqués dans ce guide correspondent au temps moyen estimé pour effectuer les visites. Ils apparaissent toujours à la suite du nom de la curiosité et ne tiennent pas compte, lorsqu'il s'agit d'une excursion, du temps de transport, à l'exception des excursions de plusieurs jours.

Tarifs – Seuls les tarifs pour adultes figurent ici, mais de nombreux sites proposent des tarifs réduits pour étudiants, enseignants, enfants et personnes du troisième âge.

Monuments religieux – Ils sont ouverts en général de 8 h à 13 h et de 16 h à 18 h ; certains prolongent leurs horaires le dimanche. Dans les régions chaudes, les horaires d'ouverture sont souvent avancés. *Les visiteurs sont priés de respecter le culte.*

Musées – Ouverts de 10 h à 17 h, mais dans les villes de province, ils ferment au moment du déjeuner. Fermés les lundis et les jours fériés *(voir plus haut)*. Prix moyen : 10 MXP. En général, gratuit le dimanche.

Bâtiments publics – Ouverts tous les jours de 8 h à 20 h, sauf les jours fériés.

Sites archéologiques – Dépendant tous de l'Institut national d'archéologie et d'histoire (INAH), ils ouvrent tous les jours de 8 h à 17 h. Prix moyen : 10 MXP ; gratuit le dimanche.

Parcs nationaux – Plusieurs parcs sont ouverts 24 h/24, mais il est recommandé de les visiter le matin.

Offices de tourisme – En général, ils sont ouverts du lundi au vendredi de 9 h à 14 h et de 16 h à 18 h. Certains sont ouverts le samedi à partir de midi.

NATURE ET SÉCURITÉ

En **cas d'urgence**, prendre contact avec le Centre national de Communications de la Direction générale de Protection Civile (CENACOM) ☎ (01 800) 004 13. Consultez dans les bureaux de poste les pages jaunes *(Sección Amarilla)* de chaque région pour connaître les numéros des services de protection civile dans chaque État. Étant donné que la police locale, surtout à Mexico, tarde souvent à intervenir en cas d'urgence

(vols, agressions, etc.), le touriste étranger obtiendra généralement une aide plus rapide en s'adressant à la direction de son hôtel, à l'Office de Tourisme le plus proche, voire à son ambassade ou consulat.
Il est important de savoir qu'au Mexique l'eau du robinet n'est généralement pas potable et qu'il faut acheter de **l'eau en bouteille**, que l'on trouve dans les boutiques des hôtels, les restaurants, les supermarchés et les pharmacies. Celle-ci servira aussi pour se laver les dents et nettoyer les lentilles de contact. Se méfier également des glaçons dans les boissons. Évitez aussi par précaution tous les aliments qui demandent à être lavés (fruits et légumes) et ne manger que des plats cuits, rôtis ou grillés. Dans quelques endroits reculés des régions tropicales, les aliments ne sont pas toujours réfrigérés correctement. En cas de problème le Lomotil, que vous trouvez dans les pharmacies locales, est un médicament efficace.
Le voyageur peu habitué aux grandes altitudes prendra le soin de s'acclimater en observant une diète légère et en modérant sa consommation d'alcool pendant les premiers jours. Les mêmes règles de conduite sont valables dans les régions tropicales chaudes et humides. Un réel danger de contracter le paludisme existe si l'on visite les États de Campeche, Chiapas, Guerrero, Michoacán, Nayarit, Oaxaca, Quintana Roo, Sinaloa et Tabasco.

Cyclones – Ils sont très fréquents sur les côtes de l'Atlantique, le golfe du Mexique et le Yucatán pendant une période allant à peu près de juin à septembre. Sur les côtes du Pacifique, de forts orages tropicaux s'abattent au mois de mai. En général, ils n'occasionnent pas de dégâts, mais il est recommandé de suivre les mesures de sécurité. Pendant un cyclone ou une alerte, il est interdit de naviguer ou de se baigner, en mer comme dans les piscines. Suivre les recommandations suivantes :
– avoir toujours à portée de main une lampe de poche, une radio et des piles de rechange ;
– rester à l'écoute des messages diffusés par les autorités à la radio ;
– rester à l'hôtel, ou, mieux encore, dans les refuges ;
– se munir de flotteurs, par exemple chambres à air ou bouées de sauvetage, d'une trousse de premiers secours, d'aliments en conserve et de bouteilles d'eau potable ;
– ne pas tenter de traverser une rivière en crue ou un lac.

Éruptions volcaniques – Certains volcans sont toujours en activité au Mexique : le Popocatépetl, situé sur les États de Puebla, México et Morelos, s'est réveillé en 1994, après avoir connu une longue période d'endormissement, et est entré en éruption fin décembre 2000. Il faut se montrer particulièrement prudent pendant les pluies de cendres :
– fermer les portes et les fenêtres ;
– disposer des serviettes humides sur les seuils de portes ;
– avoir sous la main un masque ou un linge humide, une trousse de premiers secours, des aliments en conserve et des bouteilles d'eau potable (un litre par personne et par jour minimum) ;
– se munir de bougies, lanternes ou lampes de poche avec des piles de rechange ;
– prévoir des couvertures et des produits de nettoyage ;
– emporter une radio avec ses piles de rechange.

Tremblements de terre – La ville de Mexico, comme les côtes du Oaxaca et du Guerrero, est sujette aux tremblements de terre. Si un séisme survient, rester à l'écoute des alertes d'urgence émises sur toutes les stations de radio. Lorsqu'on se trouve dans un immeuble, suivre les recommandations suivantes :
– garder son calme ;
– éliminer toute source potentielle d'incendie ;
– s'éloigner des fenêtres et de toute pièce lourde pouvant tomber ;
– ne pas utiliser les ascenseurs ;
– repérer les parcours d'évacuation ;
– rejoindre les zones de sécurité ;
– se munir d'une trousse de premiers secours, d'aliments en conserve et de bouteilles d'eau potable ;
– emporter une radio avec ses piles de rechange.

Sécurité sur les plages – Les visiteurs ont souvent à souffrir de brûlures liées à l'exposition prolongée au rayonnement solaire sans **protection solaire** ou **écran total**. Porter lunettes de soleil, chapeau ou casquette, et emporter toujours une quantité suffisante d'eau minérale. Éviter de s'exposer au soleil en milieu de journée, moment où le rayonnement ultraviolet est le plus intense.
Respecter les indications de sécurité concernant la baignade et la navigation, ainsi que les bouées limitant les zones protégées pour la baignade. Tenir compte du drapeau rouge signalant les zones interdites et très dangereuses. Surveiller les enfants, ne jamais les laisser seuls. En cas d'accident, avertir immédiatement le maître nageur ou la réception de l'hôtel. Ceux qui voyagent en bateau doivent éviter de naviguer seuls. Toujours emporter des gilets de sauvetage, de l'eau potable, une trousse de premiers secours et aussi des feux de détresse. En cas d'orage tropical, des signaux interdisent la navigation et/ou la baignade. Sur certaines plages existent des zones dites « **aguas malas** » ; ce sont des endroits infestés de méduses pouvant provoquer des brûlures ; se méfier également des oursins, des murènes et des requins. Pour la plongée, se faire accompagner par quelqu'un qui connaît bien la région.

Découvrir le Mexique autrement

Aujourd'hui, les réserves naturelles mexicaines couvrent plus de 8 millions d'hectares, incluant notamment 24 **réserves de la biosphère**, 44 **parcs nationaux**, des **zones de protection** de la flore et de la faune et des **parcs marins**.
Le Mexique offre d'innombrables possibilités d'activités, qui constituent autant d'expériences remarquables pour établir un contact direct avec la nature et la culture de la terre mexicaine.
Les **tarifs** des activités dépendent de chaque organisme et du lieu concerné. Tous les prix s'entendent par personne (inclure la TVA, ou IVA). Un nombre minimum de personnes est parfois requis pour organiser une activité.
Pour plus de renseignements sur les agences organisatrices, contactez la **Asociación Mexicana de Turismo de Aventura y Ecoturismo** (AMTAVE), Av. Insurgentes Sur 1971-251, colonia Guadalupe Inn, México, D.F., C.P. 01020. ☎ 56 63 53 81.

TOURISME D'AVENTURE

Excursions, randonnées et cyclotourisme

Amigos de Sian Ka'an — Apdo. Postal 770, Cancún, C.P. 77500 (Q. Roo). ☎ (9) 884 95 83
Excursions dans les différents habitats de la réserve de la biosphère de Sian Ka'an

A.T.C. Touroperadores — Av. 16 de Septiembre 16, C.P. 29200, San Cristóbal de las Casas (Chis.). ☎ (9) 678 25 50
Excursions dans le parc écologique Yumka' (Tabasco) et sur les sites de Yaxchilán et de Bonampak, dans la forêt Lacandon (Chiapas)

Bike Mex — Guerrero 361, Centro, C.P.48300, Puerto Vallarta (Jal.). ☎ (3) 223 16 80 ou
www.bikemex.com
VTT dans la montagne de la baie de Banderas

Biodiversidad Mexicana — Antonio Narro 70, colonia Centro, Quinta Trinidad, C.P. 25000, Saltillo (Coah.). ☎ (8) 412 84 90
Randonnées à pied et VTT à Cuatro Ciénegas

Coscatl (Villa Calmecac) — Zacatecas 114, esquina Tanque, colonia Buenavista, C.P. 62130, Cuernavaca (Mor.). ☎ (7) 313 21 46 ou *www.giga.com/~meliton.mx*
Randonnées à pied et VTT aux alentours de Morelos

Ecocolors — Uxmal 36, A-1, Super Manzana 2A, Cancún, C.P. 77500 (Q. Roo). ☎ (9) 884 95 80 ou *www.cancun.com.mx/ecocolors*
Excursions dans les réserves de Sian-Ka'an et de Yum Balam, jardin botanique, puits naturels, sites archéologiques, grottes, rivières et sites coloniaux de toute la péninsule

Eco-Discover Tours Huatulco — Paseo Benito Juárez, Plaza las Conchas L-6, colonia Bahía de Tangolunda, C.P. 70989, Bahías de Huatulco (Oax.). ☎ (9) 587 06 78
VTT dans la baie de Huatulco

Les ravins du Cuivre

Ecogrupos	Centro Comercial Plaza Inn, Insurgentes Sur 1971-271, colonia Guadalupe Inn, C.P. 01020 (México, D.F). ☎ 56 61 91 21 Ignacio L. Vallarta 243, colonia Emiliano Zapata, Pto. Vallarta, C.P. 48380 (Jal.). ☎ (3) 222 66 06 *Excursion dans les Gorges du Cuivre (Chihuaha), dans la réserve écologique de Mazunte (Oaxaca), à Palenque, Yaxchilán, Bonampak, Agua Azul, Cañón del Sumidero, aux lacs de Montebello, dans la forêt Lacandon (Chiapas), à Catemaco et Nanciyaga, dans les Tuxtlas (Veracruz)*
Ecoturismo Yucatán	Calle 3 235, entre 32A et 34, colonia Pensiones, C.P. 97219, Mérida (Yuc.). ☎ (9) 925 21 87 et 920 27 72 ou *www.imagenet.com.mx* *Excursions au puits naturel de Dzitnup, aux grottes de Balamkanché, à Celestún, aux sites archéologiques, et plus largement dans toute la péninsule et le Belize*
Iguana Expediciones	Tiburón 1516, Costa de Oro, C.P. 94299, Boca del Río (Ver.). ☎ (2) 921 15 50 *VTT au port de Veracruz. Randonnée éco-archéologique à Cotlamani et au site d'El Zapotal ; bains de vapeur aux plantes à Dos Bocas (Veracruz)*
Intercontinental Adventures	Homero 526-801, colonia Polanco, C.P. 11570 (México, D.F). ☎ 52 55 44 00 *Excursions vers différents sites mexicains, en particulier les missions de la Sierra Gorda, la route de Cortés (Veracruz) et les villes coloniales*
Kamino Tours	Calzada las Águilas 1075, colonia San Clemente las Águilas, C.P. 01740 (México, D.F). ☎ 56 35 58 45 *Circuits d'aventures, randonnées, VTT dans les montagnes et sur les plages du Oaxaca*
Quinto Sol	Presa Las Pilas 37 PH, colonia Irrigación, C.P. 11500 (México, D.F). ☎ 53 95 52 52 ou *www.quinto-sol.com.mx* *Circuits dans la Sierra Mazateca, la ville et la côte d'Oaxaca, en passant par la baie de Huatulco, Mazunte et Zipolite, jusqu'aux lagunes de Chacahua*
Reserva Ecológica El Edén	Teocaltiche 207, Super Manzana 45, Manzana 4, Lote 3, Cancún (Q. Roo). ☎ (9) 880 50 32 *Circuits dans les réserves El Edén et Yum Balam (Quintana Roo) et à Ría Lagartos (Yucatán)*

Alpinisme, varappe et escalade

Río y Montaña Expediciones	Prado Norte 450-T, colonia Lomas de Chapultepec, C.P. 11000 (México, D.F). ☎ 55 20 20 41 *Haute montagne sur les volcans Iztaccíhuatl, pic d'Orizaba et La Malinche. Varappe à Santa María (San Luis Potosí)*

Plongée et exploration avec masque et tuba

Asociación Nacional de Operatours de Actividades Acuáticas y Turísticas (ANOAAT)	15 Av. Norte 299 B, C.P. 77600, Cozumel (Q. Roo). ☎ (9) 872 59 55 ou *www.cozumel.net/diving/anoaat* *Plongée à l'île de Cozumel*
Ecocolors	*Voir* Excursions, randonnée et cyclotourisme *Plongée dans les îles : Akumal, Isla Mujeres, Contoy, Holbox, Chinchorro, Cozumel, et les cenotes du « couloir touristique » Cancún-Tulum*
Expediciones Cielo Abierto	Guerrero 339, Centro, C.P. 48300, Puerto Vallarta (Jal.). ☎ (3) 222 33 10 ou *www.vivamexico.com/open/eco.html* *Plongée et nage avec masque et tuba dans la baie de Banderas*

Canoë, kayak et raft

Coscatl (Villa Calmecac)	*Voir* Excursions, randonnée et cyclotourisme *Kayak et descente en radeau des rivières Dos Bocas (Morelos) et Amacuzac (Guerrero)*
Ecogrupos	*Voir* Excursions, randonnée et cyclotourisme *Descente en radeau des rivières Antigua, Pescados et Filobobos (Veracruz)*
Expediciones Cielo Abierto	*Voir* Plongée et exploration avec masque et tuba *Kayak dans la baie de Banderas, Puerto Vallarta (Jalisco)*

© Robert Holmes

Expediciones México Verde José María Vigil 2406, colonia Italia Providencia, C.P. 44640, Guadalajara (Jal.). ☎ (3) 641 55 98

Descente en radeau des rivières Filobobos, Pescados et Antigua (Veracruz)

Expediciones Tropicales Magdalena 311-10, colonia del Valle, C.P. 03100 (México, D.F). ☎ 55 43 79 84

Canoë sur la rivière de Santa María et raft sur les rivières Tampaon-Santa María (San Luis Potosí) et Antigua, Pescados et Actopan (Veracruz)

Iguana Expediciones *Voir* Excursions, randonnée et cyclotourisme

Descente en radeau des rivières Actopan, Filobobos et Pescados (Veracruz) ; kayak autour de l'Isla de los Sacrificios (Veracruz)

Kayak Carrillo Puerto 76-A, colonia Coyoacán, C.P. 04000 (México, D.F). ☎ 55 54 84 87

Spécialité d'expéditions en kayak sur les rivières et près des côtes du Chiapas, du Veracruz, du Puebla et du San Luis Potosí

Pápero Aventuras 41 poniente 2120, colonia Ex Hacienda la Noria, C.P. 72410, Puebla (Pue.). ☎ (2) 240 64 55.

Descente en radeau des rivières Filobobos, Antigua, Pescados et Actopan (Veracruz), Amacuzac (Guerrero); et Pahuatlán (Puebla)

Río y Montaña Expediciones, D.F. *Voir* Alpinisme, varappe et escalade

Canoë et descente en radeau des rivières Pescados, Tonto, Antigua, Actopan (Veracruz) ; Santa María et Gallinas (San Luis Potosí)

Veraventuras Santos Degollado 81, int 8, Xalapa, colonia Centro, C.P. 91000, Xalapa (Ver.). ☎ (2) 818 95 79

Av. Ejército Nacional 1136, 1er piso, colonia Chapultepec Morales, C.P. 11570 (México, D.F). ☎ 55 57 12 77 ou *www.dpc.com.mx/veraventuras*

Descente en radeau des rivières Filobobos, Antigua, Pescados et Actopan (Veracruz)

Vol en ballon

Globo Aventuras Canteras de Oxtopulco 20-22, colonia Oxtopulco Universidad, C.P. 04310 (México D.F). ☎ 56 61 26 91

Vol en ballon à Tenancingo, État de Mexico (à 14 km de Malinalco)

TOURISME VERT

Ce type de promenade exige de respecter le règlement de chaque site pour en protéger la faune et la flore ; d'éviter crèmes ou produits solaires quand on se baigne dans la nature ; de porter des vêtements pratiques, une protection solaire et un chapeau pour les excursions dans la forêt ou la jungle ; de ne jamais jeter d'ordures ; de ne passer qu'aux endroits indiqués par le guide.

Observation des baleines

Ecogrupos — *Voir* Excursions, randonnée et cyclotourisme
Découverte des baleines à bosse dans la baie de Banderas (Nayarit) et de la baleine grise à San Ignacio (Basse-Californie du Sud)

Expediciones Cielo Abierto — *Voir* Plongée et exploration avec masque et tuba
Découverte des baleines à bosse dans la baie de Banderas (Nayarit)

Kuyima — Morelos, colonia Centro, C.P. 23930, San Ignacio (BCS). ☎ (1) 154 00 70
Découverte des baleines grises à San Ignacio

Malarrimo Eco-Tours — Blvd. Emiliano Zapata, colonia Fundo Legal, C.P. 23940, Guerrero Negro (BCS). ☎ (1) 157 01 00
Découverte des baleines grises à Guerrero Negro. Excursion pour voir les peintures rupestres et les marais salants ; 3 jours de campement inclus.

Museo de Ciencias — Calle Obregón 1463, Centro, C.P. 22800. Ensenada (BC). ☎ (6) 178 71 92
Découverte des baleines grises dans la baie Todos Santos, Ensenada (Basse-Californie)

Observation des oiseaux

Amigos de Sian-Ka'an — *Voir* Excursions, randonnée et cyclotourisme
Dans la réserve de la biosphère de Sian-Ka'an (Quintana Roo)

Ecogrupos — *Voir* Excursions, randonnée et cyclotourisme
Dans les îles Marietas (baie de Banderas, Nayarit) et au sanctuaire de papillons monarques (Michoacán)

Ecoturismo Yucatán — *Voir* Excursions, randonnée et cyclotourisme
Réserve de la biosphère de Calakmul (Campeche) et Celestún (Yucatán)

Expediciones Cielo Abierto — *Voir* Plongée et exploration avec masque et tuba
À Punta Mita et dans les îles Marietas, baie de Banderas (Nayarit)

Caribbean Habitat — Super Manzana 32, Manzana 6, lote 2, Depto. A, Av. Kabah, C.P. 77500, Cancun (Q. Roo). ☎ (9) 884 90 63
Dans la réserve de la biosphère de Sian-Ka'an (Quintana Roo)

Estuaire de San José del Cabo

Papillons monarques

Découverte de la faune et de la flore en forêt tropicale

Biodiversidad Mexicana
Voir Excursions, randonnée et cyclotourisme
Découverte de la richesse géologique, paléontologique, archéologique et naturelle du Nord-Est du Mexique

Ecocolors
Voir Excursions, randonnée et cyclotourisme
Dans la réserve de la biosphère de Sian-Ka'an, le jardin botanique, la réserve El Edén, Punta Laguna (Quintana Roo)

Ecogrupos
Voir Excursions, randonnée et cyclotourisme
Dans la réserve de la biosphère de Sian-Ka'an (Quintana Roo) ; à Cuajilote (Veracruz)

Expediciones Cielo Abierto
Voir Plongée et exploration avec masque et tuba
Dans les îles Marietas, baie de Banderas (Nayarit)

Parque Ecológico de Xochimilco
Periférico oriente 1, entre le canal de Chalco et le canal de Cuemanco (México, D.F). ☏ 56 73 80 61
Découverte des oiseaux et de la flore à Xochimilco (District Fédéral)

Principales manifestations

Voir en Introduction : Traditions, p. 71. Au Mexique, chaque jour de l'année fait l'objet d'une célébration. Les fêtes peuvent durer d'un jour à deux semaines. Les foires sont organisées tous les ans, et peuvent durer jusqu'à deux mois.

Date	Événement	Ville/État
6 janvier	**Épiphanie**	Tout le pays
17 janvier	**Saint-Antoine abbé**	*Coyoacán (D.F.)*
18 janvier	**Sainte-Prisca** et **Saint-Sébastien**	*Taxco (Gro.)*
7-23 janvier	**Festival de Saint-Sébastien**	*Chiapa de Corzo (Chis.)*
20 janvier	**Saint-Sébastien**	
20-22 janvier	**Immaculée Conception**	*Pátzcuaro (Mich.)*
22 janvier	**Couronnement de la Vierge**	
Début février	**Carnaval de Campeche**	*Campeche (Camp.)*
2 février	**Chandeleur**	*Tout le pays*
2-9 février	**Encuentro de Jaraneros** (« rencontre des chahuteurs »)	*Tlacotalpan (Ver.)*
3 février	**Fête des Éleveurs de taureaux**	*Colima (Col.)*
Fin février	**Carnaval**	*Veracruz (Ver.)*
Fin mars	**Foire internationale du cheval**	*Texcoco (Mex.)*
Mars-avril	**Semaine Sainte** (représentation de la Passion du Christ)	*Taxco (Gro.)*
	Mercredi des Cendres (pèlerinage, danses)	*Amecameca (Mex.)*
	Vendredi saint	*San Luis Potosí (SLP)*
	Samedi saint	*Tout le pays*
	Dimanche des Rameaux	*Tout le pays*
	Fête-Dieu	*District Fédéral*
21 mars	**Fête des fleurs**	*Cuernavaca (Mor.)*
10 avril-10 mai	**Foire de San Marcos**	*Aguascalientes (Ags.)*
3 mai	**Jour de la Sainte Croix**	*Tepozotlán (Mex.)*
mi-juin	**Fête de Juin** et **Foire de la Céramique**	*Tlaquepaque (Jal.)*
24 juin	**Jour de la Saint-Jean Baptiste**	*Tlayacapan (Mor.)*
15-18 juillet	**Fête de la danse** (*voladores*, folklore)	*Cuetzalan (Pue.)*
mi-juillet	**Gelaguetza** *(voir Oaxaca)*	*Oaxaca (Oax.)*
17-20 août	**Saint-Bernard**	*Vicente Guerrero (Dgo.)*
mi-août	**Vierge de la Charité**	*Huamantla (Tlax.)*
15 août	**Foire de la Cajeta et Assomption de la Vierge**	*Celaya (Gto.)*
27-29 août	**Fête de la Morisma**	*Pradera del Bracho (Zac.)*
3-5 septembre	**Fêtes des Bougies**	*Juchitán (Oax.)*
7 septembre	**Danses indiennes dans les ruines**	*Tepozteco (Mor.)*
14 septembre	**Fête de la Vierge du Bon Secours** (danses indiennes)	*Zacatecas (Zac.)*
29 septembre	**St-Michel**	*S. Miguel de Allende (Gto.)*
4 octobre	**Fêtes d'Octobre**	*Guadalajara (Jal.)*
12 octobre	**Procession de la Vierge de Zapopán**	*Guadalajara (Jal.)*
mi-octobre	**Festival Cervantès**	*Guanajuato (Gto.)*
1-2 novembre	**Jour des Morts** *(voir Pátzcuaro)*	*Tout le pays*
Fin novembre	**Fête du Mariachi**	*Zapotitlán (Jal.)*
Début décembre	**Foire de l'argent** (bijoux, objets, ustensiles)	*Taxco (Gro.)*
1er décembre	**Saint-André** (procession)	*Coyutla (Ver.)*
12 décembre	**Notre-Dame de Guadalupe**	*Tout le pays*
16-24 décembre	**Posadas**	*Tout le pays*
31 décembre	**Procession du Saint Sacrement**	*Sta Clara del Cobre (Mich.)*

Consultez les chapitres Renseignements pratiques particuliers des lieux suivants : Ciudad de México *(p. 88)*, Guadalajara *(p. 185)*, Basse-Californie *(p. 222)*, Oaxaca *(p. 289)*, San Cristóbal de las Casas *(p. 309)*, Yucatán *(p. 323)*, Guatemala *(p. 360)* et Belize *(p. 390)*.

© Bob Schalkwijk

Carnaval de Tenosique

Quelques mots à propos de ces fêtes...

Épiphanie – Commémore, 12 jours après Noël, l'adoration des Rois mages offrant des présents à l'Enfant Jésus. Dans les pays de culture hispanique, c'est le jour où l'on fait les cadeaux aux enfants.

Saint Antoine abbé – C'est le célèbre saint auquel on associe un cochon... L'animal fait allusion au patronage du saint ermite, dont la fête est l'occasion de mener les animaux à l'église et de les faire bénir par le prêtre.

Saint Sébastien – La fête de ce saint est prétexte à un festival d'une durée de neuf jours, à l'intention des enfants, au cours duquel se déroulent des pantomimes et des danses.

Chandeleur – La naissance de Jésus est suivie d'une période de purification de 40 jours au terme de laquelle on procède à une bénédiction de cierges et de bougies.

Fête des Éleveurs de taureaux (Charros taurinos) – Au cours de cette fête se déroulent des défilés d'enfants, des rodéos et des corridas.

Vendredi saint – Les processions religieuses qui s'effectuent en silence sont destinées à simuler les funérailles que n'eut jamais le Christ.

Samedi saint – Pour punir Judas de sa trahison, on le brûle en effigie ; les polichinelles qui le représentent, auxquels on accroche des feux de Bengale, sont bourrés de bonbons destinés aux enfants et promenés dans les rues, puis on y met le feu au moment de la messe.

Jour de la Sainte Croix – Cette fête est observée par les mineurs, les maçons et les ouvriers du bâtiment, qui fabriquent des croix qu'ils placent sur les édifices où ils travaillent. Au cours de la fête, on tire des feux d'artifice.

Jour de la Saint-Jean Baptiste – Pour honorer le saint patron des eaux, qui baptisa Jésus, on décore de fleurs les fontaines et les sources et l'on se baigne dans les torrents et les rivières. Des vendeurs de rue proposent de petits mulets faits d'épis de maïs, ornés de fleurs et garnis de bonbons.

Fête de la Morisma – Cette fête venue d'Espagne reconstitue la lutte opposant Maures et chrétiens.

Posadas – Pendant les neuf jours précédant Noël, afin de rappeler le voyage de Marie et Joseph, de Nazareth à Bethléem, les enfants vont en procession de maison en maison en portant des paniers, dits *piñatas*, pour recueillir des friandises.

Lexique

Quelques termes espagnols apparaissant dans le guide :

avenida (av.)	avenue
bahia	baie
barranca	canyon, ravin
barrio	quartier
cabo	cap, promontoire
calle	rue
calzada	avenue
capilla	chapelle
capilla abierta	chapelle ouverte (en plein air)
capilla posa	chapelle de procession
carretera (carr.)	route
carretera federal	route fédérale
carr. de cuota	route à péage
casa	maison
cascada	chute d'eau, cascade
cerro	colline
ciudad	ville
claustro	cloître
colegio	collège, séminaire
colonía	cité, résidence
convento	couvent, monastère
estructura	édifice, structure
fachada	façade
fray	frère, moine
fuente	fontaine
fuerte	fort
gruta	grotte
hacienda	grand domaine, ranch ou ancienne fabrique
iglesia	église
isla	île
jardín	parc, jardin
lago	lac
laguna	lagune, lagon ou étang
mercado	marché
mestizo	métis de sang indien et espagnol
mina	mine
mirador	belvédère
museo	musée
nevado	sommet enneigé
palacio gubernamental	palais du gouvernement
palacio municipal	hôtel de ville
palapa	parasol en feuilles de palmier
parroquia	église paroissiale
paseo	promenade
patio	cour, patio
piso	étage, niveau
planta alta	étage
planta baja	rez-de-chaussée
plaza	place
portada	porte, entrée
portales	arcades
sierra	chaîne de montagnes
sor	sœur, religieuse
templo	église
tianguis	marché, quartier de commerce
valle	vallée
zócalo	grand-place
zoológico	parc zoologique

EXPRESSIONS UTILES

Espagnol	**Français**
No hablo español.	Je ne parle pas espagnol.
Hable más despacio, por favor.	Parlez plus lentement, s'il vous plaît.
¿Dónde está el baño?	Pouvez-vous m'indiquer les toilettes ?
¿Dónde hay una cabina telefónica?	Pouvez-vous m'indiquer une cabine téléphonique ?
¿Dónde está el banco más cercano?	Pouvez-vous m'indiquer la banque la plus proche ?
Quisiera cambiar unos dólares.	Je souhaiterais changer des dollars.
¿A cuánto está el tipo de cambio?	Quel est le taux de change ?
¿Acepta usted tarjetas de crédito o cheques de viajero?	Acceptez-vous les cartes de crédit ou les chèques de voyage ?
Tengo una reservación.	J'ai une réservation.
Quisiera un cuarto con baño y ducha.	Je voudrais une chambre avec bains/douche.
¿Tiene usted una mesa para dos?	Avez-vous une table pour deux ?
Quisiera... (una cerveza bien fría).	J'aimerais... (une bière bien fraîche).
La cuenta, por favor.	L'addition, s'il vous plaît !
¿Está incluido el servicio?	Est-ce que le service est compris ?
Me siento mal.	Je ne me sens pas bien.

Vue sur le pic d'Orizaba

Bienvenue au Mexique !

Mexique : pays de l'inattendu

Du Pacifique aux Caraïbes, du désert à la forêt tropicale, des hauts plateaux aux volcans enneigés, le Mexique ouvre la porte d'un monde différent, monde de magie et de tradition, en plongeant le visiteur dans **le temps et l'espace mexicains**.

Pays de contrastes – En plus de sa frontière politique avec les États-Unis, délimitée par le río Bravo, au Nord, et avec le Belize et le Guatemala (délimitée en partie par le río Usumacinta) au Sud, le Mexique possède de nombreuses frontières naturelles et sociales. Ici les paysages – volcans neigeux, étendues désertiques, hautes chaînes montagneuses, vallées immenses, plages au sable blanc, mers aux multiples nuances de bleu, bois, forêts, rivières et cascades – se conjuguent avec le passé indien et le métissage, né de l'arrivée des Espagnols et poursuivi par les interventions américaine et française. Le Mexique offre une étonnante diversité de traits physiques et culturels, qui en font un pays de contrastes, où réalité et fantaisie se rejoignent.

Les Mexicains – Connaître les Mexicains est toute une expérience : c'est un peuple joyeux, hospitalier, ingénieux, courageux, expansif, peu formel et insouciant.
Les Mexicains ont leur propre conception du temps et on entendra fréquemment *ahorita* (à tout à l'heure) ou *al ratito* (à tout de suite) en guise d'évaluation imprécise du temps, minutes, jours, ou peut-être jamais... On peut dire que le Mexique est le pays de l'inattendu ; ce n'est pas un hasard si ce pays a été qualifié par André Breton de « surréaliste ».

Brigitta L. House/MICHELIN

Physionomie du Mexique

Superficie	1 958 200 km² (5e rang en Amérique). 10 000 km de côtes (2e rang en Amérique) et 5 073 km² d'îles.
Population	environ 98 000 000 habitants (55 % de Métis, 20 % d'Indiens, 15 % d'origine européenne et 10 % d'autres origines).
Heure officielle	GMT - 8, - 7, - 6 et - 5 ; on applique l'horaire d'été en Basse-Californie du Nord *(voir Renseignements pratiques : fuseaux horaires)*.
Langues	L'espagnol est la langue officielle ; langues et dialectes indiens.
Capitale	Mexico *(Ciudad de México)* – District fédéral.
États	31 + le district fédéral *(voir carte p. 74)*.
Gouvernement	République démocratique, parlementaire et fédérale. Le pouvoir exécutif appartient au Président de la République, le législatif aux sénateurs et députés, le judiciaire à la Haute Cour de Justice et aux tribunaux.
Religion	Catholique (prédominante). Liberté de culte.
Climat	Variable, de désertique au Nord à tropical au Sud *(voir Renseignements pratiques : Avant de partir)*.
Économie	Principales sources de revenus : les services (dont le tourisme), l'industrie, les mines, le pétrole, l'agriculture, l'élevage et la pêche *(voir Économie)*.

Géographie

Forme et relief – La physionomie capricieuse du relief mexicain suit la forme d'un triangle inversé, qui s'élargit du Sud-Est vers le Nord-Ouest et se resserre au niveau de l'**isthme de Tehuantepec**, autrefois appelé Nudo Mixteco (seuil mixtèque) du fait de son relief complexe et de son origine géologique.
Des extrêmes opposés Nord et Sud de cet ensemble continental se détachent deux péninsules de forme singulière, la Basse-Californie et le Yucatán. Presque séparées du reste du territoire, ces bandes de terre y sont rattachées par d'étroits couloirs de 150 km de large seulement. La **Basse-Californie**, baignée par l'océan Pacifique et le golfe de Californie (mer de Cortés) est une étroite langue de terre de plus de 1 000 km de long formée de falaises vertigineuses, de baies montagneuses et de zones désertiques, dont la largeur moyenne ne dépasse pas 100 km. À l'extrême Sud-Est, le parallélogramme du **Yucatán** est constitué d'une vaste plaine calcaire de plus de 100 000 km², baignée par les eaux du golfe du Mexique et la mer des Antilles (ou mer des Caraïbes), avec de grandes plaines côtières, d'innombrables lagunes, marais et barrières de corail.

Montagnes, plaines et plateaux – Vu du ciel, le sol mexicain ressemble à un papier froissé, avec des centaines de cours d'eau qui courent entre ses montagnes plissées, ses profonds canyons et ses grands ravins, où il est encore possible de découvrir des régions entièrement vierges. Ce paysage occupe 60 % du territoire mexicain, là où s'étendent de vastes et imposantes chaînes montagneuses parallèles au littoral du Pacifique et du golfe du Mexique. Ces chaînes sont, par ordre d'importance et de longueur, la **Sierra Madre Occidentale** et la **Sierra Madre du Sud**, la **Sierra Madre Orientale** et la **Sierra Volcanique Transversale**, qui suit le 19e parallèle de latitude Nord. On appelle aussi cette dernière l'**axe néovolcanique**. C'est là que se trouvent les plus hauts sommets du pays, formant une barrière naturelle dans le sens Est-Ouest : le **pic d'Orizaba** (5 747 m), connu également sous le nom de Citlaltépetl, « montagne de l'Aube », point culminant du pays ; le **Popocatépetl** (5 452 m) ou « montagne qui fume », dont le nom se justifie d'autant depuis sa reprise d'activité en 1994 (marquée par une récente éruption en décembre 2000) qu'il recouvre le ciel d'une fumée dense ; l'**Istaccíhuatl** (5 386 m) ou « femme endormie » ; le **Nevado de Toluca** (4 690 m) appelé également Xinantécatl, « montagne du couchant » ou « lieu des neuf collines enneigées ». Ces volcans ont leur cime couverte de neige toute l'année, bien qu'ils soient situés sous une latitude subtropicale ; une forêt exubérante couvre leur pied, paradoxe analogue à celui des paysages désertiques qu'on découvre sous les Tropiques, telle la dépression du río Balsas moyen sur le versant Pacifique.
Ces grandes chaînes montagneuses encadrent d'immenses plateaux : les **Hautes Terres du Mexique** (2 000-2 500 m) au Centre-Nord, et, juste au Sud, cerné de contreforts, la **Mesa de Anáhuac** (2 240 m). Des plaines basses de moindre importance s'étirent sur les côtes du golfe et du Pacifique, correspondant respectivement aux versants extérieurs des sierras Madre orientale et occidentale.

Régions naturelles et flore – Dans les zones arides du Nord du pays s'étendent les déserts caillouteux de **Basse-Californie** et les déserts sablonneux de Sonora et Sinaloa, peuplés pour l'essentiel de cactées. Par contraste, les montagnes et les plaines qui traversent le Mexique présentent une grande richesse forestière, constituée de forêts mixtes de pins et de chênes. Sur les versants des chaînes, qui chutent brutalement vers la mer, alternent forêts de haute et de moyenne futaie, noyées dans le brouillard presque toute l'année ; c'est le cas notamment des versants de la Sierra Madre orientale, dits **huaxtèques**, dans les États de San Luis Potosí, Hidalgo, Tamaulipeca et Veracruz. Sur le **haut plateau mexicain**, surtout dans les États de Chihuahua, Coahuila, Durango et Zacatecas, on rencontre les vastes étendues arides d'un maquis, le *chaparral*, et des pâturages qui se mêlent à des bosquets secs de figuiers de Barbarie et d'agaves, ainsi que de grands espaces utilisés pour l'élevage extensif. Ils sont coupés de grandes formations rocheuses isolées et modelées par l'érosion, telles que *bernales* et *bufas*.
La **Mesa de Anáhuac**, ou plateau d'Anáhuac, présente de vastes plaines bordées de contreforts montagneux de moindre importance, comme les bassins lacustres de Chapala, Yuriria et Cuitzeo (dans le Bajío) que caractérise une grande diversité d'activités agricoles. Les plaines bénéficient des eaux du río Lerma-Santiago qui arrose les terres jusqu'à son embouchure sur le Pacifique à San Blas, Nayarit, et du río Moctezuma Pánuco, qui naît au Nord de la vallée de Mexico pour finir sa course dans le golfe du Mexique. Le long des **côtes du Pacifique** et du **golfe du Mexique** se développent la savane et des zones de taillis épineux, d'arbustes ou d'arbres de taille moyenne, où sont présents les fromagers, les palmeraies de sabal, les mangliers (une variété de palétuviers) ou encore les roseaux. Ces savanes sont arrosées, côté golfe, par les rios Grijalva, Usumacinta, Papaloapan et Coatzacoalcos, et côté Pacifique par le río Balsas (important pour la production d'énergie électrique) qui sépare les États de Guerrero et du Michoacán.
Les sols calcaires du **Yucatán** sont couverts d'un tapis végétal de forêts basses au Nord et de forêts de moyenne futaie au Sud, pour la plupart encore inexplorées. Le littoral de ce plateau présente des lagunes d'origine calcaire et corallienne, reliées à la mer en surface et par le sous-sol. Il n'y a pas de cours d'eau sur la péninsule, car le sol très poreux permet à la pluie de s'infiltrer rapidement pour former des cavernes souterraines. L'effondrement des couches qui les recouvre donne naissance à des **puits naturels** caractéristiques, aux parois verticales, les *cenotes*.

Coupe suivant le 19e Parallèle Nord

OF AMERICA
500 km
250 mi
DALLAS
Jackson
Rio Colorado
Brazos
Mississippi
Alabama
HOUSTON
NEW ORLEANS
Rio Bravo
SIERRA
MADRE
ORIENTAL
MONTERREY
Matamoros
GOLFO DE MÉXICO
4054
Tropique du Cancer
23°27'
Tampico
Pánuco
Moctezuma
Meseta del Anáhuac
Mérida
Cancún
Golfo de Campeche
Península de Yucatán
I. Cozumel
MAR DE LAS ANTILLAS
MÉXICO
Iztaccíhuatl
V. de Toluca
V. de Malinche
Popocatépetl
Puebla
Pico de Orizaba
Veracruz
19°
Chetumal
Volcánica
Transversal
1873
Usumacinta
Grijalva
Balsas
3703
3414
Istmo de
Tehuantepec
Oaxaca
2798
Belmopan
BELIZE
(Caribe Mexicano)
Acapulco
MADRE DEL SUR
Golfo de Tehuantepec
GUATEMALA
Sierra Madre de Chiapas
Ciudad de Guatemala
HONDURAS
EL SALVADOR
Iztaccíhuatl 5386m 17159ft
Popocatépetl 5452m/17930ft
Pico de Orizaba 5747m/18406ft
Sierra de Monte Alto
Nevado de Toluca 4690m/15387ft
Ajusco 3930m 12894ft
Volcán de Malinche 4461m/14636ft
Vallée de Toluca
Vallée de México
Vallée de Puebla
Niveau de la mer Golfe du Mexique

© Lynn M. Stone

Ara

Faune – La répartition des animaux – et des plantes – sur la planète peut être envisagée d'un point de vue historique comme conséquence de la formation des continents. Pour le Nouveau Monde, on distingue ainsi deux grands domaines : au Nord la **Néarctis**, où les espèces ont connu une évolution analogue à celles de l'Eurasie, et au Sud la **Néotropis**, incluant l'Amérique centrale, où apparurent des formes biologiques originales. On a coutume de situer leur frontière sur le sol mexicain, à la hauteur de la chaîne volcanique et des dépressions du Sud. La **zone de transition mexicaine** permet aux familles des deux royaumes biogéographiques de se mêler pour former une combinaison zoologique complexe. Au nombre des mammifères du domaine néarctique figurent **ours**, **loups** et **coyotes**, tandis que ceux de la zone néotropicale comptent **singes**, **cerfs**, **jaguars** et **tatous**. Certains animaux comme le **puma**, l'**ocelot** et le **lynx** appartiennent aux deux domaines américains. On n'oubliera pas la grande variété de **reptiles**, comme les **caïmans** des lagunes du littoral, ni les oiseaux au beau plumage, comme le **flamant**, l'**ara** et autres perroquets.

Parcs nationaux – En raison de la grande richesse de la flore et de la faune du territoire mexicain, de nombreux parcs nationaux ont été créés afin de délimiter des réserves de vie sauvage. Il est ainsi possible d'éviter l'extinction des espèces, de préserver les ruines archéologiques, grottes et zones d'intérêt géologique, de réglementer la chasse et de contrôler l'exploitation forestière, en particulier pour certaines espèces comme les bois précieux tropicaux. Parmi ces parcs, on distinguera ceux de Basaseáchi (Chihuahua), Lagos de Montebello (Chiapas), Eduardo Ruiz (Michoacán), Lagunas de Chacahua (Oaxaca) et El Garrafón (Isla Mujeres).

Économie

Tourisme – Les activités les plus importantes pour l'économie nationale sont les **services** (commerces, restaurants et hôtels) qui comptent pour 65,5 % du produit intérieur brut (PIB). Le tourisme est un secteur prioritaire pour la croissance économique du Mexique. Il vient au troisième rang pour la recette extérieure après le pétrole et les produits manufacturés.
Le flux annuel de visiteurs étrangers s'élève à 22 millions de personnes, en majorité en provenance des États-Unis. Le Mexique dispose d'une infrastructure hôtelière et de services appropriés, notamment pour les sites les plus visités. Les touristes sont attirés par les vestiges de l'art précolombien, les villes coloniales, les plages, les cultures indiennes et les couleurs de l'artisanat.

Industrie – Composant 28,8 % du PIB, l'activité industrielle arrive au second rang des ressources économiques du pays. Parmi les principales industries figurent le textile, l'agro-alimentaire, la production de fer et d'acier, de matériel de transport, les industries chimiques et mécaniques. Elles se répartissent dans les grandes villes comme Mexico, Monterrey, Guadalajara, Puebla et Veracruz.
Les **entreprises de sous-traitance** situées dans les principales villes du Nord du pays forment une autre part importante du secteur industriel. Elles ont pour tâche la transformation ou l'assemblage de matières premières, de matériel électrique, de vêtements ou de matériel de transport, qui sont importés temporairement pour retourner dans leur pays d'origine (essentiellement les États-Unis) une fois le produit fini réalisé.

Industrie minière – La richesse minière ancienne du Mexique est liée à la structure géologique du pays. Les plus importants centres miniers se situent dans les régions montagneuses du Nord. Même si l'importance de cette activité a diminué, le Mexique est encore au premier rang mondial pour la production d'**argent** et fait partie des cinq premiers producteurs de zinc, mercure, fluorine et soufre.
Les ressources majeures du sous-sol au Mexique sont le **pétrole** et le **gaz naturel**. Leur exploitation est contrôlée par la **PEMEX (Petróleos Mexicanos)**, la plus grande entreprise du pays. Aujourd'hui, les gisements principaux se trouvent au Sud du pays (Tabasco, Chiapas et plate-forme océanique du Campeche) et sur la zone côtière du golfe (Tamaulipas et Veracruz) et produisent 2,8 millions de barils de pétrole brut par jour. Le Mexique se trouve parmi les cinq premiers pays exportateurs d'« or noir » du monde.

© Bob Schalkwijk

Cueillette du maïs à Oaxaca

Agriculture – En dépit du développement urbain et industriel du pays, l'agriculture continue d'être une des principales sources de revenus de nombreux Mexicains : 60 % de la population active travaille dans l'agriculture, qui est extrêmement diversifiée. On cultive toutes sortes de produits, dans les régions tropicales aussi bien que dans les zones tempérées et fraîches. Les six principaux produits sont le **maïs**, les **haricots**, le **blé**, la **canne à sucre**, le **café** et le **sorgho**. Les deux premiers constituent la base de l'alimentation des Mexicains, et presque la moitié des terres cultivables est employée à leur production. Le blé et la canne à sucre sont également des produits de consommation générale. Le café, en revanche, est le principal produit agricole d'exportation. La culture du sorgho a pris depuis peu une part essentielle dans le grand développement de l'élevage de volailles et de porcs.

L'élevage – Dans presque toutes les régions du Mexique, les conditions naturelles favorisent le développement de l'élevage, pratiqué partout dans le pays. L'élevage des bovins revêt une importance commerciale. Il est pratiqué notamment au Nord du pays (Chihuahua, Durango, Sonora et Zacatecas) où une partie considérable des bovins est exportée sur pied aux États-Unis. Dans le reste du pays, l'élevage se réduit à l'approvisionnement du marché interne.

Pêche – Les zones de plus grande production sont les côtes du Nord-Ouest (Ensenada, Guaymas, Mazatlán, La Paz), où sardines, thons, crevettes, palourdes et langoustes se trouvent en abondance. La **crevette** représente, en valeur, plus du tiers des prises nationales. C'est le principal produit d'exportation de la pêche. Les autres ports importants sont Tampico, Veracruz, Progreso et Cozumel.

Repères chronologiques

Origines

50000 avant J.-C.	Les premiers habitants d'Amérique arrivent d'Asie par le détroit de Béring.
15000-1500	**Époque précéramique**
12000	L'homme de Tepexpan. Ce sont les restes humains les plus anciens découverts au Mexique.
9000	Début de la culture du maïs.
7000	Début probable de la vie sédentaire et de l'agriculture.

Époque précolombienne

1800-200 avant J.-C.	**Époque préclassique** Des communautés s'établissent en Méso-Amérique, partie du continent située au Nord de l'isthme de Panama ; elles vivent de pêche, de cueillette, de chasse et d'agriculture (en particulier maïs, haricots, piments et courges). Développement au Sud du golfe du Mexique de la **culture olmèque**, dont l'influence s'étend rapidement sur d'autres communautés et d'autres peuples. Premiers peuplements des terres basses mayas ; construction des plates-formes de Monte Albán.
200 avant J.-C.	**Époque classique**
900 après J.-C.	Apogée du développement des civilisations précolombiennes et épanouissement des cultures méso-américaines dans l'art, la céramique, l'écriture, le calendrier, la médecine, les mathématiques et l'astronomie. Formation de castes théocratiques. La **religion polythéiste** règle tous les aspects de la vie indienne. Splendeur de Teotihuacán, Monte Albán (zapotèque), Mitla (zapotèque), Uxmal, Palenque, El Tajín, Cobá, Bonampak, Yaxchilán ; déclin des grandes villes de Cacaxtla et Xochicalco.
900-1521	**Époque postclassique** La croissance démographique, l'appauvrissement des paysans et l'invasion de groupes nomades venus du Nord provoquent une crise qui ne s'arrêtera que deux siècles plus tard, avec l'implantation de **gouvernements militaires.** Ceux-ci instaurent le culte de dieux sanguinaires exigeant des sacrifices humains. Naissance de la métallurgie. La Méso-Amérique atteint le sommet de son expansion. Grand développement de la civilisation toltèque à Tula. Apogée de Mitla (mixtèque) et de Monte Albán (mixtèque).
1325	**Fondation de Mexico-Tenochtitlán.** Début de la domination mexica à l'intérieur et à l'extérieur du territoire méso-américain.

L'Épopée du Mexique, peinture murale de Diego Rivera (Palacio Nacional)

La conquête

1511 Un bateau espagnol fait naufrage près de la Jamaïque et les membres de l'équipage sont capturés par les Mayas du Yucatán ; parmi eux se trouve **Jerónimo de Aguilar**, qui rencontrera plus tard **Hernán Cortés** et lui servira d'interprète.

1517 **Francisco Hernández de Córdoba** explore la côte du Yucatán.

1518 **Juan de Grijalva** navigue au large de la côte mexicaine, de l'île de Cozumel au cap Rojo, dans la lagune de Tamiahua, et peut ainsi juger de la dimension de la Méso-Amérique.

1519 On estime la population de la Méso-Amérique à 25 millions d'habitants. **Alfonso Álvarez Pineda** longe la côte du golfe du Mexique, de la Floride jusqu'au río Pánuco.

Février 1519 Le gouverneur de Cuba, **Diego de Velázquez**, envoie Hernán Cortés sur la côte du Yucatán. À **Tabasco**, Cortés rencontre **la Malinche**, qui, avec Jerónimo de Aguilar, aidera à la conquête du Mexique, Aguilar parlant l'espagnol et le maya et la Malinche le maya et le náhuatl.

■ La Malinche

Le célèbre personnage de la Malinche – interprète, conseillère et maîtresse de Cortés – facilitera la rencontre des Espagnols et des Aztèques. Avec 20 autres jeunes filles, elle fut accordée en signe de bienvenue à Cortés par Tabscob, gouverneur maya qui vivait dans l'actuel État de Tabasco. En 1522, elle mit au monde Martín Cortés, fils du conquérant et l'un des premiers métis du continent américain.

Avril 1519 Cortés fonde la première communauté espagnole, **Villa Rica de la Vera Cruz**, saborde ses bateaux et entreprend d'explorer les terres. Il soumet **Xicohténcatl** et le peuple tlaxcaltèque, qu'il convertit en puissants alliés contre l'empire mexica.

Novembre 1519 Arrivée des Espagnols à Tenochtitlán. L'empereur aztèque **Moctezuma II** les reçoit pacifiquement, les loge dans le palais d'Axayácatl et les couvre d'honneurs. Quelques jours plus tard, Moctezuma II est fait prisonnier par Cortés.

1520 Cortés apprend l'arrivée de Pánfilo de Narváez, nommé pour le remplacer, et part à sa rencontre pour le combattre, laissant la responsabilité de Tenochtitlán à Pedro de Alvarado. Celui-ci autorise la célébration d'une fête religieuse, qui se termine par une bataille connue sous le nom de **massacre du Grand Temple** (Matanza del Templo Mayor). Les Espagnols sont assiégés ; en essayant de fuir, ils sont découverts et attaqués et succombent en grand nombre ; cet épisode a été baptisé **La Noche Triste** (La Nuit triste).

Mai 1521 Après s'être emparés d'autres forteresses aztèques, les Espagnols, avec l'aide de 450 000 Indiens tlaxcaltèques, font le siège de Tenochtitlán pendant 75 jours.

Août 1521 **Chute de Tenochtitlán.**

La Nouvelle-Espagne

1522-1536 Cortès devient gouverneur de la nouvelle colonie, baptisée Nouvelle-Espagne. Plusieurs expéditions ont lieu dans le but de consolider et d'étendre les territoires espagnols.

1524 Début de la conquête spirituelle avec l'arrivée de 12 frères **franciscains**, suivis par les **dominicains** (1526) et les **augustins** (1533). Les missionnaires travaillent avec acharnement, en établissant un rapport direct avec les Indiens, en apprenant leur langue et en gagnant leur confiance. Ils sèment ainsi le germe de la fusion des cultures.

1527 Charles Quint établit en Nouvelle-Espagne la première **Audience**, cour dotée de pouvoirs judiciaires et administratifs.

1531 Nomination de la seconde Audience, qui assure l'établissement de l'autorité royale ; cette œuvre est poursuivie par les deux premiers vice-rois, Mendoza et Velasco.

1539 Fondation de la première imprimerie.

1553 Fondation de l'**Université royale et pontificale de Mexico**, dotée des mêmes privilèges que l'université de Salamanque et regroupant cinq facultés.

1566 Conspiration de **Martín Cortés**. Constatant que la couronne espagnole centralise décisions et pouvoir, les *conquistadors* s'estiment dépouillés de leurs privilèges et décident de se soulever.

1571 Fondation du **Tribunal du Saint-Office**.

1651 Naissance à San Miguel Nepantla de **Sor Juana Inés de la Cruz**, remarquable poétesse mexicaine.

1692 **Mutinerie à Mexico**. Le peuple incendie le palais des vice-rois et l'hôtel de ville.

1767 Expulsion des jésuites par ordre de Charles III.

1809 **Conspiration de Valladolid.** Le capitaine García Obeso, le lieutenant Mariano Michelena et le père Vicente de Santa María prétendent former une assemblée pour gouverner le pays au nom de Ferdinand VII.

1810 **Conspiration de Querétaro**. Les conjurés comptent sur le soutien du corregidor, Miguel Domínguez, et de son épouse, **Josefa Ortiz de Domínguez** ; leurs réunions, au cours desquelles ils débattent de l'indépendance, sont fréquentées par Aldama et Allende, qui en informe ensuite le curé Miguel Hidalgo.

La marche à l'indépendance

Septembre **Guerre d'Indépendance** (1810-1821)

1810 **Insurrection paysanne.** Sur le parvis de l'église de Dolores, dans l'État de Guanajuato, le curé **Miguel Hidalgo y Costilla** appelle aux armes contre le gouvernement espagnol et pour l'indépendance. À Atotonilco, il s'empare de l'étendard de la Vierge de Guadalupe et, suivi par une armée populaire, se dirige vers Mexico, accompagné par Ignacio Allende, Juan Aldama, Mariano Jiménez et Mariano Abasolo.

1811 Les insurgés sont vaincus à la bataille de Puente de Calderón ; leurs chefs partent chercher du soutien au Nord, mais sont trahis à Acatita de Baján par Ignacio Elizondo. Hidalgo, Allende, Aldama et Abasolo sont jugés ; tous, sauf Abasolo, sont condamnés à mort. De nombreux rebelles se chargent alors d'embraser le pays, comme Torres en Nouvelle Galice, le curé José María Mercado dans le Nayarit, José María González Hermosillo à Sonora, Rafael Iriarte à Zacatecas, et le curé **José María Morelos** dans le Sud. Ce dernier est de tous le plus brillant : successeur de Hidalgo dans la lutte armée, il s'empare de presque tout le territoire de l'État actuel de Guerrero lors d'une première campagne. Les frères Galván, les Bravo et **Vicente Guerrero** le rejoignent.

1814 Constitution d'Apatzingán ; elle n'est jamais entrée en vigueur.

1817 Poursuite de la lutte armée avec Francisco Xavier Mina, Mier y Terán, Vicente Guerrero et Torres.

1821 **Agustín de Iturbide** – ancien adversaire de Morelos – promulgue l'**accord d'Iguala** ou des « Trois Garanties » : primauté de l'Église catholique, égalité de tous les groupes sociaux et indépendance du Mexique avec une monarchie constitutionnelle.

Août 1821 Le vice-roi Juan de O'Donojú signe le traité de Córdoba qui ratifie l'accord d'Iguala.

Septembre 1821 L'indépendance est consommée avec l'entrée triomphale de l'**armée Trigarante** (« des trois garanties ») à Mexico, Agustín de Iturbide en tête. Formation du premier gouvernement indépendant.

Le Mexique indépendant

1822-1823 **Premier Empire :** Iturbide est couronné empereur sous le nom d'Agustín Ier. Son empire s'étend de l'Oregon et du río Colorado (États-Unis) au Panama.

Au début de 1823, **Antonio López de Santa Anna** rédige un projet destiné à instaurer la république, auquel adhèrent les anciens insurgés et les bourboniens du parti conservateur. Le 19 mars de la même année, cette coalition met fin à l'empire. Iturbide est exilé à Livourne en Italie. L'ancien royaume du Guatemala opte pour la séparation et l'indépendance.

1824 La **Constitution du Mexique** est rédigée, instaurant la République fédérale.

1836 Le Texas, le Nouveau-Mexique et la Californie déclarent leur indépendance.

1846-1848 Sous la présidence du général Antonio López de Santa Anna, la guerre éclate avec les États-Unis et se termine par la signature du **traité de Guadalupe Hidalgo**, par lequel le Mexique reconnaît l'indépendance du Texas, du Nouveau-Mexique et de la Californie. Ces États représentaient ensemble plus de la moitié du territoire mexicain.

1855 Ignacio Comonfort est président intérimaire. Les temps d'anarchie et de chaos sont révolus.

1856 Promulgation des premières **lois de Réforme** visant à la séparation de l'Église et de l'État.

1857 Nouvelle constitution : Ignacio Comonfort est élu président et **Benito Juárez**, du parti libéral, vice-président. Le parti conservateur se soulève avec le programme de Tacubaya, lancé par le général Felix Zuloaga. Recherchant la paix pour le pays, Comonfort abroge la constitution, divisant ainsi son propre parti.

Teixidor: Cruces Y Campa/INAH

Benito Juárez, vers 1860

1858-1861 **Guerre de la Réforme.** Le parti libéral, mené par **Benito Juárez**, se lance contre les conservateurs dans le combat pour la légalité avec une maigre armée improvisée. Juárez doit s'enfuir ; il installe son gouvernement à Veracruz et résiste pendant trois ans aux forces conservatrices, qui ont nommé le général Miguel Miramón à la présidence.

1859 À Veracruz, Juárez promulgue les **lois de Réforme** : nationalisation des biens de l'Église, instauration du mariage civil, établissement du registre de l'état civil, sécularisation des cimetières et liberté du culte.

1861 La crise économique conduit le président Juárez à suspendre le paiement de la dette publique ; il est prévu que les nations créancières (France, Angleterre et Espagne) signent les **Conventions de la Soledad**.
La France n'y consent pas et entreprend l'invasion du Mexique.

1862 **Bataille du 5 mai** à Puebla. Les Français sont battus par l'armée mexicaine. Ce n'est qu'un an plus tard que les forces impériales peuvent vaincre la résistance dans cette région. Juárez quitte la capitale et établit son gouvernement à Paso del Norte (aujourd'hui Ciudad Juárez), où il reste pendant tout le Second Empire.

Teixidor: Cruces Y Campa/INAH

Maximilien d'Autriche, vers 1860

1864 **Second Empire : Maximilien d'Autriche** est nommé empereur du Mexique. Il signe avec Napoléon III la convention de Miramar, par laquelle il s'engage à payer le coût de l'intervention, une somme exorbitante. La convention lui dicte aussi la politique à appliquer par son gouvernement.

1867 Maximilien ne bénéficie plus de la protection de la France. Il souhaite renoncer au trône, mais les conservateurs le persuadent de rester au pouvoir. Attaqué par les républicains, il décide de regrouper ses forces à Querétaro. Il est finalement arrêté et fusillé avec Miramón et Mejía sur la colline de Las Campanas. La République est restaurée, avec Juárez président.

1873 Sous le gouvernement de Lerdo de Tejada éclate à Guanajuato et Jalisco la **rébellion des soldats du Christ**, qui protestent contre les dispositions de la Réforme.

La période « porfirienne » 1877-1911

Le général **Porfirio Díaz** va rester au pouvoir pendant 33 ans. C'est une période d'expansion économique ; l'exploitation de l'industrie minière et pétrolière prend un nouvel essor. Il réalise d'importants travaux publics, et attire les investissements étrangers. Pendant le « Porfiriat », la vie des classes moyennes et aisées du Mexique prend une coloration française. Une architecture avec toits inclinés et mansardes voit même le jour dans un pays où jamais il ne neige...

Mais le paternalisme de la dictature du général Díaz n'empêche ni les abus de pouvoir, ni la censure de la presse, ni l'expropriation de leurs terres des paysans, qui va entraîner leur assujettissement à des haciendas, où ils travaillent des journées entières sans horaires fixes.

Le général Porfirio Díaz, vers 1910

Fondo Coloniales/INAH

1893 Pour obtenir la reconnaissance de son gouvernement par l'Angleterre, Díaz cède une partie du territoire mexicain, qui est incorporée au Belize.

1908 Entretiens Díaz-Creelman. Díaz déclare que seuls l'organisation de véritables partis politiques et un débat électoral libre et ouvert peuvent permettre de désigner son successeur légitime. Ces déclarations entraînent la création de partis d'opposition.

1910 **Francisco Madero** rédige le **programme de San Luis Potosí**, texte révolutionnaire synthétisant les aspirations politiques en ces termes : « Suffrage effectif – Non-réélection ». Une tentative de Díaz pour se faire réélire conduit Madero à susciter un soulèvement armé le 20 novembre.

La Révolution

1910-1920 Renversement du président Díaz, qui s'embarque pour l'Europe. Révolution armée.

1911 Au Sud, plusieurs groupes prennent les armes ; les frères Figueroa dans l'État de Guerrero prennent la capitale, Chilpancingo, et **Emiliano Zapata** promulgue l'**accord d'Ayala**, qui exige la résolution de la question agraire avec le slogan « Terre et Liberté ». Mais c'est au Nord que la révolution obtient sa plus grande victoire, avec la prise de Ciudad Juárez. Madero assume la présidence.

1913 **« Décade tragique »** : Mexico est assiégé pendant dix jours.

Victoriano Huerta trahit Madero et pactise avec l'armée et les États-Unis. Madero et Pino Suárez sont contraints de renoncer ; Pedro Lascurain est nommé président intérimaire ; Madero et Pino Suárez sont arrêtés et assassinés deux jours plus tard. Lorsque Huerta prend le pouvoir comme président, la lutte armée reprend.

Venustiano Carranza s'érige en premier chef constitutionnel et se lance contre Huerta, suivi par des chefs révolutionnaires comme **Álvaro Obregón**, qui dirige la campagne dans l'Ouest, Pablo González dans l'Est, et **Pancho Villa** au Centre qui, à la tête de la division du Nord, mène les combats les plus brillants contre l'armée fédérale.

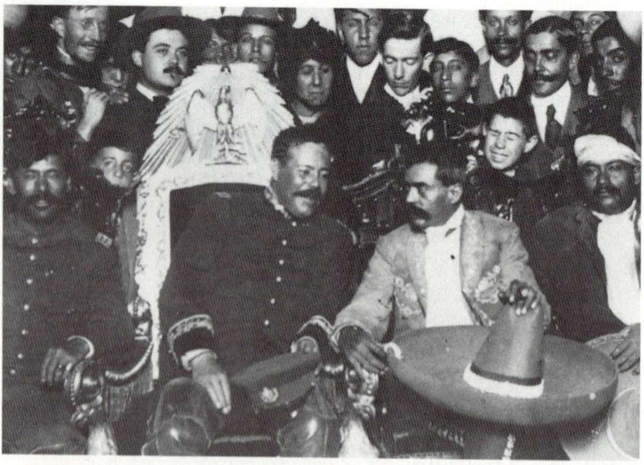

Fondo Casasola /Fototeca del INAH

Pancho Villa dans le fauteuil présidentiel, avec Emiliano Zapata, Mexico, le 6 décembre 1914

1917 La nouvelle **Constitution** est décrétée ; elle garantit entre autres la journée de huit heures de travail et la liberté de l'enseignement. Venustiano Carranza est élu président constitutionnel.

1919 Assassinat d'Emiliano Zapata.

1920 Le congrès nomme Adolfo de la Huerta président provisoire de la Révolution tríomphante. Le travail de reconstruction nationale commence.

1923 Assassinat de Pancho Villa.

Le Mexique moderne

1926 Sous le gouvernement du général Plutarco Elías Calles recommence la **rébellion des soldats du Christ** provoquée par les tensions entre l'Église et l'État.

1929 Formation du premier parti politique officiel, le Parti National Révolutionnaire, aujourd'hui le **Parti révolutionnaire institutionnel** (PRI).

1938 Le gouvernement du général **Lázaro Cárdenas** voit la fin de la lutte armée commencée en 1910. Il négocie la paix avec les soldats du Christ, décrète l'expropriation des entreprises pétrolières et crée la Compagnie Exportatrice du pétrole national. Les chemins de fer nationaux sont confiés au Syndicat ferroviaire un an après leur nationalisation. On donne une plus grande impulsion à l'éducation et à la culture.

1946 À la suite de la création du PRI, les militaires cèdent la place à un gouvernement civil avec la candidature de **Miguel Alemán Valdés** à la présidence.

1968 Mouvement étudiant ; la répression cause la mort d'étudiants à Tlatelolco. **Jeux olympiques** de Mexico.

1970-1976 Luis Echeverría Álvarez est président du Mexique. **Première coupe du monde de football** au Mexique (1970).

1976-1982 José López Portillo est président. Nationalisation de la Banque (1982).

1982-1988 Miguel de la Madrid Hurtado est président.

Septembre 1985 Plusieurs villes sont secouées par deux tremblements de terre, notamment Mexico.

1986 Forte baisse des prix du pétrole. Le Mexique rejoint le GATT.

Deuxième coupe du monde de football au Mexique.

1988-1994 Carlos Salinas de Gortari est président du Mexique.

1994 Soulèvement au Chiapas de l'armée zapatiste de libération nationale, représentée par le sous-commandant Marcos.

Un **traité de libre-échange** entre en vigueur entre le Canada, les États-Unis et le Mexique.

Forte dévaluation du peso, la plus importante du siècle.

1994-2000 Ernesto Zedillo Ponce de León est président du Mexique. Période de redressement économique et de transition démocratique.

1997 Les premières élections au siège de chef du gouvernement du District Fédéral sont emportées par **Cuauhtémoc Cárdenas** du parti d'opposition, le **Parti de la révolution démocratique** (PRD).

Juin 1999 Deux tremblements de terre secouent les États d'Oaxaca, Tlaxcala, Guerrero et Puebla, touchant plus particulièrement la ville de Puebla.

Décembre 2000 Entrée en fonction de **Vicente Fox Quesada**, élu à la présidence de la République sous la bannière du Parti d'action nationale (PAN) après 71 années de règne du PRI.

La présence indienne

Qu'est-ce que la Méso-Amérique ?

L'anthropologue Paul Kirchoff a employé le premier en 1943 l'expression **Méso-Amérique**, « Amérique médiane », pour la zone géographique occupée par les anciennes civilisations des Amériques du Nord et centrale. Les peuples de la région qui s'étend de l'État du Sinaloa au Honduras possédaient des coutumes similaires. Du fait de son étendue, on la divise en plusieurs zones culturelles :

Mexique et autres civilisations

Mexique	avant J.-C.	Autres civilisations
Premiers habitants d'Amérique.	**50 000**	
	30 000	Période paléolithique. Peintures rupestres du Sud de la France et du Nord de l'Espagne.
	3000-1750	Apogée de Babylone. Pyramides de Khéops et Khéphren, Grand Sphinx.
Épanouissement de la culture olmèque.	**1820-200**	
Cultures archaïques : Copilco, Cuicuilco.	**1520-200**	
Fondation de Monte Albán.	**8e s.**	Premiers Jeux à Olympie.
Premiers peuplements des terres basses mayas.	**500**	
	447-432	Édification du Parthénon.
Fondation de Teotihuacán.	**200-150**	
	après J.-C.	
	vers 72-80	Édification du Colisée de Rome.
La culture maya est à son zénith.	**100-800**	
Apogée de Teotihuacán.	**200-500**	
	330	Fondation de Constantinople.
Expansion de Monte Albán.	**400-800**	Construction de la basilique Sainte-Sophie à Constantinople.
Splendeur de Xochicalco.	**800**	Charlemagne empereur d'Occident.
Plénitude de la culture toltèque : Tula.	**1000**	
	1000-1150	Apogée de l'époque romane.
	1163-1235	Cathédrale Notre-Dame de Paris.
Fondation de Mexico-Tenochtitlán.	**1325**	
	1492	Christophe Colomb découvre l'Amérique.
	1508-1512	Michel-Ange peint la Chapelle Sixtine.
Hernández de Córdoba explore les côtes du Yucatán.	**1517**	Réforme protestante de Luther.
Cortés accoste à Veracruz.	**1519**	Floraison du maniérisme.
Chute de Tenochtitlán (empire aztèque).	**1521**	
	1527	Pizarro découvre l'empire inca.
	1540	Fondation de la Compagnie de Jésus. Les Portugais découvrent le Japon.
Découverte de Zacatecas ; essor de l'exploitation minière.	**1545-1563**	Concile de Trente ; Contre-Réforme.
	1598	Construction du monastère de l'Escurial.
	1656	Vélasquez peint *Les Ménines*.
	1661-1710	Construction du château de Versailles.
Début du mécontentement contre l'Espagne, qui déclenche la Guerre d'indépendance.	**1740**	
Expulsion des jésuites de la Nouvelle-Espagne.	**1767**	Expulsion des Jésuites du Monde hispanique.
	1776	Indépendance des États-Unis.
	1789	Révolution Française.
Arrestation de Iturrigaray.	**1808**	Invasion napoléonienne en Espagne.

L'Ouest – Depuis l'époque préclassique, différents peuples ont vécu dans la région qui va du Sud du Sinaloa à l'État du Guerrero, parmi lesquels les **Purépechas**, établis dans la région du Michoacán, que les Espagnols ont nommé **Tarasques**. Ce peuple savait utiliser le cuivre et avait de ce fait une grande avance technologique sur ses contemporains. Ce groupe employant ce métal non seulement comme élément décoratif mais aussi pour la fabrication d'armes, fut l'un des plus difficiles à soumettre pendant la période précolombienne. Leur architecture était déjà assez élaborée, comme en témoigne leur capitale, **Tzintzuntzan**. La céramique y était d'excellente qualité, avec des formes végétales abstraites et des finitions délicates, polychromes et vernissées. Dans les actuels États de Colima et Nayarit, les Purépechas

Guerre d'Indépendance.	**1810-1821**	Abdication de Napoléon.
	1814	Retour des Bourbons en Espagne.
L'indépendance est consommée avec l'accord d'Iguala entre Iturbide et Guerrero, chef des insurgés.	**1821**	Guerre d'indépendance grecque contre les Turcs.
Agustín de Iturbide est empereur du Mexique.	**1822-1823**	Rétablissement de l'absolutisme en Espagne.
Guadalupe Victoria, premier président du Mexique.	**1824-1829**	
Perte du Texas, du Nouveau-Mexique et de la Californie sous le président Santa Anna.	**1836**	Deuxième révolution industrielle.
	1848	Proclamation de la République en France. Marx et Engels publient le *Manifeste du parti communiste.*
Lois de la Réforme.	**1859**	Darwin : *De l'origine des espèces par voie de sélection naturelle.*
Intervention française, bataille du 5 mai à Puebla.	**1862**	
Maximilien d'Autriche empereur du Mexique.	**1864**	
	1865	Fin de la guerre de Sécession. Assassinat de Lincoln.
La République est rétablie avec Juárez.	**1867**	Marx : *Le Capital.*
	1874	Première exposition des Impressionnistes.
Le Porfiriato.	**1877-1910**	Fin de la guerre carliste en Espagne. Formation de la Triple Alliance et de la Triple Entente.
Premières grèves ouvrières.	**1906**	
	1907	Pablo Picasso peint *Les Demoiselles d'Avignon.*
Révolution mexicaine.	**1910-1920**	Première Guerre mondiale. Révolution russe. Futurisme et dadaïsme.
Manifeste du syndicat des Peintres et Sculpteurs, point de départ du « muralisme ».	**1922**	
	1924	Manifeste surréaliste à Paris.
Fondation du Parti national révolutionnaire (PRI par la suite).	**1929**	Crise économique mondiale.
Présidence de Lazaro Cárdenas.	**1934-1940**	
Expropriation des compagnies pétrolières.	**1936-1939**	Guerre civile espagnole.
	1939-1945	Seconde Guerre mondiale.
	1959	Révolution cubaine.
Révolte étudiante ; Jeux Olympiques.	**1968**	Importants mouvements étudiants dans le monde.
	1969	Marche du premier homme sur la lune.
	1973	Fin de la guerre du Vietnam. Mort de Picasso.
Tremblement de terre à Mexico.	**1985**	
	1989	Chute du mur de Berlin.
	1991	Dissolution de l'URSS. Guerre du Golfe.
500 ans de la découverte de l'Amérique.	**1992**	
Premières élections du chef du gouvernement du District Fédéral.	**1997**	Hong Kong redevient possession chinoise.

développèrent des formes artistiques inspirées de leurs animaux domestiques, comme les **itzcuintli** (chiens élevés et engraissés pour nourrir certaines catégories de la population).

Le haut plateau central – Dans l'histoire mexicaine, les richesses naturelles abondantes et les avantages stratégiques du haut plateau en ont fait le domaine de groupes humains au pouvoir influent.
À l'époque préclassique, dans des sites comme **Tlatilco**, on modelait des statuettes en rapport avec l'agriculture ; dans d'autres, comme Cuicuilco, on construisait les premières grandes plates-formes en pierre.
À l'époque classique, on voit s'épanouir une des métropoles religieuses les plus imposantes de l'ancien monde, **Teotihuacán**, capitale culturelle de la Méso-Amérique. Dans leurs temples, construits sur de véritables montagnes artificielles qui se confondent avec les montagnes à l'horizon, les prêtres dirigeants élaborent des idées et des cultes qui se répandent jusqu'au Guatemala. L'esprit sobre et austère de l'époque se reflète dans la forme architecturale particulière donnée aux façades, faite d'une alternance de parements verticaux et de parements en talus et dite **talud-tablero**.
L'instabilité gouvernementale, la guerre, et peut-être la famine ont provoqué au 8e s. la chute de cette ville des dieux. Ce désastre n'a touché ni Cholula ni Cacaxtla et a provoqué la renaissance ultérieure de Xochicalco, où est élevée l'une des constructions en talus les plus remarquables de Méso-Amérique.
Au début de l'époque postclassique, **Tula** commença à exercer son hégémonie en exaltant les valeurs guerrières symbolisées par les **colonnes en forme de guerriers**, les murailles défensives et les pierres sculptées représentant des animaux dévorant des cœurs humains. Mais des invasions nomades mirent un terme à son expansion, et ses habitants toltèques émigrèrent vers le Sud pour s'implanter dans la lointaine Chichén Itzá, où les Mayas ont magistralement réinterprété la religion des hauts plateaux.
Après avoir brûlé Tula, les Chichimèques du Nord migrèrent pour **Tenayuca**, puis Texcoco, où fut fondée une puissante seigneurie.
En 1325, les **Mexicas** – ou **Aztèques** – fondèrent leur centre religieux, administratif et culturel – le plus hiérarchisé de l'Amérique précolombienne – dans une petite île, México-Tenochtitlán. Leurs majestueuses sculptures de pierre reflètent la violence de leur tempérament : vases conçus pour recevoir le sang des victimes, bas-reliefs représentant des serpents de feu ou des scènes d'autosacrifice, dieux revêtant la peau des victimes ou se couvrant le visage de masques dramatiques.

Le golfe du Mexique – À l'époque précolombienne, les versants du golfe, riches d'une faune et d'une flore variées, ont vu se développer trois grandes civilisations. La civilisation **olmèque**, considérée comme la culture mère pour avoir posé les bases du développement culturel méso-américain, s'est établie en 1800 avant J.-C. dans la région du pays où les précipitations sont les plus abondantes, raison pour laquelle les vestiges archéologiques parvenus à nos jours sont très rares et en fort mauvais état. Très fortement hiérarchisés, les Olmèques ont travaillé la sculpture monumentale, avec notamment de remarquables **têtes colossales**. Le jaguar était leur divinité principale. Ils ont été les premiers à graver sur la pierre un système de calendrier. Leurs centres cérémoniels les plus importants sont à San Lorenzo, La Venta et Tres Zapotes.
À la période classique, les **Totonaques** se sont installés dans le centre du Veracruz, dans la ville d'El Tajín ; ils ont développé les échanges commerciaux avec les hauts plateaux et sculpté de curieux jougs, palmes et haches funéraires qui contrastent avec les **petites têtes souriantes** en terre modelée.
L'époque postclassique, période de luttes incessantes contre les Aztèques, voit l'apogée de la culture **huaxtèque** au Nord du Golfe. La relative indépendance de ce peuple lui a permis d'établir ses croyances religieuses autour du thème de la fertilité, avec des sculptures de figures sexuées et des dieux associés aux richesses agricoles.

Oaxaca – Dans cet état montagneux ont vécu de nombreuses communautés sans liens culturels, comme en atteste encore la diversité ethnique de l'État. À l'époque précolombienne, les **Zapotèques** au Sud-Est et les **Mixtèques** au Nord-Ouest constituent les groupes essentiels. Leurs principaux centres religieux étaient **Monte Albán**, **Mitla** et **Yagul**. Le premier est le plus intéressant, avec son ingénieux plan de construction sur une colline, et parce qu'il a été à la fois ville et nécropole. L'art de toute cette région présente des éléments architectoniques originaux : massives constructions où le rapport hauteur/largeur écrase les formes, élevées en utilisant les pentes naturelles, et multiplication des **panneaux verticaux** apparus à Teotihuacán mais encadrés de corniches à l'intérieur desquels sont sculptées des moulures en forme de grecque simple ; l'élément décoratif joue avec le soleil pour créer des effets d'ombre et de lumière. Le développement de l'**orfèvrerie** est très important dans cette région ; le talent des orfèvres y a donné des objets délicatement filigranés. Le domaine artistique s'étend aussi aux ornements à base de plumes d'oiseaux, aux sculptures en argile et à la taille de la pierre.

Les Mayas – Une des civilisations les plus étonnantes du monde ancien, celle des Mayas, a occupé au Mexique les actuels États du Yucatán, du Quintana Roo, du Campeche, du Tabasco et du Chiapas ; et aussi le Belize, le Guatemala, le Honduras et le Salvador. La complexité et l'éclat de leur essor artistique et culturel mettent en évidence leur remarquable capacité d'adaptation au climat et à l'environnement végétal.

Régions culturelles de Méso-Amérique

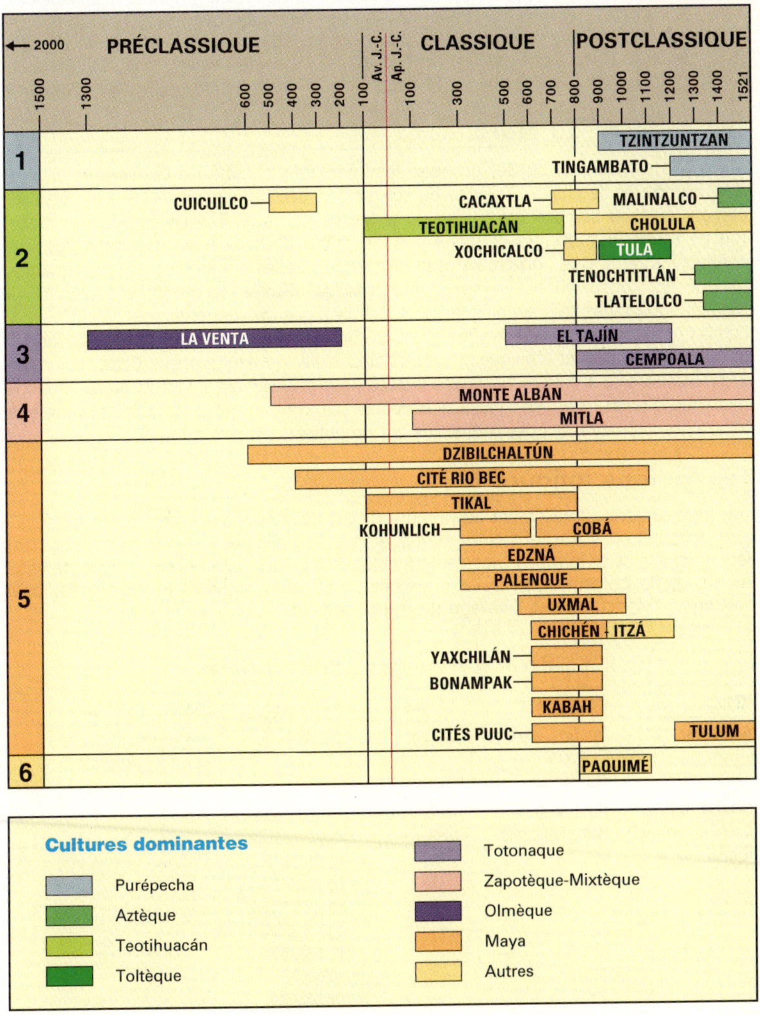

Stèle de Yaxchilàn, Chiapas

L'exubérance de la nature au cœur de laquelle vivaient les Mayas, alliée à une observation passionnée du mouvement des astres, a tendu vers l'extrême la sensibilité interprétative de ce peuple, dont les œuvres magiques et énigmatiques n'ont cessé de surprendre les chercheurs. Environnés par ce décor foisonnant, les centres cérémoniels monumentaux comme **Uxmal**, **Palenque** et **Yaxchilán** sont autant de témoins de la richesse ornementale maya. Elle s'épanouit dans les peintures murales, les mascarons finement stuqués, les décors des façades aux sobres frises géométriques, aux extraordinaires faîtes et aux couvrements en encorbellement. La réalisation de ces derniers fut rendue possible par la création de l'**arc maya** (ou faux arc), obtenu en superposant des pierres en débords successifs ; celles-ci reposent sur deux murs et le prolongent jusqu'à se rejoindre presque à la partie supérieure de la construction, terminée en pointe ou légèrement arrondie *(photo p. 351)*. Les exceptionnels **glyphes servant de calendriers**, la sculpture, et les extraordinaires céramiques aux formes et décors richement stylisés méritent une mention à part.

Les **centres cérémoniels** étaient parfois dotés de nombreuses **voies processionnelles** qui, dans la péninsule de Yucatán, joignaient entre elles plusieurs villes, créant un grand réseau de chemins – ou **sacbés** – et favorisant la circulation des marchandises.

Tikal et Quirigua (tous deux au Guatemala), Copán (au Honduras), Caracol et Lamanai (tous deux au Belize) ont été des centres mayas de toute beauté, avec une architecture monumentale marquée par la verticalité et des **stèles** remarquablement travaillées.

Les cultures du Nord

Au Nord du Mexique, où des groupes semi-nomades comme les **Chichimèques** vivaient de cueillette et de chasse, l'aridité du sol fut l'un des principaux freins à un développement culturel comparable à celui de la Méso-Amérique. Ces civilisations du désert (ou de l'Amérique aride) ont mené une vie précaire, et ce n'est que dans des sites comme Paquimé que l'on trouve des formes culturelles singulières et remarquables, comme les constructions en terre, une **céramique décorée** de motifs végétaux et de thèmes aquatiques très simples, et quelques vestiges de vannerie.

Dès la fin de la période classique, les invasions chichimèques en Méso-Amérique ont permis un mélange culturel et ethnique et transformé l'avenir du haut plateau. Cette région, qui a dû défendre sa frontière Nord très instable, est précisément l'endroit où se situe l'île mythique d'**Aztlán**, d'où les tribus chichimèques partirent en quête de la terre promise de México-Tenochtitlán, qui deviendra plus tard le puissant empire aztèque.

Les Indiens aujourd'hui

Les Indiens sont actuellement au nombre de 10 millions, divisés en 56 groupes. Leur localisation sur le territoire national et le milieu géographique et climatique dans lequel ils vivent déterminent les caractéristiques de leurs habitations, le type de vêtements qu'ils portent, leur travaux artisanaux et leurs activités économiques, pour l'essentiel l'agriculture et l'élevage d'oiseaux de basse-cour.

Principaux groupes indiens

Groupe	Localisation	Langue	Artisanat	Danses, traditions
Amuzgos	frontière entre Guerrero et Oaxaca	amuzgo	textiles	*Doce Pares, Conquista, Moros y Cristianos*
Cucapá, Kiliwa Cochimí, Pai pai, Kimiai	Nord de la Basse-Californie	de la famille yumana	tissu orné de cuir, *chaquira* (coiffure de plumes multicolores), agave, bois et *palmilla* (tissages de palmes)	

Cuicatèques	Nord-Ouest du Oaxaca	cuicatèque	Textiles et poterie	*Danseurs vêtus en femmes (huehuetones)*
Chichimèques	San Luis Potosí, Guanajuato	chichimèque	couvertures en laine et sacs d'agave	*Juego de la Checa*
Chinantèques	Nord de Oaxaca, au pied de la Sierra Madre Orientale	chinantèque	textiles	
Chontales	Sud-Ouest de Oaxaca	chontal ou tlequistlatèque	Textiles et poterie	*Danza del Caballito*
Huaxtèques	San Luis Potosí et Nord de Veracruz	huaxtèque	articles de palme et *zapupe* (fibre d'agave)	*Huehues, Malinche, Negros, Rebozos* (châles), *Varitas* (baguettes)
Huichols	Jalisco, Nayarit et Durango	huichol	textiles, calebasses, travaux en laine	
Lacandons	forêt du Chiapas	lacandon	arcs et flèches	Ranimation des foyers
Mayas	Campeche, Yucatán et Quintana Roo	maya	broderies et articles en *henequén* (sisal)	*Jaranas* (noces), *Baile de la Cabeza de Cochino* (danse de la tête de cochon)
Mazahuas	District Fédéral, Mexico, Morelos, Michoacán	mazahua	tapis, couvre-lits, nappes.	
Mazatèques	Bassin du Río Papaloapan	mazatèque	textiles	
Mixes	Nord-Ouest de Oaxaca	mixe ou ayook	textiles, poterie	*Los Negritos, Conquista, Danza del tigre*
Mixtèques	Puebla, Nord-Ouest de Oaxaca et Guerrero	mixtèque	articles en palme	*Los charcos* (mares), *Los Rubios y los Chicholos* (Les blonds et les pâlots)
Nahuas	District Fédéral, Hidalgo, Morelos, Tlaxcala, Puebla, San Luis Potosí, Veracruz, Guerrero	nahuatl	peintures sur amate (papier d'écorce), textiles, et figurines en fer-blanc	*Tlacoleros, La Culebra* (la couleuvre), *Danza de las Cintas* (danse des rubans). Rituels agricoles.
Otomis	Puebla, Hidalgo, Mexico, Guanajuato, San Luis Potosí	otomí	textiles, broderies, vannerie	
Pimas	Sud-Ouest de Chihuahua et Est de Sonora	pima	vannerie	
Tarahumaras	Seuil montagneux de la sierra Madre occidentale	tarahumara	travaux en palme, bois, céramique et tissus en laine	*Baile de la Pascola, de los Matachines* (des bouffons), *Danza del Venado* (cerf)
Tarasques (Purépechas)	plateau de Michoacán	tarasque ou purépecha	bois, ferronnerie, poterie, chapeaux et articles en laine	*Los Negritos, Los Viejitos*

Femme et enfant zapotèques

Tepehuanes	Narayit et Durango	tepehuan	poteries simples	*Baile de los Matachines (bouffons)*
Triques	Sud-Ouest de Oaxaca	trique	textiles	
Tzeltales	centre du Chiapas	tzeltal	tissus, sculptures en bois, céramique	
Tzotziles	San Juan Chamula, Chiapas	tzotzil	textiles, broderies, poterie	
Yaquis	Sud-est de Sonora	yaqui	céramique et vannerie	*Danza del Venado (cerf), La Pascola, Danza del Coyote*
Zapotèques	Vallée de Oaxaca	zapotèque	tissus et poterie	*Danzas de la Pluma*

L'organisation politique et sociale des Indiens est complexe ; certains groupes acceptent les lois constitutionnelles, tout en continuant à se conformer aux coutumes transmises de père en fils, tandis que d'autres groupes demeurent autonomes. Certaines communautés sont intégrées quant à la pratique de la langue, alors que d'autres ne parlent que leur idiome. C'est dans le domaine religieux que l'on perçoit le mieux le **syncrétisme culturel** car, malgré la prédominance de la religion catholique, les fêtes et cérémonies maintiennent toujours vivants des rites et des éléments hérités du passé précolombien. Musiques et danses sont fortement imprégnées de sentiment religieux.

Le Panthéon précolombien

Les religions des sociétés précolombiennes reposaient sur les conditions écologiques des milieux où étaient apparus les différents peuples, lesquels se livraient probablement à l'origine à un certain nombre de pratiques relevant de la magie et associées aux phénomènes naturels. Une évolution relativement rapide, qui vit ces peuplades agricoles vivant dans de petites bourgades agricoles organiser des cités structurées habitées par des artisans spécialisés, s'accompagna sur le plan religieux du passage de simples croyances à un système avec temples et prêtres. Ces derniers, perçus comme les intermédiaires entre les dieux et les populations et inventeurs du calendrier, exercèrent une influence grandissante et fondèrent les balbutiements de la science sur l'observation astronomique. Ils constituèrent une classe théocratique qui gouvernait la cité, tandis que la religion contrôlait la vie de la communauté ; cette domination connut son apogée avec les rois-prêtres, auxquels on attribuait une origine divine.
Du fait de leurs racines, les religions des divers peuples de Méso-Amérique étaient polythéistes. L'évolution des aires d'influence de ces peuples amena peu à peu une interpénétration de chacun des cultes, qui connut son accomplissement chez les Aztèques. Ceux-ci adoptèrent dans leur panthéon les dieux des tribus conquises, essayant de faire coïncider sa personnalité avec l'un des leurs ou lui rendant un culte particulier. Se disant fils du Soleil, les Aztèques étaient contraints de le nourrir avec l'« eau précieuse », le sang, pour assurer la marche du monde. Aussi se livrèrent-ils aux sacrifices humains, probablement consentis par les victimes, car il n'était de mort plus glorieuse que de mourir au combat ou au sacrifice.

Les dieux aztèques

Tonocatecuhtli, et son épouse **Tonacacihuati** (« seigneur » et « dame de notre subsistance »), sont les créateurs du monde, des dieux et de la terre.

Huitzilopóchtli (« colibri de la gauche »), l'un de leurs quatre enfants, est le dieu de la guerre et de la chasse. Il incarne le soleil.

Quetzalcóatl, le serpent à plumes, est le dieu du vent, de la vie, de la fertilité, l'inventeur du maïs et de l'agriculture.

Tláloc, dieu de la pluie et du tonnerre, est le dieu bienfaisant par excellence.

Coatlicue, « jupe de serpents », est la déesse de la terre et de la mort.

Xochiquetzal, épouse du dieu de la pluie et mère du dieu du maïs, est la déesse de l'amour, des fleurs, de la fertilité et des artisans.

Les dieux mayas

Kukulkán, le serpent à plumes, est la principale divinité maya. Dieu du vent, symbole de la vie, de la lumière, du mouvement et de l'eau, c'est l'équivalent de Quetzalcóatl.

Chac, le dieu de la pluie, du vent, du tonnerre et de l'éclair, est le dieu bienfaisant, représenté avec un nez crochu et un bandeau sur la tête.

Hunab, être suprême et créateur du monde, n'a cependant qu'un rôle secondaire.

Yum Kax, dieu de la culture du maïs, de la vie et de l'abondance, figure sus les traits d'un adolescent au crâne déformé.

Itzamna, fils d'Hunab, représenté sous l'aspect d'un vieillard édenté, est le dieu du ciel, du jour et de la nuit.

Ah Puch, dieu de la mort, figuré sous la forme d'un squelette flanqué d'un chien et d'une chouette, représenté tout ce qui est malfaisant.

Bolontiku est le nom générique des dieux des neuf mondes inférieurs, patrons d'un des jours du calendrier maya.

Art et architecture

Période précolombienne – À cette époque, l'implantation des villages et des villes dépendait avant tout de l'emplacement des **centres cérémoniels**, pour lesquels on recherchait des sites panoramiques en hauteur. Là se succédaient de vastes esplanades réservées aux rituels publics ou au marché en plein air, entre lesquelles on édifiait les somptueuses résidences des chefs et des prêtres, les bâtiments administratifs et d'imposantes plates-formes à plusieurs niveaux – les pyramides –, dont le sommet portait les temples, auxquels nobles et gouvernants étaient seuls à avoir accès. Dans la plupart des cas, les ouvertures des temples et les voies principales étaient orientées vers le soleil levant et le couchant en raison des **aspects cosmiques** du système religieux, directement lié aux cycles de végétation.
Il était de coutume de reconstruire les pyramides sur les précédentes ; aussi les ruines que nous voyons aujourd'hui correspondent-elles à la dernière phase de la construction.

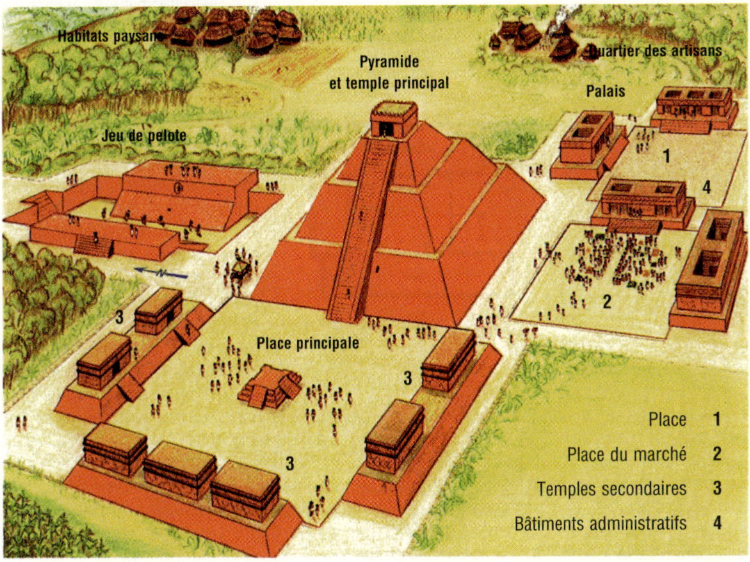

Plan d'un centre cérémoniel

Les techniques de construction comportaient la fabrication de briques, l'emploi du mortier comme liant et la taille de blocs de pierre, d'une grande précision malgré les limites technologiques : les civilisations précolombiennes manquaient de bêtes de somme, ne connaissaient pratiquement pas la roue et ne possédaient pas d'outils en métal.
La plupart des façades des bâtiments importants étaient peintes, de même que les statues et les sols, car la couleur avait une grande signification dans la vision du monde particulière des Indiens. Avec un sens étonnant de la composition et du mouvement, le dessin leur a servi à exprimer sur les stèles, sur les murs et dans les **codex** (manuscrits) le langage poétique de leur relation avec la nature.
À la fin de la période classique, on voit apparaître les **jeux de pelote**, qui ont lieu en général sur des terrains en forme de double T. Les participants à la cérémonie religieuse jouaient avec une balle en caoutchouc *(hule)* symbolisant le soleil ; elle devait sans doute être lancée dans des anneaux de pierre ordinairement encastrés dans les murs. Dans certaines cultures, le rituel se terminait par le sacrifice de l'un des adversaires.
On a découvert au travers de leur art une religion polythéiste sophistiquée qui servait de pôle d'intégration. Le monde des formes magistralement créées par les potiers pour la **céramique rituelle** est riche de profondes significations spirituelles, des gracieuses figurines féminines associées à la fertilité jusqu'aux poteries polychromes destinées à accompagner les morts dans l'autre monde.
Les anciens Mexicains avaient une **vie spirituelle** complexe, dans laquelle ils recherchaient pour survivre le sens de leur relation avec les forces de la nature. Le culte des dieux les a amenés à tailler des offrandes en bois, en os et en cristal de roche. À une époque plus tardive, ils ont travaillé l'or, l'argent et le cuivre ; on voit dans ces travaux combien l'habileté de l'artisan domine la matière. Il en est de même pour les bas-reliefs de pierre, taillés avec une telle finesse qu'à première vue ils ressemblent à des stucs.

Leurs nombreuses **sculptures** plaisent par la profusion de grecques, de volutes et de détails qui font preuve à la fois d'un parfait réalisme et d'une grande fidélité aux dieux, aux gouvernants et aux événements historiques importants. Le modelage en stuc a aussi atteint un développement notable, surtout dans les régions où la pierre était rare, et où ce mélange de chaux, de sable et d'eau a servi à orner frises, piliers et perrons.

À la périphérie des grands centres cérémoniels vivaient les **artisans** dans leurs ateliers, et les **paysans**, qui habitaient de modestes huttes d'argile et de paille plus dispersées à proximité des terres cultivables. De ces constructions il ne reste que quelques traces.

16e siècle – L'art après la Conquête est le produit des styles de vie européens imposés aux peuples indigènes. C'est l'Église catholique, dans son élan évangélisateur, qui soutient le développement de tous les arts, raison pour laquelle les arts profanes ne prennent pratiquement pas d'importance, sauf en architecture.

Sous la direction des moines, on bâtit des **couvents** et des installations inconnues en Europe, par exemple l'**atrium** qui permet à des centaines d'Indiens d'assister en plein air aux cérémonies, célébrées depuis la **chapelle ouverte**.

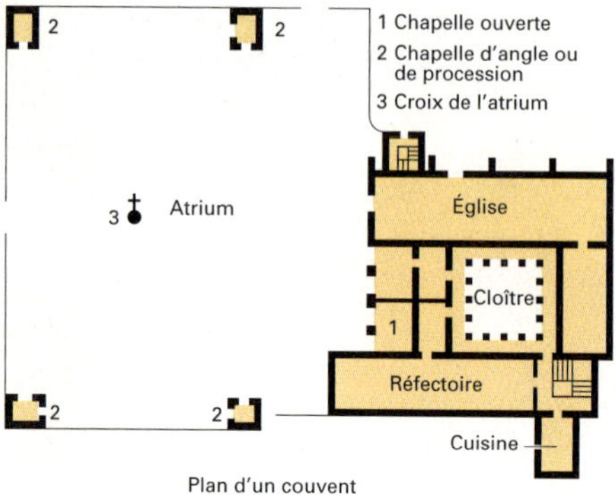

Plan d'un couvent

Les **chapelles de procession** *(capillas posas)* sont une autre nouveauté ; elles servaient de reposoirs au Saint-Sacrement au cours des processions qui avaient lieu en plein air dans l'enceinte de l'atrium. On les appelle aussi chapelles d'angle parce qu'elles s'élevaient à chaque coin de l'atrium. Ce sont des petites pièces pourvues de deux accès, dont l'un permet au prêtre d'entrer pour procéder à la cérémonie, et l'autre de ressortir, juste en face de la chapelle suivante.

Les **églises** ont été construites en une seule nef ou sur le plan basilical, dans un mélange de styles roman, gothique et Renaissance avec ses variantes *plateresque* (très orné) et herrérien (épuré). Selon les chroniqueurs du 16e s., elles étaient recouvertes de riches toitures de bois, et beaucoup de plafonds étaient sculptés dans le style mudéjar, avec d'impressionnants caissons. Mais, facilement détruits par les incendies, ces plafonds ont été progressivement remplacés par les longues voûtes en berceau ou nervurées qui sont parvenues jusqu'à nous. L'aspect extérieur des couvents est semblable à celui de forteresses auxquelles manqueraient les aménagements défensifs d'une véritable place forte. Les **cloîtres** aussi sont construits en styles divers ; beaucoup ont conservé leurs peintures murales, aux thèmes inspirés du Nouveau Testament ou de la vie des saints.

Dans le domaine de la sculpture, on a façonné de gigantesques **retables** de bois, recouverts de feuille d'or, ornés de statues maniéristes associées à des huiles sur bois. Des maîtres comme **Simón Pereyns**, Andrés de la Concha, Juan de Arrué, les **Baltasar Echave**, entre autres, ont créé des œuvres à la saveur médiévale, aux caractéristiques flamandes ou italiennes.

17e et 18e siècles – Vers la fin du 16e s., le remplacement du clergé régulier par le clergé séculier et la création de nouvelles paroisses ont amené un changement dans l'architecture, avec la construction de bâtiments plus modestes se substituant aux massifs couvents du siècle précédent. On adopte définitivement le plan en **croix latine**, avec nef unique séparée du chœur par un transept. À la croisée du transept s'élève une coupole soutenue par des pendentifs. Cela permet de placer sur le côté la sacristie et le tableau des offices, et, attenant à la nef, le presbytère.

Chapelle de procession à Calpan (Puebla)

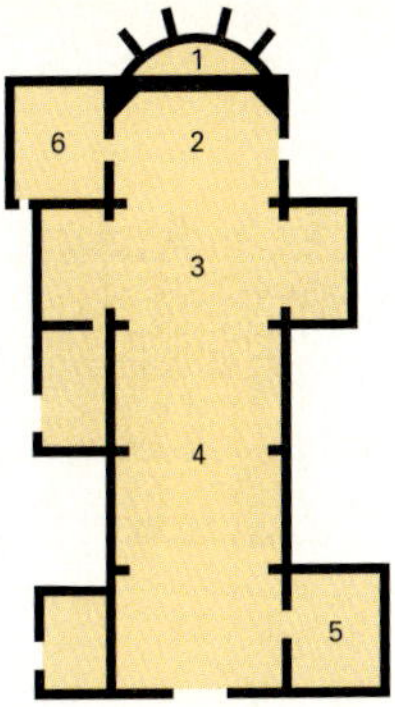

1 Abside
2 Choeur
3 Transept
4 Nef
5 Baptistère
6 Sacristie

Eglise à plan en croix latine

Les **couvents de religieuses** présentent aussi une nouveauté : le portail devient latéral pour permettre l'installation, à l'extrémité opposée au maître-autel, d'un *coro* surélevé ou de plain-pied, d'où les religieuses entendent le sermon. Généralement très spacieux, ils deviennent de véritables « républiques » de femmes, accueillant parfois plus de 300 religieuses, sans compter les domestiques à leur service.
En Nouvelle-Espagne, le style **baroque** n'est pratiquement adopté qu'en décoration, et rares sont les monuments dérogeant par leur plan à la croix latine. Il apparaît avec une variante dite **sobre**, modérée, ou de transition, restant très timorée quant à l'ornementation et au mouvement des formes, et s'affirme vers 1640, quand se généralisent les formes **salomoniques** (colonnes torses), puis surtout celles plus spectaculaires du **churrigueresque** et l'emploi de l'*estípite* (étroit pilastre en forme de pyramide inversée). Créé en Espagne par don José Benito de Churriguera, il a été introduit au 18ᵉ s. au Mexique par l'architecte Jeronimo de Balbás. Cet ornement envahit les façades d'églises et les **retables**, pièce maîtresse de la décoration intérieure et véritable monument en bois sculpté et doré. On en fabrique alors des centaines : certains sont de pures leçons d'histoire sacrée, d'autres illustrent la vie de personnages importants ou de fondateurs d'ordres religieux.
Les **stucs** aussi forment une part importante de l'ornementation ; ce travail exquis parvient à créer de nouvelles formes représentatives de l'art chrétien. Ces formes ont atteint en Nouvelle-Espagne deux dimensions transcendantales : d'une part la vision des villes naissantes, reflétant le lent et douloureux processus du métissage culturel et humain, mais luttant pour conserver les solutions artistiques dominant en Europe ; d'autre part, une vision profondément enracinée dans l'imaginaire populaire, qui s'exprime dans des formes et des styles inouïs. On a un exemple du premier type avec la Chapelle du Rosaire à Puebla, dont l'extravagante richesse ornementale est tel un miroir magique où l'on découvre ici et là des traits populaires. L'autre type se rencontre à Tonantzintla, où l'imagination et le savoir-faire indiens se confrontent à un art étranger ; ici se mêlent, dans une sagesse extraordinaire et une candeur totale, thèmes précolombiens et éléments chrétiens. Le résultat est un chef-d'œuvre du baroque populaire.
Depuis le 16ᵉ s., la **sculpture néohispanique** conserve un caractère strictement religieux et atteint une grande force d'expression, aussi bien pour les statues de pierre ou de bois que pour les hauts et bas-reliefs servant à embellir les façades des églises.
L'**architecture profane** : on remarque surtout les beaux palais citadins, qui suivent pratiquement toujours le même plan : une cour centrale entourée de quatre galeries. Au 18ᵉ s., on les dote d'un premier étage pour les appartements des maîtres ; le rez-de-chaussée est réservé aux domestiques et aux commerces. Les façades sont en *tezontle* (pierre volcanique rougeâtre à la texture poreuse) et en pierre de taille, souvent sculptée. Ces bâtiments donnent un caractère élégant aux villes de l'époque.

19ᵉ siècle – Depuis le milieu du 18ᵉ s., plusieurs artistes s'intéressent aux nouveautés de l'art **néoclassique** et envisagent même la possibilité de fonder une académie, mais le manque de soutien de la part des autorités espagnoles et vice-royales les en empêchera. Dans leurs travaux apparaissent néanmoins des formes néoclassiques. C'est le cas de l'œuvre du peintre **Miguel Cabrera** et de l'architecte Ortiz de Castro. Mais la pureté du canon gréco-latin – symétrie, sobriété, harmonie – n'est jamais bien déterminée, car le courant du baroque est si puissant qu'il persiste dans le nouveau style.
En 1783 est créée l'Académie royale des Beaux-Arts du Mexique, sous le parrainage du roi Charles III, ce qui lui vaudra l'appellation d'**Académie de San Carlos**. Pour dispenser les cours, on fait venir des maîtres européens. Parmi eux, le sculpteur et architecte **Manuel Tolsá**, le peintre **Rafael Ximeno y Planes** et le graveur de médailles **Jerónimo Antonio Gil**. C'est Tolsá qui tient le rôle majeur dans l'architecture, autant profane que religieuse, et on lui doit des œuvres aussi importantes que l'achèvement de la **cathédrale Métropolitaine**, le **palais des Mines** et la statue équestre de Charles IV – dite **El Caballito** – à Mexico, et le projet de l'**Hospice Cabañas** à Guadalajara, parmi bien d'autres.

Le Sagrario Metropolitano à Mexico

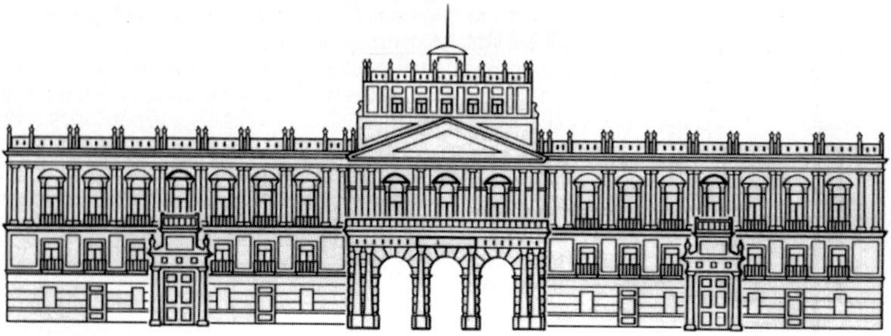

Le palais des Mines à Mexico

Au nombre des architectes marquants de cette période se trouve **Francisco Eduardo Tresguerras** (1759-1833), également peintre, sculpteur, musicien et poète ; il a eu une grande influence dans le centre du pays.
Même si la passion pour le néoclassique, contrariée par la guerre d'Indépendance, est éphémère, elle conduit à la destruction de plusieurs ouvrages baroques, considérés de mauvais goût.
Depuis 1810, la Nouvelle-Espagne se trouve en permanence en état de guerre, ce qui entraîne une diminution considérable de la production artistique.
En 1884, Porfirio Diaz rétablit la paix, et les arts connaissent un nouvel essor. L'Académie de San Carlos est réorganisée en 1887, et un nouveau groupe de maîtres européens arrive au Mexique pour dispenser les différents enseignements. Parmi eux se distinguent les peintres **Pelegrín Clavé** et **Eugenio Landesio**. On doit aussi mentionner **Juan Cordero** ; formé à Rome, il a laissé la partie la plus importante de son œuvre au Mexique ; elle est exposée aujourd'hui au musée national d'Art (MUNAL).
Le meilleur élève de Landesio, **José María Velasco**, fut un remarquable paysagiste doté d'exceptionnelles qualités de dessinateur et de coloriste, on le considère comme le peintre le plus brillant du 19e s. ; son œuvre, exposée également au MUNAL, illustre ses tendances nationalistes. Un second groupe surgit quelques années plus tard, avec des artistes comme Felipe Sojo, Luis Coto et Martín Soriano.
Le maître espagnol Manuel Vilar a eu pour mission de diriger l'École de Sculpture, sans connaître le succès de Clavé. Le seul sculpteur notable est **Miguel Noreña**, qui créa le monument a Cuauhtémoc, aujourd'hui sur le paseo de la Reforma (Mexico).
En architecture, la production est plus pauvre, car bien que l'architecte italien Javier Cavallari ait donné des cours à l'Académie, il ne compte guère d'élèves remarquables. **Lorenzo de la Hidalga** est le créateur le plus important de cette école ; parmi ses œuvres figurent la coupole de l'église Santa Teresa la Antigua, à côté de la plaza de la Constitución, et le socle d'*El Caballito* (Mexico).

20e siècle – À la fin du 19e et au début du 20e s., sous le « Porfiriat », le Mexique connaît une période d'ouverture ; il souhaite appartenir au « monde civilisé » au même titre que les pays d'avant-garde. Au nombre des artistes qui ont séjourné à Paris et dans les villes allemandes du romantisme et du symbolisme, alors en vogue, on trouve **Jesús Contreras**, **Germán Gedovius** et **Julio Ruelas**. Ce dernier, peintre, dessinateur et graveur, se distingue comme représentant fidèle du symbolisme et des formes décoratives de l'Art nouveau en peinture. Parmi ses contemporains, mais avec des objectifs différents, figurent les graveurs **Manuel Manilla** et **Guadalupe Posada**, dont les œuvres possèdent une force expressive empreinte d'ironie ; ils sont devenus les critiques les plus féroces de la culture du « Porfiriat ». En marge de l'Académie de San Carlos, **Joaquín Clausell**, avec son sentiment de la nature et son important travail sur la couleur, crée un style impressionniste mexicain assez éloigné de l'impressionnisme français.
Avec la génération d'artistes suivante, **Diego Rivera** et son épouse **Frida Kahlo**, **José Clemente Orozco**, **David Alfaro Siqueiros** et **Gerardo Murillo** (ou **Docteur Atl**), qui puisent leur inspiration à des sources proprement nationales, s'achève la période où la peinture mexicaine répondait aux préceptes européens. Le précurseur de ce mouvement, qui met en scène aussi bien les Indiens que les gens très modestes, est **Saturnino Herrán**, à l'œuvre fortement expressionniste, trait qu'il transmettra à son élève **Francisco Goitia**.
À partir de 1921, sous le régime d'Alvaro Obregón, José Vasconcelos est nommé secrétaire à l'Éducation ; il joue un rôle déterminant dans la naissance de l'École mexicaine de peinture. Vasconcelos a mis les bâtiments publics à la disposition des artistes de la Révolution, pour développer un art du **muralisme mexicain** qui aurait une influence sur le peuple. Cette forme artistique a connu un succès sans précédent en Amérique. Outre les trois grands muralistes – Rivera et son dessin analytique, Orozco et son franc expressionnisme, et Siqueiros, grand théoricien du mouvement – se distinguent Alva de la Canal, Fernando Leal, Fermín Revueltas, **Juan O'Gorman**, Pablo O'Higgins, Alfredo Zalce, parmi beaucoup d'autres. À la même époque, **Rufino Tamayo**, un maître de la couleur, travaillait de manière indépendante. On l'a critiqué parce qu'il ne faisait pas de la peinture nationaliste, mais son œuvre est celle qui illustre le mieux les sentiments profonds des Mexicains.

Plus récemment, avec **José Luis Cuevas**, **Pedro** et **Rafael Coronel**, **Manuel Felguerez** (sculpteur), Vicente Rojo, Alberto Gironella et Francisco Toledo, on voit s'épanouir une recherche plus individualiste. Dans les dernières décennies, les nouveaux courants d'avant-garde du monde entier n'ont pas manqué d'influencer la production artistique nationale, qui emploie des modes alternatifs à la peinture et à la sculpture, comme l'installation, l'art de l'objet et tous ses dérivés.

L'**architecture** du début du 20e s. est due en grande partie à des architectes étrangers, mis à part **Rivas Mercado**, qui a réalisé le monument à l'Indépendance, communément appelé « El Ángel ». De nouvelles formes sont apparues plus tard, comme le style **néocolonial** et l'**Art nouveau**. La **mode française** a eu une influence, en particulier dans les nouveaux quartiers ou cités qui entourent le cœur du District Fédéral. À partir du gouvernement du général Lázaro Cardenas, l'architecture va suivre une voie innovante avec le fonctionnalisme, auquel **Luis Barragán** applique un style très personnel et intime. La cité universitaire est le monument qui synthétise le mieux les arts de l'époque : architectes, peintres et sculpteurs se sont unis pour édifier le plus grand centre d'études du pays.

Plus tard, avec l'emploi du béton et du verre, des formes et des espaces nouveaux voient le jour, avec des architectes comme **Ricardo Legorreta**, **Teodoro González de León**, **Abraham Zabludowsky** et **Pedro Ramírez Vázquez**.

En sculpture, il faut encore mentionner de grands artistes comme Ignacio Asúnsolo et, plus récemment, Francisco Zúñiga, Baltazar Martínez, Julian Martínez Sotos et Sebastián.

Quelques termes d'art

Les mots en bleu n'ont pas d'équivalent en français.

Abside : extrémité arrondie ou polygonale d'une église, derrière l'autel.

Adoratorio : petit temple, lieu de culte sur les sites précolombiens.

Azulejos : carreaux de faïence vernissée.

Camarín : petite chapelle en arrière du retable, située au 1er étage, ornée comme un salon, où se conserve le plus souvent une statue de la Vierge précieusement vêtue.

Campanile : clocher isolé, souvent près d'une église.

Chac-mool : statue représentant en général une divinité à demi couchée, les jambes fléchies, la tête dressée et portant un récipient ou un plateau sur le ventre.

Chrisme : monogramme du Christ, formé des lettres grecques *khi (X)* et *rhô (P)* majuscules.

Churrigueresque : dans le style de Churriguera, famille d'architectes du 18e s. Désigne un décor baroque surchargé.

Clef de voûte : claveau placé au sommet du cintre de l'arc ou de la voûte, souvent décoré.

Colonne salomonique : colonne torse décorée d'un réseau végétal.

Coro : partie de l'église réservée au clergé, généralement située, dans les églises hispaniques, dans la partie centrale de la nef principale ; le coro peut être de plain-pied ou surélevé.

Estípite : pilastre en forme de pyramide inversée et tronquée.

Miséricorde : petite console visible quand les sièges des stalles sont levés et servant aux prêtres ou moines à s'appuyer en donnant l'impression qu'ils sont debout.

Modillon : petite console soutenant une corniche.

Presbiterio : espace entourant le maître-autel et généralement séparé de la nef par quelques marches ou une grille.

Rinceaux : ornements de sculpture ou de peinture empruntés au règne végétal et formant souvent une frise.

Sagrario : chapelle où est conservé le Saint-Sacrement ; parfois le sagrario est une église indépendante.

Soportales : portiques à colonnes de bois ou de pierre supportant le premier étage des maisons et qui forment galerie ouverte autour de la *plaza mayor* dans les villes et villages.

Talud-tablero : forme architecturale caractéristique des pyramides de Méso-Amérique, consistant en une alternance de parois verticales et de pans inclinés.

Trasaltar : mur postérieur du chœur, où se trouvent sculptures ou tombeaux.

Triptyque : ouvrage de peinture ou de sculpture composé de trois panneaux articulés pouvant se refermer.

Voûte étoilée : voûte à plan carré ou polygonal formée par plusieurs arcs entrecroisés.

Yesería : ouvrage de plâtre. Décor habituellement sculpté ou gravé et peint.

Où trouver les splendides murals de Mexico ?

Les membres de l'École mexicaine de peinture, fondée par Diego Rivera, déployèrent sur les murs des édifices publics leurs peintures monumentales, témoins de l'art stylisé et puissant de la Révolution. Parmi les trésors de la ville de Mexico figurent les œuvres des trois grands muralistes mexicains – Diego Rivera, José Clemente Orozco et David Alfaro Siqueiros –, ainsi que d'autres maîtres du muralisme mexicain, tels Rufino Tamayo, Juan O'Gorman, Alva de la Canal, Fernando Leal et Fermín Revueltas.

Palais National – Sur les murs de l'escalier principal, Diego Rivera peignit, de 1929 à 1935, *L'Épopée du Mexique*★★★, pittoresque récit imagé des moments les plus importants de l'histoire du pays *(voir p. 96)*.

Église de Jésus de Nazareth – Couvrant tout le plafond du chœur, ***L'Apocalypse***★ (1942-1944), réalisée par José Clemente Orozco, dépeint les atrocités de la Seconde Guerre mondiale *(voir p. 97)*.

Musée national des Cultures – Un mural sur la Révolution mexicaine, réalisé par Rufino Tamayo en 1938, orne le hall d'entrée du musée.

Ministère de l'Éducation Publique (SEP) – Au retour d'un séjour prolongé en Europe, Diego Rivera accepta de réaliser quelque 200 **murals**★★ pour la SEP.

Ancien collège de San Ildefonso – Trois des cours intérieures sont ornées de belles **peintures murales**★★★, œuvres de David Alfaro Siqueiros, José Clemente Orozco, Fermín Revueltas, Ramón de Alva de la Canal, Jean Charlot et Fernando Leal.

Maison des Azulejos – *Omnisciencia* (José Clemente Orozco, 1925).

Hôtel au 30 de l'avenida Madero – *Un dimanche après-midi à Xochimilco* (Miguel Covarrubias, 1947).

Palais des Beaux-Arts – L'intérieur Art déco de ce bâtiment abrite plusieurs **murals**★★, réalisés par Rufino Tamayo (*Le Mexique aujourd'hui*, 1953), Diego Rivera (*L'Homme maître de l'univers*, 1934), José Clemente Orozco (*La Catharsis*, 1935) et David Alfaro Siqueiros (*La Nouvelle Démocratie*, 1945).

Musée des murals Diego Rivera – Cet immeuble a été construit tout spécialement pour exposer ce que beaucoup considèrent être l'œuvre maîtresse de Diego Rivera, « son » **mural**★★ **Le Songe d'un dimanche après-midi dans le parc Alameda** (1947).

Musée national d'Histoire – Y sont exposées d'autres fresques de Juan O'Gorman, José Clemente Orozco et David Alfaro Siqueiros.

Tecpan – *Cuauhtémoc contra el mito* (David Alfaro Siqueiros, 1944).

Rectorat – De l'Avenida Insurgentes, on distingue deux immenses **murals**★★ de Siqueiros : ***Du Peuple à l'université*** et ***De l'université au peuple***, en mosaïque de verre. À l'arrière de l'édifice, un mural de taille plus modeste représente l'aigle et le condor, symboles figurant sur le blason universitaire.

Bibliothèque centrale – Juan O'Gorman a créé quatre **murals extérieurs**★★ de pierres naturelles de couleur sur papier et béton armé de gros fil.

Auditorium Alfonso Caso – **Murals**★ en mosaïque de verre et vinyle, œuvre de José Chávez Morado.

Faculté de Médecine – Le peintre Francisco Eppens a réalisé un **mural**★ en mosaïque de verre qui représente les quatre éléments : air, feu, eau et terre.

Stade olympique – À l'extérieur du stade, un **mural**★ de Diego Rivera célèbre le développement des sports, depuis l'ère précolombienne jusqu'à l'époque (1968) où l'œuvre a été réalisée.

Musée Dolores Olmedo Patiño – Ce musée présente la **collection privée**★★★ la plus importante du monde d'œuvres de Diego Rivera et Frida Kahlo.

Littérature

© Martínez/Museo Nacional de Antropología

« Planche du tribut », page du Codex Lámina, culture mexica.

Période précolombienne – De manière générale, la littérature qui se développe en Méso-Amérique à cette époque présente une vision cosmogonique du monde et relate des faits historiques, l'évolution sociopolitique et la pensée philosophique et morale des peuples précolombiens. Elle utilise des procédés pictographiques, des idéogrammes et, parfois, la transmission orale. Sous les vice-rois, prêtres et historiens indiens ou métis se sont attachés à analyser et à interpréter ces œuvres, qui demeurent aujourd'hui encore des sujets d'étude.
Il existe des témoignages capitaux de la culture maya : le ***Popol Vuh***, récit épique sur l'origine du peuple maya, au caractère profondément mythique et surnaturel, et les ***Livres de Chilam Balam***, suite de chroniques rédigées par des prêtres pour consigner les événements historiques selon l'almanach astronomique. On a, pour le théâtre, le livre du *Rabinal Achi*.
Plusieurs ouvrages de littérature náhuatl sont parvenus jusqu'à nos jours : *Les Vingt hymnes de Tepeapulco*, le *Poème de Quetzalcóatl*, les **codex** et les *Chants mexicains*, qui rassemblent mythes, légendes, proverbes et prédictions, conceptions de la vie et du monde, règles morales et conventions sociales.

Époque coloniale – Le premier genre littéraire qui apparaît après la Conquête est la chronique historique. On en a les meilleurs exemples avec *La Conquête du Mexique : la Relation originelle* de **Hernán Cortés** et *L'Histoire véritable de la conquête de la Nouvelle-Espagne* de **Bernal Díaz del Castillo**. De son côté, le frère **Bernardino de Sahagún** rédige une somme remarquable sur l'ethnographie et l'archéologie mexicaines avec son *Histoire générale des choses de la Nouvelle-Espagne*. Les missionnaires **Motolinía** et **Bartolomé de Las Casas**, entre autres, consignent toutes les coutumes indigènes dans l'intention de comprendre les Indiens et de leur enseigner la nouvelle foi.
Le théâtre sert principalement à la diffusion de la religion chrétienne. Pour illustrer la vie créole, **Juan Ruiz de Alarcón** développe un style original plein d'ingéniosité, marqué par la réflexion et les préoccupations éthiques, avec *La Vérité suspecte*. La vie littéraire s'épanouit en Nouvelle-Espagne, favorisée par la création de la première imprimerie en 1535 et la fondation de l'université en 1553. Elle reçoit tout au long du 17e s. l'influence des idées de la Renaissance des 16e et 17e s. européens, qui donne naissance à une littérature proprement mexicaine, riche en récits et légendes, en symboles et allégories. **Sor Juana Inés de la Cruz** (1651-1695) apparaît dans ce contexte ; grâce à ses dons intellectuels et sa haute sensibilité, elle cultive avec une égale maîtrise poésie *(Quatrains et sonnets)*, prose *(Réponse à sœur Philotée)* et théâtre *(Les Intrigues d'une maison)*. Non moins important, Carlos de Sigüenza y Góngora, historien, poète et savant, est une remarquable figure de son époque.

© Bob Schalkwijk

Sor Juana Inés de la Cruz

Le 18e s. se caractérise par le rejet de la « décadence » littéraire dominante, par les jésuites Landívar, Clavijero et Alegre, qui prônent la belle poésie latine et la traduction des classiques. Les deux derniers sont d'excellents historiens.

19e siècle – Les événements politiques et sociaux, et l'opposition entre libéraux et conservateurs de la première décennie font du journal un outil principal de propagande, tant pour les insurgés (dont le style est simple et direct) que pour les royalistes (au langage cultivé et raffiné).
Directeur du journal *El Pensador Mexicano*, **José Joaquín Fernández de Lizardi** écrit à cette époque le premier roman foncièrement mexicain, *El Periquillo Sarniento*, où domine le souci d'une morale sociale.
En 1836, José María Lacunza et Rodriquez Galván fondent l'académie de San Juan de Letrán, qui donne une nouvelle impulsion à la littérature en organisant des études de grammaire et de phonétique, en développant une critique sérieuse et en proposant des thèses nouvelles.
Les affrontements politiques se poursuivent, et cette opposition engendre une division littéraire. On trouve d'un côté le romantisme, représentant la tendance novatrice et révolutionnaire, dont le précurseur est Fernando Calderón, suivi par Guillermo Prieto. Le romantisme culminera avec la figure tragique de Manuel Acuña. De l'autre côté c'est le classicisme, représenté en poésie par José Joaquín Pesado et pour le roman par Ignacio Ramírez, deux humanistes à la culture raffinée et au style soigné.
Le climat de paix politique engendré par le « Porfiriat » transparaît dans le journal *El Renacimiento*, auquel collaborent des écrivains des courants idéologiques les plus divers comme Manuel Payno, Roa Bárcenas et **Justo Sierra**. Journaux, revues et feuilletons vont devenir autant d'outils pour soutenir les campagnes politiques, attaquer l'adversaire, critiquer les mœurs ou les personnages publics et réveiller le patriotisme.
Le roman prend une dimension profondément nationale avec Ignacio Manuel Altamirano *(Clemencia* et *El Zarco)*, Emilio Rabasa *(La Bola)*, José López Portillo Rojas *(La Parcela)*, Rafael Delgado *(La Calandria)* et Federico Gamboa *(Santa)*.
Le Modernisme voit le jour avec Manuel Gutiérrez Nájera, Salvador Días Mirón et Amado Nervo autour de la revue *Azul* et atteint son apogée avec la *Revista Moderna*, à laquelle collabore entre autres Olaguíbel, que caractérisent un individualisme exalté, l'obsession de la mort, un grand scepticisme et un désir effréné de nouveauté.

20e siècle – La Révolution inspirera nombre d'écrits au lendemain des combats. Voient le jour des textes comme *Ceux d'en bas* de **Mariano Azuela** et *L'Aigle et le Serpent* de Martín Luis Guzmán.
Avec la fondation de l'Atheneum de la Jeunesse au début du siècle s'amorce un renouveau littéraire opposé aux principes éducatifs et philosophiques du positivisme. S'y distinguent l'œuvre humaniste de **José Vasconcelos** *(Ulysse créole)*, philosophe et écrivain puissant et profond, Alfonso Reyes *(Vision de l'Anáhuac)*, critique et chroniqueur, et Antonio Caso *(La Persona humana)*, grand essayiste à l'éloquence fervente.
Les diverses tendances des dernières décennies se groupent autour de revues comme *Contemporáneos*, qui cherche à associer la littérature mexicaine aux courants d'avant-garde européens et soutient la rénovation stylistique amorcée par le poète Ramón López Velarde. Se réclament de ce groupe Jorge Cuesta, Rodolfo Usigli et le grand poète **Carlos Pellicer**, au style empreint d'exubérante sensualité.
Sous l'égide d'**Octavio Paz** (1914-1998), prix Nobel de littérature, écrivain de grande culture, profondément pénétré des problèmes de son temps *(Le Labyrinthe de la Solitude)*, la *Revista Taller* réunit les poètes et romanciers qui rejettent l'esthétisme de leurs contemporains.
Au milieu du siècle réapparaît le roman de la Révolution, avec *Al filo del agua*, de **Agustín Yáñez**, maître de la génération des écrivains d'aujourd'hui ; Rosario Castellanos *(Les Étoiles d'herbe, Le Christ des ténèbres)*, aux accents féminins, intimes et purs ; **Carlos Fuentes** *(La Plus Limpide Région, La Mort d'Artemio Cruz)*, initiateur du roman urbain moderne et remarquable connaisseur de la culture mexicaine ; Jorge Ibargüengoitia *(Los Relámpagos de agosto)* au style empreint d'ironie ; et Juan Rulfo *(Pedro Páramo)*, le créateur du réalisme magique.
Dans la création théâtrale se distinguent Vicente Leñero, Emilio Carballido et Luisa Josefina Hernández. Dans la nouvelle, Edmundo Valadés, Juan José Arreola et Francisco Rojas González. Et dans la poésie, Alí Chumacero, Efraín Huerta, Jaime Sabines et José Emilio Pacheco, ce dernier maniant aussi bien la poésie que le récit en prose.
Ces dernières années, le développement intellectuel et l'analyse sociale et politique ont fait apparaître de grands chroniqueurs et politologues comme par exemple Carlos Monsiváis, Enrique Krauze, Fernando Benitez, Elena Poniatowska, Héctor Aguilar Camín et Ángeles Mastretta.

Quelques ouvrages sur le Mexique

Histoire

La Conquête du Mexique, Hernán Cortés (La Découverte 1996).

La Destruction des Indes, Bartolomé de las Casas (1552), illustrations Théodore Bry (1598) (Chandeigne 1995).

La Conquête du Mexique, Bernal Díaz del Castillo (Actes Sud 1996).

L'Amérique espagnole : de Colomb à Bolivar, Bernard Lavallé (Belin 1995).

Miroir d'un désastre : chronique de la conquête espagnole de l'Amérique (Pocket 1992, coll. Agora. Récits croisés des Indiens et des Espagnols).

Les Premiers Mexicains : Olmèques, Toltèques, Aztèques, Michael D. Coe (Armand Colin, 1985).

Les Mayas, mille ans de splendeur d'un peuple, Michael D. Coe (Armand Colin, coll. Civilisations, 1987).

Les Civilisations précolombiennes, Henri Lehmann, Henri (P.U.F., coll. Que sais-je ?, 1994).

Coutumes, folklore

Masques traditionnels du Mexique, Ruth D. Lechuga (Thames & Hudson 1994).

Quetzalcoatl, José Lopez-Portillo (Gallimard 1978).

Contes et mythologies des Indiens lacandons : contribution à l'étude de la tradition orale maya (L'Harmattan 1986).

Art

Mexique contemporain, Herbert Ypma (Assouline 1998).

Regards sur la peinture mexicaine (Publications de l'Université de Rouen 1992).

Le Mexique : des origines aux Aztèques, Ignacio Bernal & Mireille Simoni-Albat (Gallimard, coll. Univers des Formes).

L'Art précolombien au Mexique, Jill, Leslie et Peter (Bibliothèque des Arts, 1982).

Mexique d'hier et d'aujourd'hui : découverte du Templo Mayor de Mexico ; artistes contemporains (Musée du Petit Palais, Ed. Association française d'action artistique 1981).

Dieux et hommes

Voyage au cœur du chamanisme mexicain, Victor Sanchez (Rocher 1997).

Le Peuple du soleil : la religion aztèque, Alfonso Caso (G. Trédaniel 1994).

Littérature

Le Labyrinthe de la solitude, Octavio Paz (Gallimard 1990).

Poèmes d'amour et de discrétion, Sor Juana Inês de la Cruz (La Délirante 1987).

Le Divin Narcisse, ibid. (Gallimard 1987).

Les Tzotziles par eux-mêmes : récits et écrits des paysans indiens du Mexique, André Aubry (L'Harmattan 1988).

Le Rêve mexicain ou la pensée interrompue, J.M.G. Le Clézio (Gallimard, coll. Folio 1992).

Sans oublier certains ouvrages d'auteurs cités dans le texte, comme Juan Rulfo, *Pedro Páramo* (Gallimard, Imaginaire 1979), *Lettres Nouvelles* (M. Nadeau 1978) ; Carlos Fuentes, *La Plus Limpide région* (Gallimard 1982), *La Mort d'Artemio Cruz* (Gallimard, Folio 1976), *Christophe et son œuf* (Gallimard, coll. Folio 1993) ; Elena Poniatowska, *Cher Diego, Quiela t'embrasse* (Actes Sud, Babel 1993) ; Jorge Ibargüengoitia, *Les Mortes* (Gallimard 1996), *Deux Crimes* (Gallimard 1993) ; Alfonso Reyes/Valéry Larbaud, *Correspondance* (Klincksieck 1978) ; Martín Luís Guzmán, *L'Ombre du caudillo* (Gallimard, coll. Folio 1996).

Cinéma

Le septième art a suivi au Mexique une trajectoire vagabonde, mais il est parvenu à faire son chemin dans l'imaginaire mexicain.
Jusqu'aux années 1920, le cinéma muet prospère et va déterminer l'objectif du cinéma parlant à ses débuts : donner une vision nationaliste du Mexique, comme l'ont fait les arts plastiques, en puisant ses thèmes dans l'histoire du pays, avec une qualité et un succès qui permettent de parler de naissance d'un cinéma proprement mexicain. Modeste, disposant de peu de capitaux, caractérisé par une vision populaire qui s'inspire des mœurs de la société et du folklore, il va pourtant se développer en découvrant des genres qui lui réussissent. Par exemple, la comédie « de ranch » (*Allá en el rancho grande*, de Fernando de Fuentes) où figurent de jolies « Marías » et des mariachis empêtrés dans des amourettes naïves, sur fond de ranch ou d'hacienda ; les sujets historiques, révolutionnaires surtout, avec des films comme *Vámonos con Pancho Villa*, *El compadre Mendoza* et *La sombra del caudillo* ; le mélodrame urbain *(Una família de tantas)* ; la comédie musicale *(Aventurera, Salón México)* ; et les problèmes sociaux comme dans *Janitzio* ou *Los Caifanes* (les bourreaux).

La décennie de 1935 à 1945 peut être considérée comme l'**âge d'or du cinéma mexicain**. Le soutien des producteurs américains, qui vont y investir des sommes importantes, suivi de l'éclosion de stars, sont autant de facteurs décisifs pour l'essor commercial et artistique du cinéma mexicain et le font connaître dans le monde entier, à tel point qu'il se hisse au premier rang sur le marché hispanique.
C'est ainsi qu'apparaissent des acteurs d'origine populaire comme Dolores del Río, María Félix, Lupe Vélez, Jorge Negrete, Pedro Armendáriz, Arturo de Córdova, les frères Soler et l'inoubliable Pedro Infante. On doit aussi mentionner les comiques du théâtre populaire comme Mario Moreno dit « Cantinflas » *(Ahí está el detalle)* et Germán Valdés, « Tin Tan » *(El rey del barrio)*.
Les années 1940 voient aussi apparaître des metteurs en scène comme Emilio « el indio » Fernández *(Enamorada)* et Julio Bracho *(Distinto amanecer)*, puis Roberto Gavaldón *(Macario)* et Alejandro Galindo (1906-1999 – *Espaldas mojadas*), quatre des plus grands cinéastes mexicains. L'Indien Fernández a réussi à créer avec le photographe Gabriel Figueroa un cinéma d'une haute valeur esthétique, avec *María Candelaria*, qui a obtenu de grands prix internationaux, et a contribué à faire connaître le cinéma mexicain en Europe.
La guerre civile espagnole devait exiler au Mexique plusieurs républicains espagnols ; parmi eux **Luis Buñuel** qui, en recréant de manière singulière la réalité du pays, a apporté sa contribution au cinéma mexicain *(Los Olvidados, L'Ange exterminateur)*.
Des difficultés de distribution et de projection, alliées au monopole de l'État sur la production, provoquent une crise du cinéma mexicain dans les années 1960 et 1970. C'est seulement ces dernières années qu'on assiste à un renouveau avec des producteurs et réalisateurs de talent, parmi lesquels se distinguent Arturo Ripstein, Felipe Cazals, Jorge Fons, Jaime Humberto Hermosillo, Alfonso Arau, Alexandro Jodorowski, Alfonso Cuarón, Gabriel Retes, María Novaro, Carlos Carrera, Roberto Snaider et Guillermo Del Toro.
Depuis 1971, Mexico accueille dans les derniers mois de l'année un **festival international du cinéma**, au cours duquel sont présentés les films considérés sur le plan national comme les meilleurs.

Musique et danses populaires

La musique coule dans le sang des Mexicains. Elle reflète les coutumes, les croyances et l'ambiance dans lesquelles ils vivent. À l'époque précolombienne, la musique, connue grâce aux chroniqueurs du 16e s., avait une fonction magique, ancestrale et cérémonielle ; c'était le mode d'expression le plus pur et le plus élevé. À l'époque, percussions et instruments à vent prédominent, comme les **sonajas** (tambourins) et le **huéhuetl** (tambour à pied), les **silbatos** en terre (sifflets), les **flûtes** en roseau ou les conques marines. Les chants et danses rituels exaltaient la foi, les espoirs et les peurs des peuples indiens. Beaucoup d'instruments précolombiens sont toujours utilisés pour certaines fêtes, mais c'est le mariage avec d'autres instruments importés à l'époque des vice-rois par les Espagnols, les immigrants et les esclaves qui a donné à la musique mexicaine son timbre particulier.
À partir de la Conquête, la musique précolombienne se fond avec la musique religieuse espagnole introduite par les missionnaires, qui en font un moyen d'évangélisation en interdisant toute sorte d'expression musicale visant à autre chose qu'à exalter les bienfaits de l'Église.
Au lendemain de l'indépendance, des artistes européens arrivent au Mexique, et grâce à eux des genres comme l'opéra italien se répandent.
Mais la production d'œuvres d'influence manifestement européenne, teintées de nationalisme, connaît vraiment un essor avec **Manuel M. Ponce**. Ayant effectué des recherches sur la musique traditionnelle mexicaine, il en incorpore certains éléments dans ses compositions, et réussit à créer des œuvres de grande qualité, à la coloration moderne. Comme pour les autres arts de cette époque, la quête d'une authenticité nationale caractérise aussi la recherche musicale. Ce thème mobilise des compositeurs comme le théoricien Julián Carrillo, Carlos Chávez et son « internationalisme musical », **José Pablo Moncayo**, connu par le *Huapango*, Blas Galindo, Carlos Jiménez Mabarak et **Silvestre Revueltas**, considéré comme le plus grand musicien mexicain, pour sa fougue et la richesse mélodique de ses compositions.
La musique populaire, interdite à l'époque des vice-rois parce que musique profane et d'origine indienne ou africaine, reprend force et se développe après l'indépendance. Les ballades, marches, *corridos*, boléros, *sones* (danses afro-antillaises), *huapangos* et *jarabes* deviennent la voix du peuple, l'expression de la nation.
Joyeuse, tumultueuse, romantique, la musique populaire marque l'œuvre de compositeurs comme **Agustín Lara**, musicien-poète qui occupe la scène pendant une partie des années 1930 ; la musique des mariachis de Jalisco, qu'incarne par exemple José Alfredo Jiménez ; les *sones* huaxtèques et veracruciennes ; les *marimbas* de l'isthme (sortes de xylophone) et la *trova* yucatèque témoignent de la créativité populaire. Les danseurs aux costumes chatoyants, les rythmes, la musique et les danses populaires sont une fête pour les oreilles et les yeux.

Certains costumes régionaux ont évolué à partir de vêtements indiens ; d'autres se sont enrichis de mélanges et d'apports dus aux Espagnols et aux Métis. C'est le cas de la **« china poblana »** (chinoise de Puebla) confectionnée, dit-on, par une dame orientale qui habitait la ville de Puebla au 18e s., et qui reproduit en paillettes les couleurs du drapeau mexicain. Le costume d'homme le plus connu, qui symbolise le mieux le Mexicain, est le **« traje de charro »** (costume de cavalier mexicain, avec le *sombrero* pour accessoire indispensable). On pense qu'il a été dessiné au 19e s. par l'empereur Maximilien d'Autriche à partir de l'ancien costume du petit peuple. On ne le revêt aujourd'hui qu'à l'occasion des fêtes paysannes et des bals régionaux de l'État de Jalisco, comme le **jarabe tapatío**. Le **Ballet folklorique du Mexique** fait la synthèse de toutes ces manifestations avec un programme de danses et de concerts représentatifs de l'ensemble des régions, qu'il présente toute l'année au palais des Beaux-Arts de Mexico.

Ballet folklorique du Mexique

On n'oubliera pas de mentionner le **rock**, qui a pris de l'importance avec des groupes populaires comme El Tri, Café Tacuba, Maldita Vecindad, Los Caifanes (appelés maintenant Jaguares) et Santa Sabina. Leur musique à contenu social transporte des messages en accord avec les aspirations de la jeunesse. Les **boleros** et la **musique traditionnelle** sont des genres repris par des compositeurs actuels comme Juan Gabriel et Armando Manzanero, et de jeunes interprètes comme les très populaires Luis Miguel et Alejandro Fernández.

Traditions

Fêtes et ferias – Il n'est pas un seul jour de l'année sans qu'il y ait une fête quelque part au Mexique.

La plupart des fêtes sont à caractère religieux, mais leur célébration concerne tous les aspects de la vie : art, travail, commerce. Toutes sont empreintes d'une grande ferveur populaire *(pour une liste des grandes fêtes traditionnelles, voir Principales manifestations dans la partie Renseignements pratiques)*.

Une des grandes **ferias** est celle de **San Marcos** à Aguascalientes *(voir ce nom)*, qui comporte de nombreuses manifestations différentes comme les **palenques**, avec leurs concerts de mariachis et leurs **combats de coqs** (on fixe des lames aux pattes des animaux qui, à l'intérieur d'une petite arène, combattent à mort).

Certaines ferias présentent des **corridas** auxquelles participent d'éminents toreros. Cette tradition originaire d'Espagne est arrivée en Amérique à l'époque des vice-rois. On a depuis implanté des élevages de taureaux qui sont aujourd'hui très connus. Les fêtes de ce type les plus importantes sont celles de Mexico, de novembre à février, et celles d'Aguascalientes, Querétaro et Tlaxcala.

De toutes les **fêtes nationales**, celle de l'**Indépendance** est la plus remarquable. La nuit du 15 septembre (mois de la patrie), le président de la République lance « l'appel au peuple » du haut du balcon central du Palais National, pour commémorer le début de l'insurrection de 1810 ; il fait sonner la cloche historique de Dolores tout en agitant le drapeau national. La foule assiste au rituel sur la place centrale de la ville, où se déroule une kermesse avec musique et feux d'artifice. Le jour suivant, un défilé militaire parcourt les principales rues de la ville. Une cérémonie identique a lieu dans tous les États et les villes possédant une place et un gouverneur ou un maire.

Événements religieux – Au-delà du seul domaine religieux, la **Fête de la Vierge de Guadalupe**, célébrée le 12 décembre à Mexico, procure une identité et un sentiment d'appartenance nationale aux Mexicains. Des milliers de pèlerins arrivent du pays entier, et même de l'étranger, pour rendre hommage à la Vierge dans sa basilique située au pied de la colline de Tepeyac. Ce jour-là, le Mexique offre d'innombrables démonstrations de respect et de dévotion à la Vierge de Guadalupe : pèlerinages, professions de foi, prières, danses et chants – comme les **mañanitas**, chansons populaires adressées à ceux qui fêtent leur anniversaire.

Le **carnaval** est une fête amusante et joyeuse. À la veille du Carême, il est pour tous une invitation à donner libre cours au plaisir avant d'entamer une période de jeûne et d'austérité. Les carnavals les plus célèbres sont celui du port de Veracruz et celui de Mazatlán, où les préparatifs débutent plusieurs mois à l'avance : décoration des routes et des rues, dressage de tentes pour les défilés et les bals qui dureront 24 heures. Personne ne dort pendant le carnaval !

Célébrée dans tout le pays, la **Semaine sainte** atteint une ferveur particulière dans le quartier d'Iztuapalapa à Mexico, à San Luis Potosí, à Taxco et dans les ravins du Cuivre, parmi les Tarahumaras. Le Jeudi saint, on rend visite aux sept maisons : le Vendredi saint, on commémore la Crucifixion ; le samedi (sábado de Gloria), avant-dernier jour de célébration, on organise le **bûcher de Judas** : des pantins en papier mâché bourrés de feux d'artifice sont brûlés pour rappeler la trahison du Christ par Judas ; ces pantins sont des caricatures d'hommes politiques et autres personnages publics. Le dimanche, on célèbre la Résurrection.

Une autre fête religieuse originale est celle de **Corpus Christi** (Fête-Dieu), plus connue comme la « fête des mules » *(día de las mulas)*. Elle prend son origine à l'époque des vice-rois et commémore le jour où la dîme devait être versée à la Couronne ; les gens du peuple qui ne pouvaient pas payer en monnaie le faisaient en nature, « en descendant des collines » avec leurs ânes chargés de marchandises. Aujourd'hui, la coutume rassemble les Mexicains devant les églises avec leurs enfants déguisés en « petits Indiens » et des cageots de fruits, et la fête devient kermesse populaire.

À Noël ont lieu les traditionnelles **Pastorelas** (pastourelles), nées également à l'époque des vice-rois dans le but d'évangéliser les Indiens. Entre le 16 et le 24 décembre, les **Posadas** rappellent les épreuves de la Vierge et de Joseph, à la recherche de l'endroit où naîtrait l'Enfant Jésus. Cette fête met en scène les **piñatas**, marmites en terre recouvertes de papier coloré et emplies de bonbons et de fruits de saison. Ce sont les moines du 16ᵉ s. qui ont introduit cette coutume : la marmite est une image du Mal, et les hommes doivent la briser, les yeux bandés, à l'aide d'un bâton qui symbolise la religion : ils reçoivent en récompense le contenu de la **piñata**.

Le Jour des morts est une autre fête populaire qui illustre les sentiments profonds du peuple à l'égard de la mort, dans un mélange d'anciens rites précolombiens et de rituel chrétien.

Tianguis ou marchés – En langue náhuatl, **tianguis** signifie « marché ». À l'époque précolombienne, les plus importants se tenaient à Tenochtitlán et Tlatelolco. Les Espagnols les ont décrits dans leurs chroniques et en ont loué l'organisation, l'ordre et la propreté. Sous les vice-rois, les marchés ont suivi le modèle de ceux de l'Ancien Monde en s'installant sur les places centrales des bourgs, à proximité des bâtiments publics, comme celui de Mexico qui se tenait sur la grand-place *(voir le tableau Marchés de Mexico)*. La plupart des villages réservent un jour de la semaine au marché. Plusieurs marchés hauts en couleur sont renommés pour leur ambiance : **San Cristóbal de las Casas** et **San Juan Chamula** (Chiapas), **Tehuantepec** (Oaxaca) et celui de **Guanajuato**.

Artisanat et gastronomie

Artisanat – L'artisanat est l'une des activités les plus anciennes et authentiques du peuple mexicain. Remontant à l'époque précolombienne, il va s'enrichir pendant la période coloniale de nouvelles techniques et du savoir-faire européens, adoptant les formes définitives que l'on voit aujourd'hui.
Suivant le riche panorama de la géographie artisanale du Mexique, il prend des aspects multiples qui illustrent la personnalité des régions et composent un paysage multicolore de styles, de symboles et de coutumes.

Gastronomie – Les traditions gastronomiques remontent aux civilisations précolombiennes, caractérisées par leur régime alimentaire à base de **maïs**, de **haricots** et de **piments** – la fameuse trilogie mexicaine. À ce régime s'ajoutent viande, gibier, poisson, ainsi que des insectes – *escamoles* (larves d'une espèce de fourmi), *gusanos* (vers d'agave), sauterelles – et une grande variété de légumes et de fruits.
Avec la Conquête, la cuisine néohispanique s'enrichit de fruits, de céréales, d'épices, de café, de bœuf et de mouton ; profitant de la fusion des cultures, les religieuses imaginent des plats délicieux toujours appréciés de nos jours. Par exemple les **desserts** *(postres)* originaires pour la plupart des cuisines des couvents, sous les vice-rois ; les **dulces** (gâteaux, pâtes de fruits et sucreries) d'origine artisanale, reflet du goût populaire ; les **pains** aux formes capricieuses et aux noms amusants ; et les **boissons** comme la *tequila*, le *mezcal* et le *pulque* (boissons fermentées tirées de la sève de l'agave), la *cerveza* (bière), les *aguas frescas* (mélanges de jus de fruits ou sirops très sucrés), l'*atole* (à base de maïs), le *champurrado* (cocktail) et le chocolat. Cette combinaison d'ingrédients et de **platillos** (petits plats) offre un éventail merveilleux de saveurs, d'odeurs et de couleurs qui fait de l'exquise cuisine mexicaine l'une des plus variées du monde.

Les apports du Mexique – Le Mexique a fourni au monde de nombreux produits : **avocat**, **sésame**, **cacahuète**, **cacao** (avec lequel on prépare, outre le chocolat, différentes sortes de sauces salées dites *moles*), **patate douce**, **courge**, **chayote** (une cucurbitacée), **chicle**, **chili** (condiment national, aux multiples variétés : gros, doux, de Jalapa, « mulâtre », et d'autres dont le nom indique la provenance comme *poblano*, *serrano*, etc.), **haricot**, **goyave**, **jícama** (racine comestible sucrée), **maguey** (fruit de l'agave), **mamey** (sorte d'abricot), **mangue**, **figue de Barbarie**, **papaye**, **tomate**, **vanille**, **sapote**, **maïs** blanc, rouge ou bleu, et ses innombrables dérivés comme l'**elote** (épi de maïs vert), que l'on vend sur toutes les places du Mexique, et la **tortilla**, incontournable pour les amuse-gueule ; du Mexique viennent aussi le **dindon** et le **tabac**.
On peut savourer les **antojitos** mexicains aussi bien aux étals des marchands ambulants que dans les restaurants les plus raffinés du pays. Il s'agit d'amuse-gueule rappelant les tapas espagnoles ; consommés à l'apéritif ou en hors-d'œuvre, ils sont à base de farine de maïs, ingrédient principal des tortillas, tostadas, enchiladas et gorditas, ainsi que des tacos. Chaque État du Mexique connaît ses propres spécialités d'antojitos.

Femme zapotèque

ARTISANAT LOCAL ET SPÉCIALITÉS RÉGIONALES

Région 1 : Mexico

District fédéral et environs

Artisanat – **Sellerie** : articles pour cavaliers. **Vannerie** : paniers et meubles en osier. **Travail du métal** : cuivre estampé, fer forgé, ferblanterie (cadres, lampes), couteaux, machettes, poignards en acier. **Jouets** en roseau polychrome, Judas en papier mâché, *alebrijes* (animaux fantastiques artisanaux – de *alebrar*, avoir peur) poupées de chiffon, marionnettes, *piñatas*. **Masques** en papier mâché, avec rubans et couronnes de fleurs en fer-blanc.

Spécialités : *puchero mexicano* (pot-au-feu) ; salade de *nopal* (figue de Barbarie) ; *chicharrón* (couenne de porc frite au saindoux) ; *revoltijo* (salade mélangée de capelan, crevettes, *nopal*, pommes bouillies) ; *tamales* (galettes de maïs cuites à la vapeur, parfois farcies de viande, légumes et piments) ; *antojitos* (amuse-gueule ou plats légers) ; *alegrías* (graines d'amarante au sirop de mélasse) ; *pepitorias* (crêpes très fines au sirop de mélasse et aux graines de courge) ; *muéganos* (fritures de farine au sirop de mélasse) ; *merengues* (meringues) ; *buñuelos* (beignets très fins de farine de blé, recouverts de sirop de mélasse).

États et régions du Mexique

Hidalgo

Artisanat – **Textiles** : vêtements féminins : *huipiles* (tuniques sans manches arrivant soit aux hanches, soit aux chevilles), *tilmas* (écharpes en coton portées à l'épaule), *rebozos* simples (grand châle couvrant les épaules ou la tête et servant à transporter enfants et objets). **Jouets** en bois (meubles, poupées articulées). **Masques** en bois polychrome.

Spécialités : *tinga* (sauté de fines lamelles de viande, tomate et chorizo) ; *mixiotes de pollo* (ragoût de poulet) ; *zacahuiles* (gros *tamal*, galette de viande, enveloppée dans une feuille de bananier) ; *chinicuiles* (vers de maguey frits) ; *escamoles* (qu'on mange dans une sauce pimentée avec du *nopal* ou des œufs, ou bien grillées) ; *barbacoa* (méchoui d'agneau, rôti dans un trou creusé dans le sol) ; *pastes* (salées ou sucrées, ce sont soit des pâtisseries, soit des galettes farcies de viande hachée, pommes de terres et piment), gâteaux aux noix.

État de Mexico

Artisanat – **Céramique** en terre vernissée ou polychrome (Metepec). **Textiles** : broderies et tissus ajourés d'origine indienne, huipiles, tilmas, ceintures, *fajas* (ceintures larges) et bandeaux, *sarapes* (vêtement masculin, sortes de ponchos avec une ouverture pour la tête) et couvertures en laine, rebozos simples ou raffinés (Tenango), tapis de corde (Temoaya).

Vannerie en osier (paniers pour la cueillette de fruits). Bijoux en **argent** (colliers, bracelets, bagues). **Verre** soufflé (Texcoco). **Jouets** : en terre (sifflets, crèches), *alebrijes*, poupées de chiffon.

Spécialités : *chorizos toluqueños* (de Toluca) (tripes farcies de viande de porc hachée et marinée) ; *moronga* (boudin de porc cuit aux oignons et au piment) ; *barbacoa* ; fromages ; *frutas cubiertas* (fruits séchés nappés de caramel).

Morelos

Artisanat – **Textiles** : rebozos simples. **Travail du métal** (cadres, lampes). **Jouets** : poupées de chiffon. **Masques** en bois et autres matières (poil, peau, fil de fer) avec couronnes de fleurs en fer-blanc et rubans.

Spécialités : *clemole* (soupe de tomate et piment) ; *longaniza* en *salsa verde* (saucisse de viande hachée et piment en sauce) ; *cecina* (viande de bœuf séchée et salade) ; *nieves de sabores* (cristaux de glace parfumés au sirop).

Puebla

Artisanat – **Céramique :** terre vernissée, majolique, azulejos, faïence noire cérémonielle pour le jour des Morts. **Bois** : meubles incrustés de coquillages et de métal. **Textiles** : chemises brodées, tilmas, rebozos simples. **Sellerie** : articles pour cavaliers. **Vannerie** : sombreros en palme, paniers et meubles en osier. **Travail du métal** : ex-voto en argent, fer-blanc (cadres, lampes). **Amates** : papiers d'écorce, blancs ou polychromes. **Jouets** : en terre (sifflets, crèches), en bois (meubles, poupées articulées). **Masques** en bois et autres matériaux (poil, peau, fil de fer) avec couronnes de fleurs en fer-blanc et rubans.

Avec l'aimable permission du musée Franz Mayer

Vase en faïence de Puebla, 18e siècle

Spécialités : *mole poblano* (poulet cuit dans une sauce à base de piments, chocolat, amandes, cacahuètes, tomates et épices) ; *chile en nogada* (piment de Puebla farci d'un hachis sucré, nappé d'une sauce aux noix et à la grenade rouge) ; *tinga* (viande de bœuf en lamelles sautée avec tomates, oignons et pommes de terre) ; *tamales* (pâte de maïs, nature ou farcie de viandes et légumes, cuite à la vapeur) ; *camotes* (patates douces).

Querétaro

Artisanat – **Travail du métal** : ex-voto en argent et fer forgé.

Spécialités : *albóndigas en chipotle* (boulettes de viande hachée à la sauce pimentée) ; *barbacoa* ; *chilaquiles* (petits carrés de tortilla frits avec sauce au fromage) ; *gorditas* (grandes tortillas de maïs).

Tlaxcala

Artisanat – **Bois** : baguettes polychromes. **Textiles** : sarapes et couvertures en laine. **Masques** en bois polychrome.

Spécialités : *pollo a la Tocatlán* (poulet à la tomate enveloppé de feuilles de maguey) ; *barbacoa* ; *gusanos de maguey* ; *escamoles* ; *tlacoyos* (tortillas de maïs farcies de haricots) ; *mole verde* (légumes pimentés en sauce) ; *huauzontles* (légumes farcis au fromage nappés de sauce).

Région 3 : Centre-Ouest

Aguascalientes

Artisanat – **Textiles** : broderies et tissus ajourés (blouses, draps et nappes). **Jouets** en bois (meubles, poupées articulées).

Spécialités : *barbacoa de lomo* (grillades de porc enveloppées de feuilles de maguey, enterrées et recouvertes de braise ; la cuisson dure toute une journée) ; viandes et volailles au vin ; pâte de goyave.

Colima

Artisanat – **Sellerie, maroquinerie** : articles pour cavaliers, portefeuilles, sacs.

Spécialités : *pescados* (poissons frais) et *mariscos* (fruits de mer) ; *pozole blanco* (bouillon aux graines de maïs, viande de porc et piment).

Guanajuato

Artisanat – **Céramique** : majolique, azulejos. **Textiles** : rebozos simples. **Sellerie** et **maroquinerie** (portefeuilles, sacs). **Vannerie** : paniers et meubles en osier. **Travail du métal** : ex-voto en argent, cuivre estampé, fer-blanc (cadres, lampes). **Jouets** en papier mâché coloré et en bois (meubles, poupées articulées). **Masques** en papier mâché.

Spécialités : *antojitos* (amuse-gueule, plats légers) : *tacos* (tortillas de maïs nature ou fourrées), *quesadillas* (tortillas farcies, pliées et frites), *chalupas* (tortillas aux haricots, poulet, oignons, sauce) ; *birria* (ragoût d'agneau à la tomate et à l'origan) ; viande à la bière ; *cajetas* ou *dulce de leche* (dessert à la confiture de lait, Celaya).

Jalisco

Artisanat – **Céramique** en terre polie ou vernissée. **Bois** : ustensiles, meubles incrustés de coquillages et de métal. **Textiles** : broderies et tissus ajourés (blouses, draps, nappes), rebozos simples. **Maroquinerie** : portefeuilles, sacs. **Vannerie** : paniers et meubles en osier. **Travail du métal** : ex-voto en argent, cuivre estampé. **Verre** soufflé, cristal de plomb rouge soufflé et ciselé. **Jouets** en terre (sifflets, crèches). **Masques** en bois polychrome.

Spécialités : *caldo tlalpeño* (bouillon de poulet à l'avocat et au piment chipotle) ; *birria* ; *tostadas* (tortillas de maïs frites, recouvertes de haricots, poulet ou toute autre viande, laitue, oignon, fromage, crème et sauce) ; *tamales* ; *pozole* ; *dulce de leche* ; *borrachos* (gelée au vin recouverte de sucre) ; *arrayanes* (boulettes de fruits au sucre) ; *atole* (boisson de maïs sucrée).

Nayarit

Artisanat – **Masques** en bois polychrome, à *chaquira* (coiffure de plumes multicolores, artisanat huichol).

Spécialités : *pescado zarandeado* (poisson au piment, grillé au charbon de racines de manguier) ; *pozole blanco* (poissons et fruits de mer).

Région 4 : Nord-Ouest

Chihuahua

Artisanat – **Céramique** : poteries. **Bois** : instruments de musique à corde, guitares (Tarahumaras). **Textiles** : sarapes et couvertures en laine (Tarahumaras). **Maroquinerie** : portefeuilles, sacs. **Vannerie** : paniers et meubles en osier.

Spécialités : viandes marinées ; *empanadas* farcies de viande hachée ; tranches de viande au fromage ; fromage des Mennonites.

Durango

Artisanat – **Maroquinerie** : portefeuilles, sacs. **Verre** soufflé.

Spécialités : *menudo* (abats de bœuf au jus, origan, clous de girofle et piments *guajillo*) ; filet de porc au sirop de maguey ; *dulce de membrillo* (pâte de coing) et *jamoncillos* (bâtonnets de caramel).

Sinaloa

Artisanat – **Textiles** : rebozos simples.

Spécialités : *chilorio* (viande de porc en lamelles, piment et épices) ; *pescado zarandeado* ; *parrillada de mariscos* (fruits de mer grillés) ; *tamales rojos* (pâtés de viande et de maïs).

Avec l'aimable permission du musée Franz Mayer

Azulejo de Puebla, 18e s. env.

Sonora

Artisanat – **Textiles** : sarapes et couvertures en laine. **Maroquinerie** : portefeuilles, sacs. **Masques** avec des têtes de cerf naturalisées.

Spécialités : bouillon de viande séchée ; viande en tranches fines; *machaca* (viande de bœuf séchée, salée et coupée en morceaux) ; *conejo campirano* (lapin à la paysanne) ; *champurrado* (pâte de maïs au chocolat) ; *coyotas* (tortillas sucrées).

Région 5 : Presqu'île de Basse-Californie

Artisanat – Articles en coquillage et en corail ; maroquinerie, sculptures en bois ; tissages en palme ; objets en terre et sel ; céramique (yumana) et vannerie (kimai).

Spécialités : poissons et fruits de mer (palourdes, crevettes, langoustes) ; *capirotada* (dessert au pain et raisins secs, arrosé de sirop de mélasse).

Région 6 : Nord-Est

Coahuila

Artisanat – **Textiles** : sarapes et couvertures en laine.

Spécialités : *machaca con huevo* (viande séchée avec des œufs) ; *menudo norteño* (tripes à la sauce épicée) ; *tasajo* (viande séchée et salade) ; *jamoncillos* (petites barres de confiture de lait).

Nuevo Léon

Artisanat – **Maroquinerie** : portefeuilles, sacs. **Verre** soufflé.

Spécialités : *cabrito* (chevreau braisé) ; viandes rôties ; *glorias* (desserts à la confiture de lait et aux noix).

San Luis Potosí

Artisanat – **Céramique** vernissée. **Textiles** : broderies et tissus ajourés (blouses, draps, nappes), rebozos simples ou raffinés. **Verre** à décor de pépites.

Spécialités : *patlache* (tamal enveloppé de feuilles de bananier) ; *enchiladas potosinas* (tortillas de fromage à la sauce tomate) ; *barbacoa* ; *dulce de tuna* (pâte de figue de Barbarie).

Tamaulipas

Artisanat – **Textiles** : *la cuera* (vêtement en daim ou peau de chèvre). **Divers** : figurines en coquillages ; vannerie.

Spécialités : poissons et fruits de mer (*jaibas* : petits crabes farcis avec leur chair, à la sauce tomate) ; *carne asada a la tampiqueña* (viande rôtie assaisonnée de jus d'orange amère, accompagnée d'*enchiladas*, galettes de maïs au piment, et de haricots noirs).

Zacatecas

Artisanat – **Bois** : meubles incrustés de coquillages et de métal. **Textiles** : broderies et tissus ajourés (blouses, draps, nappes). **Travail du métal** : fer forgé ; couteaux, machettes, poignards en acier.

Spécialités : *birria, barbacoa, enchiladas zacatecanas* ; *pipián* (sauce aux graines de courge et piment) ; *gorditas* ; *puchero vaquero* (pot-au-feu de bœuf aux légumes), chevreau *(cabrito)* ; *alfajor* (pâte d'amande, noix de coco ou noix).

Région 7 : Golfe du Mexique

Tabasco

Artisanat – Articles de palme et d'osier ; tasses peintes ; maroquinerie et travail des peaux.

Spécialités : *pejelagarto asado* (poisson à allure de reptile, littéralement « poisson-lézard rôti ») ; *chilpachole* (bouillon de crevettes au maïs, tomate et chipotle) ; *tamales de chipilín* (herbe épicée) ; *plátanos machos fritos* (bananes frites) ; chocolat.

Veracruz

Artisanat – **Vannerie** : sombreros en palme. **Amates** polychromes.

Spécialités : poissons et fruits de mer ; *huachinango a la veracruzana* (filets de rouget aux tomates, olives, piment güero – blond – et fines herbes) ; *chilpachole* (*jaiba* à la sauce de piment) ; *cebiche* (poisson cru mariné au citron, oignons, tomates, piments et coriandre) ; *carne de mono de Catemaco* (grillade de porc fumé) ; café.

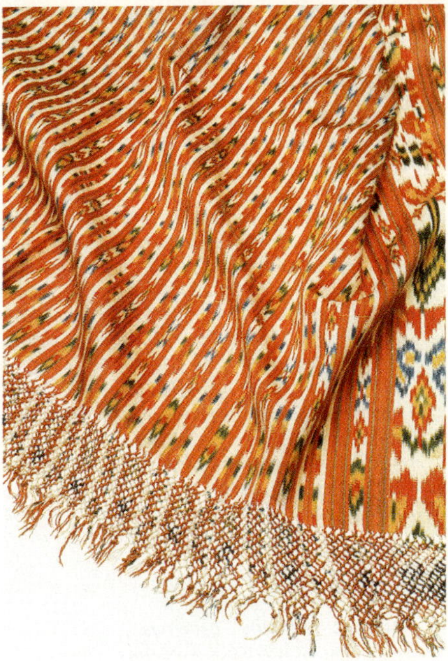

Écharpe de soie, 19ᵉ s. env.

Région 8 : Côte Pacifique

Chiapas

Artisanat – **Céramique** d'inspiration précolombienne non vernissée. **Bois** : percussions (marimbas). **Textiles** : broderies et tissus ajourés, huipiles. **Art du métal** : bijoux en or (colliers, bracelets, bagues), ferblanterie (cadres, lampes). **Masques** à couronnes de fleurs en fer-blanc et rubans. **Bougies**.

Spécialités : *tamales* (sucrés également) ; *olla podrida* (pot-au-feu au bœuf, porc, à la volaille, légumes) ; *cochinito al horno* (porc rôti à l'ail et au piment) ; *putzaze* (tripes et foie aux tomates).

Guerrero

Artisanat – **Céramique** d'inspiration précolombienne non vernissée. **Textiles** : tilmas. **Vannerie** en osier (paniers), sombreros en palme. **Art du métal** : bijoux en argent, colliers, bracelets, bagues (Taxco). **Laques** incrustées (Olinalá). **Amates** polychromes. **Masques** laqués, en bois d'oranger.

Spécialités : poissons et fruits de mer (huîtres, palourdes, tranches de poissons, *huachinango a la plancha*, *cebiche*, *pozole verde*) ; *tamarindos* (tamarins) ; *cocada* (dessert à la noix de coco râpée).

Michoacán

Artisanat – **Céramique** : vernissée, en terre polie, faïence noire cérémonielle pour le Jour des Morts. **Bois** : meubles en bois blanc incisés au couteau, ustensiles divers (moulins, peignes, coupe-papier), instruments à corde, guitares (Paracho). **Textiles** : broderies et tissus ajourés, *huipiles* (tuniques pour femmes), chemises brodées, ceintures, *fajas*, cordons. **Vannerie** en osier (paniers), en paille de riz et de blé (Pátzcuaro, Tzintzuntzan), en agave et sisal *(henequén)*, tapis, lirettes... Paniers et meubles en osier. **Art du métal** : bijoux en or (colliers, bracelets, bagues), cuivre estampé (Santa Clara del Cobre, aujourd'hui Villa Escalante). **Laques** décorées à la feuille d'or (Pátzcuaro) ; *rayada* (le *rayado* est une méthode qui consiste à racler la couche supérieure de peinture pour faire apparaître une couche d'une couleur différente – Uruapan). **Jouets** en terre (sifflets, crèches), poupées de chiffon. **Masques** laqués, en bois d'oranger.

Spécialités : *pescado blanco* (poisson d'eau douce, ici du lac Pátzcuaro) truite, *charales* (petits poissons d'eau douce frits) ; *carnitas* (viande de porc frite dans sa graisse) ; *corundas* (petits tamales triangulaires farcis de fromage) ; *chiles rellenos* (piments farcis de viande ou fromage) ; *uchepos* (tamales de maïs tendre accompagnés de tranches de fromage) ; *ates* (pâtes de fruits) ; *morelianas* (tortillas à la confiture de lait avec du sucre, passées au four) ; *chongos zamoranos* (sucreries au lait et au miel, Zamora).

Oaxaca

Artisanat – **Céramique** : vernissée ou polie. **Bois** : articles divers (moulins, peignes, coupe-papier). **Textiles** : broderies et tissus ajourés, huipiles, chemises brodées, tilmas, ceintures, fajas et bandeaux, sarapes et couvertures en laine, rebozos simples. **Maroquinerie** : portefeuilles, sacs. **Vannerie** en osier (paniers pour la cueillette de fruits), sombreros de palme. **Travail du métal** : ex-voto en argent, bijoux en argent et en or (colliers, bracelets, bagues), bijoux religieux, ferblanterie (cadres, lampes) ; couteaux, machettes, poignards en acier. **Amates** polychromes. **Jouets** en terre (sifflets, crèches), en roseau polychrome, *alebrijes*. **Masques** en bois polychrome à couronnes de fleurs en fer-blanc et rubans. **Bougies**.

Spécialités : *mole negro* (viande en sauce pimentée et épicée) ; *mole amarillo* (porc à la sauce épicée et légumes) ; *manchamantel* (plat sucré, parfois marinade de viande ou de poisson servi avec des fruits) ; *chapulines* (grillons séchés pimentés) ; *tasajo* (viande séchée ou boucanée) ; *tamales* ; *cecina* ; fromage d'Oaxaca ; pain d'œufs, chocolat, beignets, café.

Région 9 : Presqu'île du Yucatán

Campeche

Artisanat – **Vannerie** : panamas.

Spécialités : poissons et fruits de mer (crevette géante), *pámpano empapelado* (feuilles de vigne), *esmedregal*.

Quintana Roo

Artisanat – **Textiles** : broderies et tissus ajourés, hamacs.

Plats : poissons et fruits de mer (bigorneaux, langoustes, *empanadas* de chien de mer).

Yucatán

Artisanat – **Céramique** de style précolombien, non vernissée. **Textiles** : broderies et tissus ajourés, hamacs. **Vannerie** en osier (paniers), fibre d'agave *(ixtle)* et *henequén* (tapis, lirettes), panamas. **Art du métal** : bijoux en or (colliers, bracelets, bagues).

Spécialités : *sopa de lima* (soupe au poulet avec des lamelles de tortillas frites, assaisonnée au citron) ; *pollo pibil* ou *cochinita pibil* (filet de poulet ou de porc au piment rouge et jus d'orange amère) ; *panuchos* (tortillas de maïs frites, farcies de haricots, poulet ou porc, recouvertes d'oignons marinés dans le vinaigre et la sauce pimentée) ; *papadzules* (tacos frits farcis d'œuf dur recouverts d'une sauce aux graines de cacao) ; *huevos motuleños* (œufs au plat sur toast avec haricots, petits pois, fromage, jambon, sauce et bananes) ; *queso relleno* (fromage farci de piment doux et de sauce tomate passé au four).

© Robert Holmes

« Pollo pibil », spécialité de Mérida

La Liste du Patrimoine mondial

En 1972, l'Organisation des Nations Unies pour l'éducation, la science et la culture (Unesco) a adopté une convention concernant la protection des sites culturels et naturels. Aujourd'hui, plus de 150 « États parties » ont ratifié la Convention et plus de 500 sites de « valeur universelle exceptionnelle » de par le monde sont inscrits sur la liste du patrimoine mondial. Chaque État partie propose l'inscription de ses propres sites nationaux ; chaque année, les demandes sont examinées par un comité de représentants de 21 États membres, assisté d'organisations techniques : ICOMOS (Conseil international des monuments et des sites), UICN (Union internationale pour la conservation de la nature), ICCROM (Centre international d'études pour la conservation et la restauration des biens culturels, Centre de Rome). La liste du patrimoine mondial s'enrichit ainsi au fur et à mesure que sont acceptées les nouvelles propositions et que de nouveaux pays signent la Convention.
La Convention définit comme éléments du **patrimoine culturel** des monuments (édifices, sculptures, structures de caractère archéologique), des ensembles (groupe de bâtiments) et des sites (œuvres combinées de l'homme et de la nature) ayant une valeur exceptionnelle du point de vue de l'histoire, de l'art ou de la science.
Le **patrimoine naturel** est constitué, notamment, de monuments naturels, de formations géologiques, de zones strictement délimitées constituant l'habitat d'espèces menacées, de sites naturels.
Les signataires de la Convention s'engagent à coopérer afin de préserver et protéger ces sites en tant que patrimoine universel et contribuent financièrement au **Fonds du patrimoine mondial**, utilisé aussi bien pour participer à la restauration d'un monument que pour aider à la surveillance d'un parc naturel.
Parmi les biens inscrits sur la liste du Patrimoine mondial, on peut citer la Grande Barrière corallienne d'Australie (1981), la Grande Muraille de Chine (1987), le Mont-Saint-Michel et sa baie (1979) ou encore le Canal du Midi (1996).

Au Mexique, les sites culturels et naturels inscrits sur la liste du Patrimoine mondial de l'UNESCO sont :

Réserve de la biosphère de Sian-Ka'an
La cité précolombienne et le Parc national de Palenque
Le centre historique de Mexico et de Xochimilco
La cité précolombienne de Teotihuacán
Le centre historique d'Oaxaca
Le site archéologique de Monte Albán
Le centre historique de Puebla
La ville historique de Guanajuato et les mines voisines
Le site archéologique de Chichén Itza
Le centre historique de Morelia
La cité précolombienne d'El Tajín
Le sanctuaire de baleines d'El Vizcaíno
Le centre historique de Zacatecas
Les peintures rupestres de la Sierra de San Francisco
Les premiers monastères du 16e s. sur les versants du Popacatépetl
La ville précolombienne d'Uxmal
La zone de monuments historiques de Querétaro
L'hospice Cabañas à Guadalajara
Le site archéologique de Paquimé (Casas Grandes)
La zone de monuments historiques de Tlacotalpan
La zone de monuments historiques de Xochicalco
La ville fortifiée de Campeche

Plazuela del Baratillo, à Guanajuato

© Robert Frerck/Odyssey

Villes et sites

MEXICO

Une ville pleine de contrastes

La ville de Mexico est sans conteste une ville séduisante à tous points de vue, et on ne doit pas manquer de la visiter. Appelée aussi **district fédéral** (ou simplement D.F.) la capitale conserve les traces architecturales de son passé précolombien et de l'époque des vice-rois, et montre avec la même fierté ses édifices modernes, vitrines de la technologie la plus sophistiquée.

Les épisodes les plus importants du passé, souvent rappelés par les noms des rues, tiennent une place primordiale dans la mémoire des habitants de la capitale. Églises, palais, monuments historiques et fêtes traditionnelles évoquent l'indépendance du Mexique en 1810 et la sanglante révolution sociale de 1910 qui a marqué le début de l'époque moderne. Mexico est aujourd'hui le centre politique et culturel de la nation. De tout temps, ses habitants ont été confrontés à l'adversité, mais ont toujours surmonté les épreuves. Cependant la situation actuelle de la ville la plus peuplée du monde (le district et ses banlieues comptent approximativement 20 millions d'habitants) ne peut pas être laissée sous silence. La ville que Carlos Fuentes a appelée « région la plus limpide » est maintenant la plus polluée et surpeuplée du monde.

Se rangeant parmi les métropoles les plus importantes d'Amérique, Mexico offre, malgré ses problèmes urbains, d'innombrables possibilités de divertissement : élégants théâtres, cinémas modernes, tavernes traditionnelles, cafés, vie nocturne animée. Grâce à ses boutiques et magasins de toutes sortes, du marchand ambulant devant la Cathédrale métropolitaine aux marchés d'artisanat du centre-ville, des avenues de Polanco et de la Zona Rosa, ornées de boutiques sophistiquées, aux luxueux centres commerciaux de Santa Fé (les plus grands d'Amérique latine) et le Perisur, les emplettes deviennent une aventure mémorable dans un monde de couleurs et de saveurs *(voir Artisanat et gastronomie, p. 73)*.

© Robert Frerck/ODYSSEY

Plaza de la Constitución

BREF PANORAMA DE MEXICO

Un peu de géographie

Plus petite région administrative du pays, le District Fédéral est bordé au Nord, à l'Est et à l'Ouest par l'État de Mexico, et au Sud par l'État de Morelos. Son territoire s'étend sur un immense plateau, la **Mesa de Anáhuac** (2 240 m), gardé du côté Est par deux volcans légendaires aux noms d'origine náhuatl, le Popocatépetl, « montagne qui fume » et l'Iztaccíhuatl, « femme endormie ». L'extrême Sud est délimité par la montagne d'Ajusco. Quand le ciel est dégagé, on les voit de plusieurs endroits de la ville. La capitale est divisée en districts administratifs ; on pourrait dire aussi qu'elle est formée de plusieurs villes différentes, car la croissance urbaine récente a effacé les limites des anciens quartiers, et les zones qui étaient il y a quelques années des banlieues font aujourd'hui partie de l'agglomération.

Un peu d'histoire

Fondation de Mexico-Tenochtitlán – Les origines de Mexico remontent à l'année 1325, quand les Mexicas découvrirent l'îlot au milieu du lac de **Texcoco** où, suivant les indications d'une prophétie de Huitzilopóchtli, leur dieu de la Guerre, ils devaient s'établir. La légende raconte qu'ils venaient d'**Aztlán**, région que nul n'a encore pu situer au plan géographique, et qui est à l'origine du nom **aztèque**. Au terme de presque 200 ans de pérégrinations au cours desquelles ils tentèrent à plusieurs reprises de s'installer dans la vallée, notamment à Tula et à Chapultepec, et livrèrent d'innombrables guerres aux tribus déjà établies, les Mexicas découvrirent enfin sur cet îlot le signe qu'ils attendaient des dieux : l'aigle dévorant un serpent sur un *nopal*, signe devenu l'emblème national.
Ils s'approprièrent cet îlot où personne ne s'était établi en raison de son sol boueux et inhospitalier. Peu à peu, moyennant guerres et alliances, ils agrandirent leur territoire et construisirent Mexico-Tenochtitlán, cette énorme ville lacustre que découvrirent les Espagnols à leur arrivée dans la région.

Une ville flottante – Mexico-Tenochtitlán, dont le nom signifie « le nopal divin où siège Mexitli (invocation de Huitzilopóchtli), fils du soleil et de la lune », est formé de plusieurs îles. Progressivement, les Mexicas organisèrent un réseau complexe de canaux qui servait à la fois à la circulation des barques et à la distribution d'eau propre. Ils construisirent aussi des chaussées de terre battue, ainsi que des aqueducs, des ponts et des jardins flottants, les **« chinampas »** (« haies vives de roseaux » en náhuatl). Ces derniers jouèrent un rôle fondamental dans l'expansion et la délimitation urbaines des Aztèques. Sortes d'îlots artificiels, les chinampas étaient des lopins de terre flottants, faits de végétation lacustre, de boue et racines diverses, mélangées pour former une masse compacte. Chacune de ces chinampas faisait environ 75 m de long et de 10 à 20 m de large. Au début, elles servirent uniquement à l'agriculture, mais par la suite on y bâtit, comme sur la terre ferme, différentes constructions. On peut encore admirer ce phénomène aujourd'hui à Xochimilco.

Peinture murale de Mexico-Tenochtitlán par Luis Covarrubías

La ville, sur l'île principale, était divisée en quatre quartiers ou **calpullis**. Chacun était doté d'un édifice réservé au conseil, le Tecpan, et de constructions diverses, temples, palais, bâtiments à usage collectif et habitations populaires. Au centre, entourée de murailles, se trouvait la place principale, ou **Gran Teocalli**. Quatre voies importantes reliaient l'île aux points cardinaux. Tlatelolco était l'un des îlots, situé au Nord de l'île centrale. C'était la zone commerciale, ou *tianguis* (marché) ; il faut cependant préciser que ce site était occupé par un autre groupe que les Aztèques et qu'il est resté indépendant jusqu'en 1473.

L'empire aztèque – En moins de 200 ans, l'insignifiante tribu des Aztèques devint la plus grande puissance de Méso-Amérique. Ils dominèrent toutes les régions environnantes ainsi qu'une partie de ce qui est aujourd'hui l'Amérique centrale. Cet immense pouvoir s'appuyait sur la puissance guerrière de ce peuple et le système tributaire imposé par leurs gouvernants. Mexico-Tenochtitlán fut entièrement bâti suivant des valeurs et des concepts religieux. La structure urbaine, sociale et politique, ainsi que toutes les activités des Aztèques, étaient fondées sur l'empire et la bienveillance de leurs dieux.
Quand les Espagnols arrivèrent, ils furent émerveillés par la beauté architecturale des 20 000 constructions qui existaient alors. La structure de la ville, qui leur rappelait celle de Venise, les laissa perplexes, tout comme le système social, politique et économique de Tenochtitlán, ainsi que le nombre considérable de ses habitants, qui dépassait largement celui de n'importe quelle ville européenne de l'époque.
Affronter et vaincre les Aztèques ne fut pas tâche facile.

16e et 17e siècles – Après la conquête de Mexico-Tenochtitlán par les Espagnols le 13 août 1521, Hernán Cortés entreprit la construction d'une nouvelle ville sur l'île. On respecta le découpage du terrain fangeux délimité par les canaux, mais les rares constructions qui subsistaient furent rasées. Les habitants furent expulsés vers la périphérie et pratiquement réduits à la condition d'esclaves.
La puissance militaire et l'imposition de la religion chrétienne furent les deux armes de la domination, les plus efficaces qui fussent. Stratégie majeure tout au long de l'époque des vice-rois, l'évangélisation commença dès 1524 avec l'arrivée des franciscains.
Ainsi, les édifices construits pendant la deuxième moitié du 16e s. et le début du 17e s. furent des bâtiments militaires ou religieux. Mais il n'en reste que peu de vestiges, car à partir de 1620, la ville a subi de longues périodes d'inondation qui ont détruit la plupart des constructions.

Le Mexico néohispanique – La ville fut reconstruite en 1637, lorsque le niveau de l'eau fut stabilisé. De nouvelles formes architecturales de style Renaissance et baroque virent le jour, et plus tard, on adopta les modèles churrigueresque et plateresque. À partir de ce moment, et jusqu'au milieu du 18e s., on assista à la multiplication des couvents (dont les atriums et les chapelles ouvertes étaient destinés à la catéchèse et à l'éducation des Indiens) ainsi qu'à celle des hôpitaux et des hospices pour chacune des deux ethnies, des aqueducs, services publics et grandes résidences réservés aux Espagnols.
La ville néohispanique prit dès cette époque un caractère original. Non seulement les matériaux différaient des matériaux européens (la plupart étaient repris des anciennes constructions précolombiennes), mais la main-d'œuvre était indigène. Faute de comprendre les concepts d'une culture et d'une religion étrangères, les Indiens en donnèrent spontanément leur propre interprétation. Ce style particulier, connu sous le nom d'**art tequitqui**, existe dans tout le pays, et on peut l'observer dans la plupart des édifices de l'époque, aussi bien dans la capitale que dans les villes mexicaines de province choisies par les vice-rois.

L'apogée du style néoclassique – Plus tard, vers le milieu du 18e s., l'expansion économique contribua à l'introduction du style néoclassique, une nouvelle mode architecturale née en France sous l'influence des Lumières et d'une philosophie renaissante. Adopté par l'**Académie royale de Beaux-Arts de St-Charles**, fondée en 1785, ce style donna à la ville une nouvelle physionomie. On construisit d'immenses palais où résidaient nobles et bourgeois. On ouvrit des rues, on érigea de nombreux monuments. Cependant, au nom du progrès et de la modernité, on détruisit aussi, ou on modifia, des constructions baroques d'une valeur inestimable.

L'indépendance et ses conséquences – En 1810, après trois siècles d'ordre et de tranquillité apparentes, surgit un mouvement social qui va changer l'orientation du pays, la lutte pour l'indépendance du Mexique. Pendant les premières décennies du 19e s., la ville ne subit presque pas de transformations. En 1859, à l'occasion de la promulgation des lois de la Réforme et du transfert des biens de l'Église à l'État, que commence une nouvelle période d'urbanisation, à caractère populaire. La géographie de la ville se transforme avec le démantèlement d'un grand nombre de couvents, divisés et vendus, et l'ouverture de nouvelles voies. Malheureusement, plusieurs monuments de l'époque des vice-rois disparurent sans laisser de trace.

Le « Porfiriat » – Les trente dernières années du 19e s. se déroulent sous la dictature du général Porfirio Díaz. La prospérité économique de cette période est mise à profit pour donner à la capitale une dimension internationale, qui lui permette de soutenir la comparaison avec n'importe quelle ville européenne. Cela entraîne toutes sortes d'améliorations : éclairage urbain, tramway, épuration de l'eau, revêtement des sols et drainage. Les meilleurs architectes, artisans et forgerons, et les meilleurs matériaux de construction sont importés d'Europe pour la création de nouveaux édifices prestigieux.

Le 20e siècle – La révolution de 1910, qui va durer 10 ans, laisse la population dans la misère, et les villes détruites.
Au début de 1920 naît un mouvement d'inspiration nationaliste qui engendre le muralisme. **José Vasconcelos**, secrétaire à l'Éducation, sera le premier à encourager les peintres à décorer de leurs œuvres les intérieurs des bâtiments publics, enrichissant ainsi le patrimoine culturel mexicain.
Au début des années 1930, l'explosion démographique contraint les architectes à créer des bâtiments plus importants et plus fonctionnels. Cette tendance persiste pendant 20 ans.

Le Mexico contemporain – En raison du manque d'espace et de l'absence totale de planification, la ville a souffert d'évolutions très brutales. Si certaines de ces évolutions sont positives, comme la construction du métro, d'autres donnent des résultats catastrophiques, comme c'est le cas des fragiles ensembles d'habitations populaires. La façon d'être mexicaine n'est pas moins complexe que la ville elle-même. Résultat de trois siècles de colonisation, le groupe des métis porte le poids d'une certaine résignation, à laquelle vient s'opposer et s'affronter l'esprit de lutte qui a prédominé dans les périodes suivantes. Ces éléments vont engendrer un phénomène très particulier : les Mexicains peuvent supporter pendant des années des situations extrêmement dures, jusqu'à ce que les sentiments de révolte, de patriotisme et de solidarité les submergent. Ces sentiments sont presque toujours réveillés par la présence active de leaders ou de caudillos, ou bien suscités par des situations dramatiques mettant en jeu la vie même. C'est ainsi qu'après le grand tremblement de terre qui a secoué la ville en 1985, les citoyens se sont organisés comme jamais auparavant, se solidarisant avec ceux qui avaient tout perdu. Le séisme a créé une nouvelle ville, dont les habitants sont plus conscients, organisés et solidaires, où les associations et mouvements ont jeté définitivement les bases de la transformation de la capitale et du pays.
En juillet 1997 a eu lieu un fait sans précédent : pour la première fois, des élections libres ont été organisées pour élire le chef de l'administration urbaine. Contre toute attente, l'élection fut remportée par **Cuauhtémoc Cárdenas**, fils du fameux ancien président Lázaro Cárdenas, candidat du Parti de la révolution démocratique (PRD), puissant parti d'opposition au Parti révolutionnaire institutionnel (PRI). Autre nouveauté, ces élections furent pour la première fois organisées par les citoyens eux-mêmes et non par le gouvernement, contrairement à la coutume.
En somme, Mexico est une ville moderne abritant un grand mélange de cultures, riche de racines précolombiennes, marquée par des époques historiques très différentes, dont il est merveilleux de découvrir les traces et les vestiges sur son immense territoire.

RENSEIGNEMENTS PRATIQUES

Comment s'y rendre

Par avion – **Aéroport International de la Ciudad de México** : 6 km au Nord-Est du centre-ville ; **informations** ☎ 55 71 36 00 et 57 84 48 11. Vols nationaux : poste 2303 ; vols internationaux : poste 2341 ; horaires, informations sur lignes aériennes et réclamations: poste 2260 *(toute l'année, tous les jours)*. **Transports vers le centre ville** : taxi (79 pesos), minibus (158 pesos) ☎ 55 71 93 44. Autocars à destination de Cuernavaca, Puebla, Toluca, San Miguel de Allende, Celaya, Querétaro, León et Irapuato : à la sortie, entre les halls C et D ; billets directement dans les autocars. Agences de **location de voitures** *(p. 24)*.

En autocar – Quatre gares **routières** desservent la province ; informations et réservation : **Central del Norte**, Eje Lázaro Cárdenas, 4907 ☎ 55 87 15 52 ; **Central del Sur**, Av. Taxqueña, 1320 ☎ 56 89 97 45 ; **Terminal del Oriente (Tapo)**, Ignacio Zaragoza, 200 ☎ 57 62 52 10 et **Central del Occidente**, Av. Río de Tacubaya ☎ 52 71 45 19. L'agence **Ticket Bus** vend des billets d'autocar vers le Sud-Est et El Bajío ; elle accepte les règlements par carte bancaire ou paiement direct au guichet et livre les billets à la gare d'autocars ; information sur horaires et tarifs ☎ 51 33 24 24 *(tous les jours de 9 h à 23 h)*. Grey Line tours (Viajes Línea Gris), Londres 166, colonia Juárez, autocars quotidiens vers Taxco et Acapulco ☎ 52 08 11 63 *(tous les jours de 7 h à 22 h)*.

En train – Lignes vers le reste du pays. **Estación de Ferrocarriles**, Av. Jesús García 140, colonía Buenavista. Informations et réservations: ☎ 55 47 10 84.

Transports locaux

Transports publics – *Plan du métro 3e de couverture*. Le **métro** dessert toute la ville par 9 lignes plus une ligne ferroviaire (ligne A vers l'État de Mexico) et 154 stations *(lundi au vendredi de 5 h à 3 h, samedi de 6 h à 1 h, dimanche et jour férié de 7 h à 3 h ; 1,50 peso le ticket)*. **Horaires et renseignements** sur les lignes et localisation des sites touristiques ☎ 56 27 49 51 *(lundi au vendredi de 9 h à 20 h)* et aux guichets d'information des stations suivantes : Balderas, Chapultepec, Zócalo, Centro Médico, Tacuba, Chabacano, La Raza, Pino Suáres, Hidalgo et Insurgentes *(lundi au vendredi de 8 h à 14 h 30 et de 15 h à 20 h, sauf jour férié)*.

Des **autocars, autobus collectifs et microbus** *(tous les jours de 6 h à 24 h : 2 à 4 pesos)* relient tous les points de la ville. Autocars pour personnes handicapées et du troisième âge *(tous les jours, toutes les 30 mn ; gratuits)*. Les **stations d'autobus** se trouvent à la sortie des stations de métro. Pour horaires et renseignements ☎ 55 25 93 80 (Agence Infotur).

Des **trolleybus** relient différents points de la ville, avec des arrêts généralement proches des stations de métro *(tous les jours de 5 h à 23 h ; 1,50 peso)*. **Autobus pour handicapés** : départ de la station de métro Universidad jusqu'à la station Central del Norte avec des arrêts intermédiaires *(tous les jours de 6 h à 23 h, toutes les 30 mn ; 1 peso)*. Pour de plus amples renseignements ☎ 55 39 28 00.

Le **train rapide** relie la station Taxqueña à la station Xochimilco (jadis appelée Embarcadero), avec 18 arrêts intermédiaires et correspondances vers la gare routière du Sud, le stade (Estadio azteca), l'embarcadère, les musées, le marché d'artisanat et le marché aux fleurs *(lundi au vendredi de 5 h à 23 h : 1 peso ; samedi, dimanche et jour férié de 6 h à 23 h ; 1,50 peso)*. Renseignements sur parcours et horaires ☎ 55 73 19 54 ou guichet d'information touristique, station Taxqueña *(tous les jours de 6 h à 22 h)*.

Automobile – *Plan de la ville, p. 93*. L'avenida Insurgentes traverse Mexico du Nord au Sud ; le paseo de la Reforma la coupe d'Ouest en Est ; ces deux grands axes sont à double sens et chaussées séparées, de même que la voie rapide du Periférico. Par ailleurs, la ville est sillonnée d'axes routiers à sens unique Nord-Sud et Est-Ouest (Oriente-Poniente). La **vitesse maximale** varie selon que l'on se trouve dans des rues ordinaires, sur les grands axes, sur le périphérique ou à proximité d'écoles, d'hôpitaux, etc. ; observez les limitations indiquées.

Stationnement public – À certains endroits, comme dans la Zona Rosa, on trouve des **parcmètres** *(1 peso = 15 mn)*. Au-dessous de la plaza de Bellas Artes, Lázaro Cárdenas (axe central) et av. Juárez *(tous les jours de 7 h à 3 h)* ; au-dessous de la plaza Garibaldi, Lázaro Cárdenas, à l'angle de República de Perú *(tous les jours, 24 h/24 h)* ; plaza Morelos à l'angle de Balderas et Dondé, sur un des côtés du marché La Ciudadela *(tous les jours 24 h/24 h)*, le tarif est de 12 à 14 pesos l'heure.

Carrefour Bucareli et Paseo de la Reforma

Taxis – On peut les prendre dans la rue *(le tarif indiqué au compteur comprend 4,80 pesos de prise en charge ; à partir de 22 h, tarif de nuit de 20 % supérieur)* ou faire appel aux radio-taxis *(sitios)*, que l'on trouve dans différents quartiers de la ville *(prix majorés de 5 à 20 pesos par rapport aux tarifs conventionnels)*. Mais il est recommandé d'utiliser les taxis touristiques qui attendent devant les hôtels (tarifs fixes affichés dans l'hôtel). Si vous êtes en dehors de votre hôtel, vous pouvez appeler un **radio-taxi** : Servi-taxi ☎ 55 16 60 20 ; Radiomex (dispose de taxis écologiques et de limousines) ☎ 55 74 45 96 *(tarif en fonction du barème des prix et distances; s'informer en commandant le taxi)*.

Informations générales

Information touristique – **Office d'information touristique du Secrétariat au Tourisme (SECTUR)**, Masaryk 172, ☎ 52 50 01 23 ou 52 50 00 27 ou www.mexico-travel.com *(lundi au vendredi de 9 h à 21 h, samedi de 10 h à 15 h)* : renseignements et dépliants sur les spectacles, festivals et sites touristiques. **Infotur SECTUR** ☎ 52 50 01 51 *(tous les jours, 24 h/24 h)* donne des renseignements par téléphone. En cas de vol, de perte d'objets personnels ou de papiers, déposez une déclaration à la Dirección de Agencias del Ministerio Público Especializada en Atención al Turista (agence 61), Florencia 20, Zona Rosa ☎ 51 30 81 49 et 51 30 81 54 *(tous les jours, 24 h/24 h)* ; pour les formalités ultérieures, adressez-vous à votre ambassade.

Hébergement – On peut consulter le *Guía Oficial de Hospedaje en México* à la SECTUR ou l'acheter dans les kiosques Sanborns. **Réservations SECTUR**, Pte. Masaryk 172, colonía Polanco ☎ 52 55 31 12 et 01 800 903-92-00 *(lundi au vendredi de 9 h à 18 h, samedi de 10 h à 13 h)* fournit des renseignements et réservations dans tout le pays.

Hôtels – **Quartier Reforma et Polanco** *(de 1 200 à 3 000 pesos, cinq étoiles à cinq diamants)* : Camino Real ☎ 52 03 21 21, Hotel Marquis Reforma ☎ 52 11 36 00, Meliá México Reforma ☎ 51 28 50 20, Presidente Intercontinental ☎ 53 27 77 00, Fiesta Americana ☎ 57 05 49 11, Four Seasons México ☎ 52 30 18 18, María Isabel Sheraton ☎ 52 07 39 33, Imperial ☎ 57 05 49 11, J.W. Marriott ☎ 52 30 05 55, Nikko ☎ 52 03 48 00. **Zona Rosa** *(de 800 à 2 100 pesos, quatre étoiles à quatre diamants)* : Calinda Quality Geneve ☎ 52 11 00 71, Krystal ☎ 52 28 99 28, Westin Galería Plaza ☎ 52 11 00 14. **Zone Sud** *(de 1 600 à 2 200 pesos)* : Paraíso Radisson ☎ 56 06 42 11, Royal Pedregal ☎ 57 26 90 36, Continental Plaza ☎ 56 81 12 90, Real del Sur ☎ 56 10 42 56. **Centre-ville** *(de 900 à 2 000 pesos)* : Hotel de Cortés *(voir p. 108)*, ☎ 55 18 21 81, Hotel Majestic ☎ 55 21 86 00, Gran Hotel de la Ciudad de México *(voir p. 97)* ☎ 55 10 40 47. *Les tarifs indiqués ici (par nuit en chambre double) sont sujets à modifications.*

Presse – Quotidiens : *Reforma, El Universal, La Jornada, Excélsior, El Sol, Novedades, El Financiero*. Editions en espagnol de *The News* et *Mexico City Times*. Presse étrangère : le *New York Times*, le *Wall Street Journal*, le *Washington Post* et *Le Monde*. La revue hebdomadaire *Tiempo libre* renferme une rubrique des événements culturels et artistiques de la ville. Tous sont en vente aux Sanborns, kiosques en libre-service et points presse.

Change – Aux bureaux de change (près des principaux hôtels et sur les grandes avenues). Il est recommandé de changer dans les bureaux de change de l'aéroport. On trouve des **guichets automatiques** à l'extérieur des banques, dans les centres commerciaux, grands magasins et libres-services, où il est possible de retirer des pesos mexicains avec une carte de crédit internationale Visa ou Mastercard (logo sur la porte). Principales banques avec guichets automatiques : Banamex, Bancapromex, Bancomer, Bital, Citibank et Serfín.

Visites guidées de la ville – Grey Line Tours (Viajes Línea Gris, S.A. de C.V.) ☎ 52 08 11 63 *(tous les jours; circuit complet à partir de 23 USD ; départs au 166 de la calle Londres)* ; American Express ☎ 57 05 15 15 *(tous les jours, à 9 h 30 ; circuit complet à partir de 20 USD ; départs de l'hôtel Fiesta Americana, Reforma 80)* ; Mexico Travel Advisors (Consejeros de Viajes México) ☎ 55 25 75 20 *(circuit complet à partir de 30 USD ; départs de Génova 30)*. Ces agences peuvent prendre les visiteurs à leur hôtel, sur réservation ; elles organisent aussi des visites guidées d'autres sites touristiques du pays. On trouve également des agences de voyages dans les principaux hôtels. El INAH organise des parcours culturels dans toute la ville (informations au Museo Nacional de Antropología ☎ 56 53 23 65 ou www.cnca.gob.mx/inah/servicio/paseos.html). **Train touristique dans la ville** *(tous les jours de 10 h à 17 h ; départs toutes les heures au 66 de l'av. Juárez, à l'angle Revillagigedo, circuit complet 28 pesos)* ; pour de plus amples informations: ☎ 55 12 10 12 à 14. Les **radio-taxis** *(70 pesos/h)* et **taxis touristiques** *(tarifs fixes indiqués à l'hôtel)* conduisent à des sites touristiques en dehors de la ville et peuvent être réservés à la réception des hôtels. Les taxis touristiques possèdent un permis de la SECTUR et portent des plaques bleues.

Achats – *Voir encadré p. 109.* **Artisanat** : marché de la Ciudadela *(voir p. 107)* ; Bazar Sábado *(voir p. 128)* ; Buenavista, Aldama 187, *petits prix* ; Fundación Nacional de Artesanías (FONART), Londres 136, Zona Rosa, *artisanat de diverses régions du pays* ; Tiendas Oaxaca, calzada de Tlalpan 2191, au Sud de la ville ; marché d'artisanat Insurgentes *(voir p. 119)*. **Antiquités** : plaza del Ángel, Londres 161, Zona Rosa *(tous les samedis de 10 h à 17 h)* ; stands devant le marché de la Lagunilla *(tous les dimanches de 11 h à 17 h ; attention aux vols)*. **Argenterie** : boutiques de la Zona Rosa, centres commerciaux et marchés ; boutique Tane, Amberes 70 *(excellente qualité)*.
Dans la **Zona Rosa**, on trouve divers magasins spécialisés en bijouterie, artisanat, vêtements, costumes typiques, articles en peau. Rue Liverpool et au Palacio de Hierro *(20 de Noviembre et Venustiano Carranza au centre-ville)* se trouvent deux des plus anciennes boutiques de la ville.

Centres commerciaux *(ouverts toute l'année de 11 h à 20 h)* – **Au Sud** : Galerías Insurgentes, Insurgentes Sur et Parroquia ; plaza Coyoacán, av. Universidad et río Churubusco ; plaza Loreto, río Magdalena et av. Revolución ; Centro Comercial Perisur, Periférico Sur et av. Insurgentes Sur. **Au Nord** : plaza Satélite, Periférico Norte et Circuito Centro Comercial à Ciudad Satélite. **À l'Ouest** : Plaza Centro Comercial Santa Fe (le centre commercial le plus récent), av. Vasco de Quiroga, colonía Santa Fe ; Pabellón Polanco, Jaime Balmes et Homero, colonía Polanco ; Plaza Molière, Molière et Horacio.

Spectacles – On trouve des informations sur les spectacles et activités de loisirs dans les quotidiens suivants : *Reforma, El Universal, El Heraldo* et *Excélsior* (rubrique des spectacles), ainsi que dans la revue hebdomadaire *Guía de México Tiempo Libre* et dans les guides de loisirs disponibles à la réception des principaux hôtels.

Salles, concerts et autres événements culturels – Auditorium national *(voir p. 119)* : concerts et spectacles ☎ 52 80 92 50 ; Palais des Beaux-Arts *(voir p. 106)* : ballet folklorique du Mexique, concerts, événements culturels et artistiques *(saison d'opéra de février à novembre, le mardi et le jeudi à 8 h, le dimanche à 17 h)* ☎ 55 12 36 33 ; Teatro Metropolitan : concerts et spectacles ☎ 55 10 39 64 ; Sala de Conciertos Nezahualcóyotl ☎ 56 22 71 25 ; Sala Ollín Yoliztli ☎ 56 06 43 63. Vente de billets: directement aux guichets ou au Ticketmaster ☎ 53 25 90 00 et dans les centres TicketMaster des magasins El Palacio de Hierro, Mixup et Discolandia.

Théâtres *(billets au guichet)* – Teatro Blanquita, Lázaro Cárdenas 16 (axe central), centre ; Centro Teatral Manolo Fábregas, Velázquez de León 31 et Serapio Rendón 15 ; Teatro de los Insurgentes, Insurgentes Sur 1587 ; Teatro San Rafael, Melchor Ocampo 40 ; Teatro Silvia Pinal, Coahuila 79.

Mariachis – Plaza Garibaldi; Restaurante Arroyo, Insurgentes Sur 4003 *(tous les jours de 8 h à 19 h)* ; Restaurante Las Delicias, Insurgentes Sur 1027 *(tous les jours de 13 h à 3 h)* ; Bar El Jorongo, Paseo de la Reforma 325 *(tous les jours de 18 h à 24 h)*.

Charreadas – Lienzo Charro del Pedregal, Camino a Santa Teresa 306 ☎ 56 66 69 95 propose des spectacles de folklore mexicain avec chevaux et cavaliers.

Sports-spectacles – **Corridas** *(de novembre à mars, le dimanche à 16 h)* : Plaza México, Augusto Rodín 241, colonía Ciudad de los Deportes ☎ 55 63 39 61. **Football** *(de février à mai et de septembre à novembre)* : Estadio Azteca, calzada de Tlalpan 3465 ☎ 56 17 80 80 *(billets au guichet)* et Estadio Azul, Indiana 255, colonía Nápoles *(billets au Ticketmaster ☎ 53 25 90 00)*. **Courses automobiles** *(toute l'année)* : Autódromo Hermanos Rodríguez, Puerta 5, Ciudad Desportiva, colonía Magdalena Mixhuca ☎ 56 49 24 99 *(billets au guichet)*.

Loisirs – **Parcs d'attractions** : Reino Aventura, carr. Picacho-Ajusco 1500 ☎ 57 28 72 00 *(mardi à jeudi de 10 h à 18 h ; vendredi à dimanche de 10 h à 19 h)* ; La Feria *(voir p. 94)*. **Alpinisme** : volcan Iztaccíhuatl ; contacter Viajes Línea Gris ☎ 52 08 11 63 ou la Fédération sportive mexicaine ☎ 55 19 20 40 *(entre 14 h et 21 h)* ; ce dernier organisme propose des visites guidées. **Parcs** : bois de Chapultepec *(voir p. 110)* ; parc El Ajusco, carr. al Ajusco, km 20 au Sud de la ville, idéal pour le cyclisme et la promenade ; parc du Désert des Lions *(voir p. 133)*, Xochimilco *(voir p. 133)*.

Téléphones utiles

	☎
Urgences (police, pompiers, ambulances)	**080**
Gendarmerie du District fédéral	060
Pompiers	57 68 37 00
Croix-Rouge	53 95 11 11
Urgences médicales	55 39 72 00
Secours, sauvetage et urgences médicales	57 22 88 05
Patrouilles d'assistance aux touristes (sur la route)	52 50 82 21
Agencia Ministerio Público (spécialisée dans l'aide aux touristes)	51 30 81 49
Opérateur téléphonique national	040

Sept jours à Mexico

1er jour

Centre historique – Circuit 1 Plaza de la Constitución et environs.

2e jour

Centre historique – Circuit 2 Templo Mayor et environs.

3e jour

Excursion – Site archéologique de Teotihuacán.

4e jour

Museo Nacional de Antropología.

5e jour

Centre historique – Circuits 3 Santo Domingo et environs.
4 Madero et environs.

6e jour

Excursion – Museo Nacional del Virreinato à Tepotzotlán.

7e jour

Quartiers Sud – Ciudad Universitaria, Coyoacán ou Xochimilco.

Note : Au Mexique, les noms de rues ne sont pas précédés de la mention « rue », à la différence des avenues, boulevards, *calzadas* ou voies. Le nom de la rue suit ainsi immédiatement, après une virgule, le nom du lieu indiqué (site, commerce, etc.). Ex : Estadio Azul, Indiana 255 signifie que le stade Azul se situe au n° 255 de la rue Indiana.
Les abréviations ont été laissées dans le texte telles que le visiteur les trouvera sur place et sur les plans :

av. = avenida (avenue)
calz. = calzada (chaussée, voie)
carr. = carretera (route)

Tula
TEPOTZOTLÁN★★★
QUERÉTARO
A
B
Calz. S. Isidro Técpati
AZCAPOTZALCO
22 de Febrero
Ex convento de Azcapotzalco
Zona Industrial
Cuitláh
PM
POL.
Blvd. Manuel Ávila Camacho
NAUCALPAN DE JUÁREZ
Refinería
Aquiles Serdán
Calz. Camarones
Av.
TOLUCA
X
Río Hondo
Calz. México-Tacuba
Paseo de Circuito Interior
TACUBA
Av. Marina Nacional
El Toreo
Anillo Periférico
Av. Río San Joaquín
CUAUHTÉMOC
SAN COSME
Mto a la Revolución
Mto a C. Colón
Av. Ejército Nacional
Thiers
Fuente de Petróleos
POLANCO
★★Monumento a la Independencia
Mto Cuauht
la Reforma
Zona Rosa
LOMAS DE CHAPULTEPEC
★★★BOSQUE DE CHAPULTEPEC
Diana Cazadora
Chapultepec
Pl. Rí de Ja
ROMA
★★Paseo de la Reforma
Constituyentes
Vasconcelos
Nuevo León
CONDESA
Querétaro
Insurgentes
Medellín
Monterrey
MIGUEL HIDALGO
Y
TOLUCA
Av. de los
TACUBAYA
POL.
Poniente
Blvd.
Amores
Av. Santa Fe
Camino a
Revolución
Patriotismo
Viaducto Río Becerra
World Trade Center
Avenida
División
Cuauhtémoc
Malinalco★, TOLUCA
Mateos
Estadio Olímpico
Parque Hundido G. Urbina
Coyoacán
Mancera
BEN JUÁ
PN Desierto de los Leones
Av. Río Mixcoac
Av. G.
López
Insurgentes★
CIRCUITO INTERI
Universidad
★SAN ÁNGEL
★★COYOACÁN
Museo Estudio D. Rivera
Av. Miguel Ángel de Que
Calz. al Desierto de los Leones
Adolfo
ÁLVARO OBREGÓN
Estadio Olímpico México 68
A B C D E F
★Ciudad Universitaria
Z
Av. San Jerónimo
Blvd.
Paseo del Pedregal
★Jardín Botánico
Avenida
Centro Cultural★★
Museo Universum★★
Av. de la IMAN
Anillo Periférico
Estad Aztec
Cuicuilco
B
★Cuernavaca
★★Xochicalco
Xochimilco, Tlalpan

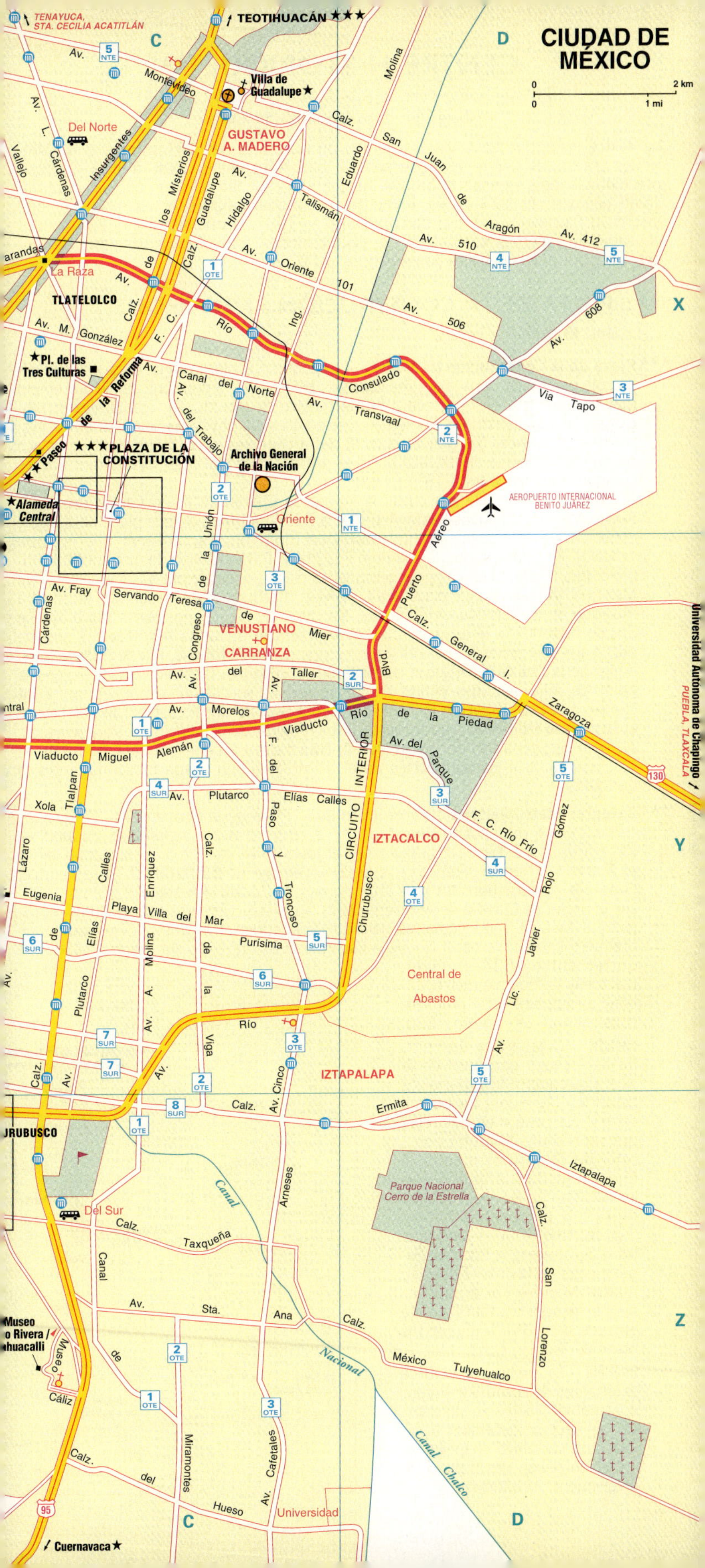

CIUDAD DE MÉXICO
0
2 km
0
1 mi
TENAYUCA, STA. CECILIA ACATITLÁN
TEOTIHUACÁN ★★★
Villa de Guadalupe ★
GUSTAVO A. MADERO
Del Norte
La Raza
TLATELOLCO
★ Pl. de las Tres Culturas
★★★ PLAZA DE LA CONSTITUCIÓN
★★ Paseo de la Reforma
★ Alameda Central
Archivo General de la Nación
Oriente
AEROPUERTO INTERNACIONAL BENITO JUÁREZ
VENUSTIANO CARRANZA
Universidad Autonoma de Chapingo
PUEBLA, TLAXCALA
IZTACALCO
CIRCUITO INTERIOR
Central de Abastos
IZTAPALAPA
URUBUSCO
Parque Nacional Cerro de la Estrella
Del Sur
Museo Diego Rivera / Anahuacalli
Canal Nacional
Canal Chalco
Universidad
Cuernavaca ★
Av. Insurgentes
Calz. de los Misterios
Calz. de Guadalupe
Av. Hidalgo
Calz. San Juan de Aragón
Av. Montevideo
Av. Talismán
Av. 510
Av. 412
Av. Oriente 101
Av. 506
Av. 608
Via Tapo
Av. Río Consulado
Canal del Norte
Av. Transvaal
Av. del Trabajo
Av. Congreso de la Unión
Av. Fray Servando Teresa de Mier
Av. del Taller
Av. Morelos
Viaducto Miguel Alemán
Río de la Piedad
Av. del Parque
Calz. General I. Zaragoza
Blvd. Puerto Aéreo
Av. Plutarco Elías Calles
F. C. Río Frío
Av. F. del Paso y Troncoso
Churubusco
Av. Javier Rojo Gómez
Av. Lic.
Calz. de Tlalpan
Av. Lázaro Cárdenas
Xola
Eugenia
Playa Villa del Mar
Purísima
Av. A. Molina
Av. Enríquez
Calz. de la Viga
Av. Río
Av. Cinco
Calz. Ermita Iztapalapa
Arneses
Calz. Taxqueña
Canal
Av. Sta. Ana
Calz. México Tulyehualco
Calz. San Lorenzo
Av. de Miramontes
Av. Cafetales
Calz. del Hueso
Museo
Cáliz
Vallejo
Av. L. Cárdenas
Av. M. González
130
95
C
D
X
Y
Z

CENTRE HISTORIQUE★★★

🅘 Masarik 172, Polanco – ☏ 55 25 00 27 et 52 50 01 51 ;
Amberes 54, Zona Rosa – ☏ 55 25 93 80

Le centre historique de la ville est le lieu où les traces des différentes étapes historiques traversées par le Mexique sont le plus apparentes. C'est là qu'à l'époque précolombienne s'étendait la grande Tenochtitlán, sur laquelle les conquistadors ont édifié beaux et luxueux palais, immenses complexes religieux et églises de renom. Inscrit au Patrimoine mondial de l'humanité en 1987, le centre historique de Mexico conserve de superbes vestiges de ces deux périodes, qui voisinent harmonieusement avec nombre d'autres belles constructions du 20e s.

★★★ 1 PLAZA DE LA CONSTITUCIÓN ET ENVIRONS

1 jour. Ⓜ *ligne 2 – Zócalo*

★★★ **Plaza de la Constitución (El Zócalo)** – À l'époque précolombienne, cette place jouait un rôle particulier dans la société aztèque, puisqu'elle formait une partie du templo mayor. Sous les vice-rois, elle a été le théâtre de grandioses fêtes civiles et religieuses et a vu construire de magnifiques édifices. Sa physionomie a changé depuis, suivant les caprices des gouvernants et des architectes. C'est maintenant une place bétonnée au centre de laquelle flotte le drapeau national ; les soldats rentrent les couleurs tous les jours à 18 h.

De 1706 à 1843, elle a accueilli la statue de Charles IV et un édifice baptisé **El Parián**. Mais le président Santa Anna les a fait supprimer. À leur place devait être construit un monument à l'Indépendance, dont on n'a conservé que le socle *(zócalo)*, élément qui donne son nom à la place. Par extension, le mot zócalo s'emploie depuis généralement pour désigner la place principale des villes et villages du Mexique. Au 19e s., la place était plantée d'arbres et possédait un kiosque à musique et une station de tramway. En dépit de ses changements successifs, le Zócalo reste le cœur de la ville, en mouvement et agitation perpétuels. Il sert de décor aux spectacles populaires pour les grandes célébrations, **Fête de l'Indépendance**, défilé de la **Fête de la Révolution** ou fêtes de fin d'année. C'est également devenu le point de ralliement des défilés et manifestations sociales et politiques, qui l'ont consacré témoin muet de l'Histoire. Du côté Sud, le Zócalo est bordé par l'**ancien** et le **nouveau bâtiment du Département du District Fédéral**, deux édifices presque jumeaux. Au côté Est de la cathédrale, le **Mont-de-Piété** s'élève à l'emplacement du palais de Moctezuma, que Hernán Cortés devait réserver à son usage personnel après la Conquête.

★★★ **Catedral Metropolitana** – *Partie Nord de la Plaza de la Constitución. Visite d'octobre à mars, du lundi au samedi de 7 h à 18 h ; d'avril à septembre, du lundi au samedi de 7 h à 19 h ; les dimanches et jours fériés de 7 h à 20 h. Fermé les 1er et 5 mai, le 1er et 16 septembre et le 20 novembre.* ☏ *55 10 04 40.* La cathédrale, l'une des constructions les plus importantes du Zócalo, fut commencée en 1573, sur le projet de Claudio de Arciniega. Mais la construction ne s'acheva qu'en 1813, lorsque Manuel Tolsá édifia les galeries supérieures et le dôme. Cependant, une première cathédrale de la Nouvelle-Espagne avait été bâtie sur l'ordre de Hernán Cortés entre 1524 et 1532.

L'actuelle cathédrale métropolitaine a remplacé cette première construction détruite en 1626.

Façade – C'est l'une des plus belles façades baroques de la ville. Elle compte trois portails à colonnes doriques. Le portail central est orné d'un bas-relief qui représente l'Assomption ; celui du Sud-Ouest montre le Christ remettant à saint Pierre les clés de l'Église ; le troisième reproduit en relief la nef de l'église. Une horloge ainsi que les sculptures de la Foi, de l'Espérance et de la Charité dues au maître Manuel Tolsá couronnent la façade. Les tours ont été élevées au 18e s. suivant les plans de Damián Ortiz.

Intérieur – La noblesse et la force extérieures de la cathédrale font contrepoint à son luxe intérieur. On ne peut actuellement accéder qu'à certaines chapelles et autels en raison des travaux de nivellement du bâtiment.

La cathédrale possède cinq vaisseaux. Les collatéraux comptent chacun sept chapelles. Les trois autres vaisseaux servent aux processions ; la nef principale est remarquable par sa hauteur, par l'ornementation de son chœur et de ses autels. Bien qu'il ne soit possible d'admirer les **chapelles★** que de l'extérieur, la chapelle des Anges et des Archanges *(première à gauche)* attire l'attention avec son beau retable doré.
Du côté du mur gauche, on découvre l'autel du Seigneur des Pardons, à côté de l'**autel des Rois★★★**, magnifique exemple du baroque churrigueresque, en bois plaqué d'or fin. L'admirable retable entrepris par Jerónimo de Balbás en 1718 ne fut achevé qu'en 1737. Au centre figurent deux tableaux de style néohispanique, *L'Adoration des Rois* et *L'Assomption de la Vierge* par Juan Rodríguez Juárez. Les bas-reliefs du pourtour représentent des rois, des reines et des saints.
Au centre de la nef principale se dressent le maître-autel et le **coro★★** dont la grille a été forgée à Macao, en Chine. On distingue à l'intérieur les **stalles** en bois disposées en hémicycle, avec à chaque extrémité des **orgues** réalisées au 18ᵉ s.
Le coro actuel est une réplique fidèle de l'original, disparu dans l'incendie de 1967 et reconstruit par le maître Miguel Ángel Soto Rodríguez et son équipe entre 1978 et 1984.

Les travaux de nivellement – Entre le début de sa construction en 1573, et l'achèvement de ses voûtes en 1667, la cathédrale s'est affaissée à des niveaux différents entre le maître-autel et la tour Ouest. Au 17ᵉ s., la différence de niveau était de 80 cm, mais à la fin du 19ᵉ s., elle atteignait 1,56 m, et elle est aujourd'hui de

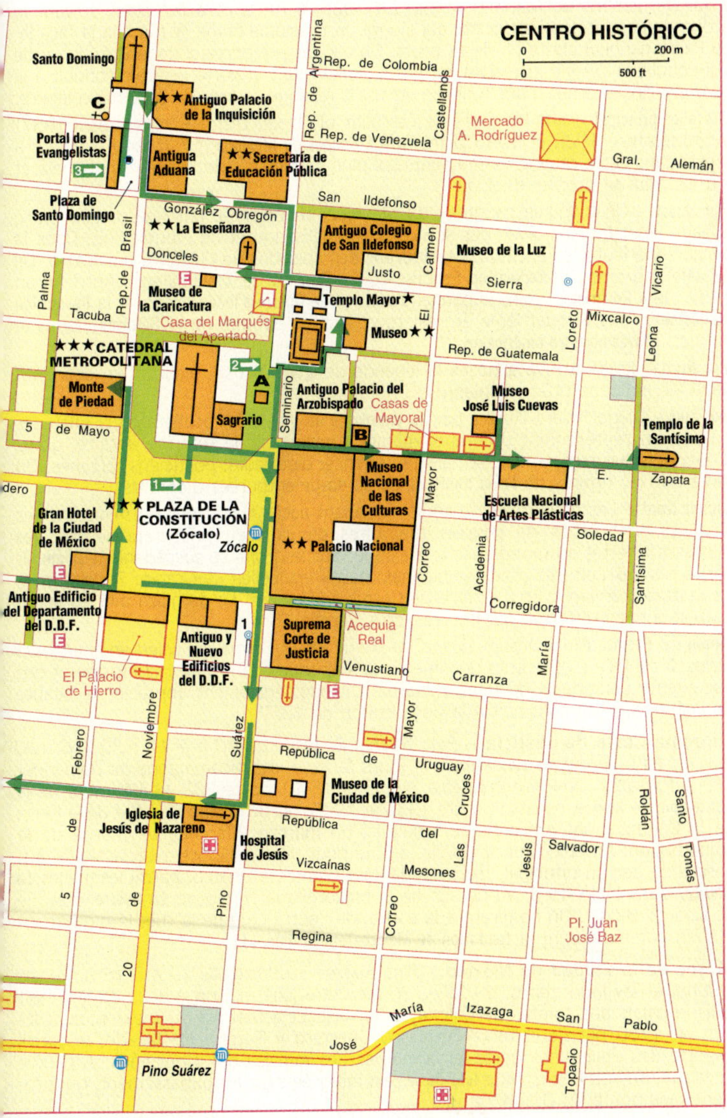

2,42 m. En raison des nombreuses lézardes dont la réparation s'imposait, la décision a été prise de procéder à des travaux de nivellement. Ils consistent à extraire le matériau là où la cathédrale est moins affaissée, pour atteindre le niveau de l'affaissement le plus important. On plante aussi des pieux en sous-sol pour consolider le bâtiment. Des échafaudages ont été placés à l'intérieur pour l'étayer pendant les travaux sur les fondations. On prévoyait de les enlever en l'an 2000, même si les travaux de nivellement devaient se poursuivre.
En dépit de ces travaux, la cathédrale reste impressionnante sur la Plaza de la Constitución.

Sagrario Metropolitano – *Côté Est de la cathédrale.* Les deux portails rehaussent la beauté de la **façade**★★ baroque. Ils représentent les douze apôtres (côté Sud) et les douze prophètes (côté Est). Fermé au public depuis 1993, le Sagrario a été construit entre 1749 et 1768 par l'architecte mexicain Lorenzo Rodríguez, en pierre rouge avec des bas-reliefs en pierre calcaire. Cette combinaison permet de le distinguer parfaitement du corps de la cathédrale, bien qu'ils soient mitoyens.

★★ **Palacio Nacional** – *Côté Est de la Plaza de la Constitución. Visite de 9 h à 17 h. Fermé les jours fériés nationaux.* ☎ *52 28 15 42.* Depuis longtemps se trouve ici le siège du pouvoir politique. Là s'élevait, à l'époque précolombienne, le palais de Moctezuma II. Après la Conquête, il forma une partie de la demeure réservée à Hernán Cortés, pour devenir en 1562 le palais des vice-rois. En 1692, une révolte populaire détruisit l'aile Sud, que le vice-roi Gaspar de la Cerda fit reconstruire. Remanié sous le gouvernement de Revillagigedo, il fut pourvu à l'extrémité Nord, en 1852 d'une porte baptisée « porte Mariana » parce qu'elle fut construite sous le gouvernement de Mariano Arista. En 1926, il fut encore remodelé suivant le projet de l'architecte Petriccioli, qui ajouta un troisième étage et modifia la façade. Le Palais national abrite plusieurs cours. On accède aux bureaux de la Présidence de la République *(fermé aux visiteurs)* par la porte Sud ; la porte centrale conduit à la cour principale, ornée d'une fontaine qui est la réplique de celle de l'époque coloniale.

L'escalier principal – Sur les murs de l'escalier principal, Diego Rivera (1886-1957) a réalisé entre 1929 et 1935 la fresque ***L'Épopée du Mexique***★★★ *(photo p. 48)*. Il a repris dans cette œuvre les moments les plus importants de l'histoire nationale et y a exprimé sa propre idéologie.

Mur Ouest – On y voit la conquête du Mexique, représentée par une bataille entre Espagnols et Indiens, avec des scènes d'évangélisation et de l'Inquisition. Dans la partie supérieure, sous cinq arcs, figurent des épisodes de l'histoire mexicaine. De gauche à droite : l'**Intervention française** et l'exécution de Maximilien d'Autriche en 1867 ; le **« Porfiriat »** ; dans le panneau central, la **Guerre d'indépendance** et la **Révolution mexicaine** ; sous le quatrième arc est représentée l'époque de la **Réforme** ; sous le dernier, **l'Invasion nord-américaine**.

Mur Nord – Ici se trouve exposée la légende de Quetzalcóatl, ainsi qu'un descriptif de la vie indigène précolombienne.

Mur Sud – Diego Rivera illustre par sa peinture sa vision particulière de la lutte des classes, en représentant différents thèmes : lutte pour la réforme agraire, grève d'ouvriers, fascistes, travail, socialisme, science, dictateurs, politiciens fortunés. On remarque les figures de **Frida Kahlo** et de sa sœur entourées d'enfants.

Couloir Nord – Les deux murs du couloir donnant accès aux salons du ministère des Finances sont ornés de **grisailles** (peintures en camaïeu gris) représentant les richesses offertes au monde par le Mexique. Sur la droite se succèdent neuf **murals** consacrés aux cultures précolombiennes, parmi lesquelles *La Grande Tenochtitlán, La Culture totonaque* et *L'Arrivée de Cortés à Veracruz*. La dernière met en avant un personnage difforme qui pourrait être Hernán Cortés.

Museo del Recinto Parlamentario – *Visite de 9 h à 18 h. Fermé les week-ends et jours fériés.* Il renferme différents documents de l'époque des lois de la Réforme et des documents personnels de Benito Juárez. On peut également apprécier la beauté de l'hémicycle qui a vu naître la Constitution de 1857.

Suprema Corte de Justicia – *Pino Suárez 2. Visite de 10 h à 17 h 30 (16 h 30 le vendredi). Fermé les week-ends et jours fériés. Il est recommandé de demander une autorisation de visite préalable.* ☎ *55 22 15 40, poste 222.* Le bâtiment de la **Haute Cour de Justice**, construit entre 1935 et 1945, borde le côté Sud-Est de la Plaza de la Constitución. Autrefois se tenait ici un marché. L'architecte chargé de la construction, Antonio Muñoz García, a opté pour un style sobre, néoclassique. Au-dessus du perron principal, fresques de José Clemente Orozco, parmi lesquelles ***La Justice***. Dans l'aile Nord, au-dessus de la bibliothèque se trouve ***La Guerre***, fresque de George Biddle. On admirera à la sortie, de l'autre côté de la rue, le monument (1970) commémorant la **fondation de Mexico-Tenochtitlán** (**1**).

Museo de la Ciudad de México – *Pino Suárez 30. Visite de 10 h à 18 h. Fermé le lundi et les jours fériés.* ☎ *55 22 36 40.* Cette jolie maison à deux étages était jadis le palais des comtes de Calimaya. Son aspect actuel est dû à sa reconstruction en 1780 par l'architecte Francisco Guerrero y Torres. En façade, le **portail** importé des Philippines porte les armoiries des familles qui y ont vécu. À l'angle de la rue, on voit une grande **tête de serpent** intégrée dans le soubassement, qui provient sans doute du Grand Temple.

L'intérieur – Dans la cour principale, autrefois « cour des seigneurs », se trouve une fontaine ornée d'une figure de sirène nordique à double queue. L'escalier est flanqué d'un lion et d'une lionne, qui passaient pour conjurer le mauvais sort. Au deuxième étage, on peut voir la chapelle, la sacristie, la salle de musique et, sur la terrasse, **l'atelier★** de Joaquín Clausell (1866-1935), probablement le seul peintre impressionniste mexicain du début du 20e s.

Iglesia de Jesús de Nazareno – *República del Salvador 119, jouxtant l'hôpital de Jésus. Visite de 8 h à 14 h et de 16 h à 19 h. Fermé les 1er mai, 16 septembre et 20 novembre. ☏ 55 42 04 15.* L'église de Jésus de Nazareth, d'abord appelée église N.-D.-de-la-Pure-et-Claire-Conception, doit son nom actuel à une légende merveilleuse attachée à une statue de Jésus portant la croix, parvenue par hasard au sanctuaire et demeurée là pendant des années. À l'intérieur, à gauche du maître-autel, se trouve une urne contenant les **restes de Hernán Cortés**. Le plafond du coro est décoré par la **fresque★** *L'Apocalypse* (1942-1944), réalisée par José Clemente Orozco, qui montre les horreurs de la Seconde Guerre mondiale.

Hospital de Jesús – *Pasaje de la calle 20 de Noviembre 82. Visite de 9 h à 15 h (12 h le samedi). Fermé les dimanches et jours fériés. ☏ 55 42 65 01.* Fondée par Hernán Cortés en 1524, la première institution hospitalière d'Amérique poursuit toujours son œuvre d'assistance médicale. L'intérieur renferme deux cours entourées d'arcades, séparées par un escalier central orné du **buste** du conquérant du Mexique. Au niveau supérieur, une **fresque** du peintre Antonio González Orozco représente la première rencontre de Moctezuma et de Cortés, censée s'être déroulée à l'endroit précis où l'hôpital a été construit. Parmi les bureaux du rez-de-chaussée, l'ancienne sacristie de la chapelle accueille aujourd'hui le Salon de l'Institution ; on y verra deux portraits de Hernán Cortés, mais surtout un des plus beaux **plafonds à caissons★** du pays (16e s.), tout en ors et bois précieux.

Ancien temple de St-Philippe-Neri – *República del Salvador 49.* **San Felipe Neri el viejo** et **San Felipe Neri el nuevo** sont deux églises situées sur une petite place ; l'ensemble offre une agréable impression de paix. Construite entre 1660 et 1668, la première n'a conservé que son portail baroque illustré d'un **bas-relief** de son saint patron et son clocher. La deuxième présente une magnifique **façade★** de style churrigueresque. À l'intérieur se trouve la bibliothèque Miguel Lerdo de Tejada, cernée de 2 000 m² de fresques colorées dues au peintre d'origine russe Vlady Kibalchich, *Les Révolutions (visite de 9 h à 20 h ; fermé les week-ends et jours fériés ; ☏ 57 09 58 85).*

★**Ancien hôtel des comtes de San Mateo Valparaíso (bureaux de la Banamex)** – *Isabel la Católica 44, angle de V. Carranza. Visite de 9 h à 17 h. Fermé les week-ends et jours fériés. ☏ 52 25 60 88.* Cette typique résidence seigneuriale bâtie entre 1769 et 1772 par l'architecte Francisco Antonio de Guerrero y Torres est considérée comme l'une des demeures les plus représentatives de l'époque coloniale. Majestueuse, elle arbore un élégant **portail** décoré de grilles en fer forgé, un blason portant les armes des comtes de San Mateo Valparaiso et, au coin, une tourelle portant l'image de la Vierge de Guadalupe. L'impressionnant portail ouvre sur une très grande cour et un **escalier★** hélicoïdal à double rampe, unique en son genre, qui aurait servi à la fois aux seigneurs et aux domestiques.

Gran Hotel de la Ciudad de México (ancien magasin « El Centro Mercantil ») – *Av. 16 de septiembre 82.* Construit entre 1895 et 1899 par les ingénieurs Daniel Garza et Gonzalo Garita, cet hôtel situé au fond à droite sur la Plaza de la Constitución est un exemple manifeste du goût français de l'époque du « Porfiriat ». L'extérieur frappe par ses colonnes en pierre de taille rose, et son luxueux **intérieur★** comporte des éléments Art nouveau comme le fer forgé des balcons, les ascenseurs latéraux et l'escalier. Une remarquable **verrière** aux motifs végétaux de couleurs vives orne le plafond. On peut admirer un **vitrail** semblable dans le magasin tout proche El Palacio de Hierro *(calle 5 de Febrero)*, un des premiers établissements de ce genre de la ville (1868).

★2 TEMPLO MAYOR ET ENVIRONS *1 jour. Ⓜ ligne 2 – Zócalo*

★**Templo Mayor** – *Seminario et República de Guatemala, à côté de la cathédrale. Visite de 9 h à 17 h. Fermé le lundi, ainsi que les 1er mai et 16 septembre. 20 pesos. ☏ 55 42 06 06.* Orienté vers l'Ouest, le Grand Temple compte encore deux grands sanctuaires dédiés à des idoles : celui de couleur rouge était consacré à **Huitzilopóchtli**, dieu de la guerre, et celui de couleur bleue à **Tláloc**, dieu de la pluie. Il subit des transformations et des agrandissements du fait de fréquentes inondations, mais aussi du désir de chaque nouveau gouvernant précolombien de bâtir un nouveau temple sur le précédent. On sait aujourd'hui qu'il fut agrandi au moins sept fois : sept temples y furent construits les uns sur les autres.

Cet impressionnant édifice faisait partie de l'aire sacrée, ou place principale, qui mesurait 500 m de côté et accueillait 78 bâtiments. La **maquette de la zone lacustre du haut plateau (A)**, sur la petite place à l'Est de la cathédrale, à l'extérieur du site, donne une idée plus précise du plan de México-Tenochtitlán et de la localisation du Grand Temple.

Site archéologique – La partie la plus intéressante de la visite débute par le stade IVb du Grand Temple ; on y voit une reproduction de la statue de **Coyolxauhqui**, dont la découverte des vestiges, en 1978, détermina d'entreprendre les fouilles du site. Viennent ensuite les étapes IV et III, qui correspondent au gouvernement de Moctezuma Ilhuicamina Ier. Des reproductions de figures de guerriers, supposés représenter les Indiens centzohuitznahua, adversaires de Huitzilopóchtli, ont été replacées sur les perrons du temple.

L'évolution notable de l'art lapidaire entre les différentes périodes est sensible dans le travail des escaliers, la taille de la pierre et l'architecture.

À la première étape de construction correspond le temple primitif avec ses deux sanctuaires consacrés aux idoles : au Sud, celui de Huitzilopóchtli et, au Nord, celui de Tláloc. Devant le dieu de la guerre se trouve une pierre sacrificielle, alors que devant le dieu de la pluie se trouve un **chac-mool** de couleur bleue, personnage de la statuaire précolombienne, homme à demi allongé tenant un plateau qui servait d'autel sacrificiel.

Après ces sanctuaires, on parvient à la cour Nord (étape VI), qui comprend trois temples : à droite, le **Tzompantli**, longé sur trois côtés de rangées de crânes de pierre ; à gauche, un soubassement avec deux perrons orientés à l'Est et à l'Ouest ; au fond, le **Templo Rojo**, que l'on distingue mieux de l'autre côté. Finalement, on arrive au **Recinto de los Guerreros Águila** (étape V), où l'on admirera des banquettes polychromes très bien conservées, décorées de figures. Cette enceinte était le lieu de réunion des « guerriers-aigles ».

★★ **Museo del Templo Mayor** – Les collections soigneusement présentées dans ce bâtiment moderne illustrent l'histoire de México-Tenochtitlán, depuis le départ des Mexicas de la mythique Aztlán jusqu'à l'arrivée des Espagnols.

Pour donner une idée du Grand Temple, la visite débute devant une **maquette** de la place principale. On verra exposée la médaille de **prix Nobel de la Paix** attribuée à Rigoberta Menchú, leader indienne guatémaltèque. Elle a confié au Mexique la garde de ce symbole, jusqu'à ce que son pays recouvre la paix.

Le musée expose avec clarté, au long de ses huit salles, l'histoire des Mexicas, les étapes de construction du temple, ainsi que les pièces découvertes sur le site.

Parmi les joyaux du musée, on remarquera le **tzompantli** – un mur formé de crânes de pierre recouverts de stuc – à l'entrée du musée ; la **Coyolxauhqui**, dans la salle 2 ; le dieu **Murciélago** (chauve-souris) et quelques **masques de jade de Teotihuacán**, dans la salle 3 ; les sculptures originales des guerriers-aigles, appartenant à l'étape III, à l'entrée de la salle 4 ; les sculptures de **Mictlantecuhtli** (dieu de la mort), trouvées dans la Maison des Aigles en 1994, qui concluent en beauté la visite du musée.

★★★ **Coyolxauhqui** – *On en aura un meilleur aperçu depuis le niveau 4.* Le 28 février 1978, lors des fouilles de la partie Sud du Grand Temple, on a découvert au pied du perron du temple de Huitzilopóchtli, une des pièces archéologiques les plus belles et les plus étonnantes du Mexique : **Coyolxauhqui**, « celle qui a des cloches peintes sur le visage », ou déesse de la lune.

La légende raconte que cette déesse était la fille de **Coatlicue**, déesse de la terre et de la mort. Un jour que Coatlicue balayait le temple de la colline de Coatepec, elle trouva des plumes précieuses qu'elle cacha en son sein ; elle en devint enceinte.

Coyolxauhqui

Coyolxauhqui incita alors ses frères les étoiles, les 400 **surianos**, **« êtres du Sud »** ou **Indiens centzohuitznahua**, à gravir la colline pour tuer leur mère qui les avait déshonorés. Ils décidèrent de la supprimer avant la naissance de l'enfant. Coatlicue prit peur, mais l'enfant qu'elle portait en son sein s'adressa à elle et la rasséréna. Au moment où on allait lui donner la mort, **Huitzilopóchtli** vint au monde, paré comme un guerrier, un serpent de feu à la main. Il blessa, puis décapita Coyolxauhqui, la lune. Taillée en pièces, elle roula au bas de la colline. Immédiatement après, le guerrier mit en fuite ses frères, les étoiles, qui se dispersèrent dans le firmament. Nombre d'entre eux moururent.
Le monolithe illustrant la légende mesure 3,05 m sur 3,25 m et pèse 8 tonnes. Il représente la déesse de la lune tombant du haut de la colline après avoir été décapitée par son frère Huitzilopóchtli. Le relief et les proportions extraordinaires de la pierre taillée témoignent de la maîtrise des artistes mexicas : au centre, le tronc immobile montre les marques du démembrement ; bras et jambes tournoient dans un rythme surprenant ; la tête pend, détachée ; la chute se prolonge jusque dans la coiffure ; des gouttes de sang perlent ; un crâne ferme la ceinture ; les joues sont ornées de cloches, particularité à l'origine de son nom. La *Coyolxauhqui* placée dans le site archéologique est une copie de l'original.

Ancien palais de l'Archevêché – *Moneda 4. Visite de 10 h à 18 h. Fermé le lundi et les jours fériés. 8 pesos. ☎ 52 28 12 43.* Ce monumental édifice au portail baroque appartenait en 1530 au frère **Juan de Zumárraga**, qui y installa l'archevêché de Mexico. C'est ici qu'il accueillit l'Indien **Juan Diego** qui lui fit part de l'apparition de la Vierge de Guadalupe. Enseveli après l'inondation de Mexico en 1629, un nouveau bâtiment fut reconstruit sur le premier étage du précédent, mais on conserva les hauts murs à créneaux. En 1867, il cessa sa fonction d'archevêché pour accueillir les bureaux du gouvernement. Depuis 1994, le palais abrite le **musée du Ministère des Finances** (Museo de la Secretaria de Hacienda y Crédito Público – *mêmes conditions de visite que l'ancien palais*). Les œuvres d'art présentées s'y trouvent en règlement de dettes fiscales, payées en nature par des artistes comme Manuel Felguérez, Pedro Coronel, Francisco Zúñiga, Tamayo, Chávez Morado, Raúl Anguiano et Diego Rivera.

Casa de la Primera Imprenta (**B**) – *Lic. Primo de Verdad 1. Visite de 10 h à 17 h. Fermé les jours fériés et pendant les vacances universitaires d'été et d'hiver. ☎ 55 22 16 75.* En 1530, cet édifice était une fabrique de cloches pour la cathédrale. En 1539, on y installa la première imprimerie du continent américain, à l'initiative du fameux imprimeur Juan Cromberger, de Séville, qui fit venir d'Espagne le typographe Juan Paoli.

Museo Nacional de las Culturas – *Moneda 13. Visite de 9 h 30 à 17 h 30. Fermé le lundi et les jours fériés. ✂ ☎ 55 42 01 87.* Au 19e s, l'empereur Maximilien décide d'installer un musée public d'Histoire naturelle, d'Archéologie et d'Histoire dans l'ancien hôtel de la Monnaie, construit entre 1731 et 1734. En 1909, le musée fut divisé et seules les collections d'histoire précolombienne et coloniale y furent conservées jusqu'à leur transfert au musée national d'Anthropologie à Chapultepec en 1964. Le musée national des Cultures présente aujourd'hui un panorama général des grandes cultures du monde. La salle dédiée à l'**Afrique**, au deuxième étage, mérite une attention particulière. Dans le hall se trouve un **mural** de Rufino Tamayo sur la révolution mexicaine, réalisé en 1938.

Museo José Luis Cuevas – *Academia 13. Visite de 10 h à 18 h. Fermé le lundi et les jours fériés. 8 pesos. ✂ ☎ 55 42 61 98.* L'ancien couvent de Santa Inés, fondé sous le patronage des marquis de la Cadena, fut le premier couvent de femmes de Mexico. Construit à partir de 1598, les religieuses l'occupèrent en 1600. En 1798, Manuel Tolsá le remodela ; entre 1867 et 1915, il fut loué en appartements. Classé monument historique en 1932, on peut aujourd'hui y visiter une salle d'art érotique, où sont présentées des œuvres du dessinateur et graveur mexicain José Luis Cuevas, ainsi que d'intéressantes expositions temporaires. Dans la cour se dresse la sculpture *La Géante* (1991) de Cuevas.

Escuela Nacional de Artes Plásticas (ancienne Académie St-Charles) – *Academia 8, angle de Moneda. Visite de 8 h à 19 h. Fermé les week-ends et jours fériés. ☎ 55 22 00 42.* Le bâtiment était autrefois un hôpital. Au milieu du 18e s., Charles III le fit remanier par l'Italien Javier Cavallari pour accueillir l'Académie St-Charles. Sur la façade, on observe des médaillons avec les bustes de Raphaël, Michel-Ange et Charles III. Dans la cour intérieure entourée d'arcades se trouvent des reproductions de sculptures classiques grecques et de la Renaissance. Le bâtiment héberge les professeurs de l'École nationale d'arts plastiques.

Templo de la Santísima – *Calle de la Santísima, angle de E. Zapata. Visite de 7 h à 13 h 30 et de 16 h 30 à 19 h. ☎ 55 22 22 15.* L'église a été bâtie entre 1755 et 1783. Selon certains historiens, elle serait l'œuvre de l'architecte Lorenzo Rodríguez, créateur du Sagrario Metropolitano. Sa **façade★** à *estipítes* est l'un des plus beaux exemples du baroque mexicain ; elle représente la sainte Trinité, avec Dieu le Père couronné d'une tiare papale. Comme la cathédrale, cette belle église a souffert de son poids et de l'instabilité du sous-sol. Elle s'est affaissée au-dessous du niveau de la rue voisine.

★★3 SANTO DOMINGO ET ENVIRONS

1 jour – Ⓜ ligne 2 – Zócalo

Plaza de Santo Domingo – Conçue depuis l'origine comme un espace ouvert, c'est l'une des plus anciennes places de Mexico. Tout au long de l'époque coloniale, on construisit autour de cette place des édifices qui ont joué un rôle important dans la vie quotidienne de la population : l'ensemble religieux de Santo Domingo, le bâtiment de la douane, le palais de l'Inquisition. Aujourd'hui, la place conserve son caractère populaire, et par chance continue d'être entourée par les belles constructions d'antan. La fontaine centrale, élevée en 1900, porte la statue de Josefa Ortiz de Domínguez, épouse du maire de Querétaro.

Au 17e s., on a construisit côté Ouest le porche qui abrite aujourd'hui divers commerces. Au 18e s., il prit le nom de **Portal de los Evangelistas** à cause des écrivains publics qui s'y installèrent pour offrir leurs services aux analphabètes. Cette remarquable tradition est toujours vivante. Outre les écrivains publics, le porche est occupé par des commerces, établis ou ambulants, de presse et de papeterie. Tous les jours, des dizaines de personnes viennent ici ; certains utilisent les bancs pour se reposer, d'autres confient aux « évangélistes » leurs secrets les plus intimes, afin qu'ils transcrivent leurs déclarations, qu'elles soient d'amour, d'impôts ou autres.

Templo de Santo Domingo – *República de Brasil et B. Domínguez. Visite de 8 h à 20 h. ☎ 55 29 39 06.* L'église St-Dominique a été le premier couvent dominicain de la Nouvelle-Espagne. L'ordre s'était d'abord établi là où se trouve aujourd'hui l'ancien palais de l'Inquisition, mais avec le temps cette première construction (1590) fut détériorée par les inondations et les tremblements de terre. On construisit donc en 1736 un deuxième ensemble religieux au Nord de la place, qui fut presque entièrement détruit en 1861 suite aux lois de la Réforme. Seules subsistent à présent l'église et la chapelle de l'Expiration.

Façade principale – De style baroque, elle présente au centre un bas-relief de saint Dominique sous la protection des saints Pierre et Paul. On admirera sur le **portail latéral** les figures de saint Dominique et saint François d'Assise épaulant la basilique St-Jean-de-Latran chancelante (symbole de l'Église catholique étayée par la fondation de nouveaux ordres religieux).

Intérieur – Œuvre de Manuel Tolsá, le maître-autel de style néoclassique mérite l'attention. Les retables du transept sont dédiés à la Vierge de Covadonga *(à gauche)* et la Vierge du Chemin *(à droite)*. Sur ce dernier, on remarquera *Saint Dominique à Soriano*, peint par le frère Alonso López de Herrera. Certaines chapelles abritent des tableaux d'artistes connus : la chapelle de la Divine Providence, une peinture de Miguel Cabrera ; la chapelle principale du Rosaire, une de Villalpando ; celle du Sacré-Cœur, un autre tableau de López Herrera ; celle de la Vierge de Guadalupe en abrite un de Juan Correa.

La **chapelle du Seigneur de l'Expiration** (**C**) est située à l'angle Sud-Ouest de l'ancien atrium, à l'endroit précis où se trouvait une des chapelles de procession du 16e s. La façade actuelle date du 19e s.

★★**Ancien palais de l'Inquisition (Musée de la Médecine mexicaine)** – *República de Brasil 33. Visite de 10 h à 18 h. Fermé les Jeudi et Vendredi saints, ainsi que pendant les vacances universitaires. ☎ 55 29 75 42.* Le Tribunal du Saint-Office de l'Inquisition fut instauré en 1571 en Nouvelle-Espagne à la suite d'une conspiration menée par Martín Cortés, fils de Hernán Cortés, qui souhaitait l'indépendance. Le tribunal s'est ainsi développé plus comme un appareil de répression et de contrôle politiques que pour la persécution des hérétiques. La papauté a délégué la responsabilité du tribunal aux dominicains, raison pour laquelle l'Inquisition s'est établie sur cette place. Plusieurs propriétés ont d'abord été louées pour construire les bâtiments, y compris les chambres de torture, les prisons et les cachots. Pendant plusieurs années, l'actuelle calle de la República de Venezuela s'est appelée **Cárcel de la Perpétua** (prison de la perpétuité), car s'y trouvaient les prisons réservées aux condamnés à vie. Les rites d'humiliation publique avaient lieu Plaza Mayor, aujourd'hui Zócalo ; le bûcher était dressé devant l'église San Diego, sur un côté de la Alameda.

Les terrains loués furent achetés en 1732 et un nouvel édifice construit pour l'Inquisition. Le projet architectural fut confié à Pedro Arrieta qui introduisit des nouveautés comme le porche octogonal, les arcs entrelacés et les faux arcs. Le nouveau siège du tribunal fut inauguré en 1736.

Depuis 1854, l'immeuble appartient à l'École nationale de Médecine. En 1879, on construisit le troisième étage. Outre les divers départements de l'école, l'édifice abrite le **musée de la Médecine mexicaine**, dont les salles montrent le développement de la médecine dans le pays, depuis les temps précolombiens jusqu'au 20e s. On peut aussi visiter les cours intérieures et ce qui reste des prisons.

Ancienne douane – *República de Brasil 31. Visite de 10 h à 18 h (13 h le week-end). ☎ 55 12 17 07.* On a installé dans la demeure du marquis de Villamayor le service des douanes, qui a fonctionné pendant une bonne partie de l'époque des

vice-rois. En 1888, la Douane a disparu et l'immeuble a été ensuite occupé par différents établissements publics. Depuis 1951, le bâtiment appartient au secrétariat à l'Éducation publique (SEP). L'intérieur a conservé deux vastes cours réunies par un escalier, dont murs et plafonds sont ornés d'une **peinture murale** de David Alfaro Siqueiros, *Patricios y patricidas* (1946).
Dans la cour Nord se trouve l'entrée destinée au passage des Maîtres mexicains, qui depuis 1993 relie l'ancienne douane au bâtiment principal du SEP.

★★ **Secretaría de Educación Pública (SEP)** – *República de Argentina 28. Guichet d'information à l'entrée principale. Mêmes conditions de visite que pour l'ancienne douane.* Le couvent de l'Incarnation, qui hébergeait les sœurs de l'ordre de l'Immaculée Conception, a été fondé en 1594. Après les lois de la Réforme, l'édifice a été aménagé pour accueillir plusieurs écoles. En 1921, sous la présidence de Álvaro Obregón, on y a installé le secrétariat à l'Éducation publique. Le ministre José Vasconcelos a fait reconstruire l'édifice. En 1993, on a réalisé des travaux de réaménagement pour créer l'ensemble du siège de la SEP. La première cour abrite un petit **musée du Site** qui présente les objets découverts à l'occasion de ces travaux.

Les peintures murales – En 1923, Vasconcelos demanda à Diego Rivera de décorer environ 200 panneaux d'une surface de plus de 1 500 m^2. Ce travail fut terminé en 1928. C'est la première grande commande réalisée par Rivera à son retour d'Europe, où il avait étudié et travaillé pendant longtemps. C'est la raison pour laquelle ces fresques laissent transparaître une certaine influence de Giotto, Cézanne, Picasso, et de l'école futuriste.

Patio del trabajo (cour du travail) – *La première lorsqu'on entre par República de Argentina.* Au rez-de-chaussée sont représentés certains des principaux métiers de la République. On peut voir ici les scènes de *La Libération du travailleur agricole* et *L'Institutrice de campagne*, dont les thèmes sont liés aux conquêtes du mouvement révolutionnaire de 1910. Au premier étage, en raison des dimensions réduites des murs, Rivera décida de ne pas employer la couleur et de peindre des grisailles, avec pour thème principal les activités intellectuelles, scientifiques et artistiques. Au deuxième étage, l'artiste exalte les héros du Mexique. Aux angles des deux cours sont représentées les cultures européenne et orientale *(Patio del Trabajo)*, ainsi que les arts *(Patio de Juárez)*.

Les escaliers – *Côté Sud.* Tout au long des murs des trois étages, l'artiste a peint le paysage mexicain dans sa variété, depuis le littoral jusqu'au haut plateau.

Les ascenseurs – *Côté Nord.* Ici, Rivera a tiré parti de la pénombre et représenté les paysages de puits naturels yucatèques et de Tehuantepec. Il fait preuve de sa grande habileté technique en réussissant la décoration d'un espace aussi sombre.

Patio de las fiestas – *Patio de Juárez.* Au rez-de-chaussée sont représentées des fêtes traditionnelles mexicaines. On appréciera sur le mur Nord les représentations de Tehuantepec, Oaxaca. On découvrira au fond deux fresques de Jean Charlot et deux autres de Amado de la Cueva. Au premier étage, les assistants du maître muraliste ont dessiné les blasons des États de la République. Au deuxième étage, Rivera a illustré les paroles d'une chanson de la Révolution. Sur le panneau *L'Arsenal (mur Sud)* se détachent les figures de Frida Kahlo, David Alfaro Siqueiros, Tina Modotti et Julio Antonio Mella.

★★ **Templo de la Enseñanza (Nuestra Señora del Pilar)** – *Donceles 102. Visite de 7 h à 19 h. Fermé le lundi.* ☎ *57 02 18 43.* Le « Temple de l'Enseignement » est une petite église qui fit partie du premier couvent et collège de la Compagnie de Marie en Nouvelle-Espagne. De la deuxième moitié du 18e s., classée monument national en 1931, elle est considérée comme l'un des joyaux de

© Bob Schalkwijk

Intérieur du « Temple de l'Enseignement »

l'art baroque de la ville. Le portail retient l'attention par son étroitesse. L'intérieur conserve en parfait état son ornementation et les neuf **retables** d'origine. Deux particularités distinguent cette église d'autres églises tenues par des religieuses : la nef n'est pas parallèle à la rue et les **grilles du coro** se trouvent à côté du maître-autel. Les peintures au-dessus du coro sont l'œuvre d'Andrés López (18e s.). L'ancien couvent héberge aujourd'hui les Archives des notaires et le Collège national.

Museo de la Caricatura – *Donceles 99. Visite de 10 h à 18 h. Fermé les jours fériés.* ☎ *57 02 92 56.* L'édifice qui abrite ce musée date du 16e s., mais il a subi au fil des siècles diverses modifications et restaurations, la dernière en date ayant eu lieu en 1995. Après avoir été classé monument historique en 1931 et avoir hébergé différents commerces, il passa aux mains de la Société mexicaine des Caricaturistes et du salon de la Sculpture en 1985 et, après deux années de restructuration, fut ouvert au public comme musée présentant des expositions temporaires. En 1999 fut inaugurée une salle permanente dont la collection offre un panorama détaillé de l'histoire de la caricature au Mexique, à partir de quelques-unes des œuvres les plus représentatives de ce genre. L'exposition recouvre l'époque de l'indépendance (1826-1876), la satire sous le « Porfiriat », la caricature de la Révolution, le caudillisme et le maximat, de même que la critique humoristique, par sexennats, du 20e s. À l'étage, on peut visiter les salles d'expositions permanentes du salon de la Sculpture mexicaine.

Ancien collège de San Ildefonso – *Justo Sierra 16. Visite de 10 h à 18 h. Fermé le lundi et les jours fériés. 20 pesos.* ✗ ☎ *57 02 63 78.* Auparavant École nationale préparatoire, cet édifice est aujourd'hui aménagé en musée et centre culturel. Il a été fondé en 1588 par les jésuites et reconstruit au début du 18e s. Sa façade montre deux portails baroques, ornés de merveilleux bas-reliefs : saint Ildefonse recevant la chasuble *(à l'Ouest)* et saint Joseph protecteur des jésuites *(à l'Est)*. L'**intérieur** abrite trois cours décorées de très belles **peintures murales**★★★ : le Petit Collège, la cour des Passants et la Grande Cour. Sur le perron de la première, on peut voir les fresques de David Alfaro Siqueiros. Dans la Grande Cour, celles de José Clemente Orozco occupent trois étages et révèlent sa capacité à rendre le ridicule et le tragique. Dans l'entrée principale, on peut contempler *L'Allégorie de la Vierge* (1922) de Fermín Revueltas et *Le débarquement à Veracruz* (1923) de Ramón de Alva de la Canal. À gauche de l'escalier du troisième étage se trouve une fresque de Jean Charlot, *Le massacre dans le Grand Temple* ou *La conquête de Tenochtitlán*, et à droite une fresque de Fernando Leal, *La Fête du seigneur de Chalma*, réalisées entre 1922 et 1923. Dans l'**amphithéâtre Simón Bolívar**, Diego Rivera a peint sa première fresque, *La Création* (1922). Le **Salon Generalito** *(deuxième étage de la cour principale à gauche)* présente des magnifiques **stalles** qui se trouvaient dans le coro de l'église St-Augustín, et une galerie de portraits néohispaniques.

Museo de la Luz – *El Carmen, angle de San Ildefonso. Visite en semaine de 9 h à 15 h 30, le week-end de 10 h à 16 h. Fermé du 17 décembre au 7 janvier et les jours fériés. 10 pesos.* ☎ *57 02 31 83.* Le **musée de la Lumière** occupe l'ancienne église St-Pierre et St-Paul, fondée par les jésuites au 16e s. En 1922, Roberto Montenegro fut chargé par José Vasconcelos de décorer ses pilastres, arcs et voûtes. Au fond de l'édifice, on admirera un mural du même artiste. La coupole de la chapelle a été peinte par Xavier Guerrero et les vitraux ont été conçus par les deux artistes et exécutés par Eduardo Villaseñor. De 1944 à 1977, il abritait le Département national des périodiques. Laissé pendant près de vingt ans à l'abandon, le bâtiment a été remis en état pour accueillir le musée de la Lumière, où enfants et adultes découvrent les phénomènes de la lumière en utilisant différents objets.

★★4 MADERO ET ENVIRONS *1/2 journée. Ⓜ ligne 2 – Bellas Artes.*

L'avenue Madero est l'une des voies les plus anciennes et les plus chargées d'histoire de la ville. Au 16e s., elle reçut le nom de **San Francisco**, du fait de l'immense couvent franciscain *(voir plus loin)* qui occupait plusieurs pâtés de maisons le long de la rue. Au 17e s., on l'appela **Plateros** car c'était le quartier des bijoutiers et des artisans qui travaillaient l'argent *(plata)*. En 1914, elle prit son nom actuel en hommage à Francisco I. Madero.

Torre Latinoamericana – *Eje Central (Lázaro Cárdenas) 2. Visite de 9 h 30 à 22 h 30. 30 pesos.* ✗ ☎ *55 21 08 44.* Construite en 1956, cette tour de 182 m a été pendant plusieurs décennies l'édifice le plus haut du Mexique et d'Amérique latine. Elle a été dessinée par les architectes Manuel de Colina et Augusto H. Álvares. Son système de fondations, mis au point par Leandro Zeevaert, basé sur des amortisseurs hydrauliques et parfaitement adapté au sous-sol fangeux, a permis à la gigantesque tour de sortir indemne des tremblements de terre de 1957 et 1985. Elle compte 47 niveaux, dont trois enterrés. Au 38e étage se trouve un aquarium *(visite de 10 h à 22 h : 21 pesos)* ; les trois derniers étages, équipés de télescopes, offrent des panoramas sur la ville. On y a une belle **vue**★★ lorsque l'indice de pollution de l'air n'est pas trop élevé.

★**Casa de los Azulejos (ancien palais des comtes del Valle de Orizaba)** – *Madero 4 (boutique et restaurant Sanborns). Ouvert de 7 h à 1 h du matin.* X ☎ *55 12 78 24.* En 1737, la cinquième comtesse del Valle de Orizaba fit reconstruire le bâtiment qui occupait alors le site pour lui donner son aspect actuel. Les **azulejos** qui ornent l'intérieur et l'extérieur proviennent de Puebla. En 1881, cette maison a hébergé le Jockey Club, où se réunissaient les célébrités du « Porfiriat », parmi lesquelles l'écrivain Manuel Gutiérrez Nájera. Au début du 20e s. elle fut achetée par Sanborns, magasin qui possède une histoire et toute une tradition au Mexique, et reconvertie ensuite en drugstore de style américain. L'escalier qui conduit au deuxième étage est orné d'une peinture murale de José Clemente Orozco intitulée *L'Omniscience* (1925).

Callejón de la Condesa – *Sur le côté Ouest de la Casa de los Azulejos.* Une vieille légende raconte que, à l'époque des vice-rois, deux nobles en calèche entrèrent dans cette ruelle en sens opposé. Celle-ci était cependant trop étroite pour qu'ils pussent se croiser. Comme aucun d'eux ne voulait céder le passage, ils restèrent là pendant des jours et des nuits, jusqu'à ce que le maire se rendît sur les lieux pour les obliger à sortir du côté où ils étaient entrés.

★**Templo y Ex Convento de San Francisco** – *Madero 7. Visite de 7 h à 20 h 30.* ☎ *55 18 46 90.* Cette église faisait partie de l'ancien couvent St-François, fondé en 1525 par le frère **Pedro de Gante**. À l'origine, l'ensemble comprenait une petite église, à laquelle on annexa la première chapelle ouverte aux Indiens. Au 19e s., il comptait un grand nombre de dépendances, cloîtres et chapelles, jusqu'à plus de 30 000 m^2. En 1856, plusieurs frères du couvent furent accusés de sédition. Par précaution, les autorités réduisirent de trois-quarts la taille du complexe et vendirent les bâtiments à des particuliers. Plus tard, les lois de la Réforme provoquèrent la destruction de presque tout ce qui restait.
L'entrée actuelle correspond à l'ancienne chapelle de Balvenera, aujourd'hui consacrée à la Vierge de Guadalupe. Le **portail**★ baroque a été dépouillé en 1868 de ses sculptures par des protestants épiscopaliens. L'intérieur a été entièrement remodelé en 1949, lorsque le couvent fut rendu aux franciscains. L'église annexe occupe le site de l'ancienne chapelle de l'Immaculée Conception. Dans la calle de Gante, on peut encore admirer à l'intérieur de l'église méthodiste une partie de ce qui était le **cloître**★ principal.

★★**Palacio de Iturbide (bureaux de la Banamex)** – *Madero 17. On ne peut visiter l'intérieur que lors des expositions temporaires.* ☎ *52 25 02 47.* Ce palais est l'une des plus belles constructions civiles du 18e s. Dû à l'architecte Francisco Guerrero Torres, il fut achevé en 1785 sur commande du marquis de Jaral de Berrio, qui l'offrit à sa fille en cadeau de noces. Selon la légende, le prix du palais correspondait au montant total de la dot. Le marquis avait préféré investir son argent dans cette construction plutôt que de le voir dilapider par son gendre, le comte Pedro de Moncada.
De 1821 à 1822, le palais fut la résidence de Agustín de Iturbide, qui le quitta lorsqu'il fut proclamé empereur. En 1890, il fut transformé en hôtel par Emilio Dondé. L'hôtel a fonctionné jusqu'en 1928. Depuis 1966, l'immeuble appartient à la Banamex. La dernière transformation a été réalisée par l'architecte mexicain Ricardo Legorreta.

1 Victor Artes Populares Mexicanas
Av. Madero 8-10. 2e étage. 305, Centro Histórico. Ouvert de 12 h 30 à 19 h. Fermé le week-end. ☎ *55 12 12 63.*
Depuis plus de cinquante années, cette boutique discrète propose bijoux indigènes, tissus, antiquités populaires et objets d'artisanat réalisés pour la Fête des Morts.

Près du palais, une rue plus loin, se trouve le **Bazar de Fotografía Casasola** *(n° 26, premier étage ; ouvert de 10 h à 19 h (15 h le samedi) ; fermé le dimanche et les jours fériés ;* ☎ *55 21 51 92).* Il présente une exposition-vente de photographies prises entre la fin du 19e s. et les années 1940. Juste en face, à l'angle de Madero et Bolívar, on s'arrêtera devant l'ancienne maison de don José de la Borda, célèbre exploitant des mines de Taxco.
Plus loin, dans un grand hôtel *(n° 30)*, se trouve le **mural** *Un dimanche après-midi à Xochimilco* (1947) de Miguel Covarrubias. Juste en face, le **musée du Costume indigène** (Museo Serfín de Indumentaria Indígena – *visite de 10 h à 18 h ; fermé le lundi, ainsi que les 1er janvier, 16 septembre et 25 décembre ;* ☎ *55 18 15 55*) expose une collection de costumes typiques.

★**Templo de La Profesa** – *Isabel la Católica 21. Visite de 7 h 30 à 20 h.* ☎ *55 21 83 62.* Le bâtiment d'origine de cette « église de la Professe », fondée par la Compagnie de Jésus, fut remanié en 1720 par Pedro Arrieta. Peu après l'expulsion des Jésuites, l'église fut acquise par les oratoriens. En 1802, Manuel Tolsá, auquel on doit la réalisation du maître-autel, changea la décoration baroque en style néoclassique. L'église a été brièvement élevée au rang de cathédrale entre 1926 et 1932.

Dans le vestibule de la sacristie, à droite du maître-autel, on voit la **statue** du Roi de Carnaval, bel exemple des « Christs sanglants » réalisés au 18e s. au Mexique. Au premier étage se trouve une **pinacothèque** rassemblant une splendide **collection★** de peintures de l'époque des vice-rois *(l'accès à l'exposition se fait par un escalier après le vestibule ; visite le dimanche de 12 h à 14 h).*

★Casino Español – *Isabel la Católica 29. Visite de 10 h à 18 h (15 h le samedi). Fermé les dimanches et jours fériés. ☎ 55 12 08 93.* Le casino a été construit entre 1901 et 1903 par Emilio González del Campo pour être un lieu de rencontre des colons espagnols et de la société mexicaine. Sa **façade** en pierre de taille rose est de style éclectique, ainsi que le reste de l'édifice. L'**intérieur★** possède un escalier luxueux arborant le blason de Charles Quint. La sculpture *La mort de Cristophe Colomb* ornant le palier est l'œuvre de Mariano Benlliure. Au premier étage, le **salon des rois★★** se distingue par ses vitraux et son plafond à caissons.

★★5 PLAZA MANUEL TOLSA ET ENVIRONS

1/2 journée. Ⓜ ligne 2 – Bellas Artes

Cette place entourée de magnifiques édifices historiques doit, depuis 1982, son nom au célèbre architecte de Valence, Manuel Tolsá (1757-1816). Deux de ses grands ouvrages, représentatifs de l'architecture néoclassique mexicaine, se trouvent ici : le palais des Mines et, au centre de l'esplanade, la **statue équestre de Charles IV★**, plus connue sous le nom de *El caballito*. Le modèle en plâtre fut réalisé en 1796 et la statue coulée en bronze en 1803. Elle a orné successivement la Plaza de la Constitución, la cour de l'ancienne université et le rond-point de Reforma et Bucarelli.

★Palacio de Correos – *Tacuba 1. Ouvert du lundi au vendredi de 9 h à 17 h, les week-ends et jours fériés de 10 h à 14 h. Fermé les 1er janvier, 16 septembre et 25 décembre. ☎ 55 10 29 99.* Ce « palais de la Poste » est une construction raffinée, au style éclectique, réalisée entre 1902 et 1907 par l'architecte italien Adamo Boari. La façade est en pierre de taille blanche. À l'intérieur, l'emploi de marbre blanc et noir se combine harmonieusement avec des structures métalliques. L'**escalier central★** pré-

sente un superbe travail de fer forgé, tout comme les grilles et les encadrements de portes et de fenêtres réalisés à Florence. Au premier étage se trouvent la bibliothèque de la Poste et le **Musée philatélique** ; au rez-de-chaussée, un guichet permet l'achat, la vente ou l'échange de timbres.

2 Café de Tacuba
Tacuba 28, Centro Histórico. ☎ *55 18 49 50.* Depuis 1912, ce café traditionnel a conservé ses couleurs provinciales et son service affable ; recommandé pour se délasser après le parcours animé du centre historique.

★★ **Palacio de Minería** – *Tacuba 5. Visite de 9 h à 18 h. Fermé les week-ends et jours fériés.* ☎ *55 21 40 23. Illustration p. 64.* Construit entre 1797 et 1813, le **palais des Mines** est l'un des meilleurs exemples d'architecture néoclassique de Mexico. Après avoir hébergé l'École royale des Mines, il est aujourd'hui propriété de l'Université autonome nationale de Mexico et accueille une fois l'an la Foire internationale du livre.

Le portail principal présente trois arcs séparés par des colonnes doriques. Sur la partie supérieure s'étirent un long balcon et un fronton triangulaire qui servait d'observatoire. Il faut voir à l'intérieur la **cour principale** et l'escalier. La chapelle a conservé sa décoration d'origine, avec les peintures murales de l'artiste espagnol Rafael Ximeno y Planes.

La porte Est de l'édifice donne accès au **musée Manuel Tolsá** (Museo de sitio Manuel Tolsá – *visite de 11 h à 19 h*) où sont exposés divers objets contemporains de l'architecte.

★ **Museo Nacional de Arte (MUNAL)** – *Tacuba 8. Visite de 10 h à 17 h 30. Fermé les lundis et jours fériés. 20 pesos.* ☎ *55 12 32 24.* Remarquable exemple d'architecture du « Porfiriat », l'immeuble fut édifié entre 1904 et 1911 par Silvio Contri pour héberger le ministère des Communications et Travaux Publics. Sa façade associe les styles Renaissance et classique français. On remarquera à l'intérieur les fers forgés du superbe **escalier en marbre**, ainsi que la décoration de ses **plafonds** et du salon de réception, due à Carlo Coppedé.

Les salles du **musée** retracent l'évolution des arts plastiques au Mexique, depuis le 16ᵉ s. jusqu'à 1950. L'**exposition**★★ d'œuvres des 19ᵉ et 20ᵉ s. est de toute beauté.

★★6 ALAMEDA CENTRAL ET ENVIRONS

1/2 journée. Ⓜ *ligne 2 – Bellas Artes*

★**Alameda Central** – *Entre Av. Juárez et Av. Hidalgo.* C'est le plus ancien parc de la ville. Établi à la fin du 16e s., il doit son nom aux peupliers *(álamos)* plantés à cette époque avec d'autres arbres dans les terrains marécageux qui formaient les abords de la ville.

À l'époque des vice-rois, c'était par excellence le lieu de détente de la Nouvelle-Espagne, ainsi que le théâtre de duels pour des rivalités amoureuses. Au 18e s. on lui donna sa dimension actuelle en y intégrant le secteur où l'on édifiait le bûcher sur lequel étaient suppliciés les hérétiques condamnés par l'Inquisition. La place se situait devant ce qui est aujourd'hui la Pinacothèque des vice-rois *(voir plus loin)*. En 1868, on rasa le mur qui l'entourait. En 1910, pour les fêtes du centenaire de l'indépendance, on y éleva l'**Hemiciclo a Juárez**. En 1921, la communauté allemande fit don au jardin d'un autre grand monument, consacré à **Beethoven**. Aujourd'hui, des centaines de personnes se promènent dans ce parc, riche de quatre siècles d'histoire et source d'inspiration de grands artistes. Les jours de fête, on a un spectacle multicolore avec les nombreux vendeurs et visiteurs, qui donnent raison au poète Carlos Pellicer : « Qui n'est passé, qui ne s'est promené dans l'Alameda ? ».

© Robert Frerck/Odyssey

L'Alameda et la Tour latino-américaine

★★**Palacio de Bellas Artes** – *Av. Juárez et Eje Central (Lázaro Cárdenas). Visite de 10 h à 18 h. Fermé le lundi et le 1er mai. 20 pesos. Entrée libre le dimanche.* ✂ E ☎ *55 21 92 51, poste 154.* Le dernier palais construit dans la ville accueille ses spectacles culturels les plus célèbres. Sa construction, en majeure partie en marbre de Carrare, a débuté en 1904 sur les plans de l'architecte italien Adamo Boari. L'affaissement du bâtiment (1,80 m en sept ans) et le début de la Révolution mexicaine interrompirent les travaux, qui ne reprirent que vers 1932 sous la direction de l'architecte Federico Mariscal pour s'achever en 1934. Du fait de cette longue période de construction, il présente deux styles d'architecture : l'extérieur réalisé par Boari est Art nouveau ; l'intérieur élaboré par Mariscal est Art déco. Les deux styles reprennent toutefois des éléments précolombiens, tels que les mascarons de guerriers-aigle et guerriers-jaguar, les divinités mayas et les serpents.

Dans le **Théâtre principal**, on remarquera le **rideau de cristal**★ (1910) réalisé par la maison Tiffany sur un dessin du paysagiste mexicain Gerardo Murillo (ou docteur Atl). Les volcans Popocatépetl et Iztaccíhuatl y sont représentés. On ne peut l'admirer que le dimanche avant les représentations du **Ballet folklorique du Mexique**★, lorsqu'on y projette des jeux de lumières figurant le lever et le coucher du soleil sur la vallée de Mexico *(représentations le mercredi à 20 h 30 et le dimanche à 9 h 30 et 20 h 30 ; places à 175, 265 et 315 pesos ; ☎ 55 21 92 51, poste 224).*

★★**Peintures murales** – Au deuxième étage sont exposées des œuvres de Rufino Tamayo, ***Le Mexique aujourd'hui*** (1953) et ***Naissance de la nation*** (1952) ; au troisième étage, ***L'Homme maître de l'univers*** (1934) de Diego Rivera (dont la première version, destinée au Rockefeller Center de New York, a été détruite parce qu'elle portait la figure de Lénine), ***La Catharsis*** (1935) de José Clemente Orozco, ***La Nouvelle Démocratie*** (1945) et ***Apothéose et résurrection de Cuauhtémoc*** (1951) de David Alfaro Siqueiros. Il est recommandé d'emprunter la galerie opposée pour voir les fresques et apprécier leurs perspectives multiples.

Museo Mural Diego Rivera – *Balderas, angle avec Colón. Visite de 10 h à 18 h. Fermé les lundis et jours fériés. 10 pesos.* ☎ *55 12 07 54.* Le bâtiment a été construit spécialement pour abriter le **mural**★★ de Diego Rivera, ***Le Songe d'un dimanche après-midi dans le parc Alameda*** (1947), après qu'il eut été retiré du hall du célèbre Hôtel del Prado, endommagé par le tremblement de terre de 1985. Diego Rivera a peint sur cette fresque le portrait de différents personnages de l'histoire mexicaine en train de se promener dans l'Alameda, y compris le peintre lui-même âgé de neuf ans, auprès de Frida Kahlo.

Tous les jours, un spectacle son et lumière *(à 11 h et 17 h)* présente la fresque, dont l'intéressante histoire est illustrée dans les salles du musée.

3 Marché d'artisanat de la Ciudadela

Plaza de la Ciudadela 1. Ⓜ lignes 1 et 3 – Balderas. Entrée par la Plaza de la Ciudadela ou par Balderas. Ouvert tous les jours de 9 h 30 à 19 h 30. ✗ E ☎ *55 10 18 28.* À côté de la Plaza de la Ciudadela, ce grand marché est, avec plus de 300 étals, l'un des meilleurs pour l'achat d'objets artisanaux de toutes les régions du Mexique.

Pinacoteca Virreinal de San Diego – *Dr. Mora 7, côté Ouest de l'Alameda. Visite de 9 h à 17 h. Fermé le lundi, ainsi que les 1er janvier, 1er mai, 21 juillet et 25 décembre. 10 pesos.* ☎ *55 10 27 93.* La **pinacothèque des Vice-rois** se trouve là où se dressaient autrefois l'église et une partie du couvent de San Diego. L'église a été ouverte au culte jusqu'à sa sécularisation en 1934. En 1964, lorsque fut fondé l'Institut national des Beaux-Arts, elle fut intégrée à son patrimoine et, par décret du président López Mateos, on y installa la pinacothèque. La **collection**★ qui y est exposée depuis lors est constituée d'anciens retables sélectionnés et conservés par José Bernardo Couto, qui se trouvaient auparavant à l'Académie St-Charles. Elle compte 360 œuvres réalisées au Mexique pendant la période coloniale, du 16e s. au premier quart du 19e s., par de grands maîtres tels qu'Andrés de la Concha (1579), Baltasar de Echave Orio (1600) et les peintres José Juárez (1650), considéré comme le meilleur peintre de l'époque coloniale, Cristóbal de Villalpando (1700), Miguel Cabrera (1750) et Rafael Ximeno y Planes (1800), artiste des débuts de l'Indépendance.

7 PLAZA DE LA SANTA VERACRUZ ET ENVIRONS

1 jour – Ⓜ ligne 2 – Hidalgo ou Bellas Artes

Plaza de la Santa Veracruz – *Av. Hidalgo (entre Eje Central et Reforma, à côté de l'Alameda).* Cette petite place en contrebas est devenue un refuge agréable et tranquille au milieu de l'animation quotidienne du centre historique. Elle est bordée par deux charmantes églises coloniales et deux grands musées.

Templo de la Santa Veracruz – *2 de Abril 6, angle Av. Hidalgo (Sud-Est de la place). Visite de 9 h 30 à 13 h 30 (14 h le dimanche) et de 16 h à 20 h.* ☎ *55 12 38 41.* L'église a été construite en 1527 par l'archiconfrérie de la Vraie Croix, fondée un an plus tôt par Hernán Cortés. L'église paroissiale d'origine, qui exista plus de deux siècles, fut remplacée en 1764 par le bâtiment actuel. La nouvelle église, de style baroque, à colonnes diminuées, est placée sous la protection de saint Blaise. Après l'indépendance, elle devint propriété des membres de la confrérie, dont le recteur était l'empereur Agustín de Iturbide. Aujourd'hui, elle appartient à l'Opus Dei.

L'intérieur a été totalement détruit au 20e s. Il n'en subsiste que le *Christ aux sept voiles* (16e s.), offert à la confrérie par Charles Quint. Le maître-autel conserve les **restes de Manuel Tolsá**. On peut admirer dans la chapelle de la Vierge de Guadalupe plusieurs tableaux attribués à Miguel Cabrera et ce qui serait un morceau de la croix du Christ, orné de rubis.

Museo Nacional de la Estampa – *Av. Hidalgo 39 (Nord-Est de la place). Visite de 10 h à 18 h. Fermé les lundis et jours fériés. 10 pesos.* ☎ *55 21 22 44.* Le **musée de l'Estampe** occupe un édifice néoclassique du 19e s. La collection permanente montre l'évolution historique de l'art de la gravure au Mexique, de l'époque précolombienne jusqu'au 20e s. En raison de la grande quantité d'œuvres et des expositions temporaires, le musée est contraint de faire tourner périodiquement ses collections.

★★ **Museo Franz Mayer** – *Av. Hidalgo 45. Visite de 10 h à 17 h. Fermé le lundi, ainsi que les 20 novembre et 25 décembre. 15 pesos.* ✗ ☎ *55 18 22 65.* Le musée occupe l'ancien hôpital San Juan de Dios (16e s.) où l'on soignait les métis, les noirs et les mulâtres. Le bâtiment a été restauré dans les années 1980 pour héberger ce musée consacré aux arts appliqués. La **collection**, don de Franz Mayer (1882-1975), couvre quatre siècles de production artistique mexicaine (du 16e au 19e s.). Elle comprend aussi des pièces européennes et asiatiques qui ont servi de modèles ou ont eu quelque influence sur la production nationale.

Rez-de-chaussée – Ses quatre salles donnent une vision générale des arts appliqués au travers d'objets usuels et quotidiens. Les salles de **sculpture** coloniale mexicaine et d'**objets en argent**★★ méritent une attention particulière.

Cuisine en faïence de Puebla (18e s.)

Premier étage – Ici se trouve la pinacothèque, avec une excellente collection de peinture européenne et une série de coffres finement décorés au moyen de différentes techniques. À l'extrémité de cette section, on découvre à droite la salle consacrée à la **faïence de Puebla** et la salle des textiles, à gauche, la collection de peinture mexicaine. La visite se termine par une grande exposition d'objets fabriqués entre les 17e et 19e s. provenant de différents pays.
Sur le pourtour du cloître, au rez-de-chaussée, sont reconstituées quatre pièces coloniales. Au deuxième étage, on trouve un petit musée du site, une salle d'expositions temporaires et une bibliothèque spécialisée.

Templo de San Juan de Dios – *Av. Hidalgo 51 (Ouest de la place). Visite de 10 h à 14 h et de 16 h à 18 h. ☎ 55 12 89 40.* Cette église a été fondée au 18e s. par les frères de la Miséricorde, qui s'occupaient également de l'hôpital St-Jean-de-Dieu (aujourd'hui musée Franz Mayer). Son très beau **portail**, en plus d'être le plus ancien de la ville, arbore plusieurs nouveautés architecturales de l'époque : l'arc rampant, la décoration à base de sculptures à l'intérieur des niches, les pilastres ondulants. Sous les vice-rois, l'église a servi à la représentation de drames religieux en raison de son excellente acoustique. Les retables d'origine ont été détruits par un incendie au 18e s.

Hotel de Cortés – *Av. Hidalgo 85.* L'édifice fut construit pendant la seconde moitié du 17e s. pour héberger les frères augustins de passage dans la ville. On est accueilli, à l'intérieur, par une statue – très endommagée – de saint Thomas de Villeneuve, qui se trouvait en façade et a été déplacée en 1780. Depuis 1943, il est occupé par un hôtel dont la **cour** intérieure sert de salle de restaurant.

Templo de San Hipólito – *Av. Hidalgo et Reforma. Visite de 7 h à 21 h. ☎ 55 21 38 89.* Au 16e s., on édifia ici un ermitage en honneur des soldats espagnols tombés au cours de la plus grave défaite subie par les conquistadors, la Noche Triste *(voir index)*. Ensuite, l'église fut dédiée à saint Hippolyte, car c'est un 13 août, jour de la fête de ce saint, qu'eut lieu la chute de Tenochtitlán. Aujourd'hui, l'église est visitée quotidiennement par des fidèles qui vénèrent saint Jude Thaddée.
À l'angle de l'avenue Hidalgo et de la rue Zarco, sur le mur, se trouve un **bas-relief** du 19e s. représentant le rêve de Moctezuma II, présage de la Conquête.

4 Salón México

2° Callejón de San Juan de Dios 25, angle de Pensador Mexicano, colonía Guerrero. Ouvert les vendredi et samedi de 21 h à 3 h du matin, le dimanche de 14 h à 20 h. ☎ 55 18 09 31.

Cette salle de bal traditionnelle, ouverte dans les années 1920, a fonctionné jusqu'à la fin des années 1950. Elle a rouvert ses portes en 1993 après une restauration reconstituant la sous-station électrique qui avait existé à cet endroit. C'est une salle idéale pour le *danzón* et les rythmes tropicaux, accompagnés des meilleurs orchestres du genre.

AUTRE CURIOSITÉ (CX)

Archivo General de la Nación **(ancienne prison)** – *1 h. Eduardo Molina et Albañiles. ⓜ ligne 4 – Morelos. Visite de 8 h 15 à 15 h. Fermé les jours fériés et pendant les vacances universitaires d'hiver. La visite guidée est conseillée, sur réservation.* ✂ 🅴 ☏ *57 95 73 11.* Inauguré en 1900 par Porfirio Díaz, cet édifice grandiose à façade néoclassique en pierre de taille présente de robustes éléments ornementaux. Ses hautes tours crénelées lui donnent l'aspect d'une forteresse imprenable.

À l'intérieur, on sera frappé par la distribution panoramique des couloirs au long des sept ailes du bâtiment, tous partant de la même tour de surveillance centrale. L'édifice est aujourd'hui couvert d'un grand dôme qui abrite dans une enceinte circulaire des expositions temporaires.

Le bâtiment est également connu comme « El Palacio Negro de Lecumberri » parce qu'il a servi de prison au cours de ses 75 premières années. En 1977 il est devenu le siège des Archives nationales, où l'on conserve les documents de l'histoire du Mexique du 16e s. à nos jours. Les archives les plus visitées sont celles de l'Inquisition, celles de la Révolution, et les archives photographiques, avec plus de cinq millions de clichés.

■ Marchés de Mexico

Les marchés de **Xochimilco**, **La Merced**, **La Lagunilla** et **Jamaica** sont les plus anciens. Ils datent de l'époque où la capitale était encore divisée en plusieurs villages reliés par des canaux. À cette époque, chaque communauté avait son propre **« tianguis »** – un endroit destiné au troc et à la vente de marchandises. Les Indiens transportaient leurs produits dans de petites embarcations appelées **« trajineras »**. Les chroniqueurs des siècles passés racontent qu'il était vraiment merveilleux de les voir naviguer dans ces barques, car les couleurs de leurs vêtements, leurs visages, l'immense variété des articles, enrichissaient le paysage déjà étonnant de la ville lacustre.

Quelques siècles plus tard, Mexico a complètement changé ; mais ces marchés ont survécu et sont maintenant des lieux où se mêlent croyances, réalités et traditions millénaires du Mexique. On trouve ici une incroyable variété de produits, qui vont des herbes aphrodisiaques, fleurs et plantes médicinales d'origine précolombienne, jusqu'aux amulettes et poudres magiques provenant de terres lointaines. Prolifèrent les images de Vierges et de saints faiseurs de miracles, les guérisseurs qui combattent le mauvais œil et de curieux personnages qui en savent plus long sur sortilèges et breuvages que toutes les sorcières réunies. Sur les marchés, on trouve aussi des cuisines ambulantes pour parer aux faims subites.

On peut trouver aussi des objets artisanaux au marché de **La Ciudadela**, au **Bazar Sábado** et dans les boutiques de **FONART**.

Brigitta L. House/MICHELIN

BOSQUE DE CHAPULTEPEC★★★

Bois de CHAPULTEPEC

3I181 jours – Ⓜ ligne 1 – Chapultepec

Cette forêt historique est peuplée sur 730 ha de grands arbres anciens, témoins fidèles des traditions et événements qui s'y sont déroulés depuis les temps précolombiens, époque où le lac de Texcoco séparait cette région de Tenochtitlán.
C'est à cet endroit que s'est pour la première fois implanté le peuple Mexica. Il s'y installa avec l'autorisation des Tecpanèques après sa longue migration depuis la mythique Aztlán. Dans le codex Boturini, qui raconte le voyage des tribus Nahuatlacas, cet endroit figure sous la forme d'une colline sur laquelle est posée une sauterelle. Il semble que les sauterelles y proliféraient, et qu'elles constituaient une nourriture prisée. Plus tard, la noblesse aztèque y élut résidence. Le nom « Chapultepec » provient d'une grande divinité totémique de la mythologie mexica.
En 1784-1786, sous les vice-rois, on érigea au sommet de la colline de Chapulín le château légendaire de Chapultepec, théâtre d'une des grandes batailles lors de l'invasion américaine de 1847. Le **monument** (1952) **aux Jeunes Héros** (**1**) est dédié aux nombreux élèves officiers du Collège militaire qui ont donné leur vie dans cette bataille. Les sources généreuses de la forêt ont approvisionné la ville en eau jusqu'à la fin du 19e s. Le « Porfiriat » donna son aspect actuel au bois de Chapultepec, qui fut par la suite augmenté de deux domaines pour constituer une réserve écologique qui sert de poumon à la ville. Il abrite aussi un grand centre récréatif et culturel, avec des musées parmi les plus importants de la capitale, et des aires de détente : lacs, parc d'attractions et jardin zoologique.

Visite – *Ouvert de 5 h à 17 h. Fermé le lundi.* ☎ *55 15 26 97.*

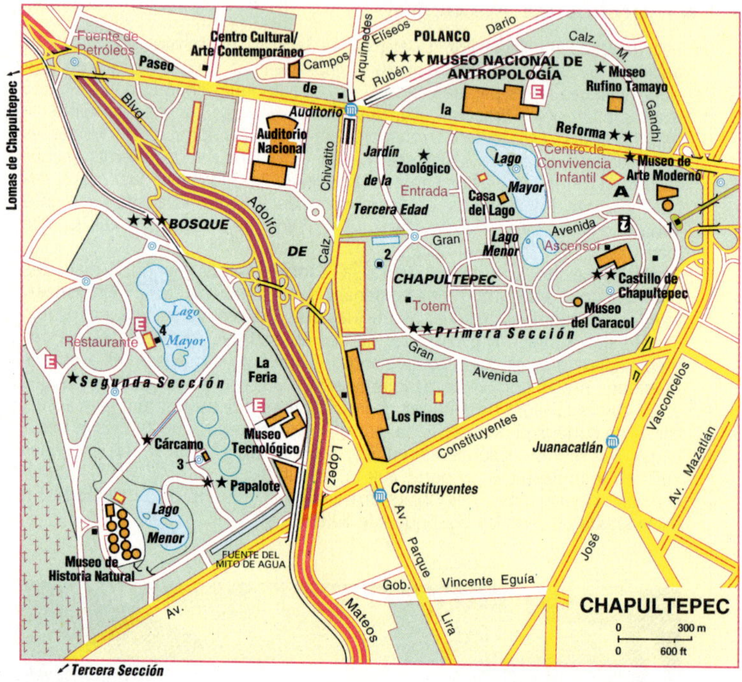

★★PREMIÈRE SECTION *circuit à pied, 2 jours*

C'est la partie la plus ancienne de la forêt. On s'y promène sur les nombreux sentiers, on se détend à l'ombre des vieux arbres, dont certains sont plus anciens que la ville elle-même. Très tôt le matin, le parc est envahi de sportifs ; tout au long de la journée, il accueille familles, étudiants et couples d'amoureux qui à leur tour attirent une multitude colorée de vendeurs, photographes et caricaturistes.
Entre le monument aux Jeunes Héros et la voie qui conduit au château se trouve le départ (**A**) d'un **train touristique** *(fonctionne de 9 h à 16 h30, sauf le lundi ; circuit complet 20 mn ; 8 pesos ; ☎ 52 30 21 36)* qui conduit à des points d'intérêt historique et des curiosités le long des voies reculées de cette partie du bois. Il ne s'arrête qu'au parc zoologique, où l'on peut descendre mais non monter à bord. Au **Lago mayor** (grand lac), lieu de détente populaire, on peut louer des barques. Sur une des rives, la **Casa del Lago mayor**, construite en style français au début du 20e s., propose diverses activités culturelles. De fin février à début avril, le Ballet national donne des **représentations nocturnes** en plein air du *Lac des cygnes* sur la petite île du **Lago menor** (petit lac).

★**Zoológico** – *Visite de 9 h à 16 h 30. Fermé le lundi, ainsi que les 1er janvier et 25 décembre.* ✗ ☎ *55 53 62 63.* Dans un espace reconstituant des habitats naturels résident environ 270 espèces d'animaux de tous les continents. Des espèces menacées d'extinction ont réussi à se reproduire ici avec succès. On notera au nombre des animaux représentés le loup mexicain, le *teporingo* (un grand rongeur) et le rhinocéros blanc. Au-delà du parc zoologique, près de l'allée Chivatito, se trouvent l'agréable **Jardin du troisième âge** et le **Jardin botanique**, avec sa serre aux orchidées ouverte à tous les publics.

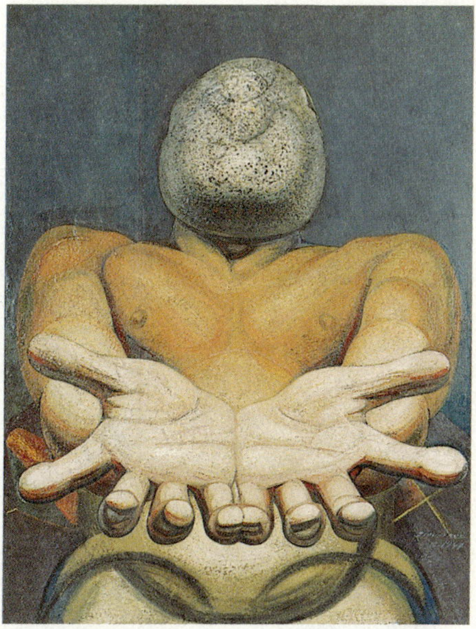

Avec l'aimable autorisation du musée d'Art moderne/Col. INBA

Notre image actuelle, par David Alfaro Siqueiros (1947)

Fuente de Nezahualcóyotl (**2**) – *Au Sud du parc zoologique.* Œuvre monumentale du sculpteur Luis Ortiz Monasterio, cette fontaine a été édifiée en 1956 en hommage au roi-poète Nezahualcóyotl. Des événements de son époque y sont représentés en bas-relief. À quelques pas murmure la **fontaine des Grenouilles** (Fuente de las Ranas), la plus ancienne de la forêt.

★★★**Musée national d'Anthropologie** – *1 jour. Paseo de la Reforma et calz. Gandhi.* *Voir p. 114.*

★**Museo Rufino Tamayo** – *Paseo de la Reforma et calz. Gandhi, en traversant Reforma. Visite de 10 h à 18 h. Fermé le lundi, ainsi que les 1er janvier, 1er mai et 25 décembre. 15 pesos.* ☎ *52 86 65 19.* Édifié au milieu des arbres, ce **bâtiment**★ moderne, avec des rappels de l'art précolombien, a été conçu en 1981 par Abraham Zabludowsky et Teodoro González de Léon. Le musée présente la **collection** d'art contemporain international léguée par le peintre Rufino Tamayo et son épouse Olga, avec parmi d'autres des œuvres de Picasso, Miró, Fernando Botero, Francisco Toledo et Robert Motherwell. Elle est de temps à autre retirée en partie ou en totalité pour laisser plus d'espace à des **expositions temporaires.** On donne également ici concerts, spectacles de danse et pièces de théâtre.

★**Museo de Arte Moderno** – *Paseo de la Reforma et calz. Gandhi. Visite de 10 h à 18 h. Fermé le lundi, ainsi que les 1er janvier et 25 décembre. 15 pesos.* ☎ *52 11 83 31.* Le musée offre un panorama de l'évolution des arts plastiques mexicains au 20e s. Il expose des œuvres de peintres et sculpteurs mexicains et étrangers, comme Rufino Tamayo, Carlos Mérida, Gerardo Murillo (docteur Atl), José Clemente Orozco et Gunther Gerzso, entre autres. On y voit aussi des tableaux de Diego Rivera et David Alfaro Siqueiros. Parmi les femmes artistes représentées figurent Frida Kahlo, Olga Costa, María Izquierdo, Remedios Varo et Leonora Carrington. Le visiteur peut aussi arpenter les jardins où il découvrira d'autres belles œuvres sculptées.

Museo del Caracol (Galerie d'Histoire) – *Rampe d'accès au château de Chapultepec. Visite de 9 h à 17 h 30. Fermé le lundi, ainsi que les 1er janvier et 25 décembre. 16 pesos.* ☎ *55 53 62 85.* Inauguré en 1960, le bâtiment doit son nom à son plan circulaire, qui rappelle la forme d'une coquille d'escargot *(caracol)*. Les douze salles de la galerie ont pour objet d'illustrer l'histoire du Mexique, en représentant ses événements et acteurs essentiels. Au terme du parcours chronologique se trouve le **Recinto de la Constitución**, avec l'emblème national et une reproduction de la Constitution de 1917. Cette salle est due à l'artiste José Chávez Morado, tout comme la porte de bronze de l'entrée principale du musée.

★★CASTILLO DE CHAPULTEPEC *1 jour*

Ce **palais** grandiose de style néoclassique a été édifié entre 1785 et 1787 sur ordre du vice-roi de Gálvez, sur un projet de l'architecte catalan Agustín Mascaró. En 1842, il reçut le Collège militaire ; quelques années plus tard s'y déroula la bataille dans laquelle périrent plusieurs cadets de l'école, dont la mémoire est gardée sous le nom de **Jeunes Héros**.
Maximilien d'Autriche le fit remanier et fit construire l'Alcázar, où il vécut durant son éphémère empire.

Château de Chapultepec

Pendant son deuxième mandat présidentiel (1884-1917), Porfirio Díaz décréta que le château deviendrait résidence officielle. Le bâtiment a accueilli plusieurs présidents jusqu'à ce qu'en 1939 Lázaro Cárdenas décide d'y installer le musée national d'Histoire.
Pour entrer au château, on peut emprunter à pied une rampe ou prendre un petit train *(départ toutes les 10 mn ; 3 pesos AR)*, dont le point de départ se trouve en face d'un ascenseur actuellement hors service.

Museo Nacional de Historia – *Visite de 9 h à 17 h (15 h les 24, 25 et 31 décembre). Fermé le lundi, ainsi que le 1er janvier. 20 pesos. ✗ ☎ 52 86 99 20.* Les salles du premier niveau retracent, au travers de peintures et d'objets d'usage courant, les coutumes et l'organisation politique et économique du pays entre l'époque des vice-rois et la Révolution. On découvrira ici les **murals** de Juan O'Gorman, José Clemente Orozco et David Alfaro Siqueiros. Le deuxième niveau est consacré à l'art et la culture de la période entre l'Indépendance et la Révolution. Il aborde aussi des aspects de la fin du 19e s.

Alcázar – *Mêmes conditions de visite que pour le musée.* Dans le palais sont exposés les peintures, le mobilier et les porcelaines offerts au Mexique par l'impératrice de Chine en 1910, à l'occasion du centenaire de l'Indépendance. On visite également les somptueux appartements de l'impératrice Charlotte, l'épouse de Maximilien. Dans les couloirs de l'étage, autrefois habité par Porfirio Díaz, se trouvent *Les Bacchantes*, peintures de style pompéien exécutées par Santiago Rebull. La Galerie des Vitraux a été fabriquée en France sur ordre de Díaz.

★DEUXIÈME SECTION

Circuit en voiture, 1 jour ; à pied, 2 jours. Ⓜ ligne 7 – Constituyentes.

De larges avenues, émaillées de nombreuses **fontaines** et de sculptures modernes conduisent aux musées, aux lacs, aux restaurants et au parc d'attractions.

La Feria – *Ouvert en juillet, août, décembre et pendant la Semaine sainte tous les jours de 9 h à 21 h ; le reste de l'année, du mardi au vendredi de 11 h à 19 h, samedi et dimanche de 10 h à 21 h. 15 pesos (30 attractions) et 75 pesos (toutes les attractions, autant de fois que l'on veut, mais restrictions possibles). ✗ E ☎ 52 30 21 21.* Cette fête foraine traditionnelle propose plus de 50 attractions pour tous les âges. Les **montagnes russes** offrent, en plus du vertige, une bonne vue de la forêt. Spectacles variés.

Museo Tecnológico – *Visite de 9 h à 17 h. Fermé du 25 décembre au 1er janvier. ☎ 55 16 09 64.* Le musée présente les étapes de la génération, de la transmission et de l'utilisation de l'énergie. Par le biais de modèles réduits et de véhicules originaux, on y voit aussi l'évolution des moyens de transport au long de l'histoire. Le visiteur est également invité à expérimenter des phénomènes physiques avec des appareils qu'il peut manipuler.

★★**Papalote, Museo del Niño** – *Visite en semaine de 9 h à 13 h et de 14 h à 18 h (nocturne le jeudi de 19 h à 23 h), le week-end de 10 h à 14 h et de 15 h à 19 h. 40 pesos (musée seul) ou 60 pesos (musée et écran géant) ; il est recommandé d'acheter les billets à l'avance. ✂ ☏ 52 24 12 60. Ticket Master ☏ 53 25 90 00.* « Cerf-volant, musée de l'Enfant », est un espace éducatif comprenant plus de 350 expositions interactives qui permettent aux enfants (et adultes de tous âges) de jouer et d'acquérir des connaissances sur différents sujets. Les communications, le corps humain, notre monde, la conscience et les formes d'expression font l'objet de salles où « il est interdit de ne pas toucher ». Le musée abrite aussi des ateliers et organise des expositions temporaires. Sur l'immense **écran géant**, on projette des films avec système IMAX et son numérique, dont l'extraordinaire réalisme donne des sensations de vertige *(séances de 10 h 30 à 19 h 30, jeudi jusqu'à 20 h 30 ; 30 pesos ; ☏ 51 60 60 60)*. Au Sud du Papalote se trouve la grande **fontaine du Mythe de l'eau**.

★**Cárcamo** – Ce petit édifice surmonté d'un dôme collectait l'eau des sources des marais de Lerma, autrefois principal point d'approvisionnement en eau pour la partie haute de la ville. On voit à l'intérieur la **fresque** *L'eau, origine de la vie*, de Diego Rivera (1951). Cette peinture a été conçue pour être vue sous l'eau, comme ce fut le cas jusqu'à sa restauration dans les années 1990. Diego Rivera est également le créateur de la **fontaine de Tláloc Totopamitl**★ (**3**) à l'extérieur, interprétation complexe de Tláloc, le dieu de la pluie. La figure et le bassin de la fontaine ont été réalisés en pierre volcanique, albâtre et fragments d'azulejos. Elle a été dessinée pour être vue depuis les airs.

Museo de Historia Natural – *Visite de 10 h à 17 h. Fermé le lundi, ainsi que les 1er janvier et 25 décembre. 10 pesos. ☏ 55 15 63 04.* L'exposition présente les origines et l'évolution de différentes espèces naturelles. Le musée a été partiellement remodelé pour permettre le renouvellement constant des attractions et des expositions temporaires. À côté du musée se trouve le **train touristique** *(fonctionne de 10 h à 16 h, sauf le lundi ; trajet complet 10 mn ; 2 pesos ; ☏ 55 15 26 97)* qui suit un court trajet autour du **petit lac** et des autres attractions de cette section. On peut louer des barques au petit lac. Le grand lac est peuplé de canards et de carpes ; au milieu se dresse une **fontaine monumentale** (**4**) dont le jet d'eau atteint 50 m et s'illumine la nuit. Au bord des deux lacs se tiennent d'agréables restaurants.

MUSEO NACIONAL DE ANTROPOLOGÍA★★★

Musée national d'ANTHROPOLOGIE

1 jour. Paseo de la Reforma et calz. Gandhi. Ⓜ ligne 1 – Chapultepec

☎ 55 53 62 66 et 55 53 62 43

Construit en 1964 selon les plans de l'architecte mexicain Pedro Ramírez Vázquez, le musée occupe une surface de 70 000 m², dont presque 30 000 m² sont consacrés à l'exposition.

Le bâtiment – *Dans la première section du bois de Chapultepec.* Le musée comprend 23 salles d'exposition permanente, dont la visite complète couvre 5 km. Elles sont distribuées autour d'une très grande **cour** inspirée des espaces ouverts des cités précolombiennes. Une partie de cette esplanade s'abrite sous un toit d'aluminium de 52 m sur 84 m, soutenu par une immense **colonne** ornée de bas-reliefs en bronze et entourée d'un voile d'eau. Cette sculpture, dite **El Paraguas** (le parapluie), est une œuvre des frères José et Tomás Chávez Morado. Au fond, un bassin et sa végétation

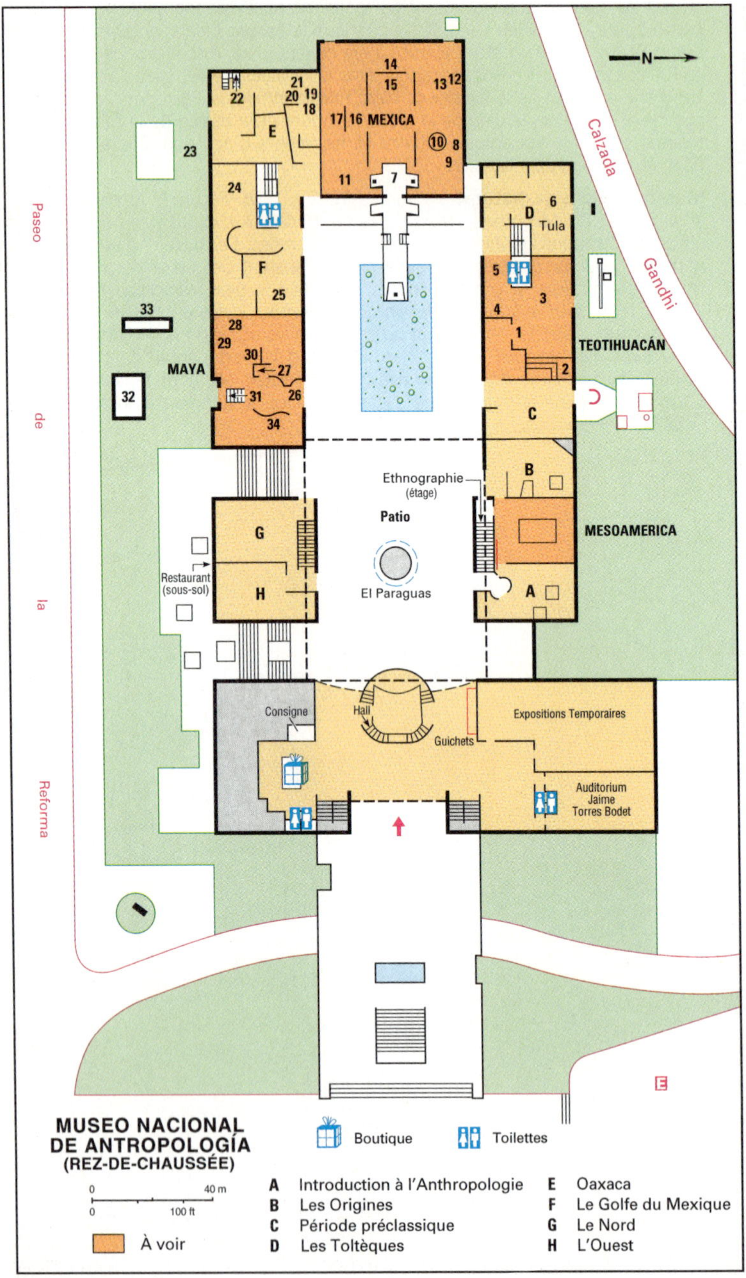

symbolisent le site où se sont établis les Mexicas. Sur la plate-forme terminale on voit un escargot en bronze rappelant les sculptures précolombiennes. La façade aligne au deuxième niveau une frise de serpents stylisés en aluminium.

Le musée – *Visite de 9 h à 19 h. Fermé le lundi. 20 pesos.* ✗ ⊟. L'aile gauche du hall d'entrée abrite une boutique et divers services. À droite de l'entrée principale se trouve une salle d'expositions temporaires, où l'on remarquera la fresque de Rufino Tamayo, *L'Obscurité et la lumière*. Devant les guichets s'ouvre la salle d'orientation, où l'on présente un spectacle multimédia, aperçu général des cultures précolombiennes *(les projections ont lieu à 10 h, 12 h, 14 h 30 et 15 h 30 – 14 h et 15 h le dimanche –, pour un minimum de 20 personnes)*.
Le rez-de-chaussée compte douze salles consacrées à l'archéologie ; elles sont distribuées par thèmes, allant d'une brève introduction à l'anthropologie, avec un aperçu des premiers habitants d'Amérique, aux grandes œuvres des différentes cultures qui se sont développées en Méso-Amérique. Chacune des salles communique avec la cour centrale et le jardin extérieur, où sont aussi exposées des pièces, généralement des reproductions. Le deuxième étage comprend 11 salles d'ethnographie consacrées aux différents aspects de la vie sociale et culturelle des ethnies indiennes aujourd'hui.

VISITE

La visite commence par la première salle à droite. On conseillera de visiter d'abord le rez-de-chaussée, puis le premier étage.

Introduction à l'anthropologie (**A**) – La salle présente brièvement les objectifs de cette discipline en quatre thèmes généraux : l'anthropologie physique, l'archéologie, l'ethnologie et la linguistique. La fresque de l'entrée est l'œuvre de Jorge González Camarena.

La Méso-Amérique – La carte sur le mur d'entrée montre les différentes régions de Méso-Amérique et leurs éléments caractéristiques. Le tableau chronologique annexe présente les diverses cultures précolombiennes et les époques auxquelles elles correspondent, dans l'ordre de présentation du musée. Les objets et maquettes exposés illustrent les traits communs de ces civilisations. Le mural réalisé sur la partie haute du mur est de José Chávez Morado.

Les origines (**B**) – Description de l'arrivée des premiers habitants d'Amérique. Les éléments exposés montrent la transition du nomadisme à la sédentarisation, de la chasse à l'agriculture.

Période préclassique (**C**) – Pendant cette période (1500 avant J.-C.-100 après J.-C.) ont lieu la consolidation et le développement social, politique et culturel des premières civilisations méso-américaines. Les figurines et objets en céramique présentés ici sont parmi les plus anciens exposés. On a reproduit des sépultures découvertes à Tlatilco, dans l'État de Mexico, pour mettre en relief l'importance des rites funéraires.

Teotihuacán – C'est l'une des salles les plus riches du musée. Les grandes manifestations artistiques et culturelles de la période sont présentées de manière didactique au moyen de pièces archéologiques, vidéos, photographies murales, maquettes. Il y a aussi d'excellentes reproductions, parmi lesquelles il faut souligner le **mural de Tlalocan** (**1**) et la reproduction grandeur nature d'une partie du **temple de Quetzalcóatl** (**2**), dont on peut admirer les originaux au site archéologique de Teotihuacán. En face se dresse le monumental monolithe sculpté de la **Chalchiuhtlicue** (**3**), ou déesse de l'eau, en provenance de la place de la Lune. Vers le fond de la salle on découvre une vitrine de **masques funéraires** (**4**), qui étaient placés sur le visage des morts pour les protéger dans leur voyage dans les mondes inférieurs. La dernière sculpture a été découverte sur la place du Soleil. Elle représente probablement le soleil mort ou **Mictlantecuhtli** (**5**), le dieu de la mort.

Tolteca (**D**) – La culture toltèque a longtemps été considérée comme la plus importante du haut plateau central à la période postclassique. En réalité, d'autres civilisations ont existé ici, qui se sont développées avant les Toltèques, parallèlement à eux et après eux. C'est le cas de Xochicalco, Teotenango et Tenayuca, dont l'importance est reconnue dans cette salle.
Dans la salle dédiée à Tula, capitale des Toltèques, on remarque une des énormes colonnes rondes en forme de guerrier, ou **atlantes** (**6**) *(photo p. 178)*, dont la fonction architecturale était de soutenir les grands toits.

Mexica – C'est la salle la plus étonnante et la plus importante du musée. Les Mexicas, appelés aussi Aztèques, ont fondé la ville de Tenochtitlán en 1325 après J.-C. À l'arrivée des Espagnols en 1519, ils avaient établi l'empire le plus puissant de toute la Méso-Amérique et l'affrontement des deux cultures s'acheva par la défaite des Aztèques en 1521.
À l'entrée de la salle est exposé un **ocelot** (**7**) ou jaguar, qui porte sur son dos un récipient appelé *cuauhxicalli*, où l'on déposait les cœurs des hommes sacrifiés pour vénérer le Soleil. Les bas-reliefs de la **Pierre des guerriers** (**8**), représentent deux files

© Robert Frerck /ODYSSEY

Calendrier aztèque

de guerriers attendant de recevoir l'épine de maguey destinée à perforer le lobe de leur oreille en signe d'autosacrifice. Dans l'aile droite, se trouve une copie du codex Boturini, connu également sous le nom de **Rouleau de la pérégrination** (Tira de Peregrinación – **9**), qui raconte le trajet parcouru par les Mexicas pour parvenir au lieu où ils devaient fonder Tenochtitlán. La **pierre de Tizoc** (**10**) narre les conquêtes du souverain de même nom (le septième tlatoani).

Un peu plus loin on peut admirer une **fresque de Tenochtitlán** (**11** – *photo p. 86*). La ville s'étendait sur 13 km² et abritait plus de 300 000 habitants. Devant la fresque se trouve une **maquette** (**12**) reproduisant la forme originelle de ce qui est appelé aujourd'hui le Grand Temple. Celui-ci se trouvait à l'origine au cœur de la cité aztèque, avant que celle-ci ne soit détruite par les Espagnols au 16e s. Sur la maquette, on distingue deux sanctuaires jumeaux : le bleu, celui de Tláloc, dieu de l'eau, et le rouge, celui de Huitzilopóchtli, dieu du soleil et de la guerre. Le diorama du **marché de Tlatelolco** (**13**) illustre la hiérarchie des différentes classes sociales, ainsi que la variété des articles commercialisés à l'époque. Le cacao et la poudre d'or servaient de monnaie.

Sur une plate-forme au centre de la salle se trouve le célèbre **calendrier aztèque** (**14**), dont l'appellation correcte est **pierre du Soleil**, car c'est en réalité un monument dédié à cet astre. Il pèse 24 tonnes et mesure 3,60 m de diamètre. À droite de l'original a été placée une reproduction, peinte dans ce qu'on suppose être ses couleurs d'origine. Au centre, le visage de Tonatiuh, le Soleil, qui tire une langue en forme de couteau ; de chaque côté, ses mains devenues griffes, soupesant les cœurs humains qui lui servent de nourriture. Les quatre rectangles gravés autour symbolisent les dates de destruction des quatre mondes cosmogoniques antérieurs à l'univers mexica. Le deuxième cercle comprend 20 hiéroglyphes correspondant aux jours du mois du calendrier religieux de 260 jours. Deux serpents de feu, les Xiuhcóatl, entourent le cercle ; de leurs gueules ouvertes émergent les têtes des dieux de l'Est et de l'Ouest, qui doivent guider le Soleil dans sa trajectoire sur la voûte céleste.

Dans la dernière section, on notera la figure grandiose de la **Coatlicue** (**15**), « celle de la jupe aux serpents », déesse de la terre et de la mort. La sculpture représente une femme décapitée, deux têtes de serpents surgissant de son cou. Ses vêtements symbolisent le sang, la vie et la mort. Elle porte un collier de mains et de cœurs, avec un pendentif de crânes et une jupe de serpents entrelacés. Des têtes de serpents font office de mains et les pieds ont la forme de serres d'aigles.

Près de la sortie, remarquez la vitrine où est exposée une réplique de la parure en plumes de Moctezuma (16), qu'Hernán Cortés aurait offerte à l'empereur Charles Quint. L'original se trouve au Musée ethnographique de Vienne, demeure contestée par les Mexicains qui réclament son rapatriement. Le **Mausolée des Siècles** (17), ou autel des crânes, peut être considéré comme le tombeau du temps : par l'ouverture de la partie supérieure, on introduisait le *Xiuhmolpilli*, ruban qui symbolisait le cycle indien de 52 années.

Oaxaca (**E**) – Dans cette salle sont exposés les vestiges des cultures zapotèque (800 avant J.-C.-environ 1000 après J.-C.) et mixtèque (100-1521 après J.-C.) qui se sont développées sur le territoire de l'actuel État d'Oaxaca. La section consacrée à Monte Albán, la grande cité zapotèque, est remarquable, notamment la reproduction des bas-reliefs des **danseurs** (**18**), les **urnes funéraires** (**19**), le **grand jaguar** (**20**) et le **masque de jade** (**21**), joyau de cette exposition. Les reproductions des **tombes n° 104** (**22**) et **n° 7** (**23**) permettent de voir la façon dont les Zapotèques enterraient leurs défunts et le type d'offrandes qu'ils effectuaient à cette occasion.

Dans la section consacrée aux Mixtèques, on remarquera les vestiges d'architecture et de décoration de Mitla. On y verra aussi des pièces intéressantes d'orfèvrerie et de céramique décorée.

Vase à l'homme souriant – Salle Maya

La poule – Salle Teotihuacán

Acrobate – Salle préclassique

Masque funéraire du cacique Pacal – Salle Maya

Figurine de Jaïna – Campeche – Salle Maya

Plat polychrome – Salle Maya

Tête de Coyolxauhqui – Salle Mexica

Serpent lové – Salle Mexica

Coatlicue

Golfo de México (**F**) – Cette salle se divise en trois sections correspondant chronologiquement aux trois cultures qui se sont développées sur le littoral du golfe du Mexique. La plus ancienne est la culture olmèque (1200-600 avant J.-C.) qui s'est établie sur la partie Sud. La civilisation totonaque (100-900 après J.-C.) s'est développée dans la partie centrale. La culture huaxtèque (900-1521 après J.-C.), au Nord. Les pièces les plus représentatives de la culture olmèque sont les **têtes** monumentales placées à l'entrée et le **lutteur** (**24**). Les Totonaques ont laissé les figures appelées « petites têtes souriantes » et les « jouets munis de roues ». La dernière section présente les sculptures stylisées et la céramique peinte des Huaxtèques, notamment l'**adolescent huaxtèque** (**25**).

Maya – La culture maya s'est développée de 600 avant J.-C. jusqu'à l'arrivée des Espagnols. Son territoire couvrait une vaste région s'étendant sur une partie du Sud du Mexique et sur les pays voisins d'Amérique centrale. Leurs connaissances en mathématiques et astronomie, la complexité et l'exactitude de leur système de calendrier surprennent encore les scientifiques aujourd'hui. Les Mayas ont aussi créé leur propre écriture hiéroglyphique, dont le déchiffrement est en cours, ainsi qu'un système de numération qui employait le zéro, bien des siècles avant que les Européens ne l'adoptent.
À l'entrée de la salle, on remarque une **maquette** (**26**) avec une carte en relief du territoire maya. Les points lumineux signalent les sites archéologiques. Dans la section à droite de l'entrée, on remarquera le **linteau n° 26** (**27**) de Yaxchilán, qui représente un couple peu avant la célébration d'un rituel. L'homme est le chef Bouclier-Jaguar ; il a un couteau à la main pour l'autosacrifice. À ses côtés, son épouse, dont les vêtements indiquent sa place dans la hiérarchie, arbore des scarifications volontaires sur le visage, une coiffure en tête de jaguar et le bouclier du chef.
Les vitrines de la section suivante, donnent un aperçu général de la culture maya : traits physiques, organisation sociale, ustensiles et objets qui attestent de leurs connaissances avancées. La plupart des linteaux et stèles qui complètent l'exposition proviennent de Yaxchilán.
Dans la section suivante on peut admirer, encastré dans le mur, un énorme **mascaron** (**28**) venant du Sud de Campeche. À sa gauche se trouve le **disque de Chinkultic** (**29**) qui représente un joueur de pelote au moment précis où il va intercepter la balle avec la hanche. Ici se trouvent aussi les **panneaux du Temple de la Croix de Palenque** (**30**) avec deux personnages encadrant un plant de maïs en forme de croix.
Au centre de la salle, des escaliers conduisent vers une excellente reproduction du **tombeau royal** (**31**) du Temple des Inscriptions de Palenque, et son trésor d'origine en jade.
Dans la cour extérieure se dressent les reproductions grandeur nature de certains temples mayas : le **temple n° 2 de Hochob** (**32**) à Campeche et le **temple des peintures de Bonampak** (**33**).
Dans la dernière section, destinée à l'exposition de pièces de la période postclassique, on remarquera les bijoux en or du Puits sacré et la copie du **chac-mool** (**34**) de Chichén-Itzá.

Norte (**G**) – Les cultures précolombiennes qui ont habité le Nord du Mexique sont divisées ici en trois grands groupes. Le premier rassemble les cultures du désert et de la plaine, qui ont occupé une partie des déserts du Nord du Mexique et du Sud des États-Unis, caractérisées par le style de vie nomade qui était celui des chasseurs-cueilleurs de la préhistoire. Le deuxième groupe comprend les cultures dites marginales ou périphériques de Méso-Amérique, situées au Nord et dans une partie du centre du Mexique, auxquelles le développement de l'agriculture a permis de mener une vie sédentaire. Le dernier concerne les cultures agricoles appelées Oasis-América, dont les implantations se sont développées de manière très particulière, comme c'est le cas de Paquimé.

Occidente (**H**) – La plupart des cultures qui se sont établies à l'Ouest du Mexique ont continué à se développer pendant les périodes préclassique, classique et post-classique. Elles n'ont pas laissé de vestiges de grands sites urbains, mais leur céramique a donné les pièces les plus réalistes et les plus artistiques de tout le Mexique. On remarquera ici les figures trouvées dans les **tombes à puits** et quelques pièces tarasques, dont un **chac-mool**.

Salles d'ethnographie – *Premier étage.* Environ dix millions d'Indiens vivent aujourd'hui au Mexique. Ils maintiennent vivantes certaines de leurs anciennes coutumes. On compte officiellement 56 ethnies, distribuées dans tout le pays. Après avoir subi plus d'un demi-millénaire de bouleversements, ces groupes survivent en préservant les formes essentielles de leur culture.
L'objectif de cette section du musée est de présenter la diversité des groupes indigènes aujourd'hui : régions où ils habitent, modes de vie, coutumes, traditions, costumes et artisanat. L'ordre des salles est le suivant : introduction à l'ethnographie, les Coras et les Huicholes, les Purépechas et les Otomis. Ensuite, les groupes ethniques sont classés par régions : sierra Madre occidentale ; Oaxaca, golfe du Mexique, Chiapas, Tabasco et Yucatán. Viennent enfin les Mayas des terres hautes et terres basses ; le Nord-Ouest ; et pour terminer, la salle Nahua. Certaines de ces salles renvoient à l'exposition des cultures du rez-de-chaussée, comme celles consacrées à Oaxaca, à la zone du golfe du Mexique et au Sud-Est.

PASEO DE LA REFORMA★★

Plans p. 93 et 110

S'étendant sur 15 km, cette belle avenue bruyante et ombragée, dont les arbres s'habillent de lumières à Noël, est une des principales promenades de la ville. La partie la plus ancienne est celle qui court du rond-point de Bucareli à l'entrée du bois de Chapultepec. Elle a été ouverte vers 1864 sur ordre de l'empereur Maximilien d'Autriche afin de créer une route directe entre sa résidence au château de Chapultepec et le Palais national. C'est la raison pour laquelle cette avenue s'appelait à l'origine **Paseo del Emperador**.
Son charme n'a cessé d'augmenter avec le temps, car à côté de ses édifices modernes, on a ajouté des petites places, ornées de fontaines, et certains des monuments les plus représentatifs de la ville. La proximité de la **Zona Rosa** contribue également à son intense activité. Ce quartier, qui concentre un grand nombre d'hôtels, galeries, boutiques élégantes, joyeux restaurants et cafés en plein air, est un lieu de rencontre pour les habitants de tous milieux, ce qui, le soir, lui donne une animation inattendue.
La deuxième section de l'avenue traverse le bois de Chapultepec et s'achève à la fontaine du Pétrole ; elle est bordée par les grands musées, ainsi que par le quartier résidentiel de **Polanco**, qui accueille des hôtels luxueux et des restaurants de renom. De l'autre côté de l'avenue se trouve l'**Auditorium national** *(ouvert uniquement à l'occasion des spectacles ; ☎ 52 80 92 50)*, centre de spectacles et de manifestations socioculturelles reconstruit en 1991 par les architectes Abraham Zabludowsky et Teodoro González de León. Entourée par la partie du bois appelée Campo Marte, zone verte qui se termine à **Los Pinos**, se trouve la résidence officielle du président mexicain.
La dernière section traverse les **Lomas de Chapultepec**, l'un des quartiers résidentiels les plus luxueux de la ville, et s'achève avec la sortie vers Toluca.

CURIOSITÉS

Circuit en voiture, 1/2 journée.

Partir à hauteur du musée d'Anthropologie et emprunter le paseo vers le Nord.

★**Fuente de la Diana Cazadora** – Récemment installée à sa place d'origine, la svelte statue en bronze de la divinité romaine est une œuvre du sculpteur mexicain Juan F. Olaguíbel (1942), qui l'a nommée *« la Flechadora »* (« l'Archère »).

5 **Marché d'artisanat d'Insurgentes**
Entrée par Londres 154 et par Liverpool 44, Zona Rosa. Tous les jours de 9 h à 20 h, le dimanche jusqu'à 17 h. ✗ ☎ *55 25 64 98.*
Articles en argent, costumes typiques, peaux, céramiques et autres curiosités sont en vente dans ce grand marché aux 237 étals, sillonné d'allées étroites, ouvert au public depuis 1955.

6 **Fonda « El Refugio »**
Liverpool 166, Zona Rosa (devant le marché d'artisanat). E
☎ *52 07 27 32 (réservation conseillée).* Ce restaurant de renom propose une authentique cuisine traditionnelle mexicaine de la meilleure qualité.
On y trouve tous les jours de la semaine les différentes spécialités de tout le Mexique.

© Robert Frerck/ODYSSEY

Fontaine de Diane chasseresse

★★ **Monumento a la Independencia** – Le monument de l'Indépendance est une haute colonne (36 m au total) couronnée par une victoire ailée. Cette sculpture, habituellement connue sous le nom de **El Ángel**, est le symbole de la ville. Œuvre de l'architecte Antonio Rivas Mercado et du sculpteur français Henri Alciati, le monument a été inauguré le 16 septembre 1910 pour commémorer le centenaire de l'Indépendance et rendre hommage à ses dirigeants, représentés sur les sculptures en marbre blanc que l'on voit à l'extérieur. Leurs dépouilles, parmi lesquelles celles de Miguel Hidalgo y Costilla, sont conservées à l'intérieur du monument *(visite de 9 h à 18 h)*.

Monumento a Cuauhtémoc – L'œuvre en bronze du sculpteur Miguel Noreña (1843-1894) montre le dernier empereur aztèque en train de tirer une flèche vers l'infini. Réalisée dans un style élégant et énergique, qui confère à la matière une grande force expressive, elle est considérée comme une œuvre majeure de l'académisme mexicain. Sur le socle de ce monument, on peut admirer les **bas-reliefs** représentant l'arrestation de Cuauhtémoc et les tortures qu'Hernán Cortés lui infligea.

Monumento a Cristóbal Colón – Sculpture réalisée en France par l'artiste Charles Cordier (19e s.). En haut figure le découvreur de l'Amérique accompagné de quatre religieux qui symbolisent l'évangélisation du Nouveau Monde.

SAN COSME (BX) *3 h.* Ⓜ *ligne 2 – Revolución*

Monumento a la Revolución – *Plaza de la República.* Cette œuvre aux proportions grandioses a été conçue sous le gouvernement de Porfirio Díaz dans l'intention initiale d'y abriter l'Assemblée législative, mais le mouvement révolutionnaire de 1910 a interrompu sa construction. En 1933, l'architecte Obregón Santacilia a utilisé la structure qui devait former le grand dôme pour dessiner le monument actuel en hommage à la Révolution.
Les sculptures des angles supérieurs sont de Oliverio Martínez. Les dépouilles des hommes qui se sont distingués pendant la guerre révolutionnaire sont conservées dans les quatre piliers : Francisco I. Madero, Venustiano Carranza, Plutarco Elías Calles, Francisco Villa et Lázaro Cárdenas.

Museo Nacional de la Revolución Mexicana – *Sous-sol du monument à la Révolution. Visite de 9 h à 17 h (15 h le dimanche). Fermé les lundis et jours fériés. 6 pesos.* ☎ *55 46 21 15.* Ce musée souterrain présente les différentes étapes de la Révolution, d'un point de vue économique, politique et social. L'exposition comprend des photos, des documents originaux et divers objets qui illustrent 50 ans de l'histoire du Mexique, de 1867, date de la proclamation de la République libérale, à 1917, année de la promulgation de la Constitution des États-Unis du Mexique.

★ **Museo de San Carlos** (**M**[1]) – *Puente de Alvarado 50. Visite de 10 h à 18 h. Fermé les mardis et jours fériés. 20 pesos.* ☎ *55 66 83 42.* Cette belle **demeure**★★ aux proportions d'un palais a été édifiée au début du 19e s. Manuel Tolsá a réalisé une construction sobre et élégante de style néoclassique destinée au comte de Buenavista, décédé avant son achèvement. Au nombre de ses propriétaires successifs figurent les comtes de Regla et Antonio López de Santa Anna. Ensuite la maison a été aussi le siège social des Tabacs mexicains et de l'École nationale préparatoire.

Une partie des collections ont appartenu à l'**ancienne Académie St-Charles**. On peut admirer ici des peintures gothiques espagnoles sur bois, des tableaux Renaissance, maniéristes, baroques, néoclassiques, romantiques, symbolistes ainsi que des œuvres de différentes écoles de la fin du 19e s. Le fonds du musée comprend des œuvres d'Ingres, Ribera, Rubens, Sorolla, Titien, Tintoret, Zurbarán et Goya, ce qui en fait un des meilleurs musées d'Amérique latine pour la peinture européenne du 16e au 20e s.

Museo Universitario del Chopo (**M²**) – *Enrique González Martínez 10. Visite de 10 h à 14 h et de 15 h à 19 h. Fermé les lundis et jours fériés, ainsi que pendant les vacances universitaires d'hiver. 6 pesos.* ✗ ☎ *55 35 22 88.* Cette construction de fer, panneaux d'aggloméré et verre a été importée d'Allemagne au début du 20e s. pour accueillir des expositions industrielles. En 1910, lors des festivités du centenaire de l'Indépendance, on y a installé le pavillon japonais. Le musée universitaire est situé dans le quartier Santa Maria la Ribera, quartier aristocratique sous le « Porfiriat », où se trouvent encore quelques exemples de l'architecture à la française du début du 20e s.
Après avoir été musée national d'Histoire naturelle, le « Palais de Cristal » est devenu en 1975 un centre culturel alternatif pour abriter différentes manifestations artistiques de la jeunesse et d'artistes reconnus. Il accueille des expositions temporaires d'art visuel, des concerts de rock, des pièces de théâtre, des ateliers, des journées culturelles.

Place du Monument de l'Indépendance

TLATELOLCO ET LA VILLA DE GUADALUPE *1/2 journée*

Tlatelolco (CX) Ⓜ *ligne 3 – Tlatelolco*

Fondée en 1331, cette ancienne ville seigneuriale précolombienne fut la deuxième capitale de l'empire aztèque. Ici s'est établi le marché le plus important de toute la Méso-Amérique. Ses habitants formaient avec les Tenochcas un seul groupe, celui des Mexicas, venus de la mythique Aztlán, mais les deux groupes se sont séparés et les Tenochcas se sont établis au Nord de la ville.
En raison de leur ressemblance, Tlatelolco et Tenochtitlán ont été nommées « cités jumelles » ; toutes deux avaient pour édifice principal une énorme pyramide double, avec deux temples consacrés aux principaux dieux, Huitzilopóchtli et Tláloc.

★ **Plaza de las Tres Culturas** – *Visite des ruines de 6 h 30 à 21 h.* Les trois grandes périodes du Mexique cohabitent aujourd'hui en cet endroit, présentes dans les vestiges précolombiens, dans les anciens bâtiments religieux de l'époque des vice-rois et dans les **édifices modernes** du complexe résidentiel, œuvre de l'architecte Mario Pani. Cette très grande place a été le théâtre des affrontements et de l'intégration des races et des cultures. De grands événements de l'histoire du Mexique se sont déroulés ici, de l'époque précolombienne au 20e s. Elle a été le dernier bastion de la résistance aztèque, mais aussi la scène de l'épisode le plus sanglant du mouvement étudiant de 1968, lorsque des centaines d'étudiants ont perdu la vie face aux forces gouvernementales. Quand le tremblement de terre de 1985 a secoué Mexico, elle a été une des zones les plus affectées.

Templo de Santiago – *Visite de 7 h 30 à 13 h et de 16 h à 19 h 45. ☎ 55 83 02 95.* Construite sur les soubassements des pyramides avec les pierres des anciens temples précolombiens, l'église actuelle a été terminée en 1609 sous la direction du moine Juan de Torquemada. L'austère décoration de l'**intérieur★** est due à une restauration récente, qui a compris la réalisation de **vitraux** bleus donnant à l'ensemble une touche de couleur. Le modeste autel a conservé le **bas-relief** central de l'ancien retable (16ᵉ s.) qui représente l'apôtre saint Jacques combattant les guerriers *ocelotl* (ocelots). Au-dessus, sur les pendentifs de la voûte, apparaissent les quatre évangélistes ; la partie supérieure de la porte latérale est dominée par la figure géante de **saint Christophe**.
En 1536 a été fondé en annexe le premier et unique collège pour enfants indiens, le **collège de la Sainte Croix**. C'est ici en 1564 que le frère Bernardino de Sahagún a achevé son histoire de la Nouvelle-Espagne. Le cloître actuel date de 1660 ; il a servi de couvent aux frères franciscains, puis, sous le « Porfiriat », de prison militaire et de caserne. Aujourd'hui, l'édifice est occupé par un service dépendant du ministère des Affaires étrangères.

Tecpan – *Derrière l'église St-Jacques, 400 m vers l'Est par Almacenes. Visite de 9 h à 17 h. ☎ 55 83 02 95.* **Tecpan** signifie palais en náhuatl, car ici se trouvait le palais du gouvernement de Cuauhtémoc, dont l'administration avait également pour fonction de contrôler le commerce du grand marché de Tlatelolco. La salle Nord du musée renferme un **mural** de Siqueiros réalisé en 1944, *Cuauhtémoc contra el mito*, qui montre le dernier empereur reprenant le pouvoir en Méso-Amérique. On le voit blesser avec une lance le conquistador espagnol, figuré par un centaure qui se dresse, brandissant à la main gauche l'arme de la Conquête. On appréciera dans cette œuvre le raccourci et la perpective tridimensionnelle qui caractérisent le travail de cet artiste.

Il faut prendre la **Calzada de los Misterios** vers le Nord jusqu'à la Villa de Guadalupe. C'est une des rues les plus anciennes de la ville : son tracé date de l'époque précolombienne. Elle était alors la voie de communication entre Tlatelolco et l'ancien sanctuaire de la Tonantzin, dans le vieux quartier de Tepeyac. C'était la seule entrée par voie terrestre que possédait la ville de Tenochtitlán lorsqu'on arrivait par le Nord. Au 17ᵉ s. on a construit ici 15 petits monuments dédiés aux mystères du Rosaire.

★Villa de Guadalupe Ⓜ *ligne 6 – La Villa*

C'est le sanctuaire le plus important du pays. La tradition veut qu'ici, sur le sommet de la colline de Tepeyac, la **Vierge de Guadalupe** soit apparue en 1531 par trois fois à l'Indien **Juan Diego**. Tous les ans, le 12 décembre, le sanctuaire accueille des milliers de pèlerins qui arrivent de tout le pays quelques jours auparavant pour chanter les *mañanitas* (chants populaires mexicains en l'honneur d'une personne ou d'un événement) en hommage à la Vierge, et la remercier pour les grâces obtenues.

Ancienne basilique – *À côté de la nouvelle basilique.* Terminée en 1709 sous la direction de Pedro de Arrieta, l'église se caractérise par un plan très large et allongé, avec quatre tours d'angle. Sur le portail principal, on remarque un bas-relief représentant l'épisode marquant de la tradition de Guadalupe : la Vierge apparaît au frère Juan de Zumárraga frappé de stupeur, revêtue de la *tilma* de Juan Diego (sorte de cape paysanne en fibre d'agave). À gauche de l'église se trouve l'ancien couvent des sœurs capucines, de style néoclassique.

Nouvelle basilique – *Visite de 6 h à 21 h. ☎ 55 77 60 22.* Cette œuvre de Pedro Ramírez Vázquez et José Luis Benlliure a été achevée en 1976. L'extérieur a la forme d'un grand manteau semblant protéger les fidèles. L'intérieur présente une nef à plan circulaire, et neuf chapelles-tribunes qui permettent la célébration de messes privées. L'ensemble peut accueillir dix mille personnes. Il est conçu pour qu'on puisse apercevoir de n'importe où la statue originelle de la **Vierge de Guadalupe** placée sur le maître-autel. Devant l'autel, un tapis roulant permet la circulation constante des pèlerins devant la représentation de la Vierge en *tilma*.

Museo de la Basílica de Guadalupe – *Dans l'annexe derrière l'ancienne basilique. Visite de 10 h à 18 h (2 h du matin le 11 décembre). Fermé le lundi et le 26 décembre. 3 pesos. ☎ 55 77 60 22, poste 37.* Les murs du couloir d'accès sont tapissés d'une vaste collection d'**ex-voto★** dont certains datent du milieu du 19ᵉ s. Témoignages de reconnaissance ou demandes de grâces présentés par les fidèles à la Vierge, ces petites plaques peintes sont de véritables œuvres d'art populaire, pleines de couleurs et de naïveté. Le musée expose une bonne **collection★** de toiles de grands peintres de l'époque coloniale, Juan Correa, Nicolás Rodríguez Juárez, Baltasar de Echave Ibía et Cristóbal de Villalpando entre autres. Il renferme aussi des œuvres des 19ᵉ et 20ᵉ s. On remarquera les stalles sculptées, la croix d'atrium (16ᵉ s.) dans la cour et, dans les salles de l'étage, les deux retables dorés, dont l'un du 17ᵉ s. avec des peintures de Miguel Cabrera illustrant les quatre apparitions de la Vierge.

Capilla del Cerrito – *Au sommet de la colline de Tepeyac. Visite de 8 h à 18 h.* ☎ *55 77 60 22.* Au terme d'un parcours tranquille jusqu'au sommet de la colline, offrant une **vue panoramique** de la ville, on arrive à l'endroit précis où la Vierge (que les Indiens assimilaient à Tonantzin, la mère des dieux) s'est manifestée par trois fois à Juan Diego. L'église actuelle a été reconstruite en 1930, y compris la façade, en imitation de l'architecture baroque du 18e s. À l'intérieur se trouvent six grandes peintures murales de Fernando Leal illustrant les apparitions de la Vierge. Selon la tradition, c'est à cet endroit que l'Indien a cueilli les roses du miracle qu'il devait apporter au moine-évêque Juan de Zumárraga comme preuve des trois premières apparitions.

L'Offrande

★★**Capilla del Pocito** – *Au pied de la colline de Tepeyac, à l'Est de la basilique de Guadalupe. Visite de 8 h à 13 h 30 et de 16 h 30 à 19 h.* ☎ *55 77 38 44.* À l'époque coloniale, des canons établis par la Couronne réglementaient la construction des édifices religieux. Mais comme la limite de la ville coloniale se trouvait sur la Calzada de los Misterios, cette église n'a pas obéi aux règles. L'architecte Francisco de Guerrero y Torres a pu réaliser cette singulière construction à plan circulaire, dont les murs sont un jeu de lignes courbes et droites ; pour leur ornementation, il a combiné des éléments décoratifs mexicains typiques et différents matériaux comme le *tezontle*, la pierre de taille et l'azulejo. L'intérieur comprend trois espaces circulaires : l'entrée, où l'on voit un bénitier ; la sacristie, interdite à la visite ; la nef, entourée de quatre chapelles auxiliaires, ornées chacune d'huiles illustrant les apparitions de la Vierge.

★AVENIDA INSURGENTES (BYZ) *1 jour*

Circuit en voiture conseillé.

Considérée comme la plus longue avenue du monde (30,4 km), elle traverse la ville du Nord au Sud, de la sortie de la route de Pachuca, État de Hidalgo, jusqu'à la bretelle de l'autoroute de Cuernavaca, État de Morelos. La partie qui traverse le centre de la ville, du **Paseo de la Reforma** jusqu'à la **cité universitaire**, regorge de commerces, boutiques, cinémas, galeries et restaurants. De jour comme de nuit, cette partie de l'avenue est toujours pleine de passants, de voitures et d'animation. L'avenue doit son nom aux héros de l'Indépendance qu'on a appelés « Insurgentes ». Le long de l'avenue, on traverse l'impressionnante **Glorieta de Insurgentes** qui donne accès à la **Zona Rosa**, ou, vers le Sud, d'anciens quartiers flanqués de demeures construites entre 1920 et 1940. L'un d'entre eux, la **Colonia Roma**, refuse de mourir malgré les dégâts causés par le tremblement de terre de 1985. Là se trouvent la fameuse réplique du *David* de Michel-Ange, au centre de la **Plaza Río de Janeiro**, ainsi que les nombreux lieux culturels et cafés de l'avenue Álvaro Obregón. La **Colonia Condesa**, avec sa vie gastronomique animée, mérite également une visite. Plusieurs de ses rues ont un petit air français, avec des cafés et restaurants en plein air.

Au-delà de ces deux quartiers, on trouve le **World Trade Center** *(visite de 10 h à 19 h ;* ☎ *56 28 83 00)*, bâtiment moderne avec, au 43e étage, un restaurant pivotant, d'où on voit toute la ville. À côté, dans le **Poliforum Cultural Siqueiros**, on peut admirer les peintures murales de David Alfaro Siqueiros *(visite de 10 h à 19 h ; 10 pesos ;* ☎ *55 36 45 20)*.

En poursuivant vers le Sud, on pourra visiter le **parc Hundido G. Urbina** et ses beaux jardins de 100 000 m². Plus loin, dans le quartier de San Ángel se dresse le monument à Álvaro Obregón. Au-delà, vers le Sud s'étendent la cité universitaire, le site archéologique de Cuicuilco, le **parc écologique Peña Pobre** et le **bois de Tlalpan**, second poumon de la ville après le bois de Chapultepec.

■ Cafés et vie nocturne

La « **cantina** » est une véritable institution nationale. C'est le point de rencontre par excellence, le lieu où la glace se brise et où l'on tisse de grandes amitiés en vidant des verres. Longtemps l'accès en a été interdit aux femmes, mais aujourd'hui on en voit fréquemment, en compagnie d'hommes ou en groupes exclusivement féminins. Orchestres et amuse-gueule sont les éléments de base de la *cantina*. Les Mexicains s'y rendent surtout en semaine et à l'heure des repas, mais ceux qui sont libres l'après-midi en profitent pour y jouer aux dominos ou s'engager dans d'interminables conversations.
Pour ceux qui préfèrent sortir le soir, le centre historique présente de bonnes options. Un des endroits les plus connus est le **Plaza Garibaldi**, où l'on peut dîner, prendre un verre et écouter la musique des mariachis. Sur la place se trouve le **théâtre Blanquita**, ancien music-hall qui présente maintenant des spectacles populaires. On conseillera aussi le bar traditionnel **La Ópera**.

■ Cantinas

El Nivel – *Moneda 2, angle de Seminario, Centro Histórico. Du lundi au samedi de 10 h à 24 h.* Fondée en 1872, c'est la plus ancienne cantina de la ville, avec la licence n° 1.

La Guadalupana – *Higuera 14, entre Caballo Calco et Ibáñez, colonía Del Carmen, Coyoacán. De 12 h à 24 h (23 h le samedi, 18 h le dimanche).*

■ Bars

La Ópera – *5 de Mayo 10, angle de Filomeno Mata, Centro Histórico. De 13 h à 24 h (18 h le dimanche).*

Bar Mata – *Filomeno Mata 11, 3e étage, angle de 5 de Mayo, centre historique. Du lundi au dimanche de 20 h à 2 h.*

Bar Milán – *Milán 18, angle avec General Prim, colonía Juárez, Centro Histórico. De 21 h à 3 h du matin. Fermé le lundi.*

El Hijo del Cuervo – *Jardín Centenario 17, entre Tres Cruces et Carrillo Puerto, colonía Del Carmen, Coyoacán. De 13 h à 21 h. Fermé le lundi.*

QUARTIERS SUD

Plan p. 93 (**BCZ**)

Autrefois les quartiers du Sud de la ville étaient de petits villages reliés au centre par des canaux. Aujourd'hui, la croissance urbaine les a phagocytés et, de villages périphériques, ils sont devenus cités populaires, même si certains sont considérés comme des quartiers résidentiels. La plupart d'entre eux se distinguent par leur caractère provincial. Leurs habitants ont cherché à maintenir vivantes leurs traditions et n'ont pas permis que les lieux, ou le style d'architecture qui les caractérisent, soient modifiés. Ici survivent encore les anciennes places, les rues et ruelles pavées, ainsi que les petits commerces, les églises et les marchés.

★★COYOACÁN ET ENVIRONS

1 jour. Ⓜ ligne 3 – Coyoacán ou Viveros

Plus traditionnel et pittoresque que tout autre, le centre historique de Coyoacán est l'un des lieux favoris des habitants de Mexico, surtout le week-end, lorsqu'ils se rassemblent pour profiter des nombreuses possibilités qu'offrent sa « place centrale » (deux espaces séparés, agrémentés de jardins) et ses environs.
Parcourir les ruelles étroites et sinueuses de ce site ancien est passionnant si on agrémente la promenade d'histoires et de légendes.
Le site de Coyoacán n'est pas seulement un ancien lieu d'implantation des Indiens tépanèques, peuple tributaire des Mexicas avant l'arrivée des Espagnols, mais il présente un grand intérêt historique. Hernán Cortés reçut le soutien du seigneur de Coyoacán, Ixtolinque, pour installer ici en 1524 le Second Conseil, qui vit naître la Nouvelle-Espagne comme entité politique.
Les innombrables exemples d'architecture coloniale, avec les demeures attribuées aux acteurs de la Conquête, se combinent aux styles provinciaux et aux traditions des petits quartiers subsistant à Coyoacán pour lui donner une coloration très particulière. Pendant des décennies, artistes, intellectuels et personnages importants de l'histoire du Mexique et du monde ont habité ici, tels Léon Trotski, Diego Rivera, Frida Kahlo, dont les maisons sont conservées comme musées.

★**Avenida Francisco Sosa** – *Suivre le parcours depuis l'Avenida Universidad.* La façon la plus intéressante d'aborder Coyoacán est de prendre cette avenue qui débute à la **chapelle de Panzacola** (18e s.) et au **pont** romantique du même nom (1763).

C'est l'une des rues typiques, et peut-être la plus élégante, du quartier. Elle est bordée de belles maisons comme celle faussement attribuée à l'un des capitaines de Cortés, la **Casa de Alvarado** (18e s. – *angle de Salvador Novo*) et possède des sites charmants comme la **place** et la **chapelle Santa Catarina** (18e s.). À proximité se trouve la **maison de la Culture**, dont les vastes jardins sont une invitation à la promenade. Au bout de la rue, une célèbre construction du 18e s. indûment nommée **Casa de Ordaz** égaye le paysage avec ses motifs géométriques de style mudéjar.

7 Los Danzantes
Plaza Jardín del Centenario 12, Coyoacán. ☎ 56 58 64 51 (réservation conseillée).
Dans l'atmosphère provinciale de cette place très fréquentée de Coyoacán, ce délicieux bar-restaurant propose des spécialités de nouvelle cuisine mexicaine. Il satisfera les goûts les plus exotiques et les plus exigeants.

★**Museo Nacional de la Acuarela Mexicana** – *Salvador Novo 88 (au milieu de Francisco Sosa), quartier Santa Catarina. Visite de 11 h à 18 h. Fermé les lundis et jours fériés. Laisser une obole. ☎ 55 54 18 01.* Une résidence entourée de jardins fleuris et d'espaces ornés de sculptures accueille depuis dix ans le seul musée spécialisé dans la peinture à l'aquarelle. Elle abrite de superbes œuvres des grands aquarellistes mexicains, dont certains ont été des précurseurs dans cette technique au Mexique, ainsi que des œuvres d'artistes contemporains ayant reçu un prix dans le concours annuel organisé par le musée. Celui-ci comprend également une section destinée à l'exposition d'œuvres internationales, présentées en alternance. La collection permanente a été léguée par son fondateur, Alfredo Guati Rojo, dont on admire l'œuvre au rez-de-chaussée. Au fond du jardin se trouvent une galerie moderne d'expositions temporaires, et un auditorium pour les concerts et conférences.

★**Jardín del Centenario** – *Entre les rues Carrillo Puerto et Centenario.* La place centrale de Coyoacán, toujours animée, a été nommée ainsi pour célébrer le centenaire de l'Indépendance du Mexique. Elle formait autrefois le grand atrium de la paroisse St-Jean-Baptiste. Galeries, librairies, cafés et constructions coloniales anciennes entourent la place. Avec sa **fontaine des coyotes**, emblème de Coyoacán, elle dégage un charme particulier.

Jardín Hidalgo – *Entre les rues de Hidalgo, Allende et Carrillo Puerto.* Son nom provient de la sculpture en bronze du prêtre Miguel Hidalgo qui s'y trouve. Le jardin forme avec le jardin du Centenaire l'ensemble connu sous le nom de place centrale, ou Zócalo, de Coyoacán. Il accueille aussi cérémonies civiles et grandes manifestations culturelles avec son kiosque à la française, où les pigeons ont élu domicile.

Templo de San Juan Bautista – *Jardín Hidalgo 8. Visite de 6 h à 20 h. ☎ 55 54 63 10.* L'église faisait partie de l'ancien couvent construit par les dominicains au 16e s. De cette époque il ne reste que la façade, le portail des pèlerins et l'inhabituel arc baroque *(côté gauche)*. Le reste du bâtiment a été progressivement transformé et presque entièrement reconstruit au début du 20e s. À l'**intérieur**★ l'œil est attiré par les couleurs des peintures et la décoration de la coupole. Plus belle et plus intéressante encore est la **chapelle du Rosaire**, avec son remarquable **retable** baroque du 18e s.

Place centrale de Coyoacán

Delegación de Coyoacán (Palais de Cortés) – *Jardín Hidalgo 1. ☎ 56 59 22 56, poste 181.* Remarquable construction du 18ᵉ s., faussement attribuée à Hernán Cortés. Avec sa façade couleur terre cuite, c'est un bel exemple d'architecture coloniale civile. Elle est depuis toujours le siège d'organismes gouvernementaux.

Museo Nacional de Culturas Populares – *Av. Hidalgo 289, au milieu de la rue Jardín Hidalgo. Visite de 10 h à 18 h (20 h du vendredi au dimanche). Fermé les lundis et jours fériés. ☎ 55 54 50 30.* Installé dans une vieille demeure, le musée a pour rôle de diffuser, au moyen d'expositions temporaires, tout un panorama de la culture populaire mexicaine. Parmi les événements les plus intéressants figurent les **manifestations** qui célèbrent les fêtes mexicaines traditionnelles, telles celles du jour des Morts.

Plaza de la Conchita – *Délimitée par les rues Vallarta, Presidente Carranza, Fernández Leal et Arturo Ibáñez.* Parmi de grands arbres et de beaux jardins se dresse la **chapelle de l'Immaculée Conception**, un petit joyau du baroque populaire qui donne son nom à cette place tranquille. La place est entourée de très belles maisons, comme celle que l'on attribue à la **Malinche**, quoique construite au 18ᵉ s., soit deux siècles après la mort de l'interprète et maîtresse de Cortés.

★**Museo Frida Kahlo** – *Londres 247, angle de Allende. Visite de 10 h à 17 h 45. Fermé les lundis et jours fériés. 10 pesos. ✗ ☎ 55 54 59 99. Photographie interdite.* La « maison bleue » où est née, a grandi et est morte l'une des personnalités les plus complexes de la peinture mexicaine contemporaine est aujourd'hui un musée dont les pièces ont gardé le style et la disposition que leur avait donnés l'artiste avant sa mort.
Diego Rivera et Frida Kahlo ont vécu dans cette maison de 1929 à 1954. Plusieurs de leurs œuvres, ainsi que celles d'autres créateurs contemporains, leurs meubles, lettres, vêtements et photographies ici exposés font du visiteur le complice de la vie quotidienne, des goûts et des idéaux du célèbre couple. L'ensemble donne un aperçu de la personnalité riche de contrastes de Frida Kahlo à différentes époques de sa vie : liberté des couleurs, magie des traditions populaires, surréalisme, relations avec le Parti communiste, jusqu'à la déchirante souffrance de l'accident qui la cloua dans une chaise roulante.

Barrio de Churubusco – *1/2 journée. Ⓜ ligne 2 – General Anaya.* Dans ce quartier, l'**ancien couvent de Churubusco** abrite le **musée des Interventions** (Museo de las Intervenciones – *20 de Agosto et General Anaya ; visite de 9 h à 18 h ; fermé le lundi ; 16 pesos ; ☎ 56 04 06 99*), où peintures, lithographies, armes, drapeaux et objets divers rappellent les interventions étrangères au Mexique au cours du 19ᵉ s. et au début du 20ᵉ s. Sur un des côtés du musée se trouve l'**église San Diego**, fondée en 1524, qui faisait partie de l'ancien couvent *(visite de 7 h à 13 h (21 h le week-end) ; ☎ 56 88 20 88)*. On remarquera son sobre portail baroque, situé sur un des côtés de la chapelle St-Antoine (18ᵉ s.), tapissée d'azulejos.
Le **Centro Nacional de las Artes** *(Av. Río Churubusco, angle de Tlalpan ; visite de 8 h à 22 h ; ☎ 54 20 44 66)*, un lieu interdisciplinaire de recherche artistique, a été conçu pour répondre aux besoins des étudiants. Les édifices les plus intéressants sont l'École nationale de danse « José Limón », le Centre de recherches et l'École nationale de peinture, sculpture et gravure.

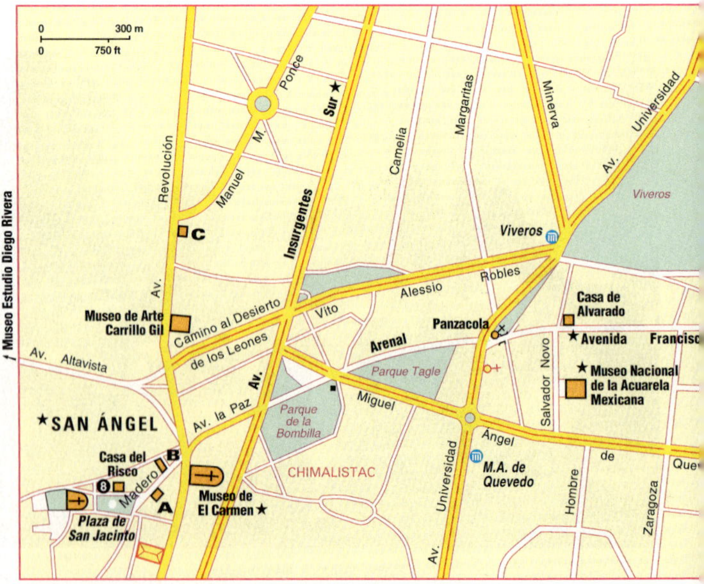

★**Museo Diego Rivera/Anahuacalli** – *Plan p. 93* (CZ). *Calle de Museo 150, angle de Moctezuma. Emprunter División del Norte vers le Sud, puis prendre à droite la rue Árbol del Fuego, continuer jusqu'aux feux et tourner à droite. Visite de 10 h à 18 h. Fermé les lundis et jours fériés. 10 pesos. ☎ 56 17 37 97.* Cette solide construction en pierre volcanique et onyx inspirée des temples précolombiens fut conçue par Diego Rivera pour être son atelier. Transformée en musée, elle présente une partie des **collections** de l'artiste, constituée d'objets précolombiens appartenant aux différentes cultures de la Méso-Amérique.

★SAN ÁNGEL *1 jour*

Ce quartier tranquille et distingué, appelé avant la Conquête Tenanitla par les Indiens qui y vivaient, doit son développement et son nom actuel à l'ancien Carmel consacré à saint Ange. Grâce aux nombreux ruisseaux, affluents du río Magdalena, qui le traversent, le quartier a connu au 19e s. un développement économique qui en a fait une zone industrialisée prospère.
Aujourd'hui, San Ángel est un quartier métropolitain caractérisé par la présence d'un puissant mouvement culturel, peut-être le plus sophistiqué de Mexico, autour de lieux comme le **Centre culturel San Ángel** (**A**), la **Bibliothèque de la Révolution mexicaine** (**B**) et le **Centre culturel hellénique** (**C**).
Le visiteur qui aborde San Ángel par la calle **Arenal** découvre l'ambiance rustique du quartier. Le parcours à pied de ses ruelles pavées et mystérieuses fait surgir des images d'époques révolues, que recréent ses petites places fleuries, ses agréables recoins et l'atmosphère coloniale que dégagent les niches, les croix et les arches, autant de symboles d'une grandeur passée.

★**Museo de El Carmen** – *Av. Revolución 4-6. Visite de 10 h à 16 h 45. Fermé les lundis et jours fériés. 14 pesos. ☎ 55 50 48 96.* Ce musée occupe l'ancien couvent fondé au 17e s. par les carmes déchaussés. L'église est remarquable pour l'important travail coloré de ses **coupoles** et **chapelles** intérieures, revêtues d'azulejos de faïence. Le vieux cloître annexe abrite le musée, qui présente de magnifiques œuvres d'art colonial, parmi lesquelles se distinguent les tableaux de Villalpando y Correa. L'exquise décoration d'origine du bâtiment, conservée dans nombreuses salles, est particulièrement remarquable au niveau du **vestibule de la sacristie**, de la **sacristie** et des **cryptes**, où reposent les dépouilles momifiées des frères bienfaiteurs de l'ordre.

Plaza de San Jacinto – *Au départ de l'Av. Revolución, suivre les rues Madero et Amargura.* La place doit son nom à l'agréable **église** du 16e s. qui s'y trouve. Elle s'anime tout particulièrement lors du **Bazar Sábado** avec l'afflux d'une multitude d'artistes et d'artisans. Tout autour, des restaurants proposent différentes spécialités gastronomiques.

Casa del Risco – *Plaza de San Jacinto 15. Visite de 10 h à 17 h. Fermé les lundis et jours fériés. ☎ 56 16 27 11.* Contre un mur de la cour intérieure de cette belle résidence du 18e s. se trouve une superbe **fontaine**★ baroque, faite en éclats de pierre et de porcelaine chinoise importée par le galion de Manille. Dans les salles à l'étage,

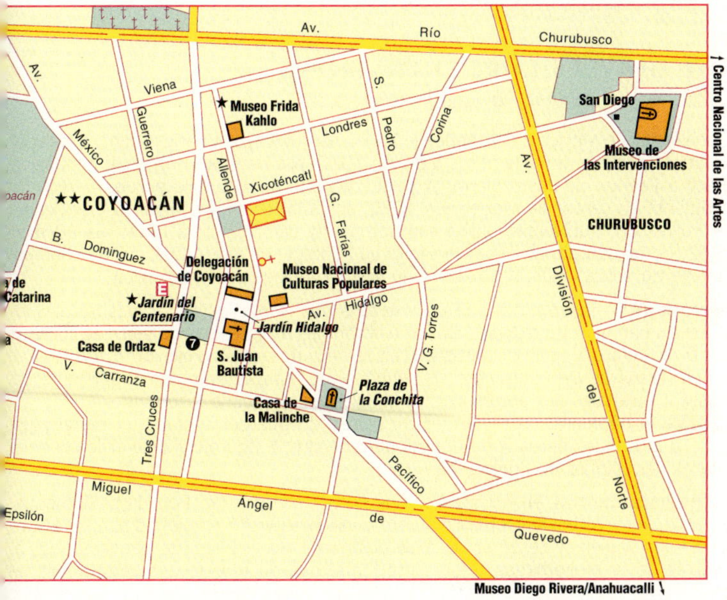

8 **Bazar Sábado**

Plaza de San Jacinto 44, San Ángel. Ouvert seulement le samedi de 10 h à 19 h. ✗ ☎ *56 16 00 82.* Une belle demeure du 17e s., restaurée par l'architecte Manuel Parra, abrite un centre d'artisans qui a donné naissance au **jardin des arts**. Au cœur du beau quartier résidentiel San Ángel, ce lieu devient une fois par semaine un important point de rencontre entre artistes et artisans du Mexique et visiteurs du monde entier. Le bazar expose de très beaux travaux d'artisanat traditionnels et contemporains.

on admirera une magnifique collection de peintures des écoles flamande, italienne, française, anglaise et de Nouvelle-Espagne, des 15e au 19e s., ainsi que des tableaux mexicains des 19e et 20e s., des sculptures baroques et des objets d'arts appliqués provenant d'Europe, d'Asie, du Moyen-Orient et du Mexique.

Museo Estudio Diego Rivera – *Diego Rivera, angle de Altavista. Visite de 10 h à 18 h. Fermé les lundis et jours fériés. 10 pesos.* ☎ *55 50 15 18.* Exemple d'architecture fonctionnaliste, construit en 1931 par Juan O'Gorman, ce musée a été la demeure de Diego Rivera et de son épouse Frida Kahlo. Il conserve des objets personnels de Rivera.

Museo de Arte Carrillo Gil – *Av. Revolución 1608, angle de Altavista, San Ángel. Visite de 10 h à 18 h. Fermé les lundis et jours fériés. 10 pesos.* ✗ ☎ *55 50 12 54.* Ce bâtiment moderne de quatre étages renferme une excellente collection permanente d'œuvres de certains grands maîtres des arts plastiques contemporains du Mexique, Rivera, Orozco et Siqueiros, parmi d'autres. Il présente souvent d'intéressantes expositions temporaires.

Rejoindre l'Av. Revolución et se diriger vers le Sud (10 mn à pied). À l'angle de Eje 10 Sur et Revolución, on trouvera la Plaza Loreto.

Museo Soumaya – *Plaza Loreto, Av. Revolución et Río Magdalena. Visite de 10 h 30 à 18 h 30. Fermé le mardi, ainsi que les 1er janvier et Vendredi saint. Visite guidée le samedi à 16 h et le dimanche à 14 h. 10 pesos.* ☎ *56 16 37 31.* Ce musée possède une splendide collection de portraits mexcicains des 18e et 19e s., parmi lesquels on remarquera *Portrait d'une dame*, par Juan Cordero, et *Portrait d'un prêtre*, par Hermenegildo Bustos. Dans la salle consacrée à l'art de la Nouvelle-Espagne, notez *Méléagre et Atalante*, par Miguel Cabrera, et *Les Quatre Continents*, par Juan Correa. Le musée se flatte aussi de posséder une des trois plus importantes **collections** du monde – et la première en Amérique latine – de sculptures d'Auguste Rodin, avec des œuvres représentatives de tous les projets et étapes de sa production, comme *Le Penseur* et *Le Baiser*, parmi bien d'autres pièces. On trouve aussi dans cette section quelques œuvres d'autres grands artistes des 18e et 19e s. : Camille Claudel, Antoine Bourdelle, Degas et Honoré Daumier.

Sur la Plaza Cuicuilco, près de la zone archéologique, se trouve la salle d'expositions temporaires du musée Soumaya *(Plaza Cuicuilco, Insurgentes Sur, 3500 ; visite de 10 h 30 a 18 h 30 ; fermé le mercredi, ainsi que les 1er janvier et Vendredi saint ;* ☎ *52 23 17 46).*

★CITÉ UNIVERSITAIRE ET ENVIRONS

1 jour. Plan p. 93 (**ABZ**) Ⓜ *ligne 3 – Universidad.*

L'université de Mexico a été fondée le 25 janvier 1553 par Charles Quint, avec une dotation annuelle de mille pesos d'or. En 1910, elle devenait université nationale, grâce à l'action de Justo Sierra. À partir de cette époque, elle occupa différents bâtiments au centre de Mexico. En 1929, après la Révolution, sous la présidence de Portes Gil, l'université obtint son autonomie par rapport à l'État. Le 20 mai 1952, on inaugurait la cité universitaire au Pedregal de San Ángel, sur les champs de lave du volcan Xitle, à proximité du site archéologique de Cuicuilco.

Rectoría (**A**) – *Insurgentes Sud, dans le sens Sud-Nord.* Sur les façades Nord, Sud et Est du bâtiment du **rectorat** s'étalent trois murals réalisés avec du verre de couleur par David Alfaro Siqueiros. L'artiste a réalisé deux de ces **décors muraux**★★, *Du Peuple à l'université* et *De l'université au peuple*, avec d'importants reliefs afin qu'elles puissent être vues des automobilistes circulant sur l'avenue Insurgentes.
Derrière le bâtiment, on remarque, au niveau du quatrième étage un mural plus petit, qui orne les bureaux du Conseil universitaire. Y figurent l'aigle et le condor, figures héraldiques de l'université.

Bibliotheca Central (**B**) – *Côté Nord de la tour du rectorat.* Pour la bibliothèque centrale, Juan O'Gorman a réalisé quatre **murals extérieurs**★★ en pierres naturelles colorées sur papier et béton armé, avec des carrés de 1x1 cm. Le panneau Sud, à l'entrée de la bibliothèque, représente l'influence du monde occidental, avec la

© Robert Frerck/ODYSSEY
La bibliothèque centrale de la cité universitaire

Conquête et la vision du monde selon Ptolémée. Celui du Nord représente le monde précolombien, avec la fondation de Tenochtitlán et les divinités de la vie et de la mort. Côté Est sont représentés la Révolution mexicaine et le monde moderne : luttes de Francisco Villa, Emiliano Zapata et des paysans. À l'Ouest, on retrouve l'écu de l'université. O'Gorman a réalisé aussi deux **hauts-reliefs** avec des symboles précolombiens sur le mur qui sépare la bibliothèque du reste du campus.

Museo Universitario Contemporáneo de Arte (MUCA) (**C**) – *Devant la bibliothèque centrale, côté Sud de la tour du rectorat. Visite de 10 h à 19 h (17 h le week-end). Fermé les jours fériés. ☎ 56 22 04 00.* Une des premières constructions de la cité universitaire, le musée compte sept salles consacrées aux expositions de peinture, de sculpture, aux arts multimédias et à toute forme d'expression artistique tant nationale qu'étrangère.

Auditorio Alfonso Caso (ancienne faculté des Sciences) (**D**) – *Côté Est de la tour du rectorat, en traversant la grande esplanade.* Le peintre José Chávez Morado a réalisé ici trois murals extérieurs : l'un en mosaïque de verre, les deux autres en résine vinylique, malheureusement fort maltraités par le temps. Le **mural**★ en mosaïque représente la maîtrise de l'énergie, de la découverte du feu à la fission de l'atome. Les deux autres évoquaient à l'origine la construction de la cité universitaire et représentaient des hommes de science mexicains.
Au Sud de l'auditorium, après le département des doctorats, l'école de dessin industriel abrite un autre mural de Chávez Morado, ***Le retour de Quetzalcóatl***★. On y voit les dieux précolombiens naviguant sur un bateau en compagnie d'hommes de cultures différentes, grecque et arabe entre autres *(visite de 8 h à 21 h ; fermé le week-end et pendant les vacances universitaires d'été et d'hiver ; ☎ 56 22 08 35).*

Facultad de Medicina (**E**) – *Côté Est de la cité universitaire, après l'auditorium Alfonso Caso.* Le peintre Francisco Eppens a réalisé ici un **mural**★ en mosaïque de verre sur panneaux de faïence collés et vissés au mur. Il représente les quatre éléments, ou les quatre soleils précolombiens : l'air, le feu, l'eau et la terre. Il montre aussi trois visages, ceux du père espagnol, de la mère indienne et du fils métis. À gauche, un autre mural du même artiste illustre le thème de l'homme se surpassant grâce à son intelligence, son esprit et sa culture.

Estadio Olímpico – *Devant la tour du rectorat, de l'autre côté de l'avenue Insurgentes.* Construit dans les années 1950, le stade olympique s'orne à l'extérieur d'un **mural**★ de Diego Rivera réalisé en pierres multicolores, qui montre le développement du sport depuis l'époque précolombienne. On y retrouve le blason universitaire.
Un des sites aménagés pour les Jeux olympiques de 1968, le stade offre 80 000 places assises ; on y accède par 42 souterrains, qui permettent aussi de le vider entièrement en à peine 20 mn.

★ **Jardín Botánico** – *Circuit extérieur de la cité universitaire, sur un côté du stade olympique. Visite de 9 h à 16 h 30. Fermé pendant les vacances universitaires d'été et d'hiver, ainsi que les 1er janvier, Jeudi et Vendredi saints et 25 décembre. ☎ 56 22 90 63.* Cet agréable parc (7 ha) est divisé en cinq zones : aride, tempérée, tropicale humide, plantes utilitaires et réserve écologique. En se dirigeant vers l'arboretum, empruntez un petit sentier à droite pour découvrir la **serre Manuel Ruiz Oronoz**★, où poussent une grande variété de plantes de la zone tropicale humide. Ses présentations complètent avec bonheur celles de la **serre Faustino Miranda**★ (**F**) dont la vaste collection de plantes tropicales est unique au Mexique *(à l'Est de la cité universitaire, circuit intérieur ; mêmes conditions de visite que le jardin ; ☎ 56 22 90 47).*

★★**Centro Cultural Universitario** – *Zone culturelle de la cité universitaire, à côté de l'av. de la Imán.* La construction de ce complexe architectural moderne a débuté à la fin des années 1970. Il accueille toutes les formes d'expression artistique dans ses salles consacrées aux différentes activités culturelles, musique, danse, cinéma, théâtre et recherche.

Le centre abrite la **Bibliothèque nationale et le Département des périodiques** *(visite de 9 h à 20 h ; fermé les week-ends et jours fériés, ainsi que pendant les vacances universitaires d'été et d'hiver ; ☎ 56 22 68 13).* L'intérieur de la bibliothèque est dominé par un tyrannosaure de métal, suspendu au plafond. Un **espace dédié à la sculpture** entoure le bâtiment *(visite tous les jours de 9 h à 18 h ; ☎ 56 22 70 13).* On y voit des œuvres réalisées en plein air par les sculpteurs. On en remarquera une en forme de **cratère** de volcan derrière la bibliothèque. On verra aussi une imitation de la muraille de Chine en pierre volcanique et un assemblage en métal rouge qui semble se déplier en quatre éléments.

Au Sud de cet espace se trouve la **salle de concerts Nezahualcóyotl** en béton armé, verre et acier *(ouvert uniquement pour les spectacles ; ☎ 56 22 71 25).* Elle compte cinq niveaux en fer à cheval superposés ; l'orchestre s'installe au milieu. La salle offre une acoustique remarquable.

★★**Museo Universum** – *Zone culturelle de la cité universitaire. Visite de 9 h (10 h le week-end) à 17 h. Fermé les 1er janvier et 25 décembre. 20 pesos.* ✗ *☎ 56 22 72 99.* Ce musée interactif consacré à la science, divisé en trois bâtiments, a été inauguré en 1992. Il présente 12 salles thématiques, dont les sujets vont de la chimie et l'écologie à la biologie du corps humain. Il propose également des ateliers pour enfants et adultes, des pièces de théâtre, des films et des vidéos.

Cuicuilco – *Av. Insurgentes Sud, dans le sens Sud-Nord, presque à l'intersection du Périphérique. Visite de 9 h à 17 h. ☎ 56 06 97 58.* Ce site archéologique entoure une pyramide à quatre niveaux, haute de 20 m, dont la base presque circulaire mesure 135 m de diamètre. On estime qu'il s'agit de la première construction monumentale de la vallée de Mexico. Elle a été découverte en 1922 au cours des travaux de déblaiement des coulées de lave dues à l'éruption du volcan El Xitle. La culture de cette région, qui appartient à l'époque préclassique, a atteint son apogée entre 600 et 200 ans avant J.-C. À l'intérieur du niveau supérieur de la pyramide se trouve un autel.

Museo de sitio – *Sur un côté du site archéologique.* Y sont exposées des pièces découvertes au cours du déblaiement, ainsi que des photos des travaux prises à partir de 1922. On voit sur l'un des murs un mural de González Camarena, qui représente l'explosion du Xitle.

Situé dans une réserve naturelle, le site archéologique permet aussi de découvrir la flore caractéristique de la région.

TLALPAN ET XOCHIMILCO *plan p. 93* (**ABZ**)

Barrio de Tlalpan – *1/2 journée. Emprunter la Calzada de Tlalpan en direction de Cuernavaca ; après San Fernando, prendre à droite à Hidalgo (au milieu de la rue du restaurant Antigua Hacienda de Tlalpan).* À l'époque coloniale, et même après l'Indépendance, le quartier de Tlalpan était célèbre pour ses casinos et ses fêtes, avec jeux de hasard et combats de coqs, auxquels prenait part le général Antonio López de Santa Anna. Restent de cette époque d'anciennes propriétés de familles fortunées, aujourd'hui transformées en écoles ou centres de recherche, tout en ayant conservé la couleur provinciale qui distingue ce quartier du reste de la métropole. À proximité de la **plaza de la Constitución** se trouvent l'**église San Agustín**, édifiée au 16e s. dans un style baroque assez austère, et un **marché** construit dans le goût du « Porfiriat » derrière l'ancien palais municipal, aujourd'hui hôtel de ville du quartier. La jolie **Casa Chata** *(Hidalgo, angle de Matamoros)* accueille un centre d'études derrière son porche octogonal en pierre de taille rose. La **Casa de la Moneda** *(Moneda, angle de Juárez)*, construite au 18e s., abrita de 1828 à 1830 l'hôtel des Monnaies de l'État de Mexico au moment où Tlalpan était capitale du pays. On admirera sur sa façade principale le travail de la pierre sculptée et les arcs inversés couronnés d'amortissements pyramidaux.

> **9 Antigua Hacienda de Tlalpan**
>
> *Calz. de Tlalpan 4619.* ▣ *☎ 56 55 78 88 (réservation conseillée).*
> Cette belle construction du 18e s. a servi au début du 20e s. de résidence de vacances à Porfirio Díaz. Dans l'atmosphère coloniale de ce lieu entouré de jardins, on goûte aujourd'hui une riche cuisine mexicaine et internationale, en compagnie de musiciens.

« Trajineras » à Xochimilco

Barrio de Xochimilco – *1 jour.* Ce quartier, dont le nom náhuatl signifie « dans les champs de fleurs », était à l'origine une île ; pendant la période précolombienne, ses habitants parvinrent à la relier à la terre ferme par des chaussées de terre et des *chinampas (voir p. 85)*, cultivés selon une excellente méthode traditionnelle, qui continue à être pratiquée pour la production d'une multitude de fruits, légumes et surtout de fleurs et plantes d'ornement.

Les habitants de Xochimilco veillent à maintenir en vie leurs traditions, comme en témoignent les festivités de la Calendaria (2 février), où l'on bénit l'Enfant Jésus, ou celles de la Fête des fleurs (le mardi de la semaine de Pâques). Lors de ces festivités, la population se réunit au centre du quartier, où se trouve l'**église San Bernardino**, sobre construction de 1590, de style monastique militaire *(16 de Septiembre et Nuevo León ; visite de 7 h à 13 h et de 16 h30 à 20 h : ☎ 56 76 01 70)*. On remarquera le **portail latéral**, dont le style plateresque révèle l'influence indigène. À l'intérieur, parmi de superbes **retables** du 16e s. de style baroque, en bois recouvert de feuille d'or, se détache le **grand retable**★, qui présente des scènes de la Passion et des épisodes de la vie de la Vierge. L'arc du portail latéral est orné d'une **peinture murale** représentant saint Christophe.

En traversant la place en face de l'église, on trouve à gauche la petite **chapelle du Rosaire** qui présente à l'extérieur un joli travail de stuc semblable à une dentelle *(José María Morelos et Francisco I. Madero ; visite de 9 h à 18 h ; fermé le lundi ; ☎ 56 76 01 48)*. Devant la chapelle, le très actif **marché de Xochimilco** propose tous les jours de la semaine une grande variété de plantes à des prix abordables.

Le centre très animé de Xochimilco est aujourd'hui encore entouré de voies d'eau. Au cours d'une délectable **promenade sur les canaux**★, le visiteur pourra se faire une idée des origines lacustres de Mexico, tout en se laissant bercer par les jolies **trajineras**. Ces embarcations traditionnelles sont escortées de barques offrant spécialités mexicaines et boissons aux rythmes d'orchestres typiques.

Embarcadères – *Ouverts en semaine de 9 h à 19 h, le week-end de 8 h à 20 h. Prix pour 1 h : place en chaloupe collective : 5 pesos ; groupes : 50 pesos (4 pers.), 60 pesos (6 pers.), 80 pesos (12 pers.) et 100 pesos (18 pers.) ; on peut également réserver des promenades nocturnes. X E ☎ 56 76 08 10.* Les embarcadères les plus renommés sont celui de Cuemanco – ici, le canal principal, de 1,2 km de longueur, est le théâtre d'épreuves internationales d'aviron – et celui de Nuevo Nativitas, où l'on trouve des services touristiques, des restaurants et un marché d'artisanat.

Derrière l'église paroissiale San Bernardino, se trouvent les embarcadères de Salitre et Caltongo, d'où l'on peut prendre une chaloupe collective pour Nuevo Nativitas.

★★ **Museo Dolores Olmedo Patiño** – *Av. México 5843. Visite de 10 h à 18 h. Fermé le lundi, ainsi que les 1er janvier, 1er mai, 16 septembre et 25 décembre. 20 pesos. X ☎ 55 55 08 91. Photographie interdite à l'intérieur.* À quelques minutes du centre de Xochimilco, ce merveilleux musée porte le nom d'une collectionneuse passionnée d'art, amie du peintre Diego Rivera. Il abrite la plus grande **collection**★★★ privée du monde d'œuvres de Diego Rivera et Frida Kahlo. On y voit aussi des toiles d'Angelina Beloff, peintre russe et première compagne de Diego Rivera, un ensemble de plus de 600 pièces précolombiennes – des cultures olmèque, mixtèque, zapotèque, totonaque, tarasque et maya – et des objets d'art populaire mexicain.

Il est aménagé dans l'ancienne **Hacienda La Noria**, construite à la fin du 17e s., dont les terres occupent une superficie totale de 32 km². On peut observer dans les jardins une grande variété d'arbres et de plantes d'origine mexicaine, ainsi que des paons et des *xoloitzcuintles*, espèce canine d'origine précolombienne menacée d'extinction.

Parmi les œuvres de Diego Rivera, on remarquera *La Tehuana*, portrait de Dolores Olmedo, et *Les pastèques*, dernier tableau qu'il ait signé avant sa mort. On s'attardera aussi devant les réalisations datant de son séjour en France, tels que *Paysage du Midi, Portrait d'Alberto J. Pani* et *Le mathématicien*. De son époque cubiste, il convient de citer la dernière œuvre qu'il réalisa pendant cette période, *Couteau et fruit devant la fenêtre*.

La salle consacrée à Frida Kahlo possède quelques-unes des œuvres maîtresses de cette artiste qui se complaisait dans la polémique, telles *Ma grand-mère et moi*, *La colonne brisée*, *Autoportrait avec un singe* et *Unos cuantos piquetitos*, où Frida expose une réalité des plus crues au moyen de différents symboles.

EXCURSIONS AU DÉPART DE MEXICO

Université autonome de Chapingo

Carte p. 154-155. Une journée. 40 km à l'Est de Mexico par la route fédérale vers Puebla, puis par l'embranchement vers Texcoco ; 700 m après la bifurcation, prendre la direction de Huexotla, et enfin l'embranchement à gauche pour entrer à Chapingo. En 1923, on a édifié dans ce grand domaine de la région de Texcoco l'**École nationale d'agriculture** *(visite du musée en semaine de 9 h à 15 h, le week-end de 10 h à 17 h ; visite de la chapelle de 10 h à 17 h ; 25 pesos pour les non Mexicains ; ☎ 595 423 66, poste 5189)*. En 1926, Diego Rivera fut invité à peindre l'ancienne chapelle, aujourd'hui **Salle des actes**. Dans ses extraordinaires **murals★★★** il a inscrit sa conception de la campagne et du travail des hommes. Lorsqu'on entre dans la chapelle, on est frappé par le mural du maître-autel, sur lequel une femme nue, enceinte, représente *La Terre fécondée*. Sur les murs latéraux se déroulent *L'Évolution naturelle de l'homme (à droite)*, *La Germination (deuxième panneau)* et les figures de *La Floraison (troisième panneau)*. En sortant de la chapelle, on admirera sous le chœur la magnifique représentation de *La Terre vierge* tenant à la main une graine en fleur. Les lunettes de la voûte sont ornées de nus masculins. Pour ces œuvres, Rivera prit pour modèles la photographe Tina Modotti (Terre vierge) et Lupe Marín, son épouse à l'époque (Terre fécondée).

Près de Chapingo se trouve **Chiconcuac** *(5 km au Nord-Ouest par la route 142, puis une route sans numéro à 1,5 km à gauche après le marché de San Miguel)*, très visité l'hiver pour son marché aux vêtements, où l'on trouve les traditionnels pull-overs en laine, vestes chaudes, sarapes et tapis.

Ancien couvent d'Azcapotzalco

Plan p. 93 (**BX**). *Une heure. Av. Azcapotzalco, à la périphérie Est de Mexico. Visite de 7 h à 13 h et de 16 h30 à 20 h. Fermé le week-end. ☎ 55 61 04 53.* Au cœur de l'ancienne capitale des Tépanèques, la plus importante seigneurie de la vallée de Mexico avant l'arrivée des Aztèques, un monastère dominicain fut bâti vers 1565 sous la direction du frère Lorenzo de la Asunción. Comme témoignages intéressants de l'époque, restent les peintures murales de la porterie (représentant les saints dominicains) et le cloître, ainsi que les vestiges des plafonds à caissons qui cachaient les toitures.

L'église fut en partie modifiée au 18e s. avec une élégante décoration baroque, comme en atteste la façade. À l'intérieur, sur le côté droit de la nef, notez le retable du 17e s. dédié à sainte Rose de Lima, avec des **peintures** de Villalpando.
La **chapelle du Rosaire** sur le côté gauche, rajout très commun dans les couvents dominicains, est très richement ornée de quatre retables dorés et de deux singuliers retables d'angle du 18e s. On admirera le retable central dédié en 1779 à la Vierge du Rosaire avec ses magnifiques sculptures sophistiquées, de style « ultrabaroque » dit « anastyle » (« sans colonnes », dans lequel les colonnes se perdent dans l'excès de décoration). Le retable du croisillon droit, dédié à la vie de la Vierge, est également remarquable avec ses **peintures** de Juan Correa (1674-1739).

Parque Nacional Desierto de los Leones

Carte p. 176. 2 h. 20 km à l'Ouest par la route 15 en direction de Toluca ; ou bien 18 km par le périphérique Sud, en empruntant la Calzada Desierto de los Leones. Visite de 6 h à 17 h. ✗ 🅴. Ce parc naturel proche de Mexico est l'une des destinations favorites des habitants de la capitale cherchant à profiter le week-end d'une promenade à la campagne.
De collines en vallons, ce bois luxuriant planté de pins et de sapins oyamel invite à la rêverie et à la découverte de ses charmes, au nombre desquels l'ancien **Carmel** *(visite de 10 h à 17 h ; fermé les lundis – sauf pendant les vacances – et jours fériés ; 2 pesos ; accès au parc en voiture 10 pesos ;* ✗ 🅴 ☎ *55 70 31 58)*. Il fut construit au 17e s. en suivant les critères d'isolement de l'ordre, permettant aux frères de se consacrer à la prière et à la méditation. Dans ce vaste ensemble bâti en grosses pierres, les dépendances s'ordonnent autour d'une série de cours et de **jardins**, faisant penser à un labyrinthe. La cour Est donne accès aux caves sombres et froides qui servaient de fondations et renfermaient le système hydraulique du couvent. À l'extrémité du potager derrière le bâtiment se dresse la **chapelle des Secrets**, à l'intérieur de laquelle se produit un curieux phénomène acoustique : les paroles que l'on chuchote face à l'un des coins de la chapelle sont clairement perçues au niveau des trois autres.

Teotihuacán★★★

Carte p. 165. 1/2 journée. 46 km. Sortir au Nord-Est par la route 130D en direction de Pachuca et prendre ensuite l'embranchement de la route Mexico-Pirámides. Voir p. 163.

Museo Nacional del Virreinato, à Tepotzotlán★★★

Carte p. 136. 1/2 journée. 41 km. Sortir au Nord par la route 57D vers Querétaro. 38 km plus loin, avant le péage, prendre l'embranchement à droite en direction de Tepotzotlán. Voir p. 168.

Xochicalco★★

Carte p. 136. 1/2 journée. 127 km. Sortir au Sud par la route 95D et, à Cuernavaca, prendre l'autoroute du Soleil sur 38 km, puis, à Alpuyeca, un embranchement que l'on emprunte sur 15 km. Voir p. 178.

Malinalco★

Carte p. 136. 1/2 journée. 105 km. Sortir au Sud-Ouest par la route 15D jusqu'à Toluca (64 km), prendre la route 55D vers le Sud en direction de Ixtapan de la Sal ; à Tenancingo, tourner à gauche et poursuivre sur 14 km jusqu'à Malinalco. Voir p. 145.

Cuernavaca★

Carte p. 143. 1/2 journée. 89 km. Sortir au Sud par la route 95D. Voir p. 141.

Tula

Carte p. 136. 1/2 journée. 98 km. Sortir en direction de Querétaro. À la hauteur du km 69,5 de l'autoroute à péage 57D, prendre à droite vers Tepeji del Río et rouler sur 25 km jusqu'à Tula. Voir p. 177.

Région 2

CENTRE DU MEXIQUE

Terre aztèque, région de couvents, haciendas et villes coloniales

Artisanat et gastronomie p. 73. De florissantes villes coloniales se sont établies autour de ce qui avait été le centre du pouvoir de l'empire aztèque et le berceau des cultures indiennes les plus importantes de la partie centrale du Mexique. Certaines de ces villes conservent leur architecture, au goût espagnol façonné par les mains indigènes.

Le visiteur de la région tombera sous le charme des grandes pyramides, comme à Teotihuacán, ou des beaux panneaux de Xochicalco ou de Yohualichan, enclavé dans l'exubérante chaîne montagneuse de Puebla.

Chacun des États qui constitue la région a sa marque caractéristique : Puebla, sa remarquable faïence ; Morelos, sa poterie en terre et ses maisonnettes en *pochote* ; Querétaro son aqueduc monumental ; Tlaxcala et Hidalgo, leur bois polychrome ; et l'État de Mexico, ses textiles colorés.

Quant à la gastronomie, elle offre des plats typiques : la *cecina* (viande séchée) ; les *empanadas*, les *chiles en nogada* (piments de Puebla farcis d'un hachis sucré, nappé d'une sauce aux noix et à la grenade rouge) ; le *mole poblano* (poulet en sauce à base de piments, chocolat, amandes, cacahuètes, tomates et épices) ; et une grande variété de douceurs qui sont la perte du gourmand.

Les festivités du jour des Morts, du Carnaval et de la Semaine sainte, entre autres fêtes nationales, ajoutent aux animations déjà innombrables et pittoresques, d'autres possibilités de distractions.

Hgo. .... Hidalgo
Mex. .... México
Mor. .... Morelos
Pue. .... Puebla
Qro. .... Querétaro
Tlax. .... Tlaxcala

© Robert Frerck/ODYSSEY

L'église de la Vierge des Remèdes et le volcan Popocatépetl, Cholula

CACAXTLA-XOCHITÉCATL

Tlaxcala

Schéma : TLAXCALA, Excursions

(2) 462 09 52

Sur deux collines éloignées de moins de 2 km se trouvent deux sites archéologiques. Xochitécatl, « lieu de la lignée des fleurs » est vieux de plus de 2 500 ans. Son développement a débuté en 600 avant J.-C. ; il est antérieur à Cacaxtla, qui a été fondé vers l'an 550 après J.-C. Au début de la période postclassique, il y a 1 100 ans, Cacaxtla et Xochitécatl dominaient les peuplades agricoles voisines.

CACAXTLA *2 h*

Sortir au Sud-Ouest de Tlaxcala par la route 119 ; à l'université, prendre la direction de Nativitas, à droite ; 18 km plus loin, après Nativitas, tourner à droite et monter sur 1,5 km jusqu'au parc de stationnement de Cacaxtla ; poursuivre à pied sur 1 km. Visite de 10 h à 17 h. 14 pesos. (246) 209 52.

À l'entrée du site, le **musée** présente brièvement les peuples qui ont occupé la région. Celle-ci fut peuplée par les Olmèques-Xicalancas, probablement originaires de Campeche, et connut son apogée au classique tardif (600 à 900 après J.-C.). Son activité commerciale couvrait la presque totalité de la grande vallée de Puebla-Tlaxcala, passage obligé des commerçants téotihuacans, mixtèques-zapotèques, totonaques et mayas, dont l'influence dans la région était considérable.

En haut d'une colline naturellement protégée par des ravins a été réalisée une grande plate-forme de 200 m de long, 110 m de large et 25 m de haut. Les vestiges de bâtiments et de palais qui entouraient la place centrale sont désormais protégés par une toiture métallique. On admirera au milieu des ruines les peintures murales, dont la mise au jour à la suite d'un pillage en 1975 est tenue pour l'une des découvertes majeures du 20e s.

★★★ **Peintures murales** – Elles ont été réalisées à la détrempe à l'aide de pigments végétaux et animaux, au nombre desquels la cochenille et un bleu complexe, contenant de l'indigo, que l'on appelle *bleu maya*. Étrangement bien conservées, ce sont les plus grandes peintures murales de Méso-Amérique.

MÉXICO CENTRAL
A
W
X
Y
Z
SAN LUIS POTOSÍ
GUANAJUATO
QUERÉTARO
HIDALGO
MÉXICO
MORELOS
GUERRERO
D.F.
Huastec
Las Pozas
Tamazunchale
Concá
Tancoyol
Misiones de la Sierra Gorda
Jalpan
Landa de Matamoros
Tilaco
Santa María
Victoria
Estórax
Verde
Moctezuma
Amajac
Tula
Balsas
Mezcala
2650
3150
C. La Laja 3250
Bernal
Cadereyta
Querétaro
Villa Corregidora
Tequisquiapan
San Juan del Río
Ixmiquilpan
Metztitlán
Huasca
PN El Chico
Actopan
Mixquiahuala
Mineral del Monte
PACHUCA
Epazoyucan
Tula
3325
Atlacomulco
Tepeji del Río
Tizayuca
Zumpango
Tepotzotlán
Teotihuacán
Cuautitlán
Acolman
Arcos del Sitio
Santuario Sierra Chincua
Angangueo
Santuario Sierra el Campanario
Villa Nicolás Romero
Chiconcuac
Chapingo
CIUDAD DE MÉXICO
Zitácuaro
Calixtlahuaca
Toluca
Zinacantepec
Metepec
PN Desierto de los Leones
Ayotla
Chalco
Valle de Bravo
Teotenango
PN Nevado de Toluca
PN Lagunas de Zempoala
V. Tlaloc 3690
V. Iztaccíhuatl
Amecameca
V. Popocatépetl
Tepoztlán
Villa Guerrero
Malinalco
Atlatlahucan
CUERNAVACA
Yautepec
2030
Temixco
Yecapixtla
Xochicalco
Cuautla
Grutas de Cacahuamilpa
Puente de Ixtla
Zacatepec
Tlaquiltenango
Jojutla
Chalcatzingo
Taxco
Lago
Ixcateopan
Taxco Viejo
2280
Axochiapan
Arcelia
Teloloapan
Iguala
Autopista del Sol
2100
SAN LUIS POTOSÍ
MORELIA
ACAPULCO
0
50 km
0
25 mi

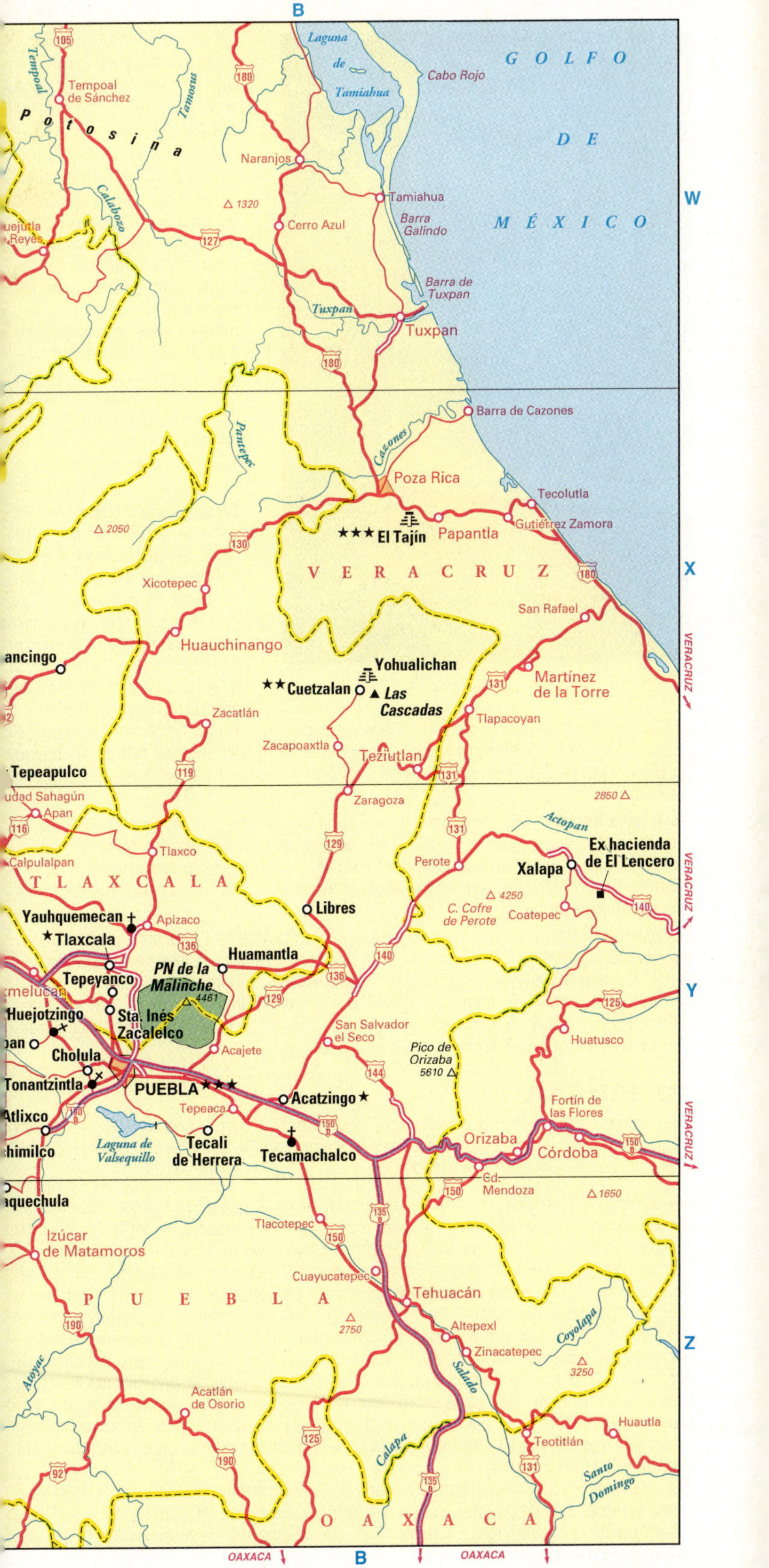
B
Laguna de Tamiahua
GOLFO DE MÉXICO
Cabo Rojo
Tempoal
Tempoal de Sánchez
Potosina
Tamosus
Naranjos
Tamiahua
Barra Galindo
Cerro Azul
Calabozo
Huejutla de Reyes
Barra de Tuxpan
Tuxpan
Barra de Cazones
Cazones
Pantepec
Poza Rica
Tecolutla
★★★ El Tajín
Papantla
Gutiérrez Zamora
VERACRUZ
San Rafael
Xicotepec
Huauchinango
Tulancingo
Yohualichan
★★ Cuetzalan
Las Cascadas
Martínez de la Torre
Tlapacoyan
Zacatlán
Zacapoaxtla
Teziutlan
Tepeapulco
Ciudad Sahagún
Apan
Zaragoza
Actopan
Ex hacienda de El Lencero
Xalapa
Calpulalpan
Tlaxco
Perote
TLAXCALA
C. Cofre de Perote
Coatepec
Libres
Yauhquemecan
Apizaco
★ Tlaxcala
Huamantla
PN de la Malinche
Tepeyanco
Texmelucan
Huejotzingo
Sta. Inés Zacatelco
San Salvador el Seco
Pico de Orizaba 5610
Huatusco
Cholula
Acajete
Tonantzintla
PUEBLA ★★★
Acatzingo ★
Atlixco
Tepeaca
Fortín de las Flores
Laguna de Valsequillo
Tecali de Herrera
Tecamachalco
Orizaba
Córdoba
Chimilco
Cd. Mendoza
Tlacotepec
Izúcar de Matamoros
Cuayucatepec
Tehuacán
PUEBLA
Altepexl
Zinacatepec
Coyolapa
Atoyac
Salado
Acatlán de Osorio
Huautla
Teotitlán
Calapa
Santo Domingo
OAXACA
W
X
Y
Z
VERACRUZ
OAXACA

© Bob Schalkwijk

Homme-oiseau, détail

La visite s'effectue dans l'ordre suivant en commençant par les couloirs du site archéologique :

Temple de Vénus – *Couloir Ouest.* Sur des colonnes apparaissent dos à dos deux personnages au corps peint en bleu, couleur de Tláloc, dieu de la pluie. Autour du premier, une femme, on remarque une série d'étoiles blanches coupées en leur milieu ; elles sont associées à la planète Vénus. L'homme quant à lui porte un masque aux yeux exorbités ; on distingue, entre ses jambes, la queue jaune d'un scorpion, animal associé à la mort.

Temple rouge – Ce nom est dû à la couleur dominante de la peinture située à côté de l'escalier. On y distingue un plant de maïs qui porte, non pas des épis, mais des têtes humaines. Sous la plante figure un cours d'eau avec différents animaux marins. On aperçoit un crapaud peint en bleu, un plant de cacao, un oiseau tropical non identifié et un vieil homme richement habillé, sans doute un marchand, du fait de la charge qu'il transporte. Son numéro et son glyphe le désignent par le nom de Seigneur 4 Chien.

Mural de la Bataille – *En face de la place centrale.* Réalisé entre 650 et 700 après J.-C., il couvre une largeur de 22 m. Il raconte un combat où des guerriers vêtus en jaguar sont vainqueurs de guerriers habillés en oiseau. Ce pourrait être la représentation d'un affrontement entre deux groupes dont l'union serait à l'origine des Olmèques-Xicalancas.

Portique « A » – À quelques pas du mural de la Bataille, à l'endroit où ont eu lieu les premières fouilles, on découvre deux peintures murales. Celle de gauche représente **l'homme-jaguar**, celle de droite **l'homme-oiseau** tenant à la main un bâton cérémoniel de couleur bleue en forme de serpent. On remarquera sur l'un des piliers un bas-relief en terre crue rouge qui reflète, comme les autres peintures, l'influence des cultures téotihuacane et maya.

XOCHITÉCATL *1 h*

De Cacaxtla, reprendre la route vers l'Ouest sur 2,5 km. Après le village de San Miguel, tourner à droite et monter sur 1,5 km jusqu'à Xochitécatl. Mêmes conditions de visite que pour Cacaxtla.

On aperçoit au sommet de la plus haute colline de la vallée de Puebla-Tlaxcala les constructions qui constituaient le site, probablement consacré au culte de Xochitl, déesse des fleurs et de la fertilité. Ces fondations ont été découvertes récemment. Les archéologues ont distingué ici trois bâtiments et une plate-forme divisée en deux esplanades. L'**édifice de la Spirale**, de forme circulaire, a été nommé ainsi parce que l'on pense qu'à défaut d'un escalier central, on accédait au sommet par la spirale qui entoure l'édifice. Il était probablement utilisé comme observatoire astronomique, et consacré au culte de Ehécatl, dieu du vent. En traversant la **plate-forme des Volcans**, la plus grande place centrale, on voit se dresser la **pyramide des Fleurs**, la plus importante du site, et la quatrième du Mexique par ses dimensions. On y a trouvé les squelettes de 30 enfants et d'un adulte, ainsi que deux énormes monolithes à usage rituel. Au sommet, un morceau de portail faisait peut-être partie du temple qui la couronnait.
Ces constructions, élevées en 650 avant J.-C., ont été occupées jusqu'à l'époque postclassique. Les deux sites connurent leur apogée simultanément, lors du classique tardif, et présentent de ce fait des éléments architectoniques et des céramiques identiques.

CHOLULA

Puebla

45 872 habitants

Carte p. 137 (**BY**)

ℹ 4 Poniente n° 103 ☎ (2) 247 33 93

Cholula est aujourd'hui un important centre religieux, et son histoire, en tant que lieu sacré, remonte à l'époque précolombienne. La ville s'étend au pied d'une énorme pyramide couronnée par une église, symbole de syncrétisme culturel et de domination espagnole. Selon la légende, quand Hernán Cortés arriva dans la ville pendant la Conquête, il vit un grand nombre de « tours et de mosquées » et, surpris, déclara en avoir recensé « autant que l'année compte de jours ». Depuis, on croit qu'il existe à Cholula 365 églises, alors qu'il n'y en a en réalité que 39.

Un peu d'histoire – Fondé par des Toltèques qui fuyaient Tula, Cholula, « lieu de la fuite » en náhuatl, est devenu un site sacré pour la Méso-Amérique. 25 siècles d'occupation humaine continue font de la ville la plus ancienne métropole du Mexique. En 1519, elle fut le théâtre d'un pillage et d'un massacre commandés par Hernán Cortés ; malgré cela, elle a conservé son caractère de ville sacrée.

En raison des dégâts provoqués par le tremblement de terre de juin 1999, il est probable que plusieurs églises seront fermées à la visite pour une durée indéterminée.

CURIOSITÉS *1 h 1/2*

Plaza principal – C'est une immense place, bordée côté Ouest par 47 arcades et par l'hôtel de ville. Côté Nord-Ouest se dresse l'église paroissiale San Pedro, fondée par l'évêque Palafox au 17e s., et au Sud-Est le couvent San Gabriel (16e s.). Le dimanche, la place est un lieu de rencontre pour les familles et les visiteurs.

Convento de San Gabriel – *2 Sur, entre av. Morelos et 4 poniente. Visite de 8 h à 15 h et de 17 h à 20 h.* Fondé par les franciscains en 1529, le couvent, achevé en 1552, fut édifié sur les vestiges d'un temple consacré à Quetzalcóatl. Le bâtiment est de style monastique militaire, avec des murs crénelés. L'intérieur de l'église est remarquable pour sa voûte gothique nervurée, adaptée au 19e s. au style néoclassique.

★★ **Capilla Abierta (Capilla Real)** – *À l'Est de l'église San Gabriel. Visite de 7 h à 13 h 30 et de 16 h à 20 h.* Cette chapelle ouverte, ou chapelle royale, du 16e s. s'est aussi appelée chapelle des Indiens. Elle compte 64 colonnes et 49 petits dômes en plus de ses 9 arcs, dont 6 sont aujourd'hui condamnés. Elle a conservé son vaste atrium embelli de vieux arbres.

Site archéologique – *2 h. Au Sud de la place principale. Suivre l'indication « zona arqueológica ». Visite de 10 h à 17 h. 14 pesos.* À l'époque de la Conquête, Cholula était un important carrefour commercial et le centre du culte de Quetzalcóatl. Le site archéologique peut se visiter en parcourant des tunnels qui montrent les différentes étapes de construction de sa grande pyramide. Au dernier stade de la construction, la base mesurait 400 m et l'édifice atteignait 65 m de hauteur. L'**église de la Vierge des Remèdes**, elle aussi symbole du syncrétisme de l'époque coloniale, couronne le sommet du site. Au Sud s'étend la **place des Autels**, un espace limité par de hautes plates-formes à parements enfoncés où se remarquent des stèles-autels. Le site remonte à une période comprise entre le 4e et le 6e s. après J.-C.
Devant la place est exposée une offrande mexica du 15e s. avec des ossements humains et des poteries. La partie supérieure de la pyramide offre une superbe vue panoramique sur tout le site.

EXCURSIONS

★ **Église de Tonantzintla** – *1 h. 3 km au Sud-Ouest de Cholula. Sortir par l'Av. Miguel Alemán et suivre la route jusqu'à l'indication Tonantzintla. Visite de 7 h à 18 h.* Cette église dédiée à l'Immaculée Conception est un des joyaux du baroque mexicain. Appelée familièrement « notre petite mère », elle surprend par sa **façade**★ en carreaux de terre vernissée et azulejos, par le travail des colonnes qui soutiennent ses tours et par les sculptures polychromes qui semblent se dissimuler dans ses niches.
L'incroyable richesse architecturale de l'**intérieur**★★★ est un bel exemple du syncrétisme artistique qui a combiné les concepts espagnols, le christianisme et la culture indienne haute en couleurs, grâce à l'habilité artisanale des autochtones. La voûte et les murs présentent de riches guirlandes de stuc doré racontant la vie de la Vierge, où figurent anges, saints et entrelacs végétaux. Le baldaquin et les retables en bois sculpté et doré sont aussi extraordinairement beaux.

Église San Francisco, à **Acatepec** – *1 h. 1 km au Sud de Tonantzintla. Visite de 9 h à 18 h. ☎ (2) 246 20 44.* Élevée vers la fin du 18e s. elle présente une **façade**★★ en azulejos de faïence multicolore, des colonnes torses et des corniches ondulantes qui

© Bob Schalkwijk

Détail de l'église de San Francisco Acatepec

donnent à sa tour beaucoup de mouvement. La qualité du travail de ses artisans en a fait une œuvre unique du baroque mexicain, et la plus grande réussite des potiers de Puebla.
L'intérieur est orné de stucs très semblables à ceux de Tonantzintla, mais sans la même débauche de couleurs. Les retables du transept sont de style baroque, comme celui de l'abside à colonnes torses recouvertes de motifs végétaux et de petits anges.

Église de Tlaxcalancingo – *30 mn. 3 km au Sud d'Acatepec par la route 19 vers Puebla. Visite de 6 h à 21 h. ☎ (2) 246 20 44.* Elle présente un beau **portail**★ orné d'azulejos assemblés en losanges dans une séquence géométrique de carreaux rouges. Son clocher à colonnes corinthiennes, où la blancheur du crépi tranche sur le bleu et le jaune des azulejos, donne de l'éclat à ce sobre édifice.

★★ **Ancien couvent franciscain de Huejotzingo** – *2 h 1/2. 15 km au Nord-Ouest par la route 190. Visite de 10 h à 17 h. Fermé le lundi. 17 pesos. ☎ 227 602 28.* L'un des meilleurs exemples de monastères du 16e s. au Mexique fut construit par les Indiens du pays sous la direction du frère Juan de Alameda ; on pense qu'il fut terminé en 1570 et, en raison de sa situation en hauteur, probablement bâti sur un soubassement de pyramide.
Sa **façade principale** est un mélange de styles : gothique pour la porte à arc surbaissé, mudéjar pour le rebord de la fenêtre de la tribune, Renaissance pour le reste. Le portail latéral est un des plus beaux éléments de l'édifice.
L'obscurité de l'**intérieur** évoque les constructions médiévales romanes, avec leurs hauts murs et leurs rares ouvertures. Les baies garnies d'albâtre laissent à peine passer la lumière, qui teinte d'ambre le **retable en bois doré**★★, l'un des seuls du 16e s. à être conservés.
Les peintures sont attribuées au peintre flamand Simon Pereyns. Les murs portent des traces de peintures. À l'extérieur de l'ancien couvent, on remarquera le porche des pèlerins, aux deux arcs en plein cintre ornés de motifs végétaux, supportés par une colonne centrale divisée en deux en son milieu par un élément en forme de tresse.
Le **cloître**, transformé en musée, est intéressant pour les très nombreux vestiges de peinture murale qui y sont conservés, en particulier dans la salle *de profundis*, où se trouvent les portraits des douze premiers moines et des scènes de la vie de saint François d'Assise.
Au rez-de-chaussée, on visite aussi le réfectoire et la cuisine. Au premier étage se trouvent les cellules et les dortoirs. Ici sont exposées les statues jadis disséminées dans le couvent, ainsi que des photographies murales d'autres monastères illustrant l'expansion et les activités des franciscains dans la région.
Les **chapelles de procession**★★ que l'on élevait aux angles de l'atrium pour y déposer l'ostensoir durant les processions sont, avec celles de Calpan, les plus belles chapelles d'angle de la région pour la richesse de leur décoration à bas-reliefs figurant des anges. Chacune est ornée d'un symbole de la Passion du Christ.

Calpan – *1 h. 11 km au Sud-Ouest de Huejotzingo par une route qui traverse une campagne fertile.* Blotti au pied des volcans Popocatépetl et Iztaccíhuatl, le bourg en offre une superbe vue. On y visite l'**ancien couvent St-André Calpan** *(visite de 17 h – 9 h le week-end – à 20 h ; en cas de fermeture, demander au gardien de l'ouvrir ; ☎ (2) 246 12 85).* Édifié en 1548, il possède un des plus beaux portails de l'État de Puebla. Le regard sera attiré par les deux anges qui soutiennent le blason franciscain, par le meneau de la fenêtre et le couronnement des colonnes, en forme de fleur d'agave.
Mais les **chapelles de procession**★★ retiendront plus encore l'attention *(photo p. 62)*. Elles sont décorées de sujets tels que la Vierge des Sept Douleurs, l'Annonciation ou le Christ jugeant les défunts, qui quittent leurs tombeaux à l'appel des trompettes des anges.

CUERNAVACA★

Morelos

316 782 habitants

Carte p. 137 (**AY**)

Av. Morelos Sud n° 187, colonia Las Palmas ☎ (7) 314 38 72

Toute en rues étroites et pentes raides, la « ville de l'éternel printemps » est visitée par une foule de touristes mexicains et étrangers, irrésistiblement attirés par son paysage de fleurs et de végétation exubérante, son climat chaud et son caractère colonial. Tout au long de son histoire, la ville a servi de villégiature à des personnages de marque, à commencer par le conquistador Hernán Cortés, marquis del Valle de Oaxaca, qui fit élever ici sa résidence principale, le palais Cortés.

Cette ville au tracé fantaisiste possède aujourd'hui des installations modernes, de grandes demeures luxueuses aux jardins très soignés et un petit site archéologique, **Teopanzolco**, témoignage de l'ancienne implantation tlahuica.

Un peu d'histoire – À l'époque précolombienne, la tribu náhuatl des Tlahuicas, originaire de la mythique Aztlán, nommait cette ville **Cuauhnahuac**, « près du bosquet ». Avec la présence espagnole, elle est devenue Cuernavaca, et on y a édifié bâtiments et couvents. Sous les vice-rois, elle était chef-lieu du marquisat del Valle de Oaxaca ; en 1834, elle accéda au statut de ville. Capitale du Mexique en 1855, elle est aujourd'hui celle de l'État du Morelos. La région a été le berceau de la révolution agraire menée par Emiliano Zapata au début du 20e s.

L'ENSEMBLE CONVENTUEL ET SES ABORDS *1/2 journée*

Ancien couvent franciscain – *Hidalgo 17, angle de l'av. Morelos. Visite de 7 h à 14 h et de 16 h à 19 h. ☎ (7) 318 45 90.* Un atrium planté d'arbres avec un mur crénelé enserre des constructions de différentes époques. On remarquera surtout la grande **chapelle ouverte** avec sa longue voûte en berceau et ses arcs-boutants originaux.

Catedral de la Asunción de María (église de l'ancien couvent) – *Visite de 7 h à 14 h et de 16 h à 19 h. Montée au clocher de 8 h à 14 h et de 16 h à 19 h, sauf le lundi : 10 pesos. ☎ (7) 318 45 90.* Cinquième œuvre des franciscains en Nouvelle-Espagne, l'église fut terminée en 1552. À l'**intérieur★** se combinent harmonieusement sobres éléments d'origine et parties modernes, résultat du remaniement réussi de 1957, tels les dorures des autels aux formes épurées et les vitraux aux couleurs chaudes qui créent une atmosphère accueillante. Les délicates **peintures murales★**, uniques en leur genre, rappelant la crucifixion au 16e s. au Japon du saint mexicain Philippe de Jésus et de 26 martyrs, constituent la principale référence décorative à l'histoire religieuse. La façade principale est dépourvue d'ornements et la **porte latérale** présente un portail sans surcharge.

L'**ancien cloître** (16e s.) compte deux niveaux ornés de peintures murales où contrastent le rouge et le noir. Les couloirs présentent des fresques intéressantes. La **chapelle du Tiers Ordre** est une construction baroque du 18e s. avec des portails d'aspect artisanal décorés de stuc. Le **portail latéral** attire davantage l'attention, avec son arc rampant. L'intérieur abrite un beau **retable★** doré de style churrigueresque, richement sculpté.

★**Museo Robert Brady (Maison de la tour)** – *Nezahualcóyotl 4, à côté de la cathédrale. Visite de 10 h à 18 h. Fermé les lundis et jours fériés. 20 pesos. ☎ (7) 318 85 54.* Le musée occupe une partie de l'ancien couvent, devenu ensuite l'évêché (vers la fin du 19e s.). Les salles peintes de couleurs vives abritent **peintures**, sculptures, tapis, pièces de céramique et meubles de diverses époques et cultures. Pour la décoration de cette remarquable maison-musée, l'artiste Brady a associé des objets aux caractéristiques semblables, comme une table de plumes du Cameroun et des colombes huichols en plumes, obtenant des assemblages très réussis.

Jardín Borda – *Av. Morelos 271, devant la cathédrale. Ouvert de 10 h à 18 h. Fermé le lundi. 5 pesos. ☎ (7) 312 92 37.* Ce havre de paix planté d'arbres a été légué au 18e s. à Manuel de la Borda, fils du riche propriétaire espagnol de la mine de Taxco, qui le transforma en jardin botanique et parc d'agrément. Au 19e s., l'empereur Maximilien et son épouse Charlotte firent de la maison leur résidence de campagne. Une série de toiles du peintre Tarazona témoigne de l'époque impériale de cette maison, aujourd'hui cadre d'importantes activités culturelles, et siège de l'Institut culturel du Morelos. Un musée présente dans la section Juárez un panorama historique de l'État, ainsi que des expositions temporaires.

Museo Regional Cuauhnáhuac (Palais Cortés) – *En face de la place principale. Visite de 10 h à 17 h. Fermé le lundi. 14 pesos. ☎ (7) 312 81 71.* Construit sur un édifice précolombien, le grandiose **palais Cortés★** (16e s.) appartint au célèbre conquistador. Très transformé aujourd'hui, il abrite un riche musée à l'intéressant contenu archéologique, ainsi que des documents, armures, pièces de mobilier et autres objets illustrant les événements importants de l'histoire du Morelos. Sur la terrasse arrière du premier étage, on pourra admirer un **mural**★★ (1927-1930) de Diego Rivera ayant pour sujet l'histoire du Mexique, de la Conquête à la révolution. On y distingue les figures de Cortés, d'Emiliano Zapata et de Morelos. À côté du musée se trouve un *tianguis* d'artisanat.

AUTRES CURIOSITÉS *4 h 30*

Jardín Etnobotánico et Museo de Medicina Tradicional (**« maison de l'oubli », ou maison de Maximilien**) – *Matamoros 14, colonia Acapatzingo. Face à l'église San Miguel Acapatzingo. Visite de 9 h à 16 h 30 (le musée est ouvert de 9 h à 15 h). ☎ (7) 312 59 55.* Dans cette grande propriété où l'empereur Maximilien avait établi sa maison de campagne se trouve le centre INAH (Institut national d'archéologie et d'histoire) de Morelos.
Le petit **musée** est installé dans ce qui a été la **maison de la belle Indienne**, maîtresse supposée de l'empereur. Il présente une sélection de plantes médicinales, dont certaines sont utilisées depuis des temps immémoriaux. Dans le grand **jardin** se trouve la plus importante collection de ces plantes en Amérique latine : arbres et plantes sont classés par appellation et par emploi.

La Tallera Casa Estudio de David Alfaro Siqueiros – *Venus 52, colonía Jardines de Cuernavaca. Visite de 10 h à 17 h. Fermé le lundi. 5 pesos. ☎ (7) 315 11 15.* Le célèbre muraliste a réalisé ses dernières œuvres dans cet **atelier**, où il vécut les dix dernières années de sa vie. On y présente des documents, des peintures murales, des instruments de travail et des photos du maître. La maison où est décédé le brillant muraliste mexicain est demeurée intacte.

Santuario de Tlaltenango – *Av. Emiliano Zapata 302, Barrio de Tlaltenango. Visite de 9 h à 14 h (13 h le week-end). ☎ (7) 313 02 25.* Ce sanctuaire est constitué par deux églises : St-Jérôme, construite, selon le chartrier de l'ancien village de Tlaltenango, entre 1521 et 1523 et qui serait ainsi la première chapelle du continent américain, et N.-D.-des-Miracles, à la façade baroque. La fête de Tlaltenango, la plus importante de l'État du Morelos, se déroule autour du sanctuaire.

Jungla mágica (**ancien parc de Chapultepec**) – *Bajada de Chapultepec, colonía Chapultepec. Ouvert en juillet et août, tous les jours de 11 h à 19 h ; le reste de l'année du jeudi au dimanche de 11 h à 19 h. 14 pesos. ✗ ☎ (7) 315 84 11.* Cette « jungle magique » est un agréable parc de loisirs à l'abondante végétation, où le visiteur est accueilli par le gazouillis d'un cours d'eau qui traverse le chemin. Parmi les attractions, un bassin de dauphins, un théâtre d'oiseaux dressés et des jeux mécaniques.

EXCURSIONS

Lagunas de Zempoala – *1/2 journée. 25 km au Nord. Sortir de Cuernavaca par la route 95 (sans péage), direction Mexico ; parcourir 11 km et tourner à gauche vers Huitzilac (4 km) ; traverser le village, prendre à gauche et poursuivre sur 10 km vers l'Ouest en direction de Santa Marta, jusqu'au Parc national Lagunas de Zempoala. L'entrée du parc est à gauche de la route.*
À Zempoala, « lieu d'eaux abondantes », il y a six marécages, dont deux à caractère permanent, au fond de vallées étroites où s'accumulent les eaux de ruissellement à la saison des pluies. Le **trajet** par la route constitue une splendide promenade qui offre au voyageur de belles vues partielles de la vallée de Cuernavaca et des sites idéaux pour une journée à la campagne.
Dans le beau **parc national des Marécages de Zempoala**, la majesté de la sierra Quichinautzin, les différentes nuances de turquoise des marais et toute la gamme de vert des bois environnants s'associent pour constituer un paysage fascinant.

★★**Xochicalco** – *1/2 journée. 42 km vers le Sud-Ouest.* *Voir p. 178.*

Ancien domaine de San José Vista Hermosa et lac de Tequesquitengo – *1/2 journée. Quitter Cuernavaca au Sud par la route à péage 95D, direction Acapulco. 20 km jusqu'au péage de Tequesquitengo-Alpuyeca. Après 4 km en direction de Tequesquitengo, prendre à droite et continuer sur 5 km jusqu'à Tequesquitengo. Prendre à droite un chemin empierré, poursuivre sur 1 km jusqu'à l'ancien domaine.*

★**Ex Hacienda de San José Vista Hermosa** – *Ouvert 24 h/24. ✗ 🏨 ☎ (734) 553-61.* Cette ferme prospère fut fondée en 1529 par Hernán Cortés. Il la légua à son fils Martín, qui y effectua de longs séjours. Puis elle fut tour à tour ferme rizicole, monastère, ferme sucrière. Pendant la Révolution, Zapata l'attribua aux paysans. Le **bâtiment** a conservé ses grandes cheminées, des cachots et des pièces où les traces de peintures murales évoquent sa prospérité passée. Une des salles héberge une exposition permanente de carrosses anciens sur laquelle veillent deux grandes toiles. L'ancien domaine est aujourd'hui un hôtel entouré de jolis jardins, d'aires accueillantes et d'enclos à chevaux, qui présente pour ses hôtes de multiples attraits.

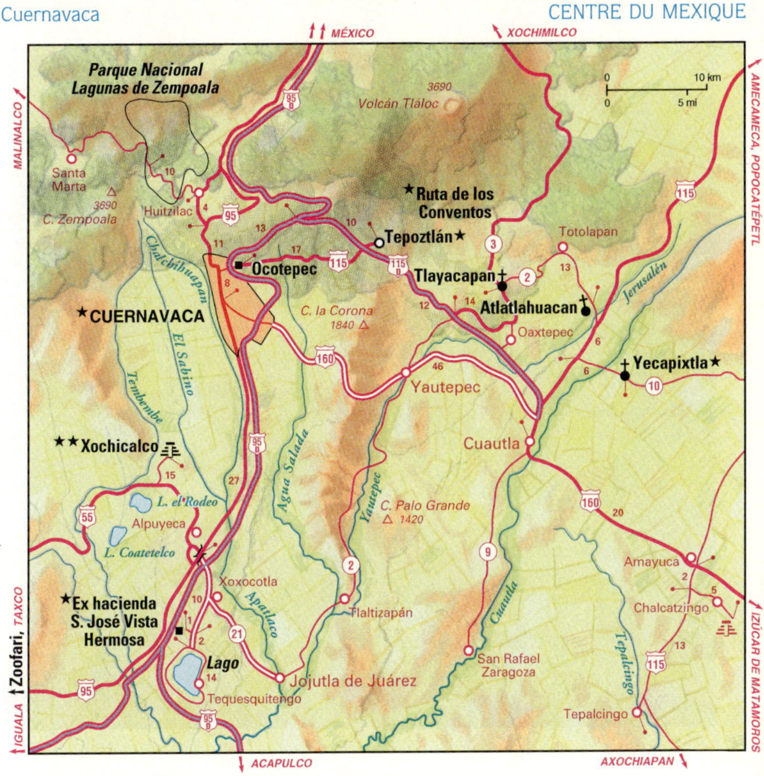

De San José Vista Hermosa, revenir sur la route et prendre à droite. 5 km jusqu'au lac.

Lago de Tequesquitengo – Le lac est entouré de jolies maisons et de centres de loisirs où l'on pratique, entre autres activités, le ski nautique. Au fond du lac se trouve encore l'ancienne église du village, engloutie sous les eaux au 19e s. C'est une attraction pour les passionnés de plongée, à condition qu'ils soient expérimentés, car le lac est animé de courants dans ses profondeyrs et ses eaux sont troubles.

Zoofari – *2 h. 55 km. Quitter Cuernavaca par la route 95 (sans péage) au Sud en direction de Taxco. Visite de 9 h à 17 h. 50 pesos.* ✂ 🅴 ☎ *(7) 320 97 94.* Cet amusant parc zoologique de type safari-parc que l'on parcourt en voiture ne présente pas moins de mille animaux de 150 espèces.

Cimetière d'Ocotepec – *1/2 heure. 8 km au Nord-Ouest du centre par l'ancienne route 115 vers Tepoztlán. Ouvert 24 h/24.* ☎ *(7) 314 38 72.* Bel exemple d'art funéraire populaire, ce cimetière est un lieu pittoresque où la mort prend figure joyeuse, car la plupart des tombes adoptent l'aspect d'églises en miniature, peintes de couleurs vives ou couvertes de mosaïques multicolores. La **fête du jour des morts** (1er au 3 novembre) y vaut le détour.

★ **Route des couvents** – *76 km jusqu'à Yecapixtla – 1 journée.*

Témoignages du travail d'évangélisation des moines espagnols auprès des Indiens de cette région, de nombreux couvents-forteresses fondés au 16e s. s'y concentrent sur un petit périmètre. Les plus importants au point de vue historique et artistique sont ceux de Tepoztlán, Tlayacapan, Atlatlahucan, Yecapixtla, Ocuituco, Oaxtepec, Tetela del Volcán et Hueyapan.

Quitter Cuernavaca au Nord-Est par l'ancienne route 115 vers Tepoztlán.

★ **Tepoztlán** – Cette charmante bourgade s'étend au pied d'une gigantesque **sierra**★★ à la morphologie géologique particulière. Le climat tempéré de la région est favorable aux *colorines*, *tabachines*, pruniers et autres jacarandas qui égayent de couleurs les tranquilles rues pavées du village. Les fêtes de **carnaval**★ (février-mars) y sont célèbres, avec les danses bondissantes exécutées par les Chinelos. Les premiers habitants de la région, d'origine Xochimilca, furent soumis par les Espagnols en 1521 avant la conquête de Tenochtitlán. L'intéressant **site archéologique du Tepozteco** occupe le sommet de la colline homonyme, ainsi nommée en l'honneur d'un ancien dieu local *(visite de 9 h à 18 h ; 14 pesos, entrée libre les dimanches et jours fériés ;* ☎ *(7) 312 59 55)*. Tepoztlán a joué un rôle important dans la production du papier *amate* que l'on peut toujours trouver le dimanche dans le *tianguis* réputé du centre. Au centre de la localité se trouve l'**ancien couvent de la Nativité de la Vierge Marie**★ construction du 16e s. à l'allure de forteresse *(visite de 10 h à 17 h ; fermé le lundi ;* ☎ *(7) 395 02 55)*. Il a été inscrit au Patrimoine mondial en 1994. Immense, l'**atrium**

Tepoztlán

conserve aux angles les ruines de ses **chapelles de procession**, dont l'architecture est un amalgame de styles gothique et Renaissance. Celle qui se trouve à gauche de l'entrée occupe, en raison de sa situation singulière, la double fonction de chapelle et de porterie du couvent. À droite, on verra les ruines de la chapelle ouverte, avec son plan en trapèze. L'**église** présente un beau portail en pierre sculptée, où ressortent la décoration chargée de l'arc au-dessus de l'entrée et le fronton triangulaire montrant la Vierge à l'Enfant, entourée de saint Dominique et sainte Catherine de Sienne. À l'**intérieur**, on admirera l'arc du *coro* inférieur et les voûtes en croisée d'ogives du chœur et, dans l'abside, les peintures murales colorées. La solide construction du **couvent** présente des éléments architecturaux Renaissance intéressants ; ses murs épais portent une quantité impressionnante de **peintures** et aplats de couleur d'origine, en tons contrastés de rouge et de noir. Le cloître supérieur possède un joli **belvédère** d'où l'on a une belle **vue** panoramique de la vallée de Tepoztlán.
Derrière le couvent se trouve le **musée d'Art précolombien Carlos Pellicer**, petit musée archéologique logé dans l'ancien magasin à grains *(visite de 10 h à 18 h ; fermé le lundi ; 6 pesos ; ☎ (7) 395 10 98)*. Ici est exposée une collection variée et intéressante de pièces précolombiennes, léguée au musée par le poète Carlos Pellicer qui a vécu près de 40 années à Tepoztlán.

À Tepoztlán, prendre la route à péage 115D en direction de Cuautla. Après la deuxième barrière de péage, prendre la direction Oaxtepec, puis la route 142 vers Xochinilco jusqu'à Tlayacapan.

Tlayacapan – C'est un beau bourg entouré de grandes collines. Au 16e s., des chapelles comme celles de St-Jacques, La Conception et St-Michel furent construites par les augustins dans chaque quartier. Sur la place principale, devant l'ancien couvent, on voit encore les vestiges du bâtiment de la célèbre ferme sucrière de Pantitlán. On peut aussi découvrir et acheter ici la poterie variée de la région. L'**ancien couvent St-Jean-Baptiste** est l'une des principales réalisations des augustins dans le Morelos. *(entrer par Juárez à gauche et faire le tour par la rue Justo Sierra ; visite de 10 h 30 à 18 h ; fermé les jours fériés ; 5 pesos ; ☎ (7) 312 59 55)*. Il se trouve à gauche de l'église, assez modeste. La sacristie abrite un musée local, qui donne un aperçu général de la région de l'époque précolombienne à nos jours au travers d'objets et de photographies. On y remarquera les **momies** de la fin du 17e et du début du 18e s., découvertes en 1982 à l'occasion de la réfection du sol de l'église.

Quitter Tlayacapan par la route 2 au Nord-Est. Entrer dans Atlahuahuacan par la nouvelle calle H. Galeana, passer quatre rues et tourner à gauche.

Ancien couvent St-Matthieu, à **Atlatlahucan** – *Angle de Hidalgo. Visite de 8 h à 20 h.* Cette construction augustinienne conserve presque tous les éléments des couvents-forteresses du 16e s. On remarquera la voie processionnelle et la chapelle ouverte à plan trapézoïdal, dont l'entrée est marquée de trois arcs couronnés d'un petit campanile. L'accès au cloître se fait par l'église de couleur bleutée, où selon la tradition les femmes doivent entrer les cheveux couverts.

Poursuivre par la route 2 jusqu'à la route 115, que l'on prend à droite, et la tourner ensuite à gauche dans la route 10.

★ **Ancien couvent St-Jean-Baptiste**, à **Yecapixtla** – *Calle No Reelección. Visite de 7 h à 21 h.* Inscrite au Patrimoine mondial, cette construction augustinienne présente un remarquable **portail** d'influence plateresque, avec des réminiscences gothiques, où ressort une **rosace** en pierre sculptée qui consolide l'ensemble. À l'intérieur se trouve un curieux cloître à un seul niveau, auquel ses arcs en accolade donnent un aspect médiéval. Au village, on déguste la célèbre et délicieuse *cecina* (viande séchée) de Yecapixtla.

MALINALCO★

Mexico

Carte p. 137 (**AY**)

☎ (01 800) 903 92 00

Sur la route des ruines, il faut d'abord s'arrêter à Malinalco, « lieu de la fleur de prairie », l'un des plus jolis sites de l'État de Mexico, qui porte encore la marque de l'époque coloniale. À l'époque précolombienne, la région était habitée par les Matlatzingas. En 1476, l'empire aztèque s'empara de ce territoire et y fit construire un centre cérémoniel dont il reste des vestiges.

SITE ARCHÉOLOGIQUE *1/2 journée*

À 105 km de Mexico que l'on quitte au Sud-Ouest par la route 15D jusqu'à Toluca (64 km) ; ensuite, route 55D vers le Sud, direction Ixtapan de la Sal ; à Tenancingo, tourner à gauche et rouler sur 14 km jusqu'à Malinalco. Visite de 9 h à 17 h. 16 pesos.

Les ruines se trouvent dans la partie centrale de la colline des Idoles, formée comme les montagnes environnantes de tuf volcanique compact. L'ensemble comprend six monuments taillés dans la roche, distribués sur une terrasse obtenue en aplanissant le tertre, au bord d'un précipice de 125 m de profondeur.

Monter la rue au Sud de la place principale jusqu'à l'église Santa Mónica. Continuer par l'étroit chemin à gauche de l'église.

Les escaliers – Un grand escalier de 426 marches formant rampe gravit la montagne jusqu'aux ruines. À mi-chemin, on voit au pied de la falaise un édifice précolombien où les anciens habitants s'approvisionnaient en eau ; on remarque aussi des vestiges d'habitations et, taillé dans la roche, un escalier menant à une grotte, probablement un sanctuaire consacré à Oxtoctéotl (le seigneur de la grotte), dieu matlatzinga, ou à Tláloc, dieu de l'eau.

Temple principal – La façade de cette grande structure monolithique apparaît comme une pyramide tronquée, avec un petit escalier central flanqué par deux larges rampes. On voit de part et d'autre deux jaguars assis, à demi détruits, et au centre une figure anthropomorphe.

Monter les escaliers à droite du temple.

Deux figures complexes encadrent l'entrée de la partie supérieure. À gauche, une sorte de tambour recouvert d'une peau de jaguar ou d'ocelot, avec au-dessus les vestiges d'un guerrier-jaguar ou aigle. De l'autre côté, une tête de serpent soutient les restes de la statue d'un seigneur-aigle. L'entrée représente la gueule béante d'un serpent. Le visiteur peut repérer sur les bas-reliefs qui l'encadrent les yeux et les crochets, et, au sol, la langue bifide.
Le temple était consacré aux guerriers-aigles (cuauhtli) et jaguars (ocelotl), membres honorés de la société aztèque. On y célébrait des cérémonies religieuses associées au culte du soleil.

★★ **Intérieur** – Ce sanctuaire circulaire de 3 m de diamètre est l'un des plus extraordinaires exemples de l'art de tailler la pierre. Trois sculptures ornent la banquette en demi-cercle : au centre, la peau étalée d'un jaguar avec sa tête, ses griffes et sa queue, avec à côté des plumes d'aigle. Sur le sol se détache la sculpture en relief d'un autre aigle regardant l'entrée. Derrière lui a été creusé dans la roche un petit réceptacle où l'on déposait les cœurs des victimes immolées.
La paroi du fond des escaliers d'accès donne un aperçu de l'ancienne technique de construction : on creusait de petits trous dans le rocher, on y mettait un morceau de bois que l'on faisait gonfler en l'humidifiant, et qui brisait la roche.
Le reste du site se compose de temples de construction très simple. À droite du temple principal, on remarque une sorte d'enceinte circulaire. À côté, adossée à la colline, une autre enceinte, rectangulaire cette fois, dont les murs étaient à l'origine ornés de peintures.

AUTRE CURIOSITÉ

★ **Ancien couvent de Malinalco** – *1 h. Av. Juárez, place principale. Visite de 10 h à 17 h. Fermé le lundi. ☎ (714) 701 15.* Les augustins ont fondé ce gigantesque monastère en 1540. Le cloître a conservé une grande partie des **fresques★** d'origine, sur les murs des deux niveaux et dans les escaliers.

PACHUCA

Hidalgo

220 488 habitants

Carte p. 137 (**ABX**)

Plaza Independencia (Reloj Monumental)

(7) 718 39 37 et (01 800) 715 68 00

Au centre d'une région où contrastent montagnes et déserts s'étend cette ville seigneuriale minière, appelée « belle aérée » en raison des vents frais en provenance de la sierra. Capitale de l'État d'Hidalgo, son nom viendrait du náhuatl **Pachoacán**, « lieu étroit », ou bien de **Patlachiuhacan**, « lieu d'or et d'argent ». Entre 1450 environ et 1528, année qui vit les Espagnols conquérir la région, elle fit partie de l'empire aztèque.

Dans la ville prédominent les styles néoclassique et moderne. Ses rues étroites au plan irrégulier donnent sur des parcs et des places agréables. Dans les environs, les magnifiques bâtiments conventuels du 16e s. sont le reflet de l'évangélisation active menée par les augustins et les franciscains dans la région. Pour les gastronomes, elle réserve des petits plats et des boissons d'origine précolombienne comme la *barbacoa* (barbecue), les *escamoles* (crêpes à la sauce pimentée, farcies de *nopal* ou d'œufs), le *mixiote* (ragoût), et le *pulque* (boisson légèrement alcoolisée obtenue à partir de la sève du maguey). Il faut y ajouter les traditionnels *pastes* (viande, pommes de terre, carottes et oignons en croûte) introduits par les mineurs anglais au 19e s.

L'industrie minière – Les riches gisements de la région sont exploités depuis l'époque précolombienne. Sous les vice-rois, l'exploitation minière connut une grande expansion grâce au nouveau procédé d'amalgamation des métaux découvert par Bartolomé de Medina et atteignit son apogée au 18e s. Pedro Romero de Terreros, premier comte de Regla et propriétaire des principales mines de la Nouvelle-Espagne, développa cette activité aussi bien dans les districts de Real del Monte et de Pachuca que dans d'autres villes. À plusieurs reprises, des filons d'or, d'argent et de vanadium s'épuisèrent, mais la découverte de nouvelles veines permit à Pachuca de demeurer l'un des centres d'exploitation minière les plus importants du pays et un actif pôle d'orfèvrerie.

CURIOSITÉS *1 jour*

★ **Reloj Monumental** – *Plaza Independencia.* Sur la place centrale se dressent les 40 m d'une haute tour en pierre de style néoclassique, devenue symbole de la ville. Cette **horloge monumentale**, réalisée pour commémorer le centenaire du début de la guerre d'Indépendance, est l'œuvre de l'architecte Tomás Cordero. Le carillon a été réalisé par la même fabrique que le fameux Big Ben de Londres. L'office du tourisme occupe le rez-de-chaussée.

Centro Cultural de Hidalgo (ancien couvent St-François) – *Entre Arista et Casasola, cinq rues à l'Est de la plaza Independencia. Visite de 10 h à 18 h. Fermé le lundi.* L'imposant couvent franciscain de type forteresse, construit entre 1596 et 1660, est actuellement le siège du plus grand centre culturel de l'État. Il abrite le théâtre municipal, l'école des arts, des musées, des salles d'exposition, des auditoriums et des bureaux. L'immense complexe architectural est entouré de jardins et de places, qui ont remplacé l'ancien atrium et le potager.

Templo de San Francisco – *Visite du lundi au vendredi de 10 h à 13 h, le samedi sur réservation, le dimanche de 10 h à 12 h. (771) 529 65.* La construction de l'**église St-François** débuta en 1596. Malgré les modifications intervenues depuis, elle conserve des éléments baroques, comme les fenêtres aux arcs mixtilignes. Dans une des chapelles à la droite du maître-autel se trouve le corps momifié de sainte Colombe, vierge et martyre, exécutée en 273 en France sur ordre de l'empereur Aurélien. Au 18e s. le corps de la sainte fut légué à l'église par la marquise de San Francisco, fille du comte de Regla. Le vestibule de la sacristie renferme un énorme lavabo formé de deux pierres sculptées et de six fontaines en faïence de Puebla. Derrière l'église se trouve la **chapelle N.-D.-de-la-Lumière** où le visiteur peut voir quatre peintures à l'huile représentant le chemin de Croix et un beau retable churrigueresque du 18e s. *(visite du lundi au samedi de 10 h à 13 h, le dimanche sur réservation ; (771) 529 65).*

★ **Museo de la Fotografia** – *Premier étage de l'ancien cloître. Visite de 10 h à 18 h. Fermé les lundis et jours fériés. (771) 436 53.* Le musée expose les différents appareils et procédés employés au fil des temps pour la création d'images photographiques. Il présente les meilleurs clichés de ses collections. Ses **archives photographiques**★★★ ont pour origine la superbe collection des frères Casasola, l'une des plus riches et intéressantes du Mexique sur l'époque de la Révolution. Progressivement, le fonds s'est accru des travaux de grands photographes comme Manuel Álvarez Bravo, Nacho López, Tina Modotti, Teobert Maler et C. B. Waite. Il possède aujourd'hui un matériel de grande valeur historique et esthétique, qui en fait l'un des plus grands musées d'archives photographiques au monde. Devenu photothèque de l'INAH à Pachuca, il propose au public un service de reproduction des images de ses collections *(du lundi au vendredi de 8 h à 14 h, sur rendez-vous).*

EXCURSIONS

★**Huasca** – *3 h 1/2. 29 km au Nord-Ouest de Pachuca par la route 105 vers Tampico ; parcourir 21 km et tourner à droite.* C'est une petite ville agréable avec des rues pavées et de belles maisons blanches aux toits à double pente. C'est la proximité des centres de traitement de minerais appartenant à Pedro Romero de Terreros, premier comte de Regla, qui permit son développement, au 18e s. Le centre-ville est très animé. La place principale est entourée de portiques d'allure provinciale, de boutiques de produits régionaux et d'ateliers de potiers. On y voit l'**église St-Jean-Baptiste**, avec son portail plateresque. On procédait autrefois à la séparation des métaux dans la superbe **ancienne hacienda San Miguel Regla** *(2,5 km au Nord-Ouest de Huasca ; visite de 9 h à 16 h ; ✗ ⊟ ☎ 779 201 02)*, construite par le premier comte de Regla au 18e s. Cet ensemble de bâtiments anciens abrite aujourd'hui un **hôtel**, où l'on a conservé les **fours** qui servaient à récupérer l'argent. Dans les bois et les lacs des alentours, on peut pratiquer la pêche à la truite, monter à cheval, faire du vélo ou de la moto. Les **Prismas Basálticos de Santa María Regla**★ *(3 km au Nord-Ouest de San Miguel Regla ; ✗ ⊟ ⚠)* désignent un majestueux ravin de 50 m de profondeur bordé de nombreuses colonnes prismatiques en basalte. Ce phénomène géologique, dont on ne connaît que trois exemples au monde, est dû au refroidissement rapide de la lave volcanique. Aux deux extrémités du ravin cascadent de belles chutes alimentées par la retenue San Antonio. Plus loin vers l'intérieur *(à 1 km par un chemin de terre)* on peut visiter les vieux bâtiments de l'**ancienne hacienda Santa Maria Regla**★ *(visite de 8 h à 18 h ; 5 pesos ; ✗ ⊟ ⚠ ☎ 771 844 49)*. Construit par le comte de Regla, c'était le premier et le plus grand centre de traitement des minerais au Mexique.

Mineral del Monte – *2 h. Revenir sur 8 km par la route 105 et prendre la direction de Pachuca ; 10 km plus loin, prendre à gauche l'embranchement qui conduit au centre du village.* C'est une jolie enclave minière, plus communément connue sous le nom de Real del Monte, perchée sur les hautes collines où se trouvent des mines, autrefois les plus riches du pays. La promenade au long de ses rues pavées et en pente permet d'admirer ses maisons colorées, dont certaines, comme le salon de coiffure et la *cantina*, possèdent un intérieur décoré comme il y a un siècle. Vers le milieu du 19e s., les mines attirèrent les Anglais, qui ont laissé en héritage les *pastes* (friands farcis de viande, de fromage ou de quelque ingrédient sucré), les machines à vapeur et un curieux cimetière situé au milieu de la forêt. On dit que le premier match de football du Mexique eut lieu dans ce village.

Metztitlán – *1 h. 72 km à l'Ouest de Huasca ; parcourir 8 km, prendre la route 105 vers Tampico et tourner à gauche au bout de 41 km.* Dans une région à la végétation généreuse, aux terres fertiles irriguées par une rivière, entourée de hautes montagnes, s'est implantée une bourgade aux rues en pente et à la jolie place centrale. Dans la partie la plus élevée du village, d'où l'on a une belle **vue**★ de la vallée, on visite l'**ancien couvent des Sts-Rois-mages**★ construit par les augustins *(visite de 8 h à 18 h)*. Ce couvent-forteresse retiendra l'attention par certains de ses traits peu communs pour un couvent de Nouvelle-Espagne du 16e s., comme sa double chapelle ouverte et la chapelle de procession bâtie devant l'entrée de l'église. Celle-ci montre un riche **portail** plateresque couronné par un clocher-mur à sept baies. À l'**intérieur**, un haut plafond abrite de précieux **retables**★ dorés de différentes époques, ornés de sculptures et peintures aussi superbes que les peintures murales aux couleurs vives réalisées par des Indiens. Le couvent est aussi décoré de **fresques**, à thèmes didactiques, parmi lesquelles se distinguent celles des **cages d'escalier**.

★**Ancien couvent St-André**, à **Epazoyucan** – *2 h. 21 km au Sud-Est de Pachuca par la route 130 vers Tulancingo ; tourner à droite au terme de 17 km. Visite de 9 h à 17 h. 12 pesos.* Construit à partir de 1540, le couvent augustinien de type forteresse est imposant. En montant un escalier, on débouche sur un très vaste atrium, qui a conservé ses **chapelles de procession**, ainsi que quatre petits cimetières de la fin du 19e s. On remarque le **portail** Renaissance de l'**église St-André**, flanquée par la chapelle ouverte. À l'entrée du couvent s'élèvent les vestiges d'une arcade. Cinq **fresques**★★★ constituent la merveille du rez-de-chaussée du **cloître**, magnifiques ouvrages attribués à Juan Jersón (1556). D'influence florentine, elles sont considérées comme les plus importantes de l'Amérique du 16e s.

Arcos del Padre Tembleque et Tepeapulco – *1/2 journée. Circuit complet 52 km. Quitter Pachuca au Sud-Est par la route vers Ciudad Sahagún. 32 km plus loin, après El Barrio, tourner à droite ; parcourir 1 km, puis tourner à gauche.*

★**Arcos del Padre Tembleque** – C'est un gigantesque aqueduc, construit vers 1545 par le frère Francisco Tembleque pour amener l'eau dans cette région. Ses 64 arches enjambent trois grands ravins entre la colline du Tecajete et Otumba.

Revenir sur la route de Ciudad Sahagún ; 11 km plus loin, tourner à gauche et parcourir ensuite 9 km pour arriver à Tepeapulco.

Ancien couvent St-François, à **Tepeapulco** – *Av. Hidalgo. Visite de 8 h à 15 h.* C'est dans ce couvent du 16e s. que le frère **Bernardino de Sahagún** a commencé ses recherches pour son livre *Histoire générale des choses de la Nouvelle-Espagne*. Le couvent fut édifié sur un ancien temple, ou *teocalli*. On remarquera les figures sculptées par des mains indigènes sur la façade de l'église, et la **croix de l'atrium** décorée des symboles de la Passion, adossée à la façade. Au rez-de-chaussée du cloître se trouve une petite **salle d'exposition** avec d'intéressantes pièces archéologiques provenant de cultures différentes. La plupart ont été découvertes au pied de la pyramide de Tecolote, au Nord de Tepeapulco. À l'Est du couvent se trouvent les **Cajas de agua** (caisses d'eau), construction franciscaine du 16e s. marquant l'endroit ou s'achevait l'aqueduc. Les déversoirs en forme de lion conduisent l'eau jusqu'à un bassin où les lavoirs publics sont encore en usage.

Actopan et Ixmiquilpan – *1/2 journée. Quitter Pachuca au Nord-Ouest par la route 85 vers Nuevo Laredo. Après 35 km, on arrive à Actopan.*

Actopan – Le centre de la ville est occupé par une grande place entourée d'arcades. L'arcade principale mène à l'atrium de l'**ancien couvent St-Nicolas-de-Tolentino★** *(visite de 9 h à 18 h ; 17 pesos)*. Cette monumentale construction augustinienne du 16e s. combine harmonieusement les styles : gothique pour les voûtes de l'église et le premier niveau du cloître, mudéjar pour la haute **tour**, plateresque du portail et Renaissance à l'étage du cloître. Dans l'**église**, à côté du maître-autel, la sacristie communique par deux arcs surbaissés avec le grand **baptistère**, à la voûte en croisée d'ogive et aux murs décorés de fresques. Au centre de la construction, les fonts baptismaux en pierre d'une seule pièce sont fermés par un couvercle hémisphérique en bois orné d'une petite statue de saint Jean Baptiste.
Dans les cellules de ce couvent labyrinthique sont exposés peintures, statues et fragments d'autels de l'époque. Les peintures murales sont très bien conservées. On remarquera surtout les **fresques★★★** de l'escalier, qui représentent des saints et des personnages importants de l'ordre augustinien, en train d'étudier dans leur cellule. La **chapelle ouverte★★**, à gauche de l'église, est l'une des plus grandes de la Nouvelle-Espagne. Sa voûte et trois de ses murs sont décorés de fresques illustrant des passages de la Bible comme la création de l'homme et le Jugement dernier, dans un mélange inspiré des traditions européennes et des codex précolombiens.

Ixmiquilpan – *Reprendre la route 85. Après 40 km, on atteint Ixmiquilpan.* Au cœur de la vallée du Mezquital, cette ville est une importante implantation des Indiens otomis. La place centrale est ornée d'une reproduction de la statue de Diane chasseresse dont l'original se trouve à Mexico. À l'entrée de la ville se trouvent trois centres de thermalisme, où les eaux jaillissent à une température proche de 40 °C. Sur un côté de la place principale s'élève le **couvent de St-Michel-Archange**, construit comme celui d'Actopan par le frère Andrés de Mata *(visite de 9 h à 16 h ; 12 pesos, entrée libre le dimanche ; ☎ 772 300 07)*. Une tour d'influence arabe sépare l'immense église à façade plateresque du portail du couvent. Les arcs en ogive du portail, tout comme ceux du cloître, sont des réminiscences du style gothique. À l'**intérieur** de l'église, on admirera une large frise ornée de **fresques** représentant des scènes mythologiques et des scènes de combat, qui mêlent motifs précolombiens et européens. Réalisées en couleurs vives par des mains indiennes, ces fresques sont considérées comme le dernier codex précolombien... ou le premier mural mexicain. La sacristie s'orne d'une série de **fresques** sur la vie du Christ.

★★★ **Teotihuacán** – *1/2 journée. 70 km au Sud de Pachuca.* *Voir p. 163.*

Tula – *1 h 1/2. 100 km à l'Ouest de Pachuca.* *Voir p. 177.*

PUEBLA★★★

Puebla

1 222 569 habitants

Carte p. 137 (**BXYZ**)

5 Oriente n° 3 et Palacio Municipal, Centro ☎ (2) 246 20 44

Puebla est l'une des villes qui a le mieux préservé son architecture coloniale. Elle se trouve dans une vallée délimitée par les volcans Pocatépetl, Iztaccíhuatl, la Malinche et Citlatépetl, plus connu sous le nom de pic d'Orizaba. C'est le pays d'origine de délicieuses spécialités mexicaines, comme le *mole poblano*, les *chiles en nogada* et le *dulce de camote* (patates douces). Elle se distingue aussi par sa fabrication artisanale de faïence et d'azulejos, carreaux de faïence polychromes, et par l'architecture de ses balcons d'angle, qui ornent certains bâtiments du centre-ville. Il faut ajouter aux raisons de sa renommée de ville de tradition le célèbre costume de la *china poblana*. Ce vêtement qui porte les couleurs du drapeau national et un aigle, emblème de la culture indigène, est un symbole du métissage mexicain. Le centre de Puebla a été inscrit au patrimoine mondial en 1987.

Un peu d'histoire

La cité des anges – Fondée le 16 avril 1531, cette ville, première cité Renaissance de la Nouvelle-Espagne, était appelée précédemment **Cuetlaxcoapan**, « dans les peaux d'une vipère ». Elle n'a pas été édifiée sur une implantation indienne. Mais en raison de l'extraordinaire disposition de ses rues, on raconte qu'elle a été tracée par des anges, comme l'avait rêvé l'évêque de Tlaxcala, le frère Julián Garcés, qui choisit cette vallée pour fonder la ville. Suggéré par Juan de Salmerón au Conseil des Indes, « Ciudad de los Ángeles » est le nom qu'elle reçut de la reine Isabelle ; mais l'usage populaire l'a baptisée Puebla de los Ángeles.

L'époque des vice-rois – Puebla, passage obligé des voyageurs sur la route Mexico-Veracruz, fut la seule ville du 16e s. soigneusement organisée pour recevoir des agriculteurs espagnols. En peu d'années, elle se mit à produire non seulement du blé et de la farine, mais aussi des textiles, ce qui en fit la première ville industrielle et commerciale de l'époque des vice-rois. Ses élevages d'ovins permirent aussi de promouvoir le développement de la production et du commerce des colorants naturels extraits de graines et de la cochenille.

Luttes et batailles – Sous le règne des Bourbons, Puebla fut le siège de l'Intendance, dont le plus remarquable directeur fut Manuel de Flon, comte de la Cadena. Au début du 19e s., on y mit au point l'accord d'Ayala, qui parachevait l'Indépendance. Au long de ce siècle agité de convulsions, la « Cité des anges » fut le théâtre d'une lutte sanglante pour défendre la souveraineté du Mexique face à l'envahisseur français : la bataille du 5 mai 1862 fut menée par le général Ignacio Zaragoza, en l'honneur duquel la ville fut rebaptisée Puebla de Zaragoza. Néanmoins, la ville fut reprise en 1863 par le général Forey et occupée pendant plus d'un an. Pendant la lutte révolutionnaire, elle vit couler le sang des frères Serdán, durant les combats qu'on a baptisés la « dizaine tragique ».

En raison des dégâts provoqués par le tremblement de terre de juin 1999, il est probable que plusieurs monuments historiques et églises de Puebla, non remis en état, soient fermés à la visite pour une durée indéterminée.

★★★CENTRE-VILLE *3 jours*

Plaza principal et abords *1 jour*

★★**Plaza principal** – *Av. Juan de Palafox y Mendoza, entre 2 Sur et 16 de Septiembre.* Bordée d'arbres luxuriants, cette esplanade finement dessinée est entourée par la majestueuse cathédrale, le palais municipal réalisé par l'architecte anglais Charles S. Hall et d'autres constructions coloniales intéressantes. Au centre coule la fontaine de St-Michel-Archange, patron de la ville, œuvre de José Antonio Santa María de Inchaurregui (18e s.).

Palacio Municipal – *Portal Hidalgo 14, place principale. Visite de 8 h 30 à 20 h. ☎ (2) 232 03 57.* Parmi les constructions qui entourent la place s'élève ce palais de style néoclassique en pierre de taille, à l'intérieur duquel se trouve un bel escalier en marbre de Carrare. Il conserve l'acte de la fondation de Puebla (1531).

Museo Universitario (ancienne maison des Pantins) – *2 Norte 2. Visite de 10 h à 17 h. Fermé le lundi, ainsi que les 1er janvier et 25 décembre. 5 pesos. ☎ (2) 246 28 99.* Bien que personne ne sache avec certitude ce que représentent les figures masculines de la façade en azulejos locaux, ce sont elles qui ont donné son nom à la « maison des Pantins ». Certains affirment qu'il s'agit des douze travaux d'Hercule ; d'autres, d'une caricature des conseillers municipaux qui ne voulaient pas de la construction d'un troisième niveau. Le bâtiment abrite aujourd'hui un musée d'appareils scientifiques anciens et une vaste **collection★** de peintures coloniales, parmi lesquelles se distinguent les toiles des frères Talavera, Manuel Caro et Pascual Pérez.

★**Museo Poblano de Arte Virreinal** – *4 Norte 203, entre 2 Oriente et 4 Oriente. Visite de 10 h à 17 h. Fermé le lundi. 15 pesos, entrée libre le dimanche. ☎ (2) 246 66 18.* Inauguré en 1999, le **musée d'Art colonial** a été aménagé dans un édifice spacieux – bel exemple de l'architecture traditionnelle de Puebla – qui abritait du 16e s. au début du 20e s. l'hôpital St-Pierre. Au premier étage, une salle d'exposition permanente retrace au moyen de maquettes, de plans, de peintures, de sculptures et d'une pharmacie d'époque reconstituée, l'histoire du bâtiment et rend hommage à l'une des institutions médicales les plus renommées de l'époque coloniale, qui y avait élu domicile. L'espace attenant à cette salle est consacré à d'intéressantes expositions temporaires ayant pour thème l'art colonial de Puebla.

Templo de la Compañia – *4 Sur, angle de Juan de Palafox y Mendoza. Visite de 8 h à 13 h 30 et de 17 h à 20 h.* Cette église présente une **façade**★ baroque très travaillée, où contrastent le premier corps de bâtiment en pierre de taille et le second, recouvert de mortier. L'intérieur de l'église abrite la dépouille de Catarina de San Juan, connue sous le nom de la **China Poblana**.

Casa del que mató al animal – *3 Oriente 201, angle de 2 Sur.* Bien que la légende expliquant l'origine des bas-reliefs de la façade de « la maison de celui qui a tué l'animal » donne plusieurs versions, toutes ont un point commun : elles célèbrent la bravoure d'un homme qui a combattu un monstre (dragon pour les uns, serpent pour les autres) responsable de plusieurs morts dans la ville. Quoi qu'il en soit, les jambages de style plateresque portent ces gracieux **bas-reliefs**★ figurant un homme et des molosses dévorant chevrotins et lapins.

★★**Catedral** – *16 de Septiembre, angle de 3 Oriente. Visite de 8 h à 12 h 30 et de 16 h 30 à 19 h. ☎ (2) 232 23 16.* Cette église dans le style de Herrera est la première de ce type de toute la Nouvelle-Espagne. Commencée en 1575 sur le projet de Francisco de Becerra et de Juan de Cigorondo, elle ne fut terminée qu'au 17e s., grâce à l'évêque et vice-roi navarrais Juan de Palafox y Mendoza. Ses tours élancées s'élèvent à 70 m. Son grand atrium est entouré d'un entrelacs d'anges et chérubins, symboles de la ville.
Le majestueux intérieur met en valeur un **cyprès** et le **maître-autel** sculptés par Manuel Tolsá et l'**autel des Rois**★, attribué au Sévillan Juan Martínez Montañez. Sur la voûte on remarquera *La Gloire*, **peinture murale** de Cristóbal de Villalpando. Les quatorze chapelles latérales abritent des trésors d'art de différentes époques. Le *coro*, au centre de la cathédrale, présente de belles **stalles** en marqueterie de Puebla. On admirera aussi les tableaux du Chemin de croix, œuvres de Miguel Cabrera, et ceux de José de Ibarra, Miguel Jerónimo de Zendejas et Juan Rodríguez Juárez.

Pour visiter les quatre sections décrites ci-après, demander l'autorisation auprès des autorités ecclésiastiques responsables de la cathédrale.

Sacristie – Construite aux 16e et 17e s., elle recèle de magnifiques toiles de Baltazar Echave Rioja et Luis Berruecos. Le visiteur sera séduit par son mobilier et la sobre élégance de son architecture.

Salon des Gobelins – Il conserve de jolies tapissseries de l'époque coloniale, apportées d'Europe.

Chapelle octogonale – Elle abrite de belles œuvres d'art à motifs d'oiseaux et des miniatures attribuées à Villalpando et Tinoco.

Salle capitulaire – On y voit les portraits des évêques et archevêques de Puebla, dont ceux de Palafox et de ses prédécesseurs, œuvres de Juan García de Ferrer.

La cathédrale

Museo de Arte José Luis Bello y González – *3 Poniente 302. Visite guidée (1 h) de 10 h à 17 h. Fermé le lundi, ainsi que les 1er janvier et 25 décembre. 11 pesos. ☎ (2) 232 94 75.* Ce musée expose une grande collection d'objets d'art européens, asiatiques et mexicains. Parmi ces pièces figure de la porcelaine chinoise, japonaise et européenne. Il présente aussi des peintures de l'artiste tlaxcaltèque de Puebla, Agustín Arrieta. Au premier étage, on admirera une importante collection de **faïence de Puebla**. Au deuxième, des instruments de musique de différentes époques, comme l'**orgue**★ du 17e s. et un **piano**★ vertical en forme de harpe. Dans tout le musée, on peut admirer des **meubles** en marqueterie de Puebla et d'autres styles.

Casa del Deán – *16 de Septiembre 505, presque à l'angle de 7 Oriente. Visite de 10 h à 17 h. Fermé le lundi.* La maison dite du doyen, la plus ancienne de la ville, a été construite au 16e s. sur ordre du doyen de la cathédrale, Tomás de la Plaza. Sont exposées ici de magnifiques **peintures murales**★★, les plus anciennes du pays (16e s.), représentant *Les Processions de la synagogue et les Sibylles* (prophétesses qui annoncèrent le Messie) et les *Triomphes*, d'après Pétrarque. La première peinture est encadrée d'une plinthe ornée d'une grande quantité de motifs indigènes comme des petits singes et des *ozomatlis*, animaux symboles de concupiscence et de joie chez les Mexicains.

★★ **Biblioteca Palafoxiana (Casa de la Cultura)** – *5 Oriente 5. Visite de 10 h à 17 h. Fermé le lundi. 10 pesos.* Située à l'étage de l'ancien collège San Juan, la bibliothèque doit son nom à son bienfaiteur, l'évêque et vice-roi Juan de Palafox y Mendoza, qui fit don de sa bibliothèque personnelle en 1646. Les collections furent enrichies un siècle plus tard par l'évêque Fabián y Fuero, entre autres donateurs. La bibliothèque fut définitivement installée en 1773 dans une salle équipée de rayonnages baroques et ornée par un retable de même style. Avec ses 43 000 ouvrages et ses précieux incunables, elle possède le fonds le plus important d'Amérique latine.

★★ **Museo Amparo** – *2 Sur 708. Visite de 10 h à 18 h. Fermé le mardi. 16 pesos ; entrée libre le lundi. Visite guidée (1 h) non payante le dimanche à 12 h. ✂ ☎ (2) 246 42 10.* Logé dans deux grands édifices des 17e et 18e s., appelés l'« Hospitalito », le musée doit son nom à Amparo Rugarcía, épouse de Manuel Espinosa Yglesias. Sept salles équipées d'un système de consultation informatique renferment une importante collection de pièces précolombiennes. On retiendra surtout celle qui présente la sculpture dite du **penseur**, venant de Las Bocas (État de Puebla), un **autel maya**, et des sculptures aztèques et huaxtèques.

La section consacrée à l'art colonial expose des **meubles**, des peintures et différents objets des 17e et 18e s., tant européens qu'américains. On y voit aussi une belle collection d'art mexicain avec des tableaux de Diego Rivera et de Gerardo Murillo.

Templo de la Soledad – *2 Sur et 13 Oriente. Visite de 8 h à 13 h et de 16 h 30 à 20 h. ☎ (2) 232 91 34.* L'église, ornée d'un imposant et superbe dôme recouvert d'azulejos blancs et noirs, est consacrée à la Vierge de la Solitude, dont la statue a été apportée d'Espagne au 18e s. En 1748, 17 ans après son achèvement, on a bâti le couvent des Carmélites, à qui l'on a confié la statue de la Vierge. À l'intérieur, le regard est attiré par les beaux **retables★★** du transept, œuvre baroque à *estípites*, et par la chaire en onyx réalisée par José Medina, qui a également réalisé celle de la cathédrale.

Templo del Carmen – *16 de Septiembre et 17 Oriente. Visite de 7 h à 13 h et de 16 h à 19 h 30 (le dimanche de 7 h à 14 h et de 18 h 30 à 20 h 30). ☎ (2) 243 08 13.* La façade de l'église est un exemple classique du style de Puebla, combinant carreaux de céramique et azulejos. Elle s'entoure d'un atrium ombragé de cyprès. L'intérieur conserve de belles peintures coloniales, dont une signée Villalpando. On remarquera la **chapelle latérale** de forme semi-ovale, où sont exposés des tableaux, ainsi qu'un bel **ouvrage de marqueterie★**.

Templo de Santo Domingo et environs *1 jour*

Templo de Santo Domingo – *4 Poniente et 5 de Mayo. Visite de 8 h à 21 h. ☎ (2) 242 88 87.* La façade sobre de l'église montre sur l'un des côtés de l'entrée, fermant l'atrium, les vestiges de l'ancienne porterie de style baroque, avec des bas-reliefs en stuc. L'exquis retable du maître-autel, uniquement décoré de sculptures, est le joyau de l'intérieur. Les retables du transept et la chaire en azulejos blancs et noirs sont également très beaux. Du côté gauche du transept, un sobre portail précède la chapelle de N.-D.-du-Rosaire. Au 16e s., près de l'atrium, fut mortellement blessé le poète sévillan Gutierre de Cetina, célèbre pour son madrigal *Ojos claros, serenos*.

★★★ **Chapelle du Rosaire** – Les guirlandes de stucs dorés où se mêlent motifs végétaux et figures d'enfants, de saints et d'anges ont valu à cette exquise œuvre baroque d'être dite, à la fin de sa réalisation (1690), la huitième merveille du monde. La voûte met en scène les dogmes de la foi et les vertus, placés dans des médaillons ovales. Sur le beau maître-autel, qu'éclairent de façon quasi surnaturelle les fenêtres de la coupole, on vénère la Vierge du Rosaire. Sur la coupole au-dessus de l'autel figure le Saint-Esprit, symbolisé par une colombe, entouré de huit vierges et martyres. L'intérieur est tapissé d'azulejos du 18e s. à motifs végétaux et géométriques.

Museo Bello y Zetina – *5 de Mayo 409. Visite de 10 h à 15 h 45. Fermé le lundi. ☎ (2) 232 47 20.* Ici sont exposées des œuvres européennes, parmi lesquelles un dessin de Goya, un buste d'homme par Géricault et un saint Pierre de Zurbarán. On y voit aussi un tableau de Miguel Cabrera (18e s.), des miniatures de Francisco Morales et des aquarelles sur parchemin et feuilles d'or réalisées au 17e s. par Luis Lagarto. Les collections du musée réunissent meubles, sculptures, porcelaines et pièces en ivoire et cristal de différentes époques.

Nombreux dans les églises, les ex-voto

★ **Museo de Arte Popular Poblano (ancien couvent Ste-Rose)** – *14 Poniente 305. Visite de 10 h à 17 h. Fermé les 1er et 16 septembre, 12 octobre, 20 novembre, 12 et 25 décembre. 10 pesos. ☎ (2) 246 45 26.* Le couvent fut bâti en 1690. En vertu de l'application des lois de la Réforme, les religieuses qui l'habitaient furent contraintes de partir. Devenu par la suite maison de rapport, il a été réhabilité et transformé en musée d'art populaire. Il comprend sept salles, une par région de l'État de Puebla. La visite guidée présente l'artisanat de chacune, dont deux **meubles**★ en bois incrusté de coquillages, d'os et de plaques de bois précieux et une jolie **cuisine de Puebla**★★ recouverte de carreaux de faïence. C'est dans cette cuisine que sœur Andrea de la Asunción a réalisé pour la première fois le délicieux *mole poblano*. La **cour principale**, ornée en 1740 de carreaux et d'azulejos, est remarquable.

★ **Museo de Arte Religioso (ancien couvent Ste-Monique)** – *18 Poniente 103. Visite de 10 h à 17 h. Fermé le lundi. 7 pesos.* Le musée possède une jolie cour, avec des arcades ornées d'azulejos et de carreaux dans le style traditionnel de Puebla. Les bâtiments, achevés par l'évêque Fernández Cruz en 1682 pour servir de couvent aux franciscaines réformées, abritent une magnifique **collection** de peinture coloniale, qui comprend cinq tableaux sur velours réalisés par Rafael Morante. D'autres artistes figurent ici, parmi lesquels on retiendra Miguel Jerónimo de Zendejas, Antonio de Santander, Nicolás Rodríguez Juárez, Juan Correa, Juan de Villalobos, Pascual Pérez et Miguel Cabrera. Au deuxième niveau, on a conservé le cœur de l'évêque fondateur du couvent dans un ostensoir en forme de retable.

Parroquia de San José – *2 Norte 1803. Entre 18 Oriente et 20 Oriente. Visite de 7 h à 13 h et de 17 h à 20 h. ☎ (2) 232 31 00.* Cette église paroissiale, avec sa façade dans le style Puebla, n'était à l'origine qu'une chapelle consacrée à saint Joseph, saint protégeant des orages et de la foudre. La chapelle, terminée en 1595, sert actuellement d'entrée à l'église, elle-même achevée à la fin du 17e s., qui abrite de magnifiques retables baroques et churrigueresques des 17e et 18e s. Dans le vestibule se trouvent une peinture de saint Sébastien et diverses œuvres de Pascual Pérez. Dans la chapelle du Calvaire, on appréciera les peintures de Miguel Jerónimo de Zendejas. Et l'on découvrira dans l'église un autre trésor : la chapelle de Jésus de Nazareth et le magnifique travail de la pierre de ses colonnes, ornées de motifs végétaux et d'anges. Les peintures y sont l'œuvre de José Manzo y Jaramillo.

San Francisco et environs *3 h*

Templo de San Francisco – *Blvd. Héroes del 5 de Mayo et 14 Oriente. Visite de 6 h30 à 20 h. ☎ (2) 237 42 00.* Le **portail**★★ d'azulejos polychromes contraste avec la pierre travaillée des colonnes *estípites*, des niches et des sculptures au centre. Le portail latéral du 16e s. est le plus ancien de la ville.
À l'intérieur on remarquera les voûtes nervurées de style gothique. À gauche du maître-autel se trouve la **chapelle de la Conquistadora**, statue de la Vierge que Cortès emportait dans ses batailles. Là, on vénère la dépouille intacte du bienheureux frère Sebastián de Aparicio, saint patron des voyageurs au Mexique, auquel on attribue de nombreux miracles. Les peintures de Miguel Jerónimo de Zendejas sont également remarquables. En guise d'hommage, on a placé sur l'escalier principal qui mène à l'église un monument représentant une charrette, équipement introduit au Mexique par le bienheureux.

Barrio del Artista – *8 Norte, entre 4 Oriente et 6 Oriente.* Ce quartier a été fondé en 1941 par le docteur Gonzalo Bautista ; depuis cette date, il accueille les artistes de Puebla, qui travaillent devant les visiteurs, invités à acheter leurs œuvres. À quelques pas de ce quartier singulier *(dans 6 Norte et 8 Oriente)*, le **Teatro Principal**, quoique premier théâtre construit sur le continent, fonctionne encore. Ses débuts comme théâtre populaire remontent à 1613. Une rue après le quartier des artistes se trouve **El Parián**, marché très coloré où l'on vend l'artisanat de la région, dont la célèbre faïence de Puebla *(ouvert tous les jours de 10 h à 20 h ; ☎ (2) 242 40 29).*

Museo Casa del Alfeñique – *4 Oriente 416. Visite du mardi au vendredi de 10 h à 16 h. ☎ (2) 232 42 96.* La **façade★★** très ouvragée de la « maison du sucre d'orge », exemple du travail au mortier caractéristique de la région, ressemble à une confiserie dont le sucre ruissellerait des corniches et le long des murs. Attribuée à Antonio Santa María de Incháurregui, cette œuvre est typique du style churrigueresque de Puebla.

★**Templo de San Cristóbal** – *4 Norte, angle de 6 Oriente. Visite de 8 h à 12 h et de 16 h à 20 h.* La belle façade de cette église en pierre sculptée est flanquée de deux hautes tours qui lui donnent une allure élancée. Sa construction a débuté en 1676 sur un projet de Carlos García Durango. À l'intérieur, on admirera le travail en **stuc★** de la coupole et des 16 niches avec leurs représentations du chœur céleste entourant la Vierge, ainsi que les figures des rois dans la partie basse. Un saint Christophe en bois garde l'entrée. L'église est un témoignage de l'apogée du baroque à Puebla.

Museo Regional de la Revolución Mexicana (maison des frères Serdán) – *6 Oriente 206. Visite de 10 h à 16 h 30. Fermé le lundi. 10 pesos.* C'est dans cette maison, qui aurait appartenu aux frères Serdán, que fut découverte la conspiration destinée à déclencher la Révolution, ce qui donna lieu au massacre connu sous le nom de « dizaine tragique », auquel Carmen Serdán survécut. À l'intérieur, on verra le miroir criblé de balles, des photos de personnages révolutionnaires et d'autres objets témoignant de ces événements.

AUTRES CURIOSITÉS *5 h*

Instituto Cultural (ancienne prison de l'État) – *Reforma 1305. Visite de 9 h à 15 h et de 17 h à 20 h. Fermé le week-end. ✂ ☎ (2) 232 04 62.* Centre culturel où les jeunes de Puebla se réunissent et suivent des enseignements artistiques. Au 19e s., l'immeuble fut construit par l'architecte José Manzo y Jaramillo pour servir de prison. Ayant eu à souffrir des assauts de l'armée française et de l'important séisme de 1864, il ferma ses portes en 1884 pour être affecté aux activités culturelles. Reconstruit à la fin du siècle, il a été inauguré par Porfirio Diaz en 1891. Le regard est attiré par ses grosses tours, qui lui donnent l'apparence d'une forteresse, ainsi que par le travail de la pierre et des céramiques. La cour octogonale où avait lieu la promenade des prisonniers est utilisée aujourd'hui pour les répétitions des spectacles ou la détente.

Forts de Loreto et Guadalupe – Au sommet d'une colline qui domine la ville se dressent les murailles des forts qui ont défendu le pays contre l'invasion française le 5 mai 1862.

Fuerte de Loreto – *Av. Ejército de Oriente, Centro Cívico 5 de Mayo. Visite de 10 h à 17 h. Fermé le lundi. 10 pesos.* Au 17e s. on éleva ici, dédié à la Vierge de Lorette, un ermitage que l'on reconstruisit peu après sur le modèle de la Santa Casa de Loreto. En 1815, on fortifia la colline. Le fort devait jouer un rôle dans la bataille

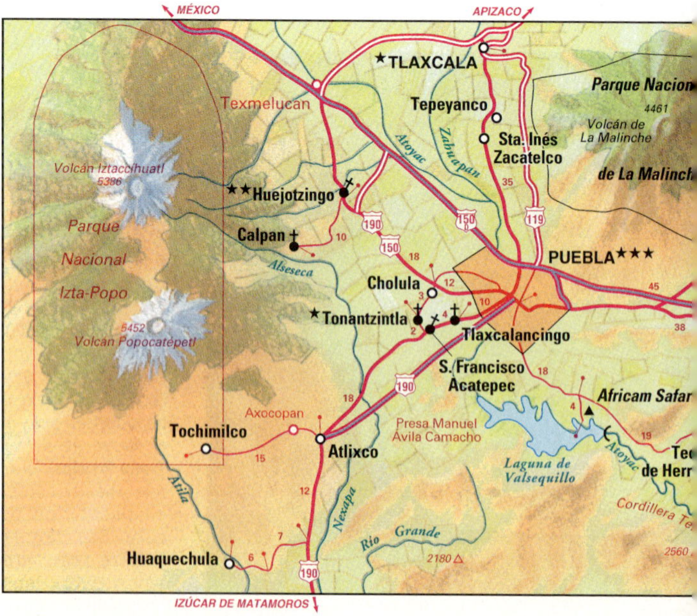

du 5 mai lorsque les troupes du général Berriozábal défendirent la ville. La chapelle héberge aujourd'hui un musée présentant des objets, des dessins et des vêtements de l'époque de la bataille.

Fuerte de Guadalupe – *Av. Ejército de Oriente, Centro Cívico 5 de Mayo. Visite de 10 h à 17 h. Fermé le lundi. 10 pesos.* On y voit les ruines de ce qui fut d'abord une église, puis un fort destiné à la défense de la ville contre les troupes de Napoléon III. Le général Zaragoza, en l'honneur duquel on rebaptisa la ville, a combattu ici.

Museo Regional de Puebla – *Calz. Ejército de Oriente. Centro Cívico 5 de Mayo. Visite de 10 h à 17 h. Fermé le lundi. 10 pesos. ☎ (2) 235 97 20.* Le musée possède une collection d'objets précolombiens et coloniaux, ainsi que des pièces historiques, de l'Indépendance à la Révolution. On y remarquera une très grande **statue★★** (17e s.) de saint Christophe en bois polychrome, très travaillée. On notera aussi une **peinture** de Miguel Jerónimo de Zendejas, réalisée sur les portes de placard d'une boutique. Le musée offre aussi un aperçu des coutumes et du folklore de la région avec la tradition des **croix habillées**, armatures de bois décorées de fleurs, et de la décoration des catafalques pour les fêtes mortuaires.

Museo Nacional de los Ferrocarriles Mexicanos – *11 Norte 1005, entre 10 et 18 Poniente, entrée principale par la rue 10 Poniente. Visite de 10 h à 17 h. Fermé les lundis et jours fériés. ⊟ ☎ (2) 232 78 48.* Ce sobre édifice de style néoclassique fut la première gare de Puebla, inaugurée le 16 septembre 1869 par Benito Juárez. Aujourd'hui, le bâtiment abrite d'intéressantes expositions temporaires qui retracent l'histoire des chemins de fer au Mexique. Unique en Amérique Latine, ce musée présente sur le quai extérieur des locomotives et des wagons qui ont conservé leur mobilier d'origine.

EXCURSIONS

Cholula – *1 jour. 7 km à l'Ouest de Puebla, par la route sans péage 150/190 vers Huejotzingo.* *Voir p. 139.*

De Atlixco à Huaquechula – *1 jour. 87 km. Quitter Puebla au Sud-Ouest par la route 190 vers Atlixco.*

Atlixco – Appelée Villa de Carrión à l'époque coloniale, cette localité fut érigée en duché par les rois Bourbon. Son environnement de pépinières et de serres lui vaut d'être appelée la ville des fleurs. On reconnaît aussi les vertus des eaux médicinales de la source d'Axocopan, comparables, dit-on, à celles de Vichy. Sur la colline San Miguel s'élève l'imposant **couvent franciscain Ste-Marie-de-Jésus** *(visite de l'église de 9 h à 17 h (13 h le dimanche), sauf le lundi ; visite du couvent le dimanche de 12 h à 14 h ; ☎ (2) 445 11 45)*. Il remonte aux premières années de la Conquête et conserve plusieurs retables. La belle **chapelle du Tiers Ordre** *(trois rues à l'Ouest de la Plaza de Armas ; visite de 10 h à 14 h ; ☎ (2) 445 56 60)* est une expression de l'art populaire dont la façade en mortier est repeinte chaque année de couleurs vives. Atlixco possède aussi un des rares hôpitaux d'époque coloniale qui fonctionne encore. L'**hôpital municipal San Juan de Dios** *(cinq rues à l'Ouest de la Plaza de Armas ; à la calle 11 Sur, tourner à gauche et suivre la rue ; visite le lundi, du mercredi au vendredi et le dimanche de 9 h à 15 h, le samedi de 9 h à 14 h ; ☎ (2) 445 00 21)* possède une belle cour décorée ; au rez-de-chaussée se trouve une pinacothèque avec d'intéressants exemples de peinture coloniale. Dans l'**église paroissiale** *(à l'Est de la Plaza de Armas ; visite de 7 h à 13 h et de 16 h 30 à 21 h ; ☎ (2) 445 00 90)*, on remarquera les retables churrigueresques et l'orgue.

Quitter Atlixco au Sud et prendre la route d'état 21 ; tourner à droite (Ouest) et poursuivre jusqu'à la route de Metepec ; en passant le pont de l'Obispo, tourner à gauche vers Axocopan (3 km). Traverser le village et poursuivre sur 11 km par la route 425.

Tochimilco – La petite ville s'étend sur le flanc du Popocatépetl, dont on a une vue splendide : le voyageur a l'impression de pouvoir toucher le sommet tant il semble proche. Sur la place principale coule une fontaine du 16e s. qui approvisionnait autrefois la population en eau. Elle a une forme octogonale ; ses déversoirs en têtes de lion portent des inscriptions en náhuatl. L'eau y était amenée par un aqueduc dont il reste plusieurs arches. L'**ancien couvent franciscain** est une austère construction en pierre, avec un portail Renaissance sévère et une fenêtre mudéjar couronnée de créneaux *(une rue au Nord-Ouest de la Plaza ;*

visite de 6 h à 18 h ; en cas de fermeture, demander au gardien de l'ouvrir ; ☎ (2) 445 19 66). L'intérieur présente plusieurs retables des 17e et 18e s., avec de jolies peintures anonymes d'époque coloniale.

Revenir à Atlixco, se diriger vers le Sud et prendre la route 190 vers Izúcar de Matamoros ; parcourir 12 km ; tourner à droite et poursuivre sur un chemin pavé.

Huaquechula – La place principale de cette bourgade porte plusieurs monolithes précolombiens, avec des calendriers en relief, et une croix de pierre taillée au 16e s., qui à l'origine se trouvaient dans l'atrium du couvent. L'ancien **couvent franciscain** *(Est de la place ; visite de l'église de 9 h à 18 h ; visite du couvent de 10 h à 17 h sauf le lundi ; en cas de fermeture, demander au gardien de l'ouvrir ; 7 pesos ; ☎ (2) 441 41 55)* est un impressionnant monument en pierre élevé au 16e s., avec un riche portail dans lequel des éléments gothiques isabélins s'allient aux formes du plateresque. Le **portail latéral★★** est exceptionnel pour son aspect médiéval. Les jambages ont été sculptés d'images de saint Pierre et saint Paul ; au-dessus figure le Christ en majesté, accompagné des anges annonciateurs du Jugement dernier. L'intérieur de l'église abrite des retables et des peintures baroques – parmi lesquelles se détachent les œuvres de Cristóbal de Villalpando –, ainsi qu'une chaire sculptée en pierre de taille aux formes médiévales. En se tournant vers l'atrium, on découvre la chapelle ouverte au magnifique plafond ogival surchargé d'ornements.

★**Ancien couvent St-Jean-Baptiste**, à **Cuauhtinchán** – *1/2 journée. 57 km. Quitter Puebla vers le Sud-Est par le bd Valsequillo et prendre la route 528 en direction de Valsequillo. À 44 km de Puebla, tourner à gauche et prendre la route 527 vers Tecali ; 7 km plus loin, tourner à gauche et continuer sur 6 km jusqu'à Cuauhtinchán. Visite de 10 h30 à 14 h et de 15 h à 18 h30. Fermé le lundi. 5 pesos. ☎ 227 508 07.* Cet imposant édifice religieux du 16e s. à l'aspect de forteresse comprend tous les éléments d'un couvent : atrium, église, porche des pèlerins, chapelle ouverte (à demi détruite), cloître, citernes et potager. À l'extérieur, on remarquera les fresques presque effacées de la chapelle ouverte, représentant des scènes de franciscains assassinés pendant l'évangélisation. On accède à l'intérieur par l'église, dans laquelle on admirera le **grand retable** (17e s.) de style plateresque ; dans le cloître, un linteau de l'aile Sud est orné de peintures murales ayant pour thème le dialogue d'un aigle et d'un jaguar, symbole du métissage.

À quelques pas de l'ancien couvent, dans un bâtiment qui servit un temps d'église paroissiale, se trouve le **musée d'Art religieux** *(visite le dimanche de 10 h à 17 h, les autres jours sur rendez-vous avec le sacristain Pedro Torija ; 5 pesos ; ☎ 227 508 07)*, où l'on remarquera un précieux retable du 16e s., de délicieuses sculptures de bois ouvragé et quelques documents historiques sur l'histoire de Cuauhtinchán.

Africam Safari et Tecali de Herrera – *1/2 journée. 45 km. Quitter Puebla au Sud par la route d'État vers Tecali ; parcourir 18 km et tourner à droite.*

Africam Safari – *Visite de 10 h à 17 h. 45 pesos. ✗ ⊟ ⚠ ☎ (2) 236 12 12.* Ce parc zoologique en plein air s'étend sur 34 ha au bord du réservoir Manuel Ávila Camacho, plus connu sous le nom de Laguna de Valesquillo. Les animaux y vivent en liberté, et la visite se fait en voiture ou à bord d'un autobus du parc. À la première halte, on peut faire des promenades en bateau sur les canaux du lac de Valesquillo en jouissant du beau spectacle de ses eaux couvertes de nénuphars.

Revenir sur la route d'État et prendre à droite.

Tecali de Herrera – Connu pour son artisanat des figures en onyx, marbre et albâtre, cette petite ville tranquille à la très agréable place centrale abrite l'**ancien couvent St-François★** *(côté Est de la place ; visite de 10 h à 17 h ; 7 pesos. ☎ (2) 271 41 09).* Avec pour sol la prairie et pour toit le ciel, c'est une ruine imposante. Elle présente une belle façade, élaborée dans le plus pur style Renaissance. Le couvent a été construit par les frères franciscains qui ont évangélisé la région au 16e s. À l'intérieur de l'église au plan basilical à trois vaisseaux subsistent le double jeu de colonnes toscanes et les arcs en plein cintre qui soutenaient la toiture à deux pentes. Le cloître, aujourd'hui à ciel libre, est impressionnant par ses dimensions et ses dépendances. On y verra des vestiges de peintures murales et de très beaux fonts baptismaux du 16e s. en pierre grise. L'**église paroissiale** *(au Nord de la place ; visite de 8 h à 19 h ; ☎ (2) 271 41 09)* possède de magnifiques retables (18e s.), travaillés dans le style baroque, à l'exception de celui du côté droit, peint à l'huile, qui se trouvait dans l'ancien couvent. S'y dressent aussi deux piliers du 16e s. et deux du 17e s. en pierre sculptée, dont l'un porte une légende en náhuatl.

Ancien couvent de Tecamachalco – *2 h. 60 km à l'Est de Puebla par la route 150. Visite de l'église de 9 h à 18 h. ☎ (2) 422 00 74. Visite du couvent de 10 h à 17 h sauf le lundi. 7 pesos.* Cet **ancien couvent franciscain** du 16e s. possède les **peintures murales★★** les plus intéressantes de l'époque. Réalisées sur papier *amate*, elles ont ensuite été collées aux angles des nervures du chœur inférieur. Elles sont l'œuvre du peintre indien Juan Gersón, qui a copié en 1562 des thèmes de l'Ancien

Testament d'après des bibles européennes. On admirera également les remarquables fonts baptismaux du 16e s. sculptés d'archanges et de formes végétales. Le soubassement du clocher porte en relief un aigle avec un *copilli*, casque indien.

Cantona – *Quitter Puebla par l'Est et prendre la route fédérale en direction d'Amozoc ; au bout de 18 km, touner à gauche et poursuivre sur 62 km jusqu'à Oriental. Continuer sur la même route, qui devient ici un chemin de terre, et 10 km plus loin, tourner à gauche. Poursuivre sur environ 18 km, en suivant les panneaux indiquant la zone archéologique de Cantona. Visite de 10 h à 17 h. 16 pesos, entrée libre les dimanches et jours fériés.* Sur une coulée de lave, surgit la ville de Cantona, considérée comme étant la plus urbanisée du Mexique précolombien, comme en témoignent les nombreuses voies pavées entrelacées constituant un vaste réseau de communication entre les différentes structures. On a exploré jusqu'à présent 1% seulement de la zone, où l'on a mis au jour 15 ensembles architectoniques. Le site renferme trois grandes unités : la plus vaste (5 km^2) est située à l'extrême Sud ; les deux autres, Centre et Nord, couvrent chacune 3,5 km^2. On y trouve un nombre impressionnant de terrains consacrés au jeu de pelote et de places où se tenaient les manifestations civiles et religieuses, témoignage de l'importance que revêtaient les rituels et les cérémonies religieuses pour les habitants de l'époque.

Selon les recherches archéologiques, Cantona a commencé à se peupler à la fin de la période classique, alors que d'autres grandes villes du centre du Mexique, telles Teotihuacán et Cholula, entamaient leur déclin. À son apogée, dans la période postclassique (de 700 à 950 après J.-C.), les habitations étaient disposées autour de grandes cours. Il existait alors un système de contrôle de la circulation et l'on construisit des chaussées, des ruelles, des terrains de jeu de pelote et autres structures dans un style propre à Cantona : en pierre sèche, sans mortier ou autre matériau de fixation.

★**Acatzingo** – *2 h. 47 km à l'Est de Puebla la route 150D, puis la route 140 à gauche vers Xalapa.* Sur la grand place de cette ville a lieu le mardi un des marchés les plus importants de l'État. Il présente toutes sortes de marchandises, dans un festival de couleurs et de senteurs sans pareil. Une arcade du 19e s. court au Sud de la place. L'**ancien couvent franciscain** *(à l'Est de la place ; visite le vendredi de 17 h à 20 h, le dimanche de 8 h à 17 h ; ☎ (2) 424 00 08)* renferme des restes de retables et des peintures ; le bénitier du 16e s. en pierre sculptée est extraordinaire. L'**église paroissiale** *(au Nord de la place ; visite de 7 h à 20 h ; ☎ (2) 424 00 08)* possède un atrium égayé d'une fontaine qui arbore les blasons précolombiens d'Acatzingo. L'intérieur est construit sur un plan de croix latine. On admirera les peintures de Miguel Jerónimo Zendejas qui ornent le maître-autel. Sur la gauche, la **chapelle de la Vierge des Douleurs**★ *(mêmes conditions de visite)* s'orne de trois retables baroques, avec de belles sculptures et peintures du même artiste, et d'un beau décor d'azulejos. Le parement d'autel en argent (1761) est remarquable. La chapelle de la Solitude, qui se dresse dans l'atrium, abrite des œuvres du même peintre.

Libres – *1 h. 94 km au Nord-Est de Puebla par la route 150D, puis, au péage, la route 129 à gauche.* Appelée autrefois San Juan de los Llanos, cette petite ville mérite une visite pour son **église paroissiale** *(visite de 6 h à 14 h et de 16 h à 20 h ; ☎ 672 30 1 24)* qui renferme dans sa nef centrale et ses bas-côtés un groupe de magnifiques retables, avec des peintures sur chevalet. Tous sont en bois sculpté et doré. Le **grand retable**★★ est orné de sculptures très ouvragées. Le travail est si fin qu'on croirait une œuvre en filigrane. On remarquera dans la troisième partie du bâtiment les colonnes en forme de cariatides, dont les têtes supportent des chapiteaux ; on retrouve ces figures sur le retable latéral droit.

★★**Cuetzalan** – *1 jour. 186 km. Même itinéraire que ci-dessus jusqu'à Libres ; poursuivre par la route 129 jusqu'à la bifurcation de Zacapoaxtla et Cuetzalan (routes 207, puis 201 à droite).* Au pied de versants montagneux à l'abondante végétation apparaît cette charmante agglomération. Le climat tropical a contraint les habitants à ajouter de grands auvents aux toits en tuiles de leurs maisons. On y voit tous les jours des Indiens totonaques ou nahuas, vêtus de chemises et de pantalons en toile. Les femmes aux éclatants **huipiles** (tuniques blanches brodées) portent des chapeaux multicolores hauts de plus de 45 cm. Ce costume traditionnel est plus répandu pendant les **fêtes**★★ du 4 octobre dédiées à saint François d'Assise, et pendant la feria du Café, dont la production, à Cuetzala, est d'excellente qualité. Parmi les sites intéressants, on signalera l'**église paroissiale St-François-d'Assise** du 19e s. à plan basilical, de style Renaissance avec des éléments doriques et romans *(Plaza Principal ; visite de 8 h à 19 h (21 h le dimanche) ; ☎ 233 1 00 04)* ; le **musée régional Calmahuiztic**, où l'on expose objets régionaux, costumes de danse, instruments de musique, offrandes de la cérémonie des morts, masques, fossiles et travaux d'artisanat *(2 de Abril 1 ; visite de 10 h 30 à 14 h et de 15 h 30 à 17 h ; fermé mardi et mercredi ; ☎ 233 1 00 04)* ; le **sanctuaire de N.-D.-de-Guadalupe** *(Calz. de Guadalupe, dans le cimetière ; visite de 7 h 30 à 18 h ; ☎ 233 1 00 04)*, d'où l'on a une vue majestueuse de la ville et des hauteurs environnantes. Ce sanctuaire est plus connu sous le nom d'**Iglesia de los Jarritos** (petits pots) parce que les arêtes de ses chapiteaux sont décorées de récipients en terre cuite.

Cuetzalan est un bon point de départ pour les excursions qui suivent :

Yohualichan – *30 mn. 8 km au Nord de Cuetzalan par un chemin pavé. Visite de 10 h à 17 h. Fermé le lundi. 7 pesos. ☎ 233 100 04.* Au cœur de l'exubérante végétation de la région, on découvre les ruines de ce centre cérémoniel totonaque, très semblables à celles d'El Tajín. Sur un terrain aplani en terrasses ont été bâties trois pyramides, avec leurs places. Au Sud de la place centrale se trouvent le jeu de pelote et une petite enceinte souterraine appelée le tombeau.

Les cascades – *4 h. 5 km à l'Est de Cuetzalan par un chemin de terre, puis un sentier dans les gorges. Il est conseillé de prendre un guide.* La plus connue de ces piscines naturelles est celle de Las Brisas. On en découvre d'autres aux environs : El Salto, Atempatahua et Las Hamacas. Toutes sont nées des chutes du río Cuixiatl. Ici, entre les plantations de café et la flore sauvage, le paysage est vraiment paradisiaque. Il est possible de se baigner au milieu des rochers polis par l'eau ou couverts de mousse.

QUERÉTARO★★

Querétaro
559 222 habitants
Carte p. 137 (**AX**)
Av. Luis Pasteur 4 Norte, Centre ☎ (4) 212 10 04

Pôle stratégique pour le développement économique du pays, la capitale de l'État de Querétaro se trouve dans la région d'El Bajío, l'une des plus fertiles du Mexique. C'est une ville coloniale harmonieuse, soulignée par un aqueduc monumental. Dans les rues étroites du centre s'élèvent palais, anciens couvents, résidences luxueuses et maisons modestes qui ont conservé l'empreinte de l'époque, sur la pierre ainsi que sur les ferronneries aux formes belles et complexes. Ici, le baroque et le néoclassicisme de l'architecture à la française se marient avec le modernisme sans que la ville ait perdu sa saveur provinciale et coloniale, que l'on goûtera en parcourant ses ruelles tranquilles. Le centre historique a été inscrit au patrimoine mondial de l'humanité en 1996. La situation privilégiée de Querétaro à un carrefour de chemins en a fait le témoin d'événements historiques majeurs. L'État, qui s'industrialise rapidement, est aujourd'hui une entité puissante.

Un peu d'histoire

La fondation de la ville de Querétaro le 25 juillet 1531 revient à un Indien otomi, Conin, baptisé sous le nom de Fernando de Tapia. Majoritairement habitée par les Indiens, elle devint au 17e s., grâce à sa terre fertile et prospère, la troisième ville de la Nouvelle-Espagne, sous le titre de **très noble et loyale ville de Santiago de Querétaro**. C'est au 18e s. qu'elle atteignit son apogée économique, sociale et artistique. Au 19e s., elle fut le théâtre d'événements importants de l'histoire du Mexique. C'est ici qu'en 1808 fut fomentée, sous couvert de réunions littéraires, la **conspiration de Querétaro** contre la domination espagnole, menée par les insurgés de Querétaro et par **Josefa Ortiz de Domínguez**, l'épouse du *corregidor*, dite la Corregidora. Le complot fut découvert et les insurgés arrêtés, mais le mouvement d'indépendance se déclenchera non loin de là le 16 septembre 1810, à Dolores.
L'Histoire choisira encore Querétaro pour des étapes décisives. Elle fut capitale provisoire de la République en 1847 et 1848 ; le traité de Guadalupe Hidalgo, mettant fin à la guerre contre les États-Unis d'Amérique, y fut ratifié. En 1867, l'empereur Maximilien d'Autriche y fut fusillé avec les généraux mexicains Miguel Miramón et Tomás Mejía, sur la **colline de las Campanas** : ce fut la fin de la période appelée Second Empire. Un demi-siècle plus tard, en 1916 et 1917, elle fut à nouveau la capitale provisoire du Mexique sur ordre de Venustiano Carranza, qui promulguera la Constitution toujours en vigueur dans le pays.

★★CENTRE-VILLE *1 jour*

Jardín Zenea (jardin Général Obregón) – *Av. Corregidora, angle de av. Madero.* Construit sur l'ancienne « Place des Décombres », ce parc central et ombragé conserve son tracé de 1874, dû au gouverneur Benito Zenea. Son centre s'orne d'une fontaine dédiée à la déesse Hébé, d'un kiosque typique et de lampadaires. À l'Est du jardin, l'**église St-François** présente une façade ornée d'un bas-relief de l'apôtre Jacques. Dans le paisible **intérieur** néoclassique, on remarquera la belle coupole.

Museo Regional de Querétaro (ancien couvent St-François) (**M**) – *Av. Corregidora 3, à l'Est du jardin. Visite de 10 h à 19 h. Fermé les lundis et jours fériés. 16 pesos. ☎ (42) 12 20 31.* Ce musée présente une rétrospective de l'histoire de l'État.

Il occupe un ancien couvent construit à partir de 1540 autour duquel s'organisait la vie de Querétaro au 18e s. Après la destruction au 19e s. d'une grande partie de ce vaste ensemble par les troupes libérales, il ne demeure aujourd'hui qu'un bâtiment à deux niveaux, autour d'une **cour centrale** et de l'agréable **cour des orangers**.

Rez-de-chaussée – Y sont exposées des pièces provenant principalement des sites archéologiques de Querétaro, situés à la limite entre la Méso-Amérique et l'Amérique aride, où vivaient surtout des Indiens nomades. Une des salles montre le développement des groupes indigènes pames et otomis qui ont habité l'État, des temps précolombiens jusqu'à nos jours.

Premier étage – Dans la **grande salle**, on pourra admirer des objets de grande valeur, telles des armoires richement sculptées du 18e s., une énorme porte en bois de plus de 200 ans, de belles statues de saints en marqueterie polychrome du 18e s. comme la **Vierge des Douleurs** qui a conservé ses couleurs d'origine, ainsi qu'une table en bois ouvragé et des toiles de Juan Correa et José de Ibarra, du 18e s. également.

★★ **Plaza de Armas (ou de la Independancia)** – *Av. Pasteur, angle de 5 de Mayo.* Cette place plantée de lauriers d'Inde touffus est considérée comme l'une des plus belles d'Amérique Latine. Au centre se dresse la statue du marquis de la Villa del Villar del Águila, qui fit construire l'aqueduc approvionnant Querétaro en eau. Cette charmante place est bordée de constructions anciennes bien conservées abritant d'intéressants restaurants, comme la **Casa Queretana de Artesanías** *(Andador Libertad 52 ; ouvert du mardi au jeudi de 11 h à 14 h et de 16 h à 20 h, le vendredi de 11 h à 14 h et de 16 h à 21 h, le samedi de 11 h à 21 h, le dimanche de 10 h à 17 h ; fermé le lundi, ainsi que les 1er janvier et 25 décembre ; ✂ ☎ (42) 14 12 35)*, et un élégant **hôtel** du 18e s.

Palacio de Gobierno (ancienne Maison royale, prison et palais de la Corregidora – PG) – *Au Nord de la place.* C'est un beau palais du 18e s. bâti sur deux niveaux, avec de hauts murs dégageant une impression de solidité. C'était la résidence de **Josefa Ortiz de Domínguez**, qui a organisé les réunions préparatoires à la lutte pour l'indépendance. Lorsque la conjuration fut découverte, la Corregidora fut arrêtée chez elle, mais put prévenir Miguel Hidalgo par l'intermédiaire de l'alcade Ignacio Pérez.

★ **Casa de Ecala (bureaux du DIF, affaires familiales)** – *Côté Ouest de la place.* Le **portail**★ baroque de cette maison seigneuriale du 18e s. impressionne par la somptueuse élégance de ses balcons en fer forgé. Au balcon supérieur, une frise en pierre sculptée sépare la pierre de taille de la céramique bleu et blanc. L'attention est retenue par la complexité des figures en pierre et en fer forgé, matériaux travaillés comme s'ils étaient du plâtre facile à modeler.

Jardín de la Corregidora – *Av. Corregidora et Andador 16 de Septiembre.* Dans cet endroit paisible se dressent l'**arbre de l'Amitié** et un **monument**★ dédié à Josefa Ortiz de Domínguez. Restaurants et cafés aux environs.

Teatro de la República – *Av. Juárez 22, angle av. Ángela Peralta. Une rue après le jardin de la Corregidora.* Ce bâtiment historique construit vers le milieu du 19e s., dont le nom d'origine était Grand Théâtre Iturbide, ouvrit ses portes en 1852. C'est ici, en 1867, que la condamnation de Maximilien d'Autriche fut prononcée par un conseil de guerre, et c'est encore ici que le Congrès mexicain ratifia en 1917 la Constitution qui régit le pays aujourd'hui. Dans ses dernières années d'activité, le théâtre a accueilli de grandes figures de la culture mexicaine et internationale. Aujourd'hui son usage est réservé à des événements culturels et manifestations officielles de grande importance.

Templo del Sagrado Corazón de Jesús (Santa Clara) – *Francisco I. Madero, angle de Ignacio Allende. Visite de 10 h à 13 h et de 17 h à 19 h.* Ce sobre édifice du 17e s. (1606-1633) fut construit grâce à une donation de Diego de Tapia, descendant du fondateur de Querétaro, Fernando de Tapia (Conín). Dans le jardin, son ancien potager, on admirera une **fontaine** ornée d'une sculpture du dieu marin Neptune, œuvre de l'artiste mexicain Francisco Eduardo Tresguerras (1759-1833). L'architecture sévère de l'extérieur contraste avec la richesse des **retables** conservés à l'**intérieur**★★, à nef unique. On notera la décoration de la chaire et la grille du *coro*, qui cache les orgues. Le 15 septembre 1810, une des cellules du couvent servit de prison à la *corregidora* Josefa Ortiz de Domínguez.

★**La Casa de la Marquesa** – *Madero 41, angle de Ignacio Allende (en face de l'église Ste-Claire). ☎ (42) 12 00 92. Visite sur rendez-vous.* Cette maison seigneuriale baroque achevée en 1756 fut habitée par la marquise de la Villa del Villar del Águila. Sa façade montre un élégant travail de la pierre et une belle porte en bois sculpté. À voir, le grand vestibule et le petit **patio**★ intérieur de style mudéjar avec ses arcades arabes. Remaniée en 1995, la maison abrite un hôtel de luxe.

★**Museo de Arte de Querétaro (ancien couvent St-Augustin)** – *Ignacio Allende 14 Sud. Visite de 10 h à 18 h. Fermé le lundi, ainsi que les 1er janvier et 25 décembre. 10 pesos ; entrée libre le mardi. ☎ (42) 12 23 57.* Le musée occupe un bâtiment du 18e s., œuvre de l'architecte Ignacio Mariano de las Casas, de Querétaro. Il présente une importante rétrospective historique d'art mexicain et européen, dont une vaste collection de peintures coloniales dont les styles varient du maniérisme du 17e s. au baroque des 17e et 18e s. On admirera en particulier les toiles qui font partie de la série de l'apostolat, œuvre de Cristóbal de Villalpando. Le superbe **cloître**★ de cet ancien couvent montre une riche ornementation baroque en pierre sculptée, avec des **colonnes cariatides**. Végétation luxuriante et oiseaux agrémentent le jardin.

Templo de San Agustín – *Ignacio Allende, angle de Pino Suárez. Visite de 11 h à 13 h et de 17 h à 20 h30.* L'église fut construite au 18e s. par le frère Luis Martínez Lucio sur une grande plate-forme étagée. Le clocher, jamais terminé, est tronqué. Le grand **dôme** recouvert d'azulejos est orné d'une frise d'anges musiciens. Le **portail**★ rappelle la composition des retables : il est encadré de colonnes torses qui veillent sur les statues des saints augustins. Il est couronné par un grand **crucifix**★ en pierre sculptée, soutenu par un ange-atlante.

★★**Templo de Santa Rosa de Viterbo** – *Arteaga, angle de Ezequiel Montes. Visite de 6 h30 à 20 h. ☎ (42) 12 16 91.* Cette somptueuse église du 18e s. est le chef-d'œuvre d'Ignacio Mariano de las Casas, qui a laissé sa marque dans toute la ville. Édifice imposant, elle force le respect ; mais l'imagination est stimulée par son dôme, sa tour de style mudéjar et ses deux **contreforts**, qui semblent inversés en raison de la tournure singulière de leur partie supérieure. Chacun de ces contreforts, devenus emblèmes de Querétaro, s'orne d'un curieux mascaron qui tire la langue.

Intérieur – Six retables dorés, dédiés à différents saints et à la Vierge de Guadalupe, font l'éclat de l'intérieur. Celui qui domine la tribune retiendra l'attention : le registre supérieur est couronné d'un éventail doré, le registre inférieur porte 15 médaillons représentant le Christ et les apôtres ; on voit dans la partie basse un Christ des Larmes. Derrière la double grille du *coro* se trouve un orgue baroque, construit en 1759, encore en usage. On remarquera du côté droit la **chaire**★ incrustée d'argent, d'ébène et d'ivoire.

Petite sacristie – On voit ici une **peinture**★ anonyme du 18e s. et un portrait de la belle moniale sœur Anna María de San Francisco, pupille du couvent.

Sacristie – Dans cette grande salle, l'immense peinture représentant le potager raconte l'histoire et les coutumes du couvent. On y verra aussi le portrait du capitaine Velázquez de Lorea, lieutenant-colonel des armées royales, qui parraina la construction de l'église. Le regard est attiré par les statues du Christ et des 12 apôtres, qui faisaient partie du maître-autel d'origine. On remarquera également la table octogonale du 18e s. en bois ouvragé, le bénitier et les porte-serviettes, qui forment un ensemble richement sculpté en bois doré.

BARRIO DE SANTA CRUZ *2 h*

800 m à l'Est du centre par la calle Independencia.

Ce quartier au flanc de la colline Sangremal a été témoin de la bataille qui vit Fernando de Tapia vaincre les Indiens qui résistaient à la domination espagnole. La légende raconte qu'une apparition de l'apôtre saint Jacques à cheval fit basculer la bataille en faveur des Indiens catholiques, donnant ainsi naissance au nom Santiago de Querétaro attribué à la ville. On jouit ici d'une vue panoramique de la ville coloniale et on peut voir l'aqueduc sur toute son étendue. Commencé en 1609, le **couvent de la Ste-Croix** *(Independencia, angle de Felipe Luna ; visite guidée (25 mn) du mardi au vendredi de 9 h à 14 h et de 16 h à 18 h, les week-ends et jours fériés* *de 9 h à 16 h30 ; participation à l'appréciation du visiteur ; ☎ (42) 12 02 35)*, devint à la fin du 17e s. le siège du Collège apostolique de Propagation de la foi, le premier collège de missionnaires de toute l'Amérique. D'ici partirent les grands missionnaires qui portèrent la foi et la culture occidentale aux régions du Nord et du Centre de l'Amérique. L'intérieur cache une belle cour entourée de murs de pierre : de fière allure, elle abrite des **« arbres à épines »**, ainsi appelés parce que leurs branches se couvrent d'épines en forme de croix. Selon la légende, ces épines proviendraient du bâton de frère Margil de Jésus, fervent évangélisateur à la réputation de saint.

★★ AQUEDUC *30 mn. Calzada de los Arcos.*

La construction de ce grandiose aqueduc édifié grâce à Juan Antonio de Urrutia y Arana, marquis de la Villa del Villar del Águila, a débuté en 1726 pour s'achever en 1736. Emblème de Querétaro, il est considéré comme l'un des ouvrages d'art les plus remarquables d'Amérique. Sur 1 280 m, avec 23 m de hauteur, il marie esthétique et technique architecturale au long de ses 64 arches. On lui doit la présence du grand nombre de fontaines publiques et privées de la ville.

© Gustavo Gatto

L'aqueduc

EXCURSIONS

Bernal – *58 km. Quitter Querétaro vers l'Est par la route 57 vers Mexico ; au bout de 17 km, prendre la direction de Cadereyta et continuer jusqu'au village de Bernal.* L'attraction principale de ce pittoresque village aux ruelles bigarrées est un monolithe géant (d'une hauteur de quelque 300 m), connu sous le nom de la **Peña de Bernal**, qui domine à 100 km à la ronde un paysage désertique. Source d'inspiration pour les ésotéristes, ce rocher a été considéré comme sacré par les anciennes tribus chichimèques qui habitaient cette région. On dégustera au village les délicieuses et traditionnelles confiseries au lait et pourra acheter des articles d'artisanat régional et des minéraux tels que l'opale et le quartz.

★**Tequisquiapan** – *1/2 journée. 69 km au Sud-Est de Querétaro par la route 57D, puis à gauche en quittant l'autoroute.* Cette agréable petite ville aux rues pavées ornées d'éclatants bougainvilliers est célèbre pour ses eaux thermales, aux vertus curatives et apaisantes. Sa charmante **plaza cívica** est bordée de **rues piétonnières** et d'arcades qui abritent restaurants, boutiques d'artisanat et pâtisseries. Sur la place se dresse l'église paroissiale néoclassique Ste-Marie-de-l'Assomption, de la fin du 19e s. On peut visiter les **marchés** d'artisanat typique de la région : corbeilles, meubles et objets tressés en baguette de saule, osier et rotin, tissages au crochet. Suivant une étude du début du 20e s., Tequisquiapan serait au centre géographique du pays. À 3 km au Sud-Est du centre-ville se trouve la **gare de Bernal** (début du 20e s.), d'où l'on a une superbe **vue** de la vallée dans laquelle se loge Tequisquiapan.

Cadereyta – *2 h. 43 km au Nord de Tequisquiapan par la route 120.* Les maisons et églises colorées de ce paisible village invitent à faire plus ample connaissance avec les sites pittoresques que recèle l'Etat de Querétaro. La visite des serres et pépinières de la **Quinta Fernando Schmoll** *(Calle del Pilancón, quartier de Fuentes y Pueblo Nuevo ; visite de 9 h à 17 h ; ☎ 42 76 02 56)*, spécialisée depuis des décennies dans la culture et la reproduction de plus des 200 espèces de cactées et succulentes, est d'un grand intérêt.

Missions de la SIERRA GORDA★

Querétaro

Carte p. 137 (**AW**)

Av. Luis Pasteur 4 Norte, Querétaro ☎ (4) 212 12 87

Au cœur de larges vallées et de montagnes sauvages s'élèvent cinq intéressantes églises de mission, auxquelles la nature environnante donne un charme tout particulier. On les trouve dans la sierra Gorda, chaîne de montagnes située à l'Est de la sierra Madre orientale, à cheval sur les États de Querétaro, Hidalgo, Guanajuato et San Luis Potosí. C'est une région riche en minéraux, où la végétation est abondante. On y trouve des étendues arides, de hautes montagnes couvertes de conifères, et des terres fertiles baignées par les rivières Moctezuma, Jalpan et Concá. Les routes d'accès aux missions n'étaient praticables qu'en période sèche jusqu'au milieu du 20e s., quand elles ont été goudronnées.

Un peu d'histoire – Le caractère insoumis des tribus indiennes chichimèques, nombreuses et dispersées, qui vivaient ici de cueillette et de chasse, rendit difficile l'évangélisation de la région. Les conflits entre les différents ordres missionnaires et les résultats médiocres obtenus provoquèrent la réorganisation de ces modestes missions vers le milieu du 18e s. On confia alors au collège franciscain St-Fernand la responsabilité des missions déjà existantes et la fondation de nouvelles. Le **frère Junípero Serra**, célèbre missionnaire franciscain, arriva dans la région en 1750 et s'établit à Jalpan. Avec la collaboration du frère Francisco Palau, il réalisa un important travail d'évangélisation et donna l'impulsion au développement économique et agricole de la région. Grâce à quoi, ils gagnèrent la confiance des Indiens, qui acceptèrent une vie sédentaire, s'établissant principalement autour de cinq communautés correspondant aux missions construites vers le milieu du 18e s.

LES MISSIONS *2 jours – Itinéraire de 155 km au départ de Jalpan.*

Bien que la région soit parsemée de ruines de missions fondées depuis le 16e s., les cinq plus importantes, présentées ci-dessous, furent fondées et construites entre 1744 et 1768. Leurs caractéristiques singulières en font l'une des expressions les plus remarquables du baroque mexicain. On y retrouve des éléments d'architecture du 16e s., comme l'ornementation d'inspiration florentine. La décoration exubérante et la polychromie des façades est la marque du talent des indigènes. Leur revêtement travaillé présente des symboles chrétiens et franciscains, porteurs d'une forte intention didactique. Les cinq missions présentent des similitudes dans la distribution des bâtiments, la forme des tours et l'œil-de-bœuf qui éclaire le *coro*. L'intérieur, en forme de croix latine, présente une décoration fragile.

Misión de Jalpan – *Visite de 7 h à 20 h. ☎ (42) 12 10 04.* Cette belle mission dédiée à l'apôtre saint Jacques a été établie par le **frère Junípero Serra** ; c'est la première et la plus grande des cinq. Le **portail★** sculpté, en mortier peint de jaune et de rouge, présente une riche combinaison d'éléments végétaux et de symboles franciscains, avec la figure caractéristique de l'aigle à deux têtes (emblème de la maison de Habsbourg) dévorant un serpent, que l'on trouve à la base des panneaux latéraux.
Au deuxième niveau, des niches abritent la Vierge de Guadalupe et la Vierge du Pilar. En face, le **musée d'Histoire de la Sierra Gorda** *(Fray Junípero Serra 1, centre : visite du lundi au vendredi de 8 h à 19 h, le samedi de 8 h à 15 h et le dimanche de 9 h à 13 h ; fermé les jours fériés ; 5 pesos; ☎ 429 601 65)* occupe l'emplacement d'un ancien fort du 16e s. Ses collections invitent le visiteur à se familiariser avec l'histoire des missions ainsi qu'avec la vie et l'œuvre de frère Junípero Serra.

Quitter Jalpan par la route 69 vers Rio Verde. Parcourir 34 km, tourner à gauche et continuer sur 1 km par un chemin empierré.

Misión de Concá – *Visite de 8 h à 20 h. ☎ (42) 12 14 12.* La mission se trouve dans le village du même nom : on y parvient par un pont suspendu au-dessus des rivières Santa María et Ayutla, dont les eaux ont la particularité d'avoir des couleurs différentes en raison de leur différence de température.
C'est la plus petite des missions. Elle se distingue par son **portail★** rouge vif et son imposant blason de l'ordre franciscain. Le deuxième niveau est orné de quatre colonnes torses décorées de feuilles de vigne. Entre ces colonnes, dans les niches des arcs en accolade, veillent les statues du roi Saint Louis et de saint Roch avec son inséparable chien. On voit dans la partie haute le patron de l'église, l'archange saint Michel, foulant le démon et brandissant son épée.

Revenir à Jalpan et prendre vers l'Est la route 120 vers Xilitla ; au bout de 20 km, prendre à gauche et poursuivre sur 300 m par un chemin empierré.

Misión de Landa – *Visite de 7 h à 18 h. ☎ (42) 12 10 04.* Son **portail★★** ornementé est dédié à la Très Pure Conception de Landa de Matamoros. Les quatre pilastres *estípites* du premier niveau servent aussi de niches, sous un arc en accolade, accueillant les statues de saint Jacques de la Marche, saint Bernardin de Sienne, saint Jean de Capistran et saint Albert de Sarzane, prédicateurs du 15e s.,

modèles des missionnaires et réformateurs de l'ordre franciscain. Sur la porte, on voit deux personnages en train d'écrire : Juan Duns Escoto et sœur María de Agreda, défenseurs de la pureté de la Vierge.
Au troisième niveau, on remarquera les médaillons qui présentent des scènes de la vie du Christ : l'entrée dans Jérusalem et la flagellation. Comme à Concá, on aperçoit en hauteur une représentation de l'Archange saint Michel victorieux.

Revenir sur la route 120 et poursuivre vers Xilitla ; au bout de 10 km, tourner à droite.

★**Misión de Tilaco** – *Visite de 7 h à 19 h. ☎ (42) 12 14 12.* Cette mission se compose d'une église, d'un couvent et d'une chapelle ouverte. Son inhabituel atrium à deux niveaux a conservé ses chapelles de procession et, en son centre, la croix en fer forgé. Le troisième registre du **portail**★ encadré d'estípites est remarquable pour son balcon, duquel il semble que saint François d'Assise, au quel la mission fut dédiée, contemple la **vue** charmante de la vallée. Quatre anges musiciens entourent le saint : l'un joue du violon, l'autre de la guitare et les deux autres chantent en écartant le rideau. Au centre du petit cloître orné d'arcs en plein cintre s'ouvre un puits.

Revenir sur la route 120 et poursuivre en direction de Xilitla : 7 km plus loin, prendre à gauche.

Misión de Tancoyol – *Visite de 7 h à 17 h. ☎ (42) 12 10 04.* La cinquième mission se trouve au fond d'une vallée fertile entourée de montagnes couvertes d'une abondante végétation. Consacrée à Notre-Dame de la Lumière, elle s'élève devant un vaste atrium dont la singulière palissade encadre les vestiges de chapelles de procession et le socle de la croix. Au deuxième registre de sa **façade**★, on admirera le bas-relief représentant saint François recevant les stigmates. Le troisième registre est caractérisé par une niche abritant une croix élancée encadrée par deux anges portant des encensoirs ; au-dessus, deux anges plus petits soutiennent le baldaquin.

EXCURSION

★**Las Pozas (Casa del Inglés)** – *1/2 journée. 83 km au Nord-Est de Jalpan, dans le village de Xilitla.* *Voir p. 235.*

TEOTIHUACÁN★★★

Mexico

Carte p.137 (**AY**)

ℹ ☎ (5) 956 00 52

Pendant la période classique Teotihuacán a été, sur tous les plans, la ville la plus importante de Méso-Amérique. C'est aujourd'hui le plus grand site archéologique du haut plateau mexicain, non seulement pour sa valeur historique, mais aussi pour ses dimensions, ses constructions monumentales et sa planification urbaine remarquable. Teotihuacán est à la fois le berceau d'une grande partie de la mythologie mexicaine et le site sacré où l'on célébrait la rencontre des dieux, du ciel, de la terre et des hommes.

Un peu d'histoire – Teotihuacán naît au début de notre ère. Sa période de splendeur se situe entre 309 et 600 après J.-C., quand sa culture atteint son apogée et qu'elle jouit de la plus grande influence économique sur tous les peuples de Méso-Amérique de la période classique. À cette époque s'élèvent d'innombrables édifices aux caractéristiques différentes ; la ville s'étend sur plus de 20 km^2 et compte environ 200 000 habitants. Vers l'an 600, elle commence à décliner en raison de la surexploitation de ses ressources naturelles, de tensions sociales et d'une crise du pouvoir politique central. On sait qu'entre 600 et 750 a lieu un terrible incendie, au cours duquel la ville est pillée et partiellement détruite.
Après la chute de Teotihuacán (vers 700-750), la région est occupée par des peuples d'origine toltèque, puis finalement par les Aztèques (vers 1325) qui l'utilisent comme centre de prière et de rites religieux jusqu'à l'arrivée des Espagnols. Le nom de Teotihuacán, « lieu des dieux » ou « lieu où les hommes deviennent dieux », lui a été donné par les Aztèques.

SITE ARCHÉOLOGIQUE *1/2 journée*

Au kilomètre 46 sur la route Mexico-Pirámides (par l'autoroute de Pachuca). Visite de 7 h à 18 h 30. 20 pesos. ✂ ▣ ☎ (595) 600 52. Le site possède cinq entrées. Il est conseillé d'emprunter l'entrée n° 1. Après le vestibule commence sur la gauche le Chemin des Morts ; la citadelle se dresse en face.

La Ciudadela – Cet ensemble architectonique de 400 m de côté qui accueille le temple de Quetzalcóatl est l'un des plus vastes du site. Croyant qu'il s'agissait d'une construction militaire en raison de sa forme et de sa taille, les Espagnols l'ont désignée du nom de « citadelle ». C'était en fait le siège du gouvernement de Teotihuacán.

Détail du temple de Quetzalcóatl et de Tíaloc

Temple de Quetzalcóatl et de Tláloc – *Emprunter le passage situé derrière le premier édifice.* Ce temple est l'exemple le plus représentatif de la puissance expressive de la sculpture à Teotihuacán. Les rampes encadrant l'escalier du temple sont ornées de têtes de serpents ; les talus, de serpents à plumes ondulants, entourés de conques et de coquillages ; sur les panneaux, parmi les motifs aquatiques, des têtes de Quetzalcóatl, le serpent à plumes, semblent surgir de fleurs à intervalles réguliers : elles représenteraient la dualité constante entre le matériel et l'immatériel. Tláloc, dieu de la pluie, est représenté comme une figure à grosses lunettes.

Chemin des Morts – Cette voie principale courait sur 4 km. Seuls les deux kilomètres qui vont de la citadelle à la place de la Lune ont été explorés à ce jour. Son nom lui fut donné par les Aztèques, qui pensaient que les édifices le long de l'avenue étaient des tombes. À quelques mètres du début du chemin, un canal le traverse. Là coulait à l'origine la rivière qui approvisionnait la ville en eau par un système complexe de distribution souterraine. Ce point marque la frontière entre le Nord et le Sud.

Ensemble des Édifices superposés – *Côté gauche du Chemin des Morts.* Cet ensemble servait au logement des prêtres. Pour ne pas abîmer la partie supérieure des constructions, on a procédé à leur exploration au moyen de tunnels, qui permettent d'observer la façon dont ont été réalisées les installations du centre cérémoniel à différentes époques. On y voit des vestiges d'escaliers, de dallages et de peintures murales.

Pyramide du Soleil – Ce monument, l'un des plus extraordinaires du monde précolombien, témoigne des connaissances en astronomie des Téotihuacans. Elle étonne encore aujourd'hui les scientifiques par la précision des calculs employés dans sa construction. La façade du côté du Chemin des Morts s'oriente vers l'Ouest, vers le point précis de l'horizon où le soleil se couche le 19 mai et le 25 juillet, jours où, à midi, le soleil à son zénith se trouve exactement à la verticale du sommet de la pyramide – unissant le centre de la voûte céleste au centre de la terre. Orienté selon la marche du soleil passant par le zénith, le monument fait un angle de 17 degrés avec l'axe Nord-Sud. Toutes les constructions de Teotihuacán suivent l'orientation de la pyramide du Soleil.
L'impressionnant monument de 225 m de côté et 65 de haut se compose de cinq corps talutés superposés, séparés par des terrasses. Le plus élevé portait certainement un temple. Malgré ses proportions gigantesques, la pyramide forme un ensemble très équilibré.
L'ascension (242 marches) de l'immense escalier vaut la peine, car on a d'en haut une belle **vue**★★ sur le site.

Musée – *Côté Sud de la pyramide du Soleil, par la porte 5.* Inauguré en 1994, le bâtiment moderne, œuvre de l'architecte Pedro Ramirez Vázquez, présente une remarquable collection de pièces trouvées sur le site, mais aussi une grande maquette montrant le plan d'urbanisme et la répartition des édifices de Teotihuacán.

Reprendre la Voie des Morts jusqu'au bout.

Place de la Lune – Elle est bordée de temples disposés symétriquement, formant un ensemble architectonique aux proportions esthétiquement parfaites et tous édifiés selon la technique typique de Teotihuacán qui faisait alterner talus et parements verticaux. Cette place était probablement destinée aux cérémonies à caractère privé.

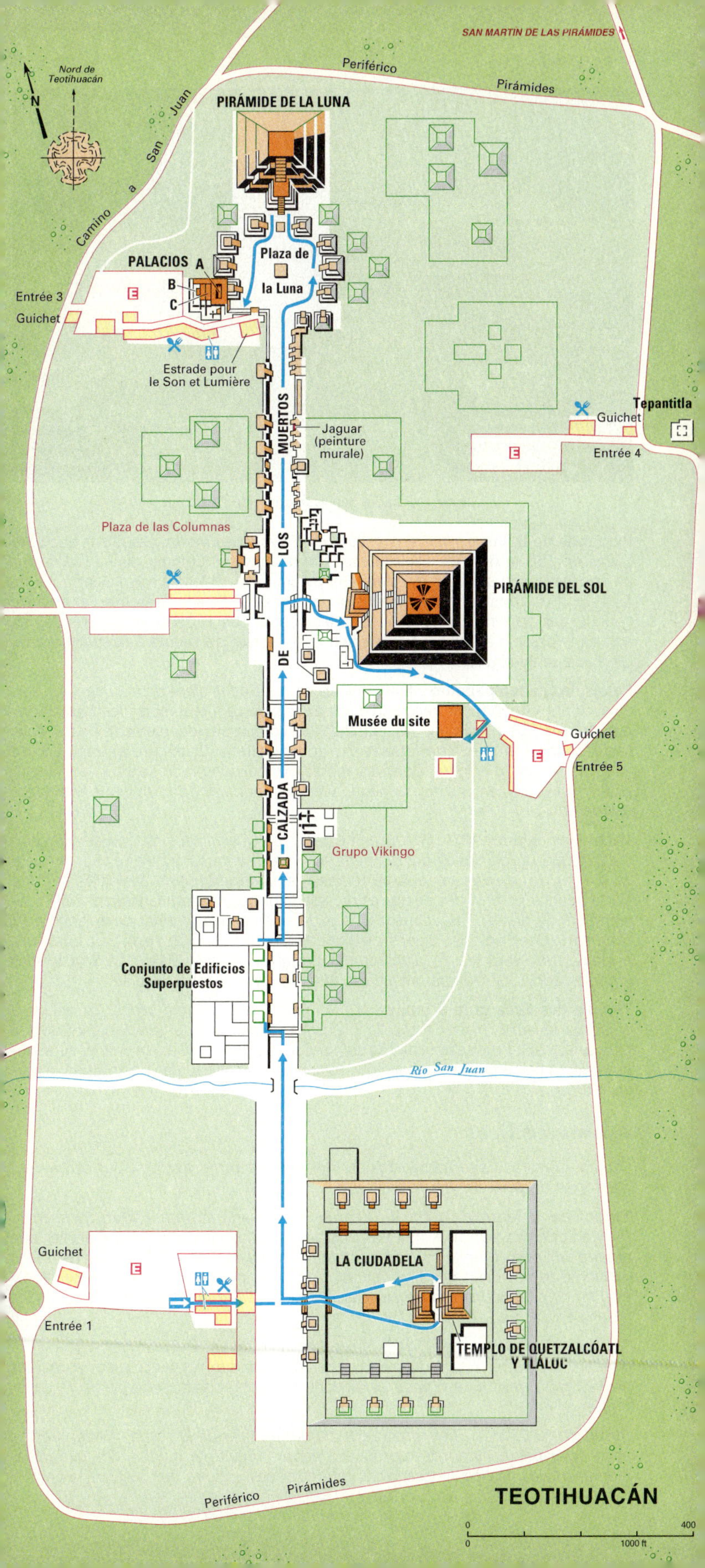

SAN MARTIN DE LAS PIRÁMIDES
Nord de Teotihuacán
N
Periférico
Pirámides
Camino a San Juan
PIRÁMIDE DE LA LUNA
Plaza de la Luna
PALACIOS
A
B
C
Entrée 3
Guichet
E
Estrade pour le Son et Lumière
MUERTOS
LOS
DE
CALZADA
Jaguar (peinture murale)
Tepantitla
Guichet
Entrée 4
E
Plaza de las Columnas
PIRÁMIDE DEL SOL
Musée du site
Guichet
E
Entrée 5
Grupo Vikingo
Conjunto de Edificios Superpuestos
Río San Juan
LA CIUDADELA
TEMPLO DE QUETZALCÓATL Y TLÁLOC
Guichet
E
Entrée 1
Periférico
Pirámides
TEOTIHUACÁN
0
400
0
1000 ft

Vue de Teotihacán depuis la pyramide de la Lune

Pyramide de la Lune – *Extrémité Nord du Chemin des Morts.* Assise sur ube base d'environ 150 m de côté, elle atteint 42 m de hauteur. Comme elle se trouve sur un site élevé, son sommet et celui de la pyramide du Soleil se retrouvent à même hauteur. Elle compte quatre étages superposés. La façade présente l'alternance typique des parements, avec un escalier central. De la terrasse supérieure, on admire le dessin parfait de la ville et un beau **paysage** qui ajoute à la splendeur du complexe architectural.

Palais de Quetzalpapálotl (**A**) – *Angle Sud-Ouest de la place de la Lune.* Ce palais aujourd'hui entièrement reconstruit faisait partie de l'ensemble des habitations des prêtres. En gravissant les marches du côté droit, on parvient à une cour carrée, entourée de piliers formant une grande galerie. Ceux-ci présentent encore leurs bas-reliefs d'origine, dont les motifs symboliques représentent le quetzal-papillon, initialement peint en rouge, avec des morceaux d'obsidienne à la place des yeux.

Palais des Jaguars (**B**) – *À gauche du palais de Quetzalpapálotl, niveau inférieur.* Il est formé de portiques qui donnent sur une cour quadrangulaire. Sur un côté de la cour, un escalier conduit au temple. Les murs extérieurs des salles au fond sur la gauche portent des peintures représentant de très grands jaguars coiffés de panaches de plumes. Ils tiennent à la patte une conque marine, dans laquelle ils soufflent ; il en sort les signes pictographiques du son. On reconnaît aussi des glyphes, des symboles de dates et des masques du dieu Tláloc. La plupart des représentations de jaguars ont un rapport avec la pluie et la fertilité.

Temple des Escargots à plumes (**C**) – *Prendre le passage à droite.* Ce temple a plusieurs façades, mais c'est celle de droite, ornée de bas-reliefs d'escargots à plumes et peinte d'oiseaux colorés qui lui donne son nom. Cet ensemble, situé au-dessous du palais de Quetzalpapálotl, en constitue le niveau de construction le plus ancien.

Autres édifices

Dans le circuit du site archéologique, on visite d'autres vestiges, qui conservent des restes de peintures murales.

Tepantitla – *Devant la porte 4 ; l'entrée se trouve à environ 100 m du chemin.* On y admire des peintures murales illustrant des thèmes variés, en particulier une remarquable représentation des éléments composant Tlalocan, paradis de Tláloc gouverné par ce dieu, que l'on voit en haut de la peinture. Une excellente reproduction de ce mural se trouve au musée national d'Anthropologie de Mexico, dans la salle consacrée à Teotihuacán.

Tetitla – *Entre les portes 2 et 3 (suivre les indications).* C'est un labyrinthe d'habitations de prêtres formé de patios et de corridors. Les résidences sont entourées de 120 murs peints de figures de jaguars, serpents, oiseaux et d'éléments aquatiques.

Atetelco – *700 m à l'Est (prendre le sentier en face de la sortie).* Dans une des cours, une petite pyramide reproduit à échelle réduite le modèle des pyramides monumentales. On peut observer à côté d'un des temples qui bordent la cour le travail de restauration des peintures.

Ensembles de Zacuala et Yayahuala – *Revenir à Tetitla et emprunter le chemin de gauche.* Dans l'ensemble d'habitation de **Zacuala**, on remarquera les représentations de Tláloc. **Yayahuala** est un groupe de chambres dont les murs présentent aussi des vestiges de peintures murales.

EXCURSION

★★ **Couvent d'Acolman** – *1 h. Route Mexico-Pirámides, à 9 km du site archéologique en direction de Mexico. Calle de los Agustinos à Acolman. Visite de 10 h à 17 h. Fermé le lundi. 14 pesos. ☎ (595) 716 44.* Ce couvent augustinien, construit en 1571, conserve sa distribution d'origine, malgré les reconstructions et transformations dont il a fait l'objet au cours des siècles, et les grandes inondations qu'il a subies. C'est l'un des rares exemples de style plateresque au Mexique, où se mêlent quelques traits iconographiques et le travail artisanal des communautés indigènes. À l'intérieur de l'église, le premier pan de mur à gauche de la nef attire l'attention, avec les peintures murales de son retable de style churrigueresque.
Le **cloître principal** est de style Renaissance. Les colonnes sont décorées de motifs végétaux d'inspiration indigène. Plusieurs murs du couvent ont conservé leurs fresques. On remarquera les encadrements ornés des portes, copiés sur des gravures européennes.
Devant la porte principale de l'atrium, de l'autre côté de la route, se dresse une belle **croix** de facture indienne (16e s.), portant des symboles de la Passion sculptés en pierre.

Museo Nacional del Virreinato TEPOTZOTLÁN★★★

Musée national de la Vice-royauté de TEPOTZOTLÁN – Mexico

Carte p. 137 (**AY**)

Plaza Hidalgo 99, Centre. ☎ (5) 876 27 71

Quitter Mexico au Nord par la route de Querétaro ; 38 km plus loin, bifurquer à droite vers Tepotzotlán et passer au-dessus de l'autoroute ; 3 km jusqu'à la plaza Hidalgo.

La ville de Tepotzotlán est dominée par la majesté tranquille de l'ensemble architectural de son **ancien collège jésuite**, qui abrite le musée national. La riche façade de l'église, l'atrium planté d'arbres et l'immense potager montrent la richesse de l'ancien siège des collèges St-Martin et St-François-Xavier, dont l'intérieur respire la beauté et le mystère des grands centres religieux.

Un peu d'histoire – Bien que les premiers évangélisateurs de cette bourgade otomi aient été les franciscains, on confia la paroisse de Tepotzotlán, à la fin du 16ᵉ s., à la Compagnie de Jésus. Elle avait pour mission de catéchiser les fils des caciques indiens (collège St-Martin) et de former plus tard de nouvelles générations de jésuites (noviciat St-François-Xavier). En 1591, le noviciat fut transféré à Puebla, mais il réintégra Tepotzotlán en 1606 grâce au legs d'un riche marchand, Pedro Ruiz de Ahumada. Outre le bâtiment qu'ils construisirent pour loger les trois collèges (le troisième était destiné à l'apprentissage des langues náhuatl, otomi et mazahua par les membres de l'ordre), les jésuites acquirent d'importants lots de terres, devenus ensuite de prospères haciendas.
Après l'expulsion des jésuites en 1767, l'édifice fut abandonné plusieurs années, jusqu'à son attribution au clergé séculier pour l'implantation de son collège séminaire d'Instruction, de Retraite et de Correction, appellation qu'il garda jusqu'au 19ᵉ s. Quelque temps après, les jésuites reprirent leurs anciennes installations, pour les abandonner définitivement en 1914 en raison des désordres politiques dus à la Révolution mexicaine.

VISITE *1/2 journée*

Plaza Hidalgo – Avec sa **croix** solitaire en pierre sculptée portant les symboles de la Passion du Christ, elle réunit l'atrium bordé de haies de l'église St-Pierre à la grande esplanade précédant l'**église St-François-Xavier**.

Iglesia de San Francisco Javier – Sa construction a débuté en 1670 et a été entièrement achevée vers le milieu du 18ᵉ s. En 1760, le père Pedro Reales fit remanier la façade, la tour et les retables. La **façade★★** en pierre sculptée est splendide : elle est considérée comme l'une des œuvres remarquables du baroque à *estípites* au Mexique. Le jeu des ombres et de la lumière y anime la pierre de différentes tonalités. Sa richesse ornementale et l'iconographie jésuite correspondent aux retables de l'intérieur. La tour est richement ornée de colonnes *estipites* doubles et de ferronneries très élaborées.

★★★ **Museo Nacional del Virreinato** – *En traversant l'atrium arboré, on arrive à l'entrée du musée. Visite le mardi de 10 h à 17 h, du mercredi au dimanche de 9 h à 18 h. Fermé les 1ᵉʳ janvier et 25 décembre. 16 pesos.* ✗. Outre les bâtiments, partie intégrante du musée, celui-ci compte une **collection★** magnifiquement représentative de l'art de l'époque coloniale. On remarquera les objets en argent, les parures ecclésiastiques, les sculptures, les ivoires et les peintures de religieuses couronnées qui faisaient partie d'une collection particulière léguée au musée. Sur le côté Sud se dresse un grand mirador.

Cloître des citernes (aljibes) – En entrant dans le musée, le visiteur découvre d'abord ce cloître sobre et fermé, décoré de **peintures★** de Cristóbal de Villalpando (1649-1714). Elles représentent des scènes de la vie de saint Ignace de Loyola, fondateur de la Compagnie de Jésus. Dans la **cour** centrale, on remarquera l'ingénieux jeu des corniches qui, avec leur tracé en pente, assuraient la collecte de l'eau que l'on stockait dans des citernes de grande dimension.

Sacristie – *En bas, sur un côté du cloître des citernes.* Dans la sacristie aux couleurs vives, on remarquera des **œuvres** de Miguel Cabrera, ainsi que la peinture à la détrempe des plinthes et auvents décorés d'harmonieux **motifs floraux**.

★★★ **Intérieur de l'église** – *À côté de la sacristie.* Il règne ici une atmosphère solennelle, née de la combinaison de l'or des retables avec la lumière qui tombe des ouvertures de la voûte, du rouge vif des tapis et des couleurs des pilastres. Remarquables pour leur foisonnement et la richesse de leur travail, les onze splendides retables à estípites qui revêtent les murs de l'église présentent des sculptures d'une qualité exceptionnelle. Le plus important est dédié à saint François Xavier, patron de l'église. Les murs du *coro* portent deux très grands tableaux de Miguel Cabrera, *Allégorie du sang du Christ* et *Patronage de la Compagnie de Jésus par la Vierge*.

★★ **Camarín de la Virgen** – *Accès par une chapelle latérale, la chapelle de la Vierge de Lorette.* Merveilleux joyau du baroque mexicain, ce petit espace aux parois entièrement décorées de stucs polychromes allie éléments du baroque et motifs traditionnels indiens, miroirs, cariatides aux traits indigènes et coloris harmonieux. Sur l'un des côtés de la chapelle, on voit le **reliquaire de saint Joseph**★ et son précieux retable ornementé, que l'on peut admirer au travers d'une porte.

★**Chapelle auxiliaire** – *Entre le cloître des citernes et le cloître des orangers.* Cette chapelle abrite un retable assez voyant, orné de miroirs, reliques, peintures et petites figures en carton-pâte imitant celles d'origine, qui auraient été en ivoire. L'accès à cette chapelle était réservé aux novices.

Cuisines – *Rez-de-chaussée, sur un côté de la cour des orangers.* Autour d'une cour rustique traversée d'une singulière rigole s'ouvrent des dépendances, cave, chambre froide, garde-manger et cuisine.

© Gustavo Gatto

Église St-François-Xavier

Cloître des orangers – Destiné autrefois au repos et au loisir des novices, entouré d'une gracieuse arcade, il s'orne d'une agréable fontaine en pierre sculptée parmi de beaux orangers. Il donne sur un vaste potager verdoyant où se dresse un petit oratoire pittoresque.

EXCURSION

★**Arcos del sitio** – *1 h. 26 km à l'Ouest de Tepotzotlán en direction du hameau de Cabañas.* Ce majestueux **aqueduc** du 18e s. atteint presque 60 m de hauteur. Formé de 56 arches sur plusieurs niveaux, il est le plus grand de ce genre en Amérique Latine. Il servait autrefois à amener l'eau à l'hacienda de Xalpa, l'une des plus prospères propriétés des jésuites.

TLAXCALA★

Tlaxcala
63 423 habitants
Carte p. 137 (**BY**)
Av. Juárez 18, angle de Lardizabal ☏ (2) 462 00 27

À 115 km de Mexico et à 32 km de Puebla.

Cette agréable ville fondée au 16e s. a conservé son plan d'origine. Certains des bâtiments qui bordent ses places avenantes et ombragées remontent à cette époque. C'est la capitale de l'État le plus petit du pays, mais l'un des plus riches en histoire, culture, architecture religieuse, artisanat et art culinaire. Son économie très diversifiée se concentre autour des vallées fertiles de Huamantla, où se développe l'agriculture, des régions rurales de Terrenate et Tlaxco, propices à l'élevage de taureaux, et de la région de Santa Ana Chiautempan, où sont traditionnellement implantées des manufactures textiles. Le voisinage de Tlaxcala avec l'État de Puebla explique la présence ici d'éléments stylistiques du baroque de Puebla, qu'on reconnaît dans les superbes façades revêtues de briques, d'azulejos et de crépi, et dans les stucs sophistiqués à l'intérieur des églises. Le visiteur appréciera le grand nombre de retables baroques de belle facture conservés dans les villages les plus modestes grâce à la dévotion de leurs habitants.

Un peu d'histoire – À l'arrivée des Espagnols, l'ancienne confédération de Tlaxcala se composait de quatre seigneuries : Tepeticpac, Ocotelulco, Quiahuitztlán et Tizatlán, situées au Nord de l'actuelle capitale. Elles se trouvaient en grande rivalité avec México-Tenochtitlán, ce qui amena les Tlaxcaltèques à conclure une alliance militaire avec les Espagnols, par l'intermédiaire du guerrier **Xicohténcatl**. Après avoir d'abord combattu les conquistadors, celui-ci participa ensuite avec ses troupes à la prise de la capitale de l'empire aztèque. Plus tard, à l'occasion de la conquête et de la colonisation du Nord du pays et de l'Amérique centrale, les Tlaxcaltèques collaborèrent encore avec les Espagnols. La ville de Tlaxcala fut fondée le 3 octobre 1525, les conquérants jugeant inadaptées les localités indiennes. La population s'y développa rapidement, et, le 22 avril 1535, la localité reçut de Charles Quint le titre de Ville fidèle, ainsi que ses armoiries.

CENTRE-VILLE *1 jour*

★**Plaza de la Constitución** – Autour de cette vaste place ombragée se trouvent les principaux monuments de la ville. On voit au centre un kiosque du milieu du 19e s. en brique, pierre et azulejos. La fontaine octogonale (1646) est un don de Philippe IV. Les quatre autres fontaines de facture moderne représentent les quatre seigneuries qui gouvernaient l'ancien territoire tlaxcaltèque. La place est entourée de maisons à **arcades**, où depuis le milieu du 16e s. se regroupaient les commerçants. Aujourd'hui, elles abritent des cafés et restaurants qui offrent une vue agréable sur la place.

Palacio de Gobierno – *Côté Nord de la place. Visite de 8 h à 20 h. ✗ ☎ (2) 462 53 07.* Ce bâtiment a été à l'origine Maison royale et hôtel de ville. Il a été construit vers 1545, et la partie basse de la façade date encore de cette époque. Ses portails en pierre grise sont finement sculptés. Le bâtiment a subi des modifications et a été partiellement détruit en 1692 lors d'un incendie provoqué par une mutinerie indienne, et en 1711 par un tremblement de terre.
L'intérieur abrite des **peintures murales**★ de Desiderio Hernández Xochitiotzin, artiste contemporain originaire de Tlaxcala. Ces peintures de 1957, qui couvrent environ 450 m², racontent l'histoire du peuple tlaxcaltèque, depuis sa première implantation jusqu'au 19e s.

Palacio de Justicia (ancienne chapelle royale) – *Côté Ouest de la place.* La base du portail baroque (18e s.) recouverte de mortier porte d'intéressants bas-reliefs représentant l'un le blason de Castille et Léon, l'autre l'emblème de la maison d'Autriche avec l'aigle à deux têtes.

Parroquia de San José – *Angle Nord-Ouest de la place, de l'autre côté de la rue. Visite de 6 h à 20 h. ☎ (2) 462 11 06.* Ancienne cathédrale, cette très grande église toujours peinte de couleurs vives, aux dômes recouverts de mosaïques de faïence, a été construite par étapes entre 1526 et 1864. À l'entrée, on remarque deux bénitiers d'une pièce sculptés dans la pierre : celui de gauche porte à sa base le blason impérial espagnol, celui de droite porte une représentation de Camaxtli, dieu de la guerre des anciens Tlaxcaltèques. On admirera sur les murs une série de **retables** du 18e s., et, sur le maître-autel, une **croix**★ en ébène et ivoire sur un somptueux socle en argent repoussé. À gauche de l'autel s'ouvre une **chapelle expiatoire**★ du 18e s. de style baroque, consacrée à la Vierge de Guadalupe et à la Vierge du Rosaire.

★**Ancien couvent St-François (ancien couvent franciscain de N.-D.-de-l'Assomption)** – *Au Sud-Est de la plaza de la Constitución en traversant la plaza Xicohténcatl. Visite de 7 h à 14 h et de 15 h à 20 h, les jours fériés de 6 h à 21 h.* Ce couvent du 16e s. a été construit autour d'un grand atrium auquel on accède par deux rampes. Du côté de l'accès Nord se dresse, intacte, une tour qui a dû servir de tour de guet. De l'atrium, qui conserve une chapelle de procession, on peut voir les passes exécutées par les matadors dans les belles **arènes** du 19e s.

★**Museo Regional de Tlaxcala** – *Visite de 10 h à 17 h. Fermé le lundi. 7 pesos. ☎ (2) 462 02 62.* L'ancien cloître du couvent sert aujourd'hui à évoquer les grands traits de l'histoire tlaxcaltèque : pièces archéologiques de Cacaxtla-Xochitécatl, salle consacrée aux quatre seigneuries de Tlaxcala et au métissage. À l'étage du cloître, dans une salle dédiée à la « conquête spirituelle », sont présentées des huiles des 17e et 18e s.

Catedral de Nuestra Señora de la Asunción – *Visite de 7 h à 20 h.* Cette église Renaissance du 16e s. a été transformée aux 18e et 19e s. et élevée au rang de cathédrale au 20e s. On admirera le délicat **plafond à caissons** de style mudéjar et, à droite du chœur, la **chapelle du Tiers Ordre**, où, parmi de riches **retables** baroques, on découvre les fonts baptismaux avec lesquels on a baptisé les quatre seigneuries, ainsi que la première chaire de Nouvelle-Espagne.

★**Chapelle ouverte** – *Descendre l'escalier situé devant la façade.* Son dessin particulier en fait l'une des plus originales du monde. Elle a été terminée en 1539. Elle suit un plan hexagonal et présente trois arcs en accolade.

★**Museo de Artes y Tradiciones Populares** – *Av. Emilio Sánchez Piedras 1 ; troisième rue à l'Ouest de la plaza de la Constitución. Visite de 10 h à 18 h. Fermé le lundi, ainsi que les 1er janvier, 1er mai et 25 décembre. 6 pesos. ✗ ☎ (2) 462 23 37.* La visite de cet intéressant musée peut s'effectuer en compagnie de guides indiens des différentes régions tlaxcaltèques, possédant en commun certains modes de vie et des techniques artisanales. On présente une habitation otomi typique, des tissus délicats réalisés par les femmes otomis et les costumes utilisés pour le carnaval dans différents villages tlaxcaltèques. Un atelier de tissage permet de découvrir les différentes techniques de fabrication du tissu, tandis qu'un autre atelier présente le complexe et délicat travail de production du pulque. La **taverne du musée** propose les spécialités gastronomiques traditionnelles de l'État, préparées et servies par des Indiens de la région.

© Mario Mutschechner

Sanctuaire de la Vierge d'Ocotlán

★★★ SANTUARIO DE LA VIRGEN DE OCOTLÁN

De la plaza de la Constitución, prendre l'av. Juárez vers le Nord jusqu'à l'av. Guridi y Alcocer ; tourner à droite et monter sur 1 km. Visite de 7 h à 19 h 30 (respecter les horaires de culte). ☎ *(2) 462 10 73.*

Ce magnifique sanctuaire, élevé au cours des 17e et 18e s., domine le sommet d'une colline d'où l'on a une bonne vue d'ensemble de Tlaxcala. Très représentatif du baroque de Puebla et de Tlaxcala, il a été construit en hommage à la Vierge, apparue, dit-on, en 1541, à l'Indien Juan Diego Bernardino.

La **façade**★ est très haute avec ses tours blanches élancées, recouvertes de mortier finement travaillé comme le beau portail à arc rampant orné de statues de la Vierge, de saint François et d'archanges.

À l'**intérieur**, six toiles racontant l'apparition de la Vierge d'Ocotlán décorent la croisée du transept. On admirera le *presbiterio*, qui semble se contorsionner entre les extraordinaires **retables**★★ ondulants (18e s.) créés par l'Indien **Francisco Miguel Tlayoltehuanitzin**. La niche centrale abritant la statue de Notre-Dame d'Ocotlán est un beau travail d'orfèvrerie, ainsi que le tabernacle situé à ses pieds, la table de l'autel et les torches. Dans la **sacristie**, six grandes toiles du peintre José Joaquín (18e s.) retracent la Passion.

Le **camarín**★★ est une pièce octogonale qu'on utilise comme « chambre de la Vierge » lorsqu'on habille la statue à l'occasion des grandes cérémonies. La foisonnante **décoration** baroque des murs et de la coupole, que Francisco Miguel Tlayoltehuanitzin mit 25 ans à réaliser à partir de 1715, entrelace habilement figures d'anges et de saints et motifs végétaux. On admirera aussi une belle série de sept peintures de Juan de Villalobos (18e s.), figurant des scènes de la vie de la Vierge.

EXCURSIONS

Cacaxtla-Xochitécatl – *3 h. 19 km à l'Ouest de Tlaxcala. Voir p. 135.*

Tepeyanco et Santa Inés Zacatelco – *2 h. Circuit de 12 km. Quitter Tlaxcala au Sud par la route 119 vers Puebla.*

Tepeyanco de las Flores – Ce bourg modeste et tranquille est établi dans une petite vallée sur laquelle veillent les ruines majestueuses de l'ancien **couvent franciscain** (16e s.). La chapelle ouverte se trouve à gauche de l'église. L'**église paroissiale St-François** *(visite de 7 h à 19 h 30)* a été élevée au 17e s. au Sud-Ouest du couvent. Sa façade présente les couleurs des églises de Puebla, obtenues par la combinaison d'azulejos, de briques et de mortier. On y voit aussi des statues de saints en céramique. L'intérieur renferme une série de remarquables **retables**★ (17e-18e s.), illustrant des scènes de la vie du Christ et de la Vierge.

Santa Inés Zacatelco – *5 km au Sud de Tepeyanco.* Sur la place de cette petite ville commerçante se dresse l'intéressante **église paroissiale Ste-Agnès** *(visite de 7 h à 19 h ; ☎ (2) 462 53 07)*, construite au 18e s. sur les ruines de l'édifice d'origine (16e s.) dont on peut encore voir des vestiges sur le côté droit. À l'intérieur, on remarquera sur la gauche le **bénitier** monolithe et surtout le monumental **grand retable**★ (18 s.) dédié à sainte Agnès, remarquable pour ses robustes colonnes décorées de peintures représentant les archanges.

La Trinidad et Santa Cruz Tlaxcala – *3 h. Circuit de 16 km. Quitter Tlaxcala à l'Est par la route 117 ; parcourir 10 km et prendre à droite vers La Trinidad.*

Centro Vacacional IMSS-Trinidad – *Visite de 9 h à 17 h. 16 pesos.* ✂ E ⚠ *☎ (2) 461 07 00 et (01 800) 711 06 14.* Ce centre de loisirs occupe les installations d'une ancienne usine textile qui a fonctionné jusqu'en 1967. Les logements des ouvriers ont été transformés en habitations. On peut voir la grande turbine qui alimentait l'usine *(faire ouvrir la porte)*. Le centre possède piscines et terrains de sport, et on peut y louer des chevaux et des quads.

Continuer vers le Sud, jusqu'à Santa Cruz Tlaxcala.

Église paroissiale de Santa Cruz Tlaxcala – *Visite de 6 h 30 à 12 h et de 16 h à 19 h.* L'église possède une riche collection de **retables** dorés (17e-18e s.). Celui consacré aux âmes du purgatoire mérite une attention particulière, en raison de la présence d'**Indiens** dans les scènes des cérémonies des morts. À droite du maître-autel se trouve une **peinture**★ (17e s.) qui occupe une place à part dans l'art colonial : on y voit Adam et Ève grandeur nature, à demi nus, entourés de médaillons récapitulant les péchés capitaux avec des inscriptions en náhuatl.

Église paroissiale Santa Isabel, à **Xiloxoxtla** – *1 h. 7,5 km au Sud-Ouest de Tlaxcala par la rue Independencia et la route 119 vers Puebla. Après l'église d'Acuitlapilco, prendre l'embranchement à gauche et traverser Atlahapa avant de parvenir à Xiloxostla. Visite le vendredi de 17 h à 19 h, le dimanche de 10 h 30 à 12 h, les jours fériés de 8 h à 12 h.* L'**intérieur**★ de cette église est l'un des plus beaux de tout l'État. Les murs de la nef et la voûte sont recouverts d'un foisonnement de **yeserías**. Le grand **retable**★★ (18e s.) est un extraordinaire exemple du style baroque à colonnes salomoniques. La niche centrale abrite un beau **groupe sculpté** ouvragé représentant la visite de la Vierge à sa cousine Élisabeth (Isabel en espagnol).

Atlihuetzía et Yauhquemecan – *1/2 journée. Circuit de 17 km. Quitter Tlaxcala par la route 117 vers Apizaco, parcourir 9 km et bifurquer à droite en direction de l'hôtel Misión Tlaxcala.*

★**Atlihuetzía** – La belle **cascade** qui a donné son nom au lieu se voit à un kilomètre de cet ancien village, près des bâtiments de l'hôtel Misión Tlaxcala. Atlihuetzía signifie en náhuatl « lieu où tombe l'eau ». Dans le village, le point d'intérêt est l'imposant **bâtiment** de la vieille église du couvent franciscain (16e s.), dont les murs témoignent de trois époques de construction : pierre de taille précolombienne, puis pierre volcanique, et enfin brique. À l'**intérieur**, l'atmosphère que créent les hauts murs à ciel ouvert donne au visiteur une impression de petitesse. Un cimetière attenant

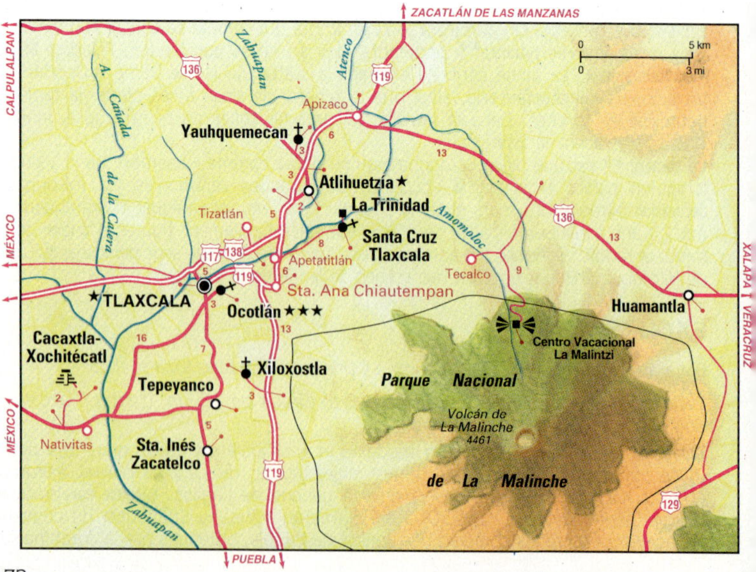

occupe l'ancien cloître. Au Nord du couvent s'élève l'**église de l'Immaculée Conception**★ *(visite du lundi au samedi de 16 h à 18 h, le dimanche de 9 h30 à 11 h ; ☎ (2) 462 53 07)* qui renferme deux **tableaux** (18e-19e s.) contant le martyre d'enfants tlaxcaltèques, sacrifiés parce qu'ils pratiquaient la religion catholique et avaient brûlé des idoles précolombiennes pendant les premières années de la colonisation (1527-1529). Une importance particulière est accordée à Cristobalito, natif d'Atlihuetzía. L'église abrite aussi une belle collection de **retables**★ (17e-18e s.). On remarque celui du centre, orné de délicates sculptures ouvragées et d'une représentation de la Vierge, d'origine philippine.

Revenir à la route 117, parcourir 3 km, prendre à gauche la route 136 sur 2 km et tourner à droite.

Église paroissiale St-Denis, à **Yauhquemecan** – *Visite de 9 h à 18 h, les jours fériés de 6 h à 20 h.* Une grande porte en bois sculpté donne accès à l'intérieur, où l'on pourra admirer l'extraordinaire **retable du maître-autel**★ (18e s.) qui recouvre l'abside d'une profusion de motifs végétaux en bois doré et arbore des sculptures ciselées. On remarquera l'ostensoir en argent repoussé qui porte le Christ. La sacristie est ornée d'une Cène peinte par Cayetano Pérez (18e s.).

Parc national de la Malinche et Huamantla – *1/2 journée. Circuit de 63 km à l'Est de Tlaxcala. Partir par la route 117, puis prendre à droite la route 119 jusqu'à Apizaco, que l'on traverse pour continuer vers l'Est par la route 136 en direction de Veracruz ; 13 km après Apizaco, tourner à droite ; à Teacalco, tourner à gauche et aller jusqu'au Centro Vacacional Malintzi.*

Parque Nacional de la Malinche – On accède à cette forêt touffue peuplée d'une grande variété de pins, seule région boisée de l'État, par un chemin qui gravit la pente douce du **volcan de la Malinche** (4 461 m). Le chemin passe de nombreuses aires agréables, propices à une journée en plein air, et l'on a d'ici une belle vue de la région d'Apizaco. Au bout du chemin se trouve le **centre de vacances La Malintzi** *(3 333 m ; ouvert de 9 h à 18 h ; 16 pesos ; ✕ ⊟ ☎ (2) 462 40 98)* à partir duquel on peut entreprendre l'ascension du volcan, moyennant une marche de quatre heures, avec un équipement adapté. On raconte que lorsque la Malinche est morte à Mexico, des tlaxcaltèques habitant le quartier de Letrán réclamèrent son corps pour le déposer au sommet de ce volcan.

Du parc national, revenir à la route 136 que l'on prend à droite.

Huamantla – Cette ville tranquille à l'agréable place centrale est célèbre pour sa traditionnelle **feria**★ du mois d'août. Le 14 août au crépuscule on crée des tapis colorés de copeaux et de fleurs qui couvrent jusqu'à deux kilomètres de rues. À minuit commence la procession qui transporte la Vierge de la Charité sur ces œuvres d'art éphémères. Nombreux sont les visiteurs qui viennent à Huamantla pendant ces fêtes assister à *l'encierro* des taureaux : entourés de la foule, les taureaux sont conduits dans les rues de la ville jusqu'aux arènes. L'**église paroissiale St-Louis évêque** *(angle Nord-Ouest du Jardín Juárez ; visite de 7 h (6 h30 le dimanche) à 20 h)* est un vieil édifice baroque (17e s.) dont le portail est orné de statues de saints sculptées en onyx. L'intérieur présente trois retables du 18e s. : celui du maître-autel est remarquable par la finesse de ses sculptures en albâtre. Le **musée de la Marionnette Rosete Aranda** (Museo Nacional del Títere Rosete Aranda – *Parque Juárez 15 ; visite de 10 h à 14 h et de 16 h à 19 h ; fermé le lundi ; 10 pesos ; ☎ (2) 472 10 33)* a été créé à partir de la collection de marionnettes de la famille Rosete Aranda, qui parvint à rassembler 5 040 pantins. De 1835 jusqu'au milieu du 20e s., cette famille s'est consacrée à la représentation des œuvres classiques du théâtre, ainsi qu'aux récits locaux, sur fond de conflits sociaux et de symbolique populaire. On admirera aussi une collection de marionnettes de différentes époques, réalisées par des artistes mexicains et étrangers. Ce musée accueille au mois d'août un festival international de marionnettes.

TOLUCA

Mexico

564 476 habitants

Carte p. 137 **(AY)**

ℹ Centro de Servicios Administrativos, Av. Urawa 100,
angle de Paseo Tollocan, Puerta 110, Izcalli Ipiem ☎ (7) 212 60 48.

Toluca est la ville la plus haute du Mexique (2 640 m). Du District Fédéral, on y accède en à peine 30 mn par une route moderne. Deux étapes intermédiaires sont conseillées sur le trajet, d'abord au parc national Miguel Hidalgo, plus connu sous le nom de La Marquesa *(33 km de Mexico)* pour admirer le paysage et déguster la cuisine locale, puis à Lerma *(16 km plus loin)* pour acheter de la charcuterie. Ensuite, la route devient l'avenue Tollocán, périphérique de la ville de Toluca.
Toluca, capitale de l'État de Mexico, est considérée aujourd'hui comme un des plus importants centres industriels du pays. On peut visiter dans les environs d'excellents centres d'artisanat.

Un peu d'histoire – À l'époque précolombienne, le territoire était peuplé par les Otomis, les Mazahuas et les Matlatzingas. À la fin de cette période, il passa sous domination aztèque. On trouvera dans tout l'État des vestiges de centres cérémoniels. Le nom de Toluca vient du náhuatl **Toloche** ou **Tolocan**, « là où siège le dieu Tolo », nom attribué par les Aztèques.
En 1521, les Espagnols donnèrent à l'actuelle capitale de l'État le nom de Toluca de San José et la rattachèrent au marquisat del Valle. Certains des couvents édifiés ici sous les vice-rois pour l'évangélisation des Indiens sont encore debout. On a également conservé les bâtiments de plusieurs des haciendas destinées à la culture et à l'élevage qui se sont multipliées à cette époque. En 1800, Toluca voit surgir un important mouvement insurrectionnel, la Conjuration des machettes, prémices d'une forte participation populaire dans la lutte pour l'Indépendance. En 1830, Toluca est instaurée capitale de l'État. En 1861, elle prend le nom de Toluca de Lerdo, en l'honneur de Miguel Lerdo de Tejada.

CENTRE HISTORIQUE *1/2 journée*

Plaza Cívica ou de los Mártires – Le 19 octobre 1811, 99 Indiens prisonniers des insurgés furent exécutés ici. La place est encadrée d'édifices qui abritent les grandes institutions : palais du gouvernement, palais de justice, chambre des députés, hôtel de ville et cathédrale, à l'intérieur de laquelle se trouve ce qui fut la façade de l'église St-François.

Arcades – *Av. Hidalgo, derrière la cathédrale.* Avec leurs 118 arches datant de 1832, elles figurent parmi les constructions les plus anciennes de la ville. Elles abritent des commerces de spécialités locales comme la charcuterie, les laitages, les pâtes de fruits et la célèbre *mosquito*, boisson faite avec de l'eau de vie et de la liqueur d'orange.
À une extrémité des arcades, la plaza González Arratia invite à la flânerie et présente un cadre idéal pour les pièces de théâtre en plein air et autres événements culturels et artistiques.

Revenir par Nicolás Bravo (à l'Ouest des arcades) jusqu'à Lerdo de Tejada.

★**Museo José María Velasco** – *Av. Lerdo de Tejada Pte 400. Visite de 10 h à 18 h (15 h les jours fériés). Fermé les 1er janvier, Vendredi saint et 25 décembre.* ✂ ☎ *(72) 13 28 14.* Le musée présente une extraordinaire collection du célèbre paysagiste mexicain José María Velasco (1840-1912), qui fut l'élève de Pelegrín Clavé, d'Eugenio Landesio et de Santiago Rebull lors de son séjour à l'Académie St-Charles. Outre ses peintures, on voit ici quelques dessins de sa période estudiantine.

★**Museo Felipe S. Gutiérrez** – *Nicolás Bravo Norte 303. Visite de 10 h à 18 h. Fermé les 1er janvier, Vendredi saint et 25 décembre.* ✂ ☎ *(72) 13 26 47.* Le musée présente une splendide collection de tableaux de l'un des grands peintres de genre du 19e s., Felipe Gutiérrez (1824-1904). Né sur le sol mexicain, il reçut sa formation de base à l'Académie St-Charles avant de poursuivre des études à Rome et à New York. Il est le fondateur de l'Académie de Bogota.

Museo-Taller Luis Nishizawa – *Nicolás Bravo Norte 305. Visite de 10 h à 18 h (15 h les jours fériés). Fermé le lundi, ainsi que les 1er janvier, Vendredi saint, 16 septembre et 25 décembre.* ☎ *(72) 15 74 65.* Originaire de l'État de Mexico, Nishizawa est au nombre des grands artistes plasticiens contemporains de renom international. Le musée abrite, avec une magnifique collection de ses tableaux, des ateliers créés par Nishizawa lui-même.

Museo de Bellas Artes – *Santos Degollado Pte. 102. Visite de 10 h à 18 h. Fermé les lundis et jours fériés. 2 pesos.* ☎ *(72) 15 53 29.* Le musée occupe un ancien couvent de carmélites déchaussées. La collection permanente comporte des œuvres du 16e s. au 18e s. Au rez-de-chaussée, on remarquera, tous du 18e s., un catafalque et quelques tableaux, dont des œuvres de Villalpando et de Cabrera. À l'étage se trouvent des œuvres de l'Académie St-Charles ; celles de Pelegrín Clavé et Manuel Vilar retiendront l'attention.
À côté du musée se trouve l'**église du Carmel**, un des rares exemples d'architecture coloniale que conserve la ville.

Marcher jusqu'à l'extrémité Est de la place.

★**Cosmovitral et Jardín Botánico** – *Av. Lerdo de Tejada, angle de Juárez. Visite de 9 h à 17 h. Fermé le lundi. 5 pesos.* ☎ *(72) 14 67 85.* La grande structure métallique Art nouveau (1909) qui couvrait jusqu'en 1975 un marché sert maintenant de cadre au plus grand vitrail du monde (3 000 m²). Réalisé entre 1978 et 1980 par l'artiste mexicain Leopoldo Flores, il rassemble 71 éléments de 28 couleurs différentes, dans lesquels l'auteur traite le thème de la dualité universelle. Le jardin botanique abrite 450 espèces de plantes.

★★CENTRE CULTUREL MEXICAIN *1/2 journée*

Ancienne hacienda La Pila, route de San Buenaventura, à 8 km du centre. Prendre l'av. Las Torres Solidaridad vers l'Ouest et, à Reyes Heroles, tourner à gauche. Visite de 10 h à 18 h (15 h les jours fériés). Fermé le lundi, ainsi que les 1er janvier et 25 décembre. 10 pesos le laissez-passer ; 5 pesos chaque musée. ☎ (72) 74 12 00, poste 309.

Cet important complexe culturel recouvre l'immense domaine occupé autrefois par l'hacienda La Pila. Les anciens bâtiments partagent la place avec des constructions modernes, formant un ensemble de différents espaces où l'on sauvegarde un patrimoine culturel de première importance.

Museo de Arte Moderno – *Premier bâtiment à gauche.* Cet édifice, qui devait à l'origine être un planétarium, a été réaménagé en 1987 pour accueillir une remarquable exposition de peinture mexicaine. Dans le hall d'entrée, Luis Nishizawa a réalisé un mural en pierre de lave. La **collection★** permanente réunit des œuvres de peintres contemporains reconnus, Tamayo, Zalce, Mérida, Montenegro, Orozco et Toledo parmi bien d'autres.

Museo de Culturas Populares – *Deuxième bâtiment à droite.* Dans le bâtiment qui fut le noyau de l'hacienda, on découvre un riche éventail des différentes manifestations artisanales de l'État. La vieille grange en bois de la cour intérieure renferme la reconstitution d'une **pulquería** typique. Quelques dictons populaires associés au cavalier mexicain ornent les murs de la dernière salle. La visite se termine près des pigeonniers de l'ancienne cour aux pigeons.

Museo de Antropología e Historia del Estado de México – *Dernier bâtiment au fond.* Cinq salles particulièrement conçues pour les enfants présentent les caractéristiques géographiques et les faits marquants de l'histoire de l'État, des temps précolombiens jusqu'à l'époque moderne. Dans la salle d'archéologie, on remarque une **sculpture** d'Ehécatl, dieu du vent, trouvée à Calixtlahuaca, et un **tambour** cérémoniel provenant de Malinalco.
Au centre se trouvent la bibliothèque publique et les archives de l'État. Le musée d'Anthropologie et d'Histoire ainsi que la bibliothèque sont l'œuvre de l'architecte mexicain Pedro Ramírez Vázquez. Dans le hall de la bibliothèque, des motifs précolombiens émaillent un intéressant mural en terre réalisé par Nishizawa.

EXCURSIONS

Metepec et parc zoologique de Zacango – *1/2 journée. Promenade de 15 km au Sud de Toluca par la route 55D. Service de transport public.*

Metepec – Au centre de cette ville qui a pour tradition la poterie artisanale se trouve un **ancien couvent franciscain** du 16e s. Lorsqu'on s'aventure dans les rues étroites, dont beaucoup ont leur nom inscrit sur de pittoresques plaques en terre, on découvre les ateliers familiaux où les potiers, talentueux et créatifs, travaillent et vendent leurs créations *(demander la rue Altamirano)*. Metepec est le berceau des pièces en terre cuite les plus connues du Mexique, comme les **arbres de vie** et les marmites à *mole*. Le lundi, jour de marché, la place centrale où s'amoncellent toutes sortes de marchandises se couvre de couleurs. Durant le mois d'octobre, Metepec accueille le Festival international des Chimères, qui regroupe différentes manifestations artistiques et culturelles.

Poursuivre sur la route 55D et bifurquer vers le parc zoologique.

Zoológico de Zacango – *Visite de 10 h à 17 h. 15 pesos. ✗ ☎ (72) 98 06 31.* Sur un domaine occupé autrefois par une des grandes fermes de l'époque de la Révolution, le parc zoologique couvre 34 ha et rassemble environ 1 500 animaux de 205 espèces venant du monde entier. On y visite un musée qui recrée l'habitat naturel de certains des pensionnaires, un centre éducatif interactif et une aire de jeux appelée Cri-cri, en l'honneur d'un célèbre compositeur mexicain de chansons pour enfants, Francisco Gabilondo Soler. Durant la journée, les animateurs organisent diverses activités pour les enfants.

Teotenango – *1 h. 25 km au Sud de Toluca par la route 55D jusqu'à Tenango del Valle (ou de Arista). Visite de 9 h à 16 h 30 (de 10 h à 15 h les 5 février, 2 et 21 mars, 1er et 5 mai, 16 septembre, 2 et 20 novembre). Fermé le lundi, ainsi que les 1er janvier, Vendredi saint et 25 décembre. 6 pesos. ☎ (714) 413 44.* Sur la colline **Tetépetl** (« de pierre »), cette implantation d'origine matlatzinga s'est développée entre 900 et 1200 et a été conquise peu après par les Aztèques. Teotenango, « lieu de la muraille sacrée ou divine », doit son nom à la muraille édifiée côté Ouest ; de 2 km de long, elle fait à certains endroits 10 m de haut. Le **musée archéologique de l'État de Mexico Dr. Román Piña Chán** présente une collection complète d'objets précolombiens provenant de toute la vallée de Toluca et de celle de Mexico.
La **Plaza del Jaguar** est une esplanade servant d'entrée au centre cérémoniel. Elle doit son nom au bas-relief qui se trouve sur la gauche, au milieu de l'escalier. Le bas-relief du **monolithe du Jaguar** représente cet animal en train de dévorer, soit une fleur,

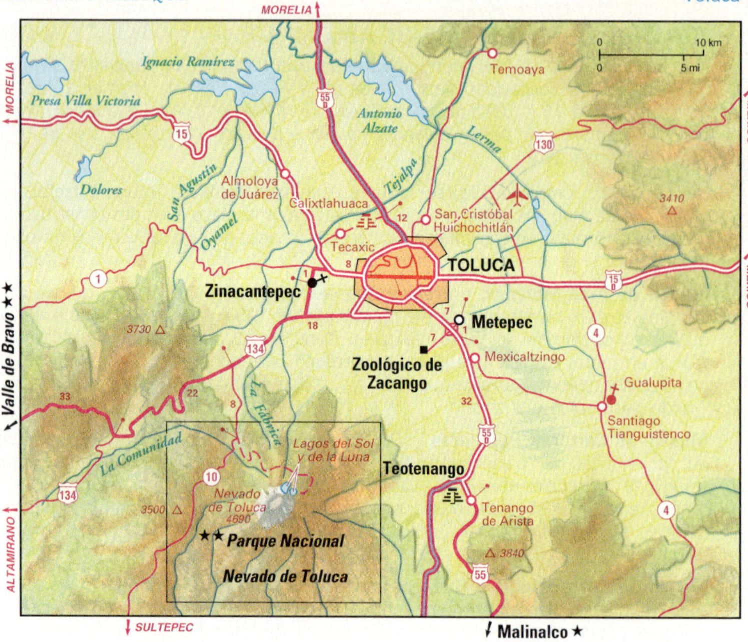

soit un cœur humain, allégorie symbolisant une éclipse : l'animal représente la terre ou la lune, et la fleur (ou le cœur) le soleil. Le **Temascal** *(poursuivre la montée à partir du monolithe du Jaguar jusqu'à la place et emprunter le chemin qui monte à droite)* est une sorte de bain de vapeur qu'on utilisait à des fins curatives et rituelles. On est presque sûr que ces thermes possédaient un toit de bois et des murs de brique. Le bâtiment est entouré d'une série de structures rectangulaires, autrefois des habitations. Le **jeu de pelote**, étroit et en contrebas, mesure 53,10 m de long. On voit à mi-hauteur les anneaux en pierre par où devait passer la balle. La **plate-forme du Serpent** *(traverser le jeu de pelote, gravir l'esplanade et tourner à droite)*, longue de 120 m, doit son nom au serpent sculpté à l'un des angles de son socle. La partie supérieure porte un autel.
En poursuivant jusqu'à l'extrémité du site, on débouche sur la **Calle de la Rana** (grenouille), marquée d'une grenouille en pierre. À côté de la plate-forme du Serpent s'ouvre la Plaza del Durazno.

Ixtapan de la Sal – *79 km au Sud par la route 55D, puis, environ 3 km avant Tenango, l'autoroute à péage.* Encastrée dans la Sierra Madre, à une altitude de 1 981 m, cette petite bourgade est renommée pour son établissement thermal dont on vante les qualités curatives pour l'arthrite et les rhumatismes. Les massages de réflexothérapie et de relaxation, les traitements cosmétiques et les programmes amaigrissants proposés par l'**hôtel Spa Ixtapan** *(Plaza San Gaspar – Visite de l'établissement thermal de 7 h à 19 h)* attirent des hôtes de tout le Mexique et de l'étranger. En outre, la station balnéaire comprend un parc d'attractions avec piscines, tobogans et promenades en barque *(ouvert de 10 h à 18 h promenades en barque : 10 pesos ; ☎ (714) 308 78).*

On ne manquera pas de visiter la jolie bourgade de **Tonatico** *(à 5 km au Sud par la route 55)*, autre station thermale où l'on pourra aussi explorer les grottes de la Estrella *(11 km au Sud par la route 55).*

★**Malinalco** – *1/2 journée. 64 km au Sud de Toluca par la route 55D ; à Tenancingo, tourner à gauche.* *Voir p. 145.*

Ancien couvent de Zinacantepec (Museo Virreinal) – *1/2 journée. 8 km à l'Ouest de Toluca par la route 15 vers Morelia, puis une route à gauche. Visite de 10 h à 16 h (15 h les dimanches et jours fériés). Fermé le lundi, ainsi que les 1er janvier, 5 février, Vendredi saint, 1er mai et 25 décembre. 2 pesos. ☎ (72) 18 25 93.* Construction franciscaine de la fin du 16e s. Les arcades qui donnent accès au couvent conservent un dessin de retable du 17e s. On remarquera sur les côtés plusieurs fresques illustrant des scènes de la vie de saint François. Dans le baptistère, le monolithe des **fonts baptismaux**★ du 16e s. présente un travail de la pierre qui associe l'iconographie indigène et des éléments de style européen. À l'intérieur, on admirera une peinture à l'huile représentant saint Jean Baptiste (18e s.). Le musée recrée le style de vie monastique d'autrefois, respectant autant que possible l'utilisation d'origine des salles. Certains murs gardent la trace d'anciennes fresques.

★★ **Parque Nacional Nevado de Toluca** – *1/2 journée. 44 km au Sud-Ouest de Toluca par la route 134 vers Valle de Bravo, puis la route 10 à gauche vers Sultepec-Nevado, que l'on emprunte sur 8 km avant de tourner à gauche. Service d'autocars. En cas de neige ou de mauvais temps, ascension du sommet à pied uniquement. Ouvert 24 h/24. 5 pesos. ☏ (01 800) 849 13 33.* Le Pico del Fraile (pic du Moine), point culminant à 4 630 m du volcan Xinantécatl (« le seigneur dénudé »), est plus connu sous le nom de Nevado de Toluca. Au fond du cratère dorment deux lacs, dits le cratère du Soleil et le cratère de la Lune. Ils ont respectivement environ 400 m et 200 m de diamètre. À l'époque précolombienne, on y procédait à des cérémonies rituelles ; les offrandes et récipients retrouvés au fond en témoignent.

★★ **Valle de Bravo** – *1 jour. 107 km au Sud-Ouest de Toluca par la route 134, puis une route à droite. Service d'autocars depuis Toluca et depuis Mexico.* En dépit de l'importante infrastructure touristique développée au cours des dernières années, Valle de Bravo a réussi à conserver son agréable cachet rustique, avec ses toitures de tuiles rouges et ses rues empierrées. Le paysage ajoute à la beauté de l'endroit avec ses forêts, cascades et rivières et un grand lac artificiel où l'on pratique la pêche, la voile et le ski nautique. Appartenant à l'origine au système hydroélectrique du barrage Miguel Alemán; le lac fait aujourd'hui partie du système Cutzamala qui approvisionne le District Fédéral en eau potable. Pour admirer Valle de Bravo depuis une perspective aérienne, les plus audacieux pourront se lancer en parapente depuis les collines avoisinantes.

Au Sud de l'agglomération s'étend Avándaro, une enclave luxueuse avec un club de golf.

TULA

Hidalgo

Carte p. 137 (**AX**)

ℹ ☏ (7) 732 07 05

Dans une plaine calcaire aride peuplée de magueys, nopals et nombreuses cactées, s'alignent les vestiges de la capitale toltèque, grande héritière du savoir et des traditions de la légendaire Teotihuacán. Tula a repoussé ses frontières, imposant aux peuples vaincus le paiement de coûteux tributs et le pénible travail de l'extraction de l'obsidienne, verre volcanique employé à la fabrication de couteaux, de pointes de lance et autres outils.

Un peu d'histoire

Au début du 10ᵉ s., les habitants de cette région étaient gouvernés par un fameux roi-prêtre du nom de Ce Ácatl Topiltzin Quetzalcóatl. La légende raconte que ce héros toltèque était le fils de Chimalma, déesse de la terre, et de Mixcóatl, dieu céleste ; il portait aussi le nom de l'un des principaux dieux, le serpent à plumes (Quetzalcóatl). Il conféra à la guerre un caractère sacré et abolit les sacrifices humains pratiqués dans le culte aux dieux. Cela donna naissance à un climat de tension permanente, aboutissant à un affrontement fatal avec des groupes semi-nomades voisins venus du Nord. Ces derniers, après avoir incendié temples et palais, contraignirent les Toltèques à émigrer en 1184 vers le Sud.

Toujours selon la légende, un représentant de Tezcatlipoca, dieu de la guerre, aurait mis à l'épreuve Ce Ácatl Topiltzin, prêtre de Quetzalcóatl : par la ruse et la tentation, il serait parvenu à l'enivrer de *pulque*, et lui aurait fait commettre un inceste. Accablé de honte, Quetzalcóatl aurait quitté Tula en 999 pour s'exiler en terre maya.

La culture toltèque a profondément influencé la vie méso-américaine durant la période postclassique. Quand on sait l'influence exercée sur Chichén Itzá par la civilisation toltèque à dater de « l'exil de Quetzacóatl » et l'admiration qu'elle suscitait toujours chez les Aztèques des siècles plus tard, on imagine que ceux-ci soient arrivés à confondre l'arrivée d'Hernán Cortés avec le retour du Quetzalcóatl toltèque.

SITE ARCHÉOLOGIQUE *1 h 30*

100 km à l'Ouest de Pachuca via Ajacuba. À 98 km de Mexico par la route de Querétaro ; au km 69.5 de l'autoroute 57D, tourner à droite vers Tepeji del Río et continuer sur 25 km jusqu'à Tula. Visite de 9 h à 17 h. 20 pesos. ✗ ▣ ☏ (773) 207 05.

Musée – Ce bâtiment moderne rassemble les **céramiques** et **sculptures** retrouvées sur le site. On remarquera la statue du Chac-mool, figure semi-allongée tenant un récipient dans les mains pour le dépôt des offrandes. *Poursuivre par le couloir.*

Coatepantli – C'est un fragment du mur qui protégeait le centre cérémoniel. Sa décoration est semblable sur les deux faces ; il est couronné de créneaux en forme de coquilles tronquées, symboles de Quetzalcóatl dans sa représentation de la planète Vénus. La frise centrale montre des serpents à sonnettes dévorant des squelettes humains. Des murailles de ce type ont été élevées autour des villes aztèques.

Les atlantes

Temple de Tlahuizcalpantecuhtli – Juste après le mur se dresse cette pyramide à cinq corps, dont les pierres en saillie servaient à soutenir les dalles ornementales. On peut encore apercevoir ces dalles au premier niveau, côtés Nord et Est. Elles présentent des bas-reliefs de vautours et d'aigles dévorant des cœurs humains, et des processions de jaguars et de coyotes. Ces figures mystiques alternent avec d'autres, qui représentent la planète Vénus, une des formes prises par Quetzalcóatl, et à laquelle l'édifice était consacré. Au sommet de la pyramide se dressent quatre monumentales colonnes en forme de guerriers, ou **atlantes**★. Celle de l'extrémité gauche est une reproduction ; l'original se trouve au musée national d'Anthropologie de Mexico. Chacune de ces colonnes se compose de quatre blocs de basalte emboîtés et chevillés et pèse 8,5 tonnes. Les atlantes arborent un panache, un pectoral en forme de papillon, un propulseur à la main droite, une bourse à onguents à la main gauche et, au dos, une grande broche circulaire où figure un soleil. Du sommet du site, la **vue** couvre les collines et plaines des environs. Occupées autrefois par 85 000 Toltèques, elles sont aujourd'hui envahies par les hautes cheminées des raffineries de pétrole.

Palais Brûlé – *À gauche du temple.* Ce palais aligne une série de couloirs avec de nombreux piliers, qui supportaient autrefois les toitures faites de matériaux périssables. Contre les murs restent quelques vestiges de banquettes, avec des processions de guerriers sculptées en relief. Ces salles servaient probablement de lieux de réunion aux conseillers, ou bien accueillaient les marchés bruyants où les commerçants apportaient coton, cacao, coûteux .fruits de mer et coquillages apportés de la côte, ainsi que fruits et onguents des régions plus froides. Le *chacmool* exposé dans le musée a été trouvé dans ce bâtiment.

Temple du Soleil – *Devant la place centrale.* À l'origine il était décoré avec des dalles sculptées en bas-relief, comme celui symbolisant la planète Vénus. Il semble qu'il ait été la principale construction religieuse, et qu'il ait été détruit délibérément à l'époque précolombienne. On pense aussi qu'il y avait des atlantes à son sommet. Près de l'escalier on aperçoit les ruines d'une construction datant de l'occupation aztèque.
Au milieu de la place centrale se trouve un sanctuaire semblable à celui du Temple des Aigles à Chichén Itzá.

XOCHICALCO★★

Morelos

Carte p. 137 (**AY**)

ℹ ☏ (7) 312 59 55

Un centre civil et religieux s'est développé ici entre les années 700 et 900 sur la colline Xochicalco, qui signifie en náhuatl « lieu de la maison des fleurs ». Pour s'y implanter, les Xochicalcas ont remédié à l'inclinaison du terrain en construisant des terrasses. On pense que la ville avait un caractère défensif, non seulement à cause de la muraille qui l'entourait, mais aussi en raison des escaliers, rampes, tranchées et fossés distribués stratégiquement à l'intérieur, et dont l'objet était la sécurité et le contrôle des habitants. L'abandon du site est dû à un incendie, provoqué par une rébellion interne.

SITE ARCHÉOLOGIQUE *1/2 journée*

Autoroute du Soleil vers Acapulco, à 38 km de Cuernavaca. Service d'autocars. Visite de 10 h à 17 h. 14 pesos. ✗ ☏ (73) 12 59 55.

La partie basse de l'ancienne ville était ouverte à tous. La partie haute était réservée aux rangs élevés de la hiérarchie. Dans les deux parties, les traits architecturaux et culturels laissent clairement apparaître la rencontre des styles téotihuacan, zapotèque et maya.

Musée – Le musée recrée l'histoire du site, et chacune des six salles montre un aspect différent de la vie quotidienne de la société xochicalca. On remarquera dans la salle 2 le *Señor de Rojo* (monsieur en rouge), une représentation du dieu du Soleil ; dans la salle 5 l'anneau du jeu de pelote Est, dont les sculptures d'aras et de chauves-souris symbolisent le jour et la nuit. Le fonctionnement du bâtiment s'appuie entièrement sur la nature. L'éclairage est dû à la lumière du jour ; la distribution d'eau se fait à l'aide d'une citerne qui recueille l'eau de pluie ; son architecture permet le passage de l'air sans qu'il y ait besoin de climatisation artificielle.

Place de la Stèle aux Deux Glyphes – Ouverte aux citoyens, cette place avait un caractère populaire. Dans le sanctuaire, en son centre, se trouve une stèle portant deux glyphes en relief indiquant la date (roseau = 10 et œil de reptile = 9).

Continuer par le chemin à droite de la grande pyramide, au Nord de la place.

Rampe des Animaux – *Au sommet, prendre à droite.* Unique en Méso-Amérique, cette rampe compte aujourd'hui 255 dalles, chacune gravée d'une figure d'animal.

Jeu de Pelote Est – Chaque jeu de pelote donnait lieu à des rituels différents. La cérémonie consacrée au jour et à la nuit avait lieu ici, comme le montre l'anneau exposé dans le musée du site. Plus loin se trouve le **jeu de pelote Nord**, dédié à la pluie et à la sécheresse.

Descendre les escaliers et continuer à gauche. Au bout du chemin, tourner à gauche.

Observatoire – *Il faut être accompagné d'un guide, ou équipé d'une lampe.* Cette grotte artificielle servait d'observatoire solaire. Le couloir intérieur de gauche conduit à une chambre éclairée d'une ouverture hexagonale. Du 30 avril au 15 août, les rayons du soleil pénètrent à midi au travers de l'hexagone, qui se réfléchit sur le sol (les meilleures dates d'observation du phénomène sont les 14/15 mai et les 28/29 juillet).

Remonter l'escalier et continuer tout droit.

Citerne – L'importance de la ville exigeait un système de distribution d'eau complexe. Cette citerne emmagasinait l'eau de pluie. Quand on la libérait, l'eau coulait par un système de déversoirs dans d'autres citernes.

Temascal – Les quatre piliers de ce bain de vapeur soutenaient un toit plat. Le couloir mène à une cuve qui contenait l'eau avec laquelle on arrosait les pierres préalablement chauffées sur place pour produire de la vapeur.

Monter les escaliers du côté gauche.

Place principale – Cette esplanade de 13 000 m² était une zone réservée, entourée des bâtiments politiques, militaires et religieux. On accède par son côté Ouest au lieu où résidaient les gouvernants, l'**acropole**, qui offre une **vue★** superbe.

Pyramide du Serpent à plumes – Monument le plus admirable de Xochicalco, la pyramide est formée d'un soubassement composé à la fois d'un talus et d'un parement vertical, couronné d'une corniche portant une frise de coquilles tronquées. L'**ornementation★** du talud alterne huit serpents à plumes, plusieurs personnages aux traits mayas, et la répétition du glyphe « 9 œil de reptile » avec un symbole du feu nouveau (début de cycle calendaire). Sur la partie supérieure se dresse un petit temple.

Au Sud de la place, la **pyramide des stèles** était la résidence d'un haut commandant. On y a découvert trois stèles gravées.

À l'extrémité de la place, descendre par le côté droit.

Escaliers et portiques – Ces constructions servaient à canaliser le passage vers la place principale. Les rangées de piliers faisaient partie des portiques qui servaient de barrières.

De la **place des deux glyphes**, on voit le jeu de pelote Sud, l'ensemble architectural dit de la Malinche, composé d'un édifice à plusieurs chambres et d'un temascal, et l'étang del Rodeo.

Région 3

CENTRE-OUEST

Terre de la tequila, des mariachis, des plages et des huichols

Artisanat et gastronomie, p. 76. La riche palette de ses écosystèmes qui vont de la forêt tempérée à la zone semi-aride fait du Centre-Ouest mexicain une région fascinante à découvrir. Le mélange des races indienne et espagnole est manifeste dans cette partie du pays, dont les traditions populaires sont très représentatives de l'image qu'on se fait du Mexique à l'étranger : le Jalisco, sa tequila, ses rancheras et ses mariachis ; le Guanajuato et ses jolies villes coloniales, nées de la richesse des mines d'argent qui en font un des plus importants centres producteurs ; l'Aguascalientes et son industrie textile réputée au Mexique. Tous ces États sont remarquables aussi pour l'extraordinaire ferveur religieuse qui s'exprime dans leurs fêtes et leurs costumes.

Les États du Jalisco, du Nayarit et du Colima ont en commun la beauté enchanteresse de leurs plages sur le Pacifique. Ils possèdent de grands complexes touristiques qui exploitent les ressources de la nature pour le plaisir des visiteurs. La présence des cultures indiennes de l'Ouest y est très sensible : le Colima est connu pour ses petits chiens danseurs en terre cuite, et le Jalisco pour ses figurines de femmes, symboles de fertilité. Le Nayarit est le berceau des couleurs éclatantes des Indiens **huichols** : éloignés de la civilisation dans les hauteurs de la sierra, ils conservent leurs traditions ancestrales et tissent leur vie dans les **« yeux de dieu »** colorés, tableaux en fils inspirés de leurs croyances et de leurs mythes.

Tout cela fait de cette région une vitrine de couleurs et de fêtes pour la fabuleuse mosaïque de cultures qui compose ce merveilleux pays.

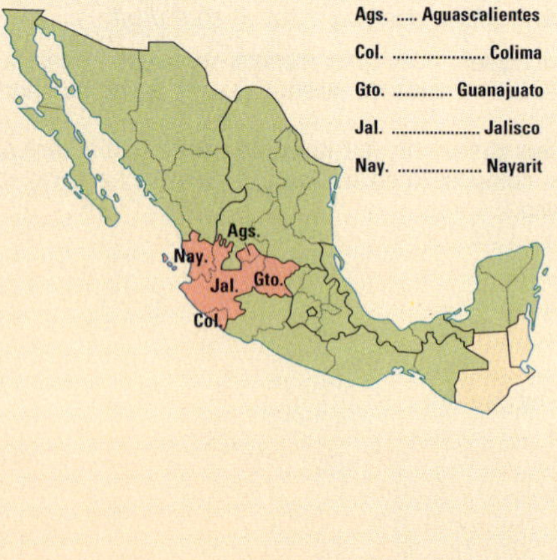

Ags. ..... Aguascalientes
Col. .... Colima
Gto. .... Guanajuato
Jal. .... Jalisco
Nay. .... Nayarit

© Robert Frerck/ODYSSEY

Panaroma sur Guanajuato

AGUASCALIENTES★

Aguascalientes
582 827 habitants
Palacio de Gobierno ☎ (4) 915 11 55

Le nom de l'État et de sa capitale vient des sources thermales qui jaillissent dans cette petite région du Mexique, autrefois habitée par des tribus chichimèques. Peu après l'arrivée des Espagnols et le début des expéditions vers le Nord, on fonda, le 22 octobre 1575, la ville Nuestra Señora de la Asunción de Aguas Calientes, qui faisait alors partie du territoire de la Nouvelle-Galice.
Aujourd'hui, outre son bouillonnement culturel et ses industries textiles, la ville d'Aguascalientes est célèbre pour ses spectaculaires **couchers de soleil**.
L'événement le plus important de l'année est la **foire nationale de la Saint-Marc** (feria de San Marcos), la plus ancienne du Mexique, célébrée le 25 avril depuis 1604. La fête donne lieu à des rodéos et des corridas, des feux d'artifice, des jeux de hasard et diverses manifestations culturelles.

★PLAZA DE LA PATRIA ET ABORDS *1 jour 1/2*

Catedral Basílica de Nuestra Señora de la Asunción – *Côté Ouest de la plaza de la Patria. Visite de 7 h à 14 h et de 17 h à 21 h.* ☎ *(49) 16 52 28.* L'une des églises les plus anciennes de la ville, elle a été élevée en 1899 au rang de cathédrale. Sa façade en pierre rose de style baroque salomonique présente quatre statues de saints de l'Église romaine coiffés de mitres : saint Grégoire le Grand, saint Ambroise de Milan, saint Augustin et saint Jérôme. À l'**intérieur**, de plan basilical, la **chapelle du Saint-Sacrement** présente un bel autel allemand du 19e s. Les murs portent des peintures de Miguel Cabrera, Andrés López, Juan Correa et José de Alcibar.

Exedra (**1**) – *Point central de la plaza de la Patria.* Cette colonne ionique érigée en 1808 en l'honneur de Charles IV est entourée d'une balustrade en pierre rose. Elle porte aujourd'hui un aigle en bronze dévorant un serpent, œuvre de Jésus Contreras.

★**Palacio de Gobierno** – *Côté Sud de la plaza de la Patria. Visite de 8 h à 21 h (18 h les week-ends et jours fériés).* Cette grande maison seigneuriale du 17e s. a appartenu au titulaire du majorat de Ciénega del Rincón. Sa très belle façade surprend par le contraste entre son revêtement rouge en tezontle et la pierre rose de ses balcons sculptés.
À l'intérieur, 111 arcades s'élèvent autour de deux cours que sépare un **escalier** monumental. Les bureaux du gouvernement de l'État sont ici depuis 1856. Aux deux niveaux, on découvre des **peintures murales** du Chilien Osvaldo Barra Cunningham, qui illustrent l'histoire de Aguascalientes et des scènes traditionnelles de la feria San Marcos.

© Gustavo Gatto

Corrida lors de la foire de la Saint-Marc

Museo Regional de Historia – *V. Carranza 118, à l'Ouest de la plaza de la Patria. Visite de 10 h à 14 h et de 17 h à 20 h 30. Fermé le dimanche. 10 pesos. ☎ (4) 915 52 28.* Logé dans une agréable maison du début du siècle construite par le célèbre architecte Refugio Reyes Rivas, le musée se consacre à l'histoire et à la géographie d'Aguascalientes. Une des salles est dédiée à un artiste très cher au cœur des habitants d'Aguascalientes, le musicien Manuel M. Ponce.

★**Jardín de San Marcos** – *Au bout de V. Carranza, à l'Ouest de la plaza de la Patria.* Entouré d'une très belle balustrade avec, aux quatre points cardinaux, des arches qui accueillent le promeneur, ce jardin paisible est le lieu de détente préféré des habitants de la ville.

Templo de San Marcos – *À côté du jardin San Marcos, à l'Ouest de la plaza de la Patria. Visite de 7 h à 14 h et de 16 h à 21 h (sans interruption le week-end). ☎ (4) 915 52 87.* Cette construction du 18e s. ornée d'une modeste façade a été bâtie par les Indiens tlaxcaltèques qui habitaient autrefois la région. La sacristie abrite un superbe tableau de José de Alcíbar (1751-1800) représentant l'adoration des Rois mages.

Santuario de Nuestra Señora de Guadalupe – *Guadalupe 213, Centre. Visite de 7 h à 13 h 30 et de 17 h à 21 h. ☎ (4) 915 50 33.* L'exubérante façade baroque de cette église du 18e s. cache une décoration intérieure de même style en pierre rose.

★**Museo de Aguascalientes (ancienne école normale de l'État)** – *Zaragoza 505, Centre. Visite de 11 h à 18 h. Fermé les lundis et jours fériés. 5 pesos. ☎ (4) 918 69 01.* Refugio Reyes Rivas a conçu au début du 20e s. ce palais néoclassique à la façade en pierre rose, aux colonnes doriques et aux chapiteaux ioniques. C'est l'endroit parfait pour se familiariser avec l'œuvre des grands peintres de l'État et d'autres artistes mexicains qui ont beaucoup influencé le mouvement moderniste entre 1910 et 1950 au Mexique. L'œuvre de **Saturnino Herrán** mérite une attention particulière pour ses scènes de genre imprégnées d'un fort sentiment national.

★**Templo de San Antonio** – *Pedro Parga, angle de Zaragoza. Visite de 6 h 30 à 13 h et de 18 h 30 à 20 h 30. ☎ (4) 915 28 98.* Entreprise à la fin du 19e s. et achevée en 1908, c'est l'œuvre architecturale la plus caractéristique de l'autodidacte Refugio Reyes Rivas. L'église met en valeur son environnement urbain par l'association inhabituelle de différentes formes architecturales en pierre rose ou jaune. L'**intérieur** de l'édifice en forme de croix latine surprend par ses couleurs. Le transept est surmonté d'une superbe coupole à doubles vitraux. De très grands médaillons illustrant les miracles de saint Antoine, peints par Candelario Rivas, décorent admirablement les murs.

Museo de Arte Contemporáneo – *Juan de Montoro 222, Centre. Visite de 10 h à 18 h. Fermé les lundis et jours fériés. 5 pesos. ☎ (4) 918 69 01.* Inauguré en 1991, le musée expose les meilleures créations des Rencontres nationales des jeunes artistes, un grand événement au Mexique, qui se déroule chaque année depuis 1966 à Aguascalientes. Il abrite aussi des expositions itinérantes d'œuvres contemporaines mexicaines et étrangères.

★★ **Museo José Guadalupe Posada (ancien presbytère)** – *Jardín del Encino, dans le vieux quartier de Triana. Visite de 10 h à 18 h. fermé le lundi. 5 pesos. ☎ (4) 915 45 56.* Le musée expose une grande partie de l'œuvre de José Guadalupe Posada, merveilleux novateur dans l'art de la gravure populaire. Ses critiques subtiles à l'encontre de la politique de Porfírio Diaz ont fortement influencé la conscience populaire. Ses **calaveras**, têtes de mort où la caricature fait se rejoindre les expressions de la vie et de la mort, sont particulièrement intéressantes. Le musée possède aussi une splendide collection de gravures de Manuel Manilla.

Templo del Encino – *Jardín del Encino, dans le vieux quartier de Triana. Visite de 6 h 30 à 13 h et de 16 h 30 à 21 h. ☎ (4) 915 98 76.* Située dans la partie la plus ancienne de la ville, le quartier de Triana, l'église possède un élégant portail de style baroque. Elle est consacrée au culte du Seigneur del Encino, un Christ noir miraculeux qui a suscité légendes et anecdotes fantastiques.

AUTRES CURIOSITÉS *3 h*

Plaza Vestir – *10 km au Sud de Aguascalientes par la route 45 vers Lagos de Moreno. Bd. José María Chávez, Ciudad Industrial.* À cet endroit se trouve la plus grande concentration d'ateliers de fabrication de vêtements et de linge de maison de l'État. Les célèbres tissus ajourés et broderies traditionnelles de la région, de qualité sans égale, y sont vendus à des prix défiant toute concurrence.

Centro cultural « Los Arquitos » – *Alameda et Héroe de Nacozari, à l'Est de la ville. Visite de 9 h à 21 h (20 h les week-ends et jours fériés). Fermé du 15 au 31 décembre.* ✗ *☎ (4) 916 92 01.* Ce centre culturel appartenant au patrimoine national permet de découvrir les vestiges des thermes qui fonctionnaient ici entre 1821 et 1973, alimentés par les eaux thermales de l'Ojo Caliente, à l'Est de la ville. Un musée en retrace l'histoire.

GUADALAJARA★★

Jalisco

3 279 424 habitants

ℹ Morelos 102, Plaza Tapatía, Centre ☎ (3) 658 22 22
et (01 800) 363 22 00

Capitale de l'État du Jalisco, c'est l'une des trois villes les plus importantes du pays. On l'appelle aussi « ville des roses » ou *perla tapatía*, qui pourrait se traduire « perle rare » ou « perle cachée ». C'est une métropole moderne dont les places et maisons coloniales ont conservé les couleurs d'autrefois.

Guadalajara évoque la fête et les femmes aux grands yeux ; « il n'y a pas de plus jolis yeux que les beaux yeux des *tapatías* », dit une chanson populaire mexicaine (*Tapatíos* est le surnom donné aux habitants de Guadalajara). On doit à cette ville les symboles du Mexique que sont, pour les étrangers, les **mariachis** et la **tequila** : la musique du **« jarabe tapatío »** autant que le goût puissant de la tequila évoquent Guadalajara. L'agglomération s'est développée de façon vertigineuse ces dernières années, avec sa banlieue qui englobe Zapopan (un centre religieux), Tonalá et Tlaquepaque (deux quartiers d'artisans).

L'humeur joyeuse de ses habitants, son climat chaud et l'expression pittoresque de ses arts populaires lui donnent une place de choix légitime dans le cœur des visiteurs, qu'ils soient mexicains ou étrangers. À Guadalajara, on pourra apprécier les **Fêtes d'octobre**, la **Rencontre de Mariachis**, les promenades en **calèches**, ou simplement la sérénade des mariachis sur la place du même nom.

Un peu d'histoire

Cette région fit partie de l'empire tarasque du 14e au 16e s. jusqu'à l'arrivée des Espagnols. Au terme de sept ans de luttes, **Nuño Beltrán de Guzmán** vint à bout de la résistance tarasque dans la région en exterminant les Indiens qui vivaient entre Michoacán et Sinaloa et y fonda la ville. Guadalajara doit son nom à la ville espagnole dont Guzmán était originaire et que les Arabes avaient baptisée lors de leur conquête **Wad-al-hidjara**, « fleuve de pierres ». Le conquérant fut nommé gouverneur de ce qui devint la Nouvelle-Galice, laquelle sut préserver jusqu'en 1786 une certaine autonomie par rapport au reste de la Nouvelle-Espagne. Élevée au rang de cité en 1539, la ville, détruite en 1541 par les Indiens tecuexes et caxcanes, fut déplacée sur son site actuel en 1542. Pendant la lutte pour l'Indépendance, Miguel Hidalgo y proclama l'abolition de l'esclavage. Juárez et une partie de son gouvernement s'y réfugièrent après le coup d'État de Comonfort en 1858, au cours de la période appelée **guerre des trois ans**. Au 20e s., elle fut le cadre de nombreux épisodes révolutionnaires, et, de 1926 à 1932, prit la tête de la rébellion des soldats du Christ. Outre l'extraordinaire explosion démographique de ces dernières années, Guadalajara est devenue depuis le milieu du siècle un important centre industriel, agricole et artisanal.

CENTRE HISTORIQUE *1 jour 1/2*

★Les quatre places

Plaza Guadalajara – *Av. Alcalde et Hidalgo, devant la cathédrale.* La place s'appelait autrefois place des Lauriers (plaza de los Laureles). Pour célébrer la fondation de Guadalajara, on y a élevé, au milieu d'une fontaine circulaire, une statue en bronze aux armoiries de la ville. Au Nord se trouvent l'**église de la Merci** (1721) avec sa façade baroque à plusieurs ordres, et l'**hôtel de ville** de style néocolonial, dont la construction s'est achevée en 1952 *(visite de 8 h à 19 h 30 ; fermé le week-end)*. La cage de l'escalier principal est décorée de **murals** (1964) de Gabriel Flores.

Catedral (**A**) – *Av. Alcalde, entre Hidalgo et Morelos. Visite de 8 h à 19 h 30.* La cathédrale est un emblème de la ville. Ses hautes tours en forme de pyramides octogonales ont été élevées trois siècles après le début de sa construction en 1561. Au-dessus des trois **portails** qui forment la façade principale s'étend un fronton ovale, orné d'un bas-relief représentant l'Assomption de la Vierge.

L'**intérieur**, formé de trois vaisseaux à voûtes nervurées, abrite douze autels. Dans la sacristie, on remarque, parmi les huiles de Cabrera, Alcíbar, Castro et Páez, le tableau de *L'Immaculée Conception* attribué au peintre espagnol Murillo. Au-dessous du maître-autel se trouve la tombe du cardinal Juan Jesús Posadas Ocampo, assassiné à l'aéroport de Guadalajara en 1993.

Plaza de Armas – *Av. 16 de Septiembre, entre Morelos et Pedro Moreno.* L'élégance de ce quadrilatère parfait et verdoyant est soulignée par un **kiosque**★ Art nouveau réalisé à Paris en 1910, soutenu par huit cariatides à demi nues portant des instruments de musique. L'orchestre régional y donne des concerts les mardis, jeudis et dimanches à partir de 18 h 30.

★**Palacio de Gobierno** – *Corona, entre Moreno et Morelos, devant la plaza de Armas. Visite de 9 h à 20 h. ☎ (3) 614 54 14.* La construction du palais du gouvernement a débuté vers le milieu du 17e s. pour s'achever en 1790. La façade baroque arbore des gargouilles en forme de canons et des torses de guerriers, qui semblent défendre le lieu où Miguel Hidalgo y Costilla abolit l'esclavage le 6 décembre 1810 et où Benito Juárez faillit être assassiné en 1858.

Renseignements pratiques...............Indicatif téléphonique : 3

Comment s'y rendre – **Aéroport international de Guadalajara Libertador Miguel Hidalgo** : 25 km au Sud de la ville. **Transport vers le centre-ville** : Transportes Terrestres, ☎ 688 58 90 et Transportes Amarillos, ☎ 688 59 25. Agences de **location de voitures** à l'aéroport *(voir p. 24)*. **Gare routière** : à la jonction des routes de Zapotlanejo et Tonalá.

Transports sur place – **Autocars gris** *(2,50 pesos)*. **Linea Tour** ☎ 634 22 20. Aller simple pour Tonalá 5 pesos, aller et retour 7 pesos. Billets d'autocar de 1re et 2e classe pour Tequila : **Servicios Coordinados** ☎ 679 04 33. **Stationnement public** : au bas de la Plaza Tapatía (24 h) ☎ 614 60 90 *(5 pesos/h)*. **Taxis** (24 h) ☎ 630 00 50.

Information touristique – **Secretaria de Turismo del Gobierno del Estado de Jalisco** et **Módulo de Información Turística (1)**, Morelos 102 Plaza Tapatía, centre, C.P. 44100 ☎ 668 16 01 et (01 800) 363 22 00 *(les jours ouvrables de 9 h à 20 h, les week-ends et jours fériés de 9 h à 13 h)*. **Módulo de Información Turística (2)**, Palacio de Gobierno, rez-de-chaussée, rue Corona et Pedro Moreno *(du lundi au vendredi de 10 h à 15 h et de 16 h à 20 h, le samedi de 10 h à 13 h)*. **Oficina de Convenciones y Visitantes de la Zona Metropolitana de Guadalajara**, av. Vallarta 4095, quartier Camino Real, C.P. 45000 ☎ 122 87 07 et (01 800) 719 35 45. Tous ces organismes proposent des renseignements gratuits sur les sites et services touristiques, des cartes et dépliants. **Auxílio Turistíco** (Angeles Verdes ; aide aux touristes) ☎ 668 18 00, postes 1488 et 1489.

Hébergement – Informations générales sur les hôtels au **Módulo de Información Turística (1)** et à l'**Oficina de Convenciones** *(voir ci-dessus)*. Les tarifs des hôtels varient de 1 700 pesos (grand tourisme), à 500 pesos (tarif moyen) et 200 pesos (économique). *Ces tarifs correspondent à une nuit en chambre double et sont sujets à modifications.*

Visites guidées – Visite du centre historique : Panoramex, Av. Federalismo Sur 944 ☎ 810 51 09 ; Viajes Copenhagen, Av. J. Cloutier 152, colonía Prados Vallarta ☎ 629 47 58.

Spectacles – **Rodéos** : Lienzo Charro Jalisco ☎ 619 03 15 *(le dimanche de 12 h à 14 h 30. 20 pesos)*. **Corridas** : Plaza de Toros « El Nuevo Progreso » ☎ 637 99 82 *(d'octobre à décembre et en avril et mai)*. **Mariachis** : Plaza de los Mariachis *(tous les jours à partir de 18 h)* ; Hotel Francés, calle Maestranza 355 ☎ 613 11 90 *(le vendredi à partir de 19 h)*.

Artisanat – Casa de las Artesanías « Agua Azul », calz. González Gudo 20 ☎ 619 46 64 ; Mercado Libertad. Pour les textiles, le cuir et le verre, aller à Tlaquepaque. Se rendre à Tonalá pour les céramiques, les terres cuites, le fer forgé et le travail du bois.

Fêtes – **Rencontre de mariachis** : en août et septembre. **Fêtes d'octobre** : défilé d'ouverture au centre-ville et un mois de festivités à l'Auditorio Benito Juárez. 20 pesos. Repas, présentation d'artisanat, jeux et manèges, danses folkloriques, théâtre et divers artistes.

Plaza de Armas et palais du gouvernement

Hidalgo, détail du mural de José Clemente Orozco

Murals de José Clemente Orozco – Dans la cage de l'escalier principal du palais se trouve un **mural★★★** réalisé entre 1937 et 1939 par José Clemente Orozco, célèbre artiste originaire du Jalisco. Il se compose de trois parties : dans *La Lutte sociale* sur la voûte centrale, Hidalgo, portant un flambeau, semble se diriger vers le spectateur ; sur le panneau de droite, *Le Cirque politique* est une caricature de différents régimes politiques où les personnages sont représentés comme des valets ; à gauche, *Les Forces des ténèbres* montre les liens entre le clergé et les militaires. Cette œuvre est considérée comme l'une des plus importantes de la peinture murale mexicaine.
Un autre mural d'Orozco couvre la voûte de l'ancienne salle du Congrès de l'État, au premier étage. Représentant la libération des esclaves, on y voit les figures de Hidalgo, Morelos, Juárez, Carranza et Zapata.

Museo Regional de Guadalajara (**M**[1]) – *Liceo 60, à côté de la cathédrale. Visite de 9 h à 17 h 45 (15 h le dimanche). Fermé les lundis et jours fériés. 20 pesos ; entrée libre le mardi et le dimanche.* ☎ *(3) 614 99 57.* Cet édifice à façade baroque a été construit au début du 18e s. pour accueillir le nouveau siège du séminaire conciliaire St-Joseph. En 1918, le bâtiment ouvrit ses portes comme musée. La section de paléontologie abrite un squelette de **mammouth** trouvé en 1962 à Zacoalco. À l'angle Nord-Est, un encadrement de **porte** en pierre très orné, provenant d'une ancienne maison du 18e s., donne accès à l'une des salles où sont exposées des pièces archéologiques provenant des peuplades qui habitèrent la région de 1550 avant J.-C. à 1500 après J.-C. À l'étage, on trouve une collection de peintures néo-hispaniques des 17e et 18e s. et mexicaines du 19e s. On survole ainsi l'histoire de l'État en découvrant les objets quotidiens ou cérémoniels des groupes d'Indiens coras, huichols, mexicaneros, tepehuanes et nahuas (Sud du Jalisco).
Devant le musée se dresse la **rotonde des hommes illustres** du Jalisco, point de départ des promenades dans la ville à bord de calèches.

Plaza de la Liberación – *Derrière la cathédrale et devant le théâtre Degollado.* Appelée aussi place des Trois Pouvoirs ou des Deux Vasques (à cause de ses deux grandes fontaines), elle doit son nom actuel à la libération des esclaves, que symbolise la statue de Miguel Hidalgo tenant des chaînes brisées dans ses mains tendues. Autour de la place se trouvent le palais législatif, le **palais du Gouvernement** et l'église St-Augustin.

★ **Teatro Degollado** (**B**) – *Belén, entre Morelos et Hidalgo. Visite de 10 h à 13 h. Fermé les dimanches et jours fériés.* ☎ *(3) 614 47 73.* Le théâtre a été construit vers le milieu du 19e s. sur ordre de Santos Degollado, gouverneur du Jalisco et martyr de la Réforme, d'après un projet de l'architecte Jacobo Gálvez. Il a été définitivement terminé en 1964, avec la construction du portique soutenu par 16 colonnes corinthiennes. Sur le fronton triangulaire du portique, un bas-relief en marbre représente les neuf muses de la mythologie grecque. L'élégante **salle de spectacles** en fer à cheval avec ses cinq niveaux de loges est ornée d'une **fresque★** de l'architecte Gálvez et de Gerardo Suárez, qui ont peint sur la voûte une scène du chant IV de *La Divine Comédie* de Dante. Tous les dimanches à 10 h le ballet folklorique de l'université de Guadalajara y donne un spectacle.

Plaza Tapatía – *Entre le théâtre Degollado et l'institut culturel Cabañas.* La place comporte plusieurs esplanades qui s'étirent sur plus de 500 m. Elle est entourée de galeries consacrées au commerce, à la culture et aux loisirs, les plus importantes de Guadalajara. Elle s'orne de fontaines, monuments et jardins ; l'Office de tourisme y occupe le lieu appelé « Recoin du diable ». La fontaine qui se trouve derrière le théâtre commémore la fondation de la ville (1542). Plus loin se dresse une belle sculpture en bronze, représentant les armes octroyées à la capitale par Charles Quint. Une très grande statue symbolisant le Feu nouveau orne l'esplanade centrale ; elle est entourée de hérons-serpents qui représentent à la fois Aztlán et Quetzalcóatl. Au fond se dresse le majestueux édifice de l'institut culturel Cabañas avec, à l'entrée, la **salle des Mages** d'Alejandro Colunga. D'un côté, la plaza López Portillo y Weber ferme la plaza Tapatía, avec la sculpture **La Estampida**, qui a reçu le prix national de sculpture en 1982.

Institut culturel Cabañas et environs

★★ **Instituto Cultural Cabañas (ancien hospice Cabañas)** – *Plaza Tapatía. Visite de 10 h 15 à 17 h 45 (14 h 45 le dimanche). Fermé le lundi, ainsi que les 1er janvier, 1er mai et 25 décembre. 8 pesos.* ✗ E ☏ *(3) 617 43 22.* L'institut a été fondé en 1810 comme Maison de la Charité et de la Miséricorde par l'évêque Juan Cruz R. Cabañas y Crespo. La conception et la construction de ce superbe bâtiment, remarquable exemple de style néoclassique au Mexique, sont dues à Manuel Tolsá, José Gutiérrez et Manuel Gómez Ibarra. À l'intérieur se cachent 23 charmants patios. Au cours de son existence, il a été tour à tour asile, école, prison, caserne et hospice. En 1983, on l'a transformé en institut culturel, en accordant une place particulière au travail du célèbre muraliste du Jalisco, José Clemente Orozco, qui a décoré la **chapelle** entre 1938 et 1939. Le bâtiment a été inscrit au patrimoine mondial de l'humanité en 1997.

Capilla Mayor – Les **peintures murales**★★, dont le thème principal est la Conquête du Mexique, reflètent la philosophie du peintre et sa critique de la société ; ses images du choc des deux cultures, indienne et espagnole, de sa genèse et de ses conséquences, sont très fortes. L'artiste dépeint aussi dans son œuvre les conséquences tragiques de certains régimes politiques, et la terrible déshumanisation des êtres. Sous la coupole, on remarque L'homme en flammes, qui symbolise l'être humain emporté par le feu de sa propre torche. D'autres salles présentent des dessins originaux d'Orozco et des expositions temporaires.

Barrio de San Juan de Dios – *À côté de l'institut culturel Cabañas.* C'est un des quartiers les plus populaires de Guadalajara. L'immense **Mercado Libertad**★ *(ouvert de 8 h à 20 h (18 h le dimanche) ; ☏ (01 800) 363 22 00)* propose toutes les denrées que l'on puisse imaginer : herbes, ingrédients de magie blanche et de sorcellerie, spécialités alimentaires et produits régionaux, produits d'importation. Sur l'un des côtés du marché *(Independencia Sur et Javier Mina)* se trouvent l'église St-Jean-de-Dieu du 18e s. et sa chapelle dédiée à la Ste-Croix. Quand la soirée est avancée, la **plaza de los Mariachis** toute proche accueille les visiteurs pour un dîner composé de *birria* (ragoût d'agneau), potage et *enchiladas* (galettes de maïs au piment), accompagnés d'ananas, de tequila, et des sonorités uniques de la musique des mariachis.

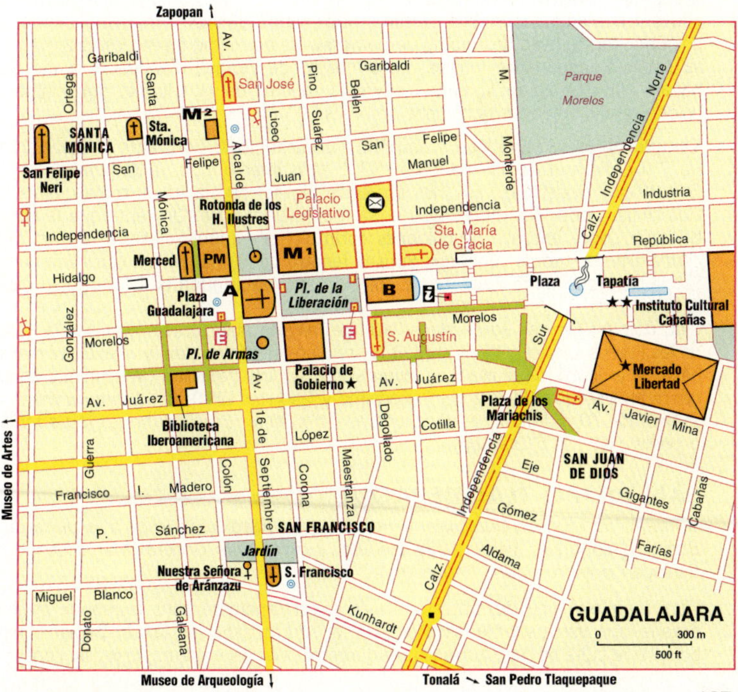

San Francisco

Au 16e s., les franciscains édifièrent ici un ensemble comprenant le couvent St-François et une série de chapelles disposées autour de l'atrium de l'église. En 1861, on en rasa une grande partie. Aujourd'hui, seules l'église et la chapelle de Aranzazú sont encore debout. Le terrain occupé auparavant par le couvent et l'atrium est devenu le **jardín San Francisco**, endroit propice au repos orné de fontaines, planté de fleurs et d'arbres touffus, qui conserve les vestiges de ce qui fut le vaste complexe franciscain.

Templo de San Francisco – *16 de Septiembre et av. Heroes. Visite de 7 h à 14 h et de 16 h à 20 h30. ☎ (3) 6144083.* La construction d'origine (1554) a été modifiée plusieurs fois au cours des siècles. Cette église est considérée aujourd'hui comme un exemple d'architecture baroque sobre. Sur la façade principale, entre les colonnes torses et les motifs végétaux, on remarque un aigle, ailes étendues, perché sur un *nopal*. À l'intérieur, les moulures du plafond de la nef forment de grandes figures géométriques.

Capilla de Nuestra Señora de Aranzazú – *16 de Septiembre. Visite de 10 h à 14 h et de 16 h à 19 h. ☎ (3) 6144083.* La chapelle a été édifiée entre 1749 et 1752. La sobriété de sa façade baroque contraste avec les **retables** churrigueresques de l'intérieur en bois doré et sculpté, très richement ornés. C'est la seule chapelle du Jalisco possédant des retables de ce style.

Biblioteca Iberoamericana Octavio Paz – *Pedro Moreno et Colón. Plaza Universidad. Visite de 9 h à 21 h (17 h le samedi). Fermé les dimanches et jours fériés, ainsi que pendant la Semaine sainte et Pâques (15 jours) et du 15 au 31 décembre. ☎ (3) 6583256.* À l'origine, ce bâtiment était l'église St-Thomas-d'Aquin (17e s.) du collège jésuite. En 1792, il devint le siège de l'université royale de Guadalajara, puis, au 19e s., propriété du gouvernement de l'État qui lui attribua diverses fonctions successives. Rendu à l'université en 1986, il a été restauré pour accueillir la bibliothèque et le département des périodiques. La façade actuelle en pierre jaune, de style gréco-romain, a été élevée vers le milieu du 19e s., peu après la destruction des tours et des autels d'origine. À l'intérieur se trouve un mural de David Alfaro Siqueiros et Amado de la Cueva, peint entre 1925 et 1926, traitant des travaux agricoles et de la Révolution.
Les reliefs de la porte en bois de l'entrée représentent des personnages et des symboles révolutionnaires. Dessinées par Siqueiros, les sculptures sont de la main de Juan Hernández.

Santa Mónica

Iglesia de Santa Mónica – *Santa Mónica 250, angle de San Felipe. Visite de 10 h à 12 h30 et de 17 h à 19 h30. ☎ (3) 6146620.* Considérée comme la plus belle de la ville, l'église Ste-Monique a été terminée en 1733 ; c'était la chapelle du couvent des augustines. Elle présente deux **portails géminés**★★ richement ornés de colonnes torses avec des motifs de pampres. Le deuxième niveau est sculpté dans sa partie inférieure de feuilles, de rameaux, de visages d'anges et d'une tiare papale. Au-dessus de la tiare s'ouvre la fenêtre de la tribune, surmontée de colonnes salomoniques richement décorées.

Templo de San Felipe Neri – *San Felipe 558, angle de Contreras Medellín. Visite de 7 h à 14 h et de 17 h à 19 h (20 h, sans interruption, le dimanche). ☎ (3) 6148824.* Construite au 18e s., cette église est la plus remarquable de Guadalajara pour ses dimensions et sa tour majestueuse. On remarque le portail baroque sobre entouré de colonnes corinthiennes doubles, et son arc en plein cintre orné de motifs végétaux. Sous la fenêtre de la tribune, on voit l'écu de san Felipe Neri, surmonté d'une représentation de l'Assomption de la Vierge en pierre rouge.
Cinq rues à l'Est de l'église, dans l'avenue Fray Antonio Alcade, on visite la « Casa de los Perros », qui en 1972 abritait la première imprimerie de la ville. Cette maison héberge aujourd'hui le **musée du Journalisme et des Arts graphiques** (**M²**), unique en son genre au Mexique (Museo del Periodismo y las Artes Gráficas – *visite du mardi au samedi de 10 h à 18 h, le dimanche de 10 h30 à 15 h ; fermé les jours fériés ; 5 pesos ; ☎ (3) 6139286*).

SAN PEDRO TLAQUEPAQUE *1/2 journée*

8 km au Sud-Est de Guadalajara. Prendre l'av. Revolución jusqu'à la plaza de la Bandera, continuer par la calle Ejército, puis la calle General Marcelino Garcia Barragán pour rejoindre Tlaquepaque.

Tlaquepaque, « lieu des coteaux élevés », est renommé dans le monde pour sa poterie, son verre soufflé, sa bijouterie, et son artisanat en laiton, papier mâché, bois, terre cuite et cuir. Autre centre d'intérêt pour les visiteurs, **El parián**, construc-

© Robert Frerck/ODYSSEY

Les mariachis

Originaires du Jalisco, les mariachis, amis inséparables et participants obligés de toutes les fêtes, sont, tout comme la tequila, les symboles de la culture mexicaine, aussi fascinants pour les Mexicains que pour les étrangers.
Le monde entier connaît ces groupes, apparus pendant les années 1930, quand des ensembles musicaux venus de Cocula et établis à Mexico décidèrent de modifier le style des *sones*, chants populaires inspirés à la fois d'Espagne, du Mexique et d'Afrique. Ils gardèrent les quatre violons d'origine, supprimèrent la harpe, remplacèrent la *vihuela* (guitare ancienne espagnole) par une troisième guitare, et introduisirent la **trompette**, désormais indissociable des groupes de mariachis. À l'origine, le répertoire était composé uniquement de *rancheras*. Aujourd'hui, il couvre tous les genres, y compris la musique classique. Mais les mariachis restent surtout associés à la musique *ranchera*, élevée au rang de musique nationale. Tout Mexicain qui se respecte connaît par cœur au moins deux ou trois strophes de chaque chanson mariachi.

tion rectangulaire achevée en 1883, qui abritait autrefois le *tianguis* : c'est aujourd'hui un endroit où l'on se rassemble en foule pour s'imprégner de la joyeuse musique des mariachis et savourer les spécialités gastronomiques du Jalisco.

Museo Regional de la Céramica (Casa del Burro de Oro) – *Independencia 237. Visite de 10 h à 18 h (15 h le dimanche). Fermé le lundi. ☎ (3) 635 54 04.* Situé dans une ancienne demeure du 19e s., propriété du général Velarde, un second de Santa Anna, le petit musée expose dans huit salles les objets les plus représentatifs de l'artisanat de la région : terres cuites, céramiques, azulejos, verres soufflés et miniatures réalisées avec différents matériaux. On ne manquera pas la cuisine mexicaine avec tous ses ustensiles.

AUTRES CURIOSITÉS *1 jour*

Museo de Artes – *2 h. Av. Juárez 975. Visite du mardi au vendredi de 10 h à 20 h. 5 pesos. ✗ ☎ (3) 826 61 14.* Cette construction à la française du début du 20e s. a abrité l'université de Guadalajara. C'est aujourd'hui un musée consacré à l'œuvre des artistes du Jalisco, dont il possède une importante collection. Dans le Paraninfo (auditorium), on admirera deux **murals★** de José Clemente Orozco ; son style particulier anime les murs, avec *L'Homme, principe et fin de toutes choses* et *Le Peuple et les faux dirigeants*.

Derrière le musée se dresse l'**église de l'Expiation** *(Visite de 5 h 30 à 22 h ; ☎ (3) 825 34 10)*, construction néogothique aux beaux vitraux multicolores.

Museo de Arqueología del Occidente de México – *16 de Septiembre 889, face au parc Agua Azul. Visite de 10 h à 19 h. Fermé le lundi. 3 pesos. ☎ (3) 619 01 04.* Le passé précolombien des États du Jalisco, du Nayarit, du Sinaloa, du Michoacán et du Colima revit dans ce musée grâce à des pièces d'une rare beauté, comme les statues de la **femme chargée d'enfants**, le **vase à l'acrobate**, l'**homme méditant**, les **chiens du Colima** et une statue en terre cuite de Tláloc, toutes représentatives des cultures de l'Ouest du pays.

Zapopan – *8 km du centre de Guadalajara par les av. Alcade et Ávila Camacho en direction du Nord-Ouest.* Fondé peu après Guadalajara, ce faubourg abrite dans la **basilique N.-D.-de-l'Attente** (Expectación – *visite de 6 h 30 à 21 h (de 5 h 30 à 22 h le* *dimanche) ;* ☎ *(3) 633 01 41)*, la statue de la « miraculeuse » **Vierge de Zapopan**. Chaque 12 octobre, un pèlerinage en son honneur se déroule de la cathédrale de Guadalajara à son autel de Zapopan et rassemble jusqu'à deux millions de fidèles. Le visiteur immergé dans la ferveur qui baigne alors ce lieu vit une expérience impressionnante. Sur un des côtés de la basilique se trouve le petit **musée Huichol** *(visite de 10 h à 13 h et de 16 h à 19 h ; fermé le dimanche, ainsi que les 1er janvier, 1er mai, 12 octobre, 12 et 25 décembre ;* ☎ *(3) 636 44 30)* qui présente une intéressante collection d'objets huichols, coras et tepehuanes.

Tonalá – *À 14 km au Sud-Est du centre de Guadalajara par les av. Revolución et Río Nilo. Il est conseillé de s'y rendre le jeudi ou le dimanche.* Cette ancienne implantation indienne est aujourd'hui l'un des centres d'artisanat les plus importants du Jalisco. Dans toutes les boutiques de la ville, le visiteur trouvera une grande variété d'**œuvres artisanales★★** en céramique, terre cuite, fer forgé et bois. La grande tradition de la poterie de Tonalá, mondialement connue, s'allie aux techniques les plus sophistiquées.

EXCURSIONS

■ Tequila Express

1 jour. Gare Washington, av. 16 de Septiembre et calz. Independencia, près du parc Agua Azul. Fonctionne le samedi à 10 h 30. 400 pesos (incluant dégustation à volonté de tequila et déjeuner). ✗. *Pour plus d'informations et pour acheter les billets, s'adresser à la Chambre de Commerce, Av. Vallarta 4095, quartier de Camino Real, Zapopan, Jalisco* ☎ *(3) 122 86 26 ou 122 90 20.* Avant même de quitter la gare, on commence à respirer l'ambiance de la région, avec la musique mariachi. Dans des wagons spacieux et confortables, le « Tequila Express » emporte ses passagers jusqu'à la ville qui a donné son nom à la boisson nationale, si appréciée à l'étranger, la tequila. Le visiteur y est reçu par une démonstration de *jima* (l'art de couper l'agave pour en retirer le cœur), puis il assiste à un spectacle de danse folklorique, de mariachis, de chanteurs et de jeux de lasso (typiques des rodéos).

L'**excursion★** comprend l'entrée au musée Francisco Javier Sauza Mora, qui fut le propriétaire de l'une des plus importantes distilleries de tequila, ainsi qu'une visite d'une ancienne distillerie traditionnelle. Le séjour à Tequila atteint son paroxysme à la ferme d'agaves, où l'on savoure un repas typique, accompagné de divers spectacles. De retour à Guadalajara, la musique ne nous quittera pas, bien entendu « arrosée » de tequila.

Tequila – *1 jour. À 58 km au Nord-Ouest de Guadalajara par la route 15 vers Tepic. Il est conseillé d'arriver avant midi.* Peuplée d'agaves bleus, la région donne son nom à la boisson alcoolisée qui a contribué à la réputation du Mexique. En visitant la ville, on peut découvrir le processus de fabrication de la tequila dans une de ses **distilleries★**, par exemple **Tequila Cuervo** *(visite guidée (1 h) de 9 h à 14 h ; fermé les dimanches et jours fériés ; réservation conseillée ;* ☎ *(374) 200 50).*
On distille aussi la tequila à Amatitán, village tout proche, à la distillerie **Tequila Herradura** *(visite guidée (2 h) du lundi au jeudi de 9 h à 13 h ; fermé les jours fériés ; réservation recommandée ; 25 pesos ;* ☎ *(374) 500 11 et 17).*

Ajijic – *1 jour. 57 km au Sud de Guadalajara et 7 km à l'Ouest de Chapala.* Réputé pour son climat tempéré, cet endroit pittoresque sur les bords de la Chapala a séduit l'une des plus grandes communautés d'étrangers du Mexique, surtout des Nord-Américains. Ces dix dernières années y ont vu se multiplier les galeries d'art, dont celle de **Billy Moon★** qui expose des œuvres artisanales originales et de grande qualité. *(visite de 10 h à 18 h ;* ☎ *(376) 610 00).*

★**Mazamitla** – *1 jour. 132 km au Sud de Guadalajara. 98 km d'Ajijic.* Au pied de la Sierra del Tigre, entourée d'une forêt semblant sortir d'un conte de fées, Mazamitla est une bourgade pittoresque, aux murs chaulés et décorés de bois foncé. Laitages, gelées et liqueurs de fruits sont les délicieux produits typiques de la région. Cet endroit enchanteur permet de prendre de paisibles bains de nature.

■ La tequila

La fabrication de la tequila débute par la sélection de plants de **maguey** âgés de 8 à 10 ans. On en retire le cœur que l'on cuit au four à la vapeur pendant 24 heures. On en exprime ensuite le suc concentré, que l'on met à fermenter pour six jours. Le processus de fermentation transforme le sucre en alcool. Cet alcool est ensuite distillé plusieurs fois jusqu'à purification, devenant ainsi l'incontournable tequila.

GUANAJUATO★★★

Guanajuato

128 171 habitants

ℹ Plaza de la Paz 14 ☎ (4) 732 19 82

Le charme de cette jolie ville inscrite au patrimoine mondial de l'humanité réside dans son architecture raffinée et l'originalité de son plan. Ses constructions colorées, étagées sur les versants des montagnes, forment un décor idéal pour un récit fantastique.
Située au pied du **Cerro del Cubilete**, « colline du haut-de-forme », cette ville merveilleuse était auparavant un centre minier. Elle doit la richesse de ses bâtiments à l'exploitation des mines d'argent, dont on tire encore aujourd'hui une grande quantité de minerai. Grâce à son pouvoir économique, Guanajuato s'est développé avec bonheur depuis sa fondation, défiant collines et rivières (aujourd'hui canalisées). Il en va ainsi de l'ancien río Belauzarán, devenu l'une des superbes avenues souterraines ou **tunnels** qui facilitent la circulation à travers la ville.
Capitale de l'État homonyme, c'est aussi un centre culturel et universitaire très animé. Son université fut fondée au 18e s. Tous les ans, rues, théâtres, églises et places accueillent le **festival international Cervantes**.
Les **« estudiantinas »**, orchestres d'étudiants, sont un trait typique de la ville. Revêtus de costumes de l'époque coloniale, les étudiants effectuent tous les vendredis et samedis les célèbres **« callejoneadas »** à travers places et rues piétonnes, tandis que les passants se joignent à leurs chants.

Un peu d'histoire

Les débuts – Le nom Guanajuato vient de l'expression purépecha **Quanaxhuato**, qui signifie « lieu de la montagne des grenouilles ». On dit en effet que la colline où s'établirent les premiers habitants purépechas a la forme de ce batracien. La région fut habitée par les **Chichimèques**, indomptable tribu mexicaine de tradition nomade et belliqueuse. En 1530, Nuño Beltrán de Guzmán pénétra sur le territoire de l'État du Guanajuato alors que les autres Espagnols se partageaient le reste du pays. En 1546, Rodrigo Vázquez se vit attribuer pour l'élevage du bétail un domaine correspondant au territoire urbain actuel. Il y fit venir des métis, des noirs et des Indiens d'autres régions, car les Chichimèques se refusaient à travailler pour lui.

Richesse minière et Indépendance – Au cours de la construction de la route allant de Mexico à Zacatecas par Querétaro, on découvrit un abondant gisement d'argent à Guanajuato, ce qui ne manqua pas d'attirer des aventuriers en quête de fortune. Les premières mines furent exploitées à **Rayas** et à **Santa Fe**. Cette production d'argent permit à Guanajuato de grimper rapidement dans la hiérarchie urbaine : *Alcadia Mayor* en 1574, *Villa* en 1619, *Muy Noble y Leal Ciudad* en 1741, pour finir *Capital de Intendencia* en 1790.
Au terme de près de trois siècles de domination, le pouvoir espagnol fut ébranlé par l'Insurrection, dont le premier soulèvement armé se produisit ici en 1810, déclenchant la guerre d'Indépendance.

19e et 20e siècles – En 1858, pendant la Réforme, Benito Juárez transféra ici le siège des pouvoirs de la République, mais il n'y resta qu'un mois. Guanajuato subit aussi l'invasion des troupes françaises et reçut Charlotte et Maximilien. Au début du 20e s., c'était encore un centre minier important ; après la vente des mines à des compagnies étrangères, elle connut à nouveau une période d'opulence. Vers le milieu du siècle, oublié l'état de pauvreté où elle avait sombré au début de la Révolution, elle devint un superbe et pittoresque centre culturel et universitaire.

★★★CENTRE HISTORIQUE *3 jours*

Le long de ses rues étroites et pavées, on découvre une extraordinaire ville coloniale qui n'a rien perdu de ses airs d'autrefois.

De la Alhóndiga à l'église de la Compañia

★Alhóndiga de Granaditas (Museo Regional) – *Mendizábal 6. Visite de 10 h à 13 h 30 (14 h 30 le dimanche) et de 16 h à 17 h 30. Fermé le lundi, l'après-midi le dimanche et les jours fériés. 20 pesos. ☎ (4) 732 11 80.* Construite de 1798 à 1809 d'après un plan de José del Mazo y Avilés pour servir de magasin à blé, cette austère halle de

■ El Pípila

Pendant la bataille qui se déroulait dans la halle au blé, Juan José Martínez de los Reyes – dit **El Pípila** (le dindon) –, protégé par une pierre plate qu'il portait sur le dos, parvint à se glisser sous le feu ennemi jusqu'à la porte principale de la halle et y mit le feu. Grâce à cette action, les insurgés purent s'emparer du magasin, transformé en forteresse et que l'on disait imprenable.

style néoclassique ressemble à une forteresse. Une année après la fin de sa construction, le 28 septembre 1810, elle fut le théâtre d'une des premières batailles pour l'Indépendance, à laquelle participèrent Miguel Hidalgo et Costilla. Un mineur du nom de Juan José Martínez de los Reyes s'y distingua particulièrement.

En 1811, on fusilla les premiers chefs insurgés et les têtes de Hidalgo, Allende, Aldama et Jiménez furent exposées dans des cages de fer aux angles de la halle, où elles demeurèrent jusqu'en 1821. En 1864, Maximilien d'Autriche transforma le bâtiment en prison, laquelle fonctionna jusqu'en 1949, année où on y aménagea le musée.

Escalier principal et premier étage – La visite du musée commence par l'escalier principal, où un mural de José Chávez Morado illustre la guerre d'Indépendance et la fin de l'esclavage. Au premier étage, on visite une salle consacrée aux sceaux précolombiens, une collection de plus de 3 500 pièces. La deuxième salle abrite des objets d'art méso-américain. On suit ensuite un parcours dans l'histoire de l'État, de la guerre d'Indépendance jusqu'à la République : parmi les portraits et les peintures de genre du siècle dernier sont accrochées des œuvres du peintre Hermenegildo Bustos. Sur l'un des paliers se déploie le mural *Canto a Guanajuato*, dû aussi à Chávez Morado.

Rez-de-chaussée – Ce niveau comporte une salle consacrée à Aldama, Morelos et Hidalgo, dont les bustes, au mur, sont éclairés par une lampe votive. Il compte aussi deux salles d'expositions temporaires et une autre consacrée aux arts et coutumes du Guanajuato.

★**Museo Casa Diego Rivera** – *Pocitos 47. Visite de 10 h à 18 h 30. Fermé les jours fériés. 8 pesos. ☎ (4) 732 11 97.* Ce bâtiment néoclassique est la maison où est né et a vécu le peintre Diego Rivera. Longtemps fermée, la maison a été ouverte comme musée en 1973. Au **premier niveau** sont exposés des objets de la famille Rivera, le berceau et la chambre de l'artiste, avec d'autres meubles du 19ᵉ s. Au **deuxième niveau** sont présentés peintures et dessins de Diego Rivera, dont des esquisses de ses murals et des œuvres de sa période cubiste. Les autres niveaux présentent des œuvres du maître de différentes époques et des travaux d'autres artistes de renom.

Museo del Pueblo (**M**) – *Pocitos 7. Visite de 10 h à 19 h (de 9 h à 15 h le dimanche). Fermé les lundis et jours fériés. 8 pesos.* ✂ *☎ (4) 732 29 90.* Cette jolie maison coloniale faisait partie au 17ᵉ s. du vaste domaine campagnard des marquis de Rayas. Elle appartint plus tard à José Manuel de Sardaneta, l'un des signataires de l'Indépendance du Mexique.

Aujourd'hui, elle loge un musée. Le **rez-de-chaussée** comprend une salle d'expositions temporaires. L'**entresol** héberge une exposition permanente de peintures civiles et religieuses des 17ᵉ et 19ᵉ s., d'objets sacrés et profanes, de statues en bois et autres pièces artisanales. On y voit aussi les collections personnelles d'Olga Costa et de José Chávez Morado, spécialement léguées au musée en 1979. Au **premier étage**, on découvre l'ancienne chapelle de la maison et son beau portail churrigueresque. José Chávez Morado l'a ornée d'un mural, *Le pilastre fracturé*, qui a pour sujet les origines et l'histoire de la ville de Guanajuato.

★**Universidad** – *Lascuráin de Retana 5. Visite de 7 h à 21 h (16 h le samedi). Fermé les dimanches et jours fériés. ☎ (4) 732 27 70.* Le corps principal de cet imposant bâtiment de style néoclassique en pierre de couleur verte présente un escalier de 79 marches. Bien que l'origine de l'université remonte à 1732, lorsqu'un groupe de bienfaiteurs de Guanajuato fournit les fonds nécessaires à la fondation d'un collège jésuite, ce ne fut qu'en 1955 que l'architecte Vicente Urquiaga acheva sa construction. On remarquera sur la façade le blason de l'université : deux gre-

nouilles, une ruche, un rayon de ruche avec des abeilles et un flambeau. Les grenouilles représentent la ville de Guanajuato. La ruche fait allusion à une histoire attachée au lieu : une maison appartenait à Teresa de Busto y Moya, qui la quitta après en avoir fait don en n'emportant que sa ruche ; mais les abeilles revinrent à leur port d'attache, site aujourd'hui de l'université. Les autres symboles représentent le travail ardu et la connaissance.
Par la calle de Lascuráin, on arrive à la faculté des Relations industrielles, qui recèle une cour et une chapelle baroque et montre à son niveau supérieur le **portail** de l'ancienne église paroissiale de Marfil.

★**Templo de la Compañía** – *Plaza de la Compañía, presque à l'angle de Hidalgo. Visite de 7 h 30 à 21 h (de 7 h à 14 h et de 18 h à 21 h le dimanche). Fermé les jours fériés. ☎ (4) 732 18 27.* Élevée sur un promontoire entre 1747 et 1765, cette église en pierre rose est remarquable pour son portail principal, de style churrigueresque. On voit sur la porte un soleil sculpté par des mains indigènes. L'intérieur à trois vaisseaux est surmonté d'une coupole de style néoclassique réalisée après l'effondrement de la précédente en 1808. Les bas-côtés abritent de beaux confessionnaux en bois et des peintures du 18e s. de Jesús Cabrera. À gauche du *presbiterio*, la **pinacothèque** expose surtout des œuvres du 18e s.

Plazuela del Baratillo – *À l'extrémité du Jardin Unión.* Autrefois il y avait ici un *tianguis* où les vendeurs clamaient le bas prix de leur marchandise, d'où son nom (*barato* = bon marché ; *baratillo* = braderie). Le centre de la place est orné d'une fontaine florentine qui s'élevait jadis sur la plaza de la Paz. Pour aller de cette placette très fréquentée par les étudiants au jardin Unión, on traverse l'**Ágora del Baratillo**.

Du Jardín Unión à la basilique de Guanajuato

★**Jardín Unión** – *À l'intersection de la calle de Sopeña et Cruz Verde, dans le prolongement de la Plaza de la Paz.* C'est un beau jardin de forme triangulaire bordé de lauriers d'Inde aux cimes entrelacées. Au 18e s., c'était l'atrium de l'**église St-Dìègue-d'Alcalá**. En 1842, il fut réaménagé en jardin et reçut en 1883 le kiosque où joue l'harmonie de l'État le mardi, le jeudi et le dimanche. Il est aujourd'hui entouré de commerces et de restaurants, ce qui en fait un point de rencontre apprécié des habitants de Guanajuato et des visiteurs.

Teatro Principal – *Hidalgo (avant Cantarranas), angle du Callejón de Ánimas. Ouvert uniquement pour les spectacles.* En 1788, on avait bâti ici le Colisée Principal. Abandonné pendant la guerre d'Indépendance, il avait été à nouveau ouvert en 1826, pour disparaître dans les flammes dans les années 1920. Trente ans plus tard, on a élevé le théâtre actuel, qui fonctionne aussi comme ciné-club.

Théâtre Juárez

Teatro Miguel de Cervantes – *Sur la plaza Allende. Ouvert uniquement lors des spectacles.* Ouvert en 1979 comme théâtre, l'édifice était au 18e s. une fonderie qui devint ensuite une usine de traitement des métaux. En face s'ouvre une petite place sur laquelle on remarque la statue de Don Quichotte et Sancho Pança, emblème pour une ville qui accueille le Festival international Cervantès.

San Francisco – *Sur la plaza Manuel Doblado. Visite de 7 h à 14 h et de 16 h à 20 h.* L'église se trouve dans l'ancien couvent St-François, achevé en 1792 grâce à une donation de Pedro Luciano de Otero. Elle présente un portail en forme de retable baroque, dont l'arc est surmonté d'une statue du Christ. Au-dessus de la fenêtre de la tribune veille saint François d'Assise, patron de l'église. À l'intérieur on voit des peintures du 18e s. et sept retables néoclassiques.

Museo Iconográfico del Quijote – *Manuel Doblado 1. Visite de 10 h à 18 h30 (15 h le dimanche). Fermé le lundi. ☎ (4) 732 67 21.* Cette plaisante demeure de couleur verte, avec son patio colonial, présente une collection de peintures, sculptures et autres objets, qui ont tous pour sujet Don Quichotte. Parmi les œuvres exposées se trouvent celles d'artistes comme Raúl Anguiano, Alberto Gironella, Martha Palau, José Luis Cuevas, Pedro Coronel et Manuel Felguerez, ainsi qu'une **collection**★ de dessins et de peintures originales de Salvador Dali sur Don Quichotte.

★★**Teatro Juárez** – *Calle de Sopeña, devant le Jardín Unión. Visite de 9 h à 13 h45 et de 17 h à 19 h45. Fermé le lundi. 5 pesos. ☎ (4) 732 15 42.* Avec sa façade néoclassique que surmontent les statues des neuf muses, le théâtre Juárez est un des plus beaux édifices de la ville. Il a été construit sur le site de l'ancien couvent St-Pierre-d'Alcantara par l'architecte José Noriega. Bien que sa réalisation ait commencé en 1872, il ne fut achevé qu'en 1903, année de son inauguration par Porfirio Díaz.
L'intérieur en fer à cheval est magnifique, et l'on notera en particulier les balcons en fer forgé aux formes variées et la décoration mauresque. Dans le foyer, l'espace destiné au bar mérite une attention particulière pour ses meubles en bois sculpté finement ouvragés. Sa jolie scène a accueilli les meilleures productions théâtrales de Guanajuato.

Templo de San Diego de Alcalá – *Calle de Soprana 7, en face du Jardín Union. Visite de 7 h à 21 h. ☎ (4) 732 03 97.* L'église possède un beau **portail**★ baroque churrigueresque, avec des niches ornées de délicates sculptures. Elle faisait partie d'un couvent dont on voit encore les murs sur un des côtés. Le couvent avait été construit sur plusieurs niveaux ; le bâtiment d'aujourd'hui correspond au second. L'intérieur renferme des peintures du 18e s. et une chapelle consacrée au *Señor de Burgos*, un Christ en croix envoyé en 1785 à Veracruz par le roi Charles III et apporté en 1789 à Guajanuato.

Palacio Municipal (**PM**) – *Luiz Gonzáles Obregón 12.* Construit en 1707, l'**hôtel de ville** fut le témoin de nombreux événements historiques. Siège des trois pouvoirs de l'État mexicain après l'Indépendance, il servit de résidence à Benito Juárez au début de la guerre de la Réforme, ce qui valut à la ville d'être un moment capitale de la République. À la fin du 19e s. et au début du 20e, il accueillit les assemblées législative et judiciaire.

Plaza de la Paz – *Calle de la Paz, d'un côté de l'av. Juárez.* Plusieurs avenues convergent vers cet espace triangulaire qui s'articule autour du **monument à la Paix** (**1**), une figure féminine couronnée de lauriers. Réalisée en 1898 par Jesús Contreras, la sculpture, connue sous le nom de *La Mona*, est le point de rendez-vous des étudiants et le passage obligé pour tout visiteur de la basilique. Au 19e s. se trouvait là une belle fontaine alimentée dès 1852 par des canalisations provenant du barrage de la Olla.

De la basilique au marché Hidalgo

★ **Basílica Colegiata de Nuestra Señora de Guanajuato** (**A**) – *Plaza de la Paz. Visite de 7 h à 21 h.* De tous les édifices entourant la place, c'est le plus grand et le plus séduisant. Réalisée entre 1671 et 1696, la basilique est remarquable non seulement pour son **portail** baroque, mais aussi pour la couleur jaune de ses murs qui contraste avec le rouge vif des parties saillantes. L'intérieur est une illustration raffinée de l'opulence minière de Guanajuato : des feuilles d'or recouvrent l'autel, ornent les colonnes et les énormes lustres. Sur le maître-autel règne une Vierge en bois polychrome finement ciselé qui aurait été offerte par Charles Quint à son fils Philippe II. On admirera l'orgue de la tribune, de couleur blanche, chargé d'ornements dorés. L'église a été élevée au rang de basilique en 1957.

Tribunal Colegiado de Distrito (**demeure du comte Rul** – **B**) – *Plaza de la Paz 75. Visite de 7 h à 14 h. Fermé les week-ends et jours fériés.* Réalisé dans le plus pur style néoclassique, sur un plan de l'architecte Francisco Eduardo Tresguerras, l'édifice de pierre rose terminé en 1803 est orné de colonnes ioniques. C'était le rendez-vous de la bonne société de Guanajuato et des visiteurs étrangers, tel Alexander von Humboldt, un des premiers naturalistes du 19e s.

Palacio Legislativo – *Plaza de la Paz 77. Visite de 7 h à 21 h. Fermé les week-ends et jours fériés.* Ce bel édifice néoclassique en pierre verte sculptée fut élevé par l'architecte Cecilio Luis Long et achevé en 1900 pour être inauguré par Porfirio Diaz. On remarque à l'**intérieur**, sur la rampe de l'escalier, un blason et des aigles. Au premier niveau s'ouvre la salle du Congrès, lambrissée et meublée avec raffinement. Le palais renferme aussi des peintures de José Escudero, un artiste du « Porfiriat ».

Casa Real de Ensaye (**bureaux de la banque Serfín** – **C**) – *Av. Juárez 16.* La façade au fronton baroque porte les armes du marquis de San Clemente, premier titre nobiliaire de Guanajuato. On y voit aussi une plaque faisant référence à sa fonction d'**hôtel royal de la monnaie**, qu'elle remplit de la première moitié du 17e s. jusqu'en 1824.

Templo de San Roque – *Plaza de San Roque 1. On peut accéder à l'église en traversant la plaza de San Fernando, qui côtoie la plaza de San Roque. Visite de 7 h à 21 h.* L'église a été construite en 1726 par le prêtre Juan José de Sopeña y Cervera. Le portail en pierre rose, caractéristique de la période baroque sobre, a résisté au temps. À l'intérieur s'ouvre une coupole à base octogonale, dont les pendentifs sont ornés de peintures représentant les quatre évangélistes. Les murs portent des tableaux anciens, illustrant la Passion du Christ et la Cène.

La plaza de San Roque est le théâtre des **entremeses cervantinos**, « intermèdes » organisés pendant le festival Cervantès.

Jardín Reforma – *Av. Juárez.* À l'entrée, l'arc en plein cintre, encadré de colonnes ioniques, est un vestige du marché de la Reforma. Entouré de belles constructions élevées entre les 16e et 19e s., le jardin est planté d'arbres touffus, qui offrent leur ombre pour se reposer en laissant agréablement passer le temps.

Templo de Belén (**Parroquia del Inmaculado Corazón de María**) – *Av. Juárez 2. Visite de 6 h 30 à 13 h 30 et de 16 h 30 à 21 h 30. ☎ (4) 732 22 83.* Cette église, dont la construction s'est achevée en 1775, servit de réservoir d'eau, de dépôt de charbon et de magasin à céréales. Son portail sobre de style baroque à *estípites* est orné de niches et de statues de sainte Anne et de saint Joachim. L'intérieur abrite des murs décorés de peintures de style médiéval, des autels néogothiques et un sol en mosaïque importé de Rome. Au-dessus de l'entrée, au niveau de la tribune, on voit un orgue ancien aux tuyaux imposants.

■ Callejón del Beso

Située sur un côté de la plaza de los Ángeles, cette ruelle fait à peine 68 cm de large. Elle doit sa célébrité à une légende : deux jeunes voisins étaient tombés amoureux et se donnaient rendez-vous sur leurs balcons fleuris. Le père de la jeune fille, opposé à cette relation, décida de mettre sa fille au couvent et d'exiler le galant. On attribue deux conclusions différentes à l'histoire ; l'une veut que le père tue le jeune homme, l'autre qu'il tue sa propre fille. La croyance populaire veut que les couples qui passent dans la ruelle s'exposent à sept ans de malheur s'ils ne s'embrassent pas sur la troisième marche de l'escalier.

★ **Mercado Hidalgo** – *Av. Juárez. Ouvert de 7 h à 21 h.* Cette halle réalisée par l'architecte Ernesto Brunel fut inaugurée en 1910 par Porfirio Diaz. Le portail est un grand arc sculpté en pierre rose camouflant la structure métallique intérieure. La voûte en berceau est surmontée d'une tour à horloge à quatre faces.
Ce marché très fréquenté abonde en denrées de toutes sortes, sucreries, spécialités culinaires et objets artisanaux, dans un foisonnement de formes variées et de couleurs vives.

★ CARRETERA PANORÁMICA (ROUTE PANORAMIQUE)

1/2 journée en voiture

Museo de las Momias (cimetière municipal) – *Esplanade du cimetière. Visite de 9 h à 18 h. 15 pesos. ☎ (4) 732 06 39.* Dans les sept salles de ce curieux musée sont exposés cent huit corps momifiés et quatre crânes, la plupart du 19e s., provenant du cimetière voisin. Après expiration des concessions, on avait exhumé les corps, pour constater que la composition particulière du sous-sol les avait laissés dans un état de relative conservation. Pour un supplément de 5 pesos, on peut visiter la salle la plus récente, où sont exposés des éléments ayant trait à la mort, des hologrammes et des instruments de torture.

★★ **Templo de San Cayetano de la Valenciana** – *Au km 5 de la route panoramique en direction de Dolores. Visite 9 h à 19 h. Fermé le lundi. ☎ (4) 732 67 21. Photographies interdites à l'intérieur.* Achevée en 1788 par Andrés de la Riva et Jorge Archundia, l'église dédiée à saint Gaétan présente un beau portail abondamment décoré de style churrigueresque. À l'intérieur, on voit des peintures (19e s.) réalisées par Luis Monroy et une extraordinaire **chaire★** en bois incrusté d'os, qui ressemble de face à une pagode chinoise. La coupole à base octogonale repose sur quatre pendentifs ornés de peintures. On remarque aussi les retables de style churrigueresque et l'orgue, toujours utilisé.

Bocamina de la Valenciana (mine de San Cayetano de la Valenciana) – *Au km 5 de la route panoramique en direction de Dolores. Visite de 10 h à 18 h. 8 pesos. ☎ (4) 732 05 70.* On visite l'entrée principale de cette mine, la plus prospère de la ville, qui a été exploitée de 1529 à 1810. Elle fournissait au 16e s. un cinquième de la production mondiale d'or et d'argent. Le visiteur peut pénétrer sur 50 m dans la mine.

★ **Templo de Cata** – *Route panoramique en direction de Dolores. Visite de 7 h à 21 h.* Terminée à la fin du 18e s., cette belle église est consacrée au Christ de Villaseca, statue apportée d'Espagne en 1618 pour orner le maître-autel. La façade baroque en pierre rose présente des médaillons sculptés de scènes de la Bible. Comme l'église de la Valenciana, c'est un superbe exemple de l'art néohispanique de la région. À l'intérieur, on remarque une chaire en bois très travaillée et deux beaux retables dorés. Il faut voir la **chapelle★** de la Vierge-des-Sept-Douleurs, recouverte de cristaux de quartz apportés des mines voisines.

Mineral de Rayas – *Vers l'Est de la route panoramique en direction de Dolores, tronçon Cata-Santuario.* Cette mine, l'une des trois encore en exploitation à Guanajuato, fut découverte en 1550 par le muletier Juan de Rayas à qui elle doit

© Robert Freck/ODYSSEY

L'église St-Gaétan

son nom. L'épaisseur des murs fait penser à une forteresse médiévale. Son esplanade offre un large panorama sur la ville, ainsi que sur le puits de la mine et d'autres installations qui servaient à l'extraction du minerai.

En montant la côte, on rejoint le petit village de Mellado, avec l'église de la Merci construite à la fin du 17e s. On aperçoit vers le Sud, dans la vallée, les ruines de ce qui a pu être un cloître ; du côté Est de l'esplanade, en suivant la route, apparaissent sur la gauche les vestiges de la première église élevée par le marquis de Rayas, dont la façade a été démontée pour être intégrée à l'église de Pardo.

Presa de la Olla – *À l'extrémité du Paseo de la Presa.* Le barrage fut construit entre 1741 et 1749 pour remédier à la rareté de l'eau, mais ce n'est qu'en 1832 que l'on prit la décision de réaliser les canalisations menant l'eau au cœur de la ville.
Cet endroit environné de frênes, d'eucalyptus et de jacarandas accueille les fêtes de la St-Jean qui ont lieu tous les ans du 18 au 24 juin, et, le premier lundi de juillet, la fête de l'ouverture du barrage.
Sur l'avenida Paseo de la Presa, on remarque de beaux bâtiments contemporains, comme l'**École normale** *(côté gauche de l'avenue)* et le **palais du Gouvernement**, devant la petite place Antonia del Moral.

Monument al Pípila – *Route panoramique, vers le Sud de la ville.* Ce monument a été construit en 1939 sur la colline San Miguel en mémoire du héros de l'Indépendance. Ses belvédères panoramiques offrent une belle vue de la ville et de son architecture colorée.

ENVIRONS

★**Ancienne hacienda San Gabriel de la Barrera** – *Ancien chemin de Marfil, au km 2,5. Visite de 9 h à 18 h. Fermé les 1er janvier et 25 décembre. 10 pesos.* ✗ ☏ *(4) 732 06 19.* Ancienne propriété des frères Juan et Gabriel de la Barrera, cet établissement servait à affiner les métaux. Elle compte seize jardins, qu'un entretien permanent a permis de conserver en parfait état.
Dans le petit musée, situé à l'étage de ce qui était la partie résidentielle, on découvre du mobilier des 17e et 18e s., importé de Chine, d'Angleterre et d'Italie. Devant le musée se dresse une chapelle qui renferme un beau **retable** gothique espagnol provenant de la cathédrale de Jaén, en Espagne. Trois différentes sortes d'or ont servi à sa décoration raffinée. On y voit aussi trois vitraux, dont l'un remonte au 15e s.

Museo Casa Gene Byron – *Ancien chemin de Marfil. Visite du mardi au samedi de 10 h à 15 h. 8 pesos.* ☏ *(4) 733 10 29.* Ce bel édifice qui appartenait au peintre Gene Byron abrite aujourd'hui une exposition permanente des meubles et tableaux de la grande artiste. On trouve à l'étage des expositions temporaires. Il est également possible d'acquérir et d'admirer les ouvrages d'artisanat, d'une grande beauté, conçus par Gene Byron.

Museo Olga Costa-José Chávez Morado – *Pastita 158, quartier de Pastita. Torre del Arco. Visite de 10 h à 16 h 30 (de 9 h à 15 h le dimanche). Fermé le lundi. 8 pesos.* ☏ *(4) 731 09 77.* Ce petit musée abrite des meubles, des objets d'artisanat et des pièces archéologiques, propriété du couple de peintres qui expose ses œuvres dans la maison où il habitait autrefois. Périodiquement, les œuvres des maîtres font place aux peintures et sculptures de jeunes talents.

EXCURSIONS

León – *1 jour. 66 km. Quitter Guanajuato par la route 110 vers Mexico, puis prendre la direction de Léon par la route 45.* Centre industriel du Guanajuato, Léon est une ville en pleine expansion spécialisée dans la production de chaussures et d'articles de cuir. Cela explique l'animation qui y règne et la grande affluence de voyageurs. La construction de la **cathédrale**★★ *(Álvaro Obregón, angle de Hidalgo)* débuta vers le milieu du 18e s. sous la direction des franciscains. En prenant à droite de la cathédrale vers la calle 20 de Enero, on rencontre l'**église de l'Immaculé**, remarquable construction néogothique du 20e s. Autour de la **plaza de los Mártires** *(au centre de la ville)* se dressent l'**hôtel de ville** à trois niveaux, de style néoclassique, ainsi que l'**église paroissiale du St-Sacrement**, à façade maniériste et clocher baroque du 18e s. Le **théâtre Doblado** *(Pedro Moreno, angle de Hermanos Aldama)*, avec sa façade néoclassique, et l'**église de l'Expiatoire**★ *(Madero 721)*, impressionnant édifice de style néogothique commencé en 1921, méritent aussi d'être vus.

★**Lagos de Moreno** *(État du Jalisco) – 1/2 journée. 94 km au Sud-Ouest de Guanajuato par la route 110, puis la route 45D à droite ; traverser León, poursuivre par la route 45 et prendre à gauche la route 80.* Située à l'extrême Est de l'État du Jalisco, Lagos de Moreno, aussi appelée Los Altos de Jalisco, est la ville la plus importante de la région. C'est la ville natale du musicien Juventino Rosas, du poète Juan de Dios Peza et de l'écrivain Mariano Azuela. Ville coloniale typique, à l'ambiance chaleureuse, elle donne au visiteur l'impression de revenir dans le passé. L'**église paroissiale de l'Assomption** *(Av. Hidalgo, sur la place principale)* construite au 18ᵉ s. est l'emblème de la ville. Sa façade et ses portails latéraux présentent un délicat travail baroque aux accents churrigueresques. Derrière l'église se trouve le **théâtre Rosas Moreno** *(calle José Rosas Moreno)*, de style néoclassique à la française ; entrepris en 1857, il fut inauguré en 1907 avec l'opéra *Aïda*, de Verdi. La **Rinconada de las Capuchinas** est une place fleurie entourée de très beaux bâtiments *(de la place principale, prendre vers le Sud la calle Miguel Leandro Guerra et tourner à gauche dans la calle Mariano Azuela)* ; sur l'un de ses côtés se trouve l'ancienne maison de Agustín Rivera, prêtre et écrivain de Lagos de Moreno, aujourd'hui transformée en musée et galerie. On voit à côté l'église et l'ancien couvent des capucines, qui abrite la maison de la Culture, et en face l'École des arts Miguel Leandro Guerra. Après la Rinconada court le **paseo de la Rivera**, agréable rue qui passe derrière l'église des Capucines, qui n'est pas sans évoquer quelque forteresse. Le paseo longe le rio Lagos et donne sur le Puente Grande, ouvrage de style Renaissance.

★★**San Miguel de Allende** – *1 jour. 92 km. Quitter Guanajuato au Nord par la route 110, aller jusqu'à Dolores Hidalgo (54 km) et poursuivre à l'Est par la route 51 jusqu'à San Miguel de Allende (38 km).* *Voir p. 201.*

Irapuato – *1/2 journée. 53 km au Nord de Guanajuato par la route 110, puis prendre à gauche la route 45D (vers le Sud).* Cette ville industrielle a conservé une activité agricole et commerciale très importante. Au nombre des produits régionaux, on retiendra les fraises, les brocolis et les asperges. Rien de plus agréable qu'une promenade dans le centre historique, débutant par le **Jardín Hidalgo** *(sur Juárez, entre Ramón Corona et Fernando Dávila)*. Sur cette petite place très animée se dresse l'**église du Couvent** (ou St-François) au portail baroque. L'**église de l'Hospitalito** *(Berriozábal, angle de Fernando Dávila)* présente une jolie façade baroque ; le soleil et la lune y sont sculptés dans la pierre. Au Sud-Est du centre s'étend la bruyante **plaza Hidalgo**, sur laquelle s'élèvent l'**église paroissiale** à l'Ouest, avec sa façade baroque aux colonnes encadrant des statues, et l'**église St-Joseph**, à l'extraordinaire portail de facture populaire.

★★**Ancien couvent St-Augustin**, à **Yuriria** – *70 km au Sud-Est d'Irapuato par la route 45 vers Salamanca et la route 43 vers Morelia, jusqu'à la bifurcation vers Yuriria. Visite de 9 h 30 à 16 h 45. 7 pesos. ☎ (4) 168 20 36.* Le gigantesque couvent et l'église St-Paul sont l'œuvre de l'ordre augustinien. La construction a débuté en 1540. Le complexe a progressivement pris de l'importance avec l'établissement d'un noviciat où l'on enseignait la philosophie et des lettres. L'ancien couvent a été déclaré monument historique en 1932.

La **façade** est aussi raffinée que celle d'**Acolman**, dans l'État de Mexico. Le **portail principal**, de style plateresque, est divisé en trois registres finement décorés de motifs de fleurs et de fruits, de chérubins et de diverses sculptures. Au premier registre, on voit deux statues flanquées de deux paires de colonnes sculptées : à droite, saint Pierre, patron de l'église, que l'on reconnaît à son livre et à son épée. Sur la partie supérieure veille la statue de saint Augustin. La façade latérale est sculptée dans un même style ornemental moins chargé.

Le mélange d'éléments Renaissance et gothiques qui caractérise le style plateresque mexicain du 16ᵉ s. est visible à l'**intérieur** de l'église. La croisée du transept et le *presbiterio* sont couverts par une voûte d'allure gothique, alors que la nef suit un style Renaissance, avec une voûte en berceau ornée de caissons.

À gauche de l'église, un portail avec quatre beaux arcs oriente le visiteur vers l'ancien couvent, dont les pièces donnant sur le **cloître** abritent aujourd'hui un musée colonial. À l'origine, celles où sont exposées les collections servaient de réfectoire, de cuisine et de salle de prière pour les morts. Au premier étage se trouvaient les cellules, les dortoirs et la bibliothèque. Dans les galeries du rez-de-chaussée, on remarque les voûtes gothiques à nervures et, sur les murs, des restes de peintures décoratives. Au centre de la cour s'ouvre un puits orné de superbes gargouilles en pierre sculptée, avec des figures d'animaux fantastiques.

L'escalier qui conduit à l'étage supérieur conserve une ancienne rampe sculptée en bois. Il est également couvert d'une voûte d'allure gothique. La galerie de l'étage montre des vestiges de la décoration d'origine et des voûtes en berceau.

MANZANILLO★

Colima

108 584 habitants

Bd. Miguel de la Madrid 1033, quartier Playa Azul ☎ (3) 333 22 77

Manzanillo est connue comme la capitale mondiale du *pez vela*, l'espadon voilier du Pacifique, en raison des nombreux tournois de pêche qu'on y organise tout au long de l'année. C'est un des plus grands ports commerciaux et touristiques du pays. Le port est formé de deux larges baies, **Santiago** et **Manzanillo**, séparées par la **presqu'île de Santiago**, lieu renommé pour la gaieté de son ambiance. Les baies sont bordées sur 20 km d'une suite de belles plages, offrant au visiteur toute la gamme des loisirs nautiques. Les plus importantes, en allant du Sud-Est au Nord-Ouest en direction de l'aéroport, sont Playa Ventanas, El Majo, El Malecón (qui longe le centre de Manzanillo) San Pedrito, Las Brisas, Playa Azul et Salagua. La péninsule de Santiago est occupée par des hôtels qui composent l'un des complexes touristiques les plus luxueux du pays au bord des plus belles plages : El Tesoro, Las Hadas, Playa Escondida, Corales, Perla et La Audiencia. Et, plus loin, Playa Santiago, Olas Altas et Miramar. Pour nager, on conseillera **San Pedrito**, **Playa Azul**, **La Audiencia** et **Miramar**.

Aux abords de San Pedrito, sur le campus de l'université de Colima, on visite le **Museo Universitario de Arqueología** *(visite du mardi au samedi de 10 h à 14 h et de 17 h à 20 h, le dimanche de 10 h à 13 h ; 10 pesos ; ☎ (3) 332 22 56)* qui présente une belle collection de pièces précolombiennes. Ne pas manquer la reconstitution grandeur nature d'une tombe à puits.

EXCURSIONS

★**Barra de Navidad** *(État du Jalisco) – 1/2 journée. 64 km au Nord-Ouest de Manzanillo par la route 200. Départs fréquents de la gare routière.* Cette agréable petite ville de pêcheurs est la première que l'on rencontre sur la côte Sud du Jalisco dans la région appelée **Costalegre**. Outre une grande plage de 2 km, idéale pour le surf et les autres sports nautiques, Barra de Navidad possède une belle lagune peuplée de mangrove où vivent toutes sortes d'oiseaux. Devant la lagune se détache l'Isla de Navidad, avec son luxueux complexe touristique, et Colimilla, un endroit réputé pour ses restaurants. Tous les ans, Barra de Navidad organise des concours internationaux de pêche. La Costalegre propose différentes sortes de **plages**★. À l'extrémité Nord de la baie s'étend **San Patricio Melaque**, belle étendue tranquille nantie de tous les équipements touristiques. Vers Puerto Vallarta, on a un grand choix de plages. Certaines sont privées, réservées à la clientèle des hôtels de luxe, comme **El Tamarindo** et **Bel-Air Careyes**. Mais en voiture on peut découvrir, parmi beaucoup d'autres, la plage isolée d'**El Tecuán** et sa lagune d'eau douce ; **Tenacatita**, une réserve écologique où l'on pratique la plongée, la natation et la pêche ; **Chamela** aux flots cléments, d'où l'on part visiter les îles voisines peuplées de diverses espèces d'oiseaux marins.

Cuyutlán – *1/2 journée. 42 km au Sud-Est par l'autoroute Colima-Guadalajara. On peut aussi emprunter la route sans péage qui passe par la lagune de Cuyutlán, où l'on voit des marais salants. À la gare routière, prendre l'autocar pour Tecomán, descendre à Armería, et en emprunter un autre à destination de Cuyutlán.* Des centaines de personnes se rendent durant les mois d'avril à juin sur la plage de ce village pour observer le phénomène de la **vague verte**★, lame de 8 m de haut qui se

© Robert Frerck/ODYSSEY

Complexe touristique de Las Hadas, sur la presqu'île de Santiago forme toutes les 15 ou 20 minutes. Indépendamment de ce phénomène, Cuyutlán, avec sa longue jetée, séduit par son ambiance et sa beauté naturelle. C'était l'avis du cinéaste mexicain Emilio « el Indio » Fernández, qui a tourné ici ses films. Une rue après la place centrale, on trouve le **Museo Comunitario de la Sal**, unique en son genre dans toute l'Amérique *(visite de 10 h à 18 h ; fermé le lundi ; participation laissée à l'appréciation du visiteur ; ☏ (3) 322 05 64)*. Il raconte l'histoire de Cuyutlán et son rôle important dans la production du sel, de la période précolombienne jusqu'à l'époque moderne. À seulement 3 km se trouve le **Centro de Desarrollo Productivo, Recreativo y Ecológico « Miguel Álvarez del Toro »** *(visite de 10 h à 18 h ; 5 pesos ; ✗ ☐ ☏ (3) 322 05 64)*, réserve pour les tortues où, de juin à décembre, chacun peut participer à la récolte des œufs et assister à la naissance des petits.

Colima – *3 h. 96 km au Nord-Est de Manzanillo (48 km de Cuyutlán) par l'autoroute Guadalajara-Manzanillo.* Capitale de l'État de même nom, la « ville des palmiers » est gardée par le **Nevado de Colima** (4 335 m) et le **volcan de Fuego** (3 960 m). Dans le centre, le rythme oscille entre modernité et calme provincial. Les anciens habitants s'appelaient **Colimotes** ; il ne subsiste pas à Colima de ruines importantes des centres cérémoniels de ces ancêtres, mais on y a trouvé certaines des statues précolombiennes les plus belles et les plus fines du Mexique. Presque toutes ces pièces ont été retirées de **tombes à puits**, sépultures utilisées à l'Ouest de la Méso-Amérique et au Nord-Ouest de l'Amérique du Sud. Les « chiens danseurs » **xoloitzcuintli** sont devenus l'emblème de la ville et de l'État, non seulement à cause de leur beauté, mais aussi en raison de l'importance que les Colimotes accordaient à cet animal, compagnon fidèle de l'homme dans sa vie terrestre et pour son voyage dans l'au-delà.
Au rez-de-chaussée du **musée régional d'Histoire** *(Portal Morelos 1, place principale ; visite de 9 h à 18 h, le dimanche de 17 h à 20 h ; fermé le lundi ; 17 pesos ; ☏ (3) 312 92-28)* sont exposées des pièces archéologiques ; il faut voir salle 4 la **reproduction★** exacte, grandeur nature, d'une tombe à puits. Le **Museo Universitario de Artes Populares « María Teresa Pomar Aguilar »** présente une remarquable collection de folklore et d'art populaire *(Gabino Barreda, angle de Manuel Gallardo, traverser la place et prendre la rue Constitución, 7 rues vers le Sud puis tourner à droite dans la calle M. Gallardo ; visite de 10 h à 14 h(13 h le dimanche) et de 17 h à 20 h ; fermé le lundi et l'après-midi le dimanche ; ☏ (3) 312 68 69)*. Mais le plus intéressant se trouve au **Museo de las Culturas de Occidente « María Ahumada de Gómez » de la Secretaría de Cultura★★** *(Calz. Gálvan Norte ; angle de Ejército Nacional ; il est conseillé de prendre un taxi ; visite de 9 h à 18 h 30 ; fermé le lundi ; 15 pesos ; ☏ (3) 312 31 55)*. Il conserve des pièces d'une grande valeur archéologique et artistique. Dans le hall, les figures symboliques des « chiens danseurs », **perros bailarines**, souhaitent la bienvenue au visiteur. Dans les salles du rez-de-chaussée sont présentés dans l'ordre chronologique les différents centres de développement des cultures précolombiennes. Les vitrines de l'étage supérieur couvrent différents aspects des activités quotidiennes et culturelles des anciens Colimotes.

Nogueras – *1 h 30. 6 km au Nord de Colima par la route 16. On peut s'y rendre en autobus ou en taxi.* Le **musée Alejandro Rangel**, qui doit son nom au célèbre peintre du Colima, occupe l'ancienne ferme de Nogueras *(visite de 10 h à 14 h et de 16 h 30 à 19 h 30, les jours fériés de 10 h à 18 h ; fermé le lundi, ainsi que les 1er janvier, 1er mai et 25 décembre ; 10 pesos ; ✗ ☏ (3) 315 52 80)*. Outre une brève exposition du travail du maître, le musée présente une excellente **collection★** de céramiques précolombiennes léguées au musée par l'artiste, remarquables pour leur valeur anthropologique et esthétique. Toutes les statuettes proviennent de Nogueras et des environs.

PUERTO VALLARTA★★

Jalisco

149 876 habitants

ℹ ☏ (3) 222 02 42

Au fond de la **baie de Banderas**, la deuxième du Mexique en taille et l'une des plus grandes du monde, ce centre touristique réputé s'adosse aux hauteurs de la sierra Madre occidentale, couvertes d'une exubérante végétation sauvage.
Guadalupe Sánchez fonda le village en 1851 pour en faire un centre d'expédition du sel vers la mine voisine de Real de Cuale. Appelé Puerto Las Peñas, il reçut en 1918 le nom de Puerto Vallarta en mémoire de Ignacio Luis Vallarta, gouverneur du Jalisco de 1871 à 1875.
Puerto Vallarta offre plus que le soleil et la plage : c'est un village typiquement mexicain, aux rues pavées, aux maisons blanches couvertes de tuiles rouges. Près de la jetée, il y a plusieurs galeries d'art et une île romantique, **Isla Cuale**, avec un musée abritant une petite exposition sur les cultures précolombiennes de la région Ouest du Mexique. Contrastant avec les grands complexes hôteliers, ce site pittoresque est un lieu où le ciel, la mer et la terre se rencontrent pour créer un authentique paradis.

Les plages – Le centre-ville jouxte la playa Olas Altas et la playa de los Muertos. En s'éloignant du port vers le Sud, on rencontre les plages plus fréquentées de **Mismaloya** et **Boca de Tomatlán**, d'où on peut s'embarquer vers **Las Ánimas**, **Quimixto** et **Yelapa**. Ces plages, qui ne sont pas très grandes, ont le charme d'être situées à l'embouchure des cours d'eau qui descendent des montagnes, formant parfois des chutes magnifiques. Elles sont environnées de l'exubérante végétation qui couvre rochers et falaises.

Restaurants – *Par la route 200, à 21 km au Sud.* L'embouchure du río Los Horcones est bordée de nombreux restaurants, où l'on peut savourer les plats typiques de la région. Il est déconseillé de se baigner dans le fleuve en période de pluies.

ACTIVITÉS A PUERTO VALLARTA

Plusieurs compagnies proposent des promenades en mer dans la baie de Banderas ou vers les îles Marietas, ainsi qu'aux arches de Yelapa et Quimixto, où l'on peut admirer avec un masque les fonds sous-marins ou faire du kayak. On a le choix entre une promenade matinale à bord du *Day Off (☎ (3) 221 06 57)* ou du *Marigalante (☎ (3) 223 03 09)*, ou une sortie au coucher du soleil avec le *Marigalante*, le *Rhythm of the Night (☎ (3) 221 06 57)* ou le *Princesa Vallarta (☎ (3) 224 47 77)*, qui offrent aussi des départs le matin.
À ceux qui préfèrent rester à terre, Puerto Vallarta propose des promenades à cheval, accompagnées de guides, dans les montagnes de la Sierra Madre Occidentale, qui peuvent durer de trois heures à sept jours. Consultez les agences spécialisées *(Rancho Ojo de Agua ☎ (3) 224 06 07* et *Rancho El Charro ☎ (3) 224 01 14)*, ou les agences de voyages. On peut également parcourir la région à bicyclette ou à moto *(Bike Mex ☎ (3) 223 16 80* et *Moto River Tour ☎ (3) 221 27 16)* ou la survoler *(Open Air Expeditions ☎ (3) 222 33 10)*, ou tout simplement goûter des joies de la randonnée dans la Sierra Madre et découvrir les sources d'origine volcanique *(Viva Tours ☎ (3) 224 04 10)*.

EXCURSIONS

Nuevo Vallarta – *1/2 journée. 17 km. Quitter Puerto Vallarta au Nord par la route 200, suivre l'indication de Nuevo Vallarta.* Sur la baie de Banderas, cette station balnéaire touristique très développée se situe pour partie dans l'État de Nayarit. Elle possède une marina moderne, des hôtels, des immeubles et un quartier résidentiel avec des quais privés donnant sur des canaux navigables reliés à la mer. On peut se promener dans l'estuaire du Río Ameca et ses îlots, où l'on voit quantité d'oiseaux, appelés *garzas* (hérons) par les gens du pays.
Au Nord de la baie on rejoint Punta Mita *(El Anclote, Nuevo Corral de Risco)*, point d'embarquement pour les **îles Marietas** à la beauté singulière, habitat naturel d'oiseaux marins, entre autres des guillemots. Grottes et tunnels marins sont ici le paradis des plongeurs. On peut aussi y voir des dauphins et raies manta géantes, ainsi que des baleines à bosse qui, en hiver, rejoignent ces côtes pour se reproduire et mettre bas.

Rincón de Guayabitos et Peñita de Jaltemba – *1/2 journée. 75 km au Nord par la route 200 vers Tepic.* Sur la côte Sud de l'État du Nayarit, dans la crique de Jaltemba et environnées du paysage qu'offrent les montagnes de la Sierra de Vallejo s'étendent la **plage de Guayabitos★** et son agréable village colonial et la **plage de Ayala**. Leurs eaux tranquilles permettent toutes sortes de sports nautiques. On peut faire des promenades en barque à fond transparent aux îles del Cangrejo et El Coral. À 2 km au Nord on rencontre **Peñita de Jaltemba**, village côtier aux attrayants paysages marins.

SAN MIGUEL DE ALLENDE★★

Guanajuato
118 769 habitants
ℹ Plaza Allende ☎ (4) 152 65 65 et (01 800) 902 32 00

La ville associe dans son nom le patronyme de la grande figure de l'Indépendance Ignacio Allende, et celui de frère Juan de San Miguel, qui la fonda en 1542 sous le nom d'Itzcuinapan, avec un groupe de Tarasques et d'Otomis. Représentée par sa curieuse église néogothique, c'est la ville coloniale par excellence.
La place principale, entourée d'arbres et de bancs, s'emplit d'animation le mardi et dimanche, notamment parce qu'une importante communauté étrangère a trouvé ici un lieu de repos, de loisirs et aussi de culture. L'art vit dans ses galeries et ses boutiques, et parcourir ses rues grossièrement pavées est toujours un régal pour les yeux.

Un peu d'histoire – Le frère Juan de San Miguel, missionnaire franciscain de Michoacán, fonda en 1542 le village de San Miguel, déplacé peu de temps après à Itzcuinapan, où existe encore le puits qui approvisionnait la localité en eau.

En 1555, le vice-roi Luis de Velasco fonda la ville de San Miguel el Grande. Au 18e s., le père Juan Benito Díaz de Gamarra introduisit au collège – pour la première fois en Amérique – la philosophie cartésienne, véritable révolution dans l'enseignement. Il n'est pas surprenant que ce même collège St-François-de-Sales ait compté parmi ses étudiants Allende, Aldama et le père Luis Felipe Neri de Alfaro, bâtisseur du sanctuaire d'Atotonilco.

Vers le 18e s., l'industrie et le commerce se développèrent, ainsi que l'élevage et l'artisanat, faisant de San Miguel el Grande un important centre d'échanges. Au 19e s., c'est ici qu'eurent lieu les réunions des insurgés, avec pour résultat l'« appel au peuple » de 1810 pour l'indépendance. Seize ans plus tard, la ville prit le nom d'un des insurgés et devint San Miguel de Allende.

CENTRE-VILLE *1 jour*

Plaza Allende – *Entre Canal et Umarán.* C'est le cœur de la vie sociale de la ville. S'étirant sur une plate-forme quadrangulaire, elle s'orne de lauriers bien taillés qui offrent leur fraîcheur à la foule des visiteurs de la région, mexicains et surtout étrangers. De chaque coin de la place, on admire les belles constructions coloniales et l'église paroissiale, emblème de San Miguel.

Parroquia de San Miguel Arcángel – *En face du Jardín Principal, ou plaza Allende. Visite de 6 h à 14 h et de 16 h à 20 h.* La première construction de 1542 était une mission franciscaine, fondée par le frère Juan de San Miguel. En 1564, Vasco de Quiroga en fit l'église paroissiale. La construction de l'église actuelle débuta en 1683. À la fin du 19e s., on éleva une **façade** néogothique sur l'édifice du 17e s., sous la direction de Zeferino Gutiérrez Muñoz, qui s'est inspiré d'une carte postale représentant une cathédrale gothique française. L'**intérieur** en croix latine abrite une série de peintures de Juan Rodríguez Juárez.

© Bob Schalkwijk

San Miguel de Allende

Museo Histórico de San Miguel de Allende (**musée municipal**) – *Cuna de Allende 1. Visite de 10 h à 16 h. Fermé les lundis et jours fériés. ☎ (4) 152 24 99.* Autrefois résidence d'Ignacio Allende, le musée est l'un des meilleurs exemples d'architecture civile d'influence baroque du 18e s. Il présente aujourd'hui l'histoire et la culture de San Miguel et donne aussi une vision générale des cultures précolombiennes.

Casa de los Condes de la Canal (A) – *Hidalgo, angle de Calle de la Canal.* C'est une superbe construction néoclassique réalisée à la fin du 18e s. par Narciso Loreto de la Canal y Landeta qui abrite aujourd'hui les bureaux de la Banque nationale du Mexique. Ouvrant au 4 de la calle de la Canal, on remarque la **porte★** exceptionnelle, surmontée d'un aigle, en bois sculpté de hauts-reliefs, dont certains à motifs végétaux. Au deuxième niveau on voit la Vierge de Lorette, flanquée de deux colonnes.

Templo de San Francisco – *San Francisco, angle de Juárez. Visite de 7 h 15 à 20 h. ☎ (4) 152 09 47.* Dans cette construction achevée à la fin du 18e s., on remarque le beau portail churrigueresque où ressortent les *estípites* par groupes de trois, de part et d'autre de l'entrée. La tour néoclassique qui couronne l'église est attribuée à l'architecte Eduardo Tresguerras. À l'intérieur, de style néoclassique, de très grands tableaux de Juan Rodríguez Juárez et de Juan Correa ornent les murs de la sacristie.

Templo de Nuestra Señora de la Salud – *Entre Colegio et Papellanos. Visite de 7 h à 14 h et de 17 h à 20 h.* Construite en 1735 pour servir de chapelle au collège St-François-de-Sales, cette église s'orne d'un portail churrigueresque où l'on remarque surtout une immense **coquille St-Jacques** sous laquelle des niches abritent cinq statues de saints et les estípites finement sculptés. Devant l'église, la statue du personnage qui lui donne son nom protège la tranquille **plaza cívica Ignacio Allende**.

★Oratorio de San Felipe Neri – *Du côté Est de la plaza Ignacio Allende. Visite de 6 h à 20 h 45.* Cette construction, achevée en 1712, abritait autrefois la Confrérie des métis. Sa **façade** de style baroque en pierre rose est le résultat de transformations apportées par les paroissiens à l'édifice d'origine. Tant sur le couronnement que sur le mur latéral de droite, on voit une croix de Lorraine, ou de Caravaca, en pierre finement taillée. À l'intérieur est accrochée une toile représentant la Vierge de Guadalupe.

★Santa Casa de Loreto – *Visite de 8 h à 12 h.* Au carrefour à gauche de l'oratoire se dresse un extraordinaire **portail★★** à colonnes salomoniques dorées, qui donne accès à une belle chapelle dédiée à la Vierge de Lorette et fondée par Manuel Tomás de la Canal. Le donateur et son épouse figurent aux pieds de la Vierge. La chapelle, qui reproduit la Santa Casa de Lorette (Loreto, en Italie), est ornée de différentes sortes de carreaux de céramique provenant de Puebla, de Valence et de Chine. Les murs extérieurs portent des peintures illustrant des épisodes de la Bible.

★★★Camarín – *Mêmes conditions de visite que pour la Casa de Loreto.* Cette extraordinaire petite pièce baroque au plan octogonal, la plus belle de la Santa Casa car consacrée à la Vierge, impressionne par le raffinement de ses trois retables et par le plafond d'influence mudéjar.

Centro Cultural El Nigromante (ancien couvent de la Conception « Las Monjas ») – *Hernández Macías 75. Visite de 9 h à 20 h (de 10 h à 14 h le dimanche).* ✗ ☎ *(4) 152 02 89.* Le couvent fut achevé en 1754 grâce à l'héritage que reçut María Josefa Lina de la Canal, fille aînée de Manuel Tomás, le fondateur de la Santa Casa de Loreto. La tour et le grand dôme de l'église, réalisés au 19e s., se dressent à côté de ce qui est aujourd'hui un centre culturel animé et une école d'art et d'artisanat.

On remarque la belle cour spacieuse plantée d'arbres, dont la fontaine centrale jaillit en permanence, et le mural *Vie et œuvre d'Ignacio Allende*, commencé en 1948 par David Alfaro Siqueiros, et resté inachevé.

AUTRES CURIOSITÉS *2 h*

Instituto Allende (manoir de Tomás de la Canal et Bueno de Baeza) – *Ancha de San Antonio 20. Visite du lundi au vendredi de 8 h à 18 h, le samedi de 9 h à 13 h.* ✗ ☎ *(4) 152 01 90.* L'immense bâtiment du 18e s., avec son patio intérieur entouré d'arcades, planté d'arbres luxuriants et orné d'une fontaine, possède deux autres cours, dont l'une offre une jolie **vue** sur la ville.

La chapelle élevée à côté conserve encore des fresques anciennes et une statue du Christ. L'institut est aujourd'hui un centre d'études où on enseigne l'espagnol, l'art et la littérature.

Paseo del Chorro – *Emprunter Santa Elena jusqu'à Recreo.* On peut faire une intéressante promenade au départ du parc Juárez, où l'on voit de jolies maisons dont certaines ont conservé une allure coloniale. Le parcours s'achève au **lavoir public**, curieuse petite place quadrangulaire, avec ses 19 lavoirs cernés d'une rigole qui apporte l'eau en permanence.

Jardín Botánico (Cante) – *À la sortie de la ville vers Querétaro, après la plaza Real del Conde, prendre le chemin empierré (signalisation). Visite de 8 h à 18 h 30.* ☎ *(4) 152 29 90.* Cet espace protégé dont le nom signifie « l'eau qui donne la vie » comprend une extraordinaire serre de plantes succulentes mexicaines. On s'y promène parmi différentes variétés de cactées, tout en jouissant d'une belle vue sur le canyon et la ville. On peut aussi s'y procurer des plants.

EXCURSION

Santuario de Atotonilco – *1/2 heure. 10 km au Nord de San Miguel de Allende par la route de Dolores Hidalgo. À l'établissement de bains, tourner à gauche et poursuivre sur 2 km par le chemin de terre. Visite de 7 h à 20 h.* Dans cette citadelle de la foi, perdue au cœur d'un paysage extrêmement aride, on pratique depuis deux siècles les exercices spirituels de saint Ignace de Loyola. La construction fut entreprise en 1746 à l'initiative de Luis Felipe Neri de Alfaro. On visite le sanctuaire, qui, depuis le **tambour**★★ en bois de l'entrée, offre aux yeux des fresques de Miguel Antonio Martínez Pocasangre mettant en scène les vices et les châtiments, les vertus et les grâces. Voûte et murs sont pareillement ornés de **peintures**★★ illustrant des scènes de la vie du Christ. En traversant l'entrée, on remarque sur la gauche une grande statue en bois sculpté polychrome de saint Christophe. La chapelle de Notre-Dame-du-Rosaire, à droite de l'autel, montre d'intéressants tableaux sur verre du 18e s.

C'est ici que le curé Hidalgo vint chercher la statue de la Vierge de Guadalupe qui servit d'étendard à l'armée des insurgés. C'est aussi dans ce sanctuaire qu'Ignacio Allende se maria en 1802.

TEPIC

Nayarit

292 780 habitants

Av. México et Ejército Nacional, ancien couvent de la Cruz ☎ (3) 214 80 71/73

Capitale de l'État du Nayarit, Tepic, « lieu entre collines », se trouve au creux de la vallée de Matatipac dans la cordillère volcanique, entre les contreforts de la Sierra Madre occidentale et le Pacifique, entouré du volcan Sangangüey et des collines de San Juan, du Molcajete et de la Cruz.

Un peu d'histoire – La ville fut fondée au début du 16e s. sous le nom Santiago de Compostela par Nuño Beltrán de Guzmán. D'abord capitale de la province de Nouvelle-Galice, elle prit son nom actuel deux siècles plus tard. C'est de là que l'on entreprit la conquête du Nord-Ouest de la Nouvelle-Espagne, ainsi que la colonisation et l'évangélisation de la Californie, avec l'expédition commandée en 1768 par le frère Junípero Serra.

CURIOSITÉS *3 h*

Museo Regional de Antropología – *Depuis la place principale, suivre vers le Sud l'av. México, jusqu'à hauteur du n° 91 Nord, entre les rues José María Morelos et Emiliano Zapata. Visite de 9 h à 19 h (15 h le samedi). Fermé le dimanche, ainsi que les 1er janvier et 25 décembre.* ☎ *(3) 212 19 00.* Cette maison du 18e s. à deux niveaux autour d'une cour centrale quadrangulaire appartenait aux comtes de Miravalle. À l'intérieur sont exposées des pièces précolombiennes en provenance du Jalisco, du Colima et du Nayarit. On retiendra surtout la salle ethnographique, consacrée aux Coras et aux Huicholes, et la salle réservée à la peinture des 18e et 19e s.

Templo y ex convento de la Cruz – *Depuis la place principale, suivre vers le Sud l'av. México sur 2 km. Visite de 9 h à 20 h 14 h le week-end). Fermé les jours fériés.* Cette église est vénérée parce qu'elle abrite une croix d'herbe naturelle (le *zacate*), tenue pour miraculeuse car elle résiste au temps depuis 1540, sans traitement particulier, et en conservant sa forme. Construit à la fin du 18e s. et réhabilité pour loger les bureaux de tourisme de l'État, le couvent doit sa renommée à la présence, de 1767 à 1768, du frère Junípero Serra, qui préparait son expédition pour fonder des missions en Californie.

★**Museo de Cultura Popular** – *Depuis la place principale, suivre vers le Sud l'av. México. À Hidalgo, prendre la rue à gauche. Visite du lundi au vendredi de 9 h à 14 h et de 16 h à 19 h, le samedi de 10 h à 14 h. Fermé les jours fériés.* ☎ *(3) 212 17 05.* Le musée, appelé aussi Casa de los Cuatro Pueblos, illustre la forte présence indigène dans le Nayarit par un rappel des coutumes et des traditions huichols, coras, tepehuanes et mexicaneros.

EXCURSIONS

De Santa Cruz à la baie de Matanchén – *1 jour. Circuit de 126 km. Quitter Tepic par l'Ouest par la route 66 jusqu'à Santa Cruz, et, de là vers le Nord en suivant les indications pour San Blas.*

De Tepic à la crique de los Cocos – *51 km.* Le charme de ce circuit réside dans le paysage que l'on découvre depuis la route. Sur une courte distance, on passe du paysage tempéré des bois de chênes verts à la moyenne futaie tropicale. La **vue** est splendide, allant du vert intense de la sierra au bleu Pacifique de la crique des Cocotiers.

★ **De la crique de los Cocos à la baie de Matanchén** – *12 km. Il est conseillé de se protéger (surtout au coucher du soleil) du « jején », petit moustique à la piqûre irritante.* On trouvera ici sur plusieurs kilomètres des plages sans grosses vagues. Au Sud de la plage des Cocotiers, on découvre la plage plus petite de **Miramar**, qui permet d'avoir une vue panoramique de la baie.
En poursuivant sur 12 km en direction du Nord, on arrive à Matanchén. On pense que le frère Junípero Serra s'est embarqué ici le 12 mars 1768 sur la *Purísima Concepción*, pour sa mission de colonisation et d'évangélisation des deux Californies. À 3 km de là par une piste en terre, on rejoint la plage de **Las Islitas**, formée de petites criques séparées par des formations rocheuses. On peut y déguster des moules et y pratiquer le surf ; la plage est réputée pour ses grosses vagues, qui se forment entre ici et celle de Matanchén.

★ **Port de San Blas** – *1 jour. Circuit de 138 km. Quitter Tepic à l'Ouest par la route 66 en suivant l'indication San Blas. On peut aussi prendre la route 64 et ensuite la route fédérale 15.* À l'époque de la Conquête, le port de San Blas était une possession vitale pour la Couronne d'Espagne, car il accueillait les bateaux à destination de la Californie et de Sonora. La ville abrite encore les vestiges de plusieurs constructions de l'époque : l'église N.-D.-du-Rosaire, « La Marinera », et les anciens bureaux de la recette du Trésor, dans un bâtiment entouré de murailles au sommet de la colline du même nom, qui servait de fortin contre les attaques des pirates. Plus tard, au 18e s., José María Mercado, dit el Basilio, se réfugia sur la colline pour résister à l'envahisseur étranger. Longfellow parle de ce village dans son célèbre poème *Les Cloches de San Blas* (1882).

★★ **La Tovara** – *Il est conseillé d'arriver tôt pour observer les oiseaux et animaux sauvages de la région.* À l'entrée de San Blas au pied de la colline de la Contaduría, La Tovara est une zone de nature exubérante où l'on propose des promenades en barque. Un large réseau de canaux d'eau douce et limpide circule entre les fougères aquatiques et les palétuviers qui forment des tunnels, barrant le passage de la lumière. Cette merveilleuse promenade aboutit à une source qui jaillit de la roche calcaire pour former une piscine naturelle où l'on se baigne en compagnie des poissons et des tortues. Au bord de la source est installé un petit restaurant. On y visite aussi une ferme de crocodiles.

Laguna de Santa María del Oro et Los Toriles – *1 jour. Circuit de 240 km. Quitter Tepic vers Guadalajara ; 32 km plus loin, tourner à gauche vers Santa María del Oro. Poursuivre sur 20 km jusqu'à la lagune.* Le parcours traverse un paysage de cônes volcaniques, dont ceux du volcan Sangangüey, avec son singulier massif rocheux arrondi au sommet, et du **volcan Ceboruco**, recouvert d'une coulée de basalte.

Laguna de Santa María del Oro – Sur le chemin de la lagune, on profite à partir du **belvédère de Jacarandas** d'une vue superbe sur cette étendue d'eau et son paysage environné de chaînes montagneuses. La paisible lagune d'environ 2 km de diamètre offre une eau cristalline aux couleurs chatoyantes allant du gris au bleu turquoise. C'est un endroit idéal pour la pratique des sports nautiques.

De Santa María del Oro, revenir à la route 15, tourner à gauche et poursuivre jusqu'à Ixtlán del Rio. Continuer vers l'Est sur 2 km par la même route jusqu'au site archéologique.

Los Toriles – *Visite de 8 h à 17 h (15 h les jours fériés). 12 pesos. ☎ (3) 216 20 38.* Le site archéologique porte le nom du ranch sur lequel il se trouve, mais on l'appelle aussi Ixtlán, « lieu de l'obsidienne ». C'est l'un des rares vestiges architectoniques de la région Ouest de Méso-Amérique. Le site s'est développé à la période classique, peut-être en 400 après J.-C., et a survécu jusqu'au postclassique. Dans ce centre cérémoniel, constitué de structures en pierre entourant des places à usage religieux et civil, on remarquera le temple de forme circulaire consacré à Ehécatl-Quetzalcóatl, le dieu du vent.

NORD-OUEST

Terre de ravins majestueux, enclave tarahumara, pays natal de Pancho Villa

Voir Artisanat et gastronomie p. 77. Quatre États à cheval sur la Sierra Madre occidentale se partagent l'âme du Nord du Mexique, qu'évoquent le son du tambour, la musique du Nord, l'odeur de la viande rôtie et la tortilla de blé. Cette région riche en élevages et exploitations agricoles possède des villes importantes, plutôt modernes, devenues de grands centres industriels et commerciaux.

Les territoires de ce qui allait devenir à l'époque coloniale la province de Nouvelle-Biscaye appartenaient aux **Chichimèques**, populations nomades qui résistèrent à la colonisation avec une vigueur étonnante. C'est dans cette région qu'est née la légende des sept villes d'or, légende qui a attiré les premiers explorateurs de la Conquête. Ils ne les ont jamais trouvées... Les missionnaires jésuites évangélisèrent le Nord du pays au 17e s. Les implantations autour des camps de mineurs furent à l'origine de la croissance de Chihuahua, Sonora, Durango et Sinaloa au début du 18e s. La richesse minière de la région continue d'être exploitée aujourd'hui.

C'est au Nord du pays, surtout à Chihuahua, qu'a vu le jour la Révolution mexicaine, ce grand mouvement social qui devait bouleverser le pays.

Dans la région, qui comprend les plus grands États du Mexique, on trouve peu de vestiges indiens, bien que d'importantes communautés indigènes habitent aujourd'hui le Chihuahua et le Sonora. Affrontant disette et intempéries, les **Tarahumaras** peuplent les impressionnants Barrancas del Cobre (ravins du cuivre), alors que sur la côte Nord du Sonora les **Seris** subsistent près des terres de leurs ancêtres. Les **Yaquis**, qui ont survécu aux persécutions dont ils furent victimes sous le « Porfiriat » et servirent de chair à canon sous la Révolution mexicaine, ont laissé leur marque dans la culture du Sonora, même s'il est difficile aujourd'hui de les distinguer du restant de la population.

Toute la région subit l'influence des États-Unis, qu'on dénote dans l'infrastructure des villes et l'invasion de produits américains. Les échanges culturels entre les États-Unis et la frange Nord de la région sont plus importants encore dans les zones frontalières, en raison du flux des visiteurs et du passage des immigrants mexicains vers « la terre de toutes les chances ».

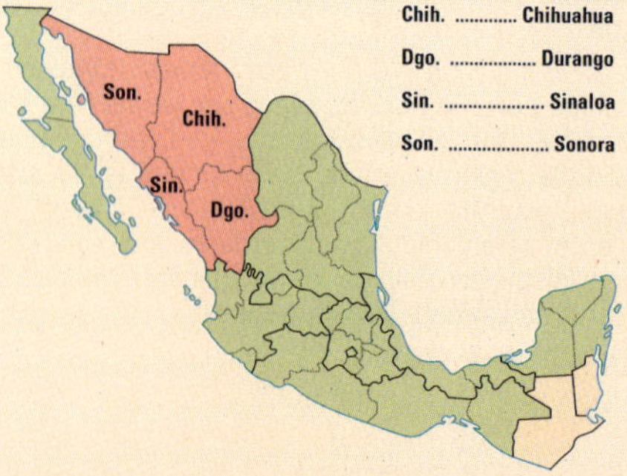

Chih. .... **Chihuahua**
Dgo. .... **Durango**
Sin. .... **Sinaloa**
Son. .... **Sonora**

© Bob Schalkwijk

Gouverneurs tarahumaras de Huahuacherare

CHIHUAHUA★

Chihuahua
627 662 habitants
☎ (1) 429 34 21 et (01 800) 849 52 00

La capitale du plus grand État du Mexique est aujourd'hui un important centre d'élevage bovin et un pôle industriel et commercial. Son architecture contrastée allie bâtiments classiques et édifices modernes.

Un peu d'histoire – Fondée le 12 octobre 1709, Chihuahua était au départ un village minier appelé El Real de San Francisco de Cuéllar. Elle fut élevée au rang de bourg en 1718 sous le nom de San Felipe El Real de Chihuahua, dénomination s'appuyant sur celle que lui avaient donnée les Tarahumaras : **Xicuaga**, « zone sablonneuse et sèche ». Le 19 juillet 1823, elle se vit attribuer le statut de ville, le nom de Chihuahua et la fonction de capitale de la province du même nom, qui, un an plus tard, devint État de la Fédération. À la fin du 19e s., la concentration du pouvoir économique et politique dans les mains d'un nombre réduit de familles généra l'insatisfaction générale du peuple et des tensions qui provoquèrent, en 1910, le déclenchement de la Révolution mexicaine.
C'est à Chihuahua que se leva l'une des armées les plus puissantes du mouvement révolutionnaire, la célèbre division du Nord. Son chef était **Francisco Villa**, plus connu sous le diminutif de « Pancho » Villa, un homme aux extraordinaires talents d'organisateur et d'une redoutable efficacité dans les combats. Surnommé le « centaure du Nord », sa légende est toujours vivante.

CURIOSITÉS *6 h*

Catedral – *Au Sud de la plaza de Armas, Centre. Visite de 6 h à 20 h.* Reflet de l'opulence minière, cette magnifique cathédrale baroque construite entre 1725 et 1757 présente des **portails**★ sculptés en pierre rose, ornés d'abondants motifs de feuillage et d'éléments végétaux. On remarque sur la **façade principale**★★ les douze apôtres, accompagnés de leurs symboles respectifs, et les colonnes qui encadrent les statues. À l'intérieur, l'autel principal de 1790 en pierre, de conception baroque, est caché par un deuxième autel néoclassique en marbre de Carrare réalisé en 1920. Sous la tour gauche on voit la chapelle du **Christ de Mapimí**★ avec un retable baroque à *estípites* du 18e s.
Un sous-sol dans l'atrium latéral à droite de la cathédrale abrite le **musée d'Art sacré** *(visite de 10 h à 14 h et de 16 h à 18 h ; fermé le week-end, ainsi que les Jeudi et Vendredi saints ; 9 pesos)* qui présente des peintures religieuses d'artistes mexicains du 18e s.

Calabozo de Miguel Hidalgo – *Juárez, entre J. Neri Santos et V. Carranza. Visite de 9 h à 19 h. Fermé le lundi. 3 pesos.* La partie arrière du Palais fédéral qui logeait autrefois le collège de Lorette de la Compagnie de Jésus abrite la cellule où fut emprisonné, avant d'être fusillé, le curé Miguel Hidalgo, père de la Patrie, du 23 avril au 30 juillet 1811. À l'intérieur, on lit sur une plaque de bronze les vers qu'il avait dédiés à son geôlier.

Palacio de Gobierno – *Aldama, entre J. Neri Santos et V. Carranza. Visite les jours ouvrables de 7 h à 19 h, le week-end de 9 h à 14 h.* Cet édifice néoclassique de la fin du 19e s. a été entièrement restauré en 1941 après qu'un incendie eut tout détruit, sauf l'entrée principale. Le siège du gouvernement de l'État abrite l'autel de la Patrie, sur lequel une flamme perpétuelle indique l'endroit où Miguel Hidalgo a été exécuté. On y voit aussi des fresques du peintre Aarón Piña Morales, qui racontent l'histoire de Chihuahua.

Centro Cultural Universitario (Quinta Gameros) – *Paseo Bolívar 401, angle de la Calle 4. Visite de 11 h à 14 h et de 16 h à 19 h. Fermé le lundi, ainsi que les 1er janvier et 25 décembre. 20 pesos. ☎ (1) 416 66 84. Photographie et film interdits.* Son élégance et l'influence manifeste des châteaux français classiques font de cette **maison★** l'une des plus belles de Chihuahua. Elle est décorée à l'intérieur dans le plus pur style Art nouveau.
Cette construction de 1907 est due à Julio Latorre et Manuel Gameros. Le rez-de-chaussée abrite une charmante exposition de **mobilier** en bois sculpté polychrome dessiné par Pedro Fossas Requena. Une pinacothèque, à l'étage, expose des œuvres récentes d'artistes locaux.

★**Museo Histórico de la Revolución Mexicana (maison de Pancho Villa)** – *Calle 10, 3010, angle de Méndez, à l'Est de la ville. Visite de 9 h à 13 h et de 15 h à 19 h (17 h le dimanche, sans interruption). Fermé les lundis et jours fériés. 10 pesos. ☎ (1) 416 29 58.* À la mort en 1981 de doña Luz Corral de Villa, l'épouse du « centaure du Nord », le bâtiment de la « Quinta Luz » a été agrandi et rénové pour faire de la maison et du quartier général un intéressant musée rassemblant des objets personnels de Pancho Villa. En parcourant les différentes salles, on ne peut manquer de ressentir l'ambiance tourmentée de la Révolution. Reproductions, mobilier, documents et armes rappellent la vie de Pancho Villa, sa légende, ainsi que les sanglants épisodes de la lutte révolutionnaire. Dans l'arrière-cour, on conserve la voiture dans laquelle le général fut assassiné avec ses compagnons à Parral.

EXCURSIONS

Campos Menonitas – *Il est recommandé de participer à une visite guidée.* Dans la ville voisine de Ciudad Cuauhtémoc réside un groupe important de Mennonites, secte d'origine allemande qui s'était installée au Mexique en 1922. Ils fabriquent le fameux fromage Chihuahua et se distinguent par leurs habits traditionnels, leurs habitations caractéristiques et leurs coutumes singulières.

★★**Cascada de Basaseáchi** – *2 jours. 276 km. Quitter Chihuahua au Sud-Ouest par la route 16. À la Junta (km 147), prendre le chemin à gauche en direction de Tomochic (km 214) ; 56 km plus loin, prendre l'embranchement à gauche vers San Juanito. Poursuivre sur 2 km ; tourner à droite à l'entrée du Parc national de Basaseáchi et rouler sur 4 km jusqu'au belvédère. On peut participer à des voyages organisés depuis Chihuahua ou Creel.* La route menant au parc national constitue une agréable promenade à travers prairies, champs fertiles et vergers de pommiers. Le chemin pénètre tout de suite dans la montagne, entre des bois de pins et de chênes, pour arriver au parc, où s'amorce la Barranca de Candameña, l'un des ravins les plus spectaculaires d'Amérique. Ce n'est pas l'un des plus profonds (1 640 m), mais il offre des points de vue fantastiques du fait de la verticalité du canyon qui permet d'admirer des gorges vertigineuses de plus d'un kilomètre de profondeur. Pour le point de vue le plus impressionnant, se rendre au belvédère qui se trouve en face de la **cascade**, la deuxième du Mexique avec une hauteur de 246 m. De là un sentier de 1,8 km mène jusqu'au belvédère de La Ventana, puis après 2,2 km jusqu'au fond du ravin. La cascade la plus haute du Mexique, celle de **Piedra Volada** (env. 450 m), se trouve dans le même secteur *(accès réservé aux alpinistes expérimentés)*.

★**Hidalgo del Parral** – *3 h. 225 km. Quitter Chihuahua au Sud-Ouest par la route 16 ; au km 36, prendre à gauche la route 24 et poursuivre sur 189 km.* La ville a conservé son ambiance de ville minière et ses vieux édifices coloniaux. Parmi ses monuments, on retiendra la **cathédrale Nuestra Señora de Guadalupe** *(av. General Maclovio Herrera et Pedro Gómez)* aux grandes tours de style néoroman ; l'**église St-Jean-de-Dieu** *(à l'Ouest de la plaza Guillermo Baca ; visite le lundi de 10 h à 11 h et de 15 h 30 à 18 h 30, du mardi au samedi de 9 h à 13 h et de 15 h 30 à 18 h 30, le dimanche de 9 h à 13 h et de 16 h à 20 h)* qui renferme un retable baroque à estípites du 18e s. très bien conservé ; le **Palacio de Alvarado** *(une rue à* *l'Ouest de la plaza Guillermo Baca)*, de style néoclassique, qui évoque les palais italiens de la Renaissance, avec un riche **portail★** néo-baroque ; l'**église paroissiale St-Joseph** *(Francisco Moreno, angle de Gal. Benítez, au Nord de la place principale ; visite du lundi au vendredi de 10 h à 13 h et de 15 h30 à 19 h, le samedi de 18 h à 20 h, le dimanche de 6 h à 13 h et de 16 h à 21 h)*, église du 17e s. avec un autel baroque, dont le chœur conserve la dépouille du fondateur de Parral, Juan Rangel Viezma. C'est la seule église qui ait conservé sa chaire d'origine en pierre. Cadre de l'assassinat de Pancho Villa le 20 juillet 1923, le **musée-bibliothèque** mérite aussi une visite.

★★★**Ferrocarril Chihuahua-Pacífico (Barranca del Cobre)** – *6 jours. Gare rues Méndez et 24a, 2 km au Sud-Ouest de la plaza de Armas. Voir chapitre suivant.*

★★**Paquimé** – *1/2 journée. 292 km au Nord-Ouest de Chihuahua par la route 45, puis la route 10 à gauche jusqu'à Nuevo Casas Grandes, où l'on bifurque vers Casas Grandes (15 km au Sud-Ouest). Voir p. 216.*

Pancho Villa

Doroteo Arango Arámbula, mieux connu sous le nom de Francisco « Pancho » Villa, naît à San Juan del Río en 1876. Encore adolescent, il quitte ses parents et entame une vie de banditisme dans les États de Chihuahua et Durango.
À 34 ans, Pancho Villa se rallie aux partisans de la campagne démocratique de Francisco I. Madero contre la réélection de Porfirio Díaz. La guérilla qu'il mène pendant la Révolution de 1910-1911 contribue au triomphe de Madero. Cependant, la victoire n'est que temporaire, puisqu'en février 1913, Victoriano Huerta trahit Madero et signe le pacte de la Ciudadela. Sous la direction de Venustiano Carranza, Villa rejoint les constitutionnalistes dans la lutte armée contre Huerta et prend le commandement d'une troupe de cavaliers, Les *Dorados*, dont les brillants succès contre l'armée fédérale dans le Nord du Mexique poussent Huerta à démissionner en juillet 1914.
Par la suite, l'antipathie et l'animosité qui opposent Villa et Carranza contribuent à la séparation des pouvoirs, Alvaro Obregón s'alliant à Carranza et Emiliano Zapata à Villa. À la tête de la Division du Nord, Villa occupe avec Zapata la ville de Mexico de décembre 1914 à janvier 1915. Quelques mois plus tard, ils sont mis en déroute par les forces armées d'Obregón et se voient forcés de rejoindre le Nord du pays.
En octobre 1915, le président américain Wilson reconnaît Carranza comme président du Mexique, ce qui met Villa en fureur. En janvier 1916, plusieurs Américains sont assassinés à Chihuahua par des bandits et, en mars, les hommes de Pancho Villa envahissent la ville de Columbus, au Nouveau-Mexique, massacrant quelques habitants. Il n'est pas certain que Villa ait été impliqué dans ces tueries, mais toujours est-il que le monde entier lui en attribua la responsabilité. En mars 1916, Wilson ordonne son arrestation. Sous le commandement du général Pershing, l'armée des États-Unis recherche Villa pendant 11 mois, sans parvenir à découvrir son refuge.
Jusqu'aux derniers jours du régime de Carranza, Villa poursuit ses activités révolutionnaires au Nord du Mexique. En 1920, le Congrès nomme Adolfo de la Huerta président provisoire de la Révolution triomphante. Impressionné par les efforts déployés par de la Huerta pour la reconstruction du pays, Villa se réconcilie avec le gouvernement mexicain. Trois ans plus tard, en 1923, il est assassiné dans son ranch, à Hidalgo del Parral. En dépit de toutes les polémiques tournant autour de lui, ce personnage légendaire, idolâtré et converti par les masses en un nouveau Robin des Bois, continue à vivre dans d'innombrables contes et ballades.

Ferrocarril CHIHUAHUA-PACÍFICO (Barrancas del Cobre)★★★

Chemin de fer CHIHUAHUA-PACIFIQUE (Ravins du Cuivre) – Chihuahua

ℹ ☎ (1) 429 34 21 et (01 800) 849 52 00, à Chihuahua

Un des circuits les plus spectaculaires que l'on puisse emprunter au Mexique est celui des **ravins du Cuivre** (Barrancas del Cobre), qui peut se flatter de l'un des ouvrages d'ingénierie les plus remarquables du monde. La voie ferrée qui relie Chihuahua à l'océan Pacifique a été commencée en 1898, suivant l'idée d'Arthur Stilwell, et a été inaugurée le 24 novembre 1961 par le gouvernement mexicain dans le but de promouvoir le développement de la Sierra Tarahumara en ouvrant un débouché sur la mer par le Sinaloa. La **barranca del Cobre** doit son nom à la mine de cuivre du village de Tejabán, mais aussi à l'habitude de désigner cette partie de la Sierra Madre occidentale par la série de ses grands ravins à la beauté majestueuse : la Barranca del Cobre, qui rejoint le canyon Tararécua et la **barranca de Urique** ; la **barranca de Batopilas**, près du canyon de la Bufa et celui de Munerāchi ; la **barranca de Sinforosa** ; la **barranca de Chínipas** ; la **baranca de Oteros** ; la **baranca de Candameña**. Le massif montagneux s'élève à plus de 3 000 m ; vieux d'environ 30 millions d'années, il forme l'un des plus importants systèmes orographiques de ravins et canyons au monde.

CIRCUIT *6 jours*

653 km (aller simple : 14 h de train, sauf modifications ou retards : il n'y a pas de service de restauration dans le train, aussi est-il conseillé d'emporter des provisions). Le trajet s'effectue au départ de Chihuahua ou de Los Mochis, dans le Sinaloa. On peut descendre à Creel, Divisadero, Bahuichivo, El Fuerte, etc. pour des excursions dans la sierra.

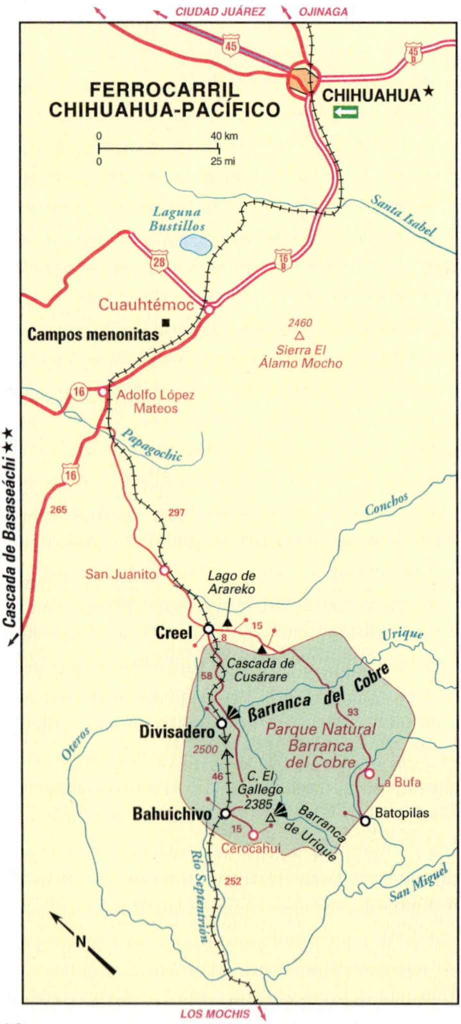

Départs de Chihuhua (Méndez et 24a) : trains avec voitures de première classe seules, tous les jours à 6 h (850 pesos) ; trains avec voitures de deuxième classe, les lundis, mercredis et vendredis à 7 h (118 pesos). Réservation conseillée. ☎ (1) 415 77 56.

Départs de la gare de Los Mochis : trains avec voitures de première classe seules, tous les jours à 6 h (850 pesos) ; trains avec voitures de deuxième classe, les mardis, jeudis et samedis à 7 h (118 pesos). Réservation conseillée. ☎ (68) 12 08 53.

Au départ de Chihuahua, il est recommandé de s'asseoir sur le côté gauche du train, qui réserve les meilleures vues sur le paysage ; au départ de Los Mochis, on choisira le côté droit.

Coupant de vastes prairies et des champs cultivés, le train fait depuis Chihuahua l'ascension des montagnes, qu'il va relier par 39 ponts et 86 tunnels, en faisant défiler des bois de pins et de chênes, des ruisseaux ondoyants et de gigantesques formations rocheuses, qui contrastent avec le paysage semi-désertique de la plaine à sa descente vers Sinaloa, peuplée de tuyaux d'orgues, de figuiers de Barbarie et autres cactus. Il fait halte dans de petits villages comme Creel, Divisadero et Bahuichivo, points de départ de merveilleuses excursions.

RENSEIGNEMENTS PRATIQUES

© Robert Frerck/ODYSSEY

Chemin de fer Chihuahua-Pacifique

Périodes conseillées – Il est recommandé de visiter la Sierra Tarahumara entre les mois d'août et décembre.

Comment s'y rendre – **En train** : voir la description. **En autocar** : plusieurs routes goudronnées en bon état relient Chihuahua à Cuauhtémoc, Creel et Divisadero. Estrella Blanca *(☎ (1) 429 02 49)* propose quotidiennement des voyages vers ces destinations ainsi qu'à Ciudad Juárez, à Basaseáchi et Nuevo Casas Grandes, et à Paquimé.

Hébergement – L'Office du tourisme de Chihuahua *(ouvert du lundi au vendredi de 8 h 30 à 18 h 30, le week-end de 10 h 30 à 17 h ; ☎ (1) 429 34 21 et (01 800) 849 52 00)* distribue des prospectus et des informations sur les possibilités d'hébergement dans la Sierra Tarahumara et sur les agences qui proposent transferts et guides pour les excursions.

Fuseau horaire – La Sierra Tarahumara, qui s'étend sur les États de Chihuahua et Sinaloa, fait partie de la zone horaire du Pacifique: avancer votre montre d'une heure le premier dimanche d'avril et la retarder d'une heure le dernier dimanche d'octobre. *Voir p. 29.*

Excursions spéciales – Il est conseillé de participer à une visite guidée pour voir les camps mennonites ; David Friesen propose des visites guidées en espagnol et en anglais *(agence de voyages Cumbres Friesen, Calle 3ª 466, Cd. Cuauhtémoc, Chihuahua. ☎ (1) 582 54 57 et 230 64)*. L'agence de voyages DIVITUR *(Francisco de Cuéllar y Poniente 5, colonia San Felipe. Chihuahua. ☎ (1) 414 60 46)* propose des excursions à la cascade de Basaseáchi, avec transfert, hébergement et randonnées dans les environs. Pour explorer les alentours de Creel et les mille objectifs de promenade dont regorge la Sierra Tarahumara, dont la cascade de Basaseáchi, s'adresser à Tarahumara Tours *(Plaza Central, Creel. ☎ (1) 456 00 65)* ou à UMARIKE EXPEDICIONES. Presque tous les hôtels de la ville offrent leur assistance pour préparer les randonnées (pour les excursions à Divisadero, s'adresser à l'hôtel Divisadero Barrancas *www.hoteldivisadero.com.mx*). À Cerocahui, l'hôtel Paraíso del Oso *(Batechi 443, Cd. Chihuahua. ☎ (1) 421 33 72)* organise des excursions et des promenades à cheval.

EXCURSIONS

Creel – Ce village d'exploitation forestière fondé en 1907 doit son nom à l'ingénieur Enrique C. Creel, l'un des principaux constructeurs de la voie ferrée. Point de départ et d'arrivée des plus belles excursions dans la sierra, c'est le plus grand centre de la région pour l'infrastructure touristique, et un endroit idéal pour se procurer des objets d'artisanat **tarahumara**.
À l'Ouest de la place principale se trouve la **Casa de las Artesanías del Estado de Chihuahua** *(visite de 9 h à 13 h et de 15 h à 19 h ; fermé le lundi et l'après-midi le dimanche ; 5 pesos ; ☎ (1) 456 00 80)* qui présente une intéressante exposition sur les aspects essentiels de la vie des habitants de la sierra.

Les environs offrent de nombreux sites à visiter. Dans la région de **Arareko** se trouve la mission jésuite de **San Ignacio**, le **Valle de los Hongos** (vallée des champignons), le **Valle de las Ranas** (des grenouilles), **Bisabírachi** – plus connu comme **Valle de los Monjes** (des moines) – et le **lac d'Arareko**. Avec sa beauté tranquille, il présente un charme tout particulier. Il y a un petit embarcadère où l'on peut louer des barques et se baigner. À 25 km de là, en prenant la route touristique, dite carretera Gran Visión, on visite la **communauté** et la **cascade de Cusárare★** *(prendre sur 3 km un chemin de terre)*. Autre site intéressant, le village minier de **Batopilas**, auquel on accède depuis Creel par l'un des plus longs et des plus intéressants parcours dans la sierra : on passe par les belvédères de la Doble Herradura, le pont de Humirá – au-dessus du rio Urique – et le panorama du canyon de La Bufa. Avec son climat subtropical, Batopilas est l'un des villages miniers les plus séduisants et pittoresques de la région tarahumara. On visite aux environs les ruines de l'ancienne hacienda minière d'Alexander Shepherd, de la fin du 19e s., et l'imposante église de Satevó, des débuts du 18e s., ainsi qu'une communauté tarahumara *(éviter de visiter cette région en juin, juillet et août, car les hôtels sont fermés pendant ces mois de pluies torrentielles)*.

Divisadero – Le train s'arrête 58 km après Creel à la gare de Divisadero. On a tout juste le temps d'admirer la **vue★★** d'ensemble des ravins du Cuivre, du canyon de Tararécua et du ravin d'Urique.

Il est possible de trouver à se loger dans ce village et de parcourir à pied les alentours pour admirer le confluent de différents ravins. Il est conseillé d'y passer au moins une nuit. Divisadero est accessible par route depuis Creel.

Estación Bahuichivo-Cerocahui – *Logement et excursions à pied ou à cheval y sont proposés.* On peut interrompre le voyage par le train pour descendre sur 18 km un chemin de terre allant au village de Cerocahui. Avec sa mission fondée en 1680 et fréquentée par les seuls Tarahumaras de la région, il se blottit dans une jolie vallée. À quelques kilomètres, le belvédère du **Cerro El Gallego** dispense l'une des plus belle **vues★★** de la région sur le ravin d'Urique, les berges de la rivière et l'ancien village minier d'Urique.

■ Les Tarahumaras

À l'arrivée des Espagnols, le peuple tarahumara occupait une grande partie de l'actuel État de Chihuhua. Mais l'avancée colonisatrice les obligea à se replier dans les montagnes, seul refuge sûr pour éviter le travail forcé dans les fermes et les mines. À présent, les Tarahumaras vivent dispersés dans les campements et villages des ravins de la Sierra Tarahumara, qui compte une population d'environ 100 000 Indiens.

© Robert Frerck/ODYSSEY

Le mot **tarahumara** est la version hispanisée de **rarámuri**, un terme indigène signifiant « plante (du pied) qui court ». Au sens large, il désigne « ceux aux pieds légers », faisant référence à la tradition ancestrale de la course chez ces Indiens.

Comme plusieurs groupes indigènes d'Amérique, les Rarámuri préservent comme leur plus précieux héritage leur culture, leurs valeurs spirituelles et le respect de la nature. C'est l'aboutissement de milliers d'années de combat culturel qui en ont fait des êtres pleins de vie, poursuivant une forme d'existence remarquable, caractérisée par l'harmonie dans leurs relations humaines et leur rapport avec la nature. Souvent, ils habitent des cabanes en rondins de pin ; certains s'installent dans des grottes pour se protéger du froid hivernal ; d'autres mènent une vie semi-nomade, se déplaçant vers la basse montagne en hiver pour fuir le froid.

DURANGO★

Durango

464 566 habitants

ℹ Hidalgo 408 Sud, Centre ☎ (1) 811 21 39

C'est attirés par l'éclat des métaux précieux que les fondateurs de la ville de Durango, traversant la Sierra Madre occidentale, ont choisi la vallée de Guadiana pour bâtir cette capitale le 8 juillet 1563.

Imposante, teintée d'une modernité qui rappelle la proximité de ses voisines du Nord, Durango rassemble les joyaux architecturaux de son passé dans son centre historique autour de l'avenue 20 de Noviembre. On se rend facilement au **Mercado F. Gómez Palacio**, qui propose tous les produits de l'artisanat, y compris des objets dans la composition desquels entrent des scorpions, insectes qu'on peut voir dans la région, surtout en été pendant les grandes chaleurs.

Depuis les années 1960, des maisons de production américaines montent des décors de cinéma à quelques kilomètres au Nord de Durango. Le paysage sauvage y sert de toile de fond pour les scènes de westerns. Avec un peu de chance, on pourra visiter un de ces décors au moment du tournage.

CURIOSITÉS *6 h*

★**Catedral** – *Av. 20 de Noviembre, devant la plaza de Armas, Centre. Visite de 8 h à 21 h.* Élevée entre 1695 et 1787, et transformée en 1844 à l'intérieur, cette grande église a inspiré quelques légendes. Ses hautes tours majestueuses dominent le cadre formé par la plaza de Armas et les édifices environnants. La **façade**★★ est admirable quel que soit l'angle de vue ; elle invite à une promenade autour de l'église. À l'intérieur, on voit un chœur remarquable et les très belles **stalles du coro**★★ ; au fond, un candélabre d'environ 4,60 m de haut, mobilier liturgique d'origine orientale incrusté d'ébène et d'os ; la sacristie, avec ses lambris en acajou sculptés dans le style baroque, abrite quatre toiles du 18e s. réalisées par Juan Correa et d'autres de la main de José de Ibarra.

Palacio de Gobierno – *5 de Febrero, devant la plaza del IV Centenario, entre Bruno Martínez et Zaragoza, Centre. Visite les jours ouvrables de 8 h à 20 h, les week-ends et jours fériés de 10 h à 18 h. 3 persos. ☎ (1) 813 10 94.* Un riche fermier, José de Zambrano, fit construire cette maison en 1795 ; elle lui servait de résidence familiale et comprenait un petit théâtre appelé aujourd'hui Teatro Victoria. La construction, d'époque coloniale, se dresse semblable à un palais sur une extraordinaire arcature et abrite maintenant les bureaux du gouvernement. À l'intérieur, sur deux niveaux, on peut voir des **peintures murales** qui racontent des épisodes de l'histoire du Mexique, emplissant ainsi les pièces de couleurs.

Casa del Conde del Valle de Súchil (banque Banamex) – *5 de Febrero, angle de Francisco I. Madero, Centre. Visite de 9 h à 17 h. Fermé les week-ends et jours fériés. ☎ (1) 811 11 07. Photographie interdite.* Cette maison construite au 18e s., propriété du comte Juan José del Campo Soberón y Larrea, est le joyau architectural de la ville. Le portail, juste dans un angle octogonal, est en pierre sculptée de style baroque à *estípites* à deux registres. Le premier est très sobre et le second richement décoré ; dans une niche veille saint Joseph. À l'intérieur, les arcs très ornementés et les colonnes cannelées retiennent l'attention du visiteur en donnant à la pièce une impression vertigineuse de mouvement.

★**Museo Regional de la Universidad Juárez del Estado de Durango** – *Victoria 100 Sud, angle de Aquiles Serdán, Centre. Visite de 9 h à 15 h 40 (de 10 h à 14 h 30 le dimanche). Fermé les lundis et jours fériés. 3 pesos. ☎ (1) 813 10 94.* Ce bâtiment, à l'origine appelé El Aguacate, l'avocatier, parce qu'on trouve cet arbre dans ses jardins extérieurs, abrite aujourd'hui le musée d'histoire régionale le plus intéressant de la ville. La pinacothèque du deuxième niveau abrite des **huiles** du peintre Miguel Cabrera (1695-1768), la salle d'archéologie des expositions de peinture rupestre et des corps momifiés, et la salle de la Révolution mexicaine une photographie grandeur nature du général Porfirio Diaz.

Museo de Culturas Populares – *Juárez 302 Nord, angle de Gabino Barreda, Centre. Visite de 9 h à 18 h (de 10 h à 20 h le dimanche). Fermé les lundis et jours fériés. 1 peso. ☎ (1) 811 11 07.* Cette petite maison illustre le talent artistique et créatif des hommes et des femmes de l'État de Durango. On fait ici la rencontre de la culture populaire à travers l'art des textiles, de la vannerie et de la céramique produits dans les communes de l'État. Des manifestations culturelles y ont lieu l'après-midi, certains jours de la semaine.

EXCURSIONS

Parque Natural El Tecuán – *1/2 journée. 57 km au Sud-Ouest de la ville par la route 40 vers Mazatlán. Visite de 8 h à 20 h. Cabanes : 150 pesos. ✗ 🅴 ☎ (1) 817 27 64.* Après avoir suivi un chemin sinueux entre les montagnes tapissées de végétation, on rencontre une forêt épaisse et odorante de pins, de chênes verts et d'arbousiers. Avec sa petite zone de cabanes, c'est un endroit idéal pour une journée à la campagne.

Sombrerete *(État de Zacatecas) – 1 jour. 125 km au Sud-Est par la route 45.* *Voir p. 252.*

HERMOSILLO

Sonora

559 154 habitants

Edificio Estatal 3e étage, Comonfort et Paseo del Canal ☎ (6) 217 00 76 et (01 800) 716 25 55

La capitale du Sonora – État où se rejoignent la montagne, la mer et le désert – s'étend sur l'aride plaine côtière du Pacifique. Après 250 années d'histoire, Hermosillo a conservé ses constructions néoclassiques du 19e s., mais son architecture moderne est le reflet d'une ville nouvelle qui se distingue comme important centre de commerce, d'industrie manufacturière, d'agriculture et d'élevage.

Un peu d'histoire – Avant l'arrivée des Espagnols, le territoire du Sonora était peuplé par deux cultures différentes : les Seris, chasseurs-cueilleurs, et les agriculteurs : Cahitas, Pimas et Opatas. Malgré une tradition agricole très ancienne, aucun des groupes du Sonora n'est parvenu à développer une culture civilisée, à cause de l'aridité du sol.

À l'origine, Hermosillo était un campement seri nommé *Pitic*. En 1828, elle reçut le rang de cité et son nom actuel en l'honneur du général José María González de Hermosillo, du Jalisco.

CURIOSITÉS *1/2 journée*

Museo de Sonora (ancien pénitencier de Hermosillo) – *Jesús García (fin) et Esteban Sarmiento. Visite de 10 h à 17 h (de 9 h à 16 h les dimanches et jours fériés). Fermé le lundi. 10 pesos. ☎ (6) 217 25 80.* Le bâtiment, en pierre extraite d'une colline voisine, a été construit à partir de 1897 sur un plan de l'ingénieur polonais Arthur F. Wrotnowsky, qui s'est inspiré des palais de la Renaissance italienne. Vers 1905, il servait de prison, notamment pour des Indiens yaquis, qui ont poursuivi la construction de l'édifice. Inauguré en 1908, il a fonctionné comme pénitencier jusqu'en 1979. Le musée présente l'histoire générale du Sonora. Au sous-sol, on peut visiter les cachots.

Centro Ecológico de Sonora – *2 km au Sud de la ville par la route 15 vers Guaymas, km 2,5. Visite du mercredi au dimanche et les jours fériés de 8 h à 19 h (17 h de novembre à mars). 10 pesos. ✗ ☎ (6) 250 10 34.* Dans le décor naturel du semi-désert central du Sonora s'étend une réserve consacrée à l'enseignement et la recherche sur les différents écosystèmes de la région : montagne abrupte, prairie féconde, désert aride, golfe chaud de Californie. Cet agréable circuit permet de découvrir 250 espèces animales et 300 espèces végétales locales et exotiques. Observatoire astronomique et aire de jeux.

EXCURSIONS

Baie de Kino – *1 jour. 116 km au Sud-Ouest par la route 16.* En suivant la côte aride de Hermosillo, transformée aujourd'hui en l'une des régions agricoles les plus productives du pays, on rejoint les deux centres qui animent la baie : Kino Viejo, un village modeste qui vit de la pêche en mer et du travail artisanal du bois, et Kino Nuevo, qui possède une infrastructure touristique plus moderne et de grandes plages qui conservent encore des allures de côtes inexplorées. En face, l'île Tiburón, un refuge seri, semble veiller sur eux.

En raison de la forte présence Seri dans cette région, on a décidé d'ouvrir ici un petit musée qui présente les traits essentiels de leur culture *(visite du mercredi au dimanche de 9 h à 18 h ; ☎ (6) 217 00 76).*

Guaymas – *1 jour. 138 km au Sud par la route 15.* Cet important port de pêche environné de terres d'une grande richesse minérale a connu une histoire troublée. Pendant plus de 200 ans, la guerre sévit dans la région : luttes contre les indiens yaquis, combats pendant l'Indépendance et la Réforme, incursions d'aventuriers et de pirates désireux de conquérir ces terres.

Caressé par les eaux bleues de la mer de Cortés, le port de Guaymas est réputé pour ses moules délicieuses et ses attractions naturelles marines et balnéaires, tout particulièrement dans la **baie de San Carlos**, où l'on ne manquera pas la playa de los Algodones (plage des cotonniers). On peut aisément y pratiquer la pêche sportive et la plongée ou y faire des promenades en barque.

★★ **Álamos** – *1/2 journée. 394 km au Sud par la route 15 jusqu'à Navojoa, où l'on prend à gauche la route 162.* Prisonnière des flancs de la sierra Madre occidentale, cette ville pittoresque fait partie des monuments historiques mexicains. C'est une ville coloniale élégante et prospère, créée dans le dernier tiers du 17e s., tout de suite après l'ouverture de mines d'argent ; on appréciera l'harmonie des élégantes constructions des 18e et 19e s., dressées autour de patios verts et fleuris. Álamos est la capitale mondiale des *frijoles saltarines*, ou pois sauteurs : il s'agit de graines dans lesquelles s'introduisent des larves pendant la saison des pluies : pendant trois à six mois, les larves se développent en faisant tressauter les pois, puis elles sortent de la graine, transformées en petits papillons. Achevée au début du 19e s., l'**église de l'Immaculée Conception** de style baroque sobre domine la plaza de Armas que surveille l'**hôtel de ville**, édifice évoquant les forteresses espagnoles du Moyen Âge. À l'Est de la place se trouve le **musée des Coutumes de Sonora** (Museo Costumbrista – *visite en juillet et en août, du mercredi au samedi de 9 h à 15 h, le dimanche de 9 h à 18 h, le reste de l'année du mercredi au dimanche de 9 h à 18 h ; 2 pesos ; ☎ (6) 428 00 53*), installé dans une demeure du 19e s., qui présente l'histoire de la région et expose les traditions et coutumes d'Álamos.

MAZATLÁN★★

Sinaloa

357 619 habitants

Edificio Banrural, 4e étage, Av. Camarón Sábalo, angle de Tiburón

☎ (6) 916 51 60 à 65

Baignée par la mer, cette ville aux magnifiques couchers de soleil s'entoure de rochers, d'îles et de plages au sable doré. Ce paysage, allié à la cordialité des habitants, crée une atmosphère particulièrement agréable pour le visiteur.

Elle figure aujourd'hui comme l'un des plus grands et plus importants ports mexicains du Pacifique en raison de sa grande flotte de pêche, notamment de pêche spécialisée dans la crevette. Depuis les années 1960, elle est devenue l'un des meilleurs centres touristiques du pays, avec son paysage ensoleillé et ses températures agréables toute l'année. Chaque mois de février voit revenir l'esprit très joyeux et tapageur de son **carnaval**, un des plus célèbres du Mexique. Mazatlán, « terre des cerfs », propose aussi des loisirs variés, avec des tournois de pêche au marlin et à la dorade.

CURIOSITÉS *1 jour*

Plages – *Av. Camarón Sábalo, Zona Dorada.* Au pied des grands hôtels luxueux au Nord du port s'étendent trois des plages les plus fréquentées, au sable fin et aux vagues clémentes : **Playa Gaviotas, Playa Sábalo** et **Playa Cerritos**. Ce sont les préférées des visiteurs pour se dorer au soleil, se promener, pratiquer des sports nautiques ou simplement jouir de l'agréable paysage marin qui s'ouvre sur les **trois îles** de Pájaros (oiseaux), Venados (cerfs) et Lobos (loups), dite aussi Chivos (chevreaux).

★**Paseo del Malecón** – *Av. del Mar, au Sud de la Zona Dorada.* Au Sud de la pointe Camarón, sur le Malecón, une des plus grandes jetées de la côte mexicaine, on peut découvrir une partie de la baie et profiter de la plage solitaire et presque sauvage du Nord qui offre de belles vues et d'extraordinaires couchers de soleil.

★**Circuito Panorámico (Paseo Claussen)** – *Paseo Claussen, av. Olas Altas et paseo Centenario. Il est conseillé de prendre un taxi.* Sur le tronçon le plus sinueux de ce front de mer, à partir du fort 31 de Marzo en direction du Sud, des **belvédères** situés à peu de distance les uns des autres portent des monuments symboliques de la ville qui ressortent sur le bleu intense de la mer.

Au sommet des falaises qui regardent l'océan, entre les rochers de la **Nevería** et le **Cerro del Vigía**, une **vue panoramique** met en relief les contrastes entre le vieux Mazatlán et la ville moderne. Le Cerro del Vigía *(monter par le paseo del Centenario)* est couronné du meilleur belvédère de la ville, ancien point de défense du port. De là, on

Playa Sábalo

peut voir le quai principal et le **Cerro del Crestón**, une formation rocheuse qui domine la mer de 157 m et porte le phare naturel le plus haut du monde, toujours en activité.

Acuario Mazatlán – *Av. de los Deportes 111, à quelques pas de l'av. del Mar. Visite de 9 h 30 à 18 h. Fermé le 13 septembre. 30 pesos. ✗ ☎ (6) 981 78 17.* Cet aquarium aux formes hexagonales héberge dans son bassin principal plusieurs sortes de requins. Autour, des aquariums plus petits contiennent plus de 100 espèces marines et poissons d'eau douce. Le musée de la Mer présente les méthodes et les équipements employés pour les différents types de pêche dans la région, ainsi que des spécimens ou des reproductions de diverses espèces marines. À l'extérieur, on visite un jardin botanique, une volière et des bassins à crocodiles, tortues d'eau douce et petites loutres de mer. Tous les jours, spectacles de plongeurs, de loutres de mer et d'oiseaux.

Museo Arqueológico de Mazatlán – *Sixto Osuma 76, dans le vieux Mazatlán. Visite de 10 h à 13 h et de 16 h à 19 h. Fermé les lundis et jours fériés. 6 pesos. ✗ ☎ (6) 985 35 02.* Dans ce petit musée, les vestiges archéologiques des cultures précolombiennes qui ont peuplé la région du Sinaloa donnent au visiteur un aperçu des coutumes de ses anciens habitants. Dans la première salle sont exposées des cartes géographiques de la région.

EXCURSIONS

Concordia et Copala – *1 jour. 67 km de Mazatlán à Copala. Quitter Mazatlán au Sud par la route 15 jusqu'au village de Villa Unión, tourner à gauche à l'embranchement et prendre la route 40 vers Durango.*

Concordia – De petites maisons blanches aux toits de tuiles carmin entourent la petite place centrale et l'église paroissiale St-Sébastien, intéressant exemple d'architecture baroque du 18e s. avec son harmonieuse façade riche en détails. L'artisanat (ébénisterie fine en bois de cèdre artistement sculpté et poterie en céramique craquelée) a rendu célèbre cette localité.

Poursuivre vers l'Est par la route 40 sur 24 km, puis prendre un chemin de terre sur 1 km vers Copala.

Copala – Ancien village minier, cette bourgade pittoresque au pied de la Sierra Madre occidentale semble suspendue aux versants montagneux. Pour le plaisir des amoureux de l'ancien Mexique, elle offre l'agrément de ses étroites ruelles pavées, de ses façades multicolores et du fer forgé de ses balcons et fenêtres. À cette atmosphère rustique s'ajoute le charme de la végétation exubérante des palmiers et des *tabachines* qui prospèrent sous son chaud climat semi-tropical. Sur la petite place centrale se dresse l'église paroissiale, d'où l'on contemple un paysage verdoyant.

La Paz – *1 jour. Accès par bac ou par avion.* *Voir p. 230.*

PAQUIMÉ★★

Chihuahua

ℹ ☎ (1) 692 41 40

Dans la vallée de Casas Grandes, près du fleuve du même nom, s'étend une labyrinthique ville en terre. Paquimé, de son nom indigène, ou Casas Grandes, telle que l'ont baptisée les Espagnols, est considérée par les archéologues comme le plus important centre urbain, religieux et de commerce du Nord du Mexique *(Cultures du Nord p. 58)*. Elle a probablement dominé sur le plan politique et économique un territoire qui allait de la grande région chichimèque jusque au-delà de la sierra Madre, c'est-à-dire toute une région maintenant aux États-Unis (États de l'Arizona, du Nouveau Mexique, de l'Utah et du Colorado), ainsi qu'une partie des États de Sonora et Durango. Ses habitants obtenaient de cette immense région minéraux, pierres précieuses (turquoise en particulier), bois et produits alimentaires, marchandises dont ils faisaient commerce avec les États méso-américains. Cette culture a connu son apogée durant la période de Paquimé (1300-1450). *Accès au site difficile en période de pluies.*

De Chihuahua (292 km) : sortir au Nord-Ouest par la route 45, bifurquer vers Ricardo Flores Magón, puis prendre à gauche la route 10 vers Nuevo Casas Grandes et ensuite l'embranchement vers Casas Grandes (15 km au Sud-Ouest de Nuevo Casas Grandes). Poursuivre sur 600 m en direction du Sud.
De Ciudad Juárez (309 km) : sortir au Sud par la route 45, puis prendre vers l'Ouest la route 2 jusqu'à Janos ; là, se diriger au Sud-Est par la route 10 jusqu'à Casas Grandes et poursuivre sur 600 m vers le Sud.

VISITE *1/2 journée*

Visite de 10 h à 17 h. Fermé le lundi. 10 pesos.

★ **Museo de las Culturas del Norte (Centre Culturel Paquimé)** – Ce musée moderne se trouve sur un des côtés du site archéologique. Il conserve plus de 800 pièces comprenant des fossiles de grands animaux, de la céramique de Paquimé, des maquettes, des objets régionaux et des textiles des cultures les plus importantes du Nord. Intégré à son environnement, le bâtiment a été pensé comme une œuvre d'architecture paysagiste. Son dessin s'inspire des ruines du centre cérémoniel de Paquimé. De la terrasse de l'étage supérieur et de son belvédère on découvre la nature environnante et le site archéologique.

Pedro Urbina-Martin

Un pâté de maisons

Zona arqueológica – Le site se distingue des autres centres précolombiens par ses constructions en terre, qui constituent un centre urbain avec des édifices à caractère civil et religieux orientés Sud-Ouest/Nord-Ouest, dont certains révèlent une influence méso-américaine, comme les jeux de pelote (un au Nord-Ouest, l'autre au Sud de la ville), et la Casa de la Serpiente, au Sud-Ouest. La cité présente une **place centrale** et des vestiges de **pâtés de maisons**. Celles-ci étaient approvisionnées en eau courante par des canalisations souterraines, dotées de plusieurs pièces et cours, et comportaient jusqu'à six étages. Les entrées en forme de T retiennent l'attention : peut-être s'agissait-il d'une architecture défensive, ou d'une technique servant à isoler l'intérieur des bâtiments du froid et du vent. Au Nord de l'ensemble d'habitations, le **Montículo de la Cruz** adopte une orientation astronomique, sans doute en raison de l'activité agricole de Paquimé développée suivant un système de terrasses. Une attention particulière était apportée à l'élevage des oiseaux tropicaux, peut-être pour employer leur plumage à des fins ornementales. On verra ainsi dans les cours de la **Casa de las Guacamayas**, au Sud-Ouest de la place centrale, une série de petites cages adossées aux murs. La sensibilité de cette culture s'est exprimée dans la **céramique**, monochrome à l'origine, ensuite avec des combinaisons de noir et de rouge sur fond blanc et crème, avec des dessins géométriques. Vers 1450, la ville fut abandonnée avant même la venue des Espagnols, probablement à la suite de l'attaque d'une tribu ennemie. Un grand incendie aurait détruit la ville, déjà ruinée par les changements climatiques et les sécheresses persistantes.

EXCURSION

Ciudad Juárez – *1/2 journée. 309 km. Voir itinéraire (en sens inverse) en début de chapitre.* Au 16e s., les voyageurs transitaient par le Nord du pays en traversant le río Grande. Ils s'arrêtaient pour se reposer auprès d'un gué du fleuve appelé Paso del Norte. Au 17e s., les franciscains fondèrent à cet endroit une mission qui deviendra plus tard Ciudad Juárez, aujourd'hui dynamique ville frontalière. Centre de sous-traitance le plus important du Mexique, la ville s'étend dans une vallée fertile qui contraste avec le paysage désertique qui l'entoure, comme les **Dunes** *(médanos)* **de Samalayuca** qui évoquent celles du Sahara.

Le tourisme frontalier afflue dans cette ville à la vie nocturne animée par de nombreux spectacles, boîtes de nuit, maisons de jeux et corridas. Au nombre de ses attraits culturels, on retiendra la **mission N.-D.-de-Guadalupe** à la magnifique charpente richement décorée *(visite du lundi au jeudi et le dimanche de 7 h 30 à 19 h 30, le vendredi de 7 h 30 à 18 h 45, le samedi de 9 h à 11 h et de 12 h à 15 h ; ☎ (1) 615 55 62)*, le musée d'Art dans le quartier commerçant de PRONAF, le musée d'Anthropologie et d'Histoire, dans le bâtiment de l'ancienne douane, et le parc Chamizal.

PRESQU'ÎLE DE BASSE-CALIFORNIE

Terre mythique des missions, des plages et des baleines

Artisanat et gastronomie p. 78. Séparée du continent il y a des millions d'années, baignée par l'océan Pacifique et le golfe de Californie (dit aussi mer de Cortés au Mexique), la Basse-Californie est avec ses 1 200 km de longueur la plus grande **presqu'île**★★ du monde. Sa relative désertification démographique est l'un de ses charmes. Considérée comme l'une des régions les moins arrosées de la planète, elle possède un climat pour l'essentiel aride, aux températures extrêmes.

Avec la plus faible densité démographique du Mexique, la péninsule – qui n'a pas encore été entièrement explorée – semble un autre pays. Mexicaine par sa culture et son peuplement, composé d'immigrants venus des autres États, elle fait néanmoins partie de la zone dollar et il vaut mieux y parler anglais.

La route 1 (1 645 km) traverse la péninsule depuis 1973. La parcourir, c'est pénétrer au cœur énigmatique de cette région, jouir des nuances de bleu de la mer et du contraste entre désert et montagnes abruptes, sculptées par la faille de San Andréas et peuplées de cactus. Dans ses sierras, comme dans ses îles et criques très peu habitées, on découvre des vallées agricoles fertiles et des plages ravissantes. On trouve ici diverses espèces animales, des peintures rupestres, des minéraux, des perles, des vins, d'excellentes moules. Ces charmes si variés attirent inexorablement depuis plus de 450 ans colonisateurs, aventuriers et voyageurs en quête de rêves.

Un peu d'histoire – Les parties centrale et septentrionale de la presqu'île furent occupées par les Cochimis, tandis que les Pericúes et les Guaycuras s'installaient au Sud. Les maladies apportées par la colonisation amenèrent leur disparition presque totale. Les premiers colonisateurs s'imaginèrent qu'il s'agissait ici de l'île paradisiaque de Californie, résidence de la mythique reine Calafia, mentionnée par un récit populaire de l'époque, *Les exploits d'Esplandian*, de Garci Ordóñez de Montalvo. Les tentatives de colonisation entreprises à partir de 1532 furent infructueuses et ce n'est qu'après l'arrivée en 1697 des missionnaire jésuites, qui consacrèrent 80 années à évangéliser et auxquels succédèrent franciscains et dominicains, que la dernière avancée expansionniste espagnole en Amérique réussit là où les armes avaient échoué. La période missionnaire s'acheva en 1834.

Après la guerre de 1847, la Basse-Californie fut revendiquée par les États-Unis, mais le Mexique en refusa la cession. Le 28e parallèle divise la péninsule en deux États : Basse-Californie proprement dite au Nord et Basse-Californie du Sud.

© Brenda Tharp

Arche naturelle du cap San Lucas

BASSE-CALIFORNIE★

(Partie Nord de la presqu'île)

Av. Revolución 711, angle de la calle 1era, Tijuana ☎ (6) 688 05 55

Le climat du Nord diffère du climat sec du reste de la péninsule. Les pluies qui arrosent le Nord-Ouest favorisent l'exploitation de la vigne, du coton et du blé dans les vallées fertiles comme celle de Guadalupe, célèbre pour ses vins. Des bois de pins et de chênes verts peuplent la **sierra de San Pedro Mártir** (3 078 m), qui se couvre de neige en hiver et où se trouve l'Observatoire astronomique national.
Parmi les 300 activités de loisirs offertes dans l'État au fil de l'année, notons la pratique du cyclisme, la pêche, la planche à voile, les sports motorisés et l'**observation des baleines**. On peut aussi explorer des grottes ornées de **peintures rupestres**, ainsi que des **missions** pour la plupart implantées par les dominicains, dont beaucoup sont en ruine. Le **parcours de Tijuana aux caps**★★ *(voir fin du chapitre et chapitre suivant)*, par la route 1, jouit d'une renommée internationale pour sa beauté et ses nombreux attraits. Il faut prévoir au minimum 19 jours pour parcourir ces 2 308 km et visiter les principales curiosités qui le bordent.

TIJUANA *3 h*

On dit de cette ville qu'elle est la cité des opportunités, en raison du grand nombre d'émigrants qui tentent de passer la frontière – de plus en plus surveillée et éclairée sur un tronçon de 5 km par des projecteurs d'une extrême puissance – pour trouver un emploi aux États-Unis. Tijuana n'est située qu'à 30 mn de San Diego, et sa croissance rapide en a fait la quatrième agglomération du pays. Ce serait la ville la plus visitée au monde, en partie à cause de l'afflux d'Américains fréquentant commerces, restaurants et lieux d'animation nocturne de la célèbre **avenida Revolución**, ainsi que pour ses corridas, ses courses de lévriers au cynodrome d'Agua Caliente, ou encore son fronton de pelote basque, le Jai Alai.

★**Centro Cultural** – *Paseo de los Héroes et Mina, zona Rio. Visite de 10 h à 20 h.* ✕ ☎ *(6) 684 11 11.* Il abrite le **musée des Californies**, qui propose un parcours historique à travers ces États et des salles d'expositions temporaires, consacrées à la culture et aux arts de cette complexe région frontalière.
Dans l'énorme sphère extérieure se trouve une **salle Omnimax** *(séances toutes les heures du mardi au vendredi de 14 h à 21 h, les week-ends et jours fériés de 11 h à 21 h, 36 pesos.* ☎ *(6) 684 11 11)* où l'on projette des films sur un écran hémisphérique de 180°.

Cava L.A. Cetto – *Cañón Johnson 2108, entre Constitución et calle Diez. Visites guidées du mardi au vendredi de 10 h à 17 h 30, le samedi de 10 h a 16 h 30.* ☎ *(6) 685 30 31.* La visite de la cave retrace le processus de vieillissement du vin et comprend une dégustation *(20 pesos).*

Excursion

Playas de Rosarito – *37 km au Sud par la route 1.* Ce centre touristique, fort prisé des voisins américains, compte toute une série de grands hôtels. On y sert dans les restaurants la célèbre langouste au beurre à la Puerto Nuevo, accompagnée de haricots rouges et de tortillas. Outre une vie nocturne animée, Rosarito possède un musée où sont exposés des accessoires du film *Titanic*, qui a été tourné dans les studios **Fox Baja** *(7 km au Sud par l'autoroute sans péage ; visites guidées du vendredi au dimanche de 10 h à 18 h ; 50 pesos ; sur réservation ☎ (6) 614 01 10).* Le petit musée **Wa-Kuatay** *(près de l'hôtel Rosarito Beach ; visite de 10 h à 16 h ; fermé le mardi)* présente des objets indigènes et illustre l'histoire de cette localité en pleine croissance.

MEXICALI *1/2 journée. 189 km à l'Est de Tijuana par la route 2.*

Capitale de l'État, cette ville frontalière s'est développée au début du 20e s. après que l'on eut irrigué la vallée avec les eaux du río Colorado. C'est aujourd'hui un des centres industriels et agricoles les plus importants du pays.
L'afflux d'immigrants chinois au milieu du 19e s. explique l'abondance de restaurants chinois.

Museo Universitario – *Reforma et Calle L. Visite de 9 h à 18 h (de 10 h à 16 h le week-end). Fermé les 1er janvier et 24 décembre, ☎ (6) 552 57 15.* On y découvre l'histoire et la géographie régionales, ainsi que la vie et les coutumes des groupes indigènes. Les salles d'expositions temporaires méritent une visite *(7 pesos).*

Museo Sol del Niño – *Av. Alfonso Esquer Sandez, à un demi-bloc du bd. López Mateos. Visite de 9 h à 18 h (de 10 h à 19 h le week-end). 25 pesos.* ✕ ☎ *(6) 554 93 93.* Ce centre d'apprentissage et de convivialité familiale propose des jeux amusants qui aident les enfants à comprendre les phénomènes physiques et naturels ainsi que l'évolution de certaines activités professionnelles.

Excursions

El Vallecito – *1/2 journée. Quitter Mexicali par l'autoroute à péage en direction de Tijuana ; au bout de 75 km, bifurquer vers la Rumorosa ; 7 km plus loin, tourner à droite et poursuivre sur 3 km. Visite du mercredi au dimanche de 8 h à 17 h. 12 pesos.* ⚠ ☎ *(6) 566 11 16.* Après avoir traversé l'imposante **Sierra la Rumorosa★**, on arrive à cette zone semi-désertique dont les rochers sont couverts de gravures et peintures rupestres. Au solstice d'hiver (le 21 décembre), le matin, les rayons du soleil éclairent directement les yeux du personnage peint de rouge, connu sous le nom de « diablito » (petit diable).

San Felipe – *1/2 journée. 215 km au Sud de Mexicali par la route 5.* Ce village de pêcheurs pris entre la mer de Cortés et le désert est entouré de majestueux reliefs rocheux. On sera fasciné par l'ampleur des **marées★★**, qui font reculer toutes les six heures de 300 m les eaux tièdes et tranquilles du golfe de Californie, échouant les barques sur le sable.

★ **Valle de los Gigantes** – *2 h. Quitter San Felipe vers le Sud ; à 26 km, tourner à droite (demander au gardien qui vous ouvrira la barrière de vous indiquer le chemin) et poursuivre sur 2,5 km.* Au pied de la **Sierra de San Pedro Mártir**, dans cette mystique vallée désertique, s'élèvent des dizaines de gigantesques **« cardones »★**. Plante endémique de la région, le *cardón* est un cactus en forme de candélabre, le plus grand et le plus lourd de la planète : il peut mesurer plus de 20 m et peser jusqu'à 10 tonnes. Il supporte en outre jusqu'à huit ans de sécheresse et peut vivre plus de 200 ans.

★★ SUR LA ROUTE DES CAPS

Quitter Tijuana vers le Sud par la route 1 (108 km jusqu'à Ensenada).

Ensenada

L'accueillante cité possède, au fond de la baie de Todos Santos, le port le plus ancien et le plus important de la presqu'île. Elle fut fondée en 1542 par le navigateur portugais João Rodrigues Cabrillo et baptisée en 1602 **Ensenada de Todos los Santos** par l'Espagnol Sebastián Vizcaíno.

Le long du môle, on peut faire une agréable promenade en calèche *(départ du bd. Costero, angle calle Madero, de 9 h à 18 h).*

Centro Social, Cívico y Cultural Riviera de Ensenada (**ancien casino Riviera del Pacífico**) – *Bd. Costero Lázaro Cárdenas et av. Riviera. Visite de 8 h à 18 h,* ☎ *(6) 176 43 10.* Inauguré en 1930, ce célèbre hôtel-casino fut fréquenté par des artistes connus de l'époque, jusqu'à sa fermeture en 1938 du fait de l'interdiction des jeux de hasard. Le bâtiment de style andalou abrite aujourd'hui le **musée d'Histoire** *(visite de juin à août de 9 h à 17 h, de septembre à mai de 10 h à 17 h ; fermé le lundi, ainsi que les 1er janvier, 1er mai et 25 décembre ; 5 pesos ;* ☎ *(6) 177 05 94).*

Cantina Hussong's – *Av. Ruiz 113. Ouvert de 10 h à 3 h du matin.* ☎ *(6) 178 32 10.* Fondé en 1892, Hussong's est le bar le plus ancien de la péninsule. Il est renommé pour sa délicieuse atmosphère parmi les autochtones et les touristes et accueille des personnages connus du monde artistique.

Bodegas de Santo Tomás – *Av. Miramar 666, Visites guidées à 11 h, 13 h et 15 h, 20 pesos,* ✗ ☎ *(6) 178 25 09.* Ces caves, les plus anciennes de la ville, proposent une dégustation des vins produits dans les secteurs viticoles de Basse-Californie.

Excursions

★**Vignobles** – Près d'Ensenada s'étendent la vallée de Guadalupe au Nord et la vallée de Santo Tomás au Sud, où l'on peut visiter des vignobles et exploitations et déguster les vins de la région. Pour de plus amples renseignements, s'adresser à Vinos L.A. Cetto ☎ (6) 155 22 64, Monte Xanic ☎ (6) 174 67 69 ou Domecq ☎ (6) 155 22 49.

Isla de Todos Santos – *Départs de la jetée. Excursion de 8 h, de 200 USD à 300 USD pour 8 personnes.* Prisée des amateurs de planche à voile, cette petite île se prête aussi parfaitement à la pratique de la pêche et de la plongée. À la saison de leur migration *(décembre à février)*, on peut apercevoir les baleines en se rendant à l'île.

D'Ensenada à la Basse-Californie du Sud

Poursuivre vers le Sud par la route 1 jusqu'à Maneadero, puis vers l'Ouest par le chemin allant à Punta Banda.

La Bufadora – À l'endroit où la montagne plonge perpendiculairement dans l'océan, la mer a formé une cavité au pied de la falaise : l'eau qui s'y engouffre en rejaillit dans un fracas étonnant en une vague d'une puissance impressionnante pouvant atteindre 20 m de haut, d'où le nom de « souffleuse » attribué au site.

Revenir sur la route 1 et poursuivre vers le Sud.

Baie de San Quintín – *191 km d'Ensenada.* Une chaîne de petits volcans protège cette baie en U où l'on pratique la pêche au gros. Des **vestiges** d'une implantation anglaise qui s'était établie en 1880 dans cette zone agricole sont visibles dans la région.

Entre San Quintín et Guerrero Negro, faire le plein d'essence à chaque station rencontrée. À Cataviña et dans la baie de los Ángeles, on trouve de l'essence en bidon.

Cataviña – *197 km de San Quintín.* Après un parcours sinueux offrant de splendides **panoramas**★ sur un désert où abondent les formations rocheuses et se dressent de gigantesques cactus (*cardones* et autres cierges), on parvient à ce village isolé, le seul, sur 200 km, à posséder un hôtel. À 4 km au Nord, près de la route, on admirera une série de peintures **rupestres**.

Parcourir 109 km et prendre à gauche.

★**Baie de los Ángeles** – ⚠ ✗. Protégée par l'île **Ángel de la Guarda**, qui s'étire sur 70 km, cette jolie baie permet au touriste de pratiquer diverses activités sur les îlots qui en ponctuent le littoral. En s'y rendant, on observera des dauphins et, avec un peu de chance, l'une des onze espèces de baleines qui peuplent le golfe. Dans les alentours, on visitera la **mission de San Borja** *(accessible uniquement en véhicule tout terrain)* et découvrira au hasard des hauteurs et canyons désertiques des peintures rupestres et d'anciennes mines.
Le village compte quatre petits hôtels, un centre d'observation des tortues marines et un **musée d'Histoire naturelle et de la Culture** *(visite du lundi au vendredi de 9 h à 12 h ; contribution volontaire).*

Revenir sur la route 1 et poursuivre. En coupant le 28e parallèle, frontière entre les deux États à 7 km au Nord de Guerrero Negro, on avance sa montre d'une heure.

RENSEIGNEMENTS PRATIQUES

Comment s'y rendre – **Par avion** : Les compagnies aériennes des États-Unis et du Canada desservent San José del Cabo. Les compagnies nationales comme **Aeroméxico** *(☎ (01 800) 021 40 00)*, **Mexicana** *(☎ (01 800) 502 20 00)*, **AeroCalifornia** *(☎ (6) 684 21 00)* y **Aerolitoral** *(☎ (01 800) 021 40 00)* assurent des vols et des correspondances vers Mexicali, Tijuana, Loreto, La Paz et San José del Cabo. Les vols provenant des autres parties du monde font escale à Mexico. Tous les aéroports disposent de services de taxis et d'agences de **location de voiture** *(voir p. 24)*.

Por autocar : Depuis les gares routières des grandes villes de la péninsule, différentes compagnies assurent des liaisons directes et des correspondances avec les principaux sites touristiques. Des villes du Nord, on peut aussi se rendre en Californie, à Los Angeles et San Diego. Numéros des gares routières : Ensenada *(☎ (6) 178 66 80)*, Guerrero Negro *(☎ (1) 157 06 11)*, La Paz *(☎ (1) 122 42 70 et 122 21 57)*, Loreto *(☎ (1) 135 07 67)*, aéroport de Los Cabos *(☎ (1) 142 11 08)*, Mexicali *(☎ (6) 557 24 51)*, Santa Rosalía *(☎ (1) 152 01 50)*, San José del Cabo *(☎ (1) 142 21 57)* et Tijuana *(☎ (6) 621 29 82 à 87)*. *Ces numéros permettent d'obtenir des renseignements sur les destinations, les tarifs et les horaires.* Autotransportes Águila *(☎ (1) 125 15 68 et 125 77 25)* dessert toute la presqu'île.

Par bateau : SEMATUR Transbordadores *(bacs transportant véhicules et passagers)* assurent trois liaisons différentes à travers le golfe de Californie ; les prix varient selon la classe. **Mazatlán-La Paz** : du dimanche au vendredi, départ à 15 h, arrivée à 9 h ; passage simple : de 215 à 856 USD ; retour à Mazatlán, mêmes horaires. **Topolobambo-La Paz** : liaison quotidienne à 22 h, arrivée à 8 h ; de 144 à 269 USD ; retour à Topolambo, mêmes horaires. **Guaymas-Santa Rosalía** : fonctionne mardi et vendredi, départ à 9 h, arrivée à 16 h30 ; 144 USD ; retour à Guaymas les mêmes jours, départ à 23 h, arrivée à 8 h. Renseignements, billets et réservations : La Paz *(☎ (1) 125 38 33)*, Mazatlán *(☎ (01 800) 696 96 00)*, ainsi qu'auprès de Mar de Cortés *(☎ (1) 143 37 17 au cap San Lucas)* et Festival Tours *(☎ (6) 818 39 86 à Los Mochis ou ☎ 56 82 70 43 à Mexico)*. *Réservez deux semaines à l'avance.*

Information touristique – *www.bajalife.com* et *www.bcs-tourism.com* Les Offices de tourisme de chaque ville de la presqu'île donnent des renseignements sur les hôtels, agences de voyages et voyagistes, et fournissent cartes et dépliants.

Ensenada	Oficina de Turismo, bd. Lázaro Cárdenas 1477, angle Las Rocas, Ensenada, C.P. 22830 – ☎ (6) 172 30 22.
La Paz	Oficina de Información Turística, paseo Álvaro Obregón, angle 16 de Septiembre, La Paz, C.P. 23000 – ☎ (1) 122 59 39.
Loreto	Oficina de Información Turística, Madero y Salvatierra, centre, Loreto, C.P. 23880 – ☎ (1) 155 04 11.
S. José del Cabo	Oficina de Información Turística, Zaragoza, angle bd. Mijares, San José del Cabo, C.P. 23400 – ☎ (1) 142 29 60.
Mexicali	Oficina de Información Turística, bd. Benito Juárez et Francisco L. Montejano, 2e étage, Mexicali, C.P. 21260 – ☎ (6) 566 11 16.
San Felipe	Oficina de Información Turística, av. Mar de Cortés et Manzanillo, San Felipe, C.P. 21850 – ☎ (6) 577 11 55.
Tijuana	Oficina de Turismo INFOTUR, av. Revolución 711, angle rue 1a, Tijuana, C.P. 22000 – ☎ (6) 688 05 55.

Hébergement – Les principales chaînes hôtelières *(voir p. 25)* sont implantées à Tijuana, Ensenada, Mexicali, La Paz et dans la région des caps. La chaîne locale La Pinta Hotels *(☎ (01 800) 026 36 05)* a essaimé en différents points de la péninsule. Des États-Unis et du Canada, on peut réserver dans différents hôtels par l'intermédiaire de México Accommodations *(☎ (800) 262 45 00 depuis les États-Unis ou (800) 654 55 43 depuis le Canada)*. La région est parsemée de petits hôtels et de maisons d'hôte. En outre, on trouve près des principales villes et le long des plages des **parcs pour camping-cars (RV)** *(voir p. 27)*.

Sports aquatiques, tourisme vert et tourisme d'aventure – Divers endroits de la presqu'île se prêtent à la pratique de la **nage avec masque et tuba**, de la **plongée** *(meilleure période : avril à novembre)* ou du **kayak** *(meilleure période : novembre à avril)*. Loreto dispose de centres de **pêche**, **promenades en barque**, **plongée** et **nage avec masque et tuba**. Des **excursions à cheval** ou à **vélo tout terrain** sur les plages ou dans les zones désertiques sont organisées par Las Parras Tours *(☎ (1) 135 10 10)*, toujours à Loreto. Ce même organisme, ainsi que

Ecomundo *(☎ (1) 153 04 09)*, à Mulegé, proposent des sorties d'**observation des oiseaux**. On peut aussi procéder à des excursions nombreuses et variées depuis La Paz, qui est le point de départ des sorties d'**observation de la baleine grise** *(meilleure période : janvier à mars)*, de visites dans les réserves naturelles et de sorties de découverte des **peintures rupestres** *(meilleure période : novembre à mars ; autorisation particulière nécessaire, voir Sierra de San Ignacio, p. 227)*.

Tourisme vert et d'aventure

Servicios Turísticos Mar de Cortés Pacífico	Av. Mar de Cortés et zone de l'estuaire, San Felipe (BC) ☎ (6) 577 11 64
Bajarama de México	Virgilio Uribe 496C, Ensenada (BC) ☎ (6) 178 35 12
Cali-Baja Tours	Macheros et Bd. Costero, Ensenada (BC) ☎ (6) 178 16 41
Expediciones de Turismo Ecológico y de Aventura	Bd. Costero 1094-14, Ensenada (BC) ☎ (6) 178 37 04
Off Road Adventure	Balandra, La Paz (BCS) ☎ (1) 128 05 04 ou www.offroadadventure.com.mx
Ecomundo	Hotel Las Casitas et Km 111 Bahía Concepción, Mulegé (BCS) ☎ (1) 153 04 09
Baja Adventure Tours	Hotel Vieja Hacienda, Mulegé (BCS) ☎ (1) 153 00 21
Vámonos Tours	Hotel La Concha, La Paz (BCS) ☎ (1) 121 61 61
Katun Adventure in Baja	16 de Septiembre et A. Obregón 460, Local 204, La Paz (BCS) ☎ (1) 123 04 88

Observation des baleines

Enchanted Island Excursions	Quartier Marysol 50, San Felipe (BC) ☎ (6) 577 14 31
Malarrimo Ecotours	Bd. Emiliano Zapata, Guerrero Negro (BCS) ☎ (1) 157 01 00 ou www.malarrimo.com
Laguna Tours	Bd. Emiliano Zapata, Guerrero Negro (BCS) ☎ (1) 157 00 50 ou www.bajalaguna.com
Ecoturismo Kuyima	Dom. Conocido, San Ignacio (BCS) ☎ (1) 154 00 70
Antonio's Whale Tours	R.V. Park El Padrino, San Ignacio (BCS) ☎ (1) 154 00 89
Las Parras Tours	Francisco I Madero, Loreto (BCS) ☎ (1) 135 10 10 ou Tourloreto@aol.com
The Loreto Center	Hidalgo y Pino Suárez, Loreto (BCS) ☎ (1) 135 07 98 ou www.loretocenter.com
Brennan's y Asociados	Puerto San Carlos, Bahía Magdalena (BCS) ☎ (1) 136 02 88
Viajes Mar y Arena	Puerto San Carlos, Bahía Magdalena (BCS) ☎ (1) 136-0076
Baja Expeditions	Sonora 585, La Paz (BCS) ☎ (1) 125 38 28 ou www.bajaex.com
Baja Outdoor Activities	Álvaro Obregón 25, La Paz (BCS) ☎ (1) 125 56 36 ou www.kayactivities.com
Mar y Aventura	Topete 564, La Paz (BCS) ☎ (1) 122 70 39
Off Road Adventure	Balandra, La Paz (BCS) ☎ (1) 128 05 04 ou www.offroadadventure.com.mx
Cabo Acuadeportes	Hotel Hacienda, Cabo San Lucas (BCS) ☎ (1) 143 01 17 ou www.allaboutcabo.com
Aerocalafia	Plaza Las Glorias 4-A, Cabo San Lucas (BCS) ☎ (1) 143 43 07 ou www.caboland.com/aerocalafia
Baja's Water Sports	Revolución y Madero, Cabo San Lucas (BCS) ☎ (1) 143 20 50

Avec ses centaines de kilomètres de côtes sur le Pacifique et le golfe de Californie, la presqu'île de Basse-Californie met à la disposition des touristes une infinité d'activités nautiques. Quelques plages sont équipées pour la pratique de la natation avec masque, du kayak et du surf.

Kayaks dans la baie Concepción

© Fernando García Aguinac

Plages sélectionnées	natation	plongée/nage avec masque	surf	pêche	camping
Rosarito	●		●	●	●
Ensenada				●	
Isla Espíritu Santo	●	●	●	●	●
San Miguel			●		
La Bufadora		●			
San Felipe	●			●	
Baie de San Quintín				●	
Baie de los Ángeles	●	●		●	●
Mulegé/Baie Concepción	●	●		●	●
Santispac	●				●
Posada Concepción	●				●
El Burro	●				●
BuenaVentura	●				
El Requesón	●				●
Loreto et les îles	●	●		●	
La Paz	●	●		●	●
El Tesoro	●				
Pichilingue	●				●
Balandra	●				
Tecolote	●				●
Isla Espíritu Santo	●	●			●
Todos Santos					
Punta Lobos				●	
San Pedrito			●		●
Los Cerritos	●		●	●	●
Cap San Lucas					
El Médano et Finisterra	●	●		●	
Cabeza Ballena (à 5.5 km du cap)	●				
El Faro et Barco Varado (à 10 km)	●				
Baie Santa María (à 12.5 km)	●	●			
El Chileno (à 14.5 km)	●	●			
Costa Azul/Acapulquito (à 28 km)			●		
San José del Cabo	●		●		
Cap del Este	●	●		●	
Cap Pulmo	●	●			

Les symboles figurant dans ce tableau signifient :
natation, plongée/nage avec masque, surf, pêche, camping

Plongée et nage avec masque

Dale's La Bufadora Dive Shop	Rancho La Bufadora, Punta Banda, Ensenada (BC) ☎ (6) 154 20 92
Cortez Explorers	Moctezuma 75-A, Mulegé (BCS) ☎ (1) 153 05 00 ou www.cortez-explorer.com
The Loreto Center	Hidalgo y Pino Suárez, Loreto (BCS) ☎ (1) 135 07 98 ou www.loretocenter.com
Loreto Diver	Int. Hotel Las Trojes, Loreto (BCS) ☎ (1) 135 11 06
Cortez Club	Hotel La Concha, La Paz (BCS) ☎ (1) 121 61 20 ou www.cortezclub.com
Baja Quest	Sonora 174, La Paz (BCS) ☎ (1) 123 53 20
Baja Expeditions	Sonora 585, La Paz (BCS) ☎ (1) 125 38 28 ou www.bajaex.com
Scu-Baja	Nicolás Bravo et Álvaro Obregón, La Paz (BCS) ☎ (1) 122 74 23 ou www.scubaja.com
Baja Diving & Service	Álvaro Obregón Int. Plaza Cerralvo, La Paz (BCS) ☎ (1) 122 18 26
Mar y Aventura	Topete 564, La Paz (BCS) ☎ (1) 122 70 39
Land's End Divers	Bd. Marina Int. Plaza Las Glorías, Cabo San Lucas (BCS) ☎ (1) 143 22 00
Amigos del Mar	Bd. Marina et av. Solmar, Cabo San Lucas (BCS) ☎ (1) 143 05 05
Pacific Coast Adventure	Bd. Marina Int. Plaza Las Glorías, Cabo San Lucas (BCS) ☎ (1) 143 10 70
Cabo Acuadeportes	Hotel Hacienda, Cabo San Lucas (BCS) ☎ (1) 143 01 17 ou www.allaboutcabo.com
Andromeda Divers y Más	Playa El Médano, Cabo San Lucas (BCS) ☎ (1) 143 27 65
Aerocalafia	Plaza Las Glorias 4-A, Cabo San Lucas (BCS) ☎ (1) 143 43 07 ou www.caboland.com/aerocalafia
Baja's Water Sports	Revolución y Madero, Cabo San Lucas (BCS) ☎ (1) 143 20 50
Tío Sports Adventure and Nature	Hotel Melia, Cabo San Lucas (BCS) ☎ (1) 143 29 86
Vista Sea Sport	A.P. 42, Buena Vista, Cabo del Este (BCS) ☎ (1) 141 00 31
Pepe's Dive Center	Cabo Pulmo (BCS) ☎ (1) 141 00 01

Kayak

Ecomundo	Hotel Las Casitas et Km 111 Bahía Concepción, Mulegé (BCS) ☎ (1) 153 04 09
Cortez Club	Hotel La Concha, La Paz (BCS) ☎ (1) 121 61 20 ou www.cortezclub.com
Baja Quest	Sonora 174, La Paz (BCS) ☎ (1) 123 53 20
Baja Expeditions	Sonora 585, La Paz (BCS) ☎ (1) 125 38 28 ou www.bajaex.com
Baja Outdoor Activities	Álvaro Obregón 25, La Paz (BCS) ☎ (1) 125 56 36 ou www.kayactivities.com
Aerocalafia	Plaza Las Glorias 4-A, Cabo San Lucas (BCS) ☎ (1) 143 43 07 ou www.caboland.com/aerocalafia
Baja's Water Sports	Revolución y Madero, Cabo San Lucas (BCS) ☎ (1) 143 20 50
Tío Sports Adventure and Nature	Hotel Melia, Cabo San Lucas (BCS) ☎ (1) 143 29 86

Voile et surf

Cortez Club	Hotel La Concha, La Paz (BCS) ☎ (1) 121 61 20 ou www.cortezclub.com
Cabo Acuadeportes	Hotel Hacienda, Cabo San Lucas (BCS) ☎ (1) 143 01 17 ou www.allaboutcabo.com

Pêche sportive

Sergio's Sportfishing Center	Malecón, Ensenada (BC) ☎ (6) 178 21 85
Tony Reyes & Longfin Sportfishing	Av. Mar Bermejo 130, San Felipe (BC) ☎ (6) 577 11 20
Aqua Sports de Loreto	Club de Playa Hotel Eden, Loreto (BC) ☎ (1) 135 05 60
Cortez Club	Hotel La Concha, La Paz (BCS) ☎ (1) 121 61 20 ou www.cortezclub.com
Pesca Deportiva Solmar	Bd. Marina, Cabo San Lucas (BCS) ☎ (1) 143 06 46 ou www.solmar.com
Flota Hotel Palmas de Cortés	Los Barriles, Cabo del Este (BCS) ☎ (1) 141 00 50
Flota Buena Vista Beach	Buena Vista, Cabo del Este (BCS) ☎ (1) 141 00 33
Flota Punta Colorada	Buena Vista, Cabo del Este (BCS) ☎ (1) 141 02 08

BASSE-CALIFORNIE DU SUD★★

ℹ Route vers le Nord, au km 5,5, Edificio Fidepaz, La Paz ☎ (1) 124 01 00
et Malecón, 16 de Septiembre et Obregón, La Paz ☎ (1) 122 59 39

La Basse-Californie du Sud, devenue un état en 1974, alors que l'on achevait de goudronner la route péninsulaire, est parsemée de peintures rupestres, de réserves naturelles et autres lieux fascinants. Les excursions à l'écart de la route, plus audacieuses, requièrent pour la plupart des guides spécialisés.
Au Sud du 28e parallèle, la **Réserve de la biosphère du désert de Vizcaíno** s'étend jusqu'au Sud de San Ignacio et constitue la zone protégée la plus vaste du Mexique. On y longe des lagunes côtières où affluent chaque année, outre la baleine grise, des centaines de milliers d'oiseaux migrateurs. On traversera aussi des plaines jonchées de dunes où se dressent *cardones* et autres cierges, cactus géants que l'on ne trouve qu'en Basse-Californie et dans l'État de Sonora. Sur les hauteurs telles que la **Sierra de San Francisco**, on trouve des espèces menacées, dont l'aigle royal et l'agile mouflon bighorn *(borrego cimarrón)*, aux cornes impressionnantes.

© Fernando García Aguinaco

■ La baleine grise

Depuis des milliers d'années, la baleine grise *(Eschrichtius robustus)* entame chaque année en décembre un périple de 10 000 km – à une vitesse de 9 km/h – depuis les mers arctiques d'Alaska et de Chukchi jusqu'aux côtes pacifiques de la Basse-Californie du Sud pour mettre bas après 13 mois de gestation. On peut alors assister au merveilleux **spectacle**★★★ de ces gigantesques cétacés de 40 t accompagnés de leurs baleineaux nouveau-nés. Fin mars, la baleine grise repart pour les zones arctiques où elle engraisse pour recommencer, lorsque le froid sévit à nouveau, la plus grande migration jamais enregistrée chez un mammifère.

De Santa Rosalia à Loreto, la route court entre la mer et des chaînes escarpées, telle la grandiose **Sierra de la Giganta**. On accède à celle-ci depuis Loreto à dos de mulet, ou à vélo tout terrain, pour visiter les **missions** et les fertiles exploitations implantées par les jésuites il y a près de trois siècles. Au Sud de La Paz, sur la route de Los Cabos, on rencontre la **Réserve de la biosphère Sierra de la Laguna**, habitat de nombreuses espèces naturelles. On peut y randonner de canyon en canyon, parmi les conifères et l'abondante végétation. Une fois au sommet (2 200 m), un **panorama**★ s'ouvre sur l'océan Pacifique et le golfe de Californie, où l'aventure continue.

GUERRERO NEGRO *1 jour*

Ici s'étendent les plus grands marais salants du monde. Les lagunes d'**Ojo de Liebre** *(9 km au Sud de Guerrero Negro par la route, puis 20 km par un chemin de terre)* et de Guerrero Negro offrent de bons **postes d'observation**★★★ pour voir évoluer les baleines grises qui viennent ici se rassembler pendant l'hiver *(sorties de Guerrero Negro, du 15 décembre à mars, tous les jours à 8 h et 11 h ; il est conseillé de réserver ; 200 pesos (promenade de 90 mn depuis l'embarcadère d'Ojo de Liebre) et 400 pesos (promenade de 3 h) ; Ecotours Malarrimo ☏ (1) 157 01 00 et Tours Laguna ☏ (1) 157 00 50).*

De Guerrero Negro sont aussi proposées des excursions aux peintures **rupestres** de la **Sierra de San Francisco** et aux **missions** de San Borja et Santa Gertrudis.

★★SUR LA ROUTE DES CAPS

Reprendre la route 1 vers le Sud. À 103 km de Guerrero Negro se trouve le chemin de terre qui conduit (37 km) aux peintures rupestres de la sierra de San Francisco.

Sierra de San Francisco – *Visites guidées de un, trois ou six jours (pour les excursions de plusieurs jours, il est nécessaire de louer des mules et de camper). Il est indispensable de demander au préalable une autorisation auprès du Museo Local de San Ignacio (Calle Valdivia, San Ignacio, BCS, C.P. 23930 ; ☏ (1) 154 02 22) et d'avoir recours à des guides agréés.* Cette sierra aux cañons encaissés et aux paysages impressionnants recèle de belles peintures **rupestres**★★, inscrites au patrimoine mondial de l'humanité en 1993. Les dessins, dont l'âge est estimé à 10 000 ans, représentent des cerfs, des baleines, des raies manta et des figures humaines. Les peintures les plus intéressantes se trouvent sur les itinéraires des excursions de plusieurs jours.

Revenir sur la route 1 et poursuivre.

Peintures rupestres de la Sierra de San Francisco

★SAN IGNACIO *2 h*

Sous ses hauts palmiers-dattiers, la ville apparaît comme une oasis au milieu du désert. On se plaira à parcourir ses rues, qui offrent de belles échappées sur la rivière. En 1728, le jésuite Juan Bautista Luyando fonda la mission de San Ignacio Kadacaamán, qui n'était alors habitée que de 200 indigènes cochimis.

Église – *Visite de 6 h à 19 h. ☏ (1) 154 02 22.* Construite en roche volcanique par les dominicains, l'église fut achevée en 1786 et est demeurée intacte. Son intérieur, sur plan de croix latine, présente de riches autels baroques recouverts de dorures.

Musée – *Visite d'octobre à mai de 8 h à 18 h, de juin à septembre de 10 h à 15 h. Fermé les dimanches et lundis.* ☎ *(1) 154 02 22.* A côté de l'église, le musée local propose des informations sur les **peintures rupestres**★★ de la région.

Excursion *1 jour*

Laguna de San Ignacio – *À 60 km de San Ignacio, par un chemin de terre.* Pendant la saison, cette belle lagune constitue un bon **poste d'observation**★★★ des **baleines grises** *(sorties du 15 décembre au 15 avril, tous les jours ; 350 pesos au départ de la lagune, 120 USD pour 1 à 10 personnes avec transfert depuis San Ignacio ; excursions de plusieurs jours, incluant hébergement, repas et diverses activités de loisirs : 150 USD/jour ; réservation conseillée ; Kuyima* ☎ *(1) 154 00 70).*

Santa Rosalía *1/2 journée*

76 km de San Ignacio. Le village, établi à la fin du 19e s. face au golfe de Californie, conserve encore ses constructions d'origine en bois, où se mêlent styles français et californien. Elles furent édifiées par la compagnie minière française El Boleo, nom évoquant l'exploitation dans la région du minerai de cuivre qui se présentait sous forme de boules. En parcourant la zone **Mesa Francia**, où se trouve le **musée d'Histoire de la Mine** (Museo Histórico Minero – *visite de 9 h à 15 h ; fermé le week-end ; 10 pesos*), et la rue principale, avec sa boulangerie centenaire **El Boleo** *(visite de 9 h à 21 h ; fermé le dimanche ;* ☎ *(1) 152 03 10)*, le visiteur se verra transporté dans une époque depuis longtemps révolue.

Iglesia de Santa Bárbara – *Visite de 6 h à 20 h.* ☎ *(1) 152 00 08.* Composée de minces lames de fer, cette église est l'une des premières constructions préfabriquées du monde. Elle fut conçue en 1884 par l'ingénieur français Gustave Eiffel et installée à Santa Rosalía en 1897.

Mulegé *1/2 journée*

61 km de Santa Rosalía. Fondée comme mission en 1705, Mulegé (nom cochimi qui signifie « grand ravin de la bouche blanche ») est blottie dans une vallée aussi généreuse que ses habitants, formée par une rivière bordée de hauts palmiers et de potagers, qui s'élargit en un estuaire débouchant dans la baie Concepción.

★**Iglesia de la Misión de Santa Rosalía** – *Visite du lundi au vendredi de 8 h à 15 h, le week-end lorsqu'il y a messe et catéchisme.* ☎ *(1) 124 01 00.* Bâtie au sommet d'une colline, l'église, achevée en 1766, présente un insolite plan en équerre. Abandonnée en 1828 et restaurée par la suite, elle conserve sa sobre façade d'origine.

Tout proche, à l'Ouest, un petit belvédère offre une belle vue sur les plantations de dattiers et sur les montagnes derrière lesquelles se couche le soleil.

Museo Comunitario – *Visite de 9 h à 15 h (13 h d'avril à septembre). Fermé le dimanche. Visites guidées en espagnol et en anglais.* Inauguré en 1994, le musée présente des objets retraçant l'histoire de la région. Il est installé dans l'ancienne prison, qui fonctionna de 1906 à 1975 selon un système tout à fait particulier car il s'agissait d'une prison « portes ouvertes » dont les prisonniers sortaient pour travailler et revenir à 18 h, à l'appel d'une trompe faite d'une conque marine.

La baie Concepción et la plage du Requesón

© Fernando Garcia Aguinaco

La Sierra de la Giganta

Excursions *1 jour 1/2*

Cueva Trinidad – *À 33 km de Mulegé, dans la Sierra San Borjita. 400 pesos (incluant le transport et le déjeuner) 4 personnes au minimum ; les hôtels fournissent de plus amples informations.* L'excursion mène à une grotte où l'on découvrira de belles peintures rupestres. Pour atteindre la grotte, il faut traverser à la nage quelques mares qui se forment au fond de canyons encaissés. *Se faire accompagner d'un guide, sans quoi l'on risque de se perdre.*

★★ **Baie Concepción** – *Au Sud de Mulegé.* ⛺. D'une longueur de quelque 50 km, cette baie est ponctuée de plages irrésistibles, dont certaines presque vierges. Le camping y est autorisé *(les tarifs varient de 30 à 60 pesos par tente ou hutte)*. Certaines de ces plages ne disposent d'aucun service, alors que d'autres sont équipées de structures d'hébergement. **Santispac**★ *(22 km de Mulegé)* est la plage la plus fréquentée. À **Posada Concepción** *(23.5 km)*, on peut louer des kayaks et participer à des excursions en kayak *(pour plus d'informations, s'adresser à l'hôtel Casitas à Mulegé ou appeler le ☎ (1) 153 04 09)*. **El Burro**★ *(26.5 km)* est une plage idéale pour découvrir les fonds avec un masque. Mais la plus belle de toutes est **El Requesón**★★ *(45 km)*, une étroite frange de sable donnant accès à une petite île.

Loreto *1/2 journée*

136 km de Mulegé. C'est une petite ville tranquille au bord de la mer, appelée **Concho** (« palétuvier rouge »), en langue indigène.

Misión de Nuestra Señora de Loreto – *Visite de 7 h à 13 h et de 16 h à 20 h. ☎ (1) 135 00 05.* Juan María de Salvatierra fonda cette mission en 1697. C'est à partir de cette première mission que fut définitivement colonisée la Californie, comme le rappelle l'inscription sur la façade de l'église « tête et mère de toutes les missions de Californie ». L'église Renaissance au sobre portail a été reconstruite à la suite des dégâts provoqués par les tremblements de terre et les cyclones. Le clocher (1947) ne s'accorde pas avec le dôme d'origine. À l'intérieur, le maître-autel, aux pilastres en *estípites*, présente l'image de Notre-Dame-de-Lorette, patronne de la conquête spirituelle de la Basse-Californie, et des portraits de saints jésuites.

★ **Museo de las Misiones** – *À côté de l'église. Visite de 9 h à 13 h et de 13 h 45 à 18 h. Fermé le lundi. 17 pesos. ☎ (1) 135 04 41.* Le musée des Missions, installé dans un bâtiment du 18e s., raconte la colonisation de la Basse-Californie et présente des pièces d'art religieux, des armes, des cartes et des objets d'usage quotidien, pour la plupart du 18e s. On y voit aussi la reproduction d'une *ranchería* typique de la Basse-Californie du Sud, héritage des missions jésuites. La **croix** du patio central a été sculptée par la nature.

Excursions *1 jour 1/2*

Baie de Loreto – Déclarée parc national, la baie compte plusieurs îles, dont la **Isla del Carmen** et **Coronado**, vers lesquelles des excursions sont organisées et où l'on peut faire de la plongée ou tout simplement pêcher ou découvrir les fonds marins avec masque et tuba.

★**Misión de San Francisco Javier** – *À 38 km de Loreto. Visite de 9 h à 13 h et de 13 h 30 à 16 h. ☎ (1) 135 04 11.* En empruntant un chemin de terre qui traverse la **Sierra de la Giganta**★, offrant de beaux panoramas sur ses paysages déchiquetés, on parvient à la deuxième mission des Californies. Fondée en 1699, cette mission passe pour la plus belle et la mieux conservée de la région; elle conserve son autel d'origine, de style baroque.

Baie Magdalena – *207 km au Sud-Ouest de Loreto, par Ciudad Insurgentes et Puerto Adolfo López Mateos, ou excursion en bateau de janvier à mars (3 h – 40$ – ☎ (1) 131 51 71). 260 km au Nord-Ouest de La Paz, par Ciudad Constitución et Puerto San Carlos, ou excursion en bateau de janvier à mars (3 h – 40$ – ☎ (1) 136 02 88). Réservation conseillée pour les excursions. Sont également proposées des excursions d'une journée au départ de Loreto (99$ – ☎ (1) 135 10 10) et de La Paz (100 ou 120$ – ☎ (1) 121 61 20 et 121 61 61, poste 1414).* Protégée par des îles et communiquant par d'étroits canaux avec l'océan Pacifique, cette baie permet l'**observation**★★★ de la baleine grise.

Promenade du front de mer, à La Paz

La Paz *1/2 journée*

359 km de Loreto. Au bord de la baie de la Paz s'étend la capitale de l'État, ville sereine célèbre pour ses couchers de soleil. En dépit du paisible nom de La Paz donné en 1596 par le capitaine Sebastián Vizcaíno, l'hostilité du milieu et le manque de vivres retardèrent la mise en place d'une implantation permanente, qui n'eut lieu qu'en 1811, près de trois siècles après l'exploration effectuée en 1535 par Hernán Cortés (qui l'avait baptisée port et baie de Santa Cruz).

Plages – *Au Nord de la jetée.* ✗. Le visiteur recherchant la détente optera pour l'une des agréables plages : **El Tesoro** *(13 km)*, **Pichilingue**★ *(17 km)*, près de laquelle se trouve l'embarcadère, **Balandra** *(23 km)*, formée de huit petites baies et **El Tecolote** *(26 km)*. De cette dernière partent des bateaux pour l'**Isla Espíritu Santo**★, où l'on peut nager avec un masque parmi les lions de mer, naviguer en kayak et profiter de criques tranquilles *(promenades en mer avant 10 h 30 ; durée totale : 4 h ; 380 à 500 pesos par personne ; ☎ (1) 122 88 85 et 121 61 20)*. Diverses excursions sont organisées depuis La Paz pour pratiquer la plongée ou la pêche ou observer les baleines.

Museo Regional de Antropología e Historia – *Altamirano et 5 de Mayo. Visite de 8 h à 19 h (de 9 h à 14 h le samedi). Fermé le dimanche, ainsi que les 1er janvier et 25 décembre. ☎ (1) 125 64 24.* Ce musée présente, en les situant dans leur contexte, des objets relatifs aux fossiles millénaires, à l'art pariétal, aux groupes indigènes et aux missions de la région.

★LES CAPS *circuit de 3 jours 1/2*

Todos Santos – *79 km au Sud de La Paz, par la route 19.* Sur un plateau fertile en bord d'océan, ce petit village tranquille dut sa prospérité à la culture de la canne à sucre, qui en fut la principale activité pendant un siècle, de 1850 à 1950. Aujourd'hui, il attire artistes et surfeurs, lesquels profitent des vagues des plages voisines de **San Pedrito** et **Los Cerritos**. Dans les environs, les ranchs La Borrera, Las Piedritas et San Martín sont le point de départ de grandes randonnées à pied ou à mulet dans la **Réserve de la biosphère Sierra de la Laguna** *(ouvert 24 h/24 ; 19 km pour atteindre le sommet ; ⚠ ☎ (1) 122 68 90).*

★**Cap San Lucas** – *73 km au Sud de Todos Santos par la route 19.* Un grand ensemble touristique, entrepris en 1974 et réputé pour la pratique de la pêche au gros, s'abrite dans une crique proche de l'extrémité de la presqu'île et lieu d'abordage jadis de pirates comme Francis Drake (1578).
Parmi les falaises escarpées de roche volcanique qui se dressent fièrement entre Pacifique et golfe de Californie s'étendent la toute dorée **plage del Amor**★ et la grotte de San Andrés, dont on dit que « ceux qui y viennent à deux en ressortent à trois ».
À l'extrémité de la péninsule, on admirera la célèbre **arche naturelle**★ *(voir photo p. 219)* créée par les fissures provoquées par la faille de San Andréas. Plusieurs bateaux amènent les touristes sur ces deux destinations *(à partir de 10$; de plus amples renseignements peuvent être obtenus sur le quai ou dans les hôtels).* Les amateurs de plongée peuvent pratiquer ce sport sur cinq sites des environs.
Dans la **marina** et alentour abondent les bars animés et une grande variété de boutiques et restaurants. La **verrerie** *(fábrica de vidrio)* donne l'occasion de suivre les différentes étapes de la fabrication du verre soufflé *(1 km au Nord-Ouest de l'av. Lázaro Cárdenas par la route 19 ; suivre les panneaux ; visite de 7 h à 14 h ; fermé le dimanche ; visites guidées ; contribution volontaire ; ☎ (1) 143 02 55).*
Au long des 33 km séparant le cap San Lucas de la localité voisine de San José del Cabo se déroulent des plages de sable blanc et d'eaux cristallines, idéales pour la découverte avec masque et tuba, comme la **plage Santa María**★ ou **El Chileno.**

San José del Cabo – *33 km du cap San Lucas.* San José fut fondée en tant que mission en 1730. Son église, bâtie dans le style des anciennes missions, se trouve près de la place centrale autour de laquelle alternent boutiques et restaurants agréables. À côté de la longue **plage** bordée de grands hôtels, l'**estuaire**, considéré comme l'unique sanctuaire ornithologique de la presqu'île, est l'habitat de 150 espèces d'oiseaux.

Cap del Este – *Los Barriles se trouve à 80 km au Nord de San José del Cabo par la route 1.* **Los Barriles**, tout comme **Buena Vista**, est un petit village de pêcheurs qui commença à accueillir des tourites dans les années 1950. En raison de l'isolement de la baie de Palmas, de ses environs et des conditions optimales qui existent ici pour la pêche sportive, « la capitale du marlin » est de plus en plus populaire. Elle a néanmoins su conserver son atmosphère tranquille.

Plusieurs brèches ouvertes dans le littoral mènent à des sites intéressants. Au **cap Pulmo** *(45 km au Sud de Los Barriles et 25 km au Sud de La Ribera ; hébergement dans des huttes à partir de 65$ et excursions-plongée ; ☎ (1) 141 00 01)* se trouve le seul récif corallien de la côte occidentale de l'Amérique du Nord. Déclarée parc maritime national en 1995, cette zone possède 14 sites de plongée et est habitée par plus de 200 espèces de poissons tropicaux.

■ L'aquarium du monde

Contrastant avec les vagues déchaînées du Pacifique, la côte Est de la presqu'île est baignée par les flots tranquilles du golfe de Californie, dit aussi mer de Cortés. Ses eaux enchanteresses, riches en éléments nutritifs dont la prolifération est favorisée par un grand courant froid pénétrant dans le golfe, abritent 3 000 espèces, dont plus de 900 sont des poissons et des mammifères marins. De Mulegé aux caps, les plongeurs sous-marins feront des rencontres insolites, depuis les frêles hippocampes jusqu'à la baleine bleue ; ils embrasseront du regard coraux et cascades de sable et nageront parmi de curieux, mais bien réels lions de mer. En été, le golfe de Californie se peuple d'une faune pélagique, habitants des grands fonds qui se tiennent éloignés des côtes le reste de l'année. Avec un peu de chance, il est alors possible de tutoyer le requin-baleine, de caresser une raie manta ou de côtoyer des requins-marteau. Ce n'est pas sans raison, en effet, que le célèbre océanographe Jacques-Yves Cousteau a baptisé le golfe « l'aquarium du monde ».

NORD-EST

TERRE DE HAUTES MONTAGNES, VASTES PRAIRIES ET BLANCS SOMBREROS

Artisanat et gastronomie p. 78. Le développement de cette région de contrastes, marquée par ses terres arides et par le voisinage de la frontière, a commencé il y a plus de 450 ans grâce à ses riches gisements argentifères, dont les premiers filons furent découverts au Zacatecas. Aujourd'hui, sur son sol rude, un tissu industriel imprime de la marque du 20e s. la ville moderne de Monterrey.

À l'origine, le Nord-Est du Mexique était habité par des Indiens nomades, les **Chichimèques**, qui préférèrent résister plutôt que se soumettre à l'empire espagnol, qui convoitait cette région pour ses abondants gisements d'argent et d'or. C'est ici que débuta l'évangélisation du Nord de la Nouvelle-Espagne. Les grandes distances, la rareté de la population, les attaques, jusqu'au 19e s., des Indiens chichimèques, apaches et comanches et des pirates, à l'affût sur la côte de Tamaulipas, ont retardé le développement de la région. À partir du 16e s. sont arrivés des colonisateurs d'origines différentes : Tlaxcaltèques en quête de terres et de privilèges, Espagnols recherchant l'argent et des âmes à convertir, Européens et Arabes désireux de tranquillité et d'opportunités. Le Nord-Est est une terre d'hommes illustres, qui jouèrent leur vie dans les guerres et les interventions du 19e s. Territoire aride parsemé d'oasis, comme les surprenants marais de Coahuila, c'est aussi l'une des régions les plus industrialisées du pays en raison de sa proximité avec les États-Unis, proximité qui a facilité la création d'entreprises de sous-traitance. Le Nord-Est mexicain est le pays des quartiers de viande rôtis en plein air et de la confiture de lait, c'est aussi un pays de gens spontanés, entreprenants et aimables.

Coah. .... Coahuila
NL .... Nuevo Léon
SLP .... San Luis Potosí
Tamps. .... Tamaulipas
Zac. .... Zacatecas

Détail de la cathédrale de Zacatecas

La HUASTECA POTOSINA★★

San Luis Potosí

Carte p. 10 (**AW**) et 238 (**BW**)

Carretera México Laredo Sur, km 1, Ciudad Valles, 79060

La partie « potosine » de l'ancienne aire huaxtèque est l'une des régions les plus riches de l'État de San Luis Potosí. Grâce à une profusion de ressources et attraits naturels, cette région a accédé à un grand renom dans tout le pays et constitue aujourd'hui une destination de choix pour la pratique du tourisme vert et des sports d'aventure. Située au Sud-Est de l'État, elle se distingue par un important cheptel et une production agricole notable. Elle doit son nom aux **Huaxtèques**, population indigène qui se déploya également sur les États de Tamaulipas, Veracruz, Hidalgo et, selon les recherches anthropologiques les plus récentes, sur quelques contrées des États de Querétaro et Puebla. Pour parcourir cette région, il est conseillé de partir de **Ciudad Valles**, deuxième ville de l'État, au climat chaud, que l'on appelle « la porte du pays huaxtèque » ; en effet, c'est d'ici que partent, dans tous les azimuts, les chemins qui mènent aux principaux buts d'excursions. En outre, Ciudad Valles dispose d'une bonne infrastructure touristique, avec divers hôtels, restaurants et autres services.

Un peu d'histoire – La région de la Huasteca Potosina occupe actuellement une partie du territoire habité à l'époque précolombienne par les Huaxtèques. Cette civilisation s'était établie le long du golfe du Mexique et sa culture a évolué parallèlement à celle d'autres populations indigènes de la Méso-Amérique. Bien qu'elle accusât à ses débuts quelque ressemblance avec certaines civilisations du Sud, la culture huaxtèque développa dans la période classique, entre 200 et 800 après J.-C., une identité propre qui se manifeste dans l'originalité des vestiges archéologiques – céramiques, sculptures et notamment architecture –, les formes rondes prédominant dans la plupart des édifices et structures. Au 16e s., les Huaxtèques formèrent une alliance amicale avec les conquistadors espagnols pour repousser les attaques des Aztèques qui les menaçaient depuis un siècle déjà. Pourtant, le cruel gouverneur Nuño Beltrán de Guzmán, qui fonda Ciudad Valles en 1533, dédia ses efforts à la traite des esclaves huaxtèques, vidant quasiment la région de sa population indigène pendant l'époque coloniale. À l'heure actuelle, quelques communautés huaxtèques subsistent aux alentours d'Aquismón, Axtla, Tamazunchale, Tancahuitz et Tanquián. Lors des fêtes religieuses, elles pratiquent des rites et traditions anciennes, comme les danses du « Bâton volant » ou de « l'Épervier », semblables à celles des célèbres *voladores* de Papantla.

À PROPOS DES EXCURSIONS...

Pour entreprendre des excursions à partir de Ciudad Valles ou louer une voiture pour se rendre sur les divers sites de la Huasteca Potosina, s'adresser à l'une des agences touristiques de la ville, comme la **Promotora Turística de la Huasteca** *(Escontría 17, Ciudad Valles, 79000 (à l'attention de Martha Santos) ; ☎ (1) 381 18 88)*. L'**Office du tourisme** de Ciudad Valles fournit des informations sur les services de guides pour les excursions en pays huaxtèque. L'agence **Turismo Pirasol** *(Carr. México-Laredo Sur, angle 3ª avenida (à l'attention de Juan Pérez Ríos) ; ☎ (1) 382 25 33)* loue des cars et des voitures, avec ou sans chauffeur. Cette dernière agence est conseillée pour transporter des groupes, bien qu'elle ne dispose pas elle-même de guides agréés.

CURIOSITÉS *4 à 5 jours*

El Consuelo, commune de **Tamuín** – *35 km à l'Est de Ciudad Valles par la route 70 en direction de Tampico et, après avoir traversé Tamuín, prendre à droite ; parcourir 6 km vers le Sud, tourner à droite et poursuivre sur 1 km pour parvenir au site archéologique. Visite de 10 h à 18 h. Fermé les lundis et jours fériés.* El Consuelo, l'un des vestiges archéologiques les plus importants et les mieux accessibles et explorés de l'architecture huaxtèque, date de quelque 1 200 ans. Entre des plates-formes cérémonielles de forme rectangulaire se dressent au centre deux **tombes** portant des restes de peintures murales, où l'on a trouvé des crânes déformés. C'est ici que fut découverte l'extraordinaire statue de l'*Adolescent de Tamuín*, aujourd'hui exposée au musée d'Anthropologie de Mexico.

★★ **Cascade de Tamul**, village de **Tanchachín** – *47 km au Sud-Ouest de Ciudad Valles par la route 70, en direction de Río Verde ; au bout de 25 km, prendre à gauche et continuer sur 20 km par un chemin de terre jusqu'à Tanchachín et, 2 km plus loin, jusqu'au río Santa María (connu aussi sous le nom de Tampaón).* Avec ses eaux cristallines d'un bleu céleste, la cascade de Tamul passe pour l'un des plus beaux joyaux aquatiques, pourtant si nombreux, de l'État de San Luis Potosí. La superbe cascade, qui, à l'époque des pluies, peut atteindre une largeur de plus de 300 m, est formée par le río Gallinas, qui se précipite ici d'une hauteur de 105 m dans le canyon du río Santa María. Le trajet se fait en barque *(un peu plus de 2 h pour la montée jusqu'à la cascade et 1 h pour le retour)* à partir des abords du village de Tanchachín. En chemin, il est possible de faire une halte et de grimper jusqu'à la singulière **Cueva del Agua**, tranquille mare d'un bleu intense qui se déverse dans la rivière. À certains endroits, on peut nager, pratiquer l'escalade ou faire du kayak. *Il est fortement déconseillé de se rendre à la cascade en août et septembre, période de pluies torrentielles ; la meilleure période pour l'admirer dans toute sa splendeur se situant de novembre à avril.*

Cascades de Tamasopo – *66 km au Sud-Ouest de Ciudad Valles par la route 70, en direction de Río Verde ; à 57 km, tourner à droite et poursuivre sur 7 km jusqu'à l'av. Principal de Tamasopo ; prendre à droite la calle Juárez ; au bout de 2 km, apparaissent les établissements de bains de « Las Cascadas ». Visite de 7 h à 21 h. 6 pesos/pers. et 6 pesos/voiture.* ⚠ ✕ 🅴. *Il est recommandé de venir un jour de semaine.* Alimentées par le río Tamasopo, ces trois cascades d'environ 20 m de hauteur forment des bassins de couleur vert émeraude, qui attirent de nombreux baigneurs. Il est possible de s'approcher du rebord supérieur des cascades, d'où l'on a sous différents angles de splendides vues des chutes, qui animent un cadre naturel d'une grande beauté.

★★ **Puente de Dios** – *À 5 km des cascades de Tamasopo. Rejoindre l'av. Principal et, après la cathédrale, prendre à droite la calle Hidalgo ; 500 m plus loin, tourner à droite et poursuivre sur un chemin de terre, en suivant les panneaux indiquant « El Cafetal ». L'accès au site se trouve après le passage à niveau.* ✕. C'est au sein de l'aire du Cafetal que se révèle, au pied d'une butte escarpée, ce site paradisiaque. Il doit son nom de « pont divin » à l'arche naturelle que les flots naissants, d'un bleu limpide, du río Tamasopo ont sculptée dans la roche. Le plus important des torrents qui dévalent la colline provient d'une grotte et plonge en une cascade de quelque 20 m de hauteur. Les bassins qu'il forme invitent à la baignade, mais la prudence est de rigueur, car le courant peut être assez fort.

★ **Cascades de Micos** – *25 km au Sud-Ouest de Ciudad Valles par la route 70 en direction de Río Verde ; au bout de 7 km, prendre à droite et poursuivre jusqu'aux cascades. Visite recommandée de 9 h à 17 h.* ✕ 🅴. Un site naturel fort évocateur crée un cadre ravissant autour de cet ensemble de cinq cascades, populairement baptisé Pago-Pago. De magnifiques *sabinos*, sorte de genévriers dont les rameaux étalés caressent les eaux vertes, servent d'écrin aux cascades, dont le nom rappelle que des singes habitaient autrefois les lieux. On peut faire une promenade en barque d'un quart d'heure, accompagnée d'un guide, aux alentours de la cascade *(contribution à la discrétion du visiteur)*.

★**Sótano de las Golondrinas**, commune d'**Aquismón** – *59 km au Sud-Ouest de Ciudad Valles par la route 85 ; 48 km plus loin, prendre la route d'Aquismón et poursuivre jusqu'au village : la « cave » des Hirondelles se trouve à 7 km au Sud-Ouest. Il est préférable d'avoir recours aux services d'un guide recommandé par l'Office du tourisme de Ciudad Valles.* Véritable paradis des spéléologues, cette grotte jouit d'une renommée internationale pour sa profondeur de 512 m, dont 376 m de rigoureuse verticalité – la sixième du monde – et son puits d'entrée d'un diamètre de 60 m. Ceux qui ne pratiquent pas la spéléologie se délecteront au spectacle saisissant des milliers d'hirondelles qui investissent la bouche du gouffre à l'aube et au crépuscule.

★**Xilitla** – *76 km au Sud de Ciudad Valles par la route 105 ; peu après Huichihuayán, prendre à droite la route 120 en direction de Xilitla.* Enclavée dans la Sierra Madre orientale, ce village au climat semi-tropical favorable à la culture du café est source d'inspiration et de délectation pour ses habitants comme pour ses visiteurs. Outre la saveur provinciale de la Huasteca Potosina, il présente de multiples sites naturels insolites et cachés, comme la grotte del Salitre *(qu'il est recommandé de visiter avec un guide)*, grotte où l'on observe à la tombée du jour des nuées de perruches. Au marché du dimanche, sur la place centrale, en face de l'ancien couvent St-Augustin, on pourra acheter toutes sortes de produits régionaux provenant des communautés alentour. Les festivités les plus importantes ont lieu les derniers jours du mois d'août, où l'on célèbre la fête du Café et le festival annuel de Huapango, expression musicale typique de la région.

★★**Las Pozas** (Casa del Inglés) – *À 1 km de Xilitla. Visite de 9 h à 18 h. 10 pesos.* ✗ ☎ *(1) 365 00 82.* Situé à côté d'une cascade, ce jardin aux sculptures surréalistes a été conçu par le poète anglais Edward James (1907-1984). Parmi les amis de James qui fréquentaient ce lieu figurent d'illustres représentants de la peinture d'avant-garde, tels Salvador Dalí et Pablo Picasso. Intégré dans une stupéfiante végétation sylvestre, ce projet architectonique fut entamé en 1949 ; on y travailla pendant 30 ans, mais il reste encore inachevé. Il consiste en de hautes colonnes et travées qui ne soutiennent rien, en des murs sans toit, des cages et des escaliers qui serpentent dans un espace magique où chaque élément a son symbole.

MONTERREY

Nuevo León

2 900 000 habitants

i Av. Hidalgo 441 Ouest, face au Gran Hotel Ancir ☎ (8) 345 08 70 et (01 800) 832 22 00 ou www.monterrey-mexico.com

Enclavée dans une vallée étendue au pied de la Sierra Madre orientale, la capitale de l'État est environnée de formations montagneuses, ce qui a fait dire « il n'y a pas de collines comme celles de Monterrey ». Le **Cerro de la Silla**, emblème de la ville, le **Cerro de las Mitras** et le « **M** » de Chipinque forment le décor dans lequel se développe le deuxième complexe industriel du pays.
Même si le climat est extrême et semi-désertique, la ville a subi de grandes inondations comme celle causée par l'ouragan Gilberto en 1988. Cependant sur les parties hautes des reliefs, au Sud, la végétation est abondante et le climat tempéré, offrant un refuge durant la saison chaude.
Les habitants de Monterrey, surnommés « montagnards royaux », fiers de la prospérité de leur ville, l'ont baptisée « capitale industrielle du Mexique ». L'industrie est le fait d'un petit nombre de familles. On ne sera donc pas étonné de la fréquence des noms de Garza, Sada et García attachés à de nombreuses avenues et lieux publics, et présents aux postes élevés dans l'administration et le gouvernement local.

Un peu d'histoire

Origine et développement – La ville de Nuestra Señora de Monterrey fut fondée par Diego de Montemayor et un groupe de douze familles le 20 septembre 1596, autour des sources de Santa Lucía. Son nom honore le vice-roi de Nouvelle-Espagne de l'époque, Gaspar de Zúñiga Acevedo, comte de Monterrey. Après sa fondation, la ville connut une longue période de léthargie, interrompue par l'**occupation américaine** de 1846, dont la libéra la signature du traité de Guadalupe en 1848. Quelques années plus tard, elle fut de nouveau menacée par l'**intervention française**. À la tête des troupes mexicaines, **Mariano Escobedo** repoussa les envahisseurs, appuyant ainsi le gouvernement de Benito Juárez.

Pôle industriel – L'industrialisation qui apporta à la ville sa vitalité commença en 1890 avec l'établissement de **brasseries**. Cette activité attira en 1909 l'implantation de **verreries** pour la production de bouteilles, puis de **fonderies**, pour la fabrication de capsules. On apprend avec intérêt que la Fundidora Monterrey, inaugurée en 1900, a été la première usine métallurgique d'Amérique latine. Mais, nationalisée par l'État en 1976, elle fit faillite en 1986. L'importance de cette industrie apparaît sur le blason du Nouveau-Léon, sur lequel figurent les cheminées du four n° 2 de la fonderie.
Ces trois activités sont à la base de l'essor et du pouvoir économiques de Monterrey, qui, en raison de sa proximité avec les États-Unis, joue aujourd'hui un rôle stratégique dans l'économie de marché.

★LA GRAN PLAZA ET SES ENTOURS *2 jours 1/2*

Contrastes et opulence se marient sur cette grande place typique de Monterrey, qui suscite des polémiques. Les constructions modernes se combinent ici avec les églises anciennes et les espaces libres conçus pour offrir un panorama sur les collines de la ville. Aménagée dans les années 1980, la place, plus connue sous le nom de **Macroplaza**, rassemble monuments, fontaines, centres commerciaux, bâtiments publics et musées, tous bâtis au-dessus des constructions de l'ancien Monterrey, preuve que le regard du « montagnard royal » est plus tourné vers l'avenir que le passé.

À partir de 18 h30, des haut-parleurs disséminés sur la place diffusent de la musique classique et les gens – le plus souvent en couples – viennent ici se rencontrer. Le dimanche, les hommes s'y promènent, portant fièrement leurs sombreros blancs qui semblent déplacés au milieu du béton, du verre et du rayon laser du Faro del Comercio.

Le théâtre municipal, la bibliothèque centrale, l'Assemblée de l'État, la Haute Cour de Justice et le parc Hundido sont réunis sur la place. Sur le côté Sud du théâtre s'élève la petite **chapelle « des Doux Noms »** construite à la fin du 18e s. *(Dr. Coss, angle de Matamoros ; visite de 8 h 30 à 12 h 30 et de 15 h à 18 h (19 h le week-end) ; fermé le lundi ; ☎ (8) 343 02 10)*. Elle doit son nom à la sainte Famille – Jésus, Marie et Joseph –, représentés sur le tableau de l'autel. Devant le moderne institut gouvernemental du fonds national pour le Logement des Travailleurs (Infonavit) se dresse la **fontaine de la Vie**, réalisée par Luis Anguino (1994) et ornée d'une impressionnante statue de Neptune.

À l'extrémité Nord de la place *(calle 5 de Mayo, entre Zuazua et Zaragoza)* devant l'**Explanada de los Héroes** se trouve le **Palais du Gouvernement**, édifice de style néoclassique à deux niveaux dont la construction s'est achevée en 1908. La façade principale est ornée de six vitraux représentant des personnages célèbres. Du côté gauche de la place *(en traversant Zuazua)*, on verra le monument **Aux travailleurs du Nouveau-Léon** (**1**), œuvre de Cuauhtémoc Zamudio (1985).

Au Sud de la place *(av. Constitución)* se trouve le monument **Hommage au soleil** de Rufino Tamayo.

Faro del Comercio – Érigé en 1984 par l'architecte **Luis Barragán**, le « phare du commerce » se hausse à 70 m au-dessus du sol. Sa couleur orange vif tranche sur le jaune de la cathédrale. Il émet la nuit un rayon laser vert émeraude qui éclaire différents édifices de la ville.

Catedral Metropolitana – *Gal. Zuazua 1100, presque à l'angle de Padre Raymundo Jardón. Visite de 7 h à 20 h. ☎ (8) 340 37 52.* Depuis 1994, Monterrey est le troisième siège cardinalice du pays. La construction de la cathédrale a duré

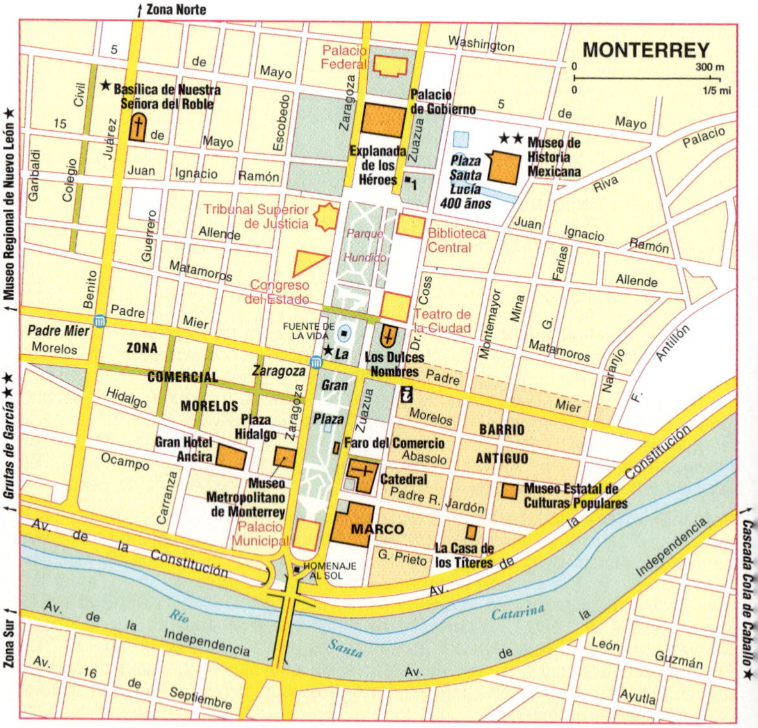

150 ans, de 1600 à 1750. De style baroque à l'origine, on en a agrandi et réaménagé l'intérieur dans le style néoclassique à l'occasion de la construction la tour de l'horloge au 19ᵉ s. Les **peintures murales★** (1942-1945) Art nouveau que l'on voit dans l'abside sont l'œuvre du peintre du Durango Ángel Zárraga. Notre-Dame de Monterrey, avec sa couronne pontificale ajoutée en 1996, domine l'autel. En 1951, on a orné le parement d'autel en argent (18ᵉ s.) de médaillons de saint Pierre et saint Paul.

© Bob Schalkwijk

Le « phare du Commerce »

Museo de Arte Contemporáneo (MARCO) – *Gal. Zuazua, angle de Padre Raymundo Jardón. Visite de 11 h à 19 h (21 h le mercredi et le dimanche). 20 pesos. Entrée libre le mercredi. ☎ (8) 342 48 20.* L'édifice aux vastes salles, conçu par **Ricardo Legorreta**, ouvrit ses portes en 1991. On y présente d'intéressantes expositions temporaires. À l'intérieur se trouvent une cafétéria, un restaurant et une librairie. **La Paloma**, imposante sculpture de bronze qui accueille les visiteurs, est une œuvre de **Juan Soriano**.

Museo de Historia Mexicana – *Dr. Coss 445 Sud, sur la plaza Santa Lucía 400 años. Visite de 11 h à 19 h (20 h du vendredi au dimanche). Fermé le lundi. 10 pesos. ☎ (8) 345 98 98.* Édifié en 1994, ce grandiose bâtiment propose à l'étage supérieur une exposition permanente qui raconte, au moyen d'objets d'époque, d'écrans interactifs et de jeux, l'histoire du Mexique de la période précolombienne jusqu'au 20ᵉ s. Le rez-de-chaussée abrite les expositions temporaires. Le musée possède aussi un auditorium, une bibliothèque, une vidéothèque, une cafétéria et une boutique.

Le musée borde la **plaza Santa Lucía 400 años**, inaugurée en 1994 sur le site où fut fondé Monterrey et constituée d'un plan d'eau qu'environnent des restaurants.

Museo Metropolitano de Monterrey (ancien hôtel de ville) – *Av. Zaragoza, entre Hidalgo et Corregidora. Visite de 8 h à 20 h. Fermé les 1ᵉʳ janvier, 1ᵉʳ mai et 25 décembre. ☎ (8) 342 48 20.* Dans cet édifice à deux niveaux élevé en 1612 pour servir d'hôtel de ville et reconstruit en 1845 ont lieu des expositions consacrées à la « Sultane du Nord », comme ses habitants aiment à désigner Monterrey. L'arrière du bâtiment donne sur la **plaza Hidalgo**, havre de paix au milieu de l'agitation des commerces, hôtels et restaurants du secteur animé de la **zone commerciale Morelos**. L'élégant **Gran Hotel Ancira** (début du 20ᵉ s.), de style néoclassique, se trouve sur l'un des côtés de cette agréable place.

Barrio Antiguo – *Délimité par les rues Dr. Coss à l'Ouest, Gal. Matamoros au Nord et l'av. Constitución au Sud et à l'Est. Du jeudi au samedi, à partir de 18 h 30, les rues Abasolo, Morelos et Fray Servando sont fermées à la circulation.* La plupart des maisons du charmant **quartier ancien** qui rassemble quinze pâtés de maisons ont été construites ou rénovées au 19ᵉ s. Plusieurs abritent aujourd'hui des galeries, des cafés ou des magasins d'antiquités. D'autres ouvrent leurs portes la nuit comme bars ou discothèques. Les plus remarquables sont **La Casa de los Títeres** *(Padre R. Jardón 954 et 968 ; visite de 14 h (12 h le dimanche) à 18 h ; fermé les samedis et jours fériés ; 5 pesos ; ☎ (8) 343 06 04)* qui abrite une intéressante exposition de marionnettes de différentes parties du monde, et **La Casa del Campesino**, la plus ancienne de Monterrey (1769), qui héberge le **musée des Cultures populaires** *(Abasolo 1024, entre Mina et Naranjo ; visite de 10 h à 18 h ; fermé le lundi, ainsi que les 1ᵉʳ janvier, 1ᵉʳ mai et 25 décembre ; ☎ (8) 345 65 04)*. Le plafond et les murs de la salle dite « La Capilla » sont décorés d'une **peinture murale★** de Crescenciano Garza Rivera (1938) qui raconte l'histoire du Mexique depuis la Conquête jusqu'au début du 20ᵉ s.

CENTRE *4 h*

★**Basilique Nuestra Señora del Roble** – *Av. B. Juárez et 15 de mayo. Visite du lundi au vendredi de 8 h 30 à 12 h et de 15 h 30 à 20 h, le samedi de 8 h à 20 h, le dimanche de 8 h à 13 h et de 15 h 30 à 20 h. ☎ (8) 342 19 88.* Le quatrième sanctuaire dédié à la sainte patronne de Monterrey est une basilique de style roman. Tout comme la façade – un mural de mosaïque –, les portes de bronze illustrent des scènes de la légende de cette Vierge. Selon la légende, sa statue avait été placée au creux d'un chêne rouvre *(roble)* en 1592 ; peu après la fondation de Monterrey, une petite paysanne aurait entendu une voix, et, s'étant approchée du chêne, aurait découvert la statue de la Vierge baignée de lumière, enveloppée d'un parfum très doux. On transporta la statue à l'église paroissiale, mais dès le lendemain, elle réapparut au creux du chêne. Le phénomène s'étant reproduit par trois fois, on éleva une église à l'emplacement de l'arbre. C'est cette statue qui occupe aujourd'hui une niche du maître-autel. À voir aussi dans l'église, les **vitraux** et les colonnes en marbre.

★**Museo Regional de Nuevo León (ancien évêché)** – *Obispo Rafael José Verger. Visite de 10 h à 17 h. Fermé le lundi. 20 pesos. Entrée libre les dimanches et jours fériés. ☎ (8) 333 95 88.* Situé sur une colline, cet édifice construit en 1778 fut la résidence de l'évêque Rafael José Verger jusqu'à sa mort en 1790. Il servit de forteresse lors de l'invasion des Américains en 1846. Remarquez la **façade** baroque de la chapelle.

Le musée présente l'histoire de l'État, de sa fondation jusqu'à la Révolution, par le biais d'objets personnels et historiques, comme la presse apportée en 1817 au Nouveau-Léon par le frère Servando Teresa de Mier et une machine à fabriquer des balles. Il abrite aussi une exposition d'art religieux, dont des huiles du 18e s. d'Antonio Vallejo et Miguel Zendejas qui méritent l'attention.

QUARTIERS NORD *1 jour*

Cervecería Cuauhtémoc – *Av. Alfonso Reyes 2202 Norte. Visite de 9 h à 17 h (14 h le samedi). Fermé les dimanches et jours fériés. ☎ (8) 328 53 55.* Cette **brasserie**, qui produit jusqu'à 1 200 bouteilles par minute, présente de l'intérêt à plus d'un titre. Une visite guidée évoque son histoire et explique les procédés de fabrication de la bière. Dans les jardins, on peut consommer jusqu'à plus soif et gratuitement la Carta Blanca, fierté des habitants de Monterrey, ou visiter un petit musée consacré au base-ball, le **Salón de la Fama del Béisbol Profesional de México**, qui illustre la carrière des grandes figures de ce sport, populaire dans la région, avec des objets personnels des champions *(visite du mardi au vendredi de 9 h 30 à 17 h 30, le week-end de 10 h 30 à 18 h ; fermé les jours fériés ; ☎ (8) 328 58 15).*

★★**Museo de Monterrey** – *Jardins de la brasserie Cuauhtémoc. Visite de 11 h (10 h le mercredi) à 20 h. Fermé le lundi, ainsi que les 1er janvier et 25 décembre. ✗ ☎ (8) 328 60 60.* Dans l'enceinte même où, jusqu'en 1930, on brassait la bière sont organisées depuis 1977 de grandes expositions. Le musée possède une précieuse collection permanente d'art moderne et contemporain d'Amérique latine, en particulier du Mexique. Du troisième niveau, où se trouvent les anciennes cuves de fermentation de la bière, on admirera son remarquable escalier en fer forgé. De plus, le musée comprend une librairie et, depuis 1997, une médiathèque permettant des recherches dans le domaine de l'art par les moyens techniques les plus perfectionnés.

★**Pinacoteca de Nuevo Léon** – *Av. Alfonso Reyes, dans le parc Niños Héroes. Visite de 10 h à 18 h. Fermé le lundi, ainsi que les 1er janvier et 25 décembre. ☎ (8) 331 54 72.* La pinacothèque possède une collection permanente de peintures et de sculptures d'artistes du Nouveau-Léon, représentative des arts plastiques dans l'État depuis la fin du 19e s. Un parcours chronologique permet de découvrir sur les deux niveaux l'œuvre de pionniers comme **Eligio Fernández** et **Ignacio Martínez Rendón**, ainsi que des gravures de **Manuel Durón**, des peintures de **Gerardo Cantú** et **Guillermo Ceniceros**, parmi d'autres. Pour ce qui est de la sculpture, on remarquera *La Ola* de **Fidias Elizondo** et les œuvres de **Federico Cantú**. Le deuxième bâtiment présente des expositions temporaires.

Dans le **parc Niños Héroes** *(ouvert de 9 h à 19 h ; 3 pesos ; location de barques : 5 pesos ; location de canne à pêche : 15 pesos ; ✗ ▣ ☎ (8) 351 28 71)*, on découvre un jardin botanique, une volière, un petit lac, des jeux pour enfants, ainsi que la maison de la Technologie, le musée de l'Automobile et le **musée de la Faune et des Sciences Naturelles**.

★**Museo del Vidrio** – *Zaragoza et Magallanes 517, dans la verrerie Monterrey. Visite de 9 h à 18 h. Fermé le jeudi, ainsi que les 1er janvier, 1er mai, 24 et 25 décembre. ☎ (8) 329 10 00.* Le **musée du Verre** a ouvert ses portes en 1992 dans l'immeuble

qu'occupaient les bureaux de la verrerie. Au rez-de-chaussée, on suit un parcours illustrant l'histoire du verre, qui se poursuit au premier étage, consacré surtout aux applications artisanales et industrielles de ce matériau. On y découvre les bocaux et récipients d'une pharmacie du début du 20e s. apportés de Teotihuacán et l'ancien atelier de vitraux de la maison Pellandini-Marco. Est également présentée l'histoire de la verrerie Monterrey.
Plus loin, un autre bâtiment héberge des expositions temporaires et une boutique proposant différents objets en verre.

QUARTIERS SUD *1 jour*

★ **Planetario Alfa** – *Av. Roberto Garza Sada 1000. Accès par l'av. Gómez Morín. Visite de 15 h (14 h le samedi, 12 h le dimanche) à 21 h. Fermé le lundi, ainsi que les 24 et 31 décembre. 25 pesos (43 avec séance de cinéma). ✗ ☎ (8) 356 56 96.* La silhouette du planétarium s'inspire d'un télescope pointé vers le ciel. À l'entrée sont installés six aquariums où l'on peut observer des poissons d'eau douce. L'intérieur est réparti sur cinq niveaux, les deux premiers étant consacrés aux arts, aux sciences et à la technologie. Au troisième niveau, des jeux interactifs et des présentations facilitent la compréhension de phénomènes physiques, chimiques et optiques. Au quatrième étage, les enfants comme les adultes peuvent mettre à l'épreuve leur connaissance des principes de la physique. Le cinquième étage abrite une **collection**★ de pièces archéologiques de huit cultures méso-américaines différentes et présente certains aspects de la vie précolombienne, avec la projection de **vidéos**. Au cœur de l'édifice principal, la salle **Omnimax** de 300 places projette des films sur un écran hémisphérique de 24 m de diamètre *(séances du mardi au vendredi à 16 h, 17 h 30, 19 h et 20 h 30 ; le samedi toutes les heures de 14 h 30 à 21 h ; le dimanche toutes les heures de 12 h 30 à 21 h).*
On visite aussi les jardins scientifiques, le jardin précolombien et la volière, qui accueille environ 200 spécimens de quinze espèces différentes d'oiseaux. Le moderne **pavillon de l'Univers** abrite l'unique **vitrail** conçu par **Rufino Tamayo**, représentant la création du monde et réalisé au Mexique par la société néerlandaise Van Tetterode.

★★ **Parque Ecológico Chipinque** – *17 km au Sud de Monterrey par l'av. Gómez Morín. Au pied de la montagne, suivre la voie unique qui monte à Chipinque. Ouvert de 6 h à 20 h. 5 pesos. ✗ ☎ (8) 303 00 00.* Le parc étend ses 1 625 ha au pied de la montagne appelée « M », sillonnée de sentiers et de trouées idéales pour courir et faire du vélo. On y voit des animaux comme le pic et l'opossum. Le point le plus élevé, le plateau de Chipinque (1 270 m), accessible en voiture, se trouve à environ 7 km. Le long du chemin, de belles **vues**★ s'ouvrent sur Monterrey.

■ Villages du Nouveau-Léon

Sur les routes qui serpentent sur les contreforts de la Sierra Madre orientale et où l'on capte aussi bien les émissions des radios américaines que la musique huaxtèque, au milieu de plaines semi-désertiques et d'immenses plantations d'orangers, on rencontre les villages du Nouveau-Léon. De modestes habitations de torchis aux murs épais composent des bourgades où cohabitent vidéoclubs, magasins de films X ouverts 24 h/24 et voitures immatriculées aux États-Unis. L'ambiance de ces villages est unique. **Linares** est le berceau des *glorias*, savoureuses confitures de lait ; **Bustamante** propose ses pains traditionnels et offre à la visite des grottes ou l'une des nombreuses sources de cette région, en partie intégrée au **Parc national Cumbres de Monterrey**, le plus vaste du Mexique avec ses 246 500 ha ; à **Mina**, un site archéologique, la **Boca de Potrerillos** *(57 km au Nord-Ouest de Monterrey ; visite de 9 h à 18 h ; fermé le lundi ; ☎ (8) 345 08 70)*, rassemble plus de trois mille pétroglyphes ; dans le petit village de **Zuazua**, on visite l'**hacienda de San Pedro**★★ *(32 km au Nord de Monterrey ; visite de 9 h à 14 h ; fermé le week-end ; ☎ (8) 247 05 10)*, qui date du 17e s. et accueille un centre d'histoire régionale.
Les habitants du Nouveau-Léon sont très croyants et entreprenants. Beaucoup portent avec fierté leurs sombreros blancs et se targuent d'être « Néoléoniens » avant d'être Mexicains. Un précepte affiché à la sortie d'**Iturbide**, hameau blotti dans la sierra au Sud de l'État, les dépeint à merveille : *A Dios rogando y con el mazo dando*, « Aide-toi, le ciel t'aidera ».

EXCURSIONS

★★**Grutas de García** – *1 h 30. Partie centrale du Nouveau-Léon. Sortir de Monterrey par la route fédérale 40 vers Saltillo. 23 km plus loin, prendre la direction de Villas de García (25 km). L'entrée des grottes se trouve à 9 km du centre de cette commune. Visite de 9 h à 17 h. Fermé le 12 décembre. 30 pesos.* ✗. Les spectaculaires stalactites et stalagmites situées sous le pic appelé « la Tête de l'Indien » se sont formées durant 50 millions d'années. L'accès aux grottes se fait par un funiculaire qui gravit une pente abrupte sur 750 m. À l'intérieur, le parcours de 2 km permet d'observer les formations capricieuses qui depuis 1843, date de leur découverte, éveillent l'imagination des visiteurs. La formation la plus spectaculaire, dite la 8e merveille du monde, est une étonnante colonne formée par la réunion d'une stalactite et d'une stalagmite.

★**Cascada Cola de Caballo** – *3 h. Partie Sud du Nouveau-Léon. 44 km de Monterrey par la route 85 vers Linares ; peu après Santiago, tourner à droite : 6 km jusqu'à la cascade.* Par un chemin longeant la rivière, enfoui dans une abondante végétation, on accède à une source et à la célèbre cascade de 25 m. Abondante pendant la saison des pluies, l'eau s'épanouit alors en queue de cheval.
En revenant à Santiago, on verra de l'autre côté de la route le **réservoir de la Boca**, où l'on peut pratiquer des sports nautiques et déguster des moules.

SALTILLO

Coahuia
527 979 habitants
Bd. Echeverria 1560, Edificio Torre Saltillo, 11e étage
☎ (8) 415 79 36 et (01 800) 718 42 20

C'est une ville paisible entourée des montagnes arides de la Sierra Madre orientale. Elle a été fondée en 1577 par le capitaine Alberto del Canto à côté de la chute d'eau qui explique son nom. En 1591, on établit à proximité la bourgade de San Esteban de la Nueva Tlaxcala, où s'installèrent des familles tlaxcaltèques afin de résister aux attaques des Indiens rayados, borrados et guachichiles qui rendaient difficile le développement de la ville. Connue pour ses *sarapes*, couvertures de laine multicolores, Saltillo devint capitale du Coahuila lorsque le Texas proclama son indépendance en 1836. Depuis le 19e s., le nombre et la qualité de ses établissements d'éducation lui valent le nom d'« Athènes du Nord du Mexique ».

CURIOSITÉS *1 jour*

★★**Catedral de Santiago** – *Juárez et Hidalgo, face à la plaza de Armas. Visite de 8 h à 13 h et de 16 h à 20 h. ☎ (8) 414 02 30.* Considérée comme l'une des plus belles du pays, la cathédrale St-Jacques fut élevée entre 1745 et 1800 à côté de la chapelle du St-Christ (1762). Sa **façade principale**★ baroque présente une combinaison de colonnes salomoniques (premier registre) et à *estípites* (deuxième registre). L'ensemble est flanqué de grosses colonnes, portant une statue de la Vierge de Zapopan. On retrouve autant à l'intérieur qu'à l'extérieur le caractéristique motif de coquille Saint-Jacques qui orne la porte centrale.

Intérieur – Dans l'église au plan en croix latine veille sur l'autel central la statue de saint Jacques le Majeur, patron de la ville. La coupole est décorée de bas-reliefs colorés présentant une iconographie du Salut, couronnée par une représentation du Christ en haut du lanterneau. Dans le transept, on remarque à droite **l'autel de saint Joseph** et son retable doré de style baroque salomonique, orné d'un tableau de la **Sainte Famille** peint par José de Alcíbar, également auteur des peintures de la nef principale. Le **parement**★ d'autel en argent repoussé (milieu du 18e s.) est considéré comme un chef-d'œuvre incomparable d'art sacré. Notez la chaire ouvragée, entièrement dorée à la feuille.

Museo Rubén Herrera – *Bravo norte 342. Visite les jours ouvrables de 16 h 30 à 20 h, le week-end de 10 h à 13 h et de 15 h à 20 h. Sonner en cas de fermeture. ☎ (8) 412 59 39.* La maison où vécut le célèbre peintre Rubén Herrera (1888-1933), fondateur de l'Académie de peinture de Saltillo, est depuis 1971 un musée. Y sont présentées quelque 125 œuvres de l'artiste, où dominent portraits et représentations de personnages.

★**Museo de las Aves de México** – *Hidalgo et Bolívar. Visite de 10 h (11 h le dimanche) à 18 h. Fermé le lundi. 10 pesos.* ✗ *☎ (8) 414 01 67.* Le musée d'Ornithologie occupe l'ancien collège San Juan, construit vers le milieu du 19e s. Ouvert depuis 1993, il héberge une collection de 1 900 oiseaux naturalisés représentant environ 70 % de l'avifaune mexicaine. On y voit le quetzal, oiseau d'un vert chatoyant coiffé d'une huppe verte, typique de l'Amérique tropicale, et l'aigle harpie, deux espèces en voie d'extinction.

Alameda Zaragoza – *Calles Cuauhtémoc, Aldama, Purcell et Ramos, à 500 m de la plaza de Armas.* À l'ombre des peupliers et des frênes de ce parc, on découvre huit monuments, dont celui élevé en hommage à **Ignacio Zaragoza.** Le parc, l'un des plus beaux du pays, est orné du petit **lac de la République**, ainsi nommé car il adopte la forme du Mexique, et fréquenté dès le petit matin par des joggeurs et par les étudiants des établissements des environs. On y trouve deux bibliothèques.

Ateneo Fuente – *Bd. Venustiano Carranza et av. Universidad. Visite de 9 h à 15 h. Fermé le week-end, sauf en juillet et août.* ☎ *(8) 415 75 13.* Un bel édifice Art déco construit en 1933 loge l'institution Ateneo Fuente. Fondée au 19e s. comme première école préparatoire du pays, elle est toujours en activité. Son nom associe le surnom de Saltillo, « Athènes du Nord », et le nom d'un ministre de Benito Juárez, Juan Antonio de la Fuente. Dans l'aile Nord de l'édifice, la **pinacothèque★** conserve des œuvres allant du 17e s. à 1920 *(visite de 9 h à 13 h ; fermé le week-end, ainsi que les 6 janvier et 20 décembre ;* ☎ *(8) 415 75 72, poste 22).* Celles du 19e s. sont des toiles d'élèves de l'académie St-Charles. On y voit *La légende des volcans* (1910) par Saturnino Herrán, *Saint Pierre* par Juan Rodríguez Juárez, et une copie du tableau *La fuite de Loth* de Rubens. Dans l'aile Sud, toujours au rez-de-chaussée, se trouve le **musée d'Histoire naturelle** *(mêmes conditions de visite que l'Ateneo Fuente)*, qui présente des animaux naturalisés, des minéraux et des fossiles. Au quatrième étage, la **salle d'art colonial Artemio de Valle Arizpe** conserve des meubles coloniaux des 17e et 18e s., la plupart ayant appartenu à l'écrivain du Coahuila dont elle porte le nom *(mêmes conditions de visite que l'Ateneo Fuente ; en cas de fermeture, s'adresser au musée d'Histoire naturelle).*

EXCURSIONS

Parras de la Fuente – *3 h 1/2. À 157 km de Saltillo. Au km 129 de la route 40, prendre l'embranchement à gauche et le suivre sur 28 km.* On est surpris de rencontrer en plein désert cette agréable petite ville débordante de verdure. Avant même sa fondation en 1598, on cultivait la vigne dans sa vallée prodigue, que son climat favorable a fait surnommer « l'oasis du Coahuila ». Au 19e s., on y trouvait le plus important vignoble du pays. Au nombre des curiosités, on visitera l'**hacienda de San Lorenzo★** *(7 km au Nord de Parras par la route de La Paila ; visite de 9 h à 17 h ;* ☎ *(8) 422 01 11)*, bâtiment aux murs blancs où Lorenzo García établit en 1597 la première ferme viticole d'Amérique ; l'**église St-Ignace-de-Loyola** (fin du 16e s.), qui abrite un retable baroque du 18e s. *(Madero et Treviño, sur un des côtés de la plaza Hidalgo ; visite de 10 h à 18 h ;* ☎ *(8) 422 05 48)* ; dans l'église, le **musée María y Matheo**, qui présente des documents, des livres et des peintures anciennes *(visite de 10 h à 13 h et de 16 h à 18 h ; en cas de fermeture, demandez au gardien d'ouvrir ;* ☎ *(8) 422 05 48)* ; le **sanctuaire de Guadalupe** à la sobre façade, aux beaux retables baroques et néoclassiques, avec ses peintures allant du 16e au 18e s. *(Viesca et Ocampo ; visite de 7 h à 17 h).*

Torreón – *3 h. À 278 km de Saltillo par la route 40 ; à 162 km de Parras de la Fuente.* Grande agglomération établie dans un district dynamique, Torreón fut fondée en 1883 et acquit son statut de ville en 1907. Pendant la Révolution, en

Dunes de Bilbao

1914, elle fut occupée par Pancho Villa après qu'il eut vaincu l'armée de Victoriano Huerta. L'**intérieur**★★ du **Teatro Isauro Martínez** *(Matamoros, angle de Galeana ; l'entrée au théâtre en dehors des représentations se fait par Galeana 73 Sud ; visite de 10 h à 14 h et de 16 h à 20 h ; fermé l'après-midi le samedi, le dimanche, ainsi que pendant la Semaine sainte et la deuxième quinzaine de décembre ; ☎ (1) 716 62 61)* en fait le deuxième plus beau théâtre du Mexique. La décoration, les peintures murales et les stucs d'inspiration orientale sont dus à l'artiste valencien Salvador Tarazona. Au-dessus et des deux côtés de la scène, ornée d'une corniche de stucs éclairée par l'arrière, de grandes peintures représentent des fêtes de rue et des motifs asiatiques, notamment de l'Inde. On remarque le riche travail de stuc des colonnes, des loges et surtout du **plafond** central.

★**Dunas de Bilbao** – *3 h. À 55 km de Torreón. Prendre la route 40 vers Saltillo jusqu'à Emiliano Zapata, où l'on bifurque vers Viesca. 10 km jusqu'aux dunes.* Le désert est ici envahi par de spectaculaires dunes de sable formées par l'érosion. L'analogie du site avec le désert africain a permis d'y tourner plusieurs films.

★**Pont d'Ojuela** – *4 h. À 70 km de Torreón. Prendre la route 49 vers Chihuahua, puis, à Bermejillo, la route 30 à gauche vers Mapimí. Poursuivre sur 21,5 km jusqu'à la route qui mène au pont, situé à 7 km de là.* Ce pont suspendu centenaire est avec ses 315 m le plus long du Mexique. On l'a jeté en 1892 au-dessus d'un précipice de 95 m de fond, pour faciliter l'exploitation du minerai argentifère et relier la mine à l'usine de traitement. On voit aujourd'hui les ruines du village où vivaient deux mille mineurs. La **vue**★ sur la vallée est magnifique.

★**Zona del Silencio** – *2 jours. À 178 km de Torreón. Prendre la route 49 vers Chihuahua jusqu'à Ceballos. Ici s'ouvre une brèche par laquelle on arrive à la Zona del Silencio, comprise entre la vallée de Allende et le Vertice de Trino, sommet où se rejoignent les États du Coahuila, du Durango et du Chihuahua. Il est nécessaire de prendre un guide, et conseillé d'y passer la nuit. Emporter aussi une boussole, une radio préalablement réglée sur une station A.M. et un aimant pour repérer les micrométéorites.* Inscrite depuis 1975 comme réserve de la biosphère, c'est une région désertique mythique, comportant des zones où la transmission radio est difficile. Certaines espèces d'origine marine comme la tortue se sont adaptées à cette niche écologique. L'intensité des rayons ultraviolets dans cette zone a provoqué de légères mutations de la flore et de la faune : la curieuse tortue qui habite la région a les yeux jaunes, et sa carapace porte des dessins triangulaires ; les figuiers de Barbarie ont une coloration violette. On y ramasse une grande quantité de micrométéorites et de pierres magnétiques. On y trouve aussi des fossiles marins métallisés qui remontent au crétacé inférieur. Le spectacle du ciel y est merveilleux, car on observe une infinité de satellites, étoiles et constellations. À certaines époques de l'année, le site se charge en électricité statique, ce qui produit des phénomènes lumineux et hérisse le poil des personnes sensibles.

★★**Pozas de Cuatro Ciénegas** – *3 h. À 277 km de Saltillo, 252 km de Torreón et 82 km de Monclova par la route 30.* La « vallée des Quatre marécages » est habitée par plus de 60 espèces endémiques d'animaux et de plantes, autour de quelque 200 mares *(pozas)*, sources ou marais, formés en plein désert par des eaux souterraines fortement minéralisées. Parfaitement cristallines, les eaux prennent des tonalités bleu turquoise inconcevables dans cette vallée désertique environnée de belles montagnes. Comme la région a été déclarée zone de protection de la flore et de la faune sauvages, il n'est pas permis d'accéder à nombre de ces mares, ou elles sont d'accès restreint. Les plus connues sont la **poza Azul**★, **La Becerra**★, **Las Playitas**★ et le **Balneario Río Los Mezquites**.

SAN LUIS POTOSÍ★

San Luis Potosí

625 466 habitants

Álvaro Obregón n° 520, Centre ☎ (4) 812 99 39

Capitale de l'État, déclarée patrimoine historique en 1990, la ville de San Luis Potosí se caractérise par l'accueil chaleureux de ses habitants et par ses riches constructions baroques en pierre, qui ont survécu à l'élégant et sévère style néoclassique dominant du centre.

Un peu d'histoire – Attirés par les gisements d'or et d'argent du Cerro de San Pedro tout proche, le frère Diego de la Magdalena, Juan de Oñate et le capitaine Miguel Caldera fondèrent la ville en 1592 et la nommèrent ainsi en hommage au roi de France Louis XIV et en rappel des riches mines boliviennes du Potosí. La ville fut dessinée en damier, avec des routes donnant accès aux établissements religieux qui l'environnaient. En 1631, c'était la troisième ville de l'Empire. Refusant de se soumettre à Maximilien d'Autriche, Benito Juárez y installa le gouvernement républicain en 1863 et 1867. En 1910, Francisco Madero, après y avoir été emprisonné, publia son *Plan de San Luis* contre la réélection de Porfirio Diaz, déclenchant la Révolution mexicaine. Important pôle industriel, la ville se distingue aussi par son action en faveur de la démocratie.

★★CENTRE-VILLE *1 jour*

★★**Plaza de los Fundadores (Plazuela de la Compañía)** – C'est ici qu'est née la ville. La Compagnie de Jésus reçut ces terrains en 1621. Un siècle plus tard, elle avait terminé la construction de l'actuel bâtiment néoclassique de l'**église de la Compagnie**, au Nord de la place, près de laquelle se dresse la très belle **chapelle de Loreto** au portail baroque. Un des côtés de la place est bordé par le bâtiment de l'université autonome de San Luis Potosí (UASLP – *visite de 8 h à 20 h ; fermé le week-end ; ☏ (4) 812 23 57*), dont la cour centrale conserve encore les traces de l'ancien collège jésuite.

À l'Ouest de la place se dresse l'**édifice Ipiña** en pierre, construit entre 1906 et 1912 dans le style néoclassique. Son arcade piétonnière abrite différents commerces.

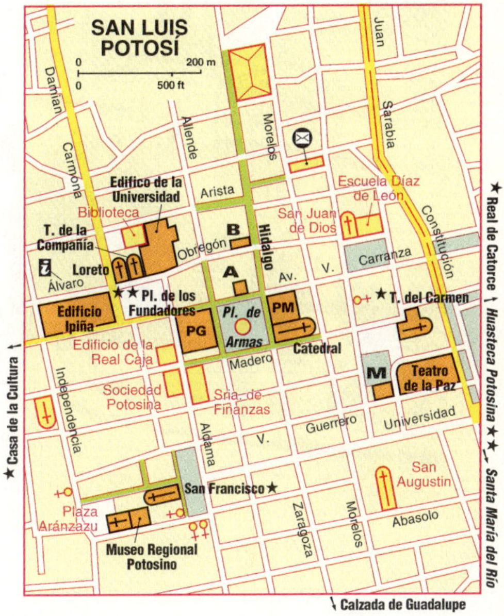

Plaza de Armas (Jardín Hidalgo) – La place, plantée d'arbres, possède en son centre un kiosque en l'honneur de huit musiciens mexicains. Au Nord, la **maison de la Vice-reine** (**A**), construite en 1736, probablement la plus ancienne demeure de San Luis Potosí : ici vécut Francisca de la Gándora, seule Mexicaine à avoir reçu le titre de vice-reine. Le bâtiment abrite aujourd'hui le restaurant **Posada del Virrey**. À côté s'étend une rue piétonne, la **calle de Hidalgo**, dont l'activité commerciale remonte au début du 19e s. Dans la même rue, près de la place, on voit le **palais de Cristal** (**B**) de style néoclassique (1909, Guindon).

Palacio de Gobierno – *Jardín Hidalgo 11. Visite de 9 h à 15 h et de 18 h à 21 h. ☏ (4) 812 94 80.* Le sobre bâtiment de style néoclassique a été élevé à partir de la fin du 18e s. pour loger les Maisons royales. Au deuxième niveau, on voit un tableau illustrant la scène du 18 juin 1867, où Benito Juárez refuse à la princesse de Salm-Salm la grâce de Maximilien d'Autriche, qui sera fusillé le lendemain. On visite aussi la salle Hidalgo et le salon de réception.

Palacio Municipal – *Jardín Hidalgo 5. Visite de 8 h à 15 h. Fermé le week-end. ☏ (4) 814 41 42.* L'**hôtel de ville** a été élevé au 19e s. sur les ruines de l'ancien édifice des Maisons royales, partiellement détruit au cours des émeutes de protestation contre l'expulsion des Jésuites, ordonnée par Charles III en 1767. À l'**intérieur**, on remarque l'escalier double, où l'on peut admirer un **vitrail** portant les armes de la ville. Les **plafonds** de la salle du conseil, au deuxième niveau, ont été décorés d'huiles du peintre italien Erulo Eroli.

Catedral – *Jardín Hidalgo. Visite de 9 h à 14 h et de 16 h à 19 h. ☏ (4) 812 24 39.* Siège des évêchés de Guanajuato et de Querétaro, la cathédrale fut édifiée à partir de 1670 et consacrée en 1730. Sur la **façade** baroque ornée de colonnes salomoniques, d'*estípites* et de deux grands contreforts lisses, figurent des statues des apôtres en marbre de Carrare, copies en réduction de celles de la basilique de St-Jean-de-Latran à Rome. L'horloge date de 1866.

De plan basilical, composé de trois vaisseaux, le bâtiment fut élevé au rang de cathédrale vers le milieu du 19e s. quand on compléta l'**intérieur** par les autels néoclassiques actuels. En 1896, l'évêque Montes de Oca la fit décorer dans le goût byzantin. Elle conserve des peintures coloniales de José Paez et Morlete Ruíz, ainsi que de gigantesques orgues du 19e s. La statue dominant l'autel est un hommage à Notre-Dame-de-l'Espoir, patronne de la ville.

★**Templo del Carmen** – *Plaza del Carmen. Visite de 9 h 30 à 13 h 30 et de 16 h à 20 h 30. ☏ (4) 812 28 78.* Face à une belle place tranquille se dresse cette admirable église baroque du milieu du 18e s. Son **portail principal**★★ de style churrigueresque à colonnes salomoniques présente un travail minutieux de la pierre ; il représente six anges portant un rideau qui semble retomber sur le Seigneur. Au-dessous, dans une niche, veille la Vierge du Carmel.

© Fernando Garcia Aguinaco
L'église du Carmel

Intérieur – La nef unique abrite de précieux retables churrigueresques. Près du transept, on remarque deux autels en pierre sculptée dorée. À gauche du transept, la **chapelle du Saint-Sacrement** s'ouvre par un **portail** orné de nombreuses statues colorées de saints et d'anges. À l'intérieur, un autel en or remanié au 20e s. honore la Vierge du Carmel ; au-dessus s'étend une immense coquille. À droite du transept s'ouvre la **sacristie**, où l'on voit neuf grandes toiles (1764) de Francisco Vallejo représentant la vie de saint Élie.

Teatro de la Paz – *Segunda de Villerías, Jardín del Carmen. Visite de 10 h à 14 h et de 17 h à 20 h. Fermé les lundis et jours fériés. ☎ (4) 812 26 98.* Élégante construction de style néoclassique en pierre rose due à l'architecte José Noriega, le théâtre a été inauguré en 1894, avec la prose et les vers du poète Manuel José Othón. Reconstruit dans les années 1950, il conserve sa disposition et sa façade d'origine, dont le fronton repose sur une corniche supportée par de sveltes colonnes. La **salle** en fer à cheval peut accueillir 1 500 spectateurs. Dans les escaliers, on admire des murals conçus par Fernando Leal et réalisés en céramique par Ramón Sánchez.

★**Museo Nacional de la Máscara** (**M**) – *Villerías 2. Visite de 10 h à 14 h et de 16 h à 18 h. Fermé l'après-midi le week-end, ainsi que les lundis et jours fériés (sauf pendant la Semaine sainte). 2 pesos. ☎ (4) 812 30 25.* À l'origine résidence d'un riche propriétaire espagnol, l'édifice, de style néoclassique français orné de ferronneries ouvragées, fut terminé en 1898 et vendu en 1904 au gouvernement fédéral. Depuis 1982 y sont présentés environ 750 **masques** représentatifs du rôle – surtout cérémoniel – qu'ils jouèrent dans les différents États et aux différentes époques du Mexique.

★**Templo de San Francisco** – *Plaza San Francisco. Visite de 7 h à 13 h 30 et de 16 h 30 à 20 h. ☎ (4) 812 46 46.* Achevée au début du 18e s., l'**église St-François** présente une façade baroque en pierre rose, ornée de statues de saints et de blasons franciscains. L'**intérieur** en croix latine abrite des peintures d'Antonio Torres et Francisco Martínez. Du lanterneau pend une énorme lampe à huile en forme de bateau qui, selon la légende, aurait été offerte en ex-voto à l'église par le survivant d'un naufrage.

★**Sacristie** – C'est une grande pièce où l'on découvre des peintures de Martínez, de Torres et de Miguel Cabrera. Un **relief** polychrome sur la pierre représente un épisode de la vie de saint François. On le voit sur l'arrière-voussure de la porte donnant accès à la **salle de prière pour les morts**. Celle-ci contient une reproduction de l'ancien maître-autel sculpté dans le style baroque à estípites.

Museo Regional Potosino – *Plaza Aránzazu. Visite de 10 h à 19 h (17 h le dimanche). Fermé le lundi. 10 pesos. ✗ ☎ (4) 814 35 72.* Le musée occupe une partie de l'ancien couvent St-François, fermé et divisé en 1859. Depuis 1952, on y expose, outre des pièces archéologiques des différentes cultures méso-américaines, des objets guachichiles appartenant à la culture pame, trouvés dans des marais. La salle huaxtèque présente une réplique de l'*Adolescent de Tamuín*, personnage représentant le jeune Quetzalcóatl, dont l'original a été découvert sur le site archéologique d'El Consuelo *(voir p. 234)*. La salle expose aussi des statues liées au culte de la fertilité, comme celles de Tlazolteotl, divinité de la fertilité, dont on a trouvé nombreux exemplaires, et les sculptures anthropomorphes liées au culte du phallus, caractéristique de la zone huaxtèque. À l'étage supérieur, on verra une collection d'objets en fer allant du 16e au 20e s. ainsi que l'acte original de fondation de la ville.

★**Capilla de Aránzazu** – En montant l'escalier, on rejoint l'ancienne chapelle privée des franciscains. Construite entre 1750 et 1758, c'est un des joyaux d'architecture du Nord du Mexique. Elle se distingue par son étrange situation à l'étage supérieur, par son atrium couvert, ainsi que par les trois estípites à cinq registres. À l'intérieur, on découvre des peintures du 18e s. de Miguel Cabrera et Pedro López Calderón. Le croisillon gauche mène à la sacristie, mutilée, et au *camarín*, qui abrite un Christ de 2 m de haut en tiges de maïs, du 17e s.

CALZADA DE GUADALUPE *2 h*

Av. Benito Juárez, du centre historique au sanctuaire de Guadalupe

Cette agréable avenue plantée d'arbres est bordée de constructions intéressantes, comme le **pénitencier** (1904) où Francisco Madero fut incarcéré. Une rue après le marché Tangamanga, on rencontre la **Caja de Agua**★, emblème de la ville et l'une des plus belles réalisations du néoclassicisme mexicain. Construite au début du 19e s., on attribue sa conception à José Maria Guerrero y Solachi. C'est ici que les habitants de San Luis Potosí s'approvisionnaient en eau, captée dans un lointain vallon et gardée comme un trésor. L'avenue aboutit au **sanctuaire de Guadalupe**★ *(visite de 6 h 30 – 5 h 30 le dimanche – à 23 h ; ☏ (4) 815 07 69)*, à côté de l'ermitage de 1656, la plus ancienne construction de la ville encore debout. Le sanctuaire est un élégant édifice du 18e s. où se mêlent formes baroques et néoclassiques. Dans son **intérieur** majestueux en croix latine, le maître-autel de style néoclassique présente une peinture de la Vierge de Guadalupe, œuvre de Jesús Corral. Ici, comme dans l'église St-François, un ex-voto en verre en forme de navire pend du lanterneau.

AUTRE CURIOSITÉ

★**Casa de la Cultura** – *1 h. Av. Venustiano Carranza 1815. À l'Ouest du centre historique. Visite de 10 h à 14 h et de 16 h à 18 h (18 h à 20 h le samedi). Fermé le lundi et l'après-midi le dimanche. 5 pesos. ☏ (4) 813 22 47.* De style néoclassique anglais, cette élégante résidence fut reconstruite au début du 20e s. lorsqu'elle était la maison de campagne de Gerardi Meade Lewis. À l'intérieur se trouvent, outre une petite collection de pièces archéologiques huaxtèques, d'intéressants objets d'art religieux européen et mexicain, allant du 16e s. à nos jours. On remarquera un **autel** néogothique italien de la fin du 19e s. On y voit aussi des christs du 18e s. en tige de maïs, des meubles anciens, des mantilles de Santa Maria del Río, ainsi que des peintures de José Maria Velasco et de Joseph Vernet, parmi d'autres. Ici se tiennent des récitals, des conférences et des projections. Le bâtiment possède aussi un auditorium et une bibliothèque.

EXCURSIONS

Santa María del Río – *1/2 journée. À une cinquantaine de km au Sud de San Luis Potosí. Prendre la route 57 vers Querétaro ; 50 km plus loin, tourner à droite pour entrer dans la ville.* Santa María del Río possède une longue tradition dans la confection de l'un des éléments les plus représentatifs du costume folklorique mexicain, le **« rebozo »**, souple châle de soie porté par les femmes. Bien qu'il soit tissé dans de nombreux foyers de la ville, on peut se faire une idée de l'ensemble du processus de fabrication dans les écoles qui bordent la place centrale, où l'on peut également acquérir un exemplaire de cette extraordinaire parure. L'**école d'Artisanat** *(Jardín Hidalgo 5 ; visite de 9 h à 19 h (le dimanche de 10 h à 13 h) ; fermé les jours fériés ; ☏ (4) 853 05 68)* a été inaugurée en 1953.

★**Real de Catorce** – *2 jours. 260 km au Nord de San Luis Potosí. Prendre la route 57 jusqu'à Matehuala, où l'on emprunte la route 62 vers Cedral ; 30 km plus loin à gauche se trouve la route empierrée qui conduit à Real de Catorce.* En passant le célèbre **tunnel Ogarrio**, construit vers la fin du 19e s. en utilisant un puits de mine, on arrive à ce village « presque fantôme ». Fondé en 1778, il fut l'un des villages miniers les plus prospères de la Nouvelle-Espagne. L'origine de son nom se cache dans deux légendes, parlant de 14 bandits ou de 14 soldats assassinés ici dans la montagne. Malgré son accès difficile et ses 2 756 m d'altitude, on a bâti dans ce lieu magique d'opulentes demeures dont il reste encore des vestiges. Au 20e s., le lieu fut progressivement abandonné à cause de la Révolution, de la chute du cours de l'argent et de l'inondation des mines qui, à leur époque d'expansion, avaient attiré ici 30 000 personnes. Année après année, deux pèlerinages redonnent vie à Real de Catorce. Celui de début octobre, qui fête le très vénéré saint François ; mais aussi le parcours rituel de 550 km que réalisent en hiver les Huichols qui se rendent à **Wirikuta**. Ils nomment ainsi la région sacrée du Cerro del Quemado, qu'ils considèrent comme le nombril du monde et où ils célèbrent la « chasse » rituelle au *peyote-venado*, cactée hallucinogène qu'ils associent au cerf.

Au nombre de ses curiosités se trouvent l'**Hôtel de la Monnaie**, grand édifice à plusieurs étages datant de 1863, qui n'a fonctionné que trois ans : les monnaies qui y ont été frappées sont de ce fait fort appréciées des collectionneurs ; l'**église de l'Immaculée Conception** (18e s.) ; le **Musée paroissial** ; l'**arène de combats de coqs**★ (Palenque de Gallos), très bien conservée, à l'acoustique excellente ; l'**église de Guadalupe**, entourée d'une monumentale enceinte de pierre qui protège le **cimetière**. Devant l'église, où l'on ne célèbre le culte que trois fois par an, s'étendent l'ancienne **promenade** (Alameda) et les **arènes**, d'où l'on a une **vue** superbe sur la gorge et la vallée.

★**La Huasteca Potosina** – *4 à 5 jours. Accès par Ciudad Valles, à 264 km à l'Est de San Luis Potosí.* *Voir p. 233.*

TAMPICO

Tamaulipas

278 933 habitants

20 de Noviembre 218 Nord ☎ (1) 212 00 07 et (01 800) 715 71 00

Entourée d'eau, cette agglomération portuaire rejoint Ciudad Madero autour de l'embouchure du río Pánuco. La rivière marque la frontière entre l'État du Tamaulipas et celui du Veracruz. L'importance pétrolière de Tampico en a fait l'un des principaux ports du Mexique.
Les attaques des Chichimèques au 16e s. et celles des pirates au 17e, la tentative de reconquête espagnole en 1829 et les guerres du 19e s. ont retardé l'établissement de la ville. Son port, ainsi que la pêche à l'alose dans la **lagune de Chairel** et celle du marlin dans le golfe du Mexique, lui ont conféré une réputation internationale. Les constructions Art nouveau qui entourent la **plaza de la Libertad** réhabilitée évoquent la deuxième moitié du 19e s., époque où les maisons de style Nouvelle-Orléans étaient nombreuses dans la ville, avec leurs balcons soutenus par de hautes colonnes en fer. On a un bel exemple de cette architecture avec le **bâtiment de la Douane**, construit en 1902 sur le quai.

CURIOSITÉS *5 h*

Laguna del Carpintero – *Bd. Fidel Velázquez.* À six rues du centre-ville, ce parc propose des promenades en bateau sur la lagune. On peut y voir tortues, iguanes, lézards, hérons et canards. On aperçoit d'ici le **pont de Tampico**, de 1 500 m de long, qui supporte des vents soufflant jusqu'à 300 km/h. Les eaux tranquilles de la lagune voient se dérouler des compétitions internationales de hors-bord. Au départ du parc, un tramway rallie en 30 mn le centre de la ville.

Museo de la Cultura Huasteca – *Av. 1 de Mayo et Sor Juana, à l'institut technologique de Madero. Emprunter le bd. López Mateos ; à Ejército Nacional tourner à droite jusqu'à Sarabia ; prendre ensuite à gauche l'av. del Maestro pour rejoindre 1 de Mayo. Visite de 10 h à 17 h. Fermé le dimanche. ✗ ☎ (1) 210 22 17.* C'est un petit musée, avec une intéressante collection de pièces archéologiques appartenant à la culture huaxtèque. On y voit des pointes d'obsidienne, taillées par des peuples nomades vers l'an 1000 avant J.-C., ainsi que des figurines précolombiennes en terre et en céramique. Le musée présente une réplique de l'*Adolescent de Tamuín* et des costumes que portent encore aujourd'hui les femmes de cette communauté indienne. On apprend par ailleurs que les Huaxtèques et les Totonaques connaissaient déjà le pétrole brut, ou *chapopote*, bitume dont ils se servaient pour peindre.

Playa Miramar – *À 15 km de Tampico. Suivre le bd. López Mateos ; traverser la voie ferrée et continuer tout droit. On y accède aussi par la calle Obregón.* Cette grande plage longue de 10 km offre un sable fin et une eau délicieuse. Tout au long, on peut acheter des personnages réalisés en coquillages. Au Sud, près de l'embouchure du río Pánuco, une jetée permet de contempler les dauphins, ainsi que le départ des bateaux de pêche et des cargos venus du monde entier. On y voit aussi un brise-lames, pièce de 15 tonnes en forme de gros caillou, arrachée à la base de la jetée par l'ouragan Gilbert en 1988.

EXCURSION

★**La Huasteca Potosina** – *4 à 5 jours. Accès par Ciudad Valles, à 138 km à l'Ouest de Tampico.* *Voir p. 233.*

ZACATECAS★★★

Zacatecas

118 742 habitants

Av. Hidalgo 403 ☎ (4) 924 03 93 et 924 05 52

De même que l'amabilité de ses habitants, ce qui frappe le visiteur est le contraste entre le ciel bleu et la terre rouge dans laquelle s'intègre la capitale de l'État. L'architecture coloniale en pierre rose témoigne de la munificence de cette ville, fondée en 1546 par les conquérants espagnols Juan de Tolosa, Baltazar Termiño de Bañuelos, Cristóbal de Oñate et Diego de Ibarra.

Un peu d'histoire

Les origines et l'époque coloniale – Cette région riche en minerai était à l'origine habitée par les Indiens zacatèques, caxcanes, guachichiles, tecuexes et irritilas. La ville, au pied du Cerro de la Bufa, reçut le surnom d'« Évangélisatrice du Nord », car, au cours du 16e s., des ordres mendiants avaient commencé ici la construction de leurs églises avec l'aide des riches exploitants de mines espagnols. À la même époque, instruit de la richesse des mines argentifères de la ville, Philippe II lui conféra le titre de Très noble et très féale cité de Notre-Dame-de-Zacatecas, et lui attribua des armoiries.

20e siècle – C'est en 1914 que se situe la célèbre prise de Zacatecas, qui vit les *dorados* de Pancho Villa écraser l'armée de Victoriano Huerta, un véritable triomphe pour la Révolution. Fièrement conservé et restauré au cours du 20e s., le Centre historique est inscrit au patrimoine mondial de l'humanité depuis 1993.

★★LA CATHÉDRALE ET SES ABORDS *1 jour*

★**Catedral** – *Av. Hidalgo, sur un côté de la plaza de Armas. Visite de 6 h 30 à 13 h 30 et de 16 h 30 à 21 h (22 h le dimanche).* ☎ *(4) 922 62 11.* La construction de cette cathédrale a débuté en 1729. On la considère comme un chef-d'œuvre du baroque mexicain et de l'architecture hispano-américaine. Elle a été consacrée en 1752, mais la tour du clocher n'a été achevée qu'en 1782. Elle a été élevée au rang de cathédrale en 1863 et à celui de basilique en 1959.

★★★**Façade principale** – *Photo p. 233.* La façade, qui fait penser à une tiare papale, mérite un temps d'observation suffisant pour apprécier l'exubérante décoration sculptée dans la pierre. Cette ornementation tourne autour de la rosace centrale, composée de chérubins, d'angelots et de divers animaux. Sur les écoinçons figurent quatre des principaux Pères de l'Église, saint Grégoire le Grand, saint Jérôme, saint Augustin et saint Ambroise. On remarque la statue du Christ-Roi, portant un globe terrestre dans sa main gauche et levant la droite en geste de bénédiction, ainsi que les douze apôtres entourés d'anges musiciens. La figure de Marie Immaculée accueille le visiteur sur la clef de l'arc polylobé de la porte centrale. D'un style baroque nettement plus sobre, la **façade latérale Sud** est dédiée à Notre-Dame de Zacatecas. Sur la **façade latérale Nord**, de style churrigueresque, le travail des mains indigènes transparaît dans la composition aplatie du Christ en croix.

Intérieur – La sobriété de l'intérieur est relevée par le parfum de l'encens brûlé au cours des messes. Les clefs des arcs de la nef principale portent des figures de papes, d'évangélistes, de martyrs et de confesseurs. Celles du collatéral droit, dédié à la Vierge des Zacatèques, portent des allégories mariales, tandis que le collatéral gauche est orné des symboles de la Passion du Christ.

Galería Episcopal – *Dans le bâtiment contigu à la façade latérale Sud de la cathédrale. Visite de 10 h à 18 h. Fermé le lundi. 10 pesos.* ☎ *(4) 924 43 07.* Cette galerie a été inaugurée en 1998 pour exposer des œuvres d'art sacré et éduquer le visiteur sur la fonction de l'Église catholique. Jadis répartie dans la cathédrale, la collection comprend des ornements sacrés, des livres liturgiques et des peintures religieuses, dont des œuvres de l'école de Miguel Cabrera.

■ Callejoneadas

En vous promenant un vendredi ou un samedi soir, vous aurez peut-être la surprise de rencontrer une *tambora*, ensemble de cuivres et de tambours déambulant au rythme du paso doble et suivie de la foule. Cette joyeuse procession sert à évoquer les légendes, les métiers et les traditions de « cette étrange capitale », comme l'appelait le poète local Ramón López Velarde. Ouvrant la marche, une mule porte un chargement de *mescal huitzila*, alcool extrait d'une variété d'agave, que l'on consomme pour combattre le froid. Les *callejoneadas* (qui signifie approximativement marches dans les ruelles) partent en général de La Alameda. Certains hôtels organisent ce genre de sortie en prévoyant, comme il se doit, un délicieux repas de *tacos*, ou *taquiza*, pour finir.

© Gustavo Gatto

Callejón de Veyna et la cathédrale

Palacio de Gobierno (**PG**) – *Av. Hidalgo 604, au Sud-Est de la plaza de Armas. Visite de 8 h à 20 h.* ☎ *(4) 922 12 11.* Cet édifice du 18e s. fut la résidence des deux premiers comtes de la Laguna. Dans le clocher-mur, on voit sous la cloche une belle représentation des armes de Zacatecas. À l'intérieur, un mural réalisé en 1970 par Antonio Rodriguez raconte l'histoire de l'État. En 1867, Benito Juárez habita ce qui est aujourd'hui les salons de réception. Sur la façade de la maison attenante, sous laquelle passe le callejón de las Campanas, sont représentés quatorze chiens qui, selon la légende, auraient tué la maîtresse de maison parce qu'elle avait acheté des bijoux volés à la Vierge patronne de la ville.

Palacio de Justicia (**Palacio de la Mala Noche** – **A**) – *Av. Hidalgo 669, face à la plaza de Armas.* C'est une grande bâtisse blanche ancienne, qui remonte à la fin du 18e s. Elle a été construite par Manuel Rétegui, dont on raconte qu'il avait investi jusqu'à son dernier *centavo* dans une mine et se trouvait dans la misère la plus totale. Une nuit, alors qu'il songeait au suicide et écrivait ses lettres d'adieu, il entendit des cris de joie, lui annonçant que la mine avait enfin révélé la veine recherchée. La mine, et la maison bâtie avec la fortune retrouvée, ont été depuis surnommées « de la mauvaise nuit ». Sur le callejón de Veyna, on conserve la **porte dérobée** dont se servait le propriétaire de la mine pour entrer et sortir discrètement avec sa fortune, laquelle lui permit de faire recouvrir d'argent la croisée du transept de la cathédrale pour le baptême de sa fille.

Mercado González Ortega – *Hidalgo, sur un côté de la plaza Goitia. Ouvert de 9 h à 20 h.* ✗ ☎ *(4) 922 00 33.* Cette construction de style néoclassique inaugurée en 1889 était le marché central de la ville. Remodelée, elle abrite depuis 1982 un centre commercial sur deux niveaux réunissant des restaurants et des boutiques, tel le **Centro Platero** (articles en argent), des marchands de vin, des commerces de vêtements et des confiseries. La plaza Goitia est souvent le théâtre de manifestations artistiques.

Teatro Calderón – *Av. Hidalgo 501, face à la plaza Goitia. Visite de 10 h à 14 h et de 16 h à 20 h.* ☎ *(4) 922 86 20.* Avec son élégant style néoclassique, le bâtiment attire l'attention. Inauguré en 1897, le théâtre accueille aujourd'hui d'importants événements culturels.

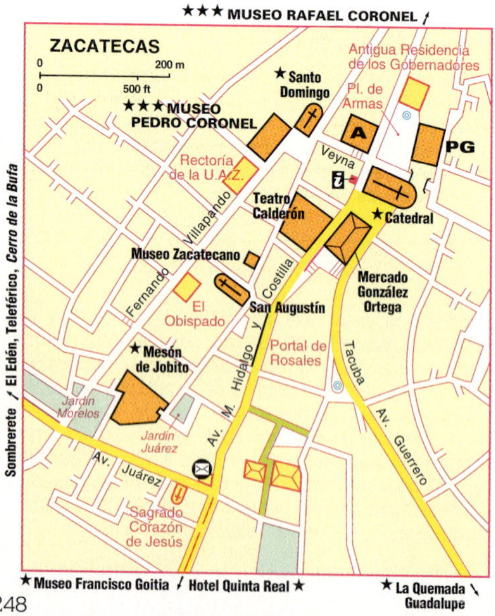

★ **Templo de Santo Domingo** – *Plaza de Santo Domingo 601. Visite de 7 h à 13 h et de 15 h à 22 h.* ☎ *(4) 922 10 83.* Construite en 1749 par les jésuites, la sobre église baroque St-Dominique fut occupée par les dominicains après l'expulsion des jésuites en 1767. Ses huit retables churrigueresques en bois doré en font l'église la plus riche de la ville. La sacristie octogonale mérite d'être visitée ; on pourra y admirer huit tableaux du milieu du 18e s. réalisées par Francisco Martínez Sánchez.

★★★ **Museo Pedro Coronel** – *Plaza de Santo Domingo. Visite de 10 h à 17 h. Fermé les jeudis et jours fériés. 15 pesos. ☎ (4) 922 80 21.* Cette ancienne forteresse du 18ᵉ s., qui abritait l'ancien collège jésuite St-Louis-de-Gonzague, servit ensuite de prison, d'hôpital et d'immeuble de rapport. En 1970, on entreprit de la restaurer pour recevoir la vaste collection d'œuvres d'art léguée par le peintre de Zacatecas Pedro Coronel (1922-1985). À l'entrée se trouve la **bibliothèque** Elías Amador, dont le fonds remonte au 16ᵉ s. et comprend environ 18 500 volumes. Sous les arcades qui entourent la cour centrale plantée d'orangers sont exposées quatre sculptures en basalte, réalisées par Pedro Coronel ; on retiendra surtout la **Vénus noire** (1978). Au deuxième niveau, on découvre « L'univers de Pedro Coronel », nom donné à sa collection d'œuvres venues de tous les horizons, certaines remontant au 16ᵉ s. avant J.-C. Elle comprend des œuvres d'**art précolombien**★★ et une intéressante sélection de masques mexicains. La salle consacrée à l'art colonial présente des Christs de Zacatecas du 17ᵉ s. – les premiers éléments de la collection –, laquelle comprend d'admirables **séries**★ d'eaux-fortes de Goya, intitulées *Tauromachie* et *Les Proverbes*. Celles-ci sont exposées près de l'endroit où repose Pedro Coronel. On découvre aussi des œuvres de Hogarth, Piranèse, Picasso, Miró, Chagall, Dalí, Wifredo Lam, Calder et Vasarely, parmi d'autres. Sans oublier des œuvres provenant de cultures orientales et de la Grèce antique, et une superbe exposition de **masques africains**.

Museo Zacatecano – *Dr. Hierro 301. Visite de 10 h à 17 h. Fermé le mardi. 10 pesos. ☎ (4) 922 65 80.* Situé à l'étage de l'ancien Hôtel de la Monnaie – le deuxième en importance du Mexique au 19ᵉ s. –, ce musée présente trois collections qui lui furent léguées et permettent de voir 169 broderies huichols décorées de symboles magiques et religieux, des sièges de chamans, des figures en bois et des outils huichols. Le musée présente aussi des estampes religieuses du 16ᵉ au 19ᵉ s. et des pièces en fer forgé de l'époque coloniale.

Antiguo Templo de San Agustín – *Plazuela Miguel Auza. Visite de 10 h à 19 h. Fermé le lundi. ☎ (4) 922 80 63.* Cette ancienne église et son couvent, dédiés en 1782 à saint Augustin, avaient été bâtis sur les fondations d'un hospice franciscain. Dans la deuxième moitié du 19ᵉ s., l'église devint propriété des presbytériens, qui en firent un entrepôt. De l'église d'origine, il ne reste que le **portail latéral**★★, dont le magnifique relief de style churrigueresque représente la conversion de saint Augustin. Le bâtiment a été restauré vers le milieu du 20ᵉ s. pour accueillir des expositions temporaires.

★ **Mesón de Jobito** – *Jardin Juárez 143.* Cet édifice ramène le visiteur au 19ᵉ s., époque où il servait d'auberge aux voyageurs qui faisaient halte dans sa belle cour surplombée de balcons en fer forgé. Il accueille toujours les voyageurs, car un hôtel l'occupe depuis 1993, avec en annexes le restaurant *El Mesonero* (l'aubergiste) et une boutique d'artisanat. Devant, une belle petite place arborée, le Jardin Juárez, reçoit aussi un agréable restaurant et une galerie d'art.

MINA EL EDÉN ET ENVIRONS *3 h*

Mina El Edén – *Dovalí Jaime. De l'av. Hidalgo poursuivre jusqu'à l'av. Juárez et poursuivre vers le Nord-Ouest par l'Alameda. La calle Dovalí Jaime se trouve derrière le bâtiment de la Sécurité Sociale. Visite guidée (1 h) de 11 h à 18 h. 15 pesos. ☎ (4) 922 30 02.* Cette mine, exploitée de 1586 à 1960, se trouve à 320 m de profondeur sous le sommet du Cerro del Grillo. Le circuit *(1 km)* débute par le Socavón de la Esperanza, « galerie de l'espoir », que l'on parcourt sur 600 m à bord d'un petit train. Les 400 m restants se font à pied, pour découvrir le quatrième des sept niveaux que comportait la mine, les trois niveaux inférieurs étant inondés. La couleur bleu verdâtre de l'eau vient des minéraux et de sa longue stagnation. Le soir, la discothèque *El Malacate* occupe une partie de la mine. *On conseillera pour sortir d'emprunter l'ascenseur (dénivelé 36 m), puis la galerie del Grillo sur 200 m, pour rejoindre 100 m plus loin le téléphérique.*

Teleférico – *Estación Cerro del Grillo. Départs du Cerro del Grillo et du Cerro de la Bufa de 10 h à 18 h (19 h en avril, juillet, août et décembre). Aller simple 7 mn. 10 pesos. ☎ (4) 922 56 94.* À une hauteur maximale de 85 m au-dessus de la ville, le téléphérique relie le Cerro del Grillo et le Cerro de la Bufa, éloignés de 650 m. Le trajet est animé d'un commentaire sur l'histoire de la ville et du Cerro de la Bufa.

Cerro de la Bufa – *On peut aussi s'y rendre en voiture.* Emblème de la ville, la colline « de la vessie de porc » doit ce nom à la curieuse excroissance rocheuse qu'elle porte et qui évoque cet organe selon les Mexicains. Le poète de Jerez de la Frontera Ramón López Velarde lui trouvait l'apparence d'un cheval cabré. Derrière, le **sanctuaire de N.-D.-du-Bon-Secours** (Nuestra Señora de Patrocinio – *visite de 7 h à 20 h ; ☎ (4) 922 11 29)* est une chapelle où l'on vénère depuis 1728 la Sainte Patronne de la ville. Sur la façade du sanctuaire figurent le soleil et la lune qui, avec la Vierge, le rocher de la Bufa et les statues des quatre fondateurs, sont les emblèmes composant les armoiries octroyées à la ville en 1588 par Philippe II d'Espagne. Sur la colline est aussi installé le **musée de la Prise de Zacatecas** (Museo Toma de Zacatecas – *visite de 10 h à 17 h ; fermé le lundi, ainsi que le 25 décembre ; 10 pesos ;* ☎ *(4) 922 80 66)* qui rassemble des reproductions de journaux, des armes et des photographies relatives à cette bataille décisive pour la Révolution mexicaine. La prise de Zacatecas, le 23 juin 1914, fut menée par Pancho Villa, le général Felipe Ángeles et Pánfilo Natera, dont on voit les grandes **statues** sur la colline. Le mausolée des Hommes illustres de Zacatecas couronne le rocher derrière les statues. À proximité, la station météorologique offre un superbe **panorama**★★ de la ville.

AUTRES CURIOSITÉS *1/2 journée*

★★★ **Museo Rafael Coronel (ancien couvent St-François)** – *500 m au Nord-Est de la ville par Hidalgo et Juan de Tolosa. Visite de 10 h à 17 h. Fermé le mercredi. 15 pesos.* ✗ ☎ *(4) 922 81 16.* Cet édifice de style baroque (16ᵉ-18ᵉ s.) a hébergé les franciscains jusqu'à leur expulsion en 1857. Merveilleusement restauré en 1987, il abrite aujourd'hui une collection d'objets d'art léguée par le peintre Rafael Coronel, frère de Pedro et gendre de Diego Rivera.

Dans la chapelle St-Antoine, annexe de l'ancienne église qui aujourd'hui n'a pour toit que le beau ciel de Zacatecas, la salle d'expositions temporaires présente en permanence le tableau ***Mortaja*** (Le Linceul) de Rafael Coronel, représentant la mort de saint François d'Assise. Dans ce qui était la sacristie, on expose la bannière de la Vierge, ainsi que les armoiries de la ville et son diplôme de Très noble et très féale, accordés au 16ᵉ s.

Masques au musée Rafael Coronel

En traversant les jardins et les ruines du couvent, on parvient à la salle « Rostro de México », où sont exposés près de 3 000 des 5 000 **masques**★★★ légués par Rafael Coronel. C'est la plus grande collection de masques du monde. Ces œuvres d'art populaire à usage cérémoniel sont présentées en association avec la danse régionale correspondante. La salle Ruth Rivera abrite une collection de dessins de Diego Rivera. La salle « Las tandas de Rosete » présente une collection de **marionnettes**★★ dont la plupart proviennent de la compagnie de Rosete Aranda, qui a débuté en 1835. La présentation met en scène les marionnettes dans un théâtre de guignol. Les dernières salles exposent deux collections, l'une de poteries précolombiennes, l'autre de figurines en terre cuite, expression de l'art populaire à l'époque coloniale.

★ **Museo de Arte Abstracto Manuel Felguérez** – *Calle Cristóbal Colón, angle de la calle del Seminario. Visite de 10 h à 17 h. Fermé le mardi. 15 pesos.* ☎ *(4) 924 37 05.* Après avoir tout d'abord servi de séminaire au 19ᵉ s., puis de prison de 1964 à 1995, l'édifice a été réaménagé en musée d'art abstrait en 1998. Grâce à l'initiative du grand artiste Manuel Felguérez (né en 1928), citoyen d'honneur de Zacatecas, qui fit don au gouvernement de l'État d'une grande partie de ses œuvres, le bâtiment est aujourd'hui un bel exemple de muséographie moderne qui possède plus d'une centaine de peintures et sculptures représentant quatre décennies de travail de Felguérez, ainsi que d'autres ouvrages d'art abstrait. Comptant parmi les initiateurs du mouvement d'art abstrait qui prit naissance au Mexique dans les années 1950, Felguérez a acquis une reconnaissance aussi bien nationale qu'internationale. Le musée présente aussi des expositions temporaires et possède une bibliothèque spécialisée en art abstrait.

★**Museo Francisco Goitia** – *Gal. Enrique Estrada 102, face au parc Enrique Estrada. Visite de 10 h à 17 h. Fermé le lundi, ainsi que les 1er janvier et 25 décembre. 15 pesos. ☎ (4) 922 02 11.* Une maison des années 1950 abrite ce musée qui présente des œuvres du peintre Francisco Goitia. Notez les huiles **Cheval famélique**, **Paysage de Santa Mónica** et **Tête de pendu**, ainsi que ses célèbres autoportraits. On y voit une copie du célèbre tableau **Papa Jésus-Christ**, l'un des chefs-d'œuvre de la peinture mexicaine du 20e s. Le musée présente aussi une exposition couvrant un siècle d'art plastique contemporain à Zacatecas, depuis le *Portrait d'un monsieur* par Julio Ruelas (1894) jusqu'à une toile de Pedro Coronel peinte l'année de sa mort (1985). On y verra encore des œuvres du sculpteur José Kuri Breña, de Manuel Felguérez et de Rafael Coronel.

La tour de style néogothique qu'on aperçoit de plusieurs quartiers différents de la ville se trouve derrière le musée. Elle fait partie de l'**église N.-D.-de-Fátima**, bâtie en 1950.

★**Hotel Quinta Real** – *Av. Gonzales Ortega, par l'aqueduc.* Ce bel édifice s'élève depuis 1989 autour des anciennes arènes de San Pedro (1876-1975) et constitue de ce fait le seul hôtel au monde construit dans un tel cadre. On sert parfois le repas dans la lice, elle-même entourée de restaurants, de galeries d'art, de boutiques d'artisanat et d'agences de voyage. Le samedi, on y organise des *callejoneadas*.

Devant l'hôtel court l'**aqueduc del Cubo** qui alimente en eau la partie Sud de la ville.

EXCURSIONS

Ancien couvent de Guadalupe – *1/2 journée. 7 km au Sud-Est par le bd. López Portillo. Sur la place principale de Guadalupe. Visite de 7 h à 13 h et de 16 h à 20 h. Fermé les 1er janvier et 25 décembre. 10 pesos. ☎ (4) 923 25 01.* Dans la banlieue de Zacatecas, cet édifice fondé en 1707 était le siège du collège franciscain de propagande qui avait pour mission l'évangélisation du Nord de la Nouvelle-Espagne. La région vit fleurir plus de trente missions, filiales de ce collège, dont le domaine a couvert jusqu'à 25 km². L'ancien couvent, déclaré monument historique en 1919, rassemble aujourd'hui le musée de Guadalupe, l'église de Guadalupe et la chapelle de Naples.

★★★**Museo de Guadalupe** – *Jardín Juárez. Entrée par la porterie. Visite de 10 h à 16 h 30. Fermé les 1er janvier et 25 décembre. 20 pesos. ☎ (4) 923 23 86.* Ce musée présente l'une des plus importantes collections de peinture coloniale du Mexique. Autour du **cloître**, au rez-de-chaussée, sont exposées 25 grandes toiles illustrant la vie de saint François. Dans l'escalier principal, on remarque *La Vierge de l'Apocalypse* de Miguel Cabrera, et, à l'étage, l'immense *Saint Christophe* de Nicolás Rodriguez Juárez. On y voit aussi des œuvres de Cristóbal de Villalpando, Juan Patricio Morlet de Ruiz, Antonio de Torres, José de Ibarra et Juan Correa. Ce dernier est l'auteur de *Notre-Dame-du-Bon-Secours des Zacatèques*, qui orne la chapelle de l'infirmerie. Gabriel José Ovalle a laissé une série de toiles aux couleurs puissantes et contrastées représentant la *Passion du Christ*. Le *coro* contient des **stalles** aux dossiers sculptés. Une statue articulée de saint François semble présider aux cérémonies célébrées ici par les franciscains. Dans le *coro* de la chapelle de Naples veille un Christ qui semble ouvrir les yeux lorsqu'on s'approche. Au niveau supérieur du cloître, la Passion est représentée sur de grandes toiles. Dans ce vaste espace où le temps semble ne pas avoir prise, on découvre aussi des objets d'art fabriqués en plumes et des christs en pâte de tige de maïs (16e s.) et en ivoire. La **bibliothèque** et les objets en verre et en faïence utilisés par le couvent présentent un grand intérêt. Le bâtiment annexe abrite une **collection de voitures**.

★★**Capilla de Nápoles** – La chapelle (1877) s'ouvre sur la gauche dans l'église de Guadalupe. Elle présente une riche décoration en feuilles d'or sur pierre, dont les motifs ornementaux sont caractéristiques du baroque tardif. Le parquet en bois d'acacia forme une rose des vents. La haute coupole richement décorée est recouverte à l'extérieur de faïence. Une cloche en verre rapportée de Naples honore l'Immaculée Conception.

La Quemada – *1/2 journée. 56 km au Sud-Ouest de Zacatecas par la route 54 vers Guadalajara. Visite de 10 h à 17 h. 16 pesos. ✗ ☎ (4) 922 50 85.* Ce centre cérémoniel qui fut utilisé de 100 à 900 après J.-C. appartient à la culture mésoaméricaine qui s'est développée autour de Teotihuacán. Son déclin, amorcé en 900, fut consommé vers l'an 1000 par un incendie, dont les traces sont encore visibles sur les pierres. On remarquera le **salon des Colonnes** dont les murs ont dû s'élever jusqu'à 5 m et, dans l'édifice qu'on appelle le **palais**, la **pyramide votive**. On a distingué ici 200 sites différents, ainsi qu'un réseau de chaussées de 170 km, le légendaire Chicomostoc, où il était dit que les Aztèques demeuraient neuf ans au cours de leur voyage vers Anáhuac. Le **musée★**, construit avec des matériaux et des caractéristiques semblables à ceux des constructions environnantes, rassemble des pièces trouvées aussi bien sur ce site que sur celui d'Alta Vista, les deux principaux sites précolombiens du Zacatecas.

Sombrerete – *167 km de Zacatecas par la route 45 vers Durango.* Au 16e s., au pied du cerro del Sombreretillo, fut fondée la ville appelée jadis San Juan Bautista de Llerena, aujourd'hui Sombrerete. Sa nostalgie pour sa splendeur minière transparaît dans ses constructions coloniales, parmi lesquelles on remarque l'**église St-François** (18e s.) et son annexe, la **chapelle du Tiers Ordre** *(visite de 6 h 30 à 20 h, les jours fériés de 6 h à 21 h ; ☏ (4) 935 01 16)*, unique chapelle à plan elliptique du Mexique. Les colonnes-cariatides de la façade baroque de l'**église St-Dominique** attirent l'attention, ainsi que celles de l'**église de la Solitude** et de sa **chapelle de la Vraie-Croix**. La masse imposante de l'**église St-Jean-Baptiste** a été endommagée par une explosion pendant la Révolution. À côté se trouve une maison où, dit-on, aurait vécu Thomas Edison.

★**Alta Vista** – *4 h. Quitter Sombrerete par la route 11 en direction de Jiménez de Teul, et parcourir 50 km jusqu'à Chalchihuites. Le site domine une colline, à environ 6 km vers l'Ouest par un chemin de terre traversant le río Colorado. Visite de 10 h à 17 h. 10 pesos. ☏ (4) 922 50 85.* Ce sont les ruines du centre cérémoniel le plus important de la culture chalchihuite. Cette culture est considérée comme intermédiaire entre celle des groupes sédentaires méso-américains et celle des Chichimèques de l'Amérique aride. Situé presque sur le tropique du Cancer, le centre a été construit entre 450 et 850 après J.-C. de façon que les angles des principaux édifices coïncident avec les points cardinaux. Aux équinoxes, le soleil se lève à la pointe d'un pic situé à l'autre extrémité de la vallée du Colorado, et le premier rai de lumière passe entre deux murs du **labyrinthe**. La **salle des Colonnes**, destinée probablement au culte de Tezcatlipoca, la **pyramide du Soleil** et le **temple des Têtes de morts** (Calaveras) présentent également un très grand intérêt. C'était un important centre de commerce des pierres précieuses. On a découvert aux environs 750 mines précolombiennes.

★★**Sierra de Órganos** – *3 h. Quitter Sombrerete par la route 45 vers Durango. 22 km jusqu'au chemin de terre de 10 km qui conduit à la sierra.* Sept gorges bordées de stupéfiantes orgues basaltiques présentent au visiteur une multitude de figures qui sont autant de défis pour l'imagination. Les plus célèbres sont **El cáliz**, **Los frailes** et **El campanario**. Semblable à un paysage préhistorique, la nature ici emporte le voyageur 35 000 années en arrière. *Le Troglodyte*, avec Ringo Starr, est l'un des 60 films réalisés sur ce site qui fera le bonheur des amateurs d'alpinisme. C'est aussi un endroit idéal pour le camping.

GOLFE DU MEXIQUE

Berceau de la Méso-Amérique, porte de la Conquête espagnole

Artisanat et gastronomie p. 78. Sur le territoire que couvrent aujourd'hui les États de Tabasco et de Veracruz, tout au fond du golfe du Mexique, se sont déroulés des événements marquants de l'histoire et de la culture mexicaines.

C'est ici qu'autour de 1800 avant J.-C. s'établit la première civilisation méso-américaine, celle des **Olmèques**, un nom donné par les Aztèques et signifiant habitants d'« olman, lieu de la racine de caoutchouc ». Le territoire olmèque s'étendait au Sud de l'actuel État de Veracruz et à l'Est du Tabasco.

Dans le Veracruz sont nées d'autres grandes civilisations. Au centre, les **Totonaques**, et au Nord, les **Huaxtèques**. Les Totonaques ont bâti El Tajín, une des villes précolombiennes les plus intéressantes, admirable par son plan et son architecture.

Le golfe du Mexique a aussi été la porte d'entrée de la Conquête espagnole. C'est dans cette région qu'eurent lieu les premiers combats et les premières alliances des conquérants avec les groupes indigènes. C'est dans l'un des ports du Tabasco que la Malinche fut offerte en présent à Hernán Cortés par un cacique maya ; et c'est à Veracruz que Cortés fonda la Villa Rica de la Vera Cruz, la première ville coloniale du domaine continental américain. C'est de là qu'il partit avec son armée conquérir la grande Tenochtitlán, centre nerveux de l'empire aztèque.

Sous les vice-rois, la région fut le passage obligé des voyageurs et commerçants qui arrivaient d'Europe, ou qui s'y rendaient.

Aujourd'hui, cette zone au climat variable allant jusqu'aux extrêmes, qui s'étend de la côte tropicale du golfe jusqu'aux crêtes de la Sierra Madre orientale, est le pilier de l'économie mexicaine, en partie pour ses abondantes productions agricoles (sucre, café, bananes, agrumes), mais surtout pour ses gisements de pétrole et ses raffineries, situés pour la plupart le long du golfe.

© Robert Frerck/ODYSSEY

Tlacotalpan – La plaza de Armas

EL TAJÍN★★★

Veracruz

Carte p. 138 (**BX**)

ℹ ☏ (2) 932 19 99 et (01 800) 712 66 66

« Ville sacrée du dieu du tonnerre », El Tajín présente des traces d'occupation humaine qui remontent au 2e s. avant J.-C. Il semble que Teotihuacán ait exercé au 6e s. une grande influence sur la culture de ses habitants. À son apogée, de 800 à 1150 après J.-C., El Tajín était l'un des centres urbains, politiques et religieux les plus importants de la Méso-Amérique, avec une population estimée à quelque 25 000 habitants. El Tajín devait sa prospérité économique au tribut que lui acquittaient les peuples voisins sous forme de services et de produits. La ville fut abandonnée par ses habitants vers le 12e s., en raison de guerres incessantes, de désordres socio-politiques et de l'interruption des échanges commerciaux.
Les Totonaques étant aujourd'hui fortement représentés dans la région, El Tajín a toujours été considéré comme une ville totonaque. Cependant, les dernières découvertes archéologiques indiquent que la seule chose sûre est que cette ville fut le centre de la culture qui porte son nom.
La cité s'étend sur 1,5 km². On y a découvert à ce jour 168 édifices. Elle se distingue d'autres sites archéologiques par son architecture originale, avec ses niches décorées de grecques, et aussi parce que, de toutes les cités précolombiennes, c'est elle qui possède le plus grand nombre de jeux de pelote, 17 en tout. Ce lieu est également remarquable pour l'exubérante végétation tropicale qui l'entoure.
Le site se divise en deux sections. La majorité des édifices se trouve dans la partie cérémonielle, située dans une zone plane comprise entre deux ruisseaux. Dans une zone surélevée, séparée par un mur de soubassement, se trouve le petit Tajín (El Tajín Chico), résidence des prêtres et de l'élite dirigeante de la ville.
De Mexico, on peut s'y rendre via Poza Rica, qui possède un aéroport et des gares routières. De Veracruz, prendre la route 180 vers le Nord jusqu'à Papantla (223 km) et continuer 16 km jusqu'au site. Il convient de s'équiper pour d'éventuelles pluies.

SITE ARCHÉOLOGIQUE *1/2 journée*

Visite de 9 h à 17 h. 25 pesos. ✂ ℹ ☏ *(2) 932 19 99.*

Sur l'esplanade à l'entrée du site se déroulent tous les jours, à partir de la mi-journée, des démonstrations des **« voladores » de Papantla**, village situé à 13 km de là et connu pour ses traditions, sa production de vanille et la fête de **Corpus Christi**, célébrée les premiers jours de juin. La danse des *voladores* est un rituel d'invocation aux dieux du soleil et des vents venant des quatre points cardinaux accompagné par la musique des tambours et des flûtes. Elle se déroule au sommet d'un mât de grande hauteur. Des cinq danseurs, un reste debout en haut du mât, jouant et dansant, tandis que les quatre autres, assis autour de lui, s'attachent une corde aux pieds, puis se jettent en arrière dans le vide. Les cordes se déroulent, entraînées par les « hommes volants » qui descendent en tournoyant. Chacun décrit 13 cercles autour du mât, qui au total symbolisent le cycle de 52 années correspondant à la venue d'un nouveau Soleil.

Musée – *À côté des guichets.* Il présente certaines des trouvailles les plus intéressantes faites sur le site, comme des fragments des tambours de pierre qui composaient les piliers de l'édifice des Colonnes (non encore ouvert au public), où vivait, pense-t-on, le principal dirigeant de la cité. Vaste maquette du site.

Groupe de la Plaza del Arroyo – La place suit la distribution habituelle de celles de Méso-Amérique : un groupe de quatre édifices élevés autour d'une esplanade rectangulaire. Elle ne possède en revanche pas d'autel en son centre, absence qui donne à penser qu'il s'agissait d'un gigantesque marché. Le bâtiment Nord, dit aussi monument II, aligne des rangées de niches – grande particularité du site –, que l'on suppose n'avoir eu qu'un simple rôle décoratif. En quittant la place, on reconnaît quatre jeux de pelote, trois sur la gauche, un sur la droite.

Faire le tour par la gauche, jusqu'à l'entrée du dernier (et plus grand) jeu de pelote.

Jeu de pelote Sud – La particularité de ce terrain est la présence sur les talus de gradins destinés au public. En outre, le long du terrain sont disposées **six panneaux** ornés de bas-reliefs illustrant différents moments du jeu, lequel se déroulait selon un rituel s'achevant par la décapitation d'un ou plusieurs joueurs. Leur disposition n'est pas logique, car ne répondant pas au déroulement normal du jeu, dont les premières phases correspondaient aux illustrations figurant sur les deux plaques de l'extrémité gauche, pour passer ensuite à celles de l'extrémité droite, puis à celle du centre droit, pour terminer par celle du centre gauche *(suivre le plan)*.

Reprenant la séquence logique, le **panneau** (**1**) montre un joueur se préparant à jouer ; dans l'un des angles, la déesse de la mort surgit d'une marmite. Le **panneau** (**2**) montre une cérémonie où deux personnages jouent de la musique, l'un avec une carapace de tortue, l'autre sur un tambourin ; on voit également un homme vêtu en aigle – peut-être un prêtre –, juché sur un joueur allongé ; sans doute s'agit-il d'une séquence préparatoire à un sacrifice. Le **panneau** (**3**) montre deux joueurs en train de discuter – probablement les capitaines des deux équipes – ; l'un tient un couteau ; au fond, le dieu de la mort les observe. Sur le **panneau** (**4**) figure le joueur qui va être sacrifié et dont on a ouvert la poitrine. À la partie supérieure du **panneau** (**5**), deux corps n'ayant qu'une même tête représentent les dieux de la pluie et du tonnerre ; ils observent un homme, plus bas, qui porte une marmite. Le **panneau** (**6**) montre, dans une scène d'auto-sacrifice, le dieu de la pluie procédant à sa propre castration et arro-

Le jeu de pelote et la pyramide des Niches

sant la terre de son sang pour la fertiliser ; un personnage arborant une coiffe en forme de poisson recueille le précieux liquide.

En sortant du terrain, on remarque la façade d'un petit temple (temple 10), où une partie de l'escalier a été dégagée pour révéler un autre escalier en dessous. Cela démontre que les architectes d'El Tajín, comme ceux d'autres régions de Méso-Amérique, construisaient les temples les uns sur les autres, vraisemblablement tous les 52 ans, à la fin de chaque cycle solaire. La structure que l'on voit sur la droite, au toit de paille, forme la partie Sud d'un autre jeu de pelote. En passant entre celui-ci et le temple 10, on parvient au temple 12.

Temple 12 – On remarquera les niches, ornées des grecques typiques de la décoration des monuments du site. On associe ces motifs à la spirale du colimaçon, au mouvement des vagues et à la figuration du serpent, ou **xicalcoliuhqui**. Elles symbolisent les cycles éternels de la vie, sans commencement ni fin. Ici, elles sont encadrées de petites colonnes sculptées. Devant l'édifice s'étend le jeu de pelote 11.

Pour poursuivre la visite, retourner à l'entrée du jeu de pelote Sud et prendre à gauche. Le bâtiment sur la droite est l'édifice 15. Marqué par des niches plus grandes, il était à l'origine peint en rouge. On pense que toutes les constructions étaient colorées.

Édifice 5 – Sur une grande plate-forme, cette structure en forme de pyramide tronquée est décorée de niches ; celles de la partie supérieure sont ornées des mêmes grecques que le temple 12. La plate-forme porte une grande statue représentant une divinité, peut-être le dieu Tajín. Devant l'édifice se trouve un autel utilisé à l'occasion de cérémonies et de danses en l'honneur du dieu.

Poursuivre jusqu'à la petite esplanade.

Pyramide des Niches – Elle fut découverte en 1785 par Diego Ruiz, un soldat espagnol qui cherchait des plantations clandestines de tabac. Cette construction spectaculaire, emblème d'El Tajín, compte sept corps échelonnés aux murs décorés de 365 niches, nombre des jours de l'année solaire. Les rampes de l'escalier reprennent la décoration de grecques. Les frises et les panneaux ont été transportés au musée du site.

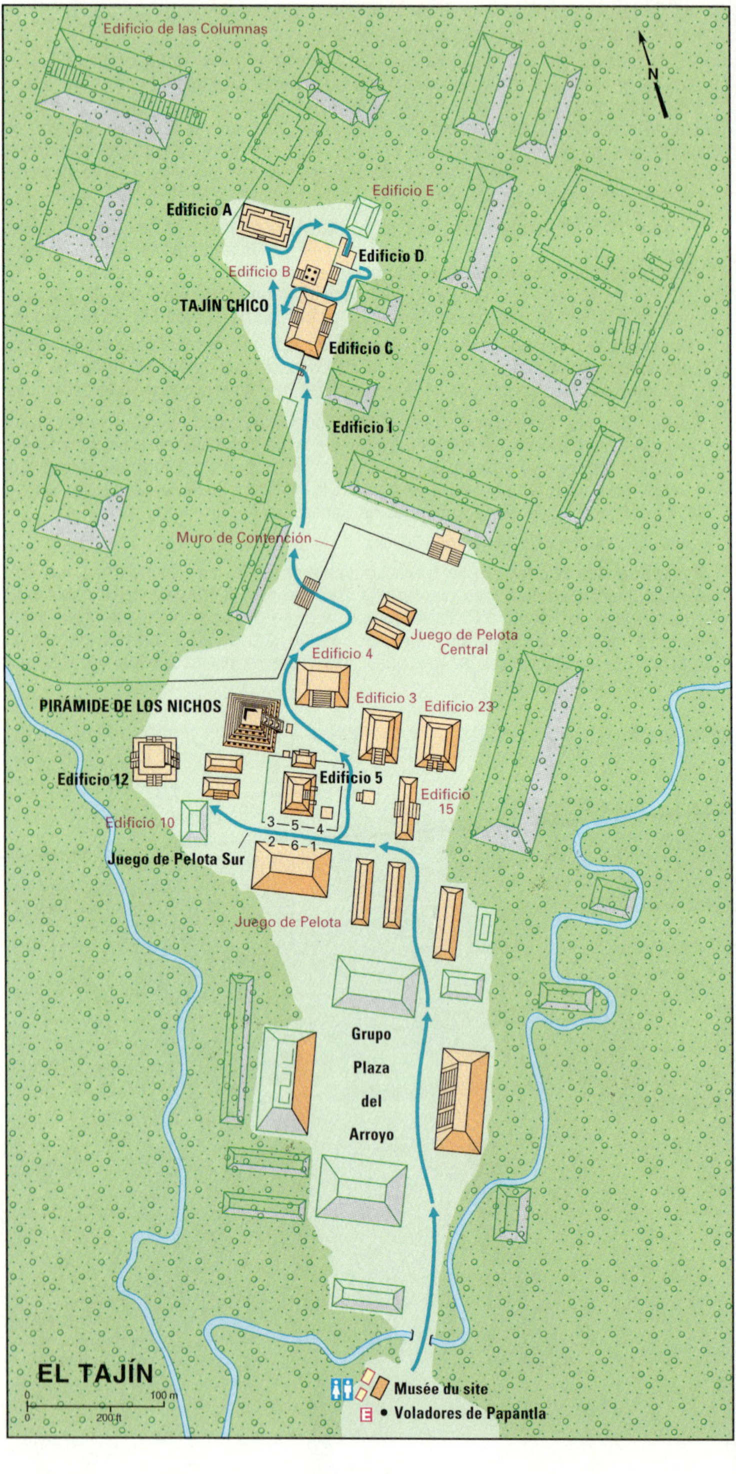

Plus loin, une grande place est dotée d'un autre jeu de pelote où six **panneaux** évoquent les personnages mythiques et historiques du lieu. La place est délimitée sur deux de ses côtés par un mur de soutènement qui, à l'origine, séparait le centre cérémoniel de la zone résidentielle réservée aux gouvernants et aux prêtres, appelée **Tajín Chico** *(monter par le mur de soutènement jusqu'à la place que l'on voit sur la gauche)*.

Tajín Chico – Au cours des fouilles, on a découvert que les habitations du **petit Tajín** étaient en dur et leurs toits réalisés à partir d'un mélange de chaux, de coquillages et de sable, auquel on ajoutait de la poudre de pierre ponce et des tessons de céramique. Une fois lié, ce mélange constituait une sorte de ciment. Tous les édifices du petit Tajín sont désignés par des lettres. En montant vers cet ensemble, on voit devant soi l'**édifice C**, une grande structure présentant deux rangées de grecques finement ouvragées. Ces grecques, représentations stylisées du serpent à plumes Quetzalcóatl, témoignent de l'influence de la culture de Teotihuacán. À gauche, au Nord-Ouest du groupe, l'**édifice A**, principal monument de la zone, se distingue par ses nombreuses pièces ; à l'entrée s'ouvre un escalier couvert d'une voûte probablement maya, flanquée de grecques. À droite de l'édifice A, l'**édifice B** est grande structure résidentielle conservant encore ses piliers, qui servaient autrefois à supporter le toit. Prendre le petit chemin qui passe derrière cette structure pour parvenir à l'**édifice D**, construit sur le talus d'une terrasse. Ici, un escalier descend vers un souterrain qui devait servir aux prêtres pour rejoindre la zone cérémonielle se trouvant au niveau inférieur. La partie supérieure de l'entrée à l'édifice D est décorée de grands losanges entrelacés.

Revenir à l'entrée de la place et emprunter le chemin qui en fait le tour.

L'**édifice C**, recouvert d'un toit de feuilles de palmier, conserve quelques objets et des vestiges de peintures murales, tous décorés de symboles religieux.

EXCURSIONS *1 jour*

Deux belles plages se trouvent à environ une heure de route d'El Tajín.

Playa de Tuxpan – *En sortant du site de Tajín, suivre la route à droite jusqu'à Poza Rica (16 km). Puis prendre à gauche la route 180 Nord. Après Poza Rica, tourner à droite pour prendre les routes 130, puis 132 jusqu'à Tuxpan. Immédiatement après avoir traversé le grand pont sur le río Pantepec, prendre à gauche et suivre les panneaux « Playa » sur 8 km, jusqu'au bord de mer.* Des paillottes abritent des restaurants qui servent des fruits de mer et disposent de douches et de toilettes.

Playa de Tecolutla – *À la sortie de Tajín, prendre à droite jusqu'à Poza Rica (16 km). Ensuite, suivre la route 180 Sud et poursuivre sur 53 km, jusqu'à la petite ville de Gutiérrez Zamora. Ici, tourner à gauche et suivre les panneaux indiquant Tecolutla (10 km).* Ce tranquille village respire la mer. Il compte quelques petits hôtels et diverses boutiques d'artisanat. Sur la plage, le visiteur trouvera des restaurants, des douches, des toilettes, des parasols et des marchands ambulants.

VERACRUZ★

Veracruz

425 140 habitants

Palacio Municipal, Zaragoza et Independencia ☎ (2) 932 19 99

C'est une ville joyeuse et chaleureuse, offrant au visiteur l'hospitalité de ses habitants, la douceur de sa brise marine, la tranquillité de sa belle promenade le long de la côte et les plaisirs de ses traditions gastronomiques et musicales.
Veracruz est en permanence animée, que ce soit pour dîner dans un des restaurants typiques de la plaza de Armas, pour le **« danzón »** plusieurs soirs par semaine, pour l'incontournable café au lait de **La Parroquia** sur le port, et surtout pour son célèbre **carnaval★** du mois de février.
En plus de ces attractions, le port propose au visiteur l'aventure, avec ses activités de rafting, kayak, archéologie, plongée, randonnée et le *temascal*, ou bain de vapeur.

Un peu d'histoire

16e siècle – Le 24 juin 1518, Juan de Grijalva, Francisco Montejo et Pedro Alvarado entreprirent une expédition depuis Cuba jusqu'aux rives du río Coatzacoalcos. Ils poursuivirent par celles du río Papaloapan, pour débarquer enfin sur deux îlots, qu'ils nommèrent respectivement Sacrificios et San Juan de Ulúa. Cortés y débarqua le 21 avril 1519, puis fonda la Villa Rica de la Vera Cruz en l'honneur du jour de son arrivée, le Vendredi saint, jour de la Vraie Croix. Dès lors, Veracruz vit passer tous les conquérants et fut le point de départ de l'expédition de Cortés vers Tenochtitlán, au cœur de l'empire aztèque. Point de convergence de tout le commerce avec le Vieux Continent, Veracruz devint un grand port convoité par les pirates, dont les attaques nécessitèrent la construction des murailles et de la forteresse de San Juan de Ulúa.

Quatre fois héroïque – À la fin de l'époque coloniale, Veracruz était, avec La Havane, un des plus grands ports de l'Amérique espagnole. Son importance stratégique lui valut d'être appelée ville « quatre fois héroïque ». D'abord, parce qu'elle fut le théâtre d'une bataille autour du dernier bastion espagnol, le fort de San Juan de Ulúa en

1825 ; la deuxième fois, à cause de sa résistance à l'intervention française de 1838 ; la troisième et la quatrième, lors des combats menés pendant les deux interventions Nord-américaines de 1847 et 1914.
Elle fut aussi par deux fois siège du gouvernement : sous Benito Juárez, après la promulgation de la Constitution de 1857, et sous le gouvernement de Venustiano Carranza en 1914. C'est de ce port qu'est parti l'*Ypiranga*, navire emportant vers l'exil Porfirio Diaz qui, lorsqu'il était au pouvoir, avait donné une grande impulsion à Veracruz.

CENTRE-VILLE *1/2 journée*

★**Plaza de Armas** – *Entre les rues Zaragoza, Independencia, M. Lerdo et Zamora, à côté de l'hôtel de ville.* Cette petite place carrée est un lieu de rencontre où l'on déguste, sous les arcades, les spécialités régionales les plus diverses. Vendeurs et musiciens ambulants viennent ici égayer les visiteurs. Trois fois par semaine, on y danse le **danzón**★ *(mardi, vendredi et samedi de 20 h à 22 h)*, et c'est ici qu'ont lieu les cérémonies au cours desquelles on hisse et on amène le drapeau national. Au Sud-Est de la place s'élève la **cathédrale** *(visite de 6 h à 22 h ; fermé le samedi entre 13 h et 16 h)*, appelée par les habitants *La Parroquia*, qu'ornent quatre lustres en cristal de Baccarat dont on suppose qu'ils ont appartenu à Maximilien d'Autriche et à son épouse Charlotte.

■ El danzón

Le *danzón* est une danse populaire très implantée au Mexique. Elle apparut en 1879 à Cuba, créée par Miguel Faílde y Pérez. Quand on en parle, c'est autant pour la musique que pour la danse ; il est impossible de les dissocier, car la musique du *danzón* a été adaptée à une danse qui, étrangère au départ (la contredanse européenne), s'est enrichie de mouvements et de cadences exigeant un rythme nouveau.
Le *danzón* est parvenu sur le territoire mexicain peu après son invention. Aussitôt introduit, les habitants de la côte, conquis, se l'approprièrent et l'imprégnèrent peu à peu des couleurs et des rythmes de la chaude terre mexicaine. Au début du 20e s., il gagna Mexico, avec le même succès que sur la côte. À partir de 1908, les salles de bal proliférèrent dans le pays, faisant du *danzón* un nouveau mythe mexicain. Ces endroits étaient autant de lieux éloignés du monde réel, où la seule chose qui importait était le rituel de la danse, être un bon danseur, avoir le meilleur partenaire...
Aujourd'hui, on danse le *danzón* dans tout le pays. Mais sur le port de Veracruz et dans la ville de Mérida, il continue d'avoir une place à part dans le cœur des habitants. Deux ou trois fois par semaine, on danse sur les places ; un orchestre rythme le bal et tous, adultes, jeunes et enfants, y prennent part.

Plaza de la República – *Marina Mercante.* C'est une place rectangulaire bordée de palmiers, avec des bancs et des parterres fleuris. Le square dédié à Benito Juárez est encadré de 16 monolithes gravés des lois de la Réforme. La place est entourée par les bureaux de l'**état civil** *(visite de 8 h à 16 h ; fermé les week-ends et jours fériés)*, ancienne maison de Jerónima Francisca, fille de Benito Juárez et Margarita Maza de Juárez, inaugurée dans ses actuelles attributions le 10 octobre 1860 (l'acte d'inauguration est présenté dans le hall d'entrée) ; l'ancienne église du couvent St-François, occupée par le **Recinto de la Reforma** *(visite de 18 h à 20 h ; fermé les lundis et jours fériés)*, qui porte le premier phare qui signala le port et expose aujourd'hui huit statues d'hommes illustres de la Réforme, à commencer par Benito Juárez ; les imposants bâtiments des **Postes et Télégraphes** et de la **Douane** (qui abrite aujourd'hui une administration). Leur style reflète fidèlement l'architecture dominante du « Porfiriat ».

★FUERTE DE SAN JUAN DE ULÚA *2 h*

Depuis le centre, prendre la direction de Cardel, puis bifurquer vers San Juan de Ulúa-Aduanas ; aller jusqu'au bout de la route. Visite de 9 h à 16 h 30. Fermé le lundi. 16 pesos. Entrée libre les dimanches et jours fériés. ☎ (2) 938 51 51.

Afin de protéger les routes maritimes et de défendre le port des attaques des pirates, on entreprit de construire cette forteresse en 1535. C'est le plus célèbre fort d'Amérique, car c'est ici qu'a commencé, et s'est achevée la domination espagnole sur le Mexique. L'emploi de pierres calcaires extraites des récifs coralliens rend ses murs extrêmement humides.
L'Inquisition s'en servit comme prison pour les prévenus qu'elle devait juger. De grands noms de l'histoire du Mexique ont ainsi été emprisonnés dans ce sinistre pénitencier, le plus terrible que le pays ait connu : le frère Servando Teresa de

© Robert Frerck/ODYSSEY

Le fort de San Juan de Ulúa

Mier, le frère Melchor de Talamantes, Benito Juárez, ainsi que la Mulata de Córdoba et Chucho el Roto, figures légendaires de l'histoire locale.
Aujourd'hui, un **musée** expose les armes des troupes qui, à plusieurs occasions, ont défendu le port contre les invasions étrangères. On voit aussi celles des écumeurs des mers John Hawkins et Francis Drake (1568), et de Laurent De Graaf, plus connu ici sous le nom de **Lorenzillo** (1683).

AUTRES CURIOSITÉS *1/2 journée*

Baluarte de Santiago – *F. Canal, angle de Vicente Gómez Farias. Visite de 10 h à 16 h30. Fermé le lundi. 16 pesos. ☎ (2) 931 10 59.* Ce **bastion** est le seul vestige des remparts élevés pour défendre le port des attaques de pirates. Achevé en 1635, il présente les caractéristiques de toute construction défensive : murs hauts et épais, accès limités. Il compte trois niveaux : le souterrain, qui servait de dépôt de poudre ; au niveau du sol, une salle pentagonale où s'élève la rampe ; le niveau supérieur, qui logeait l'artillerie. Il abrite aujourd'hui deux salles de musée : la première montre des pièces d'or retrouvées en mer, véritables chefs-d'œuvre d'orfèvrerie précolombienne ; la seconde présente d'intéressants plans et documents des siècles passés sur le port, ainsi que des cartouches, un obus et des balles en fer.

Museo de la Ciudad (**M**) – *Zaragoza 397, angle d'E. Morales. Visite de 10 h à 20 h. Fermé les lundis et jours fériés. ☎ (2) 931 84 10.* Le musée municipal occupe un bâtiment néoclassique du début du 20e s. et présente l'histoire, la culture et le folklore de Veracruz. Dans ses huit salles, on n'admirera pas seulement des objets hérités du passé espagnol et indigène de Veracruz, mais on prendra aussi conscience de l'in-

■ Figures de Veracruz

La légende raconte que la **Mulata de Córdoba**, mulâtresse accusée de nécromancie, avait été enfermée par l'Inquisition à San Juan de Ulúa. Une fois en prison, elle avait supplié son gardien de lui procurer un morceau de charbon pour dessiner. Elle aurait alors esquissé sur le mur de sa cellule un bateau, dans lequel elle s'était évadée de la terrible forteresse...
Jesús Arriaga, alias **Chucho el Roto**, était une sorte de Robin des Bois ; il volait les riches pour donner aux pauvres, raison pour laquelle il était ardemment recherché par les autorités. Incarcéré à Ulúa, un de ses amis l'aida à s'enfuir en barque. Mais il fut arrêté de nouveau, et soumis à la terrible torture de la goutte, qui consistait à attacher le prisonnier, immobilisé contre un mur, juste au-dessous d'une des gouttières du fort. Les gouttes tombaient une à une sur la tête du malheureux, jusqu'à ce qu'il en perde la raison.
Un autre genre de torture s'exerçait dans les cellules ouvertes aux marées, qu'on appelait les *tinajas*, ou jarres. Certaines ont été baptisées *El Purgatorio*, *La Gloria* et *El Infierno* en fonction de leur degré d'inhospitalité.

fluence culturelle africaine, due à plusieurs siècles d'importation d'esclaves. On remarquera à l'extérieur, au pied de l'édifice, des mosaïques en pierre qui s'inspirent des codex, illustrant le choc des deux cultures indigène et espagnole.

Museo Histórico Naval – *Calle Arista, entre Landero y Coss et l'av. Gómez Farías. Visite de 9 h à 17 h. Fermé le lundi. ☎ (2) 931 40 78.* Le **musée d'Histoire navale** occupe depuis 1997 l'ancienne École navale. Le rez-de-chaussée est consacré aux maquettes (navires de différentes époques et cultures), aux instruments de navigation, aux cartes (15e et 16e s.) faisant apparaître les explorations maritimes de Colomb et Magellan entre autres. L'étage est voué à l'époque coloniale, aux interventions navales sur Veracruz et à l'histoire de l'École navale.

Archivo y Biblioteca Históricos – *Landero y Coss, angle d'E. Morales. Visite de 8 h à 15 h. Fermé les week-ends et jours fériés, ainsi que les 2 janvier et 20 décembre. ☎ (2) 931 27 54.* Les Archives se trouvent dans l'ancienne « maison de la Comtesse », demeure coloniale en calcaire corallien. On y conserve d'intéressants documents historiques sur Veracruz et San Juan de Ulúa, ainsi que des reproductions des Archives générales de Simancas et de la Compagnie générale des Indes. La bibliothèque fut d'abord installée au 19e s. dans l'ancien couvent St-François.

Faro Venustiano Carranza – *Paseo del Malecón, angle de Xicohténcatl. Visite de 9 h à 15 h. Fermé le lundi. ☎ (2) 932 18 64.* On expose ici des photographies et des documents sur le général Venustiano Carranza – dont son acte de décès –, ainsi que des meubles dont il s'est servi pendant les onze mois qu'il passa à Veracruz. On y présente aussi une exposition de billets anciens, parmi lesquels on remarquera un billet de 25 centavos signé de Francisco « Pancho » Villa.

Acuario – *Bd. Ávila Camacho. Playón de Hornos. Visite de 10 h à 19 h. 15 pesos. ✂ ☎ (2) 932 79 84.* Cet aquarium, inauguré en 1992 et l'une des plus grandes attractions touristiques du port, présente sur 300 m de long une grande variété d'espèces marines. La **galerie océanique** est un bassin spectaculaire où évoluent des requins et d'autres espèces de grande taille. Dans une section, le visiteur est invité à « découvrir avec les mains » mollusques, coquillages et mâchoires de requins.

EXCURSIONS

★**Tlacotalpan** – *1/2 journée. 100 km au Sud de Veracruz, dans la vallée du río Papaloapan, par la route 180 vers Alvarado ; parcourir 13 km et prendre l'embranchement vers Tlacotalpan.* Le nom de cette pittoresque petite ville que l'on atteint en franchissant un pont impressionnant sur le río Papaloapán signifie « entouré d'eau ». Elle fut choisie au 16e s. par les Espagnols comme chef-lieu d'un grand district et dut sa prospérité à l'époque coloniale à ses activités portuaires et aux riches plantations de canne à sucre de la région. Avec ses maisons bigarrées, elle conserve un aspect et une tranquillité toute provinciale. On remarquera la plaza de Armas et son kiosque de style mudéjar, l'église paroissiale St-Christophe avec ses beaux retables en bois et l'église de la Vierge de la Candelaria, honorée à l'occasion d'une grande fête, le 2 février, où l'on peut assister à l'**Encuentro de jaraneros** (« rencontre des chahuteurs »), à une course de taureaux et à la procession de la Vierge. Le **Museo Salvador Ferrando** *(Manuel M. Alegre 6 ; visite de 10 h à 17 h ; fermé le lundi ; 10 pesos ; ☎ (2) 812 85 00, poste 130)* présente des tableaux de ce peintre né à Tlacotalpan, ainsi que des meubles, des ustensiles et des photographies du 19e s. et quelques pièces précolombiennes de la région. Les nombreux restaurants qui longent le río Papaloapán proposent des repas aux fruits de mer accompagnés de la musique des « chahuteurs ».

Boca del Río – *1/2 journée. Dans la commune agglomérée à Veracruz.* C'est ici que sont réunis hôtels, restaurants, discothèques et la plage de Mocambo. Cette grande zone résidentielle possède d'excellents restaurants de fruits de mer qui s'alignent à l'embouchure de la rivière. **Mandinga** *(km 5,5 de la route 180 vers Alvarado)* propose aussi les meilleurs plats de la région, accompagnés de musique et de danses paysannes.

Cempoala – *1 h. 35 km au Nord-Ouest de Veracruz par la route 180. En passant le péage de Cardel, suivre l'indication Poza Rica jusqu'à l'embranchement vers Cempoala, indiqué par un écriteau « Zona Arqueológica ». Visite de 9 h à 18 h. 17 pesos. Entrée libre le dimanche. ☎ (2) 938 51 51.* Le nom Cempoala signifie « lieu des vingt » ou « de la vingtaine », sans doute à cause des échanges commerciaux qui s'organisaient ici tous les vingt jours. Avec les Tlaxcaltèques, les Totonaques contribuèrent en 1521 à la conquête de México-Tenochtitlán.
Le site comprend onze systèmes de murailles. Les Totonaques étant pacifiques, ce n'est pas contre des ennemis potentiels qu'ils se protégeaient ainsi, mais contre les fréquentes crues du fleuve. L'enceinte n° 4, la seule qui ait été restaurée en totalité, enserre quatre places : une pour les cérémonies religieuses – la plus impressionnante de toutes –, et trois pour les marchés. Elle protège également les édifices les plus remarquables : le **Temple Majeur**, résidence des dieux selon la foi totonaque, et le **Temple des Cheminées**. Ses colonnes avaient été construites avec du mortier autour d'un noyau de bois ; celui-ci s'étant désagrégé, il ne subsiste que l'enveloppe en ciment, qui a ainsi donné cette apparence de cheminées justifiant le nom du temple.
Devant ces édifices se dresse un petit autel utilisé, croit-on, pour sacrifier les animaux. Dans le même secteur s'élèvent deux structures circulaires. L'une était le foyer cérémoniel où l'on allumait le feu sacré au début de chaque cycle de 52 années ; un foyer plus petit, placé à côté, permettait de maintenir le feu allumé tout au long du cycle, la croyance totonaque voulant que l'extinction du feu provoque la fin du monde. L'autre, plus grande, que l'on appelle le Cercle des gladiateurs, est conçue de telle sorte que toute parole prononcée au centre en se tournant vers le Nord est amplifiée à la façon d'un micro. On pense que qu'il s'y déroulait des combats comme ceux des gladiateurs, en particulier après que Cempoala eut été conquis par les Aztèques qui y introduisirent leurs concepts.

Antigua – *14 km au Nord de Veracruz par la route 180 en direction de Cempoala. Après le péage, prendre le premier chemin à gauche et poursuivre sur 2 km.* Ce petit village est établi sur le site où fut fondée la première **Villa Rica de la Veracruz**. En arrivant, on voit sur le côté gauche de la place principale les vestiges de la maison de Hernán Cortés. Elle tient debout grâce aux figuiers qui en ont littéralement envahi les murs. Cortès y vécut un an, en 1520, et y mit au point son expédition contre Tenochtitlán. Le petit ermitage (1519) qui s'élève dans l'avenida Independencia passe pour être la première église érigée sur le continent américain. Sur les berges du río Antigua, qui coule à deux pas de la maison de Cortès sous de riches frondaisons, on peut déguster des fruits de mer ou faire une promenade en bateau.

★★★ **El Tajín** – *1/2 journée. 239 km au Nord de Veracruz par la route 180 jusqu'à Papantla, puis poursuivre jusqu'au site. Voir p. 255.*

Circuit des Tuxtlas – *1 jour. 144 km au Sud de Veracruz par la route 180 (vallée du río Papaloapan) ; se rendre à Santiago Tuxtla. Plus à l'Est se trouvent San Andrés Tuxtla (15 km) et Catemaco (27 km).* La sierra de los Tuxtlas est une région pluvieuse, fertile et verdoyante où l'on produit maïs, haricots, canne à sucre et tabac, et ou on élève le bétail. Elle est dominée par le volcan San Martín (1 700 m), où les Olmèques se fournissaient en blocs de pierre pour sculpter leurs célèbres têtes colossales.
Le circuit *(26 km à partir de Santiago Tuxtla par la route 180 en direction de l'Est jusqu'à Catemaco)* débute par **Santiago Tuxtla★**, pittoresque ville au cœur d'une nature riche et exubérante ; séduits, les Espagnols y établirent des fermes sucrières et d'élevage peu de temps après la Conquête. La **tête olmèque** la plus imposante découverte à ce jour, dite tête de Cobata, orne l'une des extrémités du **parc Juárez**. Elle a cela de remarquable qu'elle est la seule à avoir les yeux fermés. On visite à côté le **Museo Regional Tuxteco★** *(visite 9 h à 18 h (15 h les dimanches et jours fériés) ; 10 pesos ; ☎ (2) 947 01 96).*

Coucher de soleil sur le lac de Catemaco

San Andrés Tuxtla – *14 km après Santiago Tuxtla.* C'est le centre commerçant de la région, où se regroupent les industries du tabac. À côté de sa petite place se dresse la cathédrale St-Joseph.

Salto de Eyipantla – *À Sihuapan, 5 km après San Andrés Tuxtla par la route 180 vers Catemaco, tourner à droite et continuer sur 8 km par un chemin mal goudronné.* Cette impressionnante chute, d'environ 50 m de hauteur sur 40 m de largeur, est le principal déversoir naturel du lac de Catemaco. C'est l'une des plus grandes et des plus belles du pays, aussi a-t-elle servi de décor à de nombreux films. On descend par 244 marches jusqu'au bord de la rivière d'où l'on a une vue splendide sur la cascade, dont le nom indien signifie « Trois chutes d'eau ».

Catemaco – *12 km après San Andrés Tuxtla.* Cette petite ville se trouve au bord d'un des plus beaux lacs du Mexique. Ici cohabitent avec l'influence occidentale la tradition mystique des anciens Olmèques et son métissage avec celle des esclaves noirs amenés pour travailler dans les plantations. La région est réputée être une terre de sorciers, lesquels combinent dans leurs pratiques magie, invocation des esprits et traitements à base d'herbes médicinales. Chaque année, le premier vendredi de mars à minuit, se déroule ici le rassemblement national des guérisseurs, sorciers et magiciens. Le **lac**★, avec ses 27 km de long et 16 de large, s'il est l'un des plus riches du monde en plantes médicinales, reçoit aussi chaque hiver des milliers d'oiseaux migrateurs. Au cours d'une promenade en barque sur cet idyllique plan d'eau, on peut faire escale dans l'une des îles pour voir des mandrills dans leur milieu naturel.

Parque Ecológico Educativo Nanciyaga – *7 km de Catemaco par la route de Coyame ; on peut aussi s'y rendre en bateau. Ouvert de 8 h à 18 h. 15 pesos ; location de cabanes pour la nuit : 220 pesos (incluant bain de boue et utilisation de kayak).* ⚠ ✗ 🅴 ☎ *(2) 943 08 08 et 942 03 94.* Ce parc, dont le nom signifie « félicité », est la zone de forêt tropicale humide la plus septentrionale de la planète. C'est un endroit idéal pour randonner et observer la faune et la flore locales ; prendre un bain d'argile et de plantes aromatiques, puis plonger dans une source d'eau minérale ; consulter un guérisseur ; ou sacrifier au rite du *temascal*, sorte de bain de vapeur aux propriétés curatives, d'origine précolombienne. Petit paradis aux yeux des amateurs de tourisme vert, c'est ici qu'a été tourné le film *Medicine Man*, interprété par Sean Connery.

VILLAHERMOSA

Tabasco

465 449 habitants

ℹ Av. De los ríos, angle de calle 13, Complejo Tabasco 2000 ☎ (9) 316 51 22

Villahermosa, capitale de l'État, reflète le développement économique du Tabasco : agriculture, élevage, pêche, commerce et surtout industrie pétrolière. Plusieurs grandes rivières traversent l'État, procurant un tiers des ressources hydrauliques du Mexique. Villahermosa est presque une île, car elle est bordée par trois rivières, dont la principale est le río Grijalva. La ville ne présente pas de vestiges de l'époque coloniale, car la région ne possédait ni carrières, ni terrains rocheux, ni mines de métaux précieux. Mais cela est compensé aujourd'hui par les édifices modernes et les quartiers neufs consécutifs à son récent essor économique.

L'attrait principal de la ville tient à ses vestiges des cultures précolombiennes olmèque et maya. On appréciera aussi la variété de la flore et de la faune régionales. L'ambiance des rues de Villahermosa est attrayante, car ses habitants sont aimables, ouverts et débonnaires.

On y découvre des spécialités gastronomiques uniques au Mexique : le *pejelagarto*, poisson à tête d'alligator d'aspect préhistorique ; les *piguas*, sorte de langoustines ; le *chipilín*, une herbe épicée ; le *chorote*, boisson à base de cacao et de maïs ; et la *oreja de mico*, un dessert à la papaye et au miel de sucre noir.

LAGUNA DE LAS ILUSIONES ET ENVIRONS *1 jour*

Au Nord de la ville. Cette superbe et vaste étendue d'eau est propice à la promenade en barque à rames. C'est sur ses bords que se trouve le parc La Venta. Il est conseillé de se rendre en taxi aux divers sites à visiter.

★★ **Parque Museo La Venta** – *Av. Adolfo Ruiz Cortines. Visite de 9 h à 17 h. Fermé les 1er janvier et 25 décembre. 15 pesos.* ✗ ☎ *(9) 314 16 52. Il est conseillé de se protéger contre les insectes, surtout en mai, juin et juillet.* Les ruines **olmèques** du **site archéologique de La Venta** ont été découvertes par M. Stirling en 1940. Ce site se trouve à 4 km à l'Est du río Tonalá, sur la commune de Huamanguillo, à la frontière de l'État de Veracruz. La découverte du pétrole dans cette région a entraîné la construction d'une raffinerie qui a bouleversé l'environnement et détruit certains vestiges précolombiens.

Voyant le danger qui menaçait les ruines, le célèbre poète du Tabasco Carlos Pellicer a fait établir ce parc-musée dans les années 1950 en essayant de recréer le milieu naturel où vivaient les Olmèques. Il a fait transférer dans le musée les pièces les plus représentatives de cette culture.

La salle de présentation montre une maquette de La Venta et fournit des informations sur la culture olmèque. Les pièces ont été disposées sur 7 ha le long d'un dédale de chemins ombragés d'arbres tropicaux, au milieu de gracieux animaux inoffensifs qui se promènent en liberté.

Sur le trajet, quelques « traces de pas de Pellicer » indiquent l'itinéraire à suivre. La présentation n'est pas chronologique, mais on sait que la réalisation de ces pièces s'est étalée sur une période de plus de 600 ans. Cette création est l'une des

Tête colossale sur le site de La Venta

plus grandes énigmes de la culture olmèque, car ces énormes sculptures sont en pierre alors qu'on n'en trouve pas dans la région. Plusieurs théories ont été échafaudées à ce sujet ; l'une d'elles affirme que les pierres provenaient de villes voisines ; mais, dans ce cas, une autre question s'impose : comment les Olmèques ont-ils pu les obtenir et les transporter sur des centaines de kilomètres ?
Des 33 pièces exposées, celles qui retiennent l'attention par leur taille ou leur aspect sont les colossales **têtes olmèques★★★**, telle **La Inconclusa** (n° 10), l'**autel des Enfants** (n° 12), l'**autel triomphal** (n° 3) et la **stèle du roi** (n° 25).

Au terme du circuit on visite le **jardin zoologique** consacré à la faune régionale *(mêmes horaires de visite que le parc, mais fermé le lundi)*, où l'on peut voir jaguars, pumas, ocelots, jaguarondis (une sorte de chat sauvage), singes, crocodiles, aras, perroquets et divers oiseaux, ainsi qu'un vivarium et une volière.

Museo de Historia Natural – *En face du parc La Venta. Visite de 9 h à 16 h 30. Fermé le lundi. 15 pesos. ☎ (9) 315 28 89.* Ce moderne muséum présente la flore, la faune et la géologie de l'État de Tabasco. On remarquera notamment la section consacrée à la formation du pétrole, élément vital de l'histoire et de l'économie de la région.

Parque Tomás Garrido Canabal – *Av. Adolfo Ruiz Cortines, au croisement du paseo Tabasco.* Le parc, inauguré en 1930 en tant que site de la Feria du Tabasco par Tomás Garrido Canabal, gouverneur de l'État de 1923 à 1926 et de 1931 à 1934, changea de nom en 1965. L'architecte de León Teodoro González le redessina ensuite en s'inspirant de l'architecture de **Comalcalco** *(voir excursions)*.
Inauguré à nouveau en 1985, le parc comprend des aires de loisir, des espaces culturels, une maison des Arts et un théâtre. Parmi les éléments qui l'ornent, on remarquera la sculpture *Le Taureau* de Juan Soriano ; le *Quadrangle des Arcs* qui symbolise la fusion des cultures maya et espagnole ; le belvédère des Aigles (50 m de haut).

MALECÓN *1/2 journée*

Au Sud-Est de la ville.

La zone piétonnière du centre sépare l'Ouest de la ville de la jetée-promenade Carlos A. Madrazo. À cet endroit, un très grand pont piétonnier enjambe le río Grijalva. Après le pont, prendre à droite et suivre la jetée vers le CICOM (Centre de recherche sur les cultures olmèque et maya). Sur le quai, on peut prendre le bateau-restaurant du Capitán Beuló *(départs du mardi au samedi à 15 h 30 et 21 h 30, le dimanche à 13 h 30 et 15 h 30 ; réservation conseillée ; consommations : 50 pesos minimum ; ☎ (9) 312 92 09)* qui offre aux heures des repas des promenades sur le fleuve, passant devant des sites intéressants comme la **bibliothèque publique José María Pino Suárez**, dont la conception est due à Teodoro González et Francisco Serrano, travail couronné par le prix de l'Académie internationale d'Architecture à la fin des années 1980. Plus loin se trouve le **théâtre Esperanza Iris**, qui doit son nom à une célèbre actrice du Tabasco, le restaurant *Los Tulipanes* et le Musée régional, l'un des plus intéressants de la ville.

★**Museo Regional de Antropologia Carlos Pellicer Cámara** – *Av. Carlos Pellicer 511. Visite de 9 h à 19 h. Fermé le lundi, ainsi que les 1er janvier et 25 décembre. 10 pesos. ✂ ☎ (9) 312 63 44.* Ce musée conserve une partie du fonds de l'État, des donations particulières de l'Institut national d'anthropologie et d'histoire (INAH) et les collections léguées par le poète, auparavant exposées pendant plus de 26 ans dans l'ancien musée du Tabasco. Le bâtiment a été construit à l'initiative de Pellicer, afin de créer un espace plus vaste susceptible d'accueillir de nouvelles pièces. Il a été inauguré en 1980, trois ans après la mort du poète.
La visite commence par l'étage supérieur, avec des pièces qui donnent un aperçu général des cultures précolombiennes de Méso-Amérique et couvrent les périodes préclassique, classique et postclassique. Le premier étage expose des objets des cultures olmèque et maya de différentes régions du Tabasco et du territoire maya. On remarquera les **briques** à reliefs de **Comalcalco** *(voir excursions)* et les **urnes** de Teapa et de Tacotalpa. Celles de Tapijulapa, pour avoir séjourné des centaines d'années dans les profondeurs des grottes, sont partiellement recouvertes de concrétions calcaires, qui leur donnent un aspect étrange. On admirera les petits atlantes en pierre calcaire de Chichén Itzá, ainsi que de jolies figurines en argile de l'île de Jaina au Campeche.
Le rez-de-chaussée loge la **Tête colossale n° 2★★★** découverte à La Venta (c'est la mieux conservée des quatre têtes trouvées dans le Tabasco) ; la salle des pièces monumentales, où l'on expose des représentations de jaguars et des stèles Mayas ; la **mezzanine★★**, qui contient une sélection de belles pièces.

AUTRES CURIOSITÉS *1 h 1/2*

Museo de Cultura Popular – *Zaragoza 810. Visite de 10 h à 17 h (16 h le dimanche). Fermé le lundi, ainsi que les 1er janvier et 25 décembre. ☎ (9) 312 11 17.* La première salle présente une collection de vêtements féminins caractéristiques de la région Sud-Est du Mexique. La deuxième est consacrée aux danses indigènes toujours pratiquées dans l'État, comme la *Danza del Pochó* (danse du

Chicano), issue du carnaval, et la *Danza del Caballito Blanco*, qui évoque le choc des Aztèques à la vue des chevaux des Espagnols. La musique qui accompagne ces danses est interprétée à la flûte, sur les carapaces de tortues et au tambour, instruments exposés dans les vitrines. La dernière salle présente des objets d'usage quotidien ou rituel, appartenant en particulier à l'ethnie chontal. Dans la cour intérieure, on voit une reproduction d'une hutte typique des Chontal.

Museo de Historia de Tabasco (maison des azulejos) – *Benito Juárez, angle de 27 de Febrero. Visite de 9 h à 20 h (de 10 h à 17 h le dimanche). Fermé le lundi, ainsi que les 1er janvier et 25 décembre. 5 pesos. ✂ ☎ (9) 316 51 43.* Seul exemple d'architecture élégante de la fin du 19e s. au Tabasco, une magnifique **maison★** à deux niveaux ayant appartenu à José María Graham MacGregor, commerçant et collectionneur de livres originaire du Campeche, abrite le musée. Elle présente une grande variété d'éléments décoratifs, notamment arabes, gothiques, baroques et Renaissance. On remarquera les murs tapissés d'azulejos multicolores importés de Barcelone. La visite est un parcours au travers des différentes époques de l'histoire de l'État.

EXCURSIONS

Comalcalco – *2 h. 51 km au Nord-Ouest de Villahermosa. On peut se rendre à Comalcalco en autocar, et là prendre un taxi jusqu'au site. Visite de 10 h à 17 h. 20 pesos. ✂ ☎ (9) 316 51 43.* Le « lieu de la maison des *comales* » (plaques en terre ou en briques) fait partie du domaine de la culture maya chontal. Sa période de splendeur s'étend de 800 à 1250 après J.-C. Comalcalco est un cas atypique dans l'architecture précolombienne : l'absence de pierres dans la région a amené les anciens habitants à construire leurs bâtiments avec des briques en terre cuites en plein air (le nom náhuatl évoque cette particularité) et liées par un mortier de sable, d'argile et de coquillages calcinés et moulus. Au **musée** du site à l'entrée, on voit des exemples de ces briques, dont certaines sont sculptées, et quelques-unes des plus importantes pièces découvertes à l'occasion des fouilles.

L'accès au site se fait par un court chemin. La visite commence par la **place Nord** *(qu'on aborde par son extrémité Sud-Est)*, où se trouvent les temples I, II, III et IV qui bordent la partie Nord de la vaste esplanade. Juste à côté se trouve une plate-forme qui n'a pas encore été explorée. À gauche de cette dernière, un escalier moderne de couleur rouge conduit à la **Grande Acropole**, formée d'une série de temples, de cours et d'édifices à caractère résidentiel. Du haut de cet escalier, on découvre immédiatement à droite le **temple du Mascaron**, qui doit son nom à un grand masque en stuc représentant le dieu du Soleil Kinich Ahau. À gauche se dresse le **temple des Personnages assis**, lesquels apparaissent en relief. Après avoir rejoint le sentier principal, on suivra les flèches qui mènent au **temple IX**, dit des **Bolontikú**, où se trouve, dans une cavité, la **tombe des Neuf Personnages**. Neuf figures modelées dans le stuc ornent ses parois. On a découvert dans cette tombe des restes humains, des vestiges de colonnes et des chapelets de coquillages teints en rouge. Suivre le circuit et monter sur la gauche, où l'on trouve les temples IV et V. Tourner à nouveau à gauche pour parvenir au **palais**, dont l'intérieur conserve dans sa partie inférieure une cour où l'on a découvert un réseau complexe de distribution d'eau, formé de canalisations en argile reliées à des canaux d'évacuation des eaux. Du haut de la **Grande Acropole**, on jouit d'un superbe panorama sur toute la région.

Pour les visiteurs en taxi ou en voiture, nous conseillons le détour par le village de Cupilco *(44 km de Villahermosa)* pour voir la **façade** pittoresque et originale de l'église N.-D.-de-l'Assomption.

★**YUMKA' (Centre de découverte et d'interprétation de la nature)** – *2 h. 16 km. De Villahermosa, prendre la route vers l'aéroport. Un peu avant celui-ci, prendre à droite un petit chemin de 4 km qui conduit au site. Visite de 9 h à 17 h. 20 pesos. ✂ ☎ (9) 356 01 07. Il est conseillé de se protéger contre les moustiques.* On a donné le nom maya-chontal de *Yumka'*, « lutin qui protège la forêt », à ce splendide parc de détente et de loisirs, de rapprochement avec la nature et d'éducation à l'environnement. Il rassemble sur plus de 100 ha les trois principaux écosystèmes du Tabasco, forêt, savane et lagune. Au cours de trois circuits qui peuvent se faire respectivement à pied, en train et en bateau panoramique, on admire dans leur milieu naturel plus de 200 espèces animales de la région, 32 sortes d'animaux exotiques – dont des zèbres, des girafes, des rhinocéros, des éléphants et des tigres du Bengale – et une flore riche de plus de 250 variétés. Une promenade en barque *(10 pesos ; pourboire)* est possible en période sèche.

★★★**Palenque** – *3 h. 144 km au Sud-Ouest de Villahermosa par la route 186 : parcourir 116 km avant de prendre la route 199 à gauche.* *Voir p. 300.*

XALAPA

Veracruz

336 632 habitants

Carte p. 138 (**BY**)

ℹ Callejón de Rojas 10 (à côté de l'hôtel de ville) ☎ (2) 818 66 22 et (01 800) 712 66 66

Encadrée de montagnes, Xalapa est la capitale de l'État et la plus ancienne agglomération du Veracruz. Son nom provient du mot náhuatl **Xallapan**, « dans l'eau des sables ». Elle a atteint l'apogée de son développement au 18e s. grâce au succès commercial des produits de la mer. C'est alors que l'on a construit la plupart des quartiers et des édifices néoclassiques qui embellissent le centre.
Aujourd'hui, Xalapa, siège de l'université nationale, fait preuve d'une intense activité culturelle dans tous les domaines artistiques. Des formations interprètent musique folklorique, jazz et airs de chansons dans nombre de cafés et de tavernes. Son orchestre symphonique jouit d'une réputation internationale.

CENTRE *1/2 journée*

Pendant une bonne partie de l'année, un fin brouillard ou une bruine légère recouvrent la ville. Il convient donc d'emporter imperméable ou parapluie.

Le **parc Juárez** est le cœur de Xalapa. Sur trois niveaux ornés de nombreux parterres, c'est l'un des lieux de détente les plus fréquentés de la ville. Depuis ses belvédères, si le ciel est dégagé, on aperçoit au loin le pic d'Orizaba, le Cofre de Perote et la colline de San Marcos. Le **palais du Gouvernement** ferme le côté Est de la place. Au Nord, en traversant la rue, se trouvent l'**hôtel de ville** et, à côté, la **cathédrale**. Tous ces bâtiments ont été construits au 18e s.

Par l'escalier situé sur le côté Ouest du parc (en face du bâtiment du Desarrollo Agropecuario y Pesquero), on descend à la pinacothèque Diego Rivera.

Pinacoteca Diego Rivera – *Visite de 10 h à 18 h. Fermé le lundi. Visites guidées du mardi au vendredi toutes les demi-heures à partir de 10 h 30. ☎ (2) 818 18 19.* Inaugurée en 1998, la pinacothèque expose dans sa collection permanente 36 œuvres du célèbre peintre Diego Rivera, qui en fit don au Veracruz. On remarquera notamment le *Portrait de la mère du peintre* (1904), *L'Enfant au poussin* (1935) et *Nu aux tournesols* (1946). Plusieurs salles sont réservées à des expositions temporaires de peintres contemporains.

Après la cathédrale, la calle Dr. Rafael Lucio monte vers **Xallitic**, un des plus vieux quartiers de Xalapa. Depuis le pont, on verra une petite place où se trouvent des **lavoirs** du début du 19e s., couverts d'un toit à deux pentes de poutres et de briques soutenu par de grosses colonnes. Ils sont toujours utilisés aujourd'hui par les femmes du quartier.

La principale avenue du centre, qui passe devant la cathédrale, s'appelait autrefois calle Real ; c'est aujourd'hui Juan de la Luz Enríquez. Pour découvrir certains des recoins de la ville, il suffit de la parcourir, de la cathédrale jusqu'à l'église St-Joseph *(face à la cathédrale, prendre à droite)*. La première petite rue à gauche est l'ancien **callejón de El Diamante** (aujourd'hui Antonio M. de Rivera), lieu où se donnent rendez-vous artisans ou convives à toute heure du jour. Plus loin, prendre à gauche au croisement de Xalapeños Ilustres. Quelques rues plus loin, presque devant l'église St-Joseph, se trouve l'un des plus beaux lieux de Xalapa, le **callejón de Jesús te Ampare** (aujourd'hui Cuauhtémoc). Au bout de la rue, on peut revenir au centre par Zamora et prendre une collation dans l'un des innombrables cafés où les habitants de Xalapa se réunissent pour discuter.

★★★ **Museo de Antropología de Xalapa** – *Av. Xalapa. Il convient de prendre un taxi pour se rendre au musée. Visite de 9 h à 17 h. Fermé les jours fériés. 15 pesos.* ✂ *☎ (2) 815 09 20.* Ce bel édifice moderne abrite environ 3 000 pièces archéologiques trouvées dans le Veracruz. Le musée est divisé en trois sections correspondant aux grandes civilisations olmèque, totonaque et huaxtèque qui ont occupé l'État respectivement au Sud, au Centre et au Nord, à différentes périodes couvrant les trente siècles qui ont précédé la **Conquête**.
Entre les salles, des petites cours présentent des sculptures de grandes dimensions, entourées d'une riche végétation. Ces cours donnent sur un très grand parc qui longe le musée.
Les pièces les plus remarquables du musée sont les sept **têtes olmèques**★★★ trouvées à San Lorenzo, où l'on en a découvert 17. Elles représentent probablement des personnages de l'élite dirigeante olmèque. Si les coiffures varient, les traits sont tous identiques : nez camus, grosses lèvres et... coquetterie dans l'œil. Les nombreux débats menés sur l'origine des Olmèques, que certains veulent asiatique et d'autres africaine, n'ont encore apporté aucune preuve concluante à ce sujet.

Vestibule – Une colossale tête olmèque coiffée de griffes de jaguar (la tête n° 8) accueille le visiteur. En suivant le parcours sur la gauche, on arrive, au fond de la salle, à l'énorme tête n° 5, avec sa coiffure en peau de jaguar avec griffes d'aigle, symbolisant probablement le dualisme entre la terre et le ciel.

Première section – *Deux salles et une cour.* Elle est consacrée aux Olmèques. On trouve ici des pièces monumentales de la période préclassique, notamment entre 1300 et 400 avant J.-C. La **tête n° 1★★★**, la plus grande et la plus importante du musée, pèse de 18 à 20 tonnes et domine la première cour. Dans la salle attenante se trouvent trois autres têtes olmèques, dont la n° 9 est la seule à afficher une expression souriante. Parmi les énormes trônes, autels, stèles et têtes, on voit de nombreuses figures anthropomorphes qui présentent un mélange d'éléments humains et félins. Dans la deuxième salle, on remarque le **prêtre** dit **de las Limas**, tenant dans ses bras un enfant aux traits de jaguar. On ne manquera pas non plus dans la même salle les masques de jade qui étaient portés en offrande au dieu de l'eau, ainsi que d'immenses stèles postolmèques.

Deuxième section – *Trois salles et deux cours.* Elle présente des objets provenant de nombreux sites cérémoniels de la région, dont Remojadas, El Tajín, Las Higueras et El Zapotal. Ces pièces de la période classique (3e au 9e s. après J.-C.), travaillées pour la plupart dans l'argile, sont beaucoup plus petites que les pièces olmèques, mais elles sont plus élaborées et variées. Des figures plus réalistes – hommes, femmes, enfants et animaux – illustrent divers aspects de la vie quotidienne. Dans la première salle de cette section, il convient de mentionner les petits visages souriants – probablement totonaques – en céramique et la splendide sculpture de **Mictlantecuhtli**, le Seigneur du règne des Morts. Dans la salle suivante sont exposés différents objets et bas-reliefs, pour la plupart d'El Tajín, en rapport avec le jeu de pelote. Dans la même salle, on admirera des peintures murales provenant de Las Higueras. Le joyau de cette deuxième section est représenté par les figures féminines en argile sculptée d'El Zapotal. Ce centre était le sanctuaire des *Cihuateteo*, femmes divinisées pour être mortes en couches. Elles portent une ceinture d'escargots, symbole de vie, et une coiffure avec une figure de serpent à deux têtes symbolisant la Terre.

Troisième section – *Une salle.* On y découvre des pièces huaxtèques de la période postclassique, qui se caractérisent par leurs formes beaucoup plus simples que celles des cultures antérieures. On remarquera notamment quelques personnages masculins à la coiffure conique et d'autres statuettes dédiées au Soleil, à la Terre et à la Lune.

★**Museo de Ciencias y Tecnología de Veracruz** – *3 h. Av. Rafael Murillo Vidal. Depuis le centre-ville, prendre l'av. Murillo Vidal presque jusqu'à son extrémité Est, où elle débouche sur la route 140 (vers Veracruz). Le musée se trouve à droite. Visite du mardi au vendredi de 9 h à 18 h, samedi et dimanche de 10 h à 19 h. 24 pesos.* ✗ ☎ *(2) 812 50 88.* Ce musée spacieux et accueillant a été inauguré en 1992. Alliant l'information à la distraction, il explique aux enfants de tous âges, à partir d'images et de modèles interactifs, « comment c'est » et « comment ça fonctionne ». Parmi d'autres activités, le visiteur peut pénétrer dans une grotte reconstituée, au centre de la planète Terre ou dans la capsule authentique d'une navette spatiale. Des documentaires sur la faune, la planète ou d'autres thèmes scientifiques sont projetés sur l'immense écran de la salle IMAX.

EXCURSIONS

Ancienne hacienda de El Lencero – *2 h. 10 km au Sud-Est de Xalapa par la route 140 vers Veracruz, puis à droite en face du terrain militaire ; continuer sur 1,4 km. Visite de 10 h à 17 h. Fermé le lundi. 10 pesos ; entrée libre le mardi.* ✗ ☎ *(2) 812 85 00.* Dominant une douce colline, environnée d'un épais bois de lauriers, de jardins et d'un paisible lac, cette singulière ferme sucrière dont la construction date de la première moitié du 16e s. s'entoure d'une atmosphère romantique. Elle doit son nom à son premier propriétaire, Juan Lencero, un des soldats d'Hernán Cortés, qui installa ici une modeste auberge sur la route du port de Veracruz. De la fin du 16e s. jusqu'au 19e s., elle fut vouée à l'élevage, l'agriculture et l'exploitation de la canne à sucre. Au nombre de ses différents propriétaires, on trouve **Antonio López de Santa Anna**, qui fut onze fois président du Mexique. Il acheta El Lencero en 1842 et, deux ans plus tard, y célébra ses noces dans la chapelle. L'hacienda lui appartint pendant 14 ans : il en fit sa résidence et lui donna son apparence définitive. Il n'hésita pas à sacrifier une partie de son bétail pour nourrir ses soldats pendant la guerre contre les États-Unis. Un siècle plus tard, en 1950, un autre propriétaire, Rafael Murillo Camacho, fit construire pour les religieuses carmélites une maison qui sert actuellement de cafétéria. Le bâtiment d'habitation, qui s'étend sur deux grandes ailes reliées par des couloirs, des galeries et des balcons, compte un grand nombre de chambres qui abritent une splendide **collection★** de meubles et d'objets du 19e s., la plupart provenant d'Europe, mais aussi du mobilier d'origine de la ferme.

Dans le jardin qui se trouve derrière la maison, on peut admirer un immense figuier de plus de 500 ans, à l'ombre duquel Santa Anna élevait ses coqs.

★**Jardín Botánico Francisco Javier Clavijero** – *3 h. 2,5 km au Sud de Xalapa par l'ancienne route de Coatepec. Visite de 9 h à 17 h. Fermé les 1er janvier et 25 décembre. 3 pesos. ☎ (2) 842 18 27.* C'est un endroit tranquille voué à la conservation, à la diffusion et à l'étude des plantes sylvestres de la région de Xalapa et de ses environs. Avec un sens esthétique remarquable, plus de 1 500 plantes sont présentées, étiquetées et répertoriées, montrant ainsi la grande variété de la flore du Veracruz, de la forêt tropicale aux bois de conifères. Le parc s'étend sur 8 ha ; il comprend un jardin de fleurs ornementales et un lac artificiel pour les plantes aquatiques. Une autre section présente les cultures maraîchères traditionnelles : travaux appliqués et souci didactique viennent ajouter à la beauté de ces jardins.

★**Coatepec** – *2 h. Quitter Xalapa vers le Sud, par la nouvelle route de Coatepec (route nationale 7). Au rond-point, à l'entrée de Coatepec, obliquer légèrement vers la droite, 1 km plus loin, on pénètre dans le centre historique. Prendre à droite la calle Jiménez del Campillo (première rue pavée) jusqu'à la place principale.* Coatepec, dont le nom signifie « le dos du serpent », est réputée pour son excellent café, qui est peut-être le meilleur du pays, et pour son caractère nettement colonial. Avec ses rues pavées et ses toits de tuiles, cette petite cité pittoresque conserve son charme d'antan, qu'il convient de savourer en la parcourant à pied, au départ de la place principale. Au kiosque qui se dresse au milieu de la place, on dégustera les fameuses glaces *(nieves)* de Coatepec. Du côté Est de la place, se trouve l'église St-Jérôme, construite par les franciscains peu après qu'ils eurent évangélisé la région en 1560. Sur le côté Ouest s'élève l'hôtel de ville, de style néoclassique. Au Nord de la place, la serre Maria Cristina abrite une grande variété de plantes tropicales, parmi lesquelles on remarquera de belles orchidées. En avril/mai, Coatepec célèbre chaque année pendant 15 jours la Fête du café, grande exposition industrielle et artisanale.

★**Xico (Cascades de Texolo)** – *En arrivant à Coatepec depuis Xalapa, suivre la rue principale (Cuauhtémoc) jusqu'à la calle Juárez, où l'on tourne à gauche ; suivre les panneaux indiquant Xico (6 km). À Xico, prendre à gauche : une petite pancarte peinte à la main porte l'inscription « Cascada ». Après avoir parcouru 1 km sur un chemin de terre, continuer sur 2 km par un chemin pavé.* ✂. Les imposantes cascades de Texolo se trouvent dans une gorge spectaculaire d'une rare beauté. C'est ici qu'a été tourné le film *À la poursuite du diamant vert*. On peut admirer les cascades du haut d'un belvédère, traverser l'une des ramifications des gorges par une passerelle suspendue pour voir le torrent depuis le haut des chutes ou descendre plus de 350 marches pour contempler la cascade depuis le bord de la rivière.
Le village de Xico célèbre chaque année en juillet une *pamplonada* (course de taureaux).

★★★**El Tajín** – *1/2 journée. 217 km. Quitter Xalapa au Nord par la route 140 et aller jusqu'à Perote ; tourner à droite et prendre la route 131 jusqu'à l'embranchement de la route 180 ; prendre à gauche, passer Papantla et poursuivre jusqu'au site archéologique. On s'y rend aussi par la route 140 vers le Sud-Est jusqu'à Cardel, puis la route 180 vers le Nord jusqu'à Papantla.* *Voir p. 255.*

Région 8

CÔTE PACIFIQUE

Cultures indiennes millénaires, splendeurs naturelles sans égales

Artisanat et gastronomie p. 79. Une part importante des trésors culturels du Mexique se trouve le long de la côte du Pacifique. Elle présente des aspects variés, allant de la plage immense et de la plaine infinie à la montagne verdoyante et à l'aride sierra d'altitude. Les phénomènes géographiques les plus étonnants du pays se cachent ici : grottes fantastiques recelant des figures imaginaires et des secrets ancestraux ; cascades et lacs aux formes et couleurs inimaginables ; imposantes falaises, dont les murs conservent des images et des histoires fabuleuses. À toutes ces merveilles naturelles on doit ajouter une flore et une faune uniques au monde.

L'importance historique de chacun des États de la région reflète d'une certaine manière cette richesse naturelle. À l'époque précolombienne, la région était habitée par des ethnies indiennes très puissantes, qui ont édifié des temples et des villes dont il reste des vestiges imposants. Plus tard, les Espagnols ont transformé la plupart de ces centres en villes coloniales. Malgré les nombreux changements et destructions intervenus après la Conquête, il est indiscutable que le séjour des Espagnols sur ces terres a laissé un riche et bel héritage architectural et artistique. Couvents, églises et autres bâtiments grandioses de cette époque constituent aujourd'hui un patrimoine historique et artistique qui ne relève pas seulement du Mexique mais du monde entier. De même, le mélange des cultures et des ethnies, clef de la complexe identité mexicaine, est un point fondamental pour comprendre comment évolue et se transforme le Mexique d'aujourd'hui.

Tout au long de la côte pacifique habitent un grand nombre des ethnies indigènes du pays, qui maintiennent vivantes leurs traditions, leur langue et leurs coutumes. À certains endroits, leur influence est très forte ; ailleurs, la vie moderne s'est imposée à elles. Mais, sans aucun doute, les États de la République culturellement les plus intéressants et les plus riches sont ceux où habitent actuellement les descendants directs des anciennes civilisations.

Même si le Guerrero, le Michoacán, l'Oaxaca et le Chiapas ont pour point commun leurs richesses naturelles, historiques et culturelles, chacun de ces États présente des traits singuliers qui les rendent uniques. La diversité des langues, des coutumes et des traditions gastronomiques est telle que l'on pourrait dire qu'il s'agit de pays différents. Cela fait partie de la magie qui caractérise cette région, de l'attrait qu'elle exerce tant auprès des amateurs de sable et de mer que des passionnés d'histoire, d'archéologie, d'anthropologie et d'architecture.

© Robert Frerck/ODYSSEY

Marché de San Juan Chamula

ACAPULCO★★

Guerrero

687 292 habitants

Costera Miguel Alemán 4455 (Centro Internacional Acapulco) et 187

☎ (7) 484 44 16 et 86 91 71

Appelée la **perle du Pacifique** en raison de la beauté de ses plages et de son climat merveilleux, Acapulco est le site touristique le plus visité du Mexique et de toute l'Amérique latine. Chaque année, des milliers de touristes mexicains et étrangers visitent cette station célèbre qui, tout en vivant au rythme de la vie moderne, a su conserver sa beauté et ses attraits naturels.

Un peu d'histoire – À l'époque coloniale, Acapulco était le plus grand centre d'échanges entre l'Europe et l'Asie, car son port fut dès 1566 la tête de pont vers l'Extrême-Orient. Essayant de tirer le meilleur parti et le plus grand profit de cette mine d'or, les redoutables pirates firent leur apparition peu après l'ouverture de la route commerciale. Pour protéger ses intérêts, la Couronne espagnole fit construire le **fort San Diego**. La dernière apparition de bateaux pirates remonte à 1815.

BAIE D'ACAPULCO ET COSTERA MIGUEL ALEMÁN

1/2 journée

Toute l'animation de l'Acapulco moderne se trouve concentrée dans cette immense baie de près de 7 km de long. Le port est bordé par la Costera Miguel Alemán, la plus grande avenue de la ville, reliée en plusieurs endroits aux nombreuses plages ourlant la baie. Les grands hôtels et restaurants proposent tous les services et tout le confort à ceux qui viennent chercher le soleil, la mer et le sable. L'après-midi, les centres commerciaux et autres boutiques de l'avenue invitent à la promenade. Le soir, le paysage resplendit des lumières des discothèques, des yachts et des endroits romantiques où l'on peut passer la soirée. Trois fois par semaine, le **Centre international Acapulco** *(Costera Miguel Alemán 4455)*, un édifice moderne situé à l'extrême Ouest de la ville, organise une **Fiesta Mexicana** *(les lundis, mercredis et vendredis à partir de 19 h ; 350 pesos, une boisson et dîner compris ; réservation nécessaire ; ☎ (7) 484 71 52)*, bonne occasion de voir des danses régionales ainsi que l'impressionnant spectacle des « **Voladores de Papantla** », du Veracruz.

★**Museo Histórico de Acapulco (Fort San Diego)** – *Morelos et Hornitos. Visite de 9 h 30 à 18 h 30. Fermé le lundi. 20 pesos. ☎ (7) 482 38 28.* La Couronne espagnole fit construire le fort en 1615 pour se défendre des attaques des pirates, qui

La baie d'Acapulco

cherchaient à s'emparer des cargaisons arrivant d'Extrême-Orient à bord du célèbre **galion de Manille** (c'est de Manille que, deux fois par an après qu'un décret de Philippe II ait limité ce commerce, partait le navire chargé de produits chinois à destination d'Acapulco). Le tremblement de terre de 1776 détruisit l'ancien bastion, remplacé cinq plus tard par le fort actuel, construit en pierre sur un plan pentagonal, entouré d'un fossé et de nombreuses enceintes.
Le musée présente en détail l'évolution historique du port, en mettant l'accent sur l'importance du commerce maritime. Parmi d'autres curiosités, il expose une maquette du galion de Manille et des objets relatifs au commerce avec l'Orient.

Autre option pour passer la journée, surtout si l'on voyage avec des enfants : les parcs d'attractions **Cici** *(Costera Miguel Alemán, angle de Cristóbal Colón ; ouvert de 10 h à 18 h ; 50 pesos ; ☎ (7) 484 19 71)* et Papagayo *(Gómez Morín 1 ; ouvert de 7 h à 21 h ; ☎ (7) 485 68 37)*. Le premier possède une piscine à vagues, des toboggans, des rapides et offre des spectacles d'animaux marins. Le deuxième est constitué d'une zone écologique qui propose des promenades sur des lacs artificiels, une piste de patinage et des manèges, entre autres attractions.

ACAPULCO MARITIME *1/2 journée*

Du côté Ouest de la baie, dans le prolongement de la Costera, on découvre les lieux qui ont rendu célèbre la ville d'Acapulco dans les années 1940.

★ **Isla Roqueta** – *Face aux plages de Caleta et Caletilla, à 1 km de la côte. L'embarcadère se trouve juste devant le Mundo Mágico Marino.* C'est l'une des promenades traditionnelles d'Acapulco. Les petites embarcations à fond vitré permettent de découvrir un monde sous-marin vivant et multicolore. La traversée d'environ 45 mn permet de voir quelques curiosités avant d'arriver sur l'île. On y découvre les maisons de célébrités comme John Wayne et Juan Gabriel, ainsi que la demeure où a été filmé *El inocente*, un des films mexicains les plus amusants, interprété par des comédiens célèbres au Mexique, Pedro Infante et Silvia Pinal. À côté de l'îlot rocheux appelé Yerbabuena se trouve, immergée à environ 7 m de profondeur, une statue de la **Vierge de Guadalupe**, placée ici le 12 décembre 1959 et transportée par la route depuis la basilique de Mexico, accompagnée d'une procession qui faisait halte dans chaque ville. À Roqueta, les plages sont tranquilles et on peut se baigner en sécurité. Il y a de bons restaurants et on y loue des chaises et des parasols. Les activités nautiques permettent de découvrir la **réserve marine La Roqueta**, une zone protégée où les récifs fourmillent de beaux poissons. Autre attraction, le petit **Aca Zoo**, où cohabitent différentes espèces animales locales. On peut aussi emprunter le sentier qui entoure l'île et monter l'allée qui conduit au phare.

★★ **Espectáculo de La Quebrada** – *Plazoleta de la Quebrada. Spectacle à 12 h 45, 19 h 30, 20 h 30, 21 h 30 et 22 h 30. 12 pesos.* ✗ 🅴 *☎ (7) 483 14 00.* Les impressionnants plongeons de La Quebrada sont connus du monde entier. Le spectacle commence par l'apparition du plongeur sur la placette ; il descend à la mer par la falaise, traverse à la nage la distance qui le sépare des parois rocheuses, les escalade jusqu'à une hauteur de 25 à 35 m, puis s'élance courageusement dans le vide. On dit qu'aucun Mexicain ne s'est tué au cours de ces exploits. Les plongeons sont parfois d'une grande virtuosité, et le plus spectaculaire est toujours le dernier de la journée.

CARRETERA ESCENICA CLEMENTE MEJÍA *1/2 journée*

La route touristique qui prolonge la Costera Miguel Alemán au Sud-Est compte plusieurs belvédères qui offrent des **vues panoramiques★** de la côte. On peut aussi contempler ce beau paysage depuis le **belvédère★** de la **chapelle de la Paix**, auprès de l'église, dans le quartier Las Brisas, au n° 5255 de la route.

★**Puerto Marqués** – Cette baie, aussi belle que celle d'Acapulco mais plus petite et moins touristique, servait autrefois de refuge à des pirates très actifs ; c'est à l'un des plus célèbres, Pierre Marqués, que la baie doit son nom. Puerto Marqués propose tout l'éventail des activités nautiques, de l'exploration avec masque et tuba à la plongée, au ski nautique et à la voile. Sur la plage on peut déguster de délicieux fruits de mer et prendre des boissons rafraîchissantes. Ceux qui souhaitent passer la journée ici y trouveront tout le confort.

★**Revolcadero** – C'est un endroit idéal pour faire de longues marches ou des promenades à cheval. Les fortes vagues qui ont donné son nom (*revolcar*, renverser) à la plage ne permettent pas aux nageurs de s'éloigner en mer. Mais on peut passer la journée sur la plage en jouissant du paysage, en profitant des jeux et en goûtant aux spécialités locales. C'est une option attrayante pour ceux qui souhaitent s'éloigner de l'agitation touristique de la zone hôtelière.

EXCURSIONS

★**Laguna de Coyuca** – *1/2 journée. 13 km d'Acapulco par la route fédérale 200 vers Ixtapa-Zihuatanejo.* Cette immense lagune offre un paysage très différent de celui d'Acapulco. Le circuit proposé est un voyage exceptionnel en bateau au cœur de la flore et de la faune d'une merveilleuse jungle de marais, de mangrove et d'îlots dont les arbres sont peuplés d'innombrables oiseaux. L'**Isla del Presidio** a accueilli une prison pendant plusieurs années : elle était alors entourée de crocodiles féroces qui dissuadaient les prisonniers de toute tentative d'évasion ; maintenant, c'est une riche réserve de cormorans, de canards et, curieusement, d'un grand nombre de chats. Des embarcations, on admire aussi la **zona arqueológica**, ainsi nommée à cause des étranges dessins laissés par la marée. On peut enfin visiter l'île **La Montosa**, où la cuisine est délicieuse et où l'on peut se reposer un peu.

À la descente de bateau, il convient de se rendre à **Pie de la Cuesta**, site idéal pour admirer de splendides **couchers de soleil★**. Là, des vagues impressionnantes peuvent atteindre 4 m de hauteur.

Ixtapa et Zihuatanejo – *2 jours. 245 km au Nord-Ouest d'Acapulco par la route 200.*

★**Ixtapa** – Ce majestueux complexe touristique face à l'océan réunit grands hôtels de luxe, restaurants élégants et boutiques de prestige. L'**île Ixtapa★** est très attirante avec ses quatre petites plages tranquilles, qui sont autant d'aquariums naturels d'une incomparable beauté.

★**Zihuatanejo** – *7 km d'Ixtapa.* Cet endroit a un charme spécial, très provincial. Pendant la journée, on a le choix entre les promenades et les plaisirs de la mer sur la jetée principale et sur les trois plages tranquilles de la baie, La Madera, La Ropa et Las Gatas. En fin d'après-midi, les marchés et boutiques du centre deviennent d'agréables points de rencontre. Pour manger, tous les restaurants situés au long de la plage principale sont parfaits.
L'histoire de la région est présentée au **Museo Arqueológico de la Costa Grande** *(visite de 9 h à 19 h ; fermé le lundi, ainsi que les 1er janvier et 25 décembre ; 4 pesos ; ☎ (7) 554 75 52).*

Baies de HUATULCO★★

Oaxaca

Av. Chahué, Bahías de Huatulco ☎ (9) 587 00 90

C'est sans doute l'un des plus beaux sites de la côte du Pacifique. Cette merveilleuse enfilade de neuf baies successives a donné lieu, dans les années 1980, à la construction d'un élégant complexe touristique qui permettra de faire connaître cette splendide partie de l'État de Oaxaca. Avant que le gouvernement ne prenne cette initiative, Huatulco était un petit village de 500 pêcheurs qui, en échange de leurs terrains, ont obtenu une maison, de l'argent et la concession des transports publics. L'essor du tourisme a entraîné l'arrivée de nombreux Mexicains d'autres régions, qui ont trouvé ici un nouveau mode de vie.

CIRCUIT DES BAIES *2 jours*

Départs de l'embarcadère de Santa Cruz de 8 h à 16 h. Circuit commenté. Réservation conseillée. De 300 à 1 000 pesos selon l'excursion (prix par bateau pour 1 à 10 personnes). ✗ E ☎ *(9) 587 00 81.*

Le circuit comprend la visite des neuf baies, avec la possibilité, en option, de descendre à certains endroits pour profiter de la plage, de la tranquillité de la mer, et admirer à travers l'eau cristalline de fantastiques bassins naturels.
En partant de la baie de Santa Cruz, la première plage est celle de **La Entrega** (« livraison »), ainsi nommée car c'est ici que Picaluga livra Vicente Guerrero aux autorités espagnoles pendant la guerre d'Indépendance ; il devait être ensuite fusillé à Cuilapan de Guerrero. Ensuite on passe par l'**île de los Pelicanos** et **El Bufadero**. Le circuit se poursuit avec **El Órgano**, lieu vierge encore qui doit son nom aux cactus environnants. Viennent ensuite la **Cara de Piedra**, ou **Cara Olmeca**, visage sculpté par la nature sur un rocher. Les eaux tranquilles de la baie d'**El Maguey** permettent la pratique d'activités nautiques ; on y savoure aussi de délicieux fruits de mer. Vue du ciel, l'immense plage encore vierge de la **baie de Cacaluta** adopte la forme d'un cœur ; son nom zapotèque signifie « lieu où se pose le cormoran ». **Chachacual** est aussi un nom zapotèque : « lieu où pondent les tortues ». Les deux dernières baies

sont celles de **Riscalillo** et **San Agustín**. Entre les deux se trouve une formation rocheuse qui a l'apparence d'un lion couché regardant l'horizon. San Agustín est une plage de pêcheurs et la nourriture qu'on y sert est vraiment très fraîche et savoureuse. De l'autre côté de Santa Cruz, les baies de **Tangolunda**, **Chahué** et **Conejos** sont affectées à la construction d'hôtels.

EXCURSIONS

Zona Aromática – *1 jour. 45 km à l'intérieur de la sierra par la route de Salina Cruz. Il est conseillé de participer à une excursion organisée.* La production du **café** pour la consommation nationale et l'exportation est très importante dans l'économie de cette région. Les premiers plants de café furent introduits à l'époque coloniale par les pirates anglais. À la fin du 19e s. les Allemands donnèrent une grande impulsion à la culture caféière, faisant de la région l'une des zones les plus productives. Vers le milieu du 20e s., les exploitations allemandes furent expropriées et les villageois s'approprièrent cette activité rentable. Dans cette région, la culture du café se fait sans l'emploi d'engrais et la récolte, nécessitant une main-d'œuvre abondante, voit le rassemblement de plusieurs ethnies du Oaxaca : Mixes, Zapotèques, Chontales, Huaves, Triquis, parmi d'autres.
La zone que l'on visite s'étend sur plus de 50 000 ha. Certaines propriétés sont très retirées et on ne peut s'y rendre qu'en jeep. Le circuit est très intéressant, non seulement pour ce que l'on apprend en visitant une plantation de café, mais aussi pour le paysage naturel qu'on découvre en chemin, lorsque la végétation tropicale si diversifiée fait subitement place au décor typique de la sierra.

Puerto Ángel – *1 jour. 45 km de Huatulco par la route fédérale 200 vers Puerto Escondido.* La baie principale de Puerto Ángel n'est pas très grande mais elle est superbe. L'eau est turquoise, parfaitement cristalline, les vagues légères ; c'est l'endroit idéal pour se baigner et faire de la plongée. La baie partage son territoire avec la **plage del Panteón**, qui s'appelle ainsi à cause du cimetière que l'on voit enclavé dans la colline.

Un peu plus loin se trouve **Zipolite**, une plage naturiste. Au long de cette merveilleuse plage, une grande quantité de huttes de palmes sont prêtes à héberger le visiteur pour un tarif très économique.

Centro Mexicano de la Tortuga, sur la plage de **Mazunte** – *1 h. À environ 10 km de Zipolite. Visite guidée (1 h) de 10 h à 16 h 30. Fermé le lundi. 4 pesos.* ✗ 🅴.
Pendant presque trente années, la vente des œufs, de la chair et des carapaces de tortue a été un commerce fructueux de cette région. Cela a conduit le gouvernement à interdire en 1990 la chasse à la tortue. En 1992, s'associant aux initiatives menées dans le monde pour éviter l'extinction de l'espèce, il a ordonné la création du centre de Mazunte. Celui-ci a été ouvert au public en 1994, avec pour objectif de faire naître une conscience écologique chez les visiteurs. Parmi les activités proposées, on peut participer à des excursions permettant d'assister à la ponte des tortues.

Puerto Escondido – *Une journée. 110 km à l'Ouest de Huatulco par la route 200.* Jadis nommée Punta Escondida, la localité dispose d'une dizaine de plages splendides, qui vont de la petite baie de **Puerto Angelico** jusqu'à la plage de **Zicatela**, étendue et impressionnante, où les vagues peuvent atteindre 7 m de hauteur. C'est ici que sont organisées chaque année deux compétitions internationales de surf (une pour amateurs, l'autre pour professionnels). De l'embarcadère principal partent souvent des bateaux qui emmènent les visiteurs pour des promenades inoubliables, où l'on rencontre dauphins et tortues avant de découvrir les plages de la baie. Le sentier touristique qui longe les rochers offre de belles vues de la mer et c'est un agréable point de rencontre.
Malgré l'absence d'une infrastructure touristique développée, l'atmosphère de cet endroit est tout à fait internationale. La beauté naturelle du site suffit pour attirer les visiteurs.

★ **Parque Nacional Lagunas de Chacahua** – *1 jour. À environ 70 km de Puerto Escondido par la route fédérale 200 vers Acapulco. Visite de 8 h à 17 h.* ✗ 🅴 *☎ (9) 516 01 23. Il est conseillé de participer à une excursion organisée : 4 personnes minimum, 250 pesos/personne (Turismo Rodimar : ☎ (9) 582 07 34).*
C'est l'une des excursions les plus fascinantes de la côte pacifique. L'aventure commence au premier arrêt, encore à terre, où l'on découvre un phénomène naturel très étrange avec les « arbres de l'amour ». Une fois en bateau sur les lagunes de la Pastoría et Chacahua, la traversée d'une jungle épaisse au milieu d'étranges et sympathiques oiseaux migrateurs inspirera l'aventurier qui se cache dans tout visiteur. Surtout lorsque les passagers se retrouveront face à des crocodiles à l'air féroce et affamé, menaçants même derrière les grilles de leur parc. Après tant d'aventures, une pause pour goûter les recettes typiques de la région sera la bienvenue.

MITLA★★

Oaxaca

ℹ ☎ (9) 568 03-16

L'agglomération de San Pablo Mitla cache en son cœur le dernier centre religieux de l'époque précolombienne, un lieu où l'on inhumait exclusivement seigneurs et hauts dignitaires. Plus que la majesté des constructions, c'est leur ornementation qui rend le site remarquable. Le décor de grecques qui a rendu Mitla célèbre se compose de milliers de petits blocs de pierre parfaitement taillés et polis, rassemblés sans liant aucun sur un mur en terre glaise. Les figures, à la géométrie parfaite, sont associées à d'anciens dieux.
Mitla a été fondée autour de l'an 100 après J.-C. On la considère comme la dernière ville zapotèque, bien que sa structure indique une forte influence mixtèque, due à la domination exercée finalement par cette civilisation sur celle des Zapotèques. Le nom de Mitla vient du mot náhuatl **Mictlán**, « lieu des morts », que les Zapotèques nomment **Liobaá** ; elle a un nom náhuatl parce qu'elle a été conquise par les Aztèques vers la fin de son histoire. Mitla était encore habitée à l'arrivée des Espagnols en 1521.

SITE ARCHÉOLOGIQUE *1 h 1/2*

46,5 km à l'Est d'Oaxaca par la route 190 ; prendre ensuite la route 175. Visite de 8 h à 18 h. 17 pesos. ☎ (9) 568 03 16.

Le site archéologique s'organise en cinq ensembles : groupes de l'Église, des Colonnes, des Adobes (briques d'argile), de l'Arroyo (ruisseau) et de la zone Sud. Les deux premiers groupes sont les plus importants. Le reste, bien qu'ouvert à la visite, n'a pas encore été entièrement exploré.

Groupe de l'Église – *Derrière l'église San Pablo Apóstol (17e s.).* Derrière l'église, une rue mène à une cour où l'on voit trois petites constructions aux linteaux décorés de grecques. Cette cour communique avec une autre, plus petite. On aperçoit des vestiges sur les murs extérieurs de l'église, car elle a été bâtie sur d'anciennes constructions précolombiennes.

Patio des Grecques, détail

Groupe des Colonnes – Deux grands ensembles quadrangulaires de plan similaire se rejoignent à un de leurs angles. Chacun comprend une cour intérieure, avec un petit temple central, bordée sur trois côtés de pièces d'habitation.
L'**édifice des Colonnes** se trouve dans le premier ensemble. Il a été construit sur une plate-forme de hauteur moyenne précédée d'un escalier et présente une salle de 38 m x 7 m, dont l'entrée s'effectue par trois baies séparées par deux gros piliers. L'intérieur renferme six énormes colonnes monolithiques. À l'angle de droite, un petit passage conduit au **palais** (patio des Grecques). On estime à plus de 100 000 le nombre de pierres sculptées qui ont été utilisées pour les frises qui ornent cette cour. Sur les côtés s'ouvrent des chambres étroites qui servaient de tombes.

Pour visiter le deuxième ensemble, revenir au sentier principal et se diriger vers le Sud.

Sur le côté Est de la cour, on peut visiter une des tombes ; l'entrée est au niveau du sol, devant le bâtiment. Une partie du toit est soutenu de l'intérieur par un pilier qu'on a appelée « la colonne de la vie ». Une légende raconte que chacun peut connaître le nombre d'années qui lui reste à vivre en l'entourant de ses bras.

Hierve el Agua

Une autre personne mesure alors avec ses doigts posés à la verticale l'espace restant entre les mains : chaque doigt compte pour deux ans. Il y a aussi une très grande pierre dont on dit que celui ou celle qui la frappera par trois fois se mariera très prochainement.

Museo de Arte Zapoteca de Mitla (Museo Frisell) – *Situé à l'entrée de Mitla. Visite de 10 h à 17 h. Fermé le mercredi. 10 pesos. ☎ (9) 516 01 23.* Une petite maison de la fin du 18e s. présente environ 2 000 pièces précolombiennes des cultures mixtèque et zapotèque.

EXCURSION

★★ **Hierve el Agua** – *28 km à l'Est de Mitla par la route d'Ayutla, que l'on emprunte sur 18 km avant de tourner à droite dans un chemin de terre. Visite de 7 h à 20 h. 10 pesos. ✗ ☐ ⚠ ☎ (9) 516 01 23 et 562 09 22. Éviter les week-ends et jours fériés pour la visite.* Ce système d'irrigation précolombien, qui a donné naissance à d'évocatrices formations fossilisées, se trouve au milieu d'une montagne fort escarpée. Entre 700 avant J.-C. et 1350 de notre ère, les sources de la région furent utilisées pour créer un système de 600 terrasses et au moins 6 km de canaux, qui irriguaient une zone d'environ 17 km².
Les eaux salines ont contribué à fossiliser ce système, générant de belles formations, comme les impressionnantes **cascades de sel★**, encore parcourues d'eau. On peut également voir les restes de quelques canaux précolombiens *(en suivant le circuit piétonnier de 2,3 km)*. Sur la plate-forme supérieure, appelée l'**amphithéâtre**, le visiteur appréciera de prendre un bain unique et rafraîchissant, avec une **vue★** splendide sur les montagnes.
Le lieu doit son nom d'« eau bouillante » aux bulles que forme l'eau en sortant de la source. Malgré tout, la température est idéale pour soulager le visiteur des fortes chaleurs de la région.

MONTE ALBÁN★★★

Oaxaca

ℹ ☎ (9) 516 12 15

Des hauteurs de cet impressionnant site précolombien, on contemple la beauté immuable du paysage de l'État d'Oaxaca. Les imposantes constructions de Monte Albán recèlent dans leurs entrailles des secrets et légendes innombrables, dans les dédales desquels sa véritable origine se perd. Malgré des siècles d'abandon, sa présence continue de forcer le respect et l'admiration. Les Zapotèques ont construit Monte Albán sans l'aide d'animaux domestiques ou de machines. Il est si difficile de croire que, seuls, ils ont aplani ce terrain et bâti ce merveilleux site, que l'histoire prend des airs de récit fantastique mettant en jeu des êtres venus d'ailleurs. Monte Albán a été inscrit au patrimoine mondial de l'humanité en 1987.

Un peu d'histoire

Les origines – Le nom Monte Albán résulte d'une fusion du mot zapotèque **Danibaà**, « montagne sacrée » et de l'appellation « Colinas Albanas » donnée à la cité par les conquistadors. Les origines de Monte Albán remontent à 500 après J.-C. Pendant près de 1 300 ans, ce fut le plus grand centre politique, économique et culturel zapotèque de la région. Entre les années 750 et 800, le site a été inexplicablement abandonné par ses habitants. Un phénomène analogue s'est produit en parallèle dans d'autres cultures précolombiennes. Les historiens n'ont pas encore découvert la raison de cette série d'événements.

Un ancien centre de recherches – Un certain nombre de chercheurs pensent que Monte Albán n'a pas été fondé pour être habité, car à proximité ne coule aucune rivière, élément essentiel à la survie des populations. Ils pensent plutôt qu'il s'agissait d'un centre zapotèque d'études de la philosophie de l'existence, de la cosmogonie et des sciences. En revanche, on est certain qu'après avoir été abandonné, Monte Albán a été utilisé à nouveau comme cimetière et forteresse militaire. Les Mixtèques l'ont occupé très longtemps après le départ des Zapotèques. Plus tard, à l'époque des luttes pour la domination des vallées, les deux cultures l'ont utilisé comme quartier militaire.

Les fouilles – Pendant une période qui s'étend de la Conquête aux débuts du 20e s., Monte Albán a été oublié. Pourtant, lors des premières fouilles menées par **Leopoldo Batres** en 1902, on s'est rendu compte que le site avait été pillé à de très nombreuses reprises. La plus grande découverte jusqu'à présent, celle de la **tombe n° 7**, est due à **Alfonso Caso**, qui a exploré par deux fois le site, de 1931 à 1949 et en 1958. L'INAH (Institut national d'anthropologie et d'histoire) a engagé une nouvelle campagne de fouilles en 1996. Monte Albán est l'une des quatre collines qui constituent le site archéologique ; c'est la seule qui ait été explorée à ce jour. Pour étudier les cultures méso-américaines, les anthropologues ont divisé l'histoire de Monte Albán en cinq périodes : I, de 500 à 100 avant J.-C. ; II, de 100 avant J.-C. à 250 après J.-C. ; III, de 250 à 800 ; IV, de 800 à 1300 ; V, de 1300 à 1521.

Sur la nouvelle route de Monte Albán, 10 km au Sud-Ouest de Oaxaca.

SITE ARCHÉOLOGIQUE *1/2 journée*

Visite de 8 h à 18 h. 25 pesos. ✂ 🅴.

Unidad de Servicios Culturales – Un petit musée explique l'histoire et l'importance de Monte Albán. Les salles d'exposition montrent des reproductions et des pièces originales. Il y a aussi une librairie et un restaurant. Entre l'unité de services et l'entrée du site se dresse un monument en l'honneur de l'historien et archéologue Alfonso Caso.

La grande place (Gran Plaza) – L'esplanade du centre cérémoniel public mesure environ 300 m de long sur 200 m de large. Les anciens Zapotèques ont aplani le terrain autant qu'il était possible ; ils ont aussi tiré parti des excroissances rocheuses naturelles, par exemple pour les constructions au centre et celles des plates-formes de la périphérie du site. Pour obtenir un effet de symétrie presque parfaite, quoique le côté Est soit bien plus dégagé que le côté Ouest, ils ont été amenés à aménager des cours et de petits édifices devant les grands bâtiments du côté le plus étroit afin de rééquilibrer l'ensemble.
Ces constructions n'avaient pas de fonction déterminée et ne servaient pas de maisons, car les habitants vivaient sur les versants de la colline.

Le circuit débute sur la plate-forme Nord, à droite de l'entrée et se poursuit dans le sens contraire à celui des aiguilles d'une montre.

Plate-forme Nord – L'avant de cet ensemble est formé d'un grand escalier flanqué de deux larges rampes de près de 12 m. Du côté Est (à droite) du soubassement, on voit un *adoratorio* orné d'une pierre gravée dont le pourtour montre des dessins ; les côtés sont décorés de reliefs, la partie supérieure de figures anthropomorphes. Devant l'escalier, une stèle isolée présente des glyphes sur ses quatre côtés. Sur la partie supérieure, on aperçoit les vestiges de 12 colonnes ; il semble qu'elles soutenaient un toit. Aux alentours se dressent quatre petits temples quadrangulaires. On découvre au centre une cour en contrebas, avec un sanctuaire au milieu.

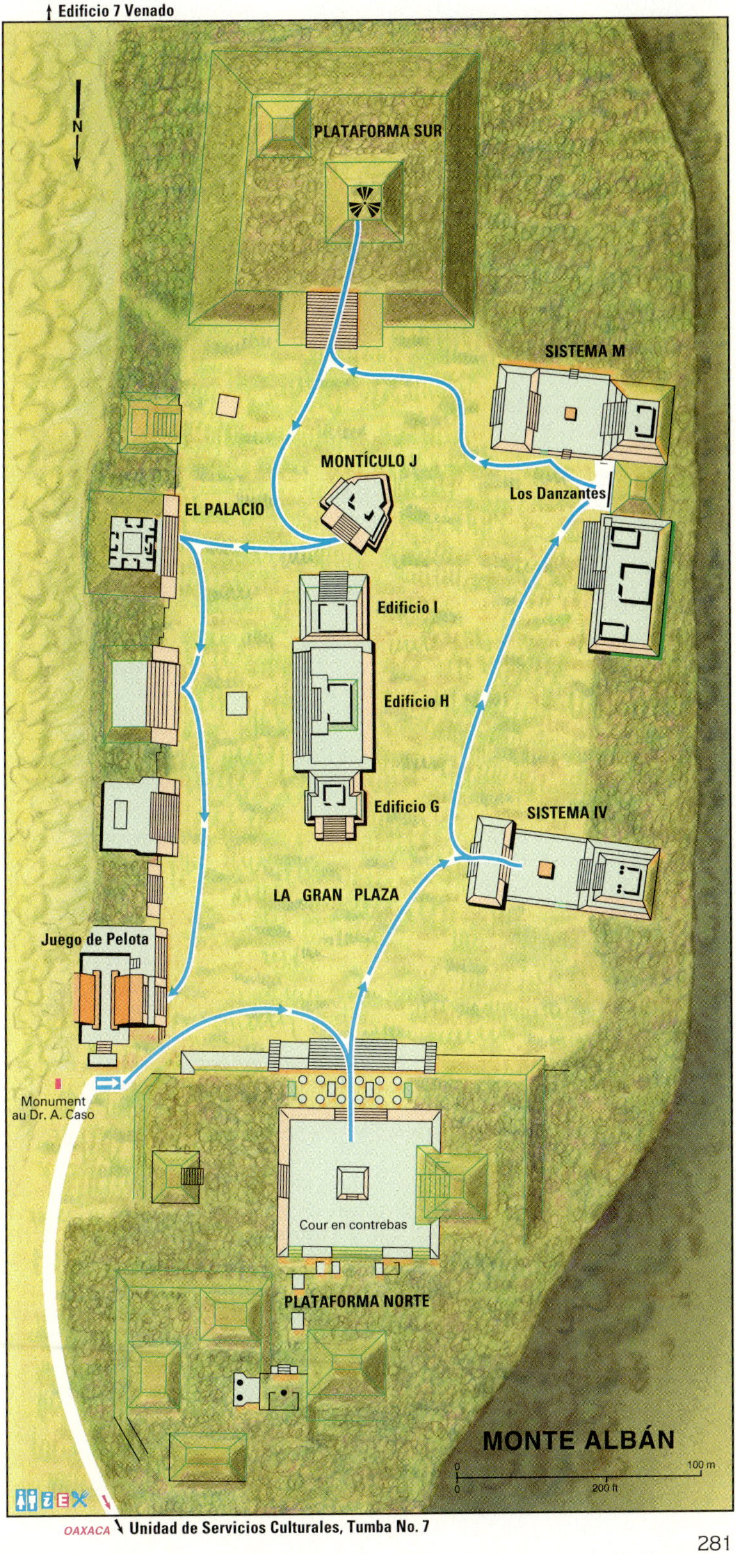

Les Systèmes IV et M

Système IV – Dans cet ensemble se détache le **temple-patio-adoratorio**, une des plus importantes innovations architecturales zapotèques. La partie avant se compose de deux plates-formes séparées par une cour intermédiaire, avec au centre un adoratorio. Au fond, on voit un bâtiment précédé d'un escalier. Dans la partie supérieure, les restes de quatre colonnes forment un petit vestibule.
À la droite de cet ensemble s'élève une stèle de 5 m de haut, qui était bien plus grande à l'origine. Sur sa face Ouest on voit des glyphes calendriers. Certains guides l'appellent le **sablier** *(reloj de arena)*, mais on ignore en réalité quelle était sa fonction.

Le temple des Danseurs (Los Danzantes) – Cet édifice doit son nom aux **personnages gravés** apparaissant sur le côté gauche. Ils semblent exécuter des pas de danse rituels, mais les historiens sont divisés à ce sujet : certains affirment que ce sont des représentations de victimes de sacrifices, d'autres qu'il s'agit de chefs des territoires voisins, d'autres encore que ce sont des malades. Certains affirment aussi que ce sont les représentations d'un culte sexuel. Quoi qu'il en soit, les traits de ces personnages présentent indéniablement des caractéristiques de la civilisation **olmèque**, la plus ancienne de Méso-Amérique.

Système M – Cet ensemble est identique au Système IV du point de vue de la construction ; il a été élevé ainsi pour donner un équilibre architectural au côté Ouest.

Plate-forme Sud – La façade ressemble à celle de la plate-forme Nord, avec son escalier flanqué de larges limons. La plate-forme a été partiellement explorée. Aux extrémités inférieures du soubassement sont encastrées quelques stèles gravées de dessins. La partie supérieure porte de petits monticules, traversés de tunnels creusés par les pillards. La **vue★★★** sur l'esplanade et le paysage environnant est sublime.

Édifice « 7 Venado » – *250 m au Sud-Est de l'esplanade. Suivre le chemin qui se trouve sur le côté Est de la plate-forme Sud.* Cet ensemble est constitué de quatre structures groupées autour d'une place ; chacune est orientée vers un des points cardinaux. Le nom *7 Venado* (7 Cerf) provient d'une inscription gravée sur un des linteaux.

Montícule J – C'est le plus intéressant des édifices centraux. On remarquera son orientation Sud-Ouest, sa forme de flèche, et ses tunnels intérieurs. Ces éléments ont laissé penser aux chercheurs que le bâtiment servait d'observatoire astronomique. Sur les côtés, on verra des dalles gravées relatant les conquêtes de Monte Albán.

Le palais (El Palacio) – À l'intérieur de cet édifice se trouvent des chambres en ruine. Du fait de leur conception, on pense qu'elles étaient attribuées à de hauts personnages. Elles sont groupées autour d'une cour centrale.

Édifices G, H, I – On pense que ces monuments ont été élevés au-dessus d'une excroissance rocheuse. On peut y accéder par trois côtés de l'esplanade. La partie supérieure du bâtiment central (H) présente deux chambres, indiquées par les colonnes des murs latéraux. Devant l'escalier principal, au niveau du sol, se trouve un petit temple où l'on a découvert le célèbre **masque de jade** en forme de chauve-souris exposé au musée national d'Anthropologie de Mexico.

Jeu de pelote – Comme tous ceux de la région, le jeu n'a pas d'anneaux sur les côtés. Au centre, une grande pierre servait à lancer la balle pour commencer le jeu, comme dans les parties de **pelote mixtèque**, fréquentes dans différentes zones du Oaxaca. Sur la partie supérieure de la construction on distingue une sauterelle sculptée ; côté Ouest, deux monolithes portent des glyphes calendriers.

Alfonso Caso a découvert 170 tombes dans les parages de Monte Albán. Bien que la plupart soient de construction zapotèque, les offrandes trouvées à l'intérieur sont d'origine mixtèque (on le sait grâce au type de céramique employée à leur confection). La plus connue est la tombe 7, à côté du parc de stationnement. Certaines se visitent, mais elles sont un peu éloignées de la place centrale et le plus intéressant de leur contenu se trouve dans les musées.

MORELIA★★

Michoacán

578 061 habitants

Nigromante 79, Palacio Clavijero ☎ (4) 317 23 71 et (01 800) 450 23 00

Morelia, capitale du Michoacán, est située sur une petite colline de l'ancienne vallée de Guayangareo. Les nombreuses plates-formes en pierre rose qui l'entourent lui confèrent un air majestueux et imposant, et lui ont valu son inscription au Patrimoine mondial de l'humanité en 1991.
À l'ambiance coloniale qui fait le charme des rues de Morelia vient s'ajouter l'atmosphère estudiantine qui émane des magnifiques édifices coloniaux devenus bâtiments universitaires. Morelia se distingue par ses activités culturelles et sa grande tradition musicale. Parmi les événements annuels les plus attendus ont lieu ici des festivals internationaux de musique et d'orgue.

Un peu d'histoire

Époques précolombienne et coloniale – À l'époque précolombienne, le Michoacán était habité par les **Mazahuas**, **Otomis**, **Nahuas**, **Matlatzingos** et **Michuacas**. Ces derniers, appelés **Tarasques** (ou **Purépechas**) après la Conquête, ont dominé la plus grande partie du territoire de l'Ouest. Leur origine demeure incertaine, mais on les rattache à des groupes du Pérou pour des raisons de similitude de langue et de culture. Les Tarasques ont été l'un des rares groupes qui parvinrent à se défendre avec succès contre les **Aztèques**. Leurs trois royaumes principaux étaient situés à **Pátzcuaro**, **Tzintzuntzan** et **Ihuatzio**. La conquête de la région par les Espagnols n'a pas été aussi brutale et destructrice que celle de Tenochtitlán, du fait de la soumission pacifique des Indiens. Cependant, vers 1530, **Nuño Beltrán de Guzmán** entreprit une guerre extrêmement violente contre les Indiens, les contraignant à quitter leurs villages et à fuir vers les montagnes. Mandaté par la seconde cour de Justice de Nouvelle-Espagne pour apaiser la révolte des Indiens, **Vasco de Quiroga** entama son œuvre d'évangélisation pacifique à Tzintzuntzan en 1538 ; il la poursuivit un an plus tard à Pátzcuaro, devenant le justicier protecteur des Indiens, qui l'appelaient respectueusement **Tata Vasco** (« tata » signifie papa en purépecha).
En 1541, à l'initiative du vice-roi **Antonio de Mendoza**, fut fondée là où se trouve aujourd'hui Morelia, la ville de Valladolid. Son titre officiel et ses armes furent attribués par la Couronne espagnole cinq années plus tard. Les autorités civiles et ecclésiastiques furent transférées de Pátzcuaro à Valladolid en 1580. Pendant la période coloniale, le Michoacán parvint à un haut degré d'intégration culturelle et atteignit un remarquable niveau de développement économique, grâce au travail acharné des religieux et à la générosité naturelle du sol.

19e et 20e siècles – Le Michoacán participa activement à la lutte pour l'indépendance. Rappelons simplement le nom de José María Morelos y Pavón, originaire de Morelia, qui rejoignit Hidalgo et contribua au succès de la cause indépendantiste grâce à son grand talent d'organisateur et à son génie militaire. D'autre part, c'est à Zitácuaro qu'en 1811 López Rayón fit connaître le Manifeste de la Nation, et c'est à Apatzingán qu'en 1814 le Congrès de Anáhuac rédigea la première constitution du Mexique.
En 1824, le Michoacán fut déclaré État libre et souverain. Quatre ans plus tard, Valladolid adopta officiellement le nom de Morelia en hommage à Morelos.
Pendant la période révolutionnaire se distinguèrent les figures locales de Salvador Escalante, Francisco Mújica et Lázaro Cárdenas, un des personnages les plus aimés et respectés du Mexique.

★★CENTRE HISTORIQUE *1 jour 1/2*

★★**Catedral** – *Av. Madero. Visite de 6 h à 20 h30.* La cathédrale a été l'un des premiers édifices construits en pierre rose. Son style architectural imposa un modèle qui fut adopté pour les constructions postérieures. Elle fut édifiée entre 1660 et 1774, sur un dessin original de Vicencio Barroso Escayola, pour remplacer l'ancienne cathédrale détruite en 1640 par un incendie.

Façade principale – D'un sobre style baroque, elle est curieusement tournée vers la rue, et non vers la place. Encadrée par deux lourdes tours de 66,8 m, elle présente trois portails, à la manière d'un triptyque ; chacun se divise en trois ordres décorés de panneaux ornés de niches et de pilastres. Le relief central représente la Transfiguration du Christ, celui de gauche l'Adoration des Bergers et celui de droite l'Adoration des Rois mages. À chaque entrée, les grands et lourds portails de bois cachent de fines **portes★** recouvertes de cuir, ouvragées dans le style de Cordoue.

Intérieur – Il compte trois vaisseaux, merveilleusement éclairés par la lumière naturelle qui descend du lanternon de la coupole de la croisée et des fenêtres supérieures. La décoration mêle les styles baroque et néoclassique, visibles dans le parement du maître-autel en argent remarquablement travaillé (18e s.). Au fond du bas-côté gauche, le Christ en pâte de tiges de maïs, que les fidèles appellent le Seigneur de la Sacristie, est un don de Philippe II. Au-dessus de l'entrée (le *coro* se trouve derrière le maître-autel) trône un orgue d'origine allemande, installé ici en 1905. Il a inspiré la célébration annuelle du **festival international d'Orgue**, qui se déroule depuis plus de 30 ans au mois de mai. On remarquera la chaire à deux escaliers. Dans le **baptistère**, ouvert en certaines occasions seulement et pour les baptêmes, on verra de superbes **fonts baptismaux★** en argent sculpté qui ont servi au baptême de José María Morelos y Pavón et d'Agustín de Iturbide. De belles peintures ornent les murs de l'**ancien couvent** (occupé aujourd'hui par l'administration de la cathédrale).

Plaza de Armas – *Av. Madero, Zócalo.* Morelia est l'une des rares villes à posséder deux places principales, la cathédrale coupant en deux l'esplanade centrale. À l'Est se trouve la plaza Melchor Ocampo, et à l'Ouest la plaza de Armas, appelée aussi plaza de los Mártires, car c'est là que furent fusillés José Guadalupe Salto (1812), Mariano Matamoros (1814) et un groupe de jeunes défenseurs des idées libérales (1830).

La place a été conçue au 16e s. pour être le point autour duquel s'organiserait le plan urbain. Elle est entourée d'une série de porches donnant sur les grandes **demeures** (aujourd'hui des hôtels et des restaurants) construites au long des 17e, 18e et 19e s. pour les familles les plus riches. Les différences de style ne nuisent pas à l'harmonie créée par les élégantes arcades caractéristiques de Morelia. Au centre de la place s'élève un kiosque à la française construit à la fin du 19e s.

L'avenida Madero, la cathédrale et la plaza de Armas

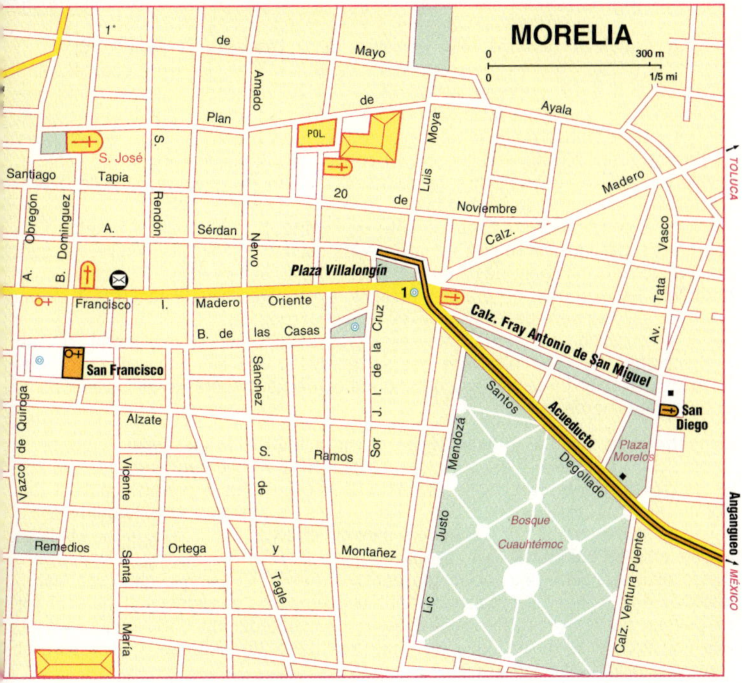

C'est un endroit agréable où l'on peut se délecter de sucreries, d'amuse-gueules et du délicieux jus de canne *(fruta de caña)* à l'ombre rafraîchissante des arbres ou, aux accents des boléros, contempler la majestueuse cathédrale et s'étonner de l'animation quotidienne.

Palacio de Justicia (**A**) – *Portal Allende 267. Visite de 8 h à 20 h. Fermé le week-end. ☎ (4) 312 15 79.* Le bâtiment date du 17e s. L'intérieur a conservé son agréable style colonial, mais la façade actuelle a été refaite en 1883 par Woddon de Sorinne qui l'a dotée d'éléments néoclassiques et Art nouveau. L'extérieur présente des arcs reposant sur des pilastres, des fenêtres aux clefs de voûte sculptées et aux balcons ornés de balustrades en ferronnerie. Les angles de la cour intérieure, avec leur double arcature aveugle, lui confèrent volume et rondeur. Dans la cage de l'escalier à rampes de ferronnerie, des murals d'Agustín Cárdenas datant de 1976 célèbrent l'existence du premier tribunal de Justice.
Avant sa transformation, l'édifice a servi successivement de maison du conseil, d'hôtel de ville, de palais du gouvernement et de collège.

Museo Regional Michoacano – *Allende 305. Visite de 9 h à 19 h (14 h le dimanche). Fermé les lundis et jours fériés. ☎ (4) 312 04 17.* Le musée occupe une élégante demeure en pierre de taille du 18e s. À l'extérieur, on remarquera la décoration baroque du balcon d'angle tourné vers la plaza de Armas, les fines moulures et les balcons à auvents en pierre. Dans le vestibule, remarquez l'arc mouluré dont la clef forme une jolie lanterne. Le bâtiment borde une belle cour entourée d'une double arcade. On aperçoit au fond un escalier qui part d'un impressionnant arc aveugle double, dont la clef est constituée par une statue de saint Antoine ayant à ses pieds un chérubin ailé. La cage d'escalier présente le mural *Cuauhtémoc y la Historia* d'Alfredo Zalce.
Bien que le musée ait été fondé en 1886 pour faire connaître l'histoire de l'État de l'époque précolombienne à nos jours, c'est en 1915 seulement qu'il fut installé dans ce bâtiment, qui appartenait à don Isidro Huarte, beau-père d'Agustín Iturbide. Dans la salle coloniale, on remarque un très grand tableau anonyme du 18e s., illustrant le transfert de religieuses dominicaines d'un couvent à un autre *(voir plus loin Conservatorio de las Rosas)*.

Colegio de San Nicolás Hidalgo (**B**) – *Francisco I. Madero Ouest. Visite du lundi au vendredi de 7 h à 21 h, le samedi de 8 h à 16 h. Fermé les jours fériés. ☎ (4) 312 31 91.* Ce collège, le premier à accueillir ensemble des étudiants indiens et espagnols, fut constitué par la fusion en 1580 de deux établissements : l'école San Nicolás, fondée par Vasco de Quiroga à Pátzcuaro, et l'école San Miguel, qui était déjà établie ici, à la suite du transfert du siège ecclésiastique de Pátzcuaro à Valladolid (aujourd'hui Morelia). En 1847, on lui donna le nom de Hidalgo en hommage au héros de la patrie, qui avait été professeur et recteur du collège, et qui eut alors pour élève José María Morelos y Pavón. Aujourd'hui le collège dépend de l'université du Michoacán.

Palacio Clavijero (**ancienne église et collège de la Compagnie de Jésus – C**) – *El Nigromante 79. Visite les jours ouvrables de 8 h à 20 h, les week-ends et jours fériés de 9 h à 19 h. Fermé les 1er janvier et 25 décembre.* Cette gigantesque construction en pierre de taille date du 17e s. était à l'origine l'église et le collège des jésuites. L'édifice reçut le nom de l'un des plus grands maîtres et historiens de l'ordre, Francisco Xavier Clavijeroe. Le couvent abrite aujourd'hui divers services gouvernementaux, dont l'Office de tourisme, et l'ancienne église, la belle bibliothèque de l'université du Michoacán.

La porte d'entrée se trouve sur un côté de l'église. Sur sa modeste façade, d'un sobre style baroque, le regard est attiré vers l'écu avec l'aigle impériale, les gargouilles, le couronnement de l'édifice et la tour l'unissant à l'église. L'immense cour intérieure est entourée de grandes arcades surmontées par 28 fenêtres à claire-voie que surplombent des cantonnières et des gargouilles.

Sur le côté gauche s'élève un grand escalier s'ouvrant sous un arc fermé par une clef sculptée. La cage d'escalier est surmontée d'une belle coupole, avec des fenêtres ovales et un lanterneau que l'on aperçoit dans toute sa splendeur depuis la belle fontaine de la cour.

Conservatorio de Las Rosas (**église et ancien couvent de Las Rosas**) – *Santiago Tapia 334. Visite de 9 h à 14 h et de 16 h à 19 h. Fermé l'après-midi le samedi, et les dimanches et jours fériés. ☎ (4) 312 14 69.* Ce fut le premier couvent des dominicaines. Après l'avoir occupé pendant près de 150 ans, elles le quittèrent à cause de sa dégradation et s'établirent dans un nouveau couvent de la rue Madero, appelé aujourd'hui **Templo de las Monjas**.

Après avoir été restauré, l'ancien couvent devint en 1743 l'école Santa Rosa María, destinée aux jeunes filles pauvres, dont la méthode d'enseignement musical fut maintenue par les institutions religieuses qui lui succédèrent. C'est aujourd'hui un des conservatoires de musique les plus prestigieux du Mexique, qui prépare et forme les **Niños Cantores de Morelia**.

Le **portail★** de l'église (1757) présente la caractéristique typique des couvents de religieuses, à savoir d'être constitué de deux parties unies par un contrefort. On y remarque les bas-reliefs de la sainte Famille et de sainte Rose de Lima, ainsi que les gargouilles de style médiéval en forme de crocodiles. L'intérieur de l'église conserve un grand retable de style churrigueresque, chargé d'angelots et d'une ornementation complexe.

L'entrée du **couvent** se trouve à droite de l'église. Le cloître est de plain-pied ; son jardin est orné d'une sculpture d'Alfredo Zalce, *La Danse*. La deuxième cour conserve d'anciens lavoirs construits pendant le séjour des dominicaines.

★**Museo del Estado** (**M**[1]) – *Guillermo Prieto 176. Visite de 9 h à 14 h et de 16 h à 20 h (19 h les week-ends et jours fériés). Fermé les 1er janvier et 25 décembre. ☎ (4) 313 06 29. Photographie interdite.* Cette maison baroque du 18e s., connue jadis comme la « Maison de l'Impératrice » car la tradition populaire dit que l'épouse d'Agustín Iturbide, Ana Huarte, y vécut, a été transformée dans les années 1980 pour y exposer une riche collection d'objets anciens.

À l'entrée se trouve une ancienne **pharmacie★**, ouverte en 1868, qui a conservé son mobilier complet et ses accessoires d'origine. Le premier étage présente une collection de bijoux Tarasques en cristal de roche, jade et turquoise. Le deuxième étage offre un panorama des caractéristiques naturelles et culturelles des huit régions qui composent l'État, à travers une exposition de mannequins, maquettes, costumes et objets d'artisanat.

Museo de Arte Colonial (**M**[2]) – *Benito Juárez 240. Visite les jours ouvrables de 10 h à 14 h et de 17 h à 20 h, les week-ends et jours fériés de 9 h 30 à 14 h et de 16 h 30 à 19 h. ☎ (4) 313 92 60.* Inauguré en 1984, le musée occupe une demeure du 18e s. où s'était installée en 1821 la première imprimerie de la ville. Il abrite deux grandes collections. L'une est constituée par un ensemble de christs d'époques et de styles différents, réalisés selon des techniques et avec des matériaux variés, d'où ressortent particulièrement ceux confectionnés en pâte de maïs ; l'autre réunit des peintures de l'époque coloniale, parmi lesquelles on relève de très belles œuvres du peintre d'Oaxaca Miguel Cabrera.

Casa de la Cultura (**ancien couvent des carmes déchaussés**) – *Av. Morelos Norte 485. Visite les jours ouvrables de 10 h à 14 h et de 16 h à 20 h, les week-ends et jours fériés de 10 h à 18 h. Fermé les 1er janvier et 25 décembre. ✗ ☎ (4) 313 12 15, poste 233.* Le gigantisme de cet édifice n'a pas d'égal dans la ville. Une grande partie de l'ancien couvent est aujourd'hui occupée par la Maison de la culture ; le reste appartient à de petits commerçants.

Le couvent, construit vers la fin du 16e s., se distingue par ses trois dômes élevés à des périodes différentes (16e, 17e et 18e s.). Les modifications intérieures opérées au cours des siècles ont nui à l'équilibre des volumes d'origine. Mais il faut visiter l'immense cour principale, l'ancien réfectoire *(à côté de l'escalier)* qui renferme une chaire en bois du 16e s., et admirer les restes d'une fresque consacrée à la sainte Famille.

Un passage à l'étage permet de découvrir les anciens dortoirs et les cellules, qui servent aujourd'hui de bureaux.
Au rez-de-chaussée, le **musée** présente des masques splendides, que l'on portait uniquement pour les danses régionales. La collection couvre la plupart des États du Mexique, surtout ceux du Michoacán et du Guerrero.

Palacio de Gobierno – *Av. Madero Ouest 63. Visite de 9 h à 21 h. ☏ (4) 312 91 82.* Construit entre 1732 et 1778, ce fut d'abord un collège-séminaire où furent formés plusieurs des héros de l'Indépendance, dont José Maria Morelos y Pavón, Ignacio López Rayón, Melchor Ocampo et Agustín Iturbide. Après les lois de la Réforme, il est devenu palais du gouvernement.
Sur la façade, on remarque les balcons aux balustrades en fer forgé ; une reproduction de la **cloche de Dolores** ; des gargouilles, des pinacles, et de curieuses tours de style asiatique couronnant les angles.
L'intérieur renferme trois cours entourées d'arcades sur deux niveaux. Les murs au deuxième niveau de la première cour, ainsi que la cage du superbe escalier, ont été décorés en 1962 par le célèbre peintre du Michoacán Alfredo Zalce. Les murals représentent différentes étapes de l'histoire de l'État du Michoacán, de l'époque précolombienne à nos jours en passant par l'Indépendance, la Révolution et la Réforme.

Casa de las Artesanias (église et ancien couvent St-François) – *Humboldt et Fray Juan de San Miguel. Visite de 9 h à 15 h et de 17 h à 20 h. ☏ (4) 312 24 86.* Premier ensemble religieux de Morelia, il fut fondé par le frère Antonio de Lisboa entre 1525 et 1536, avant que la ville ne reçoive son statut sous le nom de Valladolid. Au cours des trois siècles suivants, les modifications apportées à l'édifice assurèrent le mariage du baroque au plateresque, du Renaissance au gothique.
La **façade** de l'église montre une nette influence plateresque, sensible dans les fines colonnes qui entourent l'arc et les baies du coro, ainsi que dans les décorations sculptées de l'arc de l'entrée et de la porte latérale gauche.
À droite de l'église, cinq beaux arcs à moulures réunis par des colonnes cannelées forment un agréable porche qui abrite la porte d'entrée de l'**ancien couvent**.
Le **cloître** à deux niveaux est la partie la plus remarquable de l'ensemble. Il ne reste aujourd'hui qu'une petite partie du vaste cloître d'origine. La cour centrale est entourée de deux étages de galeries avec des voûtes à lunettes séparées par de grands arcs.
L'édifice accueille la **Maison de l'artisanat**, qui présente une grande **collection★** de produits de l'artisanat du Michoacán. Au premier étage, on peut visiter les ateliers où l'on réalise une partie de ces merveilles.

PLAZA VILLALONGÍN ET ENVIRONS *1/2 journée*

Madero Est et Aquiles Serdán.

Loin de la modernité et de l'agitation de la vie quotidienne s'ouvre ici un paisible refuge agrémenté d'un beau jardin, d'arbres touffus, d'un sol pavé et de bancs en fer forgé. La place, qui doit son nom à l'insurgé Manuel Villalongín, est gardée par la **fontaine des Tarasques** (**1**), emblème de la tradition et de la sensibilité du Michoacán, et par deux éblouissantes œuvres de l'ancienne Valladolid. Devant la place, un impressionnant **aqueduc** du 18e s. domine la circulation et les voitures. Il a été construit sur ordre de l'évêque Antonio de San Miguel pour assurer l'approvisionnement en eau de la ville et la préserver de la sécheresse qui sévissait alors dans la région. Le précieux liquide était transporté depuis l'hacienda del Rincón par une conduite de 8 694 m de long. Son ancienneté et sa beauté font de l'aqueduc un symbole de la ville. Il compte 253 arches en pierre rose qui courent sur 1 672 m le long du bois de Cuauhtémoc.
La rue pavée qui le longe sur la gauche est l'une des plus vieilles de la ville. Elle porte le nom de **Calzada Fray Antonio de San Miguel** en hommage à l'évêque qui avait financé l'aqueduc, la rue et d'autres ouvrages communaux. Cette voie, garnie de bancs en pierre et d'arbres centenaires, est bordée de demeures anciennes qui recréent la vie et la beauté d'une époque révolue.
La calzada donne sur l'**église de San Diego** du 18e s. *(visite de 7 h à 20 h ; ☏ (4) 312 09 81)*. L'**intérieur★★** a été remarquablement décoré par Joaquín Orta Menchaca. L'ancien couvent abrite la faculté de Droit de l'université du Michoacán.

EXCURSIONS

Angangueo – *115 km à l'Est de Morelia par la route 15 ; bifurquer à Ocampo en direction de San Felipe los Alzati (9 km avant Zitácuaro). 205 km de Mexico par l'autoroute de Morelia ; à l'embranchement de Maravatío, prendre la route de Ciudad Hidalgo et se diriger vers Angangueo en passant par Aporo.* Au milieu des bois de sapins oyamel et de pins, sur les rues en pente d'Angangueo, on voit de belles maisons colorées aux balcons de bois fleuris. Après la découverte au 18e s.

de minerai sur les terres de l'ancienne ferme, la ville se développa sans plan défini, au gré des vicissitudes de l'activité minière et près des sites préservés où des millions de papillons monarques hivernent chaque année.

★★ **Santuario Sierra el Campanario** – *6 km au Sud d'Angangueo par un chemin de terre. Visite guidée (3 h 1/2), du 10 février au 1er avril, tous les jours de 9 h à 15 h. 10 pesos.* ✗ ☎ *(7) 156 00 44, poste 22 et (01 800) 450 23 00.* Sur 2 km, le long d'un sentier clôturé, on peut voir en permanence d'innombrables papillons colorés. Premier site de ce genre à être ouvert au public, il est prévu pour accueillir jusqu'à 100 000 visiteurs par an.

★★ **Santuario Sierra Chincua** – *Quitter Angangueo au Nord-Est par la route de San José del Rincón. 8 km jusqu'à l'entrée du site. Visite guidée (3 h), du 15 décembre au 30 mars, tous les jours de 9 h à 15 h. 15 pesos.* ☎ *(7) 156 00 44, poste 22 et (01 800) 450 23 00.* Après une marche de 2,4 km dans les bois, on découvre le site. Réservé autrefois uniquement aux chercheurs, il reçoit aujourd'hui plus de 650 visiteurs par jour. Pour protéger les nombreux papillons qui se posent sur le sol dès le lever du soleil, on ne peut avancer de plus de 100 m à l'intérieur du site.

★★ **Convento de Santa María Magdalena**, à **Cuitzeo** – *2 h. À 30 mn de Morelia, sur la route de Salamanca. Bus pour Cuitzeo toutes les 15 mn à la gare routière. Visite de 10 h à 18 h (17 h le dimanche). Fermé les 1er janvier, 4 mars, 1er mai, 16 juin, 4 septembre, 20 novembre, 12 et 25 décembre. 17 pesos.* ☎ *(4) 357 01 75.* L'entrée de Cuitzeo est marquée par un superbe et paisible lac. Sur la place principale de ce petit village s'élève fièrement, tel une forteresse, l'une des plus remarquables constructions du 16e s. (et l'une des mieux conservées), le gigantesque ensemble religieux de Ste-Marie-de-Magdala, fondé par les augustins en 1550.

Façade – Elle présente trois registres (arc d'entrée, fenêtre du chœur et niche supérieure) dont les statues centrales sont encadrées de colonnes composites. La décoration de style plateresque est nettement influencée par l'inspiration indigène. Le portail est orné de cœurs de Jésus, emblèmes des augustins, de chérubins et de motifs floraux. Du côté gauche se dresse la tour d'origine ; celle de droite a été construite plus tard.

Intérieur – Dans cette église sans coupole, on admire la voûte en berceau de la nef, avec ses gros piliers moulurés. L'abside présente des nervures de style gothique ; la tribune abrite des orgues parmi les plus anciennes de l'État.

Cloître – Sur un des côtés de l'église, six arcs donnent accès au cloître. Ce porche servait autrefois de chapelle ouverte. On voit sur les murs des restes des fresques d'origine, à thèmes religieux. À l'intérieur du cloître s'ouvre d'abord une cour avec un puits central ; c'était un moyen de récupérer de l'eau douce à la saison des pluies, car il y a une grande quantité de sel dans les nappes phréatiques de la région.

L'ancien réfectoire loge un petit musée qui présente l'histoire de la gravure mexicaine du 16e au 19e s.

★★ **Ancien couvent St-Augustin**, à **Yuriria** – *1 h. 64 km au Nord de Morelia par la route 43.* *Voir p. 198.*

OAXACA★★★

Oaxaca

244 827 habitants

ℹ Av. Independencia 607, Centre ☎ (9) 516 01 23

Les nombreux symboles et personnages associés à la ville d'Oaxaca lui confèrent un caractère presque surréaliste. C'est une ville de contrastes : traditions et coutumes ancestrales côtoient rythme moderne et animation touristique, de la même manière que les vestiges des majestueuses cités précolombiennes côtoient couvents et constructions coloniales grandioses. C'est ce mélange qui fait la beauté et la richesse de la ville et des régions voisines. À Oaxaca, tout se passe avec le naturel des choses évidentes. Chaque lieu respire la paix et la beauté. En même temps qu'il est impressionné par la grandeur du passé, le visiteur est surpris aussi par le talent inné des centaines d'artisans qui animent les rues. Parmi les personnalités du monde artistique contemporain qui sont nées dans le pays d'Oaxaca, citons l'écrivain Andrés Henestrosa et les peintres Rufino Tamayo, Rodolfo Morales et **Francisco Toledo**. Ce dernier est aujourd'hui l'une des figures les plus marquantes de la ville, qui lui doit son importance culturelle. Oaxaca a été inscrite au Patrimoine mondial de l'humanité en 1987.

Renseignements pratiques.....................Indicatif téléphonique 9

Comment s'y rendre – **Aéroport International Xoxocotlán** : 8 km au Sud de la ville ; bureau d'information *(ouvert de 8 h à 20 h)*. Transports vers le centre : Transportes Terrestres TASA *(15 pesos)* ☎ 514 43 50. À l'aéroport, agences de **location de voitures** *(p. 24)*. **Gare routière** : Av. Niños Héroes de Chapultepec 1036.

Transports urbains – **Bus** : Transportes Guelatao et Choferes del Sur *(de 7 h à 21 h ; 2 pesos)*. **Taxis** : ☎ 515 65 75. **Parking** public : calle Hidalgo 908B, Centre ☎ 516 21 22 *(6 pesos/h)*. *Les monuments étant assez proches les uns des autres, on peut visiter la ville à pied.*

Information touristique – **Secretaría de Desarrollo Turístico**, Av. Independencia 607, Centre, C.P. 68000 ☎ 516 01 23 *(ouvert de 8 h 30 à 20 h. Renseignements sur les sites touristiques, cartes et prospectus gratuits)*. **CEPROTUR** (Centre de protection du Touriste), à la même adresse, offre un service de protection et de réclamations destiné aux touristes, mexicains ou étrangers.

Hébergement – Renseignements et réservation d'hôtels au **Secretaría de Desarrollo Turístico**. Les tarifs hôteliers (pour deux personnes) varient de l'hôtel de luxe *(1 700 pesos)*, à la catégorie moyenne *(500 pesos)* et économique *(200 pesos)* ; *ils sont indicatifs, et sujets à modifications.* Il est possible de se loger dans une des neuf « unités écologiques » **Tourist Yu'u** *(50 pesos)* ; pour plus ample information, s'adresser au même organisme *(ci-dessus)*.

Visites guidée – Les agences mentionnées ici proposent des promenades dans la ville et des excursions en groupe en compagnie de guides polyglottes aux sites archéologiques (Mitla, Monte Albán), aux villages (San Bartolo Coyotepec, Teotitlán del Valle) et aux marchés (Ocotlán) : Turismo El Convento de Oaxaca ☎ 516 18 06 ; Cantera Tours ☎ 516 05 12 ; Viajes Turísticos Mitla ☎ 516 61 75. On peut demander d'être accompagné par un guide *(5 pesos/h)* au cours d'excursions individuelles ; se renseigner auprès des Offices de tourisme.

Artisanat et marchés – La Mano Mágica, Alcalá 203 (centre), ☎ 516 42 75 ; Artesanías Oaxaca, plazuela Adolfo C. Gurrión ; FONART, Crespo 114, angle de Morelos, ☎ 516 57 64 ; Artesanías e Industrias Populares (ARIPO), García Vigil 809, ☎ 514 40 30, proposent poteries et vêtements traditionnels.
En plus des marchés Benito Juárez et 20 de Noviembre, les marchés de rues se déroulent tous les jours, mais il est préférable de s'y rendre le matin : **Tlacolula** (dimanche – tissus, peaux, sombreros) ; **Teotitlán del Valle** (lundi – tapis, métiers à tisser la laine) ; **Santa Ana del Valle** (mardi – tapis, articles en laine) ; **Etla** (mercredi – *quesillos*, pain de maïs) ; **Zaachila** (jeudi – céramique, bijoux) ; **Ocotlán** (vendredi – tissus, animaux) ; **Oaxaca** (samedi) qui présente toute la production de l'État.

★★GRAND-PLACE (ZÓCALO) ET ABORDS *1 jour*

★**Zócalo** – On admire le splendide décor d'arbres touffus qui entoure ce beau jardin. L'après-midi, la fanfare de l'État et les groupes de *marimba* jouent dans le kiosque au centre de la place. Aux chaleureux accents de la musique, les plus timides frappent dans leurs mains, les plus hardis se mettent à danser. Les établissements situés sous les arcades constituent l'endroit idéal pour observer l'animation de la place en sirotant un verre. Sur l'**Alameda** toute proche s'installent marchands de ballons, artisans, bouquinistes, vendeurs de sucreries et même des kiosques de propagande politique. Le *zócalo* accueille les fêtes locales, accompagnées de musique traditionnelle, allant des danseurs déguisés en poupées géantes jusqu'aux danses rituelles dans lesquelles se mêlent cultes précolombiens et chrétien.

Catedral – *Visite de 8 h à 20 h30.* Fondée en 1535, la cathédrale a été reconstruite et réparée à plusieurs reprises après les grands tremblements de terre survenus au cours des 17e, 18e et 20e s. C'est pourquoi elle est assez peu élevée. En août 1994, ce sont ses cloches qui ont sonné le **premier carillon d'Amérique**.

Façade principale – Élevée entre 1702 et 1728, elle présente trois registres. Le plus beau bas-relief, au centre du deuxième, est inspiré d'un tableau de Titien et représente la Vierge de l'Assomption, à qui est dédiée la cathédrale. L'horloge du clocher Sud, don du roi Ferdinand VI d'Espagne en 1752, ornait auparavant la cathédrale de Venise. À chiffres romains, elle possède la singularité d'indiquer quatre par IIII.

Intérieur – De plan basilical, la cathédrale est un vaste espace silencieux. La **nef centrale** commence à l'**autel du pardon**, dans le vestibule de l'entrée principale. Derrière l'autel s'élève un gigantesque **orgue** à sept corps du 17e s. fabriqué en Allemagne. Au pied de ses tuyaux argentés, le **« coro »** présente 65 stalles en bois. Il communique avec le maître-autel par un passage protégé par des balustrades en ferronnerie. Sur l'autel, posée sur un piédestal de marbre noir importé de Grèce, on peut admirer une splendide statue en bronze du 19e s. réalisée en Italie par Tadollini. Derrière le **maître-autel** s'ouvre la crypte où reposent les évêques. La nef centrale aboutit à l'**autel du Saint-Esprit**, sous des vitraux colorés représentant saint Pierre et saint Paul, réalisés également en Italie. Les collatéraux abritent 13 chapelles et la sacristie. Les plus beaux tableaux se trouvent sur les murs latéraux. À l'entrée, du côté gauche, on verra un *Saint Christophe* (1726, Marcial de Santaella). En face, du côté droit, une autre œuvre du même artiste représente *Les Sept Archanges en gloire*. Au fond, entre les niches abritant petites statues et reliques et les portes des chapelles principales, douze médaillons peints par Miguel Cabrera représentent les Apôtres.

© Bob Schalkwijk

Fête de la Guelaguetza

■ Guelaguetza (Lunes del Cerro, Lundi de la colline)

L'origine de la fête, dont on a deux versions différentes, remonte aux temps précolombiens. Les deux versions se rapportent à deux fêtes qui se déroulaient au Cerro del Fortín. À partir du 19 juillet, différentes ethnies se réunissaient dans la ville de Huayacac pour fêter et honorer les « grands seigneurs », c'est-à-dire les Aztèques, qui dominaient à l'époque la région. Les célébrations proviendraient aussi d'un rituel aztèque consacré à **Centeotl**, déesse du maïs, et célébré les deux derniers lundis de juillet. Quoi qu'il en soit, à l'époque coloniale, l'influence des missionnaires et l'implantation des églises sur les anciens centres cérémoniels précolombiens provoquèrent un amalgame des fêtes indiennes et des rites chrétiens. On sait par exemple que vers la fin du 19e s., la fête de la Vierge du Carmel avait lieu en même temps que la fête indigène du Lundi de la colline.
Cette tradition a été reprise dans les années 1970 ; depuis, la fête est célébrée sous le nom de **guelaguetza**, mot zapotèque désignant toute activité mettant en œuvre une coopération entre voisins de différentes régions. Les habitants de tout l'État y participent, vêtus de costumes typiques, pour faire connaître leurs traditions, leurs musiques et leurs danses populaires.

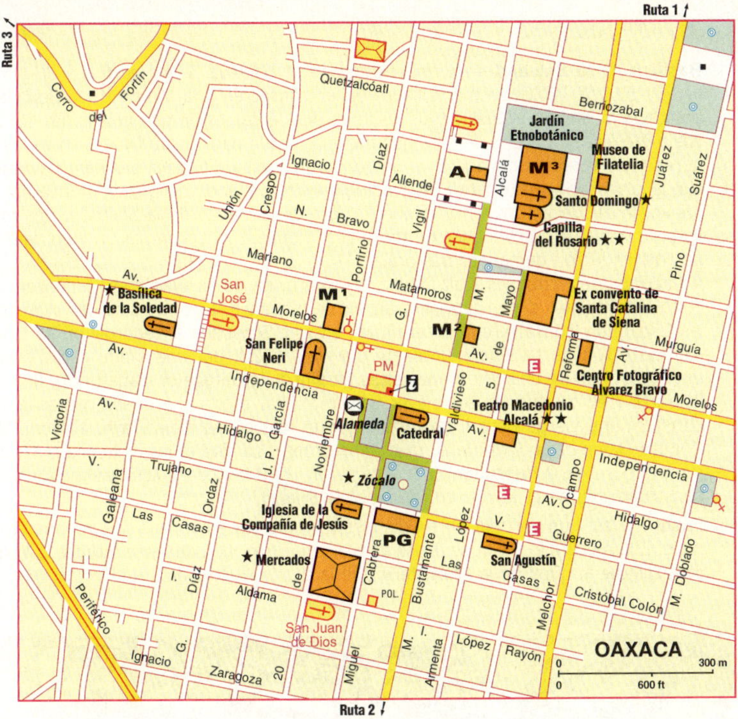

Palacio de Gobierno (**PG**) – *Bustamante et Guerrero. Visite de 9 h à 15 h et de 16 h à 20 h. ☎ (9) 514 41 77.* C'est en 1576 que fut entreprise la construction de cet édifice qui servit pendant plusieurs siècles de maison du conseil. Comme la plupart des bâtiments de la ville, il s'écroula lors de tremblements de terre et fut reconstruit plusieurs fois. En 1832, on entreprit des travaux de restauration pour en faire le Palais du gouvernement, travaux qui durèrent jusqu'en 1882, faute de moyens. La dernière restauration date des années 1930, après les tremblements de terre de 1928 et 1931. À l'intérieur se trouvent de grands murals (1985) d'Arturo García Bustos, élève de Frida Kahlo.

Iglesia de la Compañia de Jesús – *Flores Magón, angle de Valentín Trujano. Visite de 7 h à 12 h 30 et de 17 h à 20 h 45.* Cette église construite par les jésuites vers 1579 faisait partie du collège Casa Fuerte, qui pendant 180 ans a formé des centaines de jeunes gens, jusqu'à l'expulsion des jésuites en 1767. L'église fut restaurée en 1867, ainsi qu'un patio, dont les jésuites ont repris possession depuis.

★**Mercados Benito Juárez et 20 de Noviembre** – Les marchés d'Oaxaca jouissent d'une réputation internationale. On y trouve de tout. Les spécialités que tout visiteur se doit de goûter sont les **moles** de toutes sortes, le *quesillo*, les *chapulines* (sauterelles grillées), le *tasajo* (viande séchée) et le **chocolat.** Sur le marché **Benito Juárez** *(ouvert de 8 h à 20 h)*, à côté des spécialités gastronomiques, on vend toutes sortes d'objets d'artisanat régional : terres cuites noires et vertes, broderies, tissus ajourés et articles en cuir. Le marché **20 de Noviembre** fonctionne comme restaurant populaire *(ouvert de 6 h à 22 h)*.

Templo de San Agustín – *Armenta et Guerrero. Visite de 7 h à 14 h et de 17 h à 20 h 30. ☎ (9) 516 15 35.* L'église fut construite par les augustins entre 1699 et 1722. Comme on peut le constater, c'est une des rares églises à ne posséder ni coupole ni clocher en prévention des tremblements de terre. Le portail principal en pierre jaune est un excellent exemple du baroque d'Oaxaca. Le **bas-relief**★ central représente saint Augustin qui porte une église dans la main gauche et protège de son manteau les frères qui l'entourent. L'intérieur abrite trois **retables** baroques.

Iglesia de San Felipe Neri – *Av. Independencia, angle de Tinoco et Palacios. Visite de 7 h à 8 h 30, de 10 h à 14 h et de 17 h à 19 h. ☎ (9) 514 42 25.* La façade baroque de cette église date de 1733. Elle retient l'attention avec ses niches vides : la seule statue du portail, qui ressemble à un immense retable, est celle de saint Philippe Neri. À l'intérieur, le beau **retable** principal de style churrigueresque représente la Vierge du Bon-Secours et saint Philippe Neri. Sur la série des huit **retables** de même style répartis dans l'église, on remarquera le travail pictural d'Agustín Santaella et de José de Páez, artistes du 18e s. Un panthéon se trouve derrière le retable principal. C'est ici qu'eut lieu le 31 juillet 1843 le mariage de Benito Juárez et de Margarita Maza.

★**Basílica de la Soledad** – *Av. Independencia et Galeana. Visite de 6 h à 20 h 30. ☏ (9) 516 50 76.* Cette merveilleuse église consacrée à la Vierge de la Solitude, patronne d'Oaxaca, accueille tous les jours des centaines de paroissiens. En 1959, elle a été élevée au rang de basilique mineure par le pape Jean XXIII. L'après-midi, après avoir rendu hommage à la Vierge, les habitants d'Oaxaca viennent bavarder sur la place principale parmi les traditionnels marchands de glaces. Année après année, le 18 décembre, on y célèbre la fête de la Vierge de la Solitude. Des milliers de fidèles en provenance de tout l'État viennent ici accomplir un vœu, laisser des offrandes ou demander des grâces.
À l'époque des Aztèques était établie ici la garnison de Huayacac et l'on vouait un culte à un rocher d'où l'eau jaillissait en permanence. Ensuite, sous les vice-rois, les Espagnols consacrèrent un ermitage à saint Sébastien à l'endroit où se trouvait cette source. La légende raconte que vers 1620, par une froide nuit d'hiver, une mule solitaire chargée d'une caisse parvint à l'ermitage et s'abattit au pied de la porte ; en tentant de se relever, elle retomba, morte. La caisse contenait un christ et une vierge dont il ne restait que la tête et les mains, avec l'inscription « Notre-Dame-de-la-Solitude au pied de la Croix ». La tête et les mains de la Vierge furent conservés à l'ermitage jusqu'à ce qu'en 1682 le vice-roi **Antonio Manrique** fasse construire l'église et le couvent dédiés à **La Soledad**.

Façade – C'est l'un des meilleurs exemples d'architecture baroque de l'époque coloniale. Elle mesure 24 m et se divise en trois registres. Le deuxième montre la **Vierge de la Solitude** au pied de la croix, telle que la décrit la légende.

Intérieur de l'église St-Dominique

Intérieur – À droite de l'entrée se trouve la **pierre sacrée**. Certains affirment qu'il s'agit d'une partie du sol où la mule de la légende serait morte ; d'autres disent qu'elle symbolise la pierre vénérée par les Aztèques. Le transept présente des tableaux et des retables du 19e s.

★ **Museo de Arte Prehispánico Rufino Tamayo** (**M**1) – *Morelos 503. Visite pendant la Semaine sainte et du 15 au 31 décembre de 10 h à 19 h (17 h le dimanche) ; le reste de l'année de 10 h à 14 h (15 h le dimanche) et de 16 h à 19 h. Fermé le lundi, ainsi que les 1er janvier, Vendredi saint, 1er mai, 16 septembre, 2 novembre et 25 décembre. 14 pesos. ☎ (9) 516 47 50.* Ce musée, installé dans une modeste maison du 18e s., présente une très belle **collection★** d'objets précolombiens provenant de tout le Mexique. Elle a été offerte au musée par Rufino Tamayo en 1974, pour que ses qualités esthétiques et archéologiques soient dûment mises en valeur. L'excellente présentation est due à Fernando Gamboa.

SANTO DOMINGO ET ALENTOURS *1 jour*

Macedonio Alcalá et Morelos

La rue Macedonio Alcalá est la plus touristique de la ville. Elle est bordée de boutiques d'artisanat, de galeries, de restaurants et de toutes sortes de services destinés aux visiteurs.

Museo de Arte Contemporáneo d'Oaxaca (MACO) (**M**2) – *Macedonio Alcalá 202. Visite de 10 h 30 à 20 h. Fermé les lundis et jours fériés. 10 pesos. ✂ ☎ (9) 514 10 55.* Le musée occupe une demeure du 18e s. dont la porte d'en-

© Robert Frerck/ODYSSEY

trée est encore surmontée des armoiries des premiers propriétaires, titulaires du majorat de Pinelo y Lazo de la Vega. On découvre aussi à l'intérieur les trois patios d'origine.
Il a ouvert ses portes au public en 1992 à l'initiative de Francisco Toledo. Son principal objectif est de préserver, promouvoir et diffuser l'art de l'Oaxaca, du Mexique et international. Outre les salles d'exposition où les collections sont présentées en rotation, le musée comprend une vidéothèque, un restaurant et une boutique. Le projet initial s'est développé progressivement pour inclure conférences, tables rondes, concerts, présentations de livres, cycles cinématographiques et ateliers pour enfants.

★**Templo de Santo Domingo** – *Macedonio Alcalá. Visite de 7 h à 13 h et de 16 h à 20 h (respecter les offices). ☏ (9) 516 37 20.* Cette belle architecture est due aux frères dominicains. La construction de ce bâtiment colonial, le plus grand d'Oaxaca, s'est déroulée entre 1575 et 1608. Vers le milieu du 19e s., après la sécularisation des biens du clergé, l'ensemble religieux fut affecté à l'armée. Le peuple, indigné par la richesse du clergé, détruisit alors une grande partie du mobilier de l'église. Plusieurs retables et autels ont été sérieusement endommagés. Dans les années 1950, les principaux retables ont été restaurés et l'atrium reconstruit. Aujourd'hui, une partie de l'ancien couvent loge encore les dominicains ; l'autre partie abrite le **centre culturel Santo Domingo**.

Façade – Sa sobriété et son élégance contrastent avec l'extrême complexité ornementale de l'intérieur. Au deuxième registre, un relief représente saint Dominique et saint Hippolyte portant une église sur laquelle se pose le Saint-Esprit. Le blason de l'ordre dominicain, entouré des trois vertus théologales, couronne l'ensemble. Les clochers latéraux font 35 m de haut.

★★★**Intérieur** – Sous la tribune du coro, une voûte de 11 m de large est soutenue par des arcs reposant sur les piliers des quatre chapelles latérales. Huit statues placées aux pendentifs représentent des cardinaux. La majeure partie de la coupole est couverte par un **arbre généalogique** en stuc, restauré au 19e s., ayant pour origine saint Dominique, fondateur de l'ordre dominicain ; des ramifications ornées de feuilles et de fruits unissent les trente membres de cette famille. Une représentation de la Vierge le couronne.
La voûte de la nef est ornée de 36 peintures représentant des scènes de la vie de la Vierge et de 20 médaillons ovales consacrés à la vie de Jésus et de Marie. Huit tableaux montrent des épisodes de l'Ancien Testament.
Le retable principal, doré, est orné de colonnes salomoniques inspirées de celles de l'église de Yanhuitlán. La plupart des peintures sont des 17e et 18e s. La superbe chaire et la balustrade ajourée retiennent aussi l'attention.

★★**Capilla del Rosario** – *Côté droit de la nef.* Dans cette chapelle construite au 18e s., on retrouve le même type d'ornementation. La décoration de la voûte qui recouvre la nef met en valeur un bas-relief de la Vierge. Le retable principal est dédié à la Vierge du Rosaire, fêtée au mois d'octobre. À cette occasion, la statue de la Vierge est transférée de cette chapelle au maître-autel, où elle demeure pendant tout le mois.

★**Centro Cultural Santo Domingo** (**dans l'ancien couvent – M3**) – *Macedonio Alcalá. Visite de 10 h à 20 h. Fermé le lundi. ☏ (9) 516 97 41.* L'armée ayant cédé l'intégralité du terrain du couvent, on procéda à une restauration qui dura quatre ans avant d'inaugurer cet impressionnant ensemble. Il offre aujourd'hui au public de nouveaux espaces et présente des éléments remis au jour, autrefois utilisés par les dominicains, ainsi que des fresques originales.

Museo de las Culturas de Oaxaca – *Mêmes horaires que le centre culturel. 20 pesos. ☏ (9) 516 29 91.* Derrière une belle esplanade se trouve le portail des Pèlerins, qui donne accès au cloître Renaissance. Les salles du musée occupent, au deuxième étage, la partie principale de l'ancien couvent. Ici, des écrans interactifs retracent l'histoire et les traditions de l'État, depuis ses premiers habitants nomades jusqu'à la riche pluralité qu'il connaît aujourd'hui avec ses 15 groupes ethniques.

Parmi les intéressantes pièces précolombiennes des cultures zapotèque et mixtèque, on remarque l'extraordinaire **collection**★★ d'objets (essentiellement mixtèques) trouvés dans la **Tombe n° 7** de Monte Albán. Ce trésor, comprenant des pièces encore inédites, constitue une source d'information importante sur le mode de vie des civilisations précolombiennes qui occupèrent l'État.
Depuis l'avant-coro, situé au-delà de la salle IX, on contemplera le **coro**★ de l'église, qui renferme des bas-reliefs représentant divers martyrs.

Biblioteca « Fray Francisco de Burgoa » – *Au rez-de-chaussée, près de l'escalier.* Située dans l'ancienne chapelle du Tiers-Ordre, la bibliothèque possède un fonds de plus de 23 000 ouvrages, publiés entre 1484 et 1940. Elle compte 11 incunables (livres imprimés avant 1500) et un manuscrit de Bartolomé de las Casas. Seuls les chercheurs ont accès à la bibliothèque (sur présentation d'une carte d'identité).

Jardín Etnobotánico – Visites guidées du mardi au vendredi à 13 h et 17 h, le samedi à 13 h sur réservation préalable au guichet du musée. *☏ (9) 516 79 15.* Sur une superficie de 2,3 ha, correspondant à l'ancien potager du couvent, on cultive 1 200 espèces de plantes représentant les sept zones géographiques de l'État, considéré comme possédant la flore la plus riche du pays.

Instituto de Artes Gráficas d'Oaxaca (IAGO) (**A**) – *Macedonio Alcalá 507. Visite de 9 h 30 à 20 h. Fermé le mardi, ainsi que les 1er janvier, 21 mars, 1er mai, 16 septembre et 2 novembre. ✗ ☎ (9) 516 69 80.* Ce centre culturel réalise souvent de remarquables expositions d'art mexicain et international. Il possède aussi une bibliothèque publique avec un fonds de plus de 10 000 ouvrages, que Francisco Toledo a mis à la disposition des visiteurs.

Museo de Filatelia – Reforma 504. Visite de 9 h à 19 h. fermé le lundi. ✗ ☎ *(9) 514 23 75.* Cet édifice, premier musée de la philatélie au Mexique, renferme une collection de timbres et enveloppes de différentes parties du monde. Outre un espace réservé aux expositions temporaires, il comprend une bibliothèque spécialisée et assure le service postal. Un restaurant est installé dans sa sympathique cour, derrière le bâtiment.

Ancien couvent Sainte Catherine de Sienne (Hotel Camino Real) – *5 de Mayo 300. Ouvert 24 h/24. ☎ (9) 516 06 11.* Construit vers le milieu du 16e s., il fut occupé par les religieuses de l'ordre de l'Immaculée Conception jusqu'à l'entrée en vigueur des **lois de la Réforme**. Plus tard, il servit, entre autres usages, de prison et d'hôtel de ville. Il a été transformé en hôtel en 1976 ; la structure et la décoration d'origine ont été en partie respectées. La chapelle et les anciens **lavoirs★** du jardin Nord-Ouest méritent d'être vus. Les lavoirs, construits en pierre sur une base octogonale, sont recouverts d'une coupole. Le système hydraulique fonctionne au moyen d'une fontaine centrale, de petits bassins et de citernes.

Centro Fotográfico Álvarez Bravo – Murguía 302. Visite de 9 h 30 à 20 h. Fermé le mardi. ☎ *(9) 514 19 33.* Une belle maison du 18e s. abrite une collection permanente de photographies de Manuel Álvarez Bravo. Les expositions temporaires présentent des œuvres de célèbres photographes mexicains et internationaux. Par ailleurs, le centre dispose d'une bibliothèque spécialisée et d'une phonothèque, d'une bibliothèque pour aveugles (ouverte tous les jours de 14 h à 20 h) et d'une chambre noire pour développer et agrandir des photos noir et blanc *(ouverte au public sur rendez-vous)*.

★★ **Teatro Macedonio Alcalá** – *5 de Mayo et Independencia. Ouvert uniquement pendant les spectacles. ☎ (9) 516 33 87.* Cet édifice du début du 20e s. porte le nom d'un célèbre musicien et compositeur d'Oaxaca. Son architecture, comme celle de beaucoup d'autres constructions du « Porfiriat », imite le style classique parisien du 19e s. Les deux parties de la façade, séparées par un portail arrondi, sont parfaitement symétriques. L'intérieur de style rococo présente un bel escalier en marbre blanc.

EXCURSIONS

Autour d'Oaxaca, il y a une multitude d'endroits splendides, depuis les villages d'artisans aux majestueuses ruines précolombiennes. Trois circuits vous sont proposés.

Circuit 1 *1 jour*

Templo de San Andrés, à **Huayapan** – *9 km à l'Est d'Oaxaca par la route fédérale 190 ; 3 km après la ville, prendre à gauche la route 175 vers Tuxtepec ; parcourir 4 km jusqu'à une fourche où l'on prend à gauche pour poursuivre sur 2 km. Visite de 9 h à 14 h et de 16 h à 18 h.* Cette église possède l'un des plus beaux retables baroques du 17e s. Le travail de sculpture sur bois est un des plus fins et des mieux réussis. La chapelle latérale dédiée au **Seigneur des Eaux du Ruisseau** est aussi très belle. Elle conserve un grand nombre d'ex-voto peints par les habitants pour remercier les saints et la Vierge des miracles et des grâces obtenues, qui lui donnent un caractère particulier.

Santa María el Tule – *14 km à l'Est d'Oaxaca par la route fédérale 190. 2 pesos.* Près de l'église Santa María de la Asunción (17e s.) se trouve une surprenante merveille de la nature : l'**arbre du Tule★**, un conifère géant très ancien témoin de l'histoire. Vieux de 2 000 ans, il pèse 636 tonnes, est haut de 42 m ; son tronc fait 14 m de circonférence ; son volume est de près de 817 m³. Les racines aériennes de cette variété de cyprès chauve présentent à l'imagination un foisonnement de figures d'animaux, d'objets, de fruits, de personnages. Le deuxième lundi d'octobre, les habitants célèbrent une fête en son honneur, avec de la musique et des danses.

Église et ancien couvent St-Jérôme, à **Tlacochahuaya** – *21 km à l'Est d'Oaxaca par la route fédérale 190, que l'on emprunte sur 19 km avant de bifurquer à droite. Visite de 10 h à 14 h et de 16 h à 18 h. 3 pesos.* Ce couvent fut construit par les dominicains au tournant des 16e et 17e s. Dans l'atrium, on voit encore les chapelles de procession et la croix, qui veillent sur l'ensemble religieux. Sur la façade principale, on remarque saint Jérôme, saint Augustin et saint Dominique. Devant l'entrée latérale de gauche se trouve un ancien cadran solaire en pierre. L'**intérieur★★** est très beau ; il est décoré de fresques très simples, de fleurs et de chérubins peints par des mains indigènes. Le retable principal porte une huile de Juan de Aurré représentant saint Jérôme. À droite de l'entrée, une petite porte cache l'escalier en spirale qui conduit à la tribune. En haut se trouve un merveilleux **orgue** du 16e s. qui a repris son activité en 1994 après un long silence. La porte du fond, à droite, conduit au cloître, l'un des plus

L'orgue de l'église St-Jérôme

petits et plus simples de l'État d'Oaxaca. C'est dans ce couvent que vécut pendant un quart de son siècle d'existence frère Juan de Córdoba, qui établit le premier dictionnaire zapotèque et dont on dit qu'il ne toucha jamais un écu.

Dainzú – *22,5 km à l'Est d'Oaxaca par la route fédérale 190, puis une route à droite que l'on emprunte sur 1 km. Visite de 8 h à 18 h. 10 pesos.* Ce petit site archéologique zapotèque, dont le nom signifie « colline des orgues » (une variété de cactus), est contemporain de Monte Albán. Il fut implanté vers 600 avant J.-C. et habité jusqu'à environ 1200 après J.-C. On y a construit jusqu'en 250 après J.-C. des bâtiments caractérisés par la juxtaposition de terrasses et d'espaces ouverts adaptés aux pentes de la colline. Le **jeu de pelote** est l'un des plus anciens de Méso-Amérique. L'**édifice A** est une plate-forme étagée composée de trois terrasses. Les bas-reliefs de la partie inférieure représentent des joueurs de pelote ; on remarquera leur posture et le mouvement qui les anime. On y voit aussi des prêtres et des hommes travestis en jaguars. Au Nord-Ouest de l'**édifice B** se trouve la **tombe 7** qui, à la différence de celle de Monte Albán, a été entièrement pillée avant sa découverte. L'encadrement de la porte d'entrée est orné d'une sculpture de jaguar. Sur la petite terrasse de l'**édifice C**, qui permet d'accéder aux constructions voisines, on a retrouvé intacte la **tombe 3** et ses offrandes. Le **jeu de pelote** se situe dans l'**édifice D** ; la partie Sud a été reconstruite ; du côté Nord, il n'en reste que le soubassement. Comme tous les jeux de pelote de l'Oaxaca, il ne possède pas non plus d'anneaux de pierre pour faire passer la pelote.

Teotitlán del Valle – *28 km à l'Est d'Oaxaca par la route fédérale 190.* Dans cette bourgade dont le nom signifie « terre des dieux », on confectionne de traditionnels **tapis en laine**. Partout on peut voir travailler les artisans assis devant leurs métiers, reproduisant des motifs d'artistes célèbres, des dessins précolombiens, ou créant des œuvres belles et originales. Certains de ces artisans utilisent encore des teintures naturelles traditionnelles.

On ne regrettera pas la visite du **Museo Comunitario** (en face du marché d'artisanat ; ouvert de 10 h à 18 h ; fermé le lundi ; 5 pesos ; ☎ (9) 5165786), où l'on explique le processus d'élaboration des tissus, ainsi que les traditions locales.

Lambityeco – *27 km à l'Est d'Oaxaca par la route 190. Visite de 8 h à 18 h. 10 pesos.* Son nom signifie « colline d'alambics » ou « coteau creux ». Ce fut une importante ville zapotèque du fait de sa production de sel. Apparue en 700 avant J.-C., elle fut abandonnée en 750 après J.-C. du fait des guerres locales et la plus grande partie de sa population s'installa à **Yagul** *(voir plus loin)*. Lambityeco connut son apogée avec le déclin de Monte Albán et l'installation d'une des familles royales, apparentée aux gouvernants locaux.

Sur le parement de l'autel qui se trouve à l'intérieur de la **structure 195**, connue aussi comme la « casa del Coqui » (grand seigneur), on peut admirer les figures des seigneurs de Lambityeco et de leurs épouses, ainsi que les symboles de leurs noms calendaires. Devant l'autel se trouve la **tombe n° 6**. Sur la façade on voit les visages du « seigneur 1 Tremblement de terre » et de la « dame 10 Roseau », derniers dirigeants de la ville et ancêtres du « seigneur 8 Mort », inhumé dans cette tombe. La **structure 190** est aussi appelée Patio des Intempéries, à cause des deux grands masques identiques représentant Cosijo, dieu de la pluie, du tonnerre et de l'éclair. Les masques couvrent presque entièrement le visage du dieu ; ils portent des parures en plumes et le glyphe C. Chaque figure porte un récipient rempli d'eau à la main droite, et dans la main gauche des éclairs et des tonnerres.

Église du Saint Christ, à **Tlacolula de Matamoros** – *30 km à l'Est d'Oaxaca par la route fédérale 190, puis une route à droite que l'on emprunte sur 1 km. Visite de 7 h à 14 h et de 16 h à 20 h (sans interruption le week-end).* Elle fut consruite au 17e s. en même temps que son annexe, une **chapelle latérale★★** dédiée au **Seigneur de Tlacolula** également connue sous les noms de **chapelle du Rosaire** ou **des Martyrs**. C'est l'un des joyaux baroques de l'époque coloniale. La décoration intérieure attire le regard par le travail de ses stucs dorés et ses reliefs polychromes. On remarque la beauté minutieuse des fers forgés réalisés à la main, surtout ceux de la grille du coro et ceux de la chaire. La belle balustrade, les deux candélabres du chancel et les lustres du plafond sont en argent. On l'appelle encore **chapelle des glaces** à cause du grand nombre de miroirs qui couvrent la partie supérieure de la nef.

Yagul – *35,6 km à l'Est d'Oaxaca par la route fédérale 190, puis une route à gauche que l'on emprunte sur 1,6 km. Visite de 8 h à 17 h. 14 pesos.* Yagul signifie « arbre » ou « vieux bout de bois ». Ces ruines sont probablement celles de l'un des ensembles urbains qui se développèrent après l'abandon de Monte Albán. Faute d'une hégémonie, les villes se disputèrent le pouvoir ; aussi l'instabilité et les guerres furent-elles prétexte à la construction de fortifications dans certains de ces centres. C'est le cas de Yagul, qui se divise en quatre sections.
Le **centre civil** ou cérémoniel présente trois tombes, dont l'une est décorée de grecques et de figures anthropomorphes. Le **jeu de pelote** est le deuxième de Méso-Amérique par ses dimensions (le plus grand se trouve à Chichén Itzá, dans le Yucatán). On a trouvé ici, encastrée dans le mur Sud, une tête de serpent qui est exposée au musée des Cultures d'Oaxaca. Le **Palais aux six patios** se divise en trois groupes, chacun doté de deux cours. On a découvert des tombes dans certaines d'entre elles, ce qui confirme l'hypothèse qu'il s'agissait d'un ensemble urbain : la coutume voulait en effet qu'on enterrât les morts devant la porte de la maison. En revenant à l'entrée du palais, au bout d'un couloir décoré de grecques dans le style de Mitla, on verra une ruelle qui conduit à la **salle du conseil**. Cette construction est divisée en trois parties par deux colonnes. Son entrée se trouve au Sud. Ici se réglaient les affaires publiques et administratives. On pense que cette salle a servi de modèle pour la construction du Groupe des Colonnes à Mitla.
À l'Est des principales structures se dresse la **forteresse**, à laquelle un sentier mène en cinq minutes. Perchée au sommet d'une colline qui offre une **vue★** magnifique sur la vallée d'Oaxaca, cette fortification servit de refuge lors d'attaques militaires pendant la période précolombienne. On s'arrêtera à l'entrée d'une tombe dont la dalle porte des inscriptions calendaires. Les formations rocailleuses, œuvre de la nature, étaient un bouclier idéal pour protéger le site.
En 1998, Yagul a été déclarée parc naturel afin de préserver la flore et la faune de la région, qui comporte une soixantaine d'espèces endémiques.

★★ **Mitla** – *46,5 km à l'Est d'Oaxaca par la route fédérale 190, puis par la route fédérale 175.* *Voir p. 278.*

★★ **Hierve el Agua** – *28 km à l'Est d'Oaxaca par la route d'Ayutla ; parcourir 18 km et prendre à droite un chemin de terre.* *Voir p. 279.*

■ L'écotourisme dans la Sierra Norte : une promenade dans les nuages

Quitter Oaxaca vers l'Est par la route fédérale 190 ; parcourir 25 km, tourner à gauche et, après avoir passé Teotitlán, prendre un chemin de terre escarpé et poursuivre sur 20 km pour arriver à Benito Juárez.

La Sierra Norte, ou Sierra Juárez, se distingue par la diversité des espèces qui l'habitent. Selon le Fonds mondial pour la conservation de la vie sauvage, cette zone possède les forêts mixtes de pins et de chênes verts les plus riches de la planète. Plus l'on pénètre dans la montagne, plus l'on a de chances d'apercevoir un félin ou l'un de ces animaux menacés d'extinction qui vivent ici, comme le singe-araignée ou le tapir.
Situé à une altitude de 2 800 m, **Benito Juárez** est le village de la sierra le plus proche d'Oaxaca. À 2,5 km seulement de ce village, un belvédère offre une **vue★** panoramique de la vallée d'Oaxaca et, lorsque le ciel est dégagé, du pic d'Orizaba, dans l'État de Veracruz.
Il est possible de loger au village (Tourist Yu'u et huttes) et d'y réserver des excursions guidées de plusieurs jours ; on y trouvera d'ailleurs des VTT et l'équipement de camping nécessaire. On peut ainsi explorer plusieurs villages, comme **Ixtlán de Juárez**, où l'on découvrira une cascade impressionnante, et **Guelatao**, village natal du président Benito Juárez, ou encore participer à diverses activités dans d'autres communautés villageoises, qui conjuguent leurs efforts pour mener à bien un projet d'écotourisme, permettant au visiteur, selon leurs propres termes, d'entreprendre une « promenade dans les nuages ».

Circuit 2 *1 jour*

★★★ **Monte Albán** – *10 km au Sud-Ouest d'Oaxaca par la nouvelle route de Monte Albán.* *Voir p. 280.*

Église et ancien couvent St-Jacques Apôtre, à **Cuilapan de Guerrero** – *12 km au Sud-Ouest d'Oaxaca par la route fédérale 131. Visite de 10 h à 18 h. 10 pesos.* La construction de ce gigantesque édifice, commencée par les dominicains en 1555, fut interrompue en 1560 et, malgré plusieurs tentatives de reprise, ne fut jamais terminée. On verra du côté gauche la chapelle ouverte, et, à droite, le porche des pèlerins, composé de neuf arcs, abritant en son milieu une des entrées de l'église inachevée. L'emblème dominicain, sur le deuxième registre de la façade, accueille le visiteur dans la **chapelle ouverte**★ de plan basilical. Les trois vaisseaux sont séparés par deux rangs de grosses colonnes. Sur le mur du fond, à droite, on verra la reproduction de signes du calendrier mixtèque ainsi que la date chrétienne 1555.

On entre dans l'église inachevée par le flanc droit ; on remarquera les nervures gothiques de ce qui aurait dû être la coupole.

Les dimensions du **cloître** contrastent de manière frappante avec celles de la structure extérieure. De belles peintures décoratives sont conservées à l'intérieur. Au rez-de-chaussée on visite la cuisine, le réfectoire, la salle de prières et la salle capitulaire. Cette dernière a servi de prison au général **Vicente Guerrero** peu avant son exécution. Un monument en hommage au héros a été élevé dans une des cours, juste à l'endroit où il a été fusillé. C'est aussi en son honneur que Cuilapan a adopté le nom de Guerrero. À l'étage supérieur se trouvent les anciennes chambres des moines (une partie de l'étage appartient maintenant à un centre d'études historiques).

Les musées communautaires de l'Oaxaca

Dans 18 communautés, situées pour la plupart dans la vallée d'Oaxaca et dans les régions mixtèques, on trouve de petits musées qui exposent les trésors de leur culture et fournissent des informations sur l'histoire et les traditions de chaque village. On y remarquera notamment des pièces archéologiques uniques, comme au **musée de San José el Mogote**, qui a élu domicile dans une ancienne hacienda ; une documentation éloquente sur les festivités et le travail des textiles, comme à **Santa Ana del Valle** et Teotitlán del Valle ; ou encore des photographies de codex mixtèques, comme à **San Miguel Tequixtepec**, dont le musée a été aménagé dans une maison traditionnelle de style mixtèque, qui présente une structure architectonique rappelant celle que l'on trouve dans certaines zones archéologiques, telle celle de Mitla.

© Fernando García Aguinaco

Une fileuse à Santa Ana del Valle

Outre les nouveaux musées qu'elle aménage, la coopérative propose des excursions originales où l'on fait connaissance avec le travail et les festivités des peuples indigènes. On peut ainsi voir à l'ouvrage les tisserands, les potiers, les sculpteurs, les boulangers ou d'autres artisans fabriquant bougies, fusées et fromages. Le visiteur peut même se risquer à essayer les outils utilisés par ces artisans et tâter d'un métier insolite, requérant une grande adresse, tel le filage de la laine à la quenouille. Ou pourquoi ne pas rendre visite à un rebouteux ?

On peut également faire des promenades à bicyclette ou à cheval, que l'on réservera à l'avance. Pour de plus amples renseignements, s'adresser à la Sociedad Cooperativa de Museos Comunitarios del Estado de Oaxaca *(Calle Tinoco y Palacios 311-12, Oaxaca, CP 68000. ☎ (9) 516 57 86).*

Circuit 3 : Excursion en pays mixtèque *1 jour*

Dans cette région se trouvent trois des ensembles religieux dominicains les plus beaux de l'Oaxaca. Ils sont assez loin de la ville, mais l'aller et retour en voiture peut se faire dans la journée. Un service de transports est assuré par les agences de voyages et certains hôtels.

★ **Église et ancien couvent St-Dominique**, à **Yanhuitlán** – *83 km au Nord-Ouest d'Oaxaca par l'autoroute 135D ; parcourir 69 km et prendre la route 190 vers Huajapan. Visite de 10 h à 18 h. 10 pesos.* Deuxième couvent en importance de l'ordre dominicain, sa construction a duré 25 ans (1541-1566), temps relativement court par rapport au résultat. La majestueuse église conserve ses peintures et sculptures d'origine. Les éléments les plus remarquables de l'église sont le **retable principal**, réalisé en 1570 par le peintre sévillan Andrés de la Concha, les **fonts baptismaux** et le plafond de bois à caissons de style mudéjar. L'**ancien couvent** abrite aujourd'hui un musée de sculpture religieuse. La cage de l'escalier qui conduit au deuxième niveau présente un très grand **mural** de saint Christophe. On remarquera le fin travail de la pierre des balustrades de l'escalier, des niches des couloirs, et des linteaux des cellules.

Église et ancien couvent St-Pierre-et-St-Paul, à **Teposcolula** – *110 km au Nord-Ouest d'Oaxaca et 27 km de Yanhuitlán. Continuer vers Huajapan par la route fédérale 190 sur 14 km, puis prendre à gauche (Sud) la route 125 (route de Tlaxiaco et Pinotepa) et poursuivre sur 13 km. Visite de 10 h à 18 h. 10 pesos.* Cet ensemble religieux construit par les dominicains au 16e s. a été déclaré Monument historique en 1986. La **chapelle ouverte**★★ est remarquable pour sa beauté et ses dimensions colossales qui la distinguent de l'ensemble. On notera l'existence de deux coros : l'un destiné aux chanteurs, l'autre aux musiciens. À l'intérieur de l'église on peut admirer des œuvres d'Andrés de la Concha et de Simón Pereyns. L'ancien couvent est doté d'intéressants tableaux et de statues de saints et de christs.

★ **Église et ancien couvent St-Jean-Baptiste**, à **Coixtlahuaca** – *À 49 km de Teposcolula. Revenir sur la route fédérale 190 et reprendre vers Huajuapan : dans le village de Tejupan, tourner à droite et continuer sur 23 km. D'Oaxaca, prendre l'autoroute 135D sur 102 km, puis bifurquer à droite et rouler sur 3 km. Visite de 10 h à 18 h.* La façade de l'église construite vers 1576 a la particularité de présenter 32 niches vides, réparties sur les différents registres et autour de la rosace centrale. On pense qu'elles n'étaient pas destinées à loger des statues, mais à créer un effet de clair-obscur. Le portail latéral présente des figures de saints et les symboles de la Passion qui montrent une nette influence indienne. Le retable principal de l'église occupe toute l'abside ; il date du 17e s., mais conserve des éléments du retable d'origine.

L'arc principal du presbiterio de la **chapelle ouverte** présente trois panneaux peints de motifs floraux et ornés de frises sculptées de têtes de dragons ou de serpents entrelacés. Ils sont encadrés d'écus portant des pélicans. Ce travail illustre aussi le savoir-faire artistique des Indiens.

■ L'isthme de Tehuantepec

Le Sud-Est de l'Oaxaca est une région éloignée du tourisme et de l'agitation de la capitale de l'État. Ici, traditions et coutumes anciennes se vivent au quotidien. Une des particularités des communautés qui habitent cette région est l'importance et la présence des femmes dans les rues et sur les marchés. Les coloris de leurs vêtements de tous les jours, leurs rapports avec les gens, la manière dont elles s'expriment révèlent une société où la femme joue un rôle prépondérant. La plupart des femmes travaillent à l'égal des hommes, ce qui leur confère un statut respecté à l'intérieur de la famille ainsi que des droits sociaux à l'intérieur de la communauté. Cette ouverture sociale s'étend aux homosexuels, qui sont traités avec respect et dignité.

Pendant les mois de mai et de septembre, l'isthme célèbre la **fête des Veillées** (Fiesta de las velas), une des plus belles et plus anciennes du Mexique. Bien que d'origine précolombienne, elle a acquis pendant la colonisation le caractère qu'elle présente aujourd'hui. La célébration consiste à veiller, plusieurs jours d'affilée, les saints patrons de chaque village. C'est l'événement le plus important pour les communautés de l'Isthme, et toute la population participe à son organisation. Au cours de ces journées, le folklore régional se manifeste dans toute sa splendeur : musique, danses, gastronomie et costumes typiques de toute beauté, parmi lesquels celui des femmes de Tehuantepec, ou **vestido de tehuana**.

PALENQUE**

Chiapas

ℹ ☎ (9) 678 65 70 et (01 800) 280 35 00

Un des sites **mayas** les plus extraordinaires, Palenque démontre avec fierté le savoir et la complexité de cette passionnante culture précolombienne. L'incomparable architecture de ses édifices, les secrets qu'ils cachent et le grand nombre de caractères déchiffrés jusqu'à présent ont permis à l'homme moderne de découvrir une part des mystères ancestraux enfouis ici pendant des siècles sous les frondaisons.

Fondé autour de 100 avant J.-C., Palenque était un village d'agriculteurs. La cité a vécu une époque florissante entre 600 et 700 après J.-C., période de multiples conquêtes qui vit la construction de la plupart des édifices. On pense qu'une rébellion des classes inférieures, qui avaient cessé de croire en leurs gouvernants et leurs dieux, est à l'origine du déclin de la ville, qui se dépeupla après une longue période de guerres internes. Avec le temps, temples et bâtiments n'ont pas résisté à la puissance de la nature et ont été inexorablement dévorés par la forêt.

Les premières indications de l'existence de cette ancienne cité remontent à la fin du 18e s. et au début du 19e, grâce au récit qu'un capitaine espagnol, Antonio del Río, fit parvenir à l'Audience royale. Des années plus tard, le texte fut traduit en anglais et illustré par Jean-Frédéric de Waldeck. La première exploration officielle du site a été menée en 1839 par John Lloyd Stephens et Frederick Catherwood. Palenque a été inscrite au Patrimoine mondial de l'humanité en 1987.

Route Ruinas de Palenque, à 8 km de la ville de Palenque. On peut y parvenir depuis Villahermosa (Tabasco) en voiture ou en car (132 km). De Villahermosa, prendre la route 186 vers l'Est sur 93 km, puis tourner à droite (signalisation) et continuer sur 31 km jusqu'à la localité. On peut aussi y arriver depuis San Cristóbal de las Casas (188 km, environ 4 h), de préférence en autocar, la route étant très sinueuse, ou depuis Mérida (Yucatán), par car ou par train (8 h).

SITE ARCHÉOLOGIQUE *3 h*

Visite de 7 h à 17 h 45. 25 pesos ; entrée libre les dimanches et jours fériés.

Musée du site – *1 km avant le site.* Il expose une grande quantité d'objets découverts lors des fouilles. On remarquera les pierres sculptées, les figures en stuc et céramique, les brûle-parfums, ainsi que les bijoux luxueux en obsidienne, en jade et en nacre trouvés parmi les offrandes funéraires. Les têtes en stuc révèlent l'idée que les Mayas se faisaient de la beauté : crâne élargi, yeux en amande, nez aquilin, front très large et petit menton.

Le Palais et le groupe Nord

Temple de la Tête de mort (Templo de la Calavera) – Ce petit temple, première structure à droite à l'entrée, présente l'architecture typique de toute la région, avec son arc maya (ou arc korbel). Il doit son nom à un bas-relief travaillé dans le stuc, qui représente le dieu de la mort avec de grandes boucles d'oreilles.

Un peu plus loin, toujours à droite, se trouve le plus grand temple de Palenque.

Temple des Inscriptions (Templo de las Inscripciones) – Cette grandiose pyramide à huit corps superposés a été élevée à la fin du 7e s. Elle fut pour les archéologues une véritable mine de découvertes et d'informations. Le temple doit son nom aux trois parements de la partie haute, qui portent des inscriptions sculptées en très fins bas-reliefs. Du sanctuaire érigé au sommet de la pyramide, un escalier descend à une **crypte** découverte en 1952 par l'archéologue mexicain Alberto Ruz Lhuillier. La chambre funéraire mesure 9 m de long, près de 4 m de large et 7 m de haut. Sur les murs, neuf prêtres symbolisent les mondes souterrains de la cosmogonie maya. Au centre se trouve un sarcophage monolithique de 13 tonnes, sépulture de Pakal, important gouvernant de Palenque entre 680 et 720 après J.-C. Sur la dalle recouvrant le sarcophage figurent, dans la partie inférieure, le masque du Monstre de la Terre ; au centre, une victime, le torse et la tête renversés en arrière, le regard tourné vers la croix foliée de la partie supérieure. Ruz Lhuillier interprète ce dessin de la manière suivante : la partie inférieure symbolise la mort, en haut figurent la vie et l'espoir, et au milieu l'homme, qui se tient dans une position indéterminée entre ces deux éléments. Une reproduction de cette tombe se trouve au musée national d'Anthropologie de Mexico.
En 1994 on a découvert une autre tombe dans le temple. Elle se trouve du côté droit de la façade principale. Elle renfermait un corps de femme, que l'on suppose être la mère de Pakal. On ne peut voir actuellement qu'une cavité dans la paroi, car tout ce qui a été trouvé à l'intérieur est encore en cours d'examen.

Palais – Construit durant plus de quatre siècles pour servir de résidence aux rois de Palenque, cet édifice est l'un des plus beaux exemples d'architecture maya. Le soubassement en forme de trapèze sur lequel il repose mesure 100 m de long, 80 m de large, et 15 m de haut (du niveau de la place au sommet de la tour de guet). Les nombreux petits édifices et chambres qui entourent la tour et les quatre courettes conservent encore leurs éléments architecturaux et décoratifs : couloirs, galeries souterraines, corridors couverts d'un toit, système de drainage, fenêtres en forme de T (le signe des dieux du vent), murs sculptés et parements verticaux ornés de sculptures et inscriptions calendaires. Pour entrer au palais, monter par l'escalier d'accès *(côté Ouest)*.

Dans la première courette à droite (cour Sud-Ouest), on remarquera une série de petites chambres au plafond bas qui servaient de bains de vapeur ; par les trous ménagés dans le sol, l'eau s'écoulait vers un grand aqueduc souterrain. Au fond de la cour, on s'arrêtera devant un important bas-relief qui représente la mère du roi Pakal lui remettant un grand panache, symbole du pouvoir. Dans la cour Nord-Est se dressent neuf figures impressionnantes en pierre sculptée de 3 m de haut, qui, selon les interprétations, représenteraient des chefs de guerre ou des prisonniers agenouillés. Par le côté Sud, on accède aux galeries souterraines, qui mènent le visiteur en dehors du palais.

À l'extrémité Sud de cette zone, avant de traverser le ruisseau Otolum, s'étend une somptueuse place, avec quatre très beaux temples qui semblent vouloir atteindre le ciel. Selon certains archéologues, l'ensemble serait l'œuvre maîtresse de Chan Bahlum, fils aîné du roi Pakal, qui aurait été terminée à la fin du 7e s. après J.-C. Pour y accéder, emprunter le chemin de droite qui monte au milieu des broussailles.

Temple du Soleil (Templo del Sol) – Du côté Ouest, s'élevant sur un haut soubassement échelonné, on remarquera le faîte de temple le mieux conservé du site, d'une

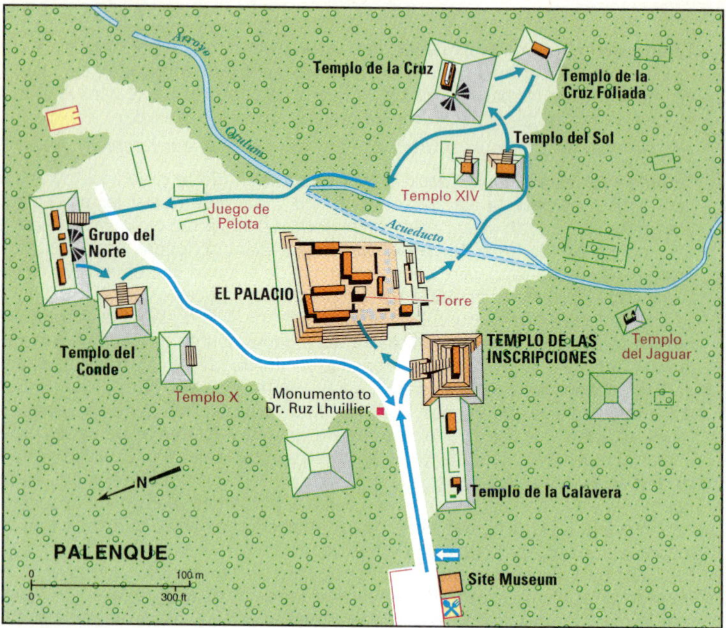

PALENQUE ↳ *Agua Azul★★, Cascada de Misol-Ha★*

hauteur de 4 m. À l'intérieur du sanctuaire, le mur du fond porte le **panneau du soleil**, finement sculpté dans le calcaire, considéré comme une des meilleures œuvres de la sculpture maya. Au centre apparaît sur une sorte d'autel et supporté par deux lances croisées le masque du Soleil, symbolisé par une double barre cérémonielle couronnée de deux têtes de serpent, avec en son centre un masque de jaguar. Le roi Pakal, à gauche, et son fils Chan Bahlum, à droite, procèdent à une offrande à l'astre solaire. Quatre colonnes gravées d'inscriptions complètent la composition.

Temple de la Croix (Templo de la Cruz) – Au Nord de la place, sur un soubassement pyramidal à plusieurs corps, s'élève la plus haute structure de l'ensemble. De part et d'autre de l'entrée du sanctuaire, deux panneaux sculptés représentent deux hommes richement parés ; l'un d'eux est jeune, l'autre est un vieil homme qui fume une pipe et porte une coiffe de feuilles de tabac. On suppose que le premier est le gouvernant Jaguar-Serpent, le second une divinité des mondes souterrains.
Le panneau d'origine est au musée national d'Anthropologie de Mexico. Mais sur la reproduction qui l'a remplacé, on distingue au centre le masque du Monstre de la Terre. Au-dessus d'un arbre cruciforme symbolisant un plant de maïs est posé un quetzal, ou un oiseau fantastique. Deux prêtres encadrent la scène, l'un est porteur d'offrandes, l'autre se tient debout sur un crâne ou un masque.

Temple de la Croix foliée (Templo de la Cruz Foliada) – En utilisant le relief naturel du côté Est, les Mayas ont bâti un autre temple sur une petite colline. La façade principale et le faîte se sont entièrement effondrés. Mais on peut encore voir un panneau sculpté dans une des galeries supérieures. La conception de cet édifice est assez semblable à celle du temple de la Croix.

En quittant la place, traverser de nouveau le ruisseau et marcher vers le Nord.

Avant d'atteindre les édifices du Groupe Nord, on passe près d'un petit Jeu de pelote.

Groupe du Nord – Ce groupe est formé de cinq édifices alignés sur un même socle, mais construits sur différents niveaux et en plusieurs étapes. Certains conservent des restes de leur décoration d'origine, sculptures en pierre et inscriptions.

Temple du Comte (Templo del Conde) – À l'Ouest du groupe du Nord s'élève un édifice à cinq corps. Le petit temple qui le couronne est presque intact et n'a perdu que son faîte. Il a été baptisé en l'honneur du baron Jean-Frédéric de Waldeck, qui arriva à Palenque en 1832 et habita le temple pendant près de deux ans, tout en explorant la zone et bâtissant de fantastiques théories sur le site. On a retrouvé dans la pyramide plusieurs tombeaux dont les offrandes funéraires n'avaient pas été pillées.

EXCURSIONS

★★ Agua Azul – *2 h. 64 km de Palenque par la route d'Ocosingo. Il est préférable de ne pas s'y rendre pendant la saison des pluies (mai-octobre), ni de nuit. 20 pesos par voiture.* Cette spectaculaire cascade du río Shumulijá tombe d'une grande hauteur, formant de petites piscines naturelles encadrées de rideaux écumants. Pendant les plus grandes chaleurs, l'eau prend une merveilleuse tonalité turquoise qui, contrastant avec le vert de la végétation, offre un spectacle fantastique et original. Remonter le long de la rivière le plus haut possible permet de profiter d'un paysage de plus en plus beau. La baignade est possible au niveau inférieur.

★**Cascade de Misol-Ha** – *1 h. Sur la route d'Ocosingo, à 18 km de Palenque. Accessible 24 h/24. 20 pesos par voiture.* ✗ 🅴 ☎ *(9) 345 12 10.* Encadrée d'immenses conifères, cette belle et haute cascade se précipite dans un magnifique bassin aux eaux cristallines. Un petit sentier passant derrière le rideau d'eau mène le visiteur sur l'autre rive, où il découvrira plusieurs sources jaillissant du rocher. En poursuivant la promenade, on peut entrer *(avec guide et lampe de poche)* dans une grotte abritant une autre cascade. Profitez de cette visite pour faire un plongeon rafraîchissant dans le bassin au pied de la cascade. Le parc dispose de cabanons rustiques *(140 pesos la nuit)* et d'un restaurant.

PÁTZCUARO★★★

Michoacán

75 264 habitants

ℹ Portal Hidalgo 1 ☎ (4) 342 02 15, poste 16

Pátzcuaro signifie en tarasque « emplacement des Cúes, ou temples ». Les anciens habitants croyaient que ce site était la porte du ciel, le lieu par où descendaient et remontaient les dieux. Son histoire remonte à l'an 1100, lorsque des groupes venant du Nord s'intégrèrent aux rares populations déjà établies ici. Il est probable que les fondateurs de Pátzcuaro aient été les Indiens pahuacume et hueapani, qui se mêlèrent aux Cúes autochtones.
Pátzcuaro obtint le statut de cité lorsque le pouvoir ecclésiastique y fut transféré, devint alors capitale de la province du Michoacán et le demeura jusqu'au transfert à Valladolid, aujourd'hui Morelia, des pouvoirs politique et religieux en 1580.
Aujourd'hui, c'est une jolie ville du centre de l'État du Michoacán. Elle doit son intense activité touristique à ses pittoresques maisons aux toits rouges, à l'amabilité de ses habitants, à sa paisible atmosphère et à l'attrait de son artisanat, ainsi qu'aux îles du lac.

★★CENTRE-VILLE *1 jour*

★**Plaza Vasco de Quiroga** – *Encadrée au Sud par Nicolás Romero et Dr. Coss ; à l'Est par Portugal et Quiroga ; au Nord par Dr. Benito Mendonza, Iturbe et Ahumada ; à l'Ouest par Ibarra et Ponce de León. Prendre la navette « Centro » (un minibus) à la gare routière.* Cette intéressante place quadrangulaire de 160 m de long et 130 m de large a probablement été conçue pour permettre l'organisation de jeux à l'époque coloniale. On est surpris de ne pas y voir d'église, mais uniquement des maisons particulières transformées aujourd'hui en commerces et bureaux. La place est délimitée par des bancs en pierre qui permettent aux passants de se reposer et de déguster les crèmes glacées typiques de l'endroit, tandis que les voyageurs admirent les rues pavées, les maisons aux toits rouges qui donnent ses couleurs à la ville, ou bien la statue de Vasco de Quiroga sur la fontaine principale.

La Casa de los 11 Patios (ancien couvent des religieuses dominicaines) – *Madrigal de las Altas Torres, entre Dr. José Ma. Coss et Lerín. En partant de la plaza Vasco de Quiroga, se diriger vers le Sud par Dr. José Ma. Coss ; emprunter à gauche le Madrigal de las Altas Torres et parcourir la moitié de la rue. Visite de 10 h à 18 h.* ☎ *(4) 342 09 67, poste 16.* Le couvent de dominicaines fut construit entre 1745 et 1747 à partir des restes de l'ancien hôpital Ste-Marthe fondé par Vasco de Quiroga. Il ne reste que cinq des onze cours d'origine, partiellement détruites au moment de la construction des rues avoisinantes.
Face à l'entrée, un mural réalisé par José Luis Soto vers 1979 représente le bienfaiteur de Pátzcuaro, **Tata Vasco**. À gauche de l'entrée, on voit une des cours, intacte, ornée de belles arcades à colonnes corinthiennes, dont les clefs sont ornées de motifs végétaux, et d'une fontaine centrale. À l'Ouest s'ouvre une fenêtre ronde en forme de soleil ; elle éclaire l'intérieur d'une **salle de bains**★ aménagée dans le renfoncement d'une roche et décorée de deux personnages qui servent à l'écoulement de l'eau. La porte intérieure de style baroque est finement sculptée. La présence de cette pièce est surprenante, car on ne prévoyait pas ce genre d'équipement à l'époque coloniale. Les anciennes cellules des religieuses sont aujourd'hui occupées par des boutiques vendant les productions de l'artisanat régional.

El Sagrario – *Lerín, entre Madrigal de las Altas Torres et Portugal. De Madrigal de las Altas Torres, se diriger à gauche par Lerín. Le Sagrario se trouve à quelques pas de là. Visite de 7 h à 18 h 30.* ☎ *(4) 342 12 14.* Une sorte de forteresse se dresse sur la rue de Lerín, avec un mur fait de petites arcades surmontées de couronnements en forme de cloches. Protégée par cette structure, la modeste **église du Saint-Esprit** (17e s.) possède un portail et un intérieur néoclassiques.

L'église a porté le nom de Sanctuaire, ou paroisse de Notre-Dame-du-Salut, jusqu'au transfert de la statue de la Vierge à la basilique actuelle. On accède à sa nef unique par une entrée latérale. À l'intérieur, la chapelle latérale renferme un **retable★** baroque churrigueresque dédié à Notre-Dame-du-Rosaire et réalisé au 18e s. en bois doré ; quatre *estípites* encadrent la statue de la Vierge. C'est le seul de ce genre dans la ville de Pátzcuaro.

Templo de la Compañía – *Lerín et Portugal. De Madrigal de las Altas Torres emprunter à gauche la rue Lerín, jusqu'à la rue Portugal. Visite de 7 h à 18 h 30. ☎ (4) 342 33 68.* La construction de cette église, décidée par Vasco de Quiroga, s'acheva en 1546. Elle servit de cathédrale, rang qu'elle perdit en 1573 lorsqu'elle fut confiée aux jésuites qui la conservèrent près de deux siècles. Cette église à toit de bois à deux pentes, au sobre portail de style baroque et à la voûte en berceau tout en bois, abrite les sépultures de hauts personnages indiens, de notables jésuites et de nobles espagnols. Les restes de Vasco de Quiroga s'y trouvaient aussi, jusqu'à leur transfert à l'actuelle basilique. L'église, tout comme d'autres dans le reste du pays, a été élevée sur une plate-forme précolombienne, le grand temple tarasque. On verra à droite l'ancien collège jésuite, aujourd'hui centre culturel.

★ **Museo de Artes e Industrias Populares** **(ancien collège St-Nicolas)** – *Enseñanza, angle d'Alcantarilla. Continuer par la calle Lerín jusqu'à la fontaine qui délimite la calle Alcantarilla. Visite de 9 h à 19 h (14 h 30 le dimanche). Fermé le lundi, ainsi que les 1er janvier et 25 décembre. 20 pesos. ☎ (4) 342 10 29.* Le collège St-Nicolas fut fondé en 1540 par Vasco de Quiroga pour former les prêtres indiens. Il est à l'origine du collège San Nicolás de Hidalgo à Morelia.
On notera son intéressant **portail** octogonal surmonté d'un campanile avec deux niches vides et trois arcs.
Le vestibule du **musée** est orné de deux sculptures, l'une précolombienne, l'autre d'époque coloniale. Il permet d'accéder aux dix salles, qui présentent une vaste **collection★** d'artisanat régional : terres cuites et laques, textiles, masques, vases et récipients, ustensiles de cuisine, sculptures et peintures religieuses, ainsi que des ex-voto et des christs en pâte de tiges de maïs.
La salle abritant le mobilier d'une **salle à manger du Michoacán★** donne sur un jardin intérieur, où l'on découvre les ruines d'une grande plate-forme, vestiges d'un centre cérémoniel purépecha sur lequel a été établi l'ancien collège.

Dans la calle Alcantarilla, le bassin orné d'une statue de la Vierge sur un piédestal octogonal est appelé fontaine de don Vasco à cause d'une légende qui veut que, frappés de pénurie d'eau, les habitants s'en soient plaints auprès de don Vasco ; celui-ci aurait alors frappé à plusieurs reprises de son bâton un rocher, d'où l'eau aurait jailli.

Basílica de Nuestra Señora de la Salud – *Arciga, angle de La Paz, une rue après le musée. Arciga est le prolongement d'Enseñanza, elle-même celui de Lerín. On peut aussi s'y rendre par la calle La Paz, au départ de la plaza Gertrudis Boca Negra. Visite de 6 h à 20 h 30.* C'est au 16e s. que l'on entreprit la construction de cette église, prévue à cinq vaisseaux. Mais le projet suscita des oppositions, et une nef unique fut achevée. L'édifice fut élevé au rang de cathédrale à l'arrivée des jésuites, auxquels on attribua l'ancienne cathédrale, maintenant église de la Compagnie de Jésus.
La basilique, à façade néoclassique ornée de colonnes corinthiennes, a été modifiée aux 17e et 18e s. et a souffert de grands dommages à l'occasion des tremblements de terre ; il fallut même la fermer au culte en 1845, l'ancien clocher s'étant en partie effondré en emportant la toiture.
À l'intérieur, de style néoclassique également, on remarque le **maître-autel★★** dédié à Notre-Dame-du-Salut ; en haut de la lanterne, la coupole représente le pouvoir du pape, surmonté par l'effigie du Christ. La sacristie renferme une intéressante **collection** de peintures coloniales.
À gauche de l'entrée, on voit le mausolée de l'évêque Vasco de Quiroga, bienfaiteur de la ville, qui avait conçu cette église comme une grande cathédrale. Quatre siècles après sa mort, en 1924, le pape Pie XI a élevé cette église au rang de basilique mineure.

Biblioteca Gertrudis Boca Negra **(église St-Augustin)** – *Zaragoza, sur la plaza Gertrudis Boca Negra. En quittant la basilique, poursuivre par Buena Vista et descendre Padre Lloreda jusqu'à l'angle de Títere. Visite de 9 h à 19 h. Fermé les week-ends, ainsi que les jours fériés, en juillet et août, et la deuxième quinzaine de décembre.* La bibliothèque a été installée dans ce qui fut l'église St-Augustin, bâtie au 16e s. mais remaniée au 18e s. Dans le vaste espace intérieur, on remarque la voûte de bois en berceau et le **mural★** de l'aile Nord réalisé par Juan O'Gorman ; il a pour thème l'histoire du Michoacán et illustre des épisodes de l'arrivée des Indiens, de la Conquête, de l'Indépendance et de la Révolution.

Devant le bâtiment s'étend la plaza Gertrudis Boca Negra, nom d'une héroïne de l'Indépendance, que les gens appellent plutôt **plaza Chica** (petite place), par opposition avec la vaste plaza Vasco de Quiroga. Au Nord, un marché de fruits et légumes, de poissons, de petits ustensiles et d'artisanat permet aussi de goûter à la nourriture typique de la région. Le vendredi, l'activité commerciale s'anime encore plus, car un grand nombre d'artisans et de pêcheurs d'autres régions se réunissent à Pátzcuaro pour y vendre leurs produits.

AUTRES CURIOSITÉS *1/2 journée*

Lago de Pátzcuaro – Plusieurs bourgades se sont implantées autour du lac, situé à 10 mn du centre de Pátzcuaro, ou sur ses îles. Parmi ces dernières, l'une des plus connues pour ses festivités du jour des Morts est **Janitzio**, terme tarasque qui signifie « barbes d'épi de maïs ». Selon la légende, son histoire remonterait à l'ancien empire tarasque : les rois seraient venus y cacher leurs trésors d'or et d'argent. L'une des attractions de l'île est le gigantesque **monument à José María Morelos y Pavón**, haut de 40 m, œuvre du sculpteur Guillermo Ruiz, dont l'intérieur est décoré de peintures murales illustrant la vie du héros de l'Indépendance. Du monument, on a aussi une belle vue du lac et de la ville de Pátzcuaro. Les îles voisines de **Tecuena**, **Pacanda** et **Yunuén** fêtent aussi le jour des Morts. Yunuén est une petite île habitée par des Indiens tarasques, propriétaires d'un petit centre touristique avec des cabanes et des restaurants, où les touristes peuvent résider et jouir du paysage.

★**Volcán El Estribo Grande** – Par un chemin pavé bordé de grands arbres, on parvient à une petite place ornée d'un kiosque, d'où on a une belle **vue**★★ sur tout Pátzcuaro et ses environs, avec le lac et les îles. Un escalier de près de 300 marches conduit au cratère du volcan éteint.

© Gustavo Gatto

■ Le jour des Morts

Depuis l'époque précolombienne, les rites funéraires du Mexique marquent fortement la culture du pays. L'introduction de la religion catholique apporta des modifications à ces célébrations, et la mort prit la redoutable apparence d'un crâne. À la fin du 18e s., cette image prit peu à peu un aspect plus humain, jusqu'à ce que le célèbre graveur **José Guadalupe Posada** (19e s.) la transforme en un personnage humoristique et populaire. Depuis, la mort est devenue pour les Mexicains une figure familière, avec laquelle ils jouent et plaisantent. Ils la traitent familièrement de *calada* (percée), *patas de hilo* (pattes de fil) et *huesuda* (osseuse) entre autres surnoms. Cette vision si particulière de la mort atteint son plus haut degré d'expression au cours de la traditionnelle célébration du jour des Morts. On croit que les 1er et 2 novembre, les défunts reviennent de l'au-delà vivre parmi les êtres chers. La fête a lieu aussi bien dans les villes que dans les campagnes, dans les cimetières et les maisons, dans les bureaux et les écoles. Partout on dresse des autels où l'on offre aux morts les boissons et les mets qu'ils aimaient le plus de leur vivant, ainsi que des plats traditionnels. Les autels sont ornés de photos des défunts et d'images des saints, d'œillets d'Inde, de bougies, de figures en papier découpé, de pains et de sucreries en forme de têtes de mort.
Bien que le jour des Morts soit une fête nationale, les célébrations varient dans chaque région. Dans certains villages, elles commencent dès le 31 octobre, jour de la « veillée des petits anges », destinée à accueillir les âmes des enfants décédés. Les **fêtes**★★ les plus belles et les plus pittoresques ont lieu à **Mixquic**, dans la banlieue de Mexico, au cimetière de **Tzintzuntzan** et à **Pátzcuaro**.

EXCURSIONS

Villa Escalante (Santa Clara del Cobre) – *16 km par la route 120 vers Ario de Rosales. Liaisons vers Santa Clara del Cobre à partir de la gare routière.* Dans ce village pittoresque aux toits rouges, on se consacre au travail artisanal du cuivre, que l'on découvre même sur le kiosque de la place principale, entourée d'échoppes d'artisanat. C'est la principale activité de la population, et chaque maison ressemble à un atelier. La population de Villa Escalante a été la première à recevoir le prix national d'Art Populaire pour la fabrication d'objets en cuivre martelé, tradition qui remonte à l'époque de Vasco de Quiroga.

★ **Museo Nacional del Cobre** – *30 mn. Av. Morelos, angle de Pino Suárez. Une rue après la place principale, par l'av. Morelos. Visite du mardi au samedi et les jours fériés de 10 h à 15 h et de 17 h à 19 h, le dimanche de 10 h à 16 h. Fermé les 1er janvier, 1er mai et 25 décembre. 2 pesos. ☎ (4) 343 02 54.* Le **musée du Cuivre** expose les œuvres qui ont gagné des prix dans les foires annuelles. Les récipients, jarres et coupes montrent le talent et la grande habileté des artisans pour graver des formes géométriques à la surface du métal.

★ **Templo de Santiago Caballero**, à **Tupátaro** – *30 mn. 18 km à l'Est de Pátzcuaro par la route 120. Parcourir 15 km et prendre la route de Cuanajo. Suivre les indications. Visite de 9 h à 18 h.* E. Ce sobre petit édifice achevé en 1725 présente une **toiture**★★ de bois trapézoïdale, ornée d'impressionnantes figures polychromes réalisées en 1761 par des artisans indiens. Chacun des 33 anges, nombre évoquant l'âge du Christ à sa mort, porte un symbole de la Passion. Au centre du plafond sont représentés les six Mystères de la Vierge Marie et les six Mystères de Jésus-Christ. À l'intérieur, le **retable principal**★, recouvert de feuilles d'or et orné de motifs d'épis de maïs et d'avocats, porte des huiles du 18e s. illustrant la Passion et l'Adoration des Rois mages. L'ensemble est couronné d'une statue du Christ qu'on appelle « Le Seigneur du petit pin ». La légende raconte qu'elle aurait été découverte par un bûcheron au cœur d'un tronc de pin. On verra aussi un christ du 19e s. qui, selon les habitants, aurait grandi avec le temps. Mesurant à l'origine 1,50 m, il fait aujourd'hui 1,65 m. Le musée annexe présente des objets de culte du 17e au 19e s.

Tzintzuntzan – *17,5 km au Nord-Ouest par la route 15 vers Morelia. De la gare routière, autocars vers Quirogá.* Tzintzuntzan signifie en tarasque « lieu des colibris ». C'était jusqu'à l'arrivée des Espagnols le centre de l'empire tarasque

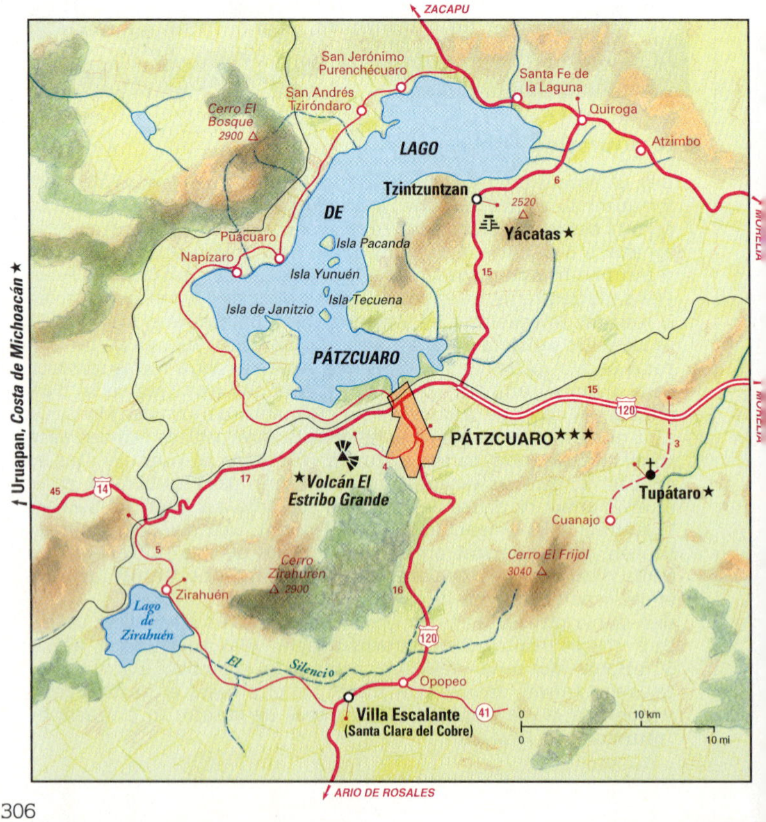

précolombien. C'est ici que Vasco de Quiroga entreprit son œuvre d'évangélisation, après avoir pacifié la rébellion indigène provoquée par les excès de Nuño Beltrán de Guzmán.
Édifiée sur les berges du lac de Pátzcuaro, l'agglomération a conservé sa couleur provinciale et ses toitures typiques en tuiles rouges. Son activité principale est la création et la vente d'un artisanat riche de formes, de couleurs et de matériaux.

Templo de San Francisco – *1/2 h. À gauche du marché d'artisanat. En entrant au village, descendre vers le marché situé dans la calle Lázaro Cárdenas. Visite de 10 h à 18 h. 10 pesos. ☏ (4) 342 09 67.* Un grand atrium ombragé d'oliviers sert d'entrée à cette église du 17e s. au portail plateresque. L'église d'origine fut construite au 16e s. mais il en reste peu de vestiges. On remarque sur la façade la fenêtre de la tribune à double arc.
À gauche de l'église, la chapelle ouverte St-Camille présente un arc orné d'intéressants voussoirs sculptés de motifs d'anges et de coquillages. À droite de l'atrium s'élève l'église de la Vierge de la Solitude, où l'on peut voir une statue articulée de Christ, du 16e s., en pâte de tige de maïs.
Par la porte latérale de cette église, on accède à une autre chapelle ouverte, qui faisait partie de l'ancien hôpital. Réalisée au 17e s., elle conserve des fresques, les restes d'un retable et trois arcs. Celui du milieu est orné d'une coquille sculptée ; ceux des côtés portent les figures du soleil et de la lune.

★ **Las Yácatas** – *30 mn. 1 km au Sud du village par la route 15 qui va à Quiroga, ou emprunter la route 120 Morelia-Pátzcuaro jusqu'à la bifurcation pour Quiroga, et de là, rejoindre Tzintzuntzan. L'accès au site archéologique se trouve au Sud-Est du village, près du cimetière. Si l'on n'a pas de voiture, on doit s'y rendre à pied, car il n'existe pas de transport organisé. Depuis l'église San Francisco, suivre tout droit l'av. Las Yácatas, indiquée par des sculptures en bois. Visite de 9 h à 17 h. 17 pesos. ⊟ ☏ (4) 312 88 38.* C'est ici que se trouvait autrefois la capitale de l'empire purépecha ou tarasque. Ses ruines s'étendent sur un petit plateau artificiel d'environ 400 m de long sur 250 m de large. On y voit encore, entre autres, le palais, l'édifice E et d'autres bâtiments consacrés aux activités administratives et cérémonielles. Cet ensemble se dresse sur la place principale, à l'Est des « yácatas » (pierres entassées), qui sont les édifices les plus notables. Au nombre de cinq, ils sont constitués de pierres superposées et forment des corps échelonnés dont les plans combinent le rectangle et le demi-cercle. Sur la partie supérieure des corps circulaires s'élevaient des temples en bois et en chaume.
Selon la chronologie la plus accréditée, ce site remonterait aux trois derniers siècles avant l'arrivée des Espagnols, époque où le groupe connut sa plus grande expansion, partageant son hégémonie avec des cités importantes telles que Pátzcuaro et Ihuatzio.

Uruapan – *1/2 journée. 60 km à l'Ouest de Pátzcuaro par la route 14.* La deuxième ville de l'État se situe près du río Cupatitzio, sur les terres fertiles du plateau purépecha. Déjà à l'époque des Purépechas, Uruapan était une région généreuse, dominant par l'agriculture la région voisine aux terres desséchées. Aujourd'hui c'est la « capitale mondiale de l'avocat ». On dit que plus d'un million d'avocatiers y ont été plantés. On découvre ici parmi d'autres curiosités le **Parc national Eduardo Ruiz**★★ dont la végétation est si exubérante qu'elle tamise les rayons du soleil *(calz. Fray Juan San Miguel 1, huit rues à l'Ouest de la place centrale ; visite de 8 h à 18 h ; 2 pesos ; ☏ (452) 401 97).* L'eau court le long des chemins empierrés où l'on découvre fontaines, sources et ponts nimbés de légendes. On doit aussi visiter le **musée régional d'Art populaire La Huatapera**★ *(place principale, près de l'église de l'Immaculée ; visite de 9 h 30 à 13 h 30 et de 15 h 30 à 18 h ; fermé les lundis et jours fériés ; ☏ (4) 524 34 34)*, une belle construction aux murs blancs couverte de tuiles, avec un sol de terre battue et un portail de style plateresque. Le bâtiment, construit en 1533 par le frère Juan de San Miguel, était un hôpital et un lieu de réunion destiné aux Indiens. Le musée compte six salles où l'on expose les produits de l'artisanat régional. On remarquera les pièces en laque caractéristiques de cet endroit.

Cascada Tzaráracua – *2 h. 10 km au Sud d'Uruapan par la route d'Apatzingan, puis 800 m à pied, dont environ 700 marches à descendre.* ⚠ ✗ ⊟. Au fond d'une gorge, le río Cupatitzio tombe de 60 m en se faufilant entre les rochers qui forment un tamis ou **tzaráracua**, « toile à travers laquelle passe l'eau ».

Angahuan – *1 jour. 37 km au Nord d'Uruapan par la route 37, puis, 16 km plus loin, la route vers Los Reyes (21 km jusqu'à Angahuan).* C'est un vieux village où les greniers en bois paraissent modestes et l'environnement bien terne. Les robes colorées des femmes tranchent sur le sol de sable gris foncé qu'a laissé l'éruption du volcan Paricutín voisin.
L'**église St-Jacques-Apôtre**, sur la place principale, est une église franciscaine du 16e s. de style plateresque *(visite de 6 h à 20 h ; ☏ (4) 525 03 83).* Son portail présente un riche **bas-relief**★★ mudéjar qui illustre, tout comme la croix de l'atrium, la belle interprétation indigène du style espagnol. Sur un des côtés de l'église, une inscription sur la porte en bois d'une maison relate l'éruption du Paricutín.

Volcán Paricutín et ruines de San Juan Parangaricutiro – *Les cabanes qui marquent le point de départ de cette promenade sont à 1 km d'Angahuan. Compter 45 mn pour arriver aux ruines, et 8 h AR pour le cratère du volcan. La durée est la même qu'on soit à pied ou à cheval. Il est conseillé de mettre de bonnes chaussures de marche à semelles épaisses.* Le matin du 20 février 1943, un paysan nommé Dionisio Pulido vit s'ouvrir sous sa charrue une trouée ardente. À cinq heures de l'après-midi, le volcan se réveillait, à une vitesse effrayante. Un an plus tard, résignés, les habitants de **San Juan Parangaricutiro**★ abandonnaient définitivement leur village, fondé au 16e s.
Aujourd'hui on n'aperçoit sur le sol dévasté par la lave que les tours et une partie de l'autel de l'église construite en 1618. Du village, on voit le volcan qui s'élève à 410 m et dont le cratère fait 250 m de diamètre. Pendant neuf ans, onze jours et dix heures, jusqu'au 4 mars 1952, il a vomi continuellement laves et cendres sur la région. Le nouveau village, baptisé Nuevo Parangaricutiro, a été édifié sur les terres de l'ancienne hacienda de los Conejos.

★**Côte du Michoacán** – *3 jours. Quitter Uruapan au Sud par la route 37 jusqu'à Guacamayas (265 km). Les plages se trouvent à l'Ouest par la route 200.* Cette côte, qui s'étend sur 300 km, relie les extrémités des États du Guerrero et du Colima. Le littoral compte un grand nombre de plages qui vont de Lázaro Cárdenas jusqu'à Boca de Apiza, près de Colima, en passant par **Playa Azul**, un des principaux centres touristiques de l'État. De là, la route côtière vers l'Ouest offre des paysages paradisiaques, des plages encore inexplorées, des îles et des criques merveilleuses, ainsi qu'une grande variété de faune exotique. On peut goûter à une infinité de mets succulents. Parmi les sites les plus attrayants, **Manzanilla** et **Rangel**, deux criques avec des sources d'eau douce ; **Caletilla de Mexcalhuacan**, port de plaisance et lieu de production des plus grosses noix de coco du Pacifique ; la **baie de Bufadero** ou **crique de Campos**, idéale pour le camping et la pêche ; la **baie de Maruata**★, qui possède les plus belles plages de la région. De mai à novembre, la tortue de mer vient sur le littoral du Michoacán pondre ses œufs à Playa Azul, Boca de Apiza et Cololá.

SAN CRISTÓBAL DE LAS CASAS★★★

Chiapas
116 729 habitants
Miguel Hidalgo 2, bureau 10 ☎ (957) 865 70
et hôtel de ville, Plaza 31 de Marzo ☎ (9) 678 06 60, poste 126

Son patrimoine colonial et la magie de ses vieilles et vivaces traditions indigènes font de San Cristóbal de las Casas l'endroit le plus enchanteur de l'État du Chiapas. Le riche passé maya est encore très présent, et la frontière avec le Guatemala semble n'exister que sur les cartes de géographie. Son nom est un hommage à **Bartolomé de Las Casas** qui, malgré son court séjour dans cette région, s'est toujours posé en défenseur des Indiens. San Cristóbal a été la capitale de la région de l'époque des vice-rois jusqu'à 1829. Pendant les 16e, 17e et 18e s., la ville a souvent changé de nom et a fait partie de différents territoires, y compris du Yucatán et du Guatemala.

San Cristóbal de las Casas se trouve à seulement 89 km (1 h 1/2) de Tuxtla Gutiérrez, la capitale du Chiapas. La route de Tuxtla à San Cristóbal est sinueuse et offre des vues spectaculaires sur les montagnes alentour. Une fois à San Cristóbal de las Casas, il n'est nul besoin de recourir à des moyens de transport, car on peut se rendre partout en marchant à travers de jolies ruelles qui éveillent la curiosité.

CURIOSITÉS *1 jour*

Le centre de la ville est regroupé autour de deux places communiquant en diagonale. La grand-place, le **Zócalo**, devant la cathédrale, est un grand espace ouvert avec une immense croix de bois au centre. La plaza 31 de Marzo *(calle Guadalupe Victoria et Insurgentes)*, ainsi nommée pour commémorer la fondation de la ville le 31 mars 1528, respire une exquise atmosphère provinciale, avec son pittoresque kiosque et ses arbres à l'abondant feuillage. Sur le côté Ouest se dresse l'**hôtel de ville** ; en face, remarquer plusieurs portails de style colonial ; sur le côté Nord se trouve l'entrée latérale de la cathédrale.

Catedral – *Plaza 31 de Marzo. Entrée par la porte latérale. Visite de 6 h à 7 h, de 10 h à 14 h et de 16 h à 20 h.* Construite entre 1528 et 1533, c'est en 1540 qu'elle devint cathédrale et siège du diocèse, avec pour premier évêque Juan de Arteaga et, plus tard, Bartolomé de las Casas. Aux siècles suivants, surtout au 17e s., l'édifice reçut une sobre touche baroque. À la partie supérieure de la façade principale, on voit saint Michel et les quatre évangélistes ; plus bas, saint Jacques entouré de deux aigles bicéphales ; sur l'arc principal, la Vierge de la Conception. Au fond de l'église, à gauche, le retable est constitué de **tableaux**★ peints par **Juan Correa**. La sacristie recèle une excellente toile de **Miguel Cabrera** (dernier tableau sur le mur de droite).

Suivre la calle 20 de Noviembre : cinq rues au Nord, on rejoint l'église St-Dominique.

★**Templo de Santo Domingo** – *20 de Noviembre et Comitán. Visite de 6 h à 14 h et de 16 h à 20 h.* Fondée au 16e s., l'église fut reconstruite à la fin du 17e s. La façade en mortier rappelle la structure d'un retable baroque à trois corps, décoré d'une profusion de motifs végétaux et de colonnes salomoniques. Sur le fronton domine la statue de saint Dominique, flanqué de deux aigles bicéphales, emblèmes du pouvoir espagnol. À l'intérieur, on remarque la chapelle du Rosaire, et les retables en cèdre doré, ornés de remarquables peintures et sculptures d'artistes guatémaltèques. La plus belle pièce de l'église est sans doute la **chaire**★ en bois sculpté recouvert d'or.

Renseignements pratiques ....Indicatif téléphonique 9

Comment s'y rendre – **Aéroport sur la base militaire de Terán, Tuxtla Gutiérrez** : 5 km à l'Ouest de Tuxtla, 85 km à l'Ouest de San Cristóbal. On peut prendre un car à Tuxtla Gutiérrez *(2 h de voyage en classe demi-luxe ; 38 pesos)* : **Gare routière** (Central de Autobuses) Cristóbal Colón, av. 2a Norte et 2a Poniente, ☎ 612 51 22 ou 612 23 34. De Tuxtla, on peut aussi affréter un taxi : **Taxis Premier**, ☎ 612 98 69 ou 611 07 77 *(1 h 1/2 de voyage direct ; 350 pesos)*. Enfin, on peut louer une voiture aux **agences** situées dans l'aéroport *(voir p. 24)*. Il est préférable de faire le trajet de jour.

Transports locaux – À la gare routière de San Cristóbal (☎ 678 02 91), on trouve des cars qui, comme la compagnie Autotransportes Tuxtla Gutiérrez (☎ 678 48 69), assurent un service de luxe et de première classe en direction de Palenque (4 h) et autres destinations. **Radio Taxis Ciudad Real** ☎ 678 68 99. **Parking public** : 5 de Febrero, plaza Catedral ☎ 678 06 60 *(6 pesos/h). Les sites touristiques sont proches les uns des autres et on peut s'y rendre à pied.*

Informations touristiques – **Secretaría de Desarrollo Turistico**, Región II Altos, Av. Miguel Hidalgo, 1-B, C.P. 29200, ☎ 678 65 70 *(ouvert de 9 h à 21 h, dimanches et jours fériés de 9 h à 15 h)* et **Oficina Municipal de Turismo**, Palacio de Gobierno, Plaza Central, C.P. 29200, ☎ 678 07 15, poste 126, et 678 06 65 *(ouvert de 9 h à 20 h, sauf le dimanche)*. Renseignements, cartes et dépliants gratuits ; protection civile ; réception des plaintes et réclamations.

Hébergement – La **Secretaría de Desarrollo Turístico II Altos** et l'**Oficina Municipal de Turismo** fournissent renseignements et assistance pour la réservation de chambres. **Hôtels** *(de 450 à 550 pesos en établissements de 4 et 5 étoiles par jour en chambre double ; sujet à modifications)* : Hotel Catedral (agence de voyages dans l'établissement), calle Guadalupe. Victoria 21, ☎ 678 13 63 ; Casa Mexicana, calle 28 de Agosto 1, ☎ 678 06 98 ; Casa Vieja, calle María Adelina Flores 7, ☎ 678 68 68 ; Ciudad Real Teatro, Diagonal Centenario 32, ☎ 678 44 00 ; Diego de Mazariegos, calle 5 de Febrero 1, ☎ 678 05 13 ; Flamboyán, calle 1° de Marzo 15, ☎ 678 00 45 ; Bonampak, calzada México 5, ☎ 678 16 21.

Visites guidées – Les agences suivantes, ainsi que celles implantées dans les hôtels, proposent des promenades dans la ville et des excursions en groupe ou individuelles aux sites archéologiques (Yaxchilán, Palenque, Toniná et Bonampak), aux villages (San Juan Chamula et Zinacantán) ou aux sites naturels (canyon du Sumidero, cascades d'Agua Azul, lacs de Montebello), dont le prix inclut transport et guide (polyglotte) : ATC, ☎ 678 25 50 ; Viajes Navarra, ☎ 678 11 43 ; Pakal Viajes, ☎ 678 28 18 ; Museo Na Bolom *(voir plus loin)*, ☎ 678 55 86.

Artisanat et marchés – **Textiles** : San Jolobil, ancien couvent St-Dominique, ☎ 678 26 46 *(de 9 h à 14 h et de 16 h à 19 h, sauf le dimanche)* ; J'pas Joloviletik, av. Général Utrilla 43, ☎ 678 28 48 *(de 9 h à 14 h et de 16 h à 19 h, sauf le dimanche)* ; Casa de las Artesanías, av. Hidalgo et Niños Héroes, ☎ 678 11 80 *(tous les jours de 10 h à 14 h et de 16 h à 19 h)*. **Ateliers d'artisanat** : Kun Kun (mosaïques, métiers à tisser), Real de Mexicanos 21, Barrio de Mexicanos, ☎ 678 14 17 *(de 9 h à 14 h, sauf le dimanche)* ; Cedeco la Albarrada (tapis et sellerie : peaux de cervidés et de bovidés), av. de la Juventud 43, Barrio de María Auxiliadora, ☎ 678 65 80 *(du lundi au vendredi de 8 h à 16 h)* ; plaza de la Calle Real (textiles et bijoux), Real de Guadalupe 5, ☎ 678 09 92 *(tous les jours de 7 h à 23 h)*. **Marchés** : Mercado de las Artesanías (textiles et cuirs), à côté de l'église St-Dominique *(tous les jours de 8 h à 15 h)* ; Mercado de Artesanías de San Juan Chamula *(tous les jours de 9 h à 14 h)*.

L'ancien couvent, situé au Nord de l'église, abrite le **musée des Hautes Terres du Chiapas** (Museo de Los Altos de Chiapas – *visite de 10 h à 17 h ; fermé le lundi ; 16 pesos ; ☎ (9) 678 16 09*). Au rez-de-chaussée sont exposées quelques pièces précolombiennes trouvées dans la région ; on remarquera notamment les céramiques et petites figures des cultures olmèque et maya. La salle d'histoire aménagée à l'étage couvre la période du 16e au 19e s. et met l'accent sur la Conquête et l'oppression des indigènes à l'époque coloniale. On y verra aussi une splendide collection de textiles indigènes de toutes les ethnies du Chiapas.

★★ **Mercado Abierto de Artesanías Indígenas** – *Autour de l'église et de l'ancien couvent St-Dominique. Ouvert de 8 h 30 à 17 h.* Des dizaines d'Indiens viennent des villages voisins et même du Guatemala pour vendre des produits d'artisanat très divers, caractérisés par leurs superbes coloris et par leur travail très élaboré. Ces mêmes objets sont vendus dans les commerces et boutiques de la ville le double ou le triple du prix proposé par leurs créateurs. Le simple fait de se promener au milieu des étals, en fouinant et en écoutant les conversations des Indiens dans leurs différents dialectes est un véritable plaisir.

★ **Museo Na Bolom (La Casa del Jaguar)** – *Av. Vicente Guerrero 33. Neuf rues à l'Est de la calle de Comitán et tourner à gauche. Visite guidée en espagnol (1 h 1/2) à 11 h 30 et 16 h 30. 20 pesos. ✗ ☎ (9) 678 14 18. Sur réservation, on peut passer la nuit sur place (300 pesos la chambre). Le musée organise des promenades dans la forêt Lacandon et des excursions à Yaxchilán et Bonampak.* Cette vieille demeure (1891) appartint à l'archéologue Frans Blom (1891-1963) et à son épouse, la photographe Gertrudis Blom (1901-1994), qui ont consacré leur vie à l'étude de la culture maya. Leurs travaux leur permirent d'établir une relation d'amitié très étroite avec les indiens **lacandons**, avec lesquels ils lancèrent une série de projets culturels et écologiques, notamment le reboisement de la forêt Lacandon. Leur maison était toujours ouverte aux étudiants et aux chercheurs en quête de logement, ainsi que leur **bibliothèque★**, riche de plus de 5 000 ouvrages sur la culture maya et aujourd'hui ouverte au public. À l'occasion de visites guidées, on voit quelques-unes des pièces archéologiques découvertes par Blom sur différents sites au cours de plus de 40 années de recherches au Chiapas, ainsi que quelques-uns des 50 000 clichés pris par Gertrudis. Une exposition intéressante retrace la vie des Lacandons. On peut en outre visiter le grand jardin derrière la maison, où se poursuit le projet de reboisement de la forêt.

EXCURSIONS

★★★ **Parque Nacional del Cañon del Sumidero** – *1/2 journée. 74 km à l'Ouest de San Cristóbal par la route 190 ; rejoindre Chiapa de Corzo, point de départ du circuit organisé en bateau.* *Voir p. 318.*

San Juan Chamula et Zinacantán *1/2 journée*

11 km au Nord-Ouest de San Cristóbal. Près du marché municipal de San Cristóbal, on peut prendre un des autocars directs qui desservent fréquemment chacun des deux sites. Dans ces deux villages il est interdit de photographier les membres des conseils paroissiaux et l'intérieur des églises. Il est intéressant de se rendre à Chamula les **jours de fête★★** ou le dimanche, jour de marché *(voir photo p. 272-273)*. Il faut visiter les **musées communautaires** de ces deux localités pour se faire une idée de l'importance des costumes traditionnels.

★ **San Juan Chamula** – Dans cette ville d'origine **tzotzile**, d'anciennes traditions politico-religieuses et sociales se mêlent, de façon peu compréhensible pour le visiteur. Les habitants parlent toujours leur langue d'origine et ont conservé leur ancien système social, fondé sur une hiérarchie qui se traduit dans leurs vêtements. Le costume de cérémonie comporte un sombrero rayé de trois couleurs représentant chacun des trois quartiers et trois saints protecteurs des Chamulas, un collier avec un flot de rubans, des **« caite »** (sortes de sandales d'usage quotidien chez les anciens Mayas, utilisées encore aujourd'hui), un bâton de commandement et un **« chuj »** (sorte de poncho noir en laine teinte de couleurs naturelles). Les membres des conseils paroissiaux (les marguilliers – *mayordomos* –, responsables des statues des saints, l'*alférez*, qui organise les fêtes à ses frais, etc.) portent un foulard blanc en turban. Les femmes sont exclues des hautes fonctions officielles, mais pas des postes religieux et peuvent être également **iloles**, guérisseuses.

Museo de Etnología – *Derrière l'hôtel de ville. Visite de 9 h à 17 h. 5 pesos.* Le musée d'Ethnologie présente d'intéressantes collections de costumes traditionnels de San Juan Chamula, ainsi que des produits de l'artisanat local, des instruments de musique et des ustensiles d'usage quotidien.

★ **Templo de San Juan Bautista** – *En face de la place principale. Pour entrer, il faut se munir d'un laissez-passer délivré par l'Office de tourisme municipal. Visite de 9 h à 17 h. 5 pesos (billet combiné avec l'entrée au musée d'Ethnologie). Photographie*

© Robert Frerck/ODYSSEY

Femme tzotzile à Zinancantán

interdite à l'intérieur. Cette église est une véritable merveille. Enveloppés par l'odeur de l'encens, les rites païens mayas fusionnent magiquement avec la religion catholique, brisant tous les schémas établis par l'Église occidentale. À l'intérieur, on découvre tout au long des murs une quarantaine de statues de saints, parés selon les anciennes traditions indiennes : rubans de couleur et, pendus au cou, miroirs symbolisant l'œil sacré qui voit tout.
Il n'y a ni prêtres ni messes. Chacun est libre d'aller prier son saint préféré quand il le souhaite. Toutefois, l'église sert surtout aux exorcismes et guérisons des chamans, dont les rituels mêlent mouvements corporels, litanies, breuvages et différentes sortes d'aliments. Les bougies ont une extrême importance, et leur couleur dépend du type de bienfait ou de guérison attendu. À cet amalgame de croyances est venu aujourd'hui s'ajouter le coca-cola : avec les gaz qu'elle provoque, cette boisson contribue à expulser les mauvais esprits des corps des malades...

Zinacantán – *8 km de San Juan Chamula et 11 km de San Cristóbal. Les tickets d'entrée aux églises sont en vente à l'Office de tourisme, en face du nouvel hôtel de ville.* La population de la commune de San Lorenzo Zinancantán appartient aussi au groupe ethnique maya des Tzotziles. À l'époque précolombienne, la localité était un important centre de commerce. Aujourd'hui, elle se consacre surtout à la culture et à l'exportation de fleurs. Les habitants conservent leurs habitudes et leurs coutumes traditionnelles comme à San Juan Chamula et dans toutes les communes tzetzales et tzotziles des hautes terres du Chiapas. Dans leur habillement quotidien ressortent les chemises et châles roses portés par les hommes, les femmes et même les enfants. Le costume cérémoniel porté par les membres des conseils paroissiaux présente des caractéristiques différentes de celui des Chamulas.
La visite de l'**église St-Laurent** et celle de l'**ermitage du Seigneur des Esquipulas** ne sont pas autorisées pendant les fêtes civiles et religieuses *(photographie interdite dans les deux édifices).*

Chinkultic et Tenam Puente – *1/2 journée. Circuit complet 292 km. Il est préférable de participer à une visite organisée par une agence. Se munir de son passeport ou d'une pièce d'identité, des contrôles militaires étant occasionnellement effectués sur la route.*

Chinkultic – *1 h. Prendre la route Panaméricaine 190 vers le Sud-Est ; à 88 km de San Cristóbal, on arrive à Comitán de Domínguez ; parcourir ensuite 49 km vers le Sud en direction du Parc national des lacs de Montebello. Visite de 8 h à 16 h. 17 pesos. ☎ (01 800) 280 35 00.* Chinkultic, qui signifie « puits échelonné », doit son nom à la profonde grotte qui s'ouvre au pied du temple le plus important. Cette zone a connu son apogée à la fin de la période classique (600 à 900 après J.-C.). Elle n'a pas seulement servi de centre cérémoniel, mais aussi de poste de défense, grâce à l'emplacement stratégique de la pyramide principale en haut d'une colline. La population a définitivement quitté les lieux peu avant 1200.
Des 150 édifices découverts par les archéologues, seuls huit d'entre eux ont été partiellement restaurés. Les plus intéressants sont la **pyramide principale**, dont le sommet offre une **vue★** spectaculaire ; le **jeu de pelote**, d'où provient le beau bas-relief représentant un joueur et actuellement exposé au musée national d'Anthropologie de Mexico ; le **puits bleu**, d'où l'on a retiré des pierres précieuses,

jetées là à l'occasion de sacrifices de jeunes filles. Les fouilles ont également permis de retrouver de nombreux supports d'inscriptions, datant de la période faste de Chinkultic. On voit certaines de ces pièces au cours de la visite.

Tenam Puente – *59 km de Chinkultic. Revenir à Comitán de Domínguez et se diriger vers le Sud-Est par la Panaméricaine 190. Visite de 8 h à 16 h. 17 pesos. ☎ (01 800) 280 35 00.* Ce site contient les vestiges de ce qui était un énorme complexe maya, à caractère résidentiel, civil et religieux. Cette cité a connu ses heures de splendeur à la période classique et au début du postclassique, après que les Mayas eurent abandonné leur centre d'implantation au Petén. Tenam Puente a été édifié stratégiquement sur une montagne d'où l'on domine la plaine. La visite du site impressionne plus par l'étendue et le nombre de ses édifices que par leur complexité architecturale.

Grutas del Rancho Nuevo – *8 km au Sud-Est de San Cristóbal de las Casas par la route Panaméricaine 190. Visite de 9 h à 16 h 30 (17 h 30 le week-end). 3 pesos.* Grâce à un chemin bétonné doté d'une rampe, le visiteur peut pénétrer de 750 m à l'intérieur de ces grottes, formées il y a des milliers d'années par une rivière souterraine. On y admirera des stalactites, stalagmites, colonnes et autres concrétions.

★★**Toniná** – *1/2 journée. 117 km à l'Est de San Cristóbal de Las Casas par la Panaméricaine 190, puis à gauche (direction Nord-Est) la route 199 jusqu'à Ocosingo. 16 km vers l'Est jusqu'au site. Visite de 9 h à 16 h. 20 pesos (entrée libre les dimanches et jours fériés). Il est préférable de participer à une excursion organisée.* L'apogée de Toniná, dont le nom tzeltal signifie « maison de pierre », se situe entre les années 600 et 900 de notre ère. C'est l'un des sites archéologiques les plus remarquables de la culture maya. Les importantes fouilles entreprises à partir des années 1980 ont mis au jour une grandiose **pyramide** de 70 m de haut, un **jeu de pelote** de 72 m de long et une multitude d'objets, bas-reliefs et sculptures à la remarquable qualité plastique, présentés pendant la visite. Sept plates-formes s'appuyant sur une colline et portant chacune divers édifices constituent l'**Acropole**. Dans presque toutes les constructions, on retrouve l'arc maya. La plupart communiquent entre elles par des escaliers et d'étroites galeries. Sur la première plate-forme, on découvre le **palais des Mondes inférieurs**, un labyrinthe de couloirs qui représenterait le voyage des morts vers les enfers mayas. La deuxième et la quatrième portent des palais aux nombreuses chambres, où résidait l'élite dirigeante de Toniná. Le palais de la troisième plate-forme est orné de **grecques échelonnées** représentant le serpent à plumes Kukulkán. On remarquera la décoration murale en stuc coloré, reprenant le motif du serpent. Sur la cinquième plate-forme se trouve la plus belle pièce du site, le magnifique **mural des Quatre Ères**★★, de 4 m de haut et 16 m de large, entièrement mis au jour en 1992. Il date de 790 à 840 après J.-C. C'est un codex de quatre pages représentant les principales divinités mayas de la légende des quatre soleils (ou ères cosmogoniques) et travaillé dans le stuc. On y remarque un grand squelette souriant qui tient dans sa main la tête décapitée d'un guerrier maya. Ce personnage infortuné est **Kan-Xul** (Lapin jaune), deuxième fils de Pakal, célèbre souverain maya enterré au temple des Inscriptions à Palenque. Kan-Xul, qui était monté sur le trône de Palenque en 704 après J.-C., fut décapité par ses ennemis en 714 à Toniná.

Au sixième niveau de l'Acropole se dresse un **autel dédié au Monstre de la Terre**. Dans un **tunnel** de 30 m de longueur, on a retrouvé des céramiques et d'autres offrandes. Le temple de la septième plate-forme se distingue notamment par ses **bas-reliefs**, qui montrent des prisonniers portant le joug, preuve évidente du caractère guerrier de ce peuple. Au sommet du dernier niveau, on a un merveilleux **panorama**★ sur toute la vallée.

★★**Parque Nacional Lagos de Montebello** – *1 jour. 140 km à l'Est de San Cristóbal de las Casas par la Panaméricaine 190. Ouvert 24 h/24, mais il est conseillé de faire la visite de jour, avant 17 h. ☎ (9) 673 93 96. Quelques conseils : s'adresser à une agence de tourisme ; se munir de son passeport ou de toute autre pièce d'identité en raison des contrôles militaires occasionnellement effectués entre Comitán et l'entrée du parc ; éviter de s'y rendre à la saison des pluies (mai-octobre).* À la frontière du Guatemala, au milieu des bois de pins et de chênes verts et de la forêt tropicale peuplée d'une faune exotique, se cache la plus belle des régions lacustres de tout le Mexique. Elle compte 28 lacs et étangs – mais les chemins ne permettent d'approcher que de huit d'entre eux –, dont les eaux déclinent une fantastique gamme de verts et de bleus. Ces plans d'eau spectaculaires proviennent d'une succession d'anciens **puits naturels** que le temps a réunis. Les tons de l'eau varient avec la composition chimique du sol, la végétation et la réfraction de la lumière.

TAXCO★★★

Guerrero

95 144 habitants

ℹ Centre Culturel de Taxco, Av. Plateros 1 (à l'entrée de la ville) ☎ (7) 622 66 16

Sur les versants de la montagne d'Atachi qui signifie « Seigneur des pluies », nom dû aux pluies torrentielles qui arrosent la région, Taxco, entourée de belles **églises** et **chapelles**, se présente comme une ville coloniale qui a su, au fil des années, conserver son style et ses traditions. Ses petites maisons blanches aux toits rouges et ses ruelles pavées et sinueuses lui confèrent simplicité et caractère.

Un peu d'histoire

Taxco Viejo – À l'époque précolombienne, cette région était habitée par les indiens **tlahuicas**, établis à l'origine dans ce qui est aujourd'hui Taxco Viejo. À cette époque la ville s'appelait **Tlachco**, « lieu du jeu de pelote ». Les Tlahuicas furent dominés, comme beaucoup d'autres peuples, par les Aztèques, auxquels ils versaient un tribut sous forme de barres d'or et d'argent extrait de leur riche sous-sol. Au début de la Conquête, les Espagnols eurent vent de ces richesses et décidèrent d'exploiter la région. En 1522, ils découvrirent près de Tlachco une première mine qu'ils appelèrent l'**excavation du roi** et dont Hernán Cortés s'attribua la propriété. Un peu plus tard, vers 1528, les explorateurs arrivèrent à Tlachco et y établirent un campement, le temps de trouver un endroit au climat moins rigoureux à 12 km au Nord. Le nouvel emplacement fut appelé **Real de Minas**. Comme le travail de la mine exigeait un nombre croissant de travailleurs, indiens pour la plupart, on établit petit à petit de nouveaux villages, qui se regroupèrent en 1570 sous le nom de Taxco.

La grande époque minière – Aujourd'hui, la ville s'appelle Taxco de Alarcón, parce qu'elle a vu naître le célèbre écrivain **Juan Ruiz de Alarcón**. L'exploitation minière connut un grand essor au 18e s. grâce à **José de la Borda**. Ce propriétaire d'origine française donna son impulsion à l'industrie, contribua au développement économique de la ville et finança de nombreux chantiers publics. On lui doit l'**église paroissiale Ste-Prisca et St-Sébastien**, principal monument de Taxco, qu'il fit construire avec les bénéfices de sa mine de La Lajuela, près de Tehuilotepec.

Les années de crise – Au cours des premières décennies du 19e s., Taxco connut des moments difficiles ; l'activité minière fut totalement interrompue par les combats pour l'Indépendance qui gagnaient tout le Mexique. De crainte que leurs mines ne tombent aux mains des insurgés, les exploitants espagnols les sabotèrent. Aussi, à la proclamation de l'Indépendance, la ville se retrouva-t-elle dans la misère. À la même période, elle fut le théâtre d'événements marquants : l'exécution du capitaine García par Morelos, le séjour d'Agustín de Iturbide et la préparation de l'accord d'Iguala par les royalistes au **couvent St-Bernardin**. À la fin du 19e s. et au début du 20e, plusieurs entreprises étrangères tentèrent de faire revivre l'industrie de Taxco, mais la Révolution mexicaine les en empêcha.

De nouveaux horizons – En 1928, l'ouverture d'une route entre Taxco et Mexico ouvrit de nouvelles perspectives commerciales. **William Spratling**, un architecte américain, s'installa à Taxco un an plus tard et bouleversa la vie locale en faisant connaître dans le monde entier les productions artisanales en argent. Il forma dans son atelier de **Las Delicias** des élèves qui préservent et transmettent encore son enseignement. Son travail a apporté à la population tout entière d'innombrables bénéfices au plan économique.
Aujourd'hui classée monument national, Taxco est l'une des villes les plus visitées du Mexique. L'industrie minière est encore son point fort ; des tonnes d'argent, de cuivre et de zinc sont extraites quotidiennement de ses mines et expédiées dans différentes villes du pays. 80 % de la population se consacre au travail artisanal de l'argent et commercialise ses produits, aussi bien au Mexique qu'à l'étranger.

PLAZA BORDA ET SES ABORDS *1 jour*

On conseillera de se munir de chaussures de marche confortables et d'éviter les semelles lisses.

La **plaza Borda**, dont le nom est un hommage à José de la Borda, est le cœur de la ville. C'est un point de rencontre obligé, où se conjuguent beauté architecturale et animation quotidienne. Toutes les manifestations populaires et les grandes fêtes ont lieu ici. Le centre de la place est orné d'un joli kiosque entouré d'arbres luxuriants qui offrent ombre et tranquillité aux marcheurs épuisés, aux marchands infatigables et aux couples d'amoureux.

★★★ **Parroquia de Santa Prisca y San Sebastián** – *Plaza Borda n° 1. Visite du lundi au samedi de 6 h à 20 h, le dimanche de 5 h 30 à 21 h. ☎ (7) 622 01 83.* La populaire église paroissiale Ste-Prisca fut construite à l'initiative de José de la Borda, à l'endroit où se trouvait une modeste église délabrée déjà dédiée à cette sainte. Sa construction demanda 10 ans, de 1748 à 1758, et le résultat est une des plus remarquables œuvres baroques de l'époque. Les plans seraient dus à Cayetano de Sigüenza ; Miguel Custodio Durán et Juan Caballero furent chargés de la direction des travaux ; les retables furent réalisés par Luis et Vicente Balbás, fils de Jerónimo Balbás, créateur du célèbre retable des Rois de la cathédrale

Église Ste-Prisca et St-Sébastien

metropolitaine de Mexico. Sainte Prisca et saint Sébastien sont des martyrs romains du 3e s. : sainte Prisca avait été choisie pour patronne de l'ancienne église, car elle protège de la foudre et des orages, très fréquents à Taxco ; saint Sébastien, protecteur des chrétiens persécutés et évangélisateur des païens, fut choisi, selon certains chroniqueurs, au cours d'une « loterie de saints ». Le fils de Borda, qui était prêtre, prit en charge l'église à partir de 1759, accomplissant ainsi le rêve du riche exploitant minier, qui pendant des années fut aussi propriétaire de l'église.

L'édifice présente des traits uniques et nouveaux pour son époque en raison de l'exiguïté du terrain sur lequel il fut élevé ; on remarquera l'étroitesse du plan en croix latine et la hauteur des tours élancées. D'autre part, sa conception et son ornementation obéissent au style néohispanique, qui lui donne un aspect différent de celui des églises européennes.

Façade – Remarquez les colonnes, torses ou classiques. Les tours sont ornées de statues d'apôtres, de vierges et de martyrs. Le côté gauche menait aux anciennes cryptes et à l'ossuaire commun ; c'est pour cela que l'on voit encore un squelette au-dessus de la porte. Deux coupoles recouvertes d'azulejos colorés coiffent l'église, la plus grande sur la nef principale et la plus petite sur la chapelle intérieure.

Portail – Le **Baptême du Christ** rappelle la place de ce sacrement hez les chrétiens ; sainte Prisca et saint Sébastien sont témoins du sacrifice du Christ pour le salut des hommes ; les apôtres soulignent l'importance de l'écriture et de la tradition orale de l'Évangile.

Retables de la nef – Les majestueux retables de la nef sont disposés par paires le long des murs latéraux. Chacun est de forme identique à celui qui lui fait face, mais présente une iconographie différente. De l'entrée principale à l'autel, ils sont rangés en ordre croissant suivant la hiérarchie ecclésiastique : à gauche, saint Isidore le Laboureur, saint Jean Népomucène et saint Joseph ; à droite, sainte Lucie, la Vierge du Pilar et la Vierge des Douleurs.

Maître-autel – Son superbe **retable** porte une statue baroque en bois sculpté de l'Immaculée Conception, entourée de sainte Prisca et saint Sébastien. L'ostensoir présenté aujourd'hui en avant du retable avait été découpé à la scie vers le milieu du 19e s. La plupart de ses pièces ont été conservées dans la sacristie, d'autres ont été dispersées dans l'église, certaines se sont perdues. En 1987, à l'occasion de travaux de restauration minutieux, les experts se sont donné pour tâche de l'assembler à nouveau. Ils ont retrouvé 70 % des pièces d'origine et ont fait fabriquer le reste suivant les techniques de l'époque des vice-rois. Ils ont fait ajouter les miroirs et les figures des trois vertus théologales qui se trouvaient auparavant dans la sacristie. L'ostensoir a enfin été remis à sa place d'origine en 1990, bien que la restauration de l'église n'ait été achevée qu'en 1992.

Chapelle latérale gauche – À l'origine, cet oratoire s'appelait **chapelle des Indiens**, parce qu'au moment de la construction de l'église, une partie du terrain appartenait aux Indiens, qui le cédèrent à Borda à condition qu'il fasse élever une chapelle pour eux. Ce nom a été perdu avec les années, et la chapelle s'appelle aujourd'hui **chapelle de Notre-Père-Jésus-de-Nazareth**. Le retable central est dédié aux âmes du Purgatoire. À droite se trouve l'autel de la Vierge, à gauche celui de Jésus de Nazareth.

Peintures de Cabrera – Un des peintres les plus connus du 18e s., Miguel Cabrera, est l'auteur de la plupart des peintures des retables et des tableaux, ainsi que de la décoration des demi-coupoles, l'une à l'entrée latérale, l'autre au-dessus de l'accès à la chapelle de Notre-Père-Jésus-de-Nazareth. Le thème de celle-ci est le martyre des deux saints patrons de l'église. La **sacristie** contient d'autres œuvres de cet artiste.

Orgue du coro – Cet ouvrage merveilleux que l'on voit au-dessus du *coro* a été réalisé en Espagne au milieu du 18e s. et transporté à dos d'âne depuis Veracruz.

Museo de la Platería Antonio Pineda – *Plaza Borda 16. Visite de 10 h 30 à 17 h. 8 pesos.* ✗ ☎ *(7) 622 06 58.* Situé dans le **Patio de las Artesanías**, le musée appartient à un membre d'une des grandes familles représentant la tradition de l'argenterie à Taxco, Antonio Pineda. Ses trois petites salles présentent une cinquantaine de pièces d'orfèvrerie et de bijouterie. Certaines de ces créations ont obtenu des prix à la **Foire nationale de l'Argent**, un des événements annuels les plus significatifs de la ville.

Centro de Cultura de Taxco (ancienne maison Borda) – *Plaza Borda 14. Visite de 10 h à 15 h (16 h les dimanches et jours fériés) et de 17 h à 19 h. Fermé le lundi et en soirée le dimanche.* ☎ *(7) 622 66 17.* Cet édifice construit en 1750 faisait partie de la maison de José de la Borda. Quand celui-ci quitta Taxco pour Zacatecas, le bâtiment passa de main en main pendant près de deux siècles. Depuis 1992, une partie de la maison accueille le centre culturel ; c'est un musée de dix salles où sont organisées des expositions mensuelles de toute sorte : photographie, sculpture, peinture, artisanat, etc. Depuis ses grands balcons pleins de plantes, on peut admirer l'agréable place. Au rez-de-chaussée se trouve le Salon de la photographie.

Museo de Arte Virreinal de Taxco (ancienne maison Humboldt) – *Juan Ruiz de Alarcón 12. Visite du mardi au samedi de 10 h à 17 h, le dimanche de 9 h à 15 h. Fermé les jours fériés. 15 pesos.* ☎ *(7) 622 55 01.* En 1803, le baron Alexander von Humboldt, explorateur et savant allemand, résida quelques jours dans cette charmante maison de la fin du 18e s. alors qu'il se rendait d'Acapulco à la capitale après 16 mois d'exploration en Amérique. La façade conserve encore son architecture mudéjar. Le musée a été inauguré en 1992 ; il compte 14 salles d'expositions permanentes qui présentent une grande collection d'art sacré colonial provenant des églises de Taxco, surtout de Ste-Prisca. Une des terrasses s'orne d'une authentique fontaine du 18e s.

Museo Guillermo Spratling – *Porfirio Delgado 1 (plaza Hidalgo). Visite de 9 h à 17 h. Fermé le lundi. 20 pesos.* ☎ *(7) 622 16 60.* Le musée a été construit en 1975 en hommage à William Spratling, « enfant chéri de Taxco ». On y expose une partie de son immense collection d'objets précolombiens, dont il légua l'essentiel au musée national d'Anthropologie de Mexico.

★ **Marché de Tetitlán** – *Accès par Barrio de Tetitlán et plaza Borda. Se tient de 8 h à 18 h.* C'est un des plus beaux marchés du Mexique. Du fait de la pente, il occupe quatre plates-formes dénivelées. La disposition du marché est digne d'un labyrinthe de légende, avec une profusion d'étals de tous produits, fruits, légumes, vêtements, accessoires, tissus et artisanat. Du côté gauche de la plaza Borda et à côté de l'église Ste-Prisca, le marché communique avec le **Pasaje de Santa Prisca** *(ouvert de 11 h à 20 h)* où se trouvent des boutiques de **grossistes** en argenterie, qui vendent surtout des bijoux.

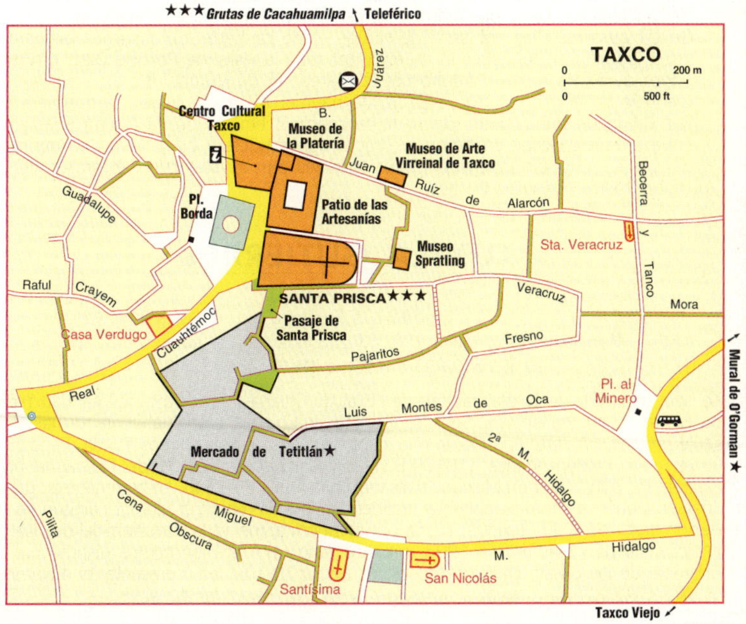

AUTRES CURIOSITÉS *2 h*

★**Mural de O'Gorman « A Nuestro Rey y Señor Cuauhtémoc »** – *Cerro de la Misión 32 (à l'intérieur de l'hôtel Posada La Misión).* Connu aussi sous le nom de *Hommage à Cuauhtémoc*, ce mural, réalisé entre 1954 et 1956 par Juan O'Gorman, se trouve à côté de la piscine de l'hôtel. Il est fait de tesselles de pierre de couleurs naturelles, recueillies dans différentes régions de l'État de Guerrero. Cuauhtémoc, dernier roi aztèque, est debout sur les têtes de deux serpents qui symbolisent Quetzalcóatl. Au-dessus de sa tête plane un aigle, emblème national. Derrière lui on voit les habitants de **Tlachco** en train de jouer à la pelote. À droite de Cuauhtémoc se trouvent le jaguar et la Lune : le passé et l'obscurité. Les personnages que l'on voit de ce côté appartiennent à l'époque précolombienne : une femme, un guerrier, un danseur déguisé en coyote, et en dernier lieu Tláloc, dieu de la pluie. À gauche, on voit le soleil et le héron : la lumière et l'espoir. Les figures qui suivent représentent le Mexique actuel : l'ouvrier, le paysan, la campagnarde avec son enfant et, pour terminer, Vicente Guerrero et le drapeau national, formant ensemble une allégorie du Mexique indépendant.

Teleférico – *D'un côté des bâtiments de l'UNAM. Fonctionne de 8 h à 19 h. 26 pesos AR. ☎ (7) 622 14 68.* La gare inférieure du téléphérique se trouve près de Los Arcos, à l'entrée de la ville. De là, on peut aussi visiter le centre des Congrès et les installations de l'université nationale autonome du Mexique (UNAM) dans l'ancienne hacienda del Chorillo (16e s.). Le téléphérique conduit à l'hôtel de luxe **Monte Taxco**. Le téléphérique et la terrasse de l'hôtel offrent une **vue**★★ admirable sur Taxco.

EXCURSIONS

Taxco Viejo – *1/2 journée. 13 km de Taxco par la route fédérale 95 vers Iguala.* Un étroit et court chemin environné de nature harmonieuse, d'animaux et de petites maisons aux rares habitants conduit les promeneurs de l'entrée de la ville, là où se dresse encore l'**église St-François**, la première église de la région, construite au 16e s. *(visite de 7 h à 18 h).* On admire le clocher dont on dit qu'il a servi de modèle pour **Ste-Prisca**, la porte en bois sculpté et les anciens fonts baptismaux, à l'intérieur de la sacristie. Dans ce petit village tranquille se trouve aussi l'**ancienne hacienda St-Jean-Baptiste** construite vers 1543, qui abrite aujourd'hui le centre culturel universitaire de l'université autonome du Guerrero (UAG). De retour à Taxco, on peut visiter le **rancho La Cascada**, joli atelier et boutique d'artisanat où l'on travaille l'argent, l'or, le cuivre et le laiton *(visite de 9 h à 13 h et de 14 h à 18 h ; fermé l'après-midi le samedi et le dimanche, ainsi que les 1er janvier, Jeudi et Vendredi saints et 25 décembre ; ☎ (7) 622 10 16 ; prendre rendez-vous).* La famille Castillo, qui en est propriétaire, travaille l'argent à Taxco depuis plus de 60 ans et compte parmi les plus réputées en ce domaine.

★★★**Grutas de Cacahuamilpa** – *2 h. 31 km au Nord de Taxco par la route 95 vers Cuernavaca. Au bout de 22 km, tourner à gauche ; 9 km jusqu'aux grottes qui se trouvent sur la droite. Visite guidée (2 h) d'heure en heure de 10 h à 17 h. 15 pesos. ✗ ☎ (7) 622 22 74.* Ces grottes sont les plus grandes et les plus spectaculaires du Mexique. Elles ont été découvertes en 1834 par Manuel Sáenz de la Peña, un riche propriétaire terrien de la région. On croit qu'elles étaient connues des anciens habitants précolombiens, car des vestiges ont été retrouvés sur le site. On dit aussi qu'elles ont servi de refuge et de cachette aux insurgés pendant les luttes pour l'indépendance et qu'elles ont reçu la visite de Porfirio Díaz, d'Antonio López de Santa Anna, d'Adolfo López Mateos et de Humboldt.
L'entrée de la grotte mesure 21 m de haut et 42 m de large ; la première salle fait 24 m de profondeur. On peut parcourir 2 km à l'intérieur, convenablement équipé d'un passage en béton et d'éclairage artificiel ; on pourra découvrir sans danger les impressionnantes figures formées par les stalactites et stalagmites de toutes tailles et toutes formes.

TUXTLA GUTIÉRREZ

Chiapas

386 135 habitants

Belisario Domínguez 950, Edificio Plaza de las Instituciones, PB

☎ (9) 613 93 96 à 99 et (01 800) 280 35 00

Le nom de la ville de Tuxtla, capitale de l'État du Chiapas, vient du terme náhuatl **Tuchtlán** ou **Tochtla**, « lieu des lapins ». Sous les vice-rois, le Chiapas et le Guatemala formaient une seule province. À cette époque, la ville s'appelait Villa de San Marcos Tuxtla. Pendant les luttes pour l'indépendance (1810-1821), le Chiapas se sépara de l'Espagne et du Guatemala, pour s'unir au Mexique trois mois plus tard. En 1848, en hommage au général Joaquín Gutiérrez, homme politique indépendantiste de renom et fervent partisan de l'annexion du Chiapas au Mexique, Tuxtla prit son nom actuel et le statut officiel de ville. Elle est capitale de l'État depuis 1892, mais ce rang lui a été longtemps disputé par San Cristóbal de las Casas, chacune accueillant à tour de rôle les représentants du pouvoir.

Tuxtla Gutiérrez ne se trouve qu'à 89 km de San Cristóbal de las Casas.

CURIOSITÉS *1/2 journée*

★★**Zoológico Miguel Álvarez del Toro** – *Callejón Cerro Hueco. Accès par le contournement Sud, en suivant la signalisation Zoomat. Visite de 8 h 30 à 17 h 30. Fermé le lundi. ☎ (9) 612 37 54.* C'est l'un des plus beaux zoos d'Amérique latine. Il n'héberge qu'une faune régionale, mais la diversité de climat du Chiapas, où croît une forêt tropicale, lui permet de présenter plus de 220 espèces différentes. Le soin et le respect accordés au traitement des animaux est remarquable ; ils vivent dans de très grands espaces reproduisant autant que possible leur habitat naturel. Les animaux inoffensifs circulent librement partout : *ocofaisanes* (sorte de faisans), *chachalacas* (gallinacés du Mexique), iguanes, *guaqueques* (rongeurs) et les célèbres *monos saraguatos* (singes hurleurs) au cri si étrange.
La **volière**, le **vivarium** et la **salle réservée aux animaux nocturnes** méritent une attention particulière pour la diversité des espèces présentées et la précision des explications qui les accompagnent.

★★**Museo Regional de Chiapas** – *Calz. de los Hombres Illustres, à côté du théâtre municipal ; on s'y rend par la 5ᵉ av. Norte. Visite de 9 h à 16 h. 16 pesos. ☎ (9) 613 44 79.* Dans la salle d'archéologie, au rez-de-chaussée, une intéressante collection de pièces originales des civilisations olmèque et maya de l'État du Chiapas est constituée d'objets venant de Palenque, Toniná, Yaxchilan, Bonampak et Chinkultic. On prêtera une attention particulière au travail des céramiques, au fragment de stèle portant la date la plus ancienne de Méso-Amérique, aux pièces d'os gravées, aux tissus et à des objets découverts dans une grotte. À l'étage, on parcourt l'histoire du Chiapas, depuis la Conquête jusqu'à la révolution de 1910, et on découvre d'intéressantes informations sur le traitement infligé aux indigènes au fil des siècles, ainsi que sur les tendances autonomistes de l'État du Chiapas. Le musée possède également une salle d'expositions temporaires et un auditorium.

Parque de la Marimba – *Av. Central, entre les calles 8 et 9 Poniente.* Avec son pittoresque kiosque et ses arbres au feuillage luxuriant, ce parc exhale une délicieuse atmosphère provinciale. Tous les soirs, de 19 à 21 h, s'y tiennent d'excellents **concerts**★ de marimbas, instrument régional du Chiapas. Des couples de tous les âges dansent au son de la musique, créant une ambiance d'une exquise gaieté.

Casa de las Artesanias de Chiapas y Museo Etnográfico – *Bd. Belisario Dominguez 2035. Ce boulevard prolonge vers l'Ouest l'av. Central, axe principal de la ville. Visite de 10 h à 15 h et de 18 h à 20 h. Fermé le samedi en soirée et le dimanche. ☎ (9) 612 22 75.* Inauguré en 1994, cet attrayant musée est consacré aux coutumes, mode de vie, vêtement et artisanat propres à chacun des groupes ethniques de l'État. Quelques salles vont jusqu'à recréer le milieu naturel de la région, avec son abondante végétation. La boutique propose, à des prix raisonnables, toute la gamme de produits artisanaux du Chiapas.

EXCURSIONS

Chiapa de Corzo – *30 mn. 15 km à l'Est de Tuxtla Gutiérrez par la route 190.* Sur la place centrale de cette ville fondée par les Espagnols au 16ᵉ s. se trouve une énorme fontaine de style mudéjar, **La Pila**★. Sa forme imite celle de la couronne des Rois Catholiques.

Le canyon du Sumidero

Légèrement au Sud de la place s'élève l'église paroissiale, construite par les dominicains au milieu du 16e s. avec le couvent contigü.

★★★ **Parque Nacional del Cañon del Sumidero** – *2 h. On peut visiter le parc en bateau ou le voir du haut des belvédères. Pour faire le circuit en bateau, prendre la route 190 vers Chiapa de Corzo. Les départs ont lieu à Cahuaré (juste après le pont Belisario Domínguez, à 10 km de Tuxtla Gutiérrez) et de la jetée de Chiapa de Corzo (à 15 km de Tuxtla Gutiérrez), de 7 h à 17 h. Circuit complet : 60 pesos. ✗ ☎ (9) 612 12 70.* Cette faille impressionnante est une des plus belles œuvres de la nature. Ses immenses parois rocheuses, qui s'élèvent parfois de plus de 1 000 m, enserrent les eaux du río Grijalva.
La promenade en bateau *(35 km en tout)* est l'une des plus attrayantes que l'on puisse faire. Le paysage et les impressions que l'on éprouve au fond du canyon sont uniques et sans pareils. Au fil du parcours, on voit des spécimens étonnants de la faune du Chiapas, comme des crocodiles ; on admire les surprenants phénomènes créés par la nature au cours de millions d'années et, avec un peu de chance, on entend d'anciennes légendes. Selon la plus courante, les Espagnols rencontrèrent les pires difficultés pour soumettre les Indiens qui habitaient la région. Lorsqu'ils atteignirent enfin leur objectif, les indigènes, hommes, femmes et enfants, se jetèrent dans le canyon, préférant mourir que se plier à la domination espagnole.
La promenade aboutit au **barrage Manuel Moreno Torres**, appelé aussi **Chicoasén**, qui doit à la proximité de la zone sismique et aux failles du terrain son énorme mur de 260 m. Si vous venez de Tuxtla Gutiérrez en voiture, prenez la route du Sumidero sur 5 km, jusqu'à l'entrée du Parc national *(ouvert de 6 h a 17 h)*. Le circuit à l'intérieur du parc est de 17 km. Parmi les cinq belvédères, le quatrième et le cinquième offrent les **vues**★★★ les plus spectaculaires ; le parc dispose en outre d'un restaurant et d'une petite boutique d'artisanat.

YAXCHILÁN★★

Chiapas

ℹ ☎ (9) 678 65 70

Dans un ample méandre du río Usumacinta, au milieu de la **forêt Lacandon**, un épais maquis forestier peuplé d'oiseaux, de singes hurleurs et d'énormes lézards – qui sert de refuge aux guérilleros zapatistes du commandant Marcos –, se dresse l'une des plus impressionnantes cités mayas. Yaxchilán prospéra entre 350 et 810 après J.-C. et connut son apogée de 600 à 800. Uniquement accessible par le fleuve, Yaxchilán entretenait d'étroites relations avec d'autres villes de la forêt, telles que Bonampak, Piedras Negras et Tikal, et fut même pendant quelque temps la ville la plus importante de la région. Son nom signifie « ville des pierres vertes ».

Le site s'étend sur les berges du río Usumacinta, à la frontière du Guatemala. On peut y accéder en avion-taxi depuis Palenque, San Cristóbal de las Casas ou Villahermosa (1 h de vol). Pour s'y rendre par la voie terrestre, il est préférable de s'adresser à une agence de voyages. Des excursions d'une journée au départ de Palenque mènent le visiteur à Yaxchilán et Bonampak. De Palenque (2 h 1/2 en minibus), prendre vers le Sud la route d'Ocosingo sur 10 km, puis tourner à gauche en direction de Chancala et poursuivre sur le même chemin jusqu'à Frontera Corozal, où l'on prend un bateau à moteur pour rejoindre Yaxchilán (1 h) par le fleuve. Des excursions de deux jours sont également organisées à partir de San Cristóbal de las Casas ou de Palenque.

SITE ARCHÉOLOGIQUE *2 h*

Visite de 8 h à 16 h 45.

L'accès aux ruines, que ce soit en bateau par le río Usumacinta ou par avion, offre des **vues**★★ splendides et inoubliables. En arrivant au site, on emprunte un étroit **labyrinthe** de souterrains conduisant à de petites chambres. On pense que cette construction était destinée à simuler un voyage dans les mondes inférieurs au cours des rites d'initiation des prêtres. Dans sa partie centrale, la zone comprend quelque 120 constructions réparties en trois grands ensembles : la **Grand-place**, dans la partie basse, parallèle au fleuve, la **Grande Acropole** et l'**Acropole Sud**, au Sud de la grand-place.

Grand-place (ensemble de gauche) – Une petite ouverture et un étroit escalier donnent accès à cette immense place, où se dressent un grand nombre de constructions et de stèles gravées d'inscriptions et de figures. On remarquera la **stèle I**, portrait d'Oiseau-Jaguar IV, puissant souverain de Yaxchilán de 752 à 772 après J.-C. Sur l'esplanade, du côté gauche, on verra d'abord l'**édifice 14** ou **jeu de pelote**, avec des panneaux de marquage portant encore des inscriptions, et la **structure 6** ou **temple rouge**, dédié à Chac, le dieu de la pluie. On y a retrouvé un grand nombre de céramiques lacandons, plusieurs siècles après l'abandon de la cité par ses premiers habitants. Les Lacandons ont pendant un certain temps célébré ici des rites cérémoniels.

Un peu plus loin, près du fleuve, on trouve six larges escaliers décorés de 160 glyphes, qui auraient, suppose-t-on, donné accès à un pont suspendu reliant le site à l'autre rive, aujourd'hui guatémaltèque. Toujours sur la même place, on distingue les restes d'une série de structures qui formaient un palais semblable à celui de Palenque, avec des figures de pierre ornées de bas-reliefs.
Au fond de la grand-place, couchée, l'immense **stèle 3** montre la passation de pouvoir du souverain Bouclier-Jaguar à son fils Oiseau-Jaguar III. En 1964, on tenta de la transférer par hélicoptère au musée national d'Anthropologie, mais elle tomba sur la rive du fleuve et se brisa en deux. On renonça alors à l'exposer à Mexico et elle fut déposée à son emplacement actuel.

Ensemble de droite – De l'autre côté de la place, des structures portant des stèles et des **linteaux sculptés**★★ d'une grande beauté flanquent l'escalier d'une vaste plate-forme qui conduit à la Grande Acropole.

Grande Acropole – Tout en haut d'une forte pente s'élève cette structure constituée de vastes chambres. Le plus remarquable des édifices, la **structure 33**, est ornée de trois exquis linteaux de pierre sculptée illustrant différents moments de la vie du souverain Oiseau-Jaguar IV. À l'intérieur, une statue décapitée représente ce même gouvernant. Une légende des Lacandons affirme que la fin du monde aura lieu le jour où la tête retrouvera sa place.

Acropole Sud – Un étroit sentier dans la forêt conduit au point le plus élevé de Yaxchilán. Là se dresse majestueusement un groupe de trois bâtiments, dont les vestibules accueillent des autels circulaires et des stèles sculptées. L'un d'eux conserve encore une partie de son faîte et, à l'intérieur, des restes des peintures murales originelles.

Le chemin de retour conduit à l'**Acropole Ouest**, formée de petites places et d'un groupe de constructions. On verra sur l'une d'elles des linteaux dont la face inférieure est ornée de bas-reliefs très bien conservés.

★BONAMPAK *1 h 1/2*

Vallée du río Lacanhá. De Palenque, prendre vers le Sud la route d'Ocosingo sur 10 km, puis tourner à gauche en direction de Chancala et poursuivre sur le même chemin sur 145 km, jusqu'à l'embranchement de Bonampak. Tourner légèrement sur la droite et prendre un chemin de terre sur 9 km ; on traverse un dense maquis forestier pour parvenir à la zone archéologique. Pour des raisons de sécurité, il est conseillé d'avoir recours aux services d'une agence de voyages.

Visite de 8 h à 17 h. 25 pesos. ☎ (9) 678 65 70.

La découverte de Bonampak en 1946 au milieu de l'épaisse forêt Lacandon fut décisive pour les études de la culture maya. Les féroces scènes de bataille peintes sur les murs d'un petit temple réfutent définitivement la théorie selon laquelle les Mayas constituaient une société absolument pacifique. Le site de Bonampak date de 250-792 après J.-C. et couvre au total environ 4 km^2. Malheureusement, seule la petite partie comprenant la Grand-place et l'Acropole a été explorée. Pendant de nombreuses années, Bonampak est resté pratiquement inaccessible au monde extérieur. Maintenant, grâce à un chemin inauguré en 1998, il n'est plus nécessaire pour y parvenir d'entreprendre une longue marche à travers la forêt.

Grand-place – On y voit une **stèle** de 5 m de haut et 2 m de large représentant un des plus importants gouvernants de la ville, Chaan Muan II, élégamment paré, une lance cérémonielle à la main droite, et à la main gauche un bouclier avec la figure du dieu jaguar du monde inférieur. Les inscriptions du bas de la stèle donnent sa généalogie, tandis que les gravures des stèles de l'escalier de l'acropole le représentent. Sur la stèle de gauche apparaissent deux femmes, que l'on suppose être sa mère et son épouse ; elles l'accompagnent dans un rite d'autosacrifice. Sur la stèle de droite figure, prostré à ses pieds, un personnage barbu, représentation peu courante dans les sculptures précolombiennes.

Acropole – Ce qui a le plus de valeur dans cet ensemble, ce sont les trois chambres du **temple des Peintures**★★, situées à l'extrémité droite de la première plate-forme. La face inférieure des linteaux surmontant les portes d'entrée est sculptée de scènes racontant la capture de plusieurs personnages. Les chambres sont minutieusement ornées de très belles peintures murales. Bien que les couleurs d'origine aient beaucoup souffert au cours des temps, il est saisissant de comtempler dans leur environnement primitif ces peintures qui comptent parmi les plus importantes jamais découvertes dans le monde maya. On pourra en admirer de fidèles reproductions grandeur nature au musée national d'Anthropologie de Mexico.
Dans la **chambre 1**★★ *(la première à gauche)*, les scènes peintes décrivent la cérémonie de présentation de l'héritier d'une famille dirigeante. Le long des murs apparaissent des personnages de haut rang, qui se préparent à l'événement ; des musiciens jouant de différents instruments égayent la présentation ; un homme porte dans les bras un petit enfant. En haut des murs, on voit de grands masques des divinités et de symboles religieux. La **chambre 2** illustre le déroulement d'une féroce bataille, et la **chambre 3** les festivités de la victoire.

PRESQU'ÎLE DU YUCATÁN

Itinéraire maya, plages aux eaux cristallines et étonnante gastronomie

Artisanat et gastronomie p. 80. Il y a des milliers d'années s'est soulevée du fond de la mer la grande plaque qui forme actuellement la presqu'île du Yucatán, un coin de terre à part, sans relief ni rivières, où s'est développée l'ancienne civilisation **maya**. Sous le sol calcaire, support d'une épaisse forêt dans la partie Sud, aride dans la partie Nord, circulent des rivières souterraines. Lorsque la mince croûte du sol s'effondre apparaissent des **cenotes**, puits naturels dont le fond est occupé par la nappe d'eau, autour desquels les Mayas ont élevé d'extraordinaires cités entre les années 400 et 1200 après J.-C.
L'éloignement géographique aussi bien que politique de la péninsule fut à l'origine de tentations séparatistes au 19e s. Cette période fut caractérisée par le développement de la culture d'une variété d'**agave**, l'*agave rigida elongata* ou agave blanc, dite *henequén* au Mexique et fournissant une fibre commercialisée sous le nom de sisal. Mais elle a aussi été marquée par la longue **guerre des castes**, conflit qui opposa les Mayas, las des mauvais traitements qu'ils leur infligeaient, aux propriétaires terriens. À cette même époque, la presqu'île fut divisée en trois États où voyageurs et explorateurs découvraient le riche héritage archéologique laissé par les Mayas.
La région est habitée par environ 900 000 Indiens, qui parlent toujours la langue maya. L'œuvre de leurs prédécesseurs et la richesse naturelle de la zone ont donné un nouvel essor économique à l'une des régions les moins industrialisées du Mexique. L'important développement de Cancún depuis les années 1970 attire des millions de touristes dans ce site paradisiaque.
Les ruines des anciennes cités mayas ; les plages de sable blanc ; les îles de l'Est baignées d'eaux transparentes, où affleure la deuxième barrière de corail du monde ; les réserves écologiques ; les couvents franciscains ; les vestiges des grandes plantations d'agave ; les grottes ; les villages bâtis dans le style des cabanes où vivaient les Mayas il y a mille ans : tout cela, outre l'attrait d'une gastronomie variée, fait du Yucatán le point de départ idéal d'une promenade dans le monde magique des Mayas.
Voir en p. 323 les Renseignements pratiques concernant la presqu'île du Yucatán.

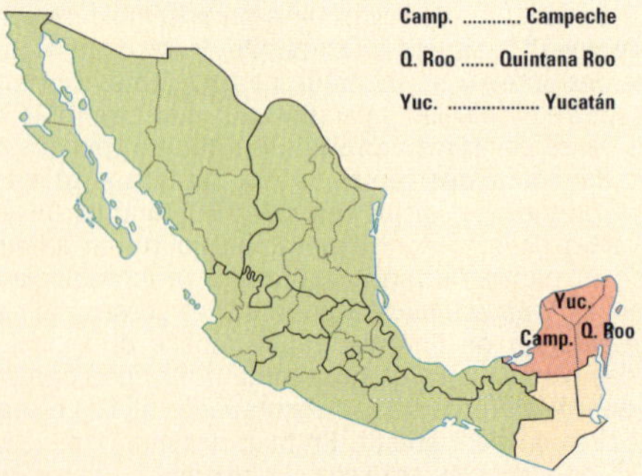

© Robert Frerck/ODYSSEY

Uxmal : le quadrilatère des Nonnes, la pyramide du Devin et le jeu de pelote.

CAMPECHE

Campeche
204 533 habitants
Plaza Moch-Cohuo, av. 16 de Septiembre ☎ (9) 816 67 67

Ville écrasée par la chaleur, Campeche est la capitale de l'État. Elle s'élève au bord du golfe du Mexique, là où, en mars 1517, débarquèrent les premiers Espagnols sous le commandement de Francisco Hernández de Córdoba, plus de deux ans avant que Cortés n'entreprît la conquête du Mexique. Elle fut fondée en 1540 sur l'ancienne cité maya **Ah Kin Pech**, « lieu du soleil », par Francisco de Montejo, qui la baptisa Villa de San Francisco de Campeche.
L'exportation vers l'Europe de bois précieux, notamment du bois d'*Haematoxylon campechianum*, plus connu sous le nom de bois de campêche, permit au port de devenir dans la seconde moitié du 16e s. le plus important de la presqu'île du Yucatán. L'essor commercial suscita bientôt l'intérêt de corsaires soutenus par des gouvernements européens ou de pirates, qui dévastèrent, pillèrent et incendièrent la ville à plusieurs reprises, jusqu'au début du 18e s. C'est pourquoi on entoura la ville d'un système défensif élaboré : à partir de 1685, la Couronne d'Espagne fit élever des remparts et des bastions, des forts sur les collines et des batteries en bord de mer.
Aujourd'hui, les vestiges de ces fortifications hexagonales achevées en 1704 séparent vieille ville et quartiers modernes. Alors que les grands hôtels et les édifices publics occupent des terrains gagnés sur la mer, près de la jetée, les rues pavées du centre historique sont bordées de pittoresques maisons aux hautes toitures permettant la circulation de l'air, aux façades colorées ornées de frises à motifs géométriques évoquant l'époque coloniale et agrémentées de balcons, de grilles et de lanternes de fer forgé. Grâce aux amples travaux de rénovation réalisés dans les années 1990, la vieille ville a retrouvé tout son charme, dans un ensemble harmonieux de couleurs qui rehausse le style de l'époque coloniale.

★VIEILLE VILLE *1 jour*

Plaza de la Independencia (Plaza Principal) – Ce beau parc planté d'arbres, avec son pittoresque kiosque, est entouré d'édifices de l'époque coloniale. Sur le côté Nord se dresse la cathédrale ; à l'Est, on découvrira de beaux portails à deux registres ; le côté Sud est bordé de maisons patriciennes des 16e et 17e s. ; à l'Ouest s'élève un bastion, le **Baluarte de la Soledad**, contigu à une partie de l'ancienne muraille.

Des **promenades touristiques en tramway** *(départ du côté Est de la place)* font découvrir au visiteur le centre historique *(à 9 h 30, 18 h et 20 h, ainsi qu'à 19 h le week-end ; 15 pesos)*, le fort San Miguel *(à 9 h et 17 h, sauf le lundi ; 15 pesos)* ou la redoute de San José El Alto *(à 10 h 30 et 18 h 30, sauf le lundi ; 15 pesos)*.

Catedral – *Visite de 6 h 45 à 12 h et de 15 h 30 à 20 h 45. ☎ (9) 816 55 93.* C'est le plus ancien édifice religieux de la presqu'île. La pierre blanche utilisée pour sa construction, de 1540 à 1705, accroît la luminosité de la façade, où cinq niches

abritant des statues de saints créent un effet de clair-obscur. Sur les côtés, les deux tours élégantes, « l'espagnole » à gauche et « la campechana » à droite, sont couronnées de gracieux dômes. À l'intérieur, à gauche du *presbiterio*, se trouve un christ en bois incrusté d'argent, que l'on place dans un cercueil de verre à l'occasion du **Santo Entierro**, célébration de la Mise au tombeau.

Museo de la Casa Seis – Visite de 9 h à 21 h (visites guidées). Cette villa coloniale qui date du 16e s. aurait été habitée par Francisco Montejo fils, puis, ultérieurement, par différentes familles aristocratiques de Campeche. Entièrement rénovée en 1998-1999 avec des fonds de l'État, la villa possède un beau mobilier des 18e et 19e s., de divers styles européens.

★**La Muralla** – C'est en 1686 que l'on entreprit la construction des remparts. D'un périmètre de 2,5 km environ, ils étaient percés de quatre portes (il en reste deux) tournées vers les points cardinaux et jalonnés par huit bastions (l'un d'eux a été détruit). Les pans de murailles subsistants s'élèvent à six mètres face à la mer, à huit vers l'intérieur des terres.

Puerta del Mar – *Calle 8, en face de calle 59.* C'était autrefois la porte Est de la place forte, le seul accès à la ville depuis la mer. Jadis, la marée venait en caresser le pied.

★**Baluarte de la Soledad** – *Calle 8, en face de la place principale. Visite de 8 h à 20 h (13 h le dimanche). Fermé le lundi. 4 pesos (entrée libre le dimanche).* Le **bastion de la Solitude** abrite depuis plus de trente ans le **musée des Stèles** où sont exposés 50 monolithes finement sculptés par les anciens Mayas, trouvés sur les sites archéologiques de l'État.
La rampe extérieure donnant accès à la dernière terrasse permet de se promener sur le chemin de ronde et de découvrir d'un côté la vue sur la cathédrale et la grand-place, de l'autre un panorama sur les bâtiments modernes, la jetée et le golfe du Mexique.

Baluarte de Santiago – *Angle des calles 8 et 49. Visite de 8 h (9 h le week-end) à 14 h et de 15 h à 20 h.* Achevé en 1704, le **bastion St-Jacques**, le dernier construit, complétait le système de fortifications de la ville. Aujourd'hui, on peut contempler plus de 250 espèces de plantes tropicales dans le petit **jardin botanique Xmuch'-Haltun**, dont le nom maya signifie « eau jaillissant de la pierre ».

Baluarte de San Pedro – *Angle Nord-Est du Circuito Baluartes. Visite de 9 h à 13 h et de 17 h 30 à 20 h. Fermé l'après-midi le dimanche. ☎ (9) 816 55 93.* Au-dessus de l'entrée figurent les armes du Vatican, avec la tiare pontificale et les clés de saint Pierre. Le **bastion St-Pierre** aurait servi de prison provisoire pour les impies condamnés par la Sainte Inquisition. On y expose aujourd'hui les produits de l'artisanat du Campeche. Le syndicat d'initiative en occupe une autre partie. En face se dresse l'église St-Jean-de-Dieu.

★**Puerta de Tierra** – *Calle 18, face à la calle 59. Visite de 8 h à 20 h. Spectacle son et lumière les mardis, vendredis et samedis à 20 h 30. 20 pesos.* Associée à la partie la plus importante de muraille encore debout, entre le bastion St-François au Nord-Est et le **bastion St-Jean** au Sud-Ouest, cette porte se distingue par sa construction et sa grande arche. Une petite salle sous le passage voûté présente des armes et des documents en rapport avec la piraterie. D'ici, la proximité de la porte de la Mer permet de se faire une idée assez précise des dimensions de la ville à l'époque des vice-rois. L'histoire de Campeche est illustrée ici par un spectacle son et lumière.

Baluarte de Santa Rosa – *Calle 67, entre les calles 12 et 14. Visite de 8 h à 14 h et de 17 h à 20 h. ☎ (9) 816 73 64.* Le **bastion Ste-Rose**, l'un des premiers construits, protégeait le quartier St-Romain, un des plus anciens de la ville. Dédié à sainte Rose de Lima, il servit au 19e s. à l'hébergement des nécessiteux.

Baluarte de San Carlos – *Angle des calles 8 et 65. Visite de 8 h à 20 h (de 9 h à 13 h le dimanche). ☎ (9) 816 55 93.* Le **bastion St-Charles** fut achevé en 1686. Il abrite le petit musée de la Ville, où maquettes, photos, cartes et documents évoquent le passé de Campeche. On peut visiter aussi les lugubres caves humides où l'on stockait la poudre.

RENSEIGNEMENTS PRATIQUES

Comment se rendre au Yucatán ? – **Par avion** : les principales lignes aériennes internationales et nationales (comme Aeroméxico et Air France) proposent des vols et des correspondances pour Mérida, Cancún, Cozumel, Campeche et Chetumal. Aerocaribe/Aerocozumel, à Cancún *(☎ (9) 884 20 00)* assurent des liaisons pour Chichén Itzá, Cozumel, Playa del Carmen et d'autres destinations dans la région. Service de taxis dans tous les aéroports. Les principales agences de **location de voitures** *(p. 24)* sont présentes dans tous les aéroports.

En autocar : dans les gares routières des principales villes, des compagnies proposent lignes directes et circuits vers les endroits les plus intéressants : Campeche *(ADO, ☎ (9) 811 23 81)* ; Cancún *(ADO, ☎ (9) 886 86 10)* ; Chetumal *(Omnitur del Caribe, ☎ (9) 832 78 89)* ; Mérida *(ADO, ☎ (9) 924 95 18)*. Ces numéros donnent des renseignements sur les destinations, les tarifs et les horaires de toutes les compagnies.

Par bateau : de Cancún à l'**île Mujeres**, départs de Puerto Juárez *(Marítima Magaña, ☎ (9) 877 06 18 ; tous les jours, toutes les demi-heures, de 6 h à 21 h ; 30 mn ; 22 pesos)* ; de Playa Tortugas *(Cruceros Marítimos del Caribe, ☎ (9) 834 35 83 ; 4 départs quotidiens entre 9 h 15 et 15 h 45 ; 45 mn ; 130 pesos AR)* ; de Punta Sam *(Naviera Contoy, ☎ (9) 877 00 65 ; voitures et passagers, 5 passages quotidiens entre 8 h et 20 h 15 : 40 mn ; 12,50 pesos par personne, 130 pesos pour une voiture et son conducteur)*. De Cancún à l'île **Cozumel** : départs de Playa Tortugas *(point de ralliement à Playa del Carmen ; tous les jours à 8 h 45 et 11 h 30 ; 1 h 45 ; 150 pesos)* ; de Puerto Morelos *(☎ (9) 871 00 08 ; voitures et passagers, 3 passages quotidiens de 5 h à 19 h ; 2 h 1/2 ; 550 pesos pour une voiture et son conducteur)* ; de Playa del Carmen *(Cruceros Marítimos del Caribe, ☎ (9) 872 15 08 ; 14 départs quotidiens entre 5 h et 23 h ; 45 mn ; 102 pesos AR)*.

Renseignements touristiques et hébergement – Les Offices de tourisme de l'État renseignent sur les hôtels, les agences de voyages et les voyagistes et fournissent cartes et brochures. **Campeche** : Secretaria de Turismo del Estado, plaza Moch Couoh, Campeche, 24000 Campeche, ☎ (9) 816 67 67 *(ouvert de 8 h à 21 h 30)* ; **Mérida** : Módulo de Información Turística, calle 60, Yucatán 97000 Mérida, ☎ (9) 924 92 90 *(ouvert de 8 h à 21 h en semaine, 20 h le dimanche)* ; **Cancún** : Secretaria de Turismo del Estado, av. Tulum 26, Quintana Roo 77500 Cancún ☎ (9) 884 80 73 *(ouvert de 9 h à 21 h)* ; **Chetumal** : Oficina de Turismo, Calzada del Centenario 622, Quintana Roo 77000 Chetumal ☎ (9) 832 36 63.
Les principales **chaînes hôtelières** *(p. 25)* sont présentes à Mérida, Cancún et Cozumel ; on y trouve également de petits hôtels et des appartements. Mayaland Resorts, à Mérida *(☎ (9) 925 06 21)* et à Cancún *(☎ (9) 883 06 79)*, possède des hôtels à Uxmal et à Chichén Itzá. La chaîne Misión *(☎ (5) 207 07 68)* gère des établissements à Cancún, Mérida et Uxmal. Il y a des **auberges de jeunesse** *(p. 27)* à Campeche *(☎ (9) 816 18 02)*, Chetumal *(☎ (9) 832 34 65)* et Playa del Carmen *(☎ (9) 873 15 08)*. Pour toute information concernant le climat et les fuseaux horaires, voir dans la partie Renseignements pratiques, Quand partir ? et Vie pratique.

Loisirs – Les plages offrent toutes sortes de possibilités pour pratiquer les **sports nautiques, voile, plongée, nage** avec masque et tuba. On peut louer directement des équipements dans les marinas des hôtels, ou bien contacter, à Cancún, Parque Nizuc *(☎ (9) 881 30 00)*, Aqua Tours *(☎ (9) 883 04 00)*, Aqua World *(☎ (9) 885 22 88)* ; à Cozumel, Dzul-ha Water Sports *(☎ (9) 872 13 85)*. Pour **nager avec les dauphins**, Xcaret et Dolphin Discovery, Isla Mujeres *(☎ (9) 883 07 77)*. Des agences organisent des visites aux **îles** proches, aux **sites** archéologiques et aux **monastères** ; possibilité de renseignements et d'achat de billets dans les hôtels. Visite de Chichén Itzá, Uxmal et Tulum avec des guides spécialisés : Uniterra, à Cancún *(☎ (9) 884 86 06)* ; Turismo Bolontikú, à Mérida *(☎ (9) 928 14 80)*, qui organise aussi des voyages sur la **route Puuc**, la **route des Monastères** et à **Kabah**. Pour **Edzná** : Picáz, à Campeche *(☎ (9) 816 44 26)*, pour **Chicanná**, **Xpuhil** et la **route Río Bec**, ainsi que **Dzibanché** et **Kinichná** : Agencia Ecoturística Xcalak, à Chetumal *(☎ (9) 832 16 61)*. Pour le **tourisme d'aventure et l'écotourisme**, voir dans la partie Renseignements pratiques, Découvrir le Mexique autrement.

Artisanat et marchés – **Campeche** : Casa de Artesanías Tukulna *(☎ (9) 816 90 88 – céramique, textiles, panamas, artisanat de la région)*. **Cancún** : Mercado de Artesanías. **Mérida** : El Tixcocob *(☎ (9) 928 62 10 – hamacs et artisanat)* ; El Aguacate *(☎ (9) 923 18 38 – hamacs et artisanat)* ; El Becaleño *(panamas)* ; textiles, hamacs, artisanat traditionnel : Casa de las Artesanías del Gobierno del Estado de Yucatán *(☎ (9) 928 66 76)* ; Mercado García Rejón et Bazar Lucas de Galves.

Autres curiosités *2 h 1/2*

Iglesia de San Román – *Calle Bravo, angle de la calle 10, Quartier San Román. Visite de 7 h à 12 h et de 15 h à 21 h. ☎ (9) 816 55 93.* Au maître-autel de l'**église St-Romain**, on vénère un célèbre christ noir, statue en ébène dont les miracles et la protection sont pris en grande considération par les Campechanos. La fête en son honneur, en septembre, est la plus importante de l'État.

★**Fuerte de San Miguel** – *Prendre l'av. Ruiz Cortines et Justo Sierra vers le Sud sur 2,5 km, puis suivre à gauche le Camino Escénico sur 300 m. Visite de 8 h à 13 h et de 14 h à 20 h. Fermé le lundi. 10 pesos. ☎ (9) 816 55 93.* Perché au sommet d'une colline, le **fort St-Michel** (1801) est l'une des dernières constructions du système défensif de la ville. Le général Santa Anna en fit son quartier général lors de la répression de la tentative de sécession du Yucatán. La forteresse a conservé fossé, pont-levis, rampe, terrasse et tours de guet. Les salles intérieures contiennent de splendides pièces précolombiennes trouvées sur les sites archéologiques de l'État, en particulier des **bijoux** et des **masques de jade**★ provenant de Calakmul. Du sommet, la **vue**★ embrasse la ville et la mer.

Reducto de San José (El Alto) – *Suivre l'av. Ruiz Cortines et la calle Pedro Saínz de Barranda vers le Nord-Est, tourner à droite plaza 4 de Octubre et continuer jusqu'à l'av. Morazán ; tourner alors à droite et parcourir encore 100 m environ après le monument à Benito Juárez. Visite de 8 h à 20 h. Fermé le lundi. 4 pesos. ☎ (9) 816 55 93.* Du **réduit St-Joseph**, construction militaire carrée, on jouit d'une **vue** magnifique sur la mer et la ville, surtout au coucher du soleil. À l'intérieur, dans les salles du rez-de-chaussée, on découvre une maquette de la ville, des modèles réduits de bateaux, des armes anciennes, ainsi que divers objets de l'époque des vice-rois.

EXCURSIONS

★**Edzná** – *3 h. 55 km à l'Est de Campeche par la route fédérale 180 ; après avoir traversé le village de Chiná, aller jusqu'au croisement et prendre à gauche la route fédérale 188 et rouler sur 10 km. Visite de 9 h à 17 h. 20 pesos.* Au centre d'une vallée verdoyante se dresse Edzná, « la maison des Itzás », un important centre cérémoniel maya qui connut son apogée entre 600 et 900 après J.-C. Il était alors habité par des prêtres, des commerçants et des artisans. À cette époque, temples et autres édifices étaient recouverts d'une couche de stuc, généralement peinte en rouge, dont certaines constructions portent encore les traces.
Outre son architecture conçue en relation avec les phénomènes célestes et les dates significatives du calendrier maya, Edzná possédait un ingénieux système hydraulique tirant parti de la pente du terrain pour recueillir, stocker et relâcher les eaux de pluie. Il comptait 29 canaux, 27 citernes, plus de 70 prises d'eau et de nombreux réservoirs souterrains. La cité, découverte en 1906 par des paysans, commença à être explorée en 1927 ; les premières fouilles archéologiques furent effectuées en 1958. On peut visiter une vingtaine d'édifices et d'espaces dégagés distribués sur environ 8 ha.

Après avoir passé la guérite d'entrée, suivre un sentier fléché bien ombragé sur quelque 300 m, pour parvenir à la place principale. On trouve à gauche la plate-forme des Couteaux.

Plate-forme des Couteaux – Dans cet édifice de style architectural Puuc a été découverte une riche offrande de couteaux *(cuchillos)* en silex. À chaque extrémité se trouvent des chambres voûtées, sans doute destinées à des dignitaires.

Nohoch-Na (Grande maison) – Sur le côté Ouest de la place principale, s'élève un imposant palais de 135 m de long, 31 m de large et 9 m de haut. En escaladant les 15 énormes marches de la partie frontale de l'édifice, on parvient à quatre grandes galeries qui étaient probablement utilisées à des fins administratives. Chaque année, les trois premiers jours de mai, on assiste à un intéressant phénomène astronomique parfaitement visible depuis Nohoch-Na : la lumière du soleil frappe directement les portes du temple aux Cinq Étages. On aurait considéré ces journées comme les plus propices à l'ensemencement du maïs.

Temple du Sud – *À l'extrême Sud de la place principale.* Ce temple à cinq étages est caractéristique de l'architecture du Petén. Le sanctuaire qui se trouve au sommet date probablement de la période classique tardive, entre 600 et 900 après J.-C. On reconnaît à l'Est le **jeu de pelote**.

Petite Acropole – *Derrière le jeu de pelote, en direction du Sud-Est.* Construit vers 200 après J.-C., cet ensemble est le plus ancien du site. C'est là qu'ont été trouvées la plupart des 32 stèles d'Edzná. Le **temple des Masques** est caractérisé par deux grands masques modelés en stuc et peints en rouge représentant **Kinich Ahau**, le dieu du soleil à son lever à gauche et à son coucher à droite. À l'Est du temple, dans les escaliers d'un autre édifice, se trouvent différents bas-reliefs anthropomorphes, de jaguars aux aguets et de figures géométriques.

© Robert Frerck/ODYSSEY

Le temple aux Cinq Étages

Grande Acropole – *Revenir sur la place centrale et gravir les escaliers du côté Est.* Sur les vastes plates-formes de cet ensemble, noyau de l'ancienne cité, s'élèvent des temples et des palais disposés symétriquement. Siège du gouvernement théocratique, elle comprend aussi une petite place centrale et sa plate-forme cérémonielle.

★★★ **Temple aux Cinq Étages** – *Sur le côté Est de la Grande Acropole.* Majestueuse construction de 31,5 m de hauteur, le « temple aux cinq étages » servait probablement, avec ses 27 chambres en enfilade, de logement aux dignitaires mayas. Les colonnes monolithiques que l'on voit à la plupart des portes sont de style Chenes. Dans l'escalier, on remarque sur les quatre premiers degrés des inscriptions datées de l'année 652, qui vit certainement se dérouler un événement majeur. L'immense faîte ajouré qui couronne le temple est incomplet car la foudre l'a frappé à plusieurs reprises. Sur le côté Nord de l'édifice, on note différentes caractéristiques de l'architecture maya, des styles du Petén, Chenes, Puuc et Chontal (ou tardif).

★ **La route Río Bec** – *1 jour. 292 km au Sud de Campeche par la route 261 jusqu'à Escárcega, puis la route 186 à l'Est.* *Voir p. 346.*

CANCÚN★★

Quintana Roo

300 000 habitants

ℹ Av. Tulum 26 ☎ (9) 884 80 73

Cette île des Caraïbes mexicaines longue de 17 km et large de 2 est reliée à la presqu'île par deux ponts, à Punta Nizuc et Punta Cancún, facilitant l'accès à l'aéroport et au centre-ville. La construction du complexe touristique a débuté en 1970, permettant à un grand nombre de visiteurs de profiter de ses eaux cristallines et de son sable blanc.
Entre l'île et le continent s'étend la lagune de **Nichupté★** où l'on trouve un grand nombre d'hôtels de luxe, de restaurants, de discothèques et de magasins (linge, artisanat, équipement pour les sports nautiques).

CURIOSITÉS *1 journée*

★★★ **Plages** – *Le long du bld. Kukulcán.* La douceur du sable blanc, le vert émeraude et le bleu turquoise de l'eau sont une permanente invite à la détente. Sur 16 km s'étirent une infinité de plages ; les plus fréquentées sont **Linda**, **Langosta**, **Caracol**, **Tortugas**, **Chac-mool**, **Ballenas** et **Delfines**.

Museo Arqueológico de Cancún – *Point kilométrique 9,5 du bld. Kukulcán. Annexe au centre de Conférences. Visite de 9 h à 20 h. 16 pesos (entrée libre le dimanche). ☎ (9) 883 03 05.* Cette construction à un seul étage renferme des pièces représentatives de la culture maya (poteries, stèles) et la statue dite la Tête de Roi, qui a donné son nom à un site archéologique. On pourra y voir également des dessins et photos illustrant l'histoire de la civilisation maya, la conquête espagnole et les traditions culturelles de la région.

Cancún

El Rey – *9 km au Sud du centre de Conférences. Entrée au km 18,5 du bd. Kukulcán, dans la zone hôtelière. Visite de 8 h à 17 h. 17 pesos. ☎ (9) 883 36 71.* Le site – le plus grand de l'île – doit son nom (Le roi) à la statue anthropomorphe richement vêtue que l'on y a découverte et qu'expose le musée d'Archéologie. Il date de la période postclassique tardive (1200-1550 après J.-C.). Sa situation à proximité de la côte permettait le commerce des produits de la mer. Les objets d'obsidienne, de basalte, de silex, de jadéite et de quartz trouvés ici témoignent du haut niveau de développement des habitants d'El Rey en matière d'échanges maritimes.

Le site mesure 520 m du Nord au Sud et 70 d'Est en Ouest. Il se compose de deux places fermées par des constructions.

Sur la place Sud se trouve une plate-forme en L avec un escalier et deux rangées de colonnes. D'un côté de cette structure se trouve un temple à colonnes, flanqué d'un autre temple. On suppose que la place remplissait des fonctions religieuses. La place Nord, par contre, était le centre commercial, avec des bâtiments où habitaient les chefs politiques. De grandes colonnes soutenaient des toits faits de matériaux légers, formant des structures qui servaient probablement de halles. La structure la plus grande a été réalisée en plusieurs étapes : elle comporte trois pyramides superposées et est couronnée par un trône. Le long de la chaussée Nord, plusieurs plates-formes de pierre semblent constituer les soubassements de constructions à usage d'habitation, réservées aux élites. On a trouvé contre les murs de quelques-uns de ces édifices des squelettes humains en position assise, avec des objets destinés à les accompagner dans leur voyage aux enfers.

EXCURSIONS

★★ **Isla Mujeres** – *1 journée. Accès par avion depuis Cancún, par bateau à partir de Cancún ou de Puerto Juárez (8 km au Nord de Cancún) ou par bac depuis Punto Sam (14 km au Nord de Cancún).* Cette île fut explorée par les Espagnols en 1517 et baptisée « île aux femmes » par Francisco Hernández de Córdoba parce qu'on y vénérait la déesse Ixchel et d'autres idoles féminines. Aujourd'hui, le calme de cette île accueillante contraste avec la vie animée de Cancún. Ses beaux récifs coralliens et les possibilités qu'elle offre pour la nage avec tuba et la plongée attirent cependant un nombre important de touristes. À **Playa Cocos** *(qui va du centre jusqu'au bout de l'av. Hidalgo)*, où les eaux sont tranquilles et transparentes, sont organisées des activités nautiques. Au **parc El Garrafón**★ *(Punta Azul, km 6 ; visite de 9 h à 17 h ; 20 pesos ; ✗ ☎ (9) 877 00 98)*, face à l'un des grands récifs de l'île, on peut nager avec masque et tuba au milieu de la grande diversité d'espèces marines qui peuplent cet extraordinaire milieu, ou bien faire une promenade en canot jusqu'à **Los Manchones**, zone de récifs de haute mer qui constitue un excellent site pour la plongée. Dans la partie Sud de l'île, on rejoint les ruines de l'**observatoire maya**, sans doute un ancien sanctuaire remontant au 14e ou au 15e s.

★★ **Cozumel** – *1 journée. Accès par bac depuis Puerto Morelos, par bateau au départ de Playa del Carmen, ou en avion (aéroport international).* La plus grande des îles Caraïbes mexicaines (52 km de long, 18 de large) se trouve à 19 km au large de Playa del Carmen. Elle est ceinturée de récifs qui lui valent sa réputation auprès des plongeurs professionnels et des amoureux de la nature. Aujourd'hui grand complexe

touristique, elle lutte pour préserver ses richesses naturelles en dépit du grand nombre de constructions qui s'y élèvent de jour en jour. Les eaux y sont claires, les plages blanches, avec une assez forte houle sur la côte orientale. Découverte en 1518 par Juan de Grijalva, l'île était à l'époque précolombienne un important centre cérémoniel très fréquenté par les Mayas et consacré à la déesse Ixchel, ainsi qu'un lieu d'échanges commerciaux.

Il faut se rendre au parc naturel **Chankanaab**★ *(10 km au Sud par la route principale ; visite de 7 h à 19 h ; 66 pesos ; ✗ ☎ (9) 872 09 14)* qui protège le récif du même nom et la seule lagune du monde à manteau corallien intérieur. C'est un endroit merveilleux pour la nage avec masque et tuba et pour la plongée. Le parc est encore doté d'un petit **musée de la Marine**, d'un jardin botanique, d'un aquarium naturel, d'un bassin à dauphins et d'un parc d'attractions consacré aux villes mayas en miniature. La **Playa San Francisco** *(14 km au Sud par la route principale)* est une crique aux eaux tranquilles, qui, tout comme la **Playa Sol** *(km 12)*, est idéale pour se baigner ou se reposer au soleil sous les palmiers. À **Palancar**★ *(21 km au Sud par la route principale et à 1,7 km de la plage du même nom)* s'étire sur 9 km le récif corallien qui a fait la renommée mondiale de Cozumel auprès des plongeurs. La visibilité sous l'eau va de 150 à 250 m, ce qui offre une luminosité parfaite pour la photographie. Le **commandant Cousteau** y a effectué plusieurs expéditions scientifiques. De là, on peut emprunter la route principale vers l'Ouest, et visiter Laguna Colombia et Punta Celarain.

San Gervasio – *À 14 km vers la côte Est de l'île par la route transversale. Parcourir 8 km vers l'Est, puis prendre à gauche et suivre le chemin sur 6 km. Visite de 7 h à 18 h. 30 pesos. ✗ ☎ (9) 872 05 28.* Ce site archéologique se trouve sur une importante nappe aquifère. Les constructions datent de deux époques distinctes : la période classique tardive (1000-1200 après J.-C.) et postclassique tardive (1200-1550 après J.-C.). On accède tout d'abord au **Groupe III**, constitué par la place des Petites Mains, appelée ainsi à cause d'un édifice décoré de petites mains *(manitas)* de couleur rouge. Tout près de là, un arc maya marque le début d'un chemin de pierre blanche ou **« sacbé »** conduisant au **Nohoch-Na** (grande maison), qui fut probablement un temple où l'on déposait des offrandes à la déesse Ixchel. Un autre sacbé mène au **Groupe II** ou des **Chauves-souris** *(murciélagos)*, composé de la plate-forme de l'édifice des Chauves-souris et d'un édifice rond, **Pet-Na**, peu commun dans l'architecture maya. Les deux groupes appartiennent à deux périodes différentes : fin de la période classique, et postclassique tardif. En empruntant un autre chemin de pierre blanche, on pénètre dans la forêt tropicale pour parvenir à la **place centrale**, qu'on appelle aussi **les Niches** à cause de celles qui ornent le pourtour d'un des édifices, où il semble que l'on apportait aussi des offrandes. On a en outre découvert des restes humains dans quelques-uns des édifices qui entourent la place.

Museo de la Isla – *Ville de Cozumel, av. Rafael E. Melgar, angle de l'Av. 6 Nord. Visite de 9 h à 20 h. 28 pesos.* Au rez-de-chaussée, consacré à l'histoire naturelle de Cozumel, on remarquera l'exposition de coraux. À l'étage est retracée l'histoire de l'île, depuis la période maya, avec des objets et outils de San Gervasio. Le musée narre également la conquête espagnole et l'histoire de Cozumel aux 19e et 20e s.

De Playa del Carmen à Tulum – *131 km AR. Tous les sites indiqués sont au Sud de Cancún et signalés sur la route de Chetumal.*

Playa del Carmen – *2 h. 68 km au Sud de Cancún par la route de Chetumal.* Point de départ de ce qu'on appelle le « couloir touristique », ce village paisible aux plages magnifiques est animé chaque jour par un grand nombre de visiteurs qui le transforment en important centre de tourisme. La Quinta Avenida, qui longe la plage, comprend quatre pâtés de maisons dont les abords sont aménagés en zone piétonne où abondent terrasses de cafés, restaurants pour tous les goûts et boutiques d'artisanat mexicain.

★★**X'Caret** – *1/2 journée. 72 km au Sud de Cancún par la route de Chetumal. Visite d'avril à octobre de 8 h30 à 22 h (18 h le dimanche), de novembre à mars de 8 h30 à 21 h (17 h le dimanche). 390 pesos. ✗ ☎ (9) 883 31 44.* Ce magnifique parc naturel englobe des puits naturels *(cenotes)*, une rivière souterraine et des plages de rêve, où les visiteurs peuvent voir de près la faune marine de la réserve, visiter un aquarium, une volière de papillons et un élevage d'oiseaux. Un spectacle nocturne permet d'assister à un programme d'équitation *(du lundi au samedi à 16 h 15)*, à une partie de pelote maya *(du lundi au samedi à 18 h 30)* et à des danses traditionnelles du Jalisco *(du lundi au samedi à 19 h 15)*.

Akumal – *1 h. 104 km au Sud de Cancún par la route de Chetumal. Entrée par le Club Maya Akumal.* Cette grande crique accueille un grand complexe touristique et permet de profiter de la plage ou de nager avec un tuba dans la magnifique lagune **Yal-ku★** *(ouvert de 8 h à 17 h ; 45 pesos ; ☎ (9) 875 90 60)*. Le **centre d'Écologie** étudie les effets sur la nature du développement du tourisme dans la région.

★★**Xel-Ha** – *1/2 journée. 122 km au Sud de Cancún par la route de Chetumal. Visite de 8 h à 18 h. 190 pesos. ✗ ☎ (9) 884 94 22.* Une réserve écologique protège désormais cette jolie crique dont le nom signifie « où naît le soleil ». On peut explorer les fonds au masque et tuba, pratiquer le raft sur une petite rivière, côtoyer les dauphins, ou s'enfoncer dans la forêt à pied ou à bord d'un petit train. Un sentier bien balisé de 2 km permet de découvrir des cenotes, des grottes, des belvédères sur la mer des Caraïbes et une multitude d'espèces animales et végétales, aras, oiseaux de mer, poissons de toutes les couleurs et énormes iguanes. À 100 m environ du parc, de l'autre côté de la route, on accède au **site archéologique Xel-Ha** *(visite de 8 h à 17 h ; 17 pesos ; ☎ (9) 883 36 71)*. Son établissement date de 300 après J.-C. Il fut abandonné en 1527, après avoir traversé diverses péripéties. L'ensemble se compose de la structure des Pilastres et, en suivant le *sacbé*, on parvient à la Maison du Jaguar et à la structure des Arbalétriers *(alfardas)* ; à gauche de cette plate-forme s'ouvre un énorme cenote aux eaux azur.

★★**Tulum** – *1/2 journée. 131 km au Sud de Cancún.* *Voir p. 347.*

★★★**Chichén Itzá** – *1/2 journée. 201 km à l'Ouest de Cancún.* *Voir p. 330.*

CHETUMAL

Quintana Roo

200 000 habitants

ℹ Route de Calderitas 622 ☎ (9) 832 08 55

Capitale d'un jeune État, Chetumal s'élève au bord de la baie où se jette le Hondo, rivière qui marque la frontière avec le Belize. La ville fut fondée en 1898 pour contrôler la contrebande du bois de Campêche et celle des armes qui parvenaient aux Indiens pendant la guerre des castes. Peuplée avec difficulté, elle fut détruite à plusieurs reprises par les cyclones ; aussi les maisons de bois traditionnelles sont-elles devenues rares. Une forêt épaisse où abondent vestiges archéologiques et remarquables sites naturels entoure celle que l'on surnomme le **Berceau du métissage** (Cuna del Mestizaje), car c'est là que l'Espagnol **Gonzalo Guerrero** se maria en 1511 selon le rite maya avec une femme de haut rang de la cour du cacique de la région, et en eut des enfants.

CURIOSITÉ *2 h*

★**Museo de la Cultura Maya** – *Av. Héroes, angle de Mahatma Gandhi. Face au marché, dans le centre. Visite de 9 h à 19 h (20 h les vendredis et samedis). Fermé le lundi, ainsi que les 1er janvier, 1er mai et 25 décembre. 20 pesos. ☎ (9) 832 68 38.* Sur trois niveaux consacrés à la vie terrestre, au monde inférieur et à la voûte céleste, traversés par une représentation de l'arbre sacré (un fromager), le visiteur parcourt la civilisation précolombienne maya. Grâce à des copies de pièces importantes, d'impressionnantes maquettes, des écrans interactifs et des **présentations électroniques** à manipuler soi-même, on trouve une mine d'informations sur les caractères physiques, la vie quotidienne, l'architecture et la science des anciens Mayas.

EXCURSIONS

★**Bacalar** – *1/2 journée. 38 km au Nord-Ouest de Chetumal par la route 186, puis, au bout de 18 km, la route 306.* C'est ici, sur les rives de la lagune du même nom, que les Itzás avaient fondé l'ancienne Bakjala. La région ne fut rattachée au Mexique qu'au tournant du 20e s. La présence espagnole sur toute la région, amorcée à l'époque de la conquête, ne fut menacée que par les pirates anglais, dont les interventions nécessitèrent de reconstruire la localité au 18e s. Le fort élevé alors tomba, pendant la guerre des castes, aux mains des Indiens révoltés, qui contrôlèrent cette région éloignée jusqu'à ce qu'en 1901 l'armée fédérale fasse son entrée dans Chetumal. Aujourd'hui, pas très loin du fort, ce sont d'accueillants restaurants de fruits de mer qui bordent la lagune.

© Robert Frerck/ODYSSEY

Lagune de Bacalar

★★ **Cenote Azul** – *À l'entrée Sud de Bacalar, au bord de la route 306. Visite de 8 h à 18 h.* ✗. C'est un profond trou d'eau de 250 m de diamètre, dont la transparence laisse apercevoir les racines tordues des petits arbres qui l'entourent. On ressent à nager dans cet endroit une sensation abyssale quand on pense à sa profondeur : à ce jour, on l'a exploré jusqu'à 90 m. Un restaurant s'est ouvert sur la berge, près d'un petit parc ornithologique et d'une boutique.

★★★ **Laguna de Bacalar** – *À la lisière Est de la localité.* Comme s'ils voulaient caresser ses eaux tranquilles et transparentes, palmiers et palétuviers s'inclinent sur cette lagune d'eau douce de 68 km de long. Elle est également connue sous le nom de **lagune des sept couleurs**, à cause des différentes tonalités que lui donnent ses variations de profondeur ; les plus sombres marquent les sept cenotes qui alimentent la lagune. Plusieurs chenaux la relient à la baie de Chetumal et au río Hondo.

★ **Fuerte de San Felipe Bacalar** – *Av. Tres, à l'Est de la Plaza Principal. Visite de 9 h à 17 h. Fermé les lundis et jours fériés. 5 pesos. ☎ (9) 832 36 00.* Pour protéger la ville des attaques des pirates et des trafiquants de bois de campêche, on entreprit en 1729 la construction de ce fort, gardien de la lagune. Ses murs épais sont renforcés par quatre bastions, des canons aux angles et une haute tour de guet, le tout entouré d'un fossé de 4 m de profondeur. C'est l'une des rares constructions de l'époque des vice-rois dans l'État, ce qui témoigne de la faiblesse du contrôle espagnol dans cette zone éloignée. Le **musée** qui se trouve à l'intérieur présente un parcours historique de la région, des Mayas précolombiens à la fin de la guerre des castes, durant laquelle les Indiens rebelles ont pris possession du fort.

Dzibanché et Kinichná – *1 h 30. 81 km à l'Ouest de Chetumal par la route 186 ; au bout de 58 km, prendre à droite sur 17 km, puis un chemin goudronné sur 6 km. Les sites se trouvent 34 km avant celui de Kohunlich (voir La Ruta Río Bec).* Les deux sites ont été ouverts au public en 1994, dans un environnement de hautes collines boisées, au-dessus desquelles volent toujours des nuées de perruches et une grande variété d'oiseaux de toutes les couleurs.

Dzibanché – *Visite de 8 h à 17 h. 12 pesos.* Ce nom signifiant « écriture sur bois » fait référence aux linteaux gravés d'inscriptions de l'**édifice 6**. Celui-ci se compose de quatre corps de bâtiment alternant parements verticaux et parements en talus. La baie Sud du temple supérieur est surmontée de son linteau d'origine, portant une inscription calendaire indiquant 733 après J.-C. Au Sud de l'édifice 6 s'étendent deux places ; celle de l'Est est entourée de grands **palais** et de l'édifice **2**, le plus haut du site. Il s'agissait probablement de monuments funéraires, car on y a trouvé des tombes avec de riches offrandes.

Kinichná – *Mêmes conditions de visite que pour Dzibanché.* Les habitants de Dzibanché se sont établis sur 40 000 km^2 dans cette région, y élevant des lieux de culte en hommage aux dieux et à leurs gouvernants. À 2 km de Dzibanché, **Kinichná** a probablement fait partie de l'un de ces complexes. Cet ensemble architectural se compose de trois corps de bâtiment superposés, sur lesquels ont été édifiés des temples à caractère cérémoniel et funéraire. Le temple supérieur abritait la tombe de deux personnages, inhumés avec des objets en jade qui comptent parmi les plus fins trouvés dans la région. Sur les côtés des escaliers, on voit des traces de grands masques.

★ **La route Río Bec** – *1 journée. Il est préférable de commencer la visite par Kohunlich, 124 km à l'Ouest de Chetumal par la route 186, et de la terminer par Chicanná.* *Voir p. 346.*

CHICHÉN ITZÁ★★

Yucatán

ℹ ☎ (9) 851 01 24

Chichén Itzá est l'une des cités les plus fascinantes du monde. Ses ruines majestueuses dominent la plaine calcaire qui forme le paysage caractéristique de la presqu'île du Yucatán, sous un soleil implacable, au milieu d'une végétation basse poussant sur un sol crayeux où s'infiltre l'eau.
Les populations se sont installées autour de puits naturels qui se sont formés par l'affaissement de la croûte calcaire du sol, et ont construit ce centre cérémoniel, inscrit en 1988 au Patrimoine mondial de l'humanité.
Chichén Itzá, « la cité au bord du puits des sorciers de l'eau », a été la plus grande capitale de la zone maya entre 750 et 1200 après J.-C. Bien qu'elle soit au nombre des sites archéologiques mayas les plus étudiés, la ville sacrée n'a toujours pas dévoilé tous ses secrets *(voir : Les Mayas, p. 56, et encadré en fin de chapitre)*.

Un peu d'histoire

Chichén Viejo et les Itzás – Les légendes fabuleuses et contradictoires créées autour de Chichén Itzá, aussi bien par les Mayas que par les Espagnols, ont été démenties à partir du 19e s. par les études effectuées par plusieurs voyageurs, plus souvent par esprit d'aventure que par esprit scientifique. Les grandes fouilles archéologiques ne commencèrent qu'en 1924.
Sur un territoire occupé depuis 300 avant J.-C. par une petite population d'agriculteurs, Chichén, « bouche du puits », qui ne s'appelait pas encore Itzá, fut fondée au 5e s. après J.-C. Elle connut une première période de gloire entre les 7e et 9e s., au moment où fut édifié ce que l'on appelle aujourd'hui Chichén le Vieux. Au 9e s. elle passa par une période de déclin qui toucha toute la région maya. Mais Chichén ne fut pas abandonnée, et, au début du 10e s., apparurent des caractéristiques culturelles différentes de celles des premiers Mayas.
Les Itzás, Mayas-Chontales originaires du Campeche qu'on appelait « sorciers de l'eau », arrivèrent à Chichén vers 918. Du fait de leurs relations commerciales étendues, ils possédaient une culture hybride, aux diverses influences, en particulier celle du haut plateau central.

Kukulcán et la guerre civile – Vers 980, Chichén Itzá accueillit une nouvelle vague de population d'origine toltèque, menée probablement par **Kukulcán** (traduction maya de Quetzalcóatl, le serpent à plumes), roi-prêtre expulsé de Tula. Ce groupe imposa une théocratie militaire, le culte du serpent à plumes et les sacrifices humains à finalité sacrée.
La prépondérance de Chichén Itzá ne fit que croître, et c'est à cette époque que l'on éleva les constructions voisines du Castillo. Vers 1185, sans doute à la suite d'une guerre civile entre Uxmal, Mayapán et Chichén Itzá, les habitants abandonnèrent la ville et s'installèrent dans la forêt du Petén (aujourd'hui au Guatemala), où ils furent finalement soumis en 1697 par les Espagnols, commandés par Joaquín de Ursúa.

SITE ARCHÉOLOGIQUE *1/2 journée*

Visite de 8 h à 18 h (services ouverts de 8 h à 21 h). Accès au site et spectacle son et lumière : 75 pesos ; spectacle seul : 30 pesos. ☎ (9) 944 00 33. Il est recommandé d'arriver la veille pour assister au spectacle.

Les édifices ont été construits en groupes bien définis sur une aire de 3 km de long et 1,5 km de large, avec des esplanades consacrées au culte. Au Sud du Castillo se trouve l'ancienne cité, Chichén le Vieux, dont les constructions présentent des caractéristiques Puuc. Les constructions de la zone proche du Castillo, groupées sous le nom de Chichén le Neuf, sont d'une architecture plus austère, moins décorée, avec une influence toltèque manifeste.

Castillo (Pyramide de Kukulcán) – Sur la grand-place se dresse un édifice imposant, combinant l'influence toltèque et l'art classique maya. Il se compose de trois structures superposées. La base fait 60 m de côté. Elle est surmontée de neuf corps de bâtiment qui s'élèvent en diminuant progressivement de taille. Cette disposition fait que la construction apparaît plus haute qu'elle ne l'est en réalité (24 m). Sur chaque façade courent des escaliers. La façade principale se distingue par ses rampes, qui prennent au niveau du sol la forme de têtes de serpents.
La construction est orientée de telle sorte qu'aux équinoxes de printemps (21 mars) et d'automne (22 septembre), le jeu de l'ombre et de la lumière donne l'impression que le serpent Kukulcán descend le long de la rampe pour venir féconder la terre. Cette illusion ajoute au mystère de l'endroit, auquel on attribue une fonction astronomique ; chaque escalier est formé de 91 marches, nombre qui, multiplié par les quatre côtés, donne avec la marche de l'*adoratorio* supérieur un total de 365, soit le nombre de jours du calendrier civil (18 mois de 20 jours, plus cinq jours considérés comme funestes). De plus, chaque côté de la pyramide porte 52 panneaux, nombre correspondant à celui des années du cycle toltèque.

© Robert Frerck/ODYSSEY

Le Caracol et le Castillo

Adoratorio – Au sommet de la pyramide, ce lieu de culte est sobrement décoré. Sa façade principale s'ouvre par trois baies avec des piliers en forme de serpents à plumes ; la tête en constitue la base, et la queue munie de sonnettes couronne le pilier qui supporte le linteau. À l'intérieur se trouvent deux colonnes ornées de bas-reliefs de guerriers toltèques que l'on retrouve sur les poutres en bois.
D'ici on a une **vue★★★** magnifique sur tout le site archéologique et sur le plateau, qui s'étend jusqu'à l'horizon comme un grand tapis vert.

Temple intérieur – *Visite de 11 h à 15 h et de 16 h à 17 h.* Un tunnel, où même les pierres transpirent, mène à la pyramide interne au-dessus de laquelle on a élevé le Castillo. Au sommet, on découvre un *chac-mool*, face à un trône en forme de jaguar d'un rouge profond, avec des incrustations de jade figurant les yeux et les ocelles du pelage.

À partir de l'édifice suivant, on pénètre dans Chichén le Vieux.

Ossuaire (Osario), ou Tombe du Grand Prêtre – Cette pyramide à base carrée dispose de quatre escaliers dont les rampes se terminent en têtes de serpents. Cet édifice a été élevé au-dessus d'un puits profond, où l'on a découvert de modestes tombes contenant des ossements et des offrandes. Les colonnes du sommet sont sculptées de figures de guerriers.

Casa Colorada – Cette maison doit son nom aux traces de peinture rouge trouvées à l'intérieur. Les murs des façades sont lisses, avec des frises sans ornements, et deux crêtes faîtières de style Puuc portant des visages de Chac. On l'appelle aussi la maison **Chichanchob**, qui signifie petits trous, à cause de ses couronnements ajourés. Dans cet ensemble, on voit d'autres édifices en ruine, comme la **maison du Cerf** (Venado), ainsi baptisée parce qu'une peinture sur l'un de ses murs représente cet animal.

Maison des Nonnes (Edificio de las Monjas) – Ce sont les conquistadors qui attribuèrent ce nom à l'édifice, car le grand nombre de pièces qu'il comporte évoquait un couvent et ses cellules. C'était à l'origine un vaste palais situé au niveau de la place. Par la suite, on le dégagea pour le doter d'un soubassement de 10 m de haut et d'un deuxième étage décoré de peintures murales et de mosaïques de pierre dans le style Puuc tardif. Les différentes étapes de construction sont apparentes sur le côté droit de l'escalier principal, car les premiers explorateurs dynamitèrent cette partie dans l'espoir de pouvoir pénétrer à l'intérieur du soubassement.

Annexe – Cet édifice constitue en réalité la première étape de construction de la maison des Nonnes. Il est formé d'une suite de pièces et de couloirs communiquant en équerre. La décoration des façades l'apparente au style Chenes. La façade principale, à l'Est, est ornée de masques du dieu Chac et d'une figure sur un trône de plumes, dieu, ancêtre ou dirigeant. Au-dessous s'ouvre une entrée qui prend la forme de la bouche de cette divinité.

Église (Iglesia) – Ce petit appartement d'une seule pièce est un véritable joyau de style Puuc. Les murs lisses du premier registre de la façade équilibrent l'exubérante décoration des deux registres supérieurs. Les corniches sont ornées de serpents ondulants et les frises portent des représentations de Chac, avec un personnage assis ajouté sur le nez du masque central. Sur les panneaux latéraux, on voit les figures des quatre porteurs du ciel, qui délimitaient les quatre coins du monde. Le faîte décoré de grandes grecques en relief rehausse encore la beauté de ce monument.

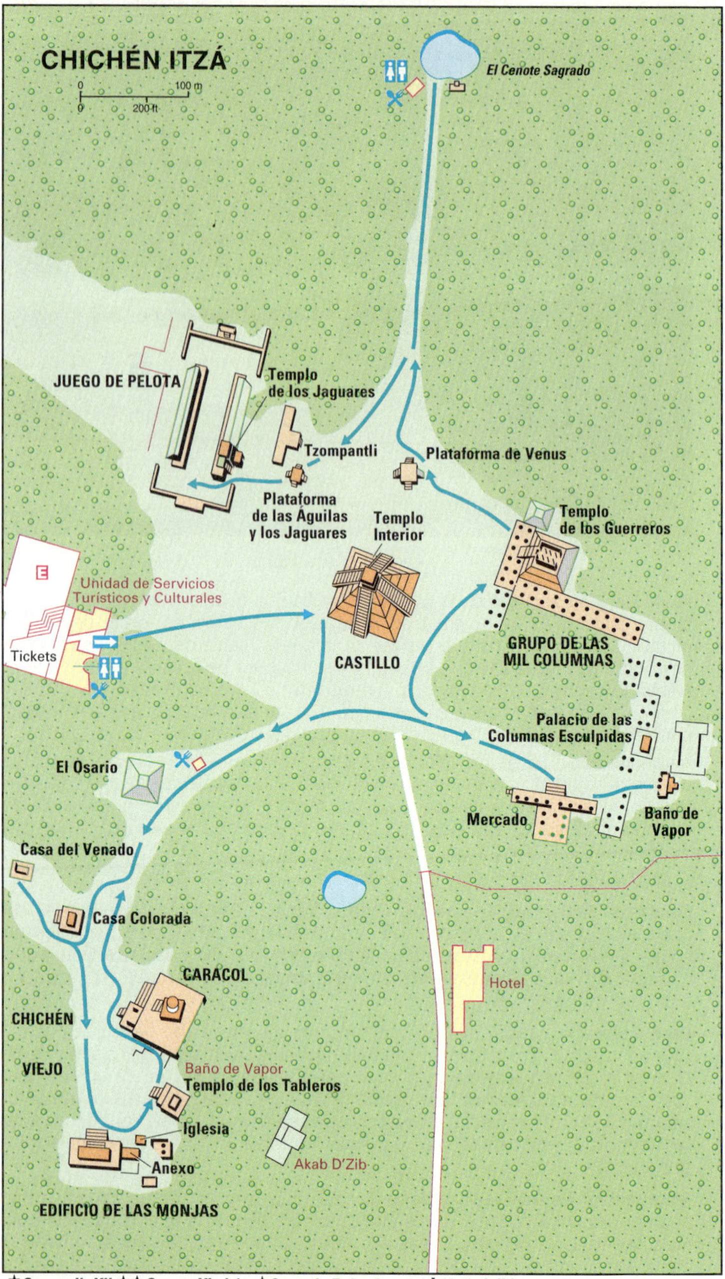

Édifice aux panneaux (**Templo de los Tableros**) – Il doit son nom aux panneaux sculptés des murs Nord et Sud, qui mettent en scène de nombreux personnages, animaux et plantes. Du côté Est se trouve l'Akabdzib, un édifice en ruine.

Le Caracol – C'est une sorte de tour ronde en dégradé, montée sur deux plates-formes superposées, que l'on appelle aussi l'observatoire en raison de sa forme et d'un possible usage astronomique : les trois fenêtres de la partie supérieure semblent en effet se trouver dans l'axe de certaines manifestations astronomiques comme la situation de Vénus ou le coucher du soleil aux équinoxes. Le Caracol (colimaçon) est ainsi nommé à cause de l'escalier en spirale qui menait à la partie haute. Il ne reste plus à l'intérieur que deux pièces annulaires autour de la colonne centrale contenant l'escalier. L'édifice, construit vers 900 après J.-C. à la transition des périodes classique et postclassique, présente de notables caractères puuc et toltèques.

On quitte Chichén le Vieux pour reprendre au Nord la visite de Chichén le Neuf.

Groupe des Mille Colonnes – À partir d'ici, l'influence toltèque sur les constructions du Nord de Chichén Itzá est manifeste. Ce groupe est délimité par des rangées de colonnes qui servaient à soutenir les voûtes de bâtiments disparus. En forme de quadrilatère, le complexe renferme les ruines de 50 édifices partiellement explorés. À l'extrémité Ouest se trouve le **marché**, dont la cour centrale est entourée de 25 colonnes élancées.

Bain de vapeur – *150 m à l'Est du marché.* Ce bâtiment, doté d'une salle d'attente, est le seul du groupe dont la fonction soit nettement déterminée. Un étroit couloir donne accès aux bains, où une pièce était conçue pour chauffer les pierres, qui, au contact de l'eau, produisaient la vapeur. Les bains servaient à se purifier le corps en vue de certaines cérémonies, ou à des fins curatives. Appelé aussi **temascal**, c'est l'une des particularités culturelles les plus anciennes des peuples méso-américains.

Palais des Colonnes sculptées – *50 m au Nord-Ouest du Bain de vapeur, colonnade Nord-Est.* Cet édifice avait des fonctions civiles et religieuses. Les colonnes et les jambages sont ornés de magnifiques bas-reliefs. Remarquez les petits segments qui décoraient les trois façades de l'édifice, avec des motifs géométriques et des masques de Chac, mis au jour au cours des fouilles.

Temple des Guerriers – Entouré de 200 piliers portant des bas-reliefs de guerriers toltèques et au-dessus de l'ancien temple dit du Chac-mool s'élève une pyramide à quatre niveaux échelonnés, dont les parements sont décorés de panneaux où aigles et jaguars dévorent des cœurs humains, scènes représentatives des pratiques sanglantes des Toltèques. L'escalier présente des rampes en forme de serpents à plumes, dont les têtes, qui servent de piédestal à deux porte-étendards, se trouvent au niveau de la plate-forme supérieure.

Chac-mool du temple des Guerriers

Au sommet de la pyramide se trouve un *chac-mool* qui semble contempler le Castillo. Derrière, deux colonnes serpentiformes flanquent l'accès central du temple, dont le toit était soutenu par des pilastres toujours debout, décorés de bas-reliefs de guerriers et de prêtres.

Plate-forme de Vénus – Du fait de sa situation entre le Castillo et le **sacbé** menant au puits sacré, il semble que ce podium haut de 4 m ait été utilisé pour les grandes cérémonies. Les décorations du parement en talus figurent la planète Vénus, tantôt en fleur et en relief, tantôt sous l'apparence de Quetzalcóatl-Kukulcán sortant de la bouche d'un serpent à plumes et à griffes de jaguar.

Puits sacré (El Cenote Sagrado) – *500 m au Nord de la plate-forme de Vénus.* Selon la croyance populaire, des dieux habitaient ce puits circulaire de 60 m de diamètre, dont les parois descendent à pic sur 22 m jusqu'à la surface de l'eau. Les pèlerinages s'y rendaient en suivant le chemin blanc sacré ou sacbé, prêts à y laisser une terrible offrande. Après s'être purifiés dans un bain de vapeur dont il reste des vestiges sur la rive, les sacrifiés, en général des enfants, étaient jetés, tout habillés et ornés de bijoux, dans les profondeurs du puits, considéré comme la bouche du monde inférieur. La plupart des objets retrouvés au fond du puits, pour l'essentiel des bijoux en jade et en or, ont été sortis illégalement du pays au début du 20e s. par Edward Thompson, consul des États-Unis à Mérida. Il avait acheté le domaine de Chichén pour 520 dollars et entrepris le dragage du puits. Il y découvrit un grand nombre d'objets dont il fit don au musée Peabody de Harvard. Le musée régional de Mérida possède une petite collection de pièces de jade.

Plate-forme des Aigles et des Jaguars – Assez semblable à celle de Vénus. Les quatre escaliers sont ornés de serpents à plumes dont les têtes se trouvent en haut des rampes. Sur les murs, on remarque des personnages couchés, qui pourraient représenter Quetzalcóatl-Kukulcán, et au-dessous, des aigles et des jaguars figurant probablement des guerriers, prêts à dévorer des cœurs.

Tzompantli – Sur cette plate-forme étaient exhibés les crânes décharnés des ennemis et des prisonniers sacrifiés. Cette macabre coutume toltèque était pratiquée pour laisser un souvenir durable des guerres et des sacrifices, et pour inspirer la terreur aux ennemis de Chichén Itzá. Sur un panneau vertical apparaissent trois rangées de crânes, des aigles dévorant des cœurs, des guerriers et des serpents à plumes.

Jeu de Pelote – Symbole de l'univers, ce terrain de 168 m sur 70, le plus grand jamais découvert en Méso-Amérique, est un reflet de la splendeur de Chichén Itzá au 11e s. On y pratiquait le rite sacré de la lutte entre la lumière et l'obscurité. L'esplanade en forme de double T est délimitée par de hautes plates-formes aux murs verticaux, desservies par de vastes escaliers, d'où le public suivait le jeu. À chaque extrémité du terrain s'élève un temple. Un phénomène acoustique permet à une personne placée à un bout du terrain d'entendre parfaitement ce que l'on chuchote à l'autre bout.
Six **bas-reliefs** au bas des murs illustrent la cérémonie de la décapitation, liée au jeu. Au centre apparaissent une pelote et un crâne ; à côté, deux équipes de sept joueurs chacune regardent le chef du groupe de gauche empoigner d'une main un couteau et de l'autre la tête de son adversaire. Ce dernier a un genou à terre ; de son cou jaillissent des flots de sang qui se transforment en serpents, symboles de fécondité. Les anneaux de pierre insérés dans les murs sont gravés de serpents emmêlés. Leur hauteur (8 m au-dessus du sol) et les dimensions du terrain font douter de l'application des règles du jeu connues à l'époque de la Conquête, selon lesquelles on devait faire passer la pelote au travers de l'anneau en la lançant avec la hanche uniquement.

Temple des Jaguars (ou des Tigres) – Dominant le jeu de pelote, un portique à deux grosses colonnes en forme de serpent et couronnées d'un panache donne accès au temple.

Au niveau de la place, face au Tzompantli et entre les escaliers ornés de motifs de Kukulcán, la **chapelle de Kukulcán** présente une minutieuse décoration intérieure de reliefs figurant des chefs, des guerriers et des prêtres mayas. La sculpture d'un jaguar semble protéger la scène.

★★★ **Son et lumière** – *D'avril à octobre à 20 h, de novembre à mars à 19 h.* Ce spectacle nocturne *(3/4 h)* illustre l'histoire de Chichén Itzá et des Mayas à travers les siècles.

EXCURSIONS

★ **Gruta de Balamkanché** – *1 h. 6 km à l'Est de Chichén Itzá par la route 180 (direction Valladolid), puis un chemin pavé à droite. Visite guidée (1/2 h) en espagnol à 9 h, 12 h, 14 h et 16 h, en anglais à 11 h, 13 h et 15 h, en français à 10 h. Les visites commencent précisément à l'heure prévue et il est interdit d'entrer sans être accompagné du guide. 34 pesos. ☎ (9) 9249495.* Balamkanché signifie « trône du prêtre-jaguar ». L'eau est si peu abondante dans cette région que les Mayas tenaient les sources souterraines pour des endroits sacrés qui représentaient le passage vers le séjour de Chac, dieu de la pluie, dont les larmes s'écoulaient dans les grottes sous forme de stalactites. En 1959, on découvrit ici une rivière souterraine et on mit au jour un autel et plusieurs vases et brûle-parfums des 11e et 12e s. à l'effigie des divinités toltèques et mayas de l'eau. On peut voir ces objets au cours de la visite, qui s'effectue avec un accompagnement de musique précolombienne.
À l'entrée de la grotte, un petit jardin botanique est un véritable festival de plantes tropicales présentées avec des notes explicatives.

★ **Cenote Ik-kil** – *1 h. 3 km à l'Est de Chichén Itzá par la route 180 ; en face de l'hôtel Dolores Alba. Visite de 8 h à 18 h. 30 pesos.* ✗. Environné d'une exubérante végétation et de fleurs tropicales, ce splendide trou d'eau, dont le nom signifie « lieu du vent », a été ouvert à la visite en 1997. Les 90 marches taillées dans la roche permettent de descendre de 25 m jusqu'au niveau de l'eau cristalline, dont le fond se trouve 48 m plus bas. On peut se baigner parmi les poissons dans cette nappe paradisiaque alimentée par de petites cascades, mais sous réserve de s'équiper du gilet de sauvetage que l'on propose aimablement aux volontaires.

★★ **Cenote Xkekén** – *1 h. 39 km à l'Est de Chichén Itzá par la route 180 ; bifurquer vers Dzitnup et poursuivre sur 2 km. Visite de 7 h à 17 h. 12 pesos.* Ce magnifique trou d'eau a été découvert grâce à un porcelet (*Xkekén* en maya) qui s'était perdu et qu'on a retrouvé tout mouillé. C'est l'une des rares formations dont la voûte soit à peu près intacte. La lumière naturelle y pénètre, teintant de turquoise cette nappe profonde et hospitalière où l'on se baigne sous d'énormes stalactites.

© Fernando Garcia Aguinaco

Cenote Xkekén

Valladolid – *1/2 journée. 42 km à l'Est de Chichén Itzá par la route 180.* Cette ville de l'époque coloniale est un important centre de commerce de produits agricoles et artisanaux. Deuxième ville de l'État, elle est réputée pour sa cuisine régionale. Fondée en 1543 par Francisco de Montejo, elle laisse dans l'histoire l'image d'une ville belliqueuse, cadre de nombreux épisodes sanglants comme la **guerre des castes**, déclenchée en 1847 par les Indiens révoltés par leurs conditions de vie. Lorsque prit fin cette guerre civile, vers 1912, la population du Yucatán était tombée de 500 000 à 200 000 habitants.

La visite de la ville commence sur la grand-place, agréable parc plein d'arbres et de fleurs. Sur l'un de ses côtés se dresse la cathédrale (16e s.), solide édifice à l'aspect de sobre forteresse qui n'est pas sans évoquer la résistance indigène à la conquête de la région. L'hôtel de ville s'élève sur le côté Est ; au 2e étage, de grandes peintures murales de Manuel Lizama retracent les étapes de l'histoire locale.

Il faut visiter l'**église et l'ancien couvent St-Bernardin de Sisal** *(prendre la calle 41 vers l'Ouest, passer deux rues, emprunter à gauche la calle 41-A et passer encore quatre rues ; visite de 8 h à 12 h et de 17 h à 19 h)*. La fondation par les franciscains en 1552 de cet ensemble se fit au cœur de controverses et de difficultés. Il conserve son aspect de forteresse avec son portail austère, sans clocher-mur ni tour. Le monastère, le côté Nord du cloître et la chapelle ouverte au Sud – aujourd'hui chapelle St-Antoine – sont aussi d'aspect très austère. Le **cenote Zací** *(calle 36, entre la 37 et la 39 ; visite de 8 h à 18 h ; 4 pesos ; ☎ (9) 856 21 07)* fait partie des points d'eau sans lesquels les Mayas n'auraient pu s'implanter dans la région. Avec 45 m de diamètre et 80 m de profondeur, c'est l'un des plus grands du Yucatán.

Paula Heusinkveld Medina

Hôtel de ville – Mural de Manuel Lizama

■ Le monde maya

(Voir aussi Les Mayas p. 56). De toutes les cultures méso-américaines, la culture maya est celle qui a atteint le plus haut niveau d'évolution. C'est également celle qui, par son système numérique, ses calendriers et son écriture, a suscité l'intérêt des chercheurs. Elle s'est développée sur un territoire couvrant les actuels États du Tabasco et du Chiapas, la presqu'île du Yucatán, le Belize, le Honduras et le Salvador.

Bien que l'on n'ait pas établi précisément le moment de son apparition, elle a laissé des vestiges datés de 2000 avant J.-C. à 100 après J.-C, soit au cours de la période dite préclassique formative, et a disparu pendant la période postclassique (800 à 1500).

Au cours de la période classique (100 à 800 après J.-C.), la culture maya, alors soumise à un système théocratique, a atteint son apogée dans les sciences et les arts, alors que la religion devenait de plus en plus complexe et voyait proliférer ses dieux et divinités.

Au cours de la période postclassique, la sécheresse aurait frappé une grande partie de la Méso-Amérique, provoquant des conflits politiques et sociaux au sein du peuple maya. À la même époque, en raison peut-être de cette même sécheresse, les Toltèques quittèrent Tula (État de Mexico), envahirent et soumirent le territoire maya avant de se fondre dans sa population. Cette période vit le grand développement des valeurs guerrières, tandis que les arts cultivés par les anciens Mayas disparaissaient.

De nos jours, les gouvernements du Mexique, du Guatemala, du Belize, du Honduras et du Salvador ont favorisé le développement d'un projet destiné à faire connaître et préserver le monde maya, la **Ruta Maya**. Cet itinéraire permet de visiter les territoires les plus remarquables, non seulement pour leurs sites précolombiens, mais aussi pour leur richesse et leur diversité naturelle et biologique.

MÉRIDA★

Yucatán

649 770 habitants

Calle 60, entre les rues 59 et 57 (à côté du théâtre) ☎ (9) 924 92 90

Capitale de l'État, la « Ville blanche » s'étend paisiblement sur un plateau calcaire que les flamboyants éclaboussent de tons orangés. Mérida fut fondée en 1542 par Francisco Montejo y León et son fils, sur les ruines de l'ancienne cité maya d'**Ichcansihó**, ou T'ho, dont la vue rappelait aux conquistadors les ruines romaines de Mérida en Espagne.

Après la période difficile de la colonisation, le 19e s. fut une époque agitée, au cours de laquelle la région connut plusieurs tentatives de sécession. C'est aussi à cette époque que débuta le long et cruel conflit appelé **guerre des castes**.

À la fin du 19e s., l'essor de la culture du **henequén**, ou agave blanc, apporta l'aisance à un petit groupe d'habitants du Yucatán. Les feuilles de cet agave fournissent des fibres servant à faire des cordes, exportées dans presque toutes les parties du monde. Avec ce commerce, les Yucatèques rapportèrent de leurs voyages – il était plus facile d'aller à Paris qu'à Mexico – un certain nombre d'usages encore en vigueur.

Le métissage des cultures (le commerce était contrôlé par des Arabes) a enrichi la tradition, qui se reflète dans la cuisine de la région, aux spécialités riches et variées, comme le poulet *pibil*, qu'on arrose d'une bière portant le nom d'un conquistador, ou la *horchata* de riz. Pour la musique, on pourra entendre la **chanson de troubadour yucatèque**, un peu grivoise en dépit de son nom romantique, ou se risquer à danser la **jarana** lors d'une *vaquería*.

★CENTRE-VILLE *1 jour*

Plaza de la Independencia (Zócalo) – Cette place, construite sur l'ancien centre cérémoniel de T'ho, offre son refuge ombragé contre la chaleur de Mérida. C'est un endroit bruissant de vie et de conversations, notamment celles des amoureux qui occupent les bancs en forme de S appelés **confidents**. Les promenades en calèche, les vendeurs d'éventails, de hamacs, de sombreros ou les cireurs de chaussures, la cérémonie quotidienne des couleurs *(à 18 h)*, l'indispensable dégustation d'une glace et la lecture du journal, telles sont les occupations au milieu des bâtiments anciens qui entourent la place, comme l'**hôtel de ville** (**PM**) du 18e s.

Cathédrale – *Côté Est de la place. Visite de 6 h à 12 h et de 16 h à 19 h. ☎ (9) 928 52 79.* Construite entre 1561 et 1598, c'est la plus ancienne du Nouveau Monde continental. Œuvre de l'architecte Juan Miguel de Agüero, elle a été élevée sur le temple principal de l'ancienne cité d'Ichcansihó. La **façade**★ à cinq registres

Le folklore à Mérida

La musique, les danses folkloriques et la poésie jouent un rôle important dans la vie socio-culturelle de Mérida. La ville est animée presque tous les jours de la semaine de manifestations qui feront vibrer l'âme du visiteur.

Dimanche : Mérida le dimanche – *Centre-ville, de 9 h à 21 h.* Plusieurs rues sont fermées à la circulation, formant une vaste zone piétonne autour de la grand-place. Y affluent marchands ambulants, musiciens et tout un peuple de jeunes et moins jeunes qui se plaisent à folâtrer dans une ambiance pleine d'allégresse.

Paula Heusinkveld Medina

Danseuse en costume folklorique

Lundi : Vaquería regional – *Devant l'hôtel de ville, à 21 h.* On y assiste à la jarana et à d'autres danses traditionnelles, riches en couleur, du Yucatán.

Jeudi : Sérénade – *Plaza de Santa Lucía, des rues 60 à 55 (3 blocs au Nord du Zócalo), à 21 h.* De sentimentaux autochtones de tout âge ne vivent que pour assister à ce concert hebdomadaire de musique yucatèque, de chant, de poésie et de folklore qui se tient ici depuis 1965.

Vendredi : Ballet folkorique – *Université autonome du Yucatán, des rues 60 à 57 (2 blocs au Nord de la grand-place), à 21 h.* Les programmes culturels du Ballet folklorique de l'université font honneur aux différents styles musicaux du Yucatán et d'autres régions.

Samedi : Soirée mexicaine – *À l'extrémité Sud du Paseo de Montejo, Calle 47, entre les rues 56 et 58, à 20 h.* Ce spectacle populaire réunit des danses populaires de tout le pays, musique marimba, mariachis, déclamation de poésies et comédies.

est d'un sobre style Renaissance. Le portail est encadré de pilastres corinthiens, sur lesquels reposent les statues des saints Pierre et Paul. Au-dessus de la fenêtre du *coro* on voit un blason en bas-relief : les armoiries royales ont été remplacées en 1822 par l'aigle couronné et le serpent de l'empereur Iturbide.

À l'**intérieur**, formé de trois vaisseaux, des colonnes toscanes soutiennent les coupoles sur pendentifs. Le christ du maître-autel, appelé Christ de l'Unité, est la plus grande statue en bois du continent (7,65 m), sur une croix haute de 12 m en acajou. La sacristie et les chapelles latérales ont été détruites au début du 20e s. Dans la chapelle Nord-Est, on vénère la statue populaire du Christ aux Ampoules, sauvée au cours d'un incendie qui avait entièrement ravagé la petite église d'Ichmul. Miracle, la statue avait seulement été noircie par la fumée et présentait quelques boursouflures, d'où son surnom.

L'orgue est l'un des meilleurs du pays.

Palacio de Gobierno (PG) – *Côté Nord de la place. Visite de 8 h à 20 h. Fermé les jours fériés. ☎ (9) 923 19 44.* Cet édifice élégant d'aspect classique, au vaste portail en arcature, a été bâti au 19e s. à l'emplacement des anciennes Maisons royales. Les trois peintures murales de l'escalier principal, qui représentent la création de l'homme, la cosmogonie et le symbolisme mayas, sont de Fernando Pacheco, tout comme les dix-sept toiles du **salon de l'Histoire**. Ces dernières illustrent des épisodes de l'histoire yucatèque, tels la sévérité de l'évêque Landa ou le supplice de l'Indien rebelle Canek. Le salon offre une belle vue sur la place.

Museo de Arte Contemporáneo de Yucatán (MACAY) – *Côté Est de la place. À côté de la cathédrale. Visite de 10 h à 17 h 45. Fermé les mardis et jours fériés. 20 pesos. ✂ ☎ (9) 928 32 58.* Ce musée a été aménagé dans un bâtiment du 17e s., ancien palais de

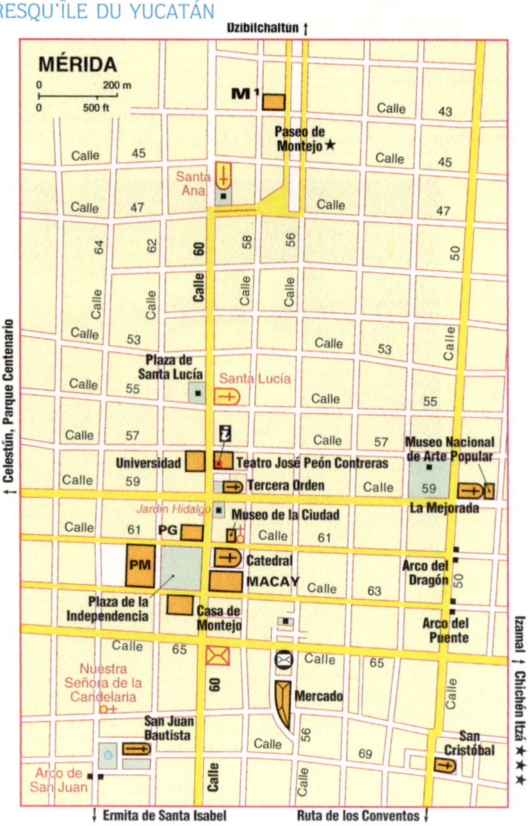

l'Archevêché où vécut l'évêque Diego de Landa, personnage assez controversé. Le palais était accolé à la cathédrale jusqu'à l'ouverture en 1916 du pasaje de la Revolución. À l'étage sont présentées, parmi d'autres, des œuvres de peintres yucatèques comme Fernando Castro Pacheco (né en 1918), Fernando García Ponce (1933-1987) et Gabriel Ramírez Aznar (né en 1938), ainsi que des broderies typiques du Yucatán.

Casa de Montejo – *Côté Sud de la place.* Cette demeure construite vers le milieu du 16ᵉ s. a été la résidence des fondateurs de Mérida. Elle conserve encore son **portail**★★ d'origine, considéré comme le chef-d'œuvre du plateresque mexicain et réalisé par des indigènes. Le registre supérieur, moins raffiné mais aussi riche que l'inférieur, porte en son centre le blason des Montejo flanqué de conquistadors piétinant des têtes de Mayas. Les bustes du fronton sont probablement ceux du conquistador, de son épouse et de son fils.

Museo de la Ciudad – *Calle 61, entre les rues 58 et 60, presque à un bloc à l'Est de la grand-place. Visite de 10 h à 14 h et de 16 h à 20 h. Fermé le lundi et l'après-midi le week-end.* Entrée libre le dimanche. C'est par une porte de pierre de la période coloniale que l'on pénètre dans cet intéressant musée qui retrace l'histoire de Mérida en ses différentes époques : précolombienne, coloniale, ère prospère de la production d'agave blanc et époque moderne.

Calle 60 – Le long de cette rue, orientée plein Nord depuis la cathédrale, on trouve des places tranquilles, de nombreux édifices coloniaux et de jolies boutiques d'artisanat. À une rue de la grand-place, on s'arrêtera au jardin Hidalgo et une rue plus loin à la plaza de la Maternidad, deux oasis de verdure bordées de terrasses de cafés et respirant une atmosphère coloniale. Entre ces deux parcs s'élève l'église du Tiers Ordre (ou Iglesia de Jesús), édifiée par les jésuites en 1618. La façade principale, que couronne un fronton courbe, se distingue par son ornementation à motifs végétaux et ses colonnes sculptées à chapiteaux corinthiens. À l'arrière de l'église se trouve la **Pinacothèque** de l'État *(entrée par la calle 59 ; visite de 8 h à 20 h (14 h le dimanche) ; fermé le lundi ; 17 pesos (entrée libre le dimanche) ; ☎ (9) 924 52 33).* Parmi les expositions permanentes, on remarquera la salle consacrée à l'œuvre de Enrique Gottdiner Soto, sculpteur dont les travaux en bronze sur la vie rurale yucatèque jouissent d'une renommée internationale.
Juste au Nord de la plaza de la Maternidad s'élève le beau **théâtre José Peón Contreras** *(visite de 9 h à 21 h)*, construction de style néoclassique français du début du 20ᵉ s., époque des grandes fortunes amassées grâce à la culture de l'agave blanc. Son immense terrasse donne sur le **bâtiment de l'université autonome du Yucatán** *(visite de 7 h à 22 h ; ☎ (9) 924 80 00).* Récemment restaurée, cette construction du 18ᵉ s. possède une belle cour centrale entourée d'arcades dans le style mudéjar. Tous les vendredis à 21 h, le Ballet folklorique de l'université y présente un spectacle. Au croisement suivant, on trouve la tranquille **plaza de Santa Lucía**, sur laquelle se donne chaque jeudi la **Sérénade**.

Mercado – *Calle 56, 2 rues au Sud et 2 à l'Est de la grand-place.* Situé derrière le bâtiment des Postes (construit en 1901), ce marché bigarré est le plus grand de toute la péninsule. L'étage est consacré à une infinie variété de productions artisanales : chemises *(huipiles)* et vestons *(guayaberas)* traditionnels, argenterie, onyx, céramiques, hamacs, articles de cuir et bien d'autres encore. Le marchandage y est de rigueur.

★PASEO DE MONTEJO *3 h*

Au Nord du centre-ville commence la calle 47, entre les rues 58 et 56. On peut s'y promener dans l'une des calèches stationnées à côté de la cathédrale.

La période de prospérité liée à l'agave blanc *(henequén)*, surnommé « l'or vert », a vu commencer à partir de 1890 la construction de somptueuses résidences sur cette promenade plantée d'arbres. Depuis la Seconde Guerre mondiale, les fibres synthétiques ont remplacé les fibres naturelles dans la fabrication des cordes, mais les villas demeurent, souvenirs des grands propriétaires *henequeneros*, des militaires enrichis et des grandes familles qui avaient adopté, à leur façon, la vie européenne. Réaménagées, ces villas abritent aujourd'hui des agences de voyages, des commerces ou des restaurants. Certaines ont été remplacées par des édifices modernes, des hôtels et des banques. Le long des 1 700 m de cette élégante avenue se trouvent plusieurs monuments : à Felipe Carrillo Puerto, énergique gouverneur de l'État fusillé en 1924, aujourd'hui symbole de la gauche yucatèque ; à Justo Sierra, historien et grand éducateur mexicain ; au Nord, le **Monument à la Patrie**, érigé entre 1945 et 1956 par le sculpteur et poète colombien Rómulo Rozo. C'est un résumé de l'histoire mexicaine que celui-ci présente : dans la partie concave, vers le Nord, on voit le fromager, arbre sacré des Mayas, parmi de nombreuses figures en bas-relief de Mayas et conquistadors ; au milieu d'un bassin entouré des blasons des 31 États mexicains se dresse un aigle sculpté portant un serpent dans son bec, symbole de la patrie ; sur le côté convexe, tourné vers le Sud, des bas-reliefs représentent des personnages importants de l'histoire nationale, de l'Indépendance à nos jours.

Paseo de Montejo

Museo Regional de Antropología (Palacio Cantón – M[1]) – *Angle de la Calle 43 et du Paseo de Montejo. Visite de 8 h à 20 h (14 h le dimanche). Fermé le lundi. 20 pesos. ☎ (9) 923 05 57.* Ce bel **édifice★** fut construit dans la première décennie du 20e s. à l'initiative du général Francisco Cantón, d'après un projet de l'ingénieur italien Enrico Deserti, qui a mêlé éléments Renaissance et néoclassiques. On admirera l'escalier intérieur en marbre. La civilisation maya précolombienne, ses coutumes et ses découvertes sont évoquées dans des salles thématiques : agriculture, évolution sociale, mathématiques, commerce, sacrifices et rites funéraires. Parmi les pièces archéologiques exposées, on remarquera la **stèle de Tabi**, sur laquelle figurent deux chasseurs et un cerf, et l'**assiette Blom**, céramique qui représente dans une scène colorée un épisode du *Popol Vuh*, livre sacré des Mayas quichés.

LA MEJORADA ET SES ABORDS *2 h 30*

Église et ancien couvent de la Mejorada – *Calle 59, entre les rues 48 et 50. Visite de 7 h à 12 h et de 16 h à 20 h. ☎ (9) 928 18 35.* Ce monastère franciscain aux formes dépouillées fut fondé en 1640 à la limite de l'ancienne ville. Son austère façade de pierre se distingue par ses deux clochers-murs à deux niveaux. Les énormes murs intérieurs mettent en valeur les chapelles latérales et le petit retable baroque. Seule propriété à demeurer aux mains des franciscains après la sécularisation des biens du clergé en 1820, le couvent servit de caserne pendant la Révolution. Aujourd'hui, ses immenses salles et patios accueillent l'école d'Architecture.

Museo Nacional de Arte Popular – Calle 59, entre les rues 48 et 50. Visite de 9 h à 18 h (14 h le dimanche). Fermé le lundi. 10 pesos. Aménagé dans une partie de l'ancien couvent de la Mejorada, le musée national d'Art populaire présente une belle exposition qui témoigne de la diversité et de la créativité artisanale du pays. Elle comprend de fins travaux de bois, de céramique, de toile, de fer-blanc, de vannerie, de cuir, de fibre de palmier, de coquillages, etc. On remarquera tout particulièrement les masques cérémoniels et les broderies.

Prendre la calle 50 vers le Sud.

Arcs – Dans la calle 50, au niveau des avenues 61 et 63, se dressent deux grands arcs appelés respectivement El Dragón et El Puente. Des huit arcs qui marquaient autrefois (aux 17e et 18e s.) les limites de la vieille ville, il n'en reste que trois : ces deux-ci et celui de San Juan *(voir San Juan Bautista)*.

San Cristóbal – *Calle 50, cinq rues au Sud de l'ancien couvent de la Mejorada. Visite de 5 h 30 à 12 h et de 15 h à 19 h 30.* L'église du quartier indigène du même nom est assez semblable à la cathédrale, avec son arc en plein cintre et ses deux tours. Le bâtiment aux formes baroques, à l'aspect majestueux, fait partie d'une série d'églises qui ont été restaurées au 18e s. L'intérieur, d'une grande beauté, est doté d'une voûte ornée de caissons. Quatre immenses peintures, représentant les apparitions de la Vierge à l'Indien Juan Diego en 1531, décorent les murs latéraux. C'est pourquoi l'église est aussi connue sous le nom de Nuestra Señora de Guadalupe. Un retable en pierre de style néoclassique orne l'abside.

SAN JUAN BAUTISTA *2 h*

San Juan Bautista – *Calle 62, entre les rues 67A et 69. Visite de 7 h à 10 h et de 17 h à 19 h, le dimanche de 7 h à 12 h et de 16 h à 19 h. Fermé le lundi.* La façade de cette curieuse église du 17e s. présente un mouvement ondulant. Elle est dotée d'un porche, dont l'arc en plein cintre est décoré de motifs végétaux. Sur le côté Sud s'ouvre le porche du presbytère, avec des arcs en accolade de style mauresque supportés par des colonnes en pierre. Au fond du *presbiterio* s'élève un retable gothique portant trois niches.

En face de l'église s'étend un parc boisé portant le même nom, et de l'autre côté de la place l'une des huit arches de la ville, appelée **arco de San Juan**.

Santa Isabel – *À l'angle des rues 66 et 77. De l'église St-Jean-Baptiste, prendre la calle 64 vers le Sud ; quatre rues plus loin, dans Calle 77, tourner à droite. Visite de 8 h 30 à 12 h.* Cette chapelle du 18e s. a été édifiée sur une colline à l'extérieur de la ville dans l'ancien quartier St-Sébastien. Elle est couronnée par un clocher-mur à trois ouvertures. L'intérieur, où l'on vénère la statue de Notre-Dame-du-Bon-Voyage, était un lieu de repos et de recueillement pour les voyageurs arrivant de Campeche par l'ancienne route royale, ou qui repartaient par le même chemin. Sur le côté, l'ancien cimetière a été transformé en un tranquille **jardin** *(ouvert de 6 h à 24 h)* planté d'arbres avec des spécimens de la flore yucatèque et des vestiges archéologiques parsemés dans cet agréable lieu de détente.

PARQUE CENTENARIO *1 h 1/2*

Av. Itzáes, entre les rues 59 et 65. Du centre, prendre la rue 57 vers l'Ouest jusqu'à Itzáes. Ouvert de 6 h à 18 h ; visite du zoo de 8 h à 17 h.

Fondé en 1910 pour le centenaire de l'Indépendance mexicaine, le vaste parc abrite un zoo avec des animaux du monde entier, un aquarium, un vivarium et une grande volière. En outre, le parc dispose d'un embarcadère avec des bateaux, d'un train, d'un petit téléphérique et d'aires de jeux pour enfants.

EXCURSIONS

Progreso – *2 h. 25 km au Nord de Mérida par le prolongement du Paseo de Montejo, puis la route de Progreso.* Il s'agit du port le plus important du Yucatán. Ses eaux étant peu profondes, on a construit, pour accueillir les bateaux venant du monde entier, une jetée qui s'avance sur 6,4 km dans la mer, assez loin donc de la rive pour préserver la beauté naturelle de la plage. La jolie digue, de 1 km de longueur, est dotée d'une basse muraille de forme ondulée, qui sépare la plage et son sable blanc de la promenade, le long de laquelle se succèdent de nombreux restaurants spécialisés en fruits de mer.

Dzibilchaltún – *2 h. 20 km au Nord de Mérida par la route 261 ; à 15 km, prendre l'embranchement à droite sur 5 km. Visite de 9 h à 17 h. 45 pesos. ✂ ☎ (9) 924 94 95.* Ce site archéologique est celui d'une cité commerçante et religieuse maya qui connut son apogée entre les 8e et 10e s., puis un renouveau soudain au 13e s. Le lieu a été classé Parc national en 1987.

★ **Museo del Pueblo Maya** – *Visite de 9 h à 16 h. Fermé le lundi.* ☎ *(9) 924 94 95.* Ce musée illustre largement la culture maya, qui pendant 2 500 ans s'est implantée dans un périmètre de 350 000 km². Sa cosmogonie, représentée par le fromager sacré – support du monde maya –, ses dieux principaux, ses calendriers et son écriture, dont on a déchiffré 800 signes, sont expliqués dans la première salle, où l'on remarque un brûle-parfums cylindrique du 7e ou 8e s. et les sept poupées découvertes dans le temple de ce nom.
La deuxième salle retrace l'évolution de la culture maya, de la Conquête à nos jours : syncrétisme religieux et culturel, folklore, guerre des castes et bien d'autres thèmes. En sortant, on découvre une typique hutte maya, remplie de hamacs, d'ustensiles de cuisine et d'autre objets. Puis on emprunte le sentier écologique qui traverse la forêt sur 350 m jusqu'au site archéologique.

Temple des Sept Poupées (Templo de las Siete Muñecas) – *Extrémité Est du site.* Il doit son nom aux sept figurines difformes retrouvées devant l'édifice. Cette construction carrée présente une caractéristique assez peu courante dans l'architecture maya, à savoir la présence, sur chacune de ses faces, de fenêtres près des portes. Par les portes Est et Ouest, on peut contempler aux équinoxes le **lever du soleil**, et celui de la lune aux environs du 21 mars et du 21 septembre.

Structure 44 – *Sur le côté Sud de la place centrale.* Ce palais de 130 m de long a été construit en quatre époques distinctes, atteignant son maximum de splendeur au cours de la période classique tardive (600-1000 après J.-C.). Ses 16 degrés, qui font toute la longueur de l'édifice, sont peut-être les plus grands de toute la Méso-Amérique. En haut du palais se dressent une trentaine d'immenses colonnes qui délimitent une galerie unique. On pense que ce palais avait une fonction en rapport avec les rituels et les cérémonies de la place centrale.

Chapelle ouverte – *Au milieu de la place.* Construite par les Indiens entre 1590 et 1600 sur l'ordre des Espagnols, elle présente une voûte en berceau et une sacristie d'une seule pièce.

Cenote Xlacah – À l'extrémité Ouest du *sacbé* principal, un des douze chemins repérés sur le site, s'ouvre ce puits naturel aux eaux limpides. Six espèces de poissons endémiques du Yucatán y vivent, dont trois propres au cenote.

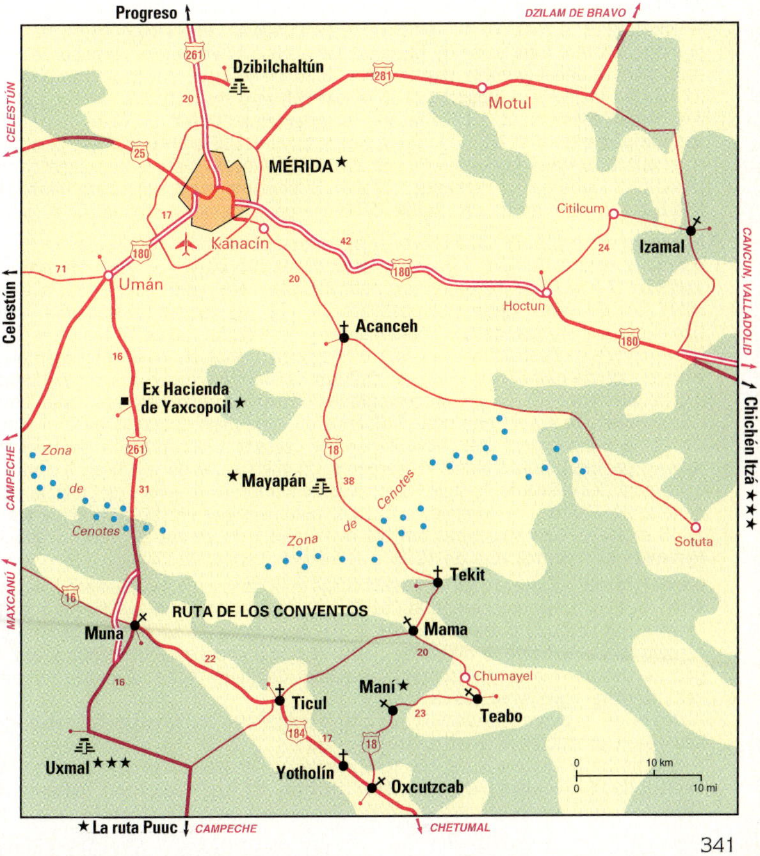

Celestún – *1 h 1/2. 98 km à l'Ouest de Mérida par la route 180 jusqu'à Umán (18 km) ; poursuivre sur 22 km jusqu'à Kinchil, traverser le village et continuer par la route 281 sur 49 km jusqu'à Celestún. Il faut arriver assez tôt le matin pour pouvoir observer les oiseaux, qui volent très nombreux au lever du jour.* Port de pêche, Celestún est situé sur une langue de terre bordée au Nord par le golfe du Mexique et au Sud par un marais de 25 km de long. C'est l'endroit idéal pour découvrir une faune et une flore sylvestres représentatives de l'habitat dit tropical sec. Une promenade en bateau permet d'observer de près les colonies de flamants qui viennent s'installer ici de mars à août, trouvant leur subsistance dans cette vaste étendue riche en plancton et en larves de crevettes. C'est un **spectacle★** sensationnel que de les voir prendre leur vol et former des nuées roses dans le ciel. On peut également se baigner dans un étang d'eau claire au milieu de la mangrove. Enfin, il ne faut pas quitter Celestún sans avoir dégusté les fruits de mer qu'y servent les restaurants.

★★★**Chichén Itzá** – *1/2 journée. 119 km à l'Est de Mérida par la route 180 ; à 69 km, à Cantunil, on peut emprunter l'autoroute à péage ou poursuivre sur la route nationale. Voir p. 330.*

Izamal – *2 h. 66 km à l'Est de Mérida par la route 180 vers Tixcocob (où l'on confectionne des hamacs) ; traverser les villages d'Euan, Calcachén et Citilcum, où commence un chemin étroit qui mène en 11 km à Izamal.* On surnomme cette ville aux maisons jaune et ocre « la ville des trois cultures » ; ici se mêlent traits précolombiens, coloniaux et modernes. Son nom signifie « lieu d'Itzámná », créateur de la vie et divinité la plus importante des anciens Mayas. Aussi était-ce probablement le principal centre cérémoniel après Chichén Itzá. La ville est encore aujourd'hui un important centre de pèlerinage où l'on vient depuis l'époque coloniale vénérer la Vierge d'Izamal. Quelques imposantes constructions précolombiennes subsistent encore, orientées vers les points cardinaux autour d'une grande place. Au Sud se trouvait la pyramide la plus haute, **Ppapp-Hol-Chac**, « maison des têtes et des éclairs », dont on a utilisé l'énorme soubassement pour bâtir le monastère. Au Nord, **Kinich-Kak-Moo**, « l'œil solaire de l'ara de feu », est le deuxième temple en importance. Avec une base de 200 m sur 180, c'est le troisième en volume de toute la Méso-Amérique. Du haut s'offre une belle vue sur la ville. Vers l'Est se dresse la pyramide d'**Itzámatúl** consacrée au dieu Zamná, et à l'Ouest se trouvait celle de **Kabul**, aujourd'hui disparue.

★**Convento de Izamal** – *Visite de 5 h 30 à 20 h 30. ☎ (9) 954 00 53.* Le rayonnement du site comme centre cérémoniel maya incita les Espagnols à y bâtir entre 1549 et 1562, sous le contrôle du controversé **frère Diego de Landa** (1524-1579), le plus grand monastère franciscain du Mexique. On accède à l'ensemble, élevé sur le soubassement d'une pyramide par le frère Juan de Mérida, par trois rampes qui mènent au majestueux **atrium★★** (120 m par 60) et à ses chapelles de procession. Il encadre l'église, dont la belle façade est orientée à l'Ouest, un vaste monastère dans sa partie Nord et, au Sud, une chapelle ouverte qui fut transformée plus tard en chapelle latérale. Après celui de St-Pierre du Vatican, c'est le deuxième parvis fermé du monde par son étendue. L'église, le plus important sanctuaire marial du Sud-Est mexicain, abrite un retable de la Vierge d'Izamal, patronne du Yucatán.

★**Mayapán** – *1 h 1/2. 39 km au Sud-Est de Mérida par la route 18 jusqu'à Acanceh ; continuer vers le Sud sur 19 km, en suivant les panneaux « Z. Arq. Mayapán ». Visite de 8 h à 17 h, 12 pesos. On peut intégrer cette visite dans l'excursion La route des Couvents.* Cette cité postclassique (12e au 15e s.) faisait partie, avec Uxmal et Chichén-Itzá, de la « Triple Alliance » (elle en fut même un temps la capitale), jusqu'à sa destruction au cours d'une guerre civile en 1447. Mayapán était entourée d'une muraille de pierre de 9,7 km de long, qui protégeait ses habitants des peuples ennemis. Le site archéologique correspond au centre cérémoniel de la cité antique. On y note une nette influence du style maya-toltèque, avec diverses structures qui semblent être des imitations de celles de Chichén Itzá le Neuf, caractérisées par des motifs d'aigles, de serpents, de guerriers et de sacrifices. Il contient également des éléments de style Puuc, avec de nombreux masques de Chac, le dieu de la pluie. Pendant les premières fouilles, entamées par l'Institut Carnegie entre 1945 et 1950, sept structures ont été restaurées ; douze autres, dont la Grande Pyramide, ont été relevées de 1996 à 1998 avec l'appui de l'INAH.

Grande Pyramide – Cette structure à neuf corps était consacrée à Kukulkan. Elle présente le même phénomène que le Castillo de Chichén-Itzá : un jeu d'ombre et de lumière qui se produit chaque année le 21 mars et le 21 septembre évoque un serpent descendant de la pyramide. Dans la partie supérieure de l'édifice, sur la gauche, des bas-reliefs représentent des scènes de guerre et des peintures murales des guerriers-aigles avec des lances.

À droite de la pyramide, on voit un grand palais aux nombreuses colonnes, qui hébergeait probablement les prêtres ou l'élite.

À gauche de la place s'élève une tour ronde, un observatoire qui ressemble au Caracol de Chichén-Itzá. Derrière cette structure, on trouve plusieurs masques de Chac.

Femme Maya en costume typique

© Robert Holmes

La route des couvents *– 1 jour. 148 km de Mérida à Muna. Quitter Mérida vers le Sud-Est par la route 18 jusqu'à Acanceh (20 km) : continuer vers le Sud sur 38 km jusqu'à Tekit (on peut au passage visiter Mayapán), puis se rendre à Mama (7 km), Teabo (13 km), Maní (12 km), Oxcutzcab (11 km), Yohtolín (5 km), Ticul (12 km) pour parvenir à Muna (22 km).* Ce circuit mène le visiteur loin des grandes routes touristiques et lui permet de s'imprégner de l'ambiance rurale maya. Il est remarquable que, en dépit de tous les efforts d'évangélisation dont témoignent les anciens couvents et églises que l'on découvre le long de cette route, les villages demeurent nettement mayas, avec leurs huttes typiques et leurs femmes vêtues de chemises blanches brodées *(huipiles)*. Les traditions des ancêtres restent ici vivaces et le maya est toujours la langue que l'on parle sur les marchés.

Église de l'Assomption, à **Mama** – *Visite de 8 h à 12 h et de 16 h à 20 h.* Malgré sa simplicité, la façade de cette église est l'une des plus ornementées. Le clocher-mur échelonné fut ajouté au 18e s. Le baptistère, à droite de l'entrée, abrite d'énormes fonts baptismaux en pierre taillée. On voit la noria et le monastère sur l'un des côtés.

★ **Église St-Michel-Archange**, à **Mani** – *Visite du lundi au samedi de 9 h 30 à 12 h et de 17 h à 21 h, les dimanches et jours fériés de 6 h à 20 h.* Le monastère le plus important de la région abrite la plus grande des chapelles ouvertes, aux dimensions proches de celles de l'église. Les **retables** y sont, avec celui de **Teabo**, les plus beaux de la presqu'île du Yucatán. C'est à Maní qu'eut lieu l'autodafé au cours duquel le frère Diego de Landa réunit, pour les juger devant la population, les treize principaux caciques de la région ; il les fit mutiler en châtiment de leurs pratiques païennes, puis donna l'ordre de brûler des milliers d'idoles et des anciens manuscrits mayas.

■ La route des couvents

Les couvents franciscains qui jalonnent cet itinéraire présentent une unité architecturale caractéristique des monastères du 16e s. Généralement bâtis sur les soubassements pyramidaux d'anciens temples mayas, ils sont délimités par le mur de leur atrium ; dans certains cas, les angles du parvis sont dotés de chapelles de procession ; l'église est orientée à l'Ouest avec un monastère et une chapelle ouverte ; à l'arrière se trouvent le potager, le cimetière et le puits *(noria)*. Les bâtiments sont très austères, d'une grande simplicité, avec peu de fenêtres et dotés de grands contreforts, qui font ressembler ces monastères à des forteresses médiévales. Ces complexes n'étaient pas destinés uniquement à l'évangélisation, ils étaient construits aussi dans un but éducatif, et comme point de départ d'une structure urbaine.

L'élément décoratif le plus répandu dans la région est le **clocher-mur** ajouré dont la fonction était purement ornementale. On en voit de petite taille, comme celui de la chapelle de Guadalupe à **Acanceh**, dont la place porte une pyramide ; certains sont décorés, comme ceux de **Tekit**, qui fut le théâtre de combats sanglants pendant la guerre des castes ; certains, très grands, occupent toute la façade principale, comme ceux de **Yohtolin** ; certains sont reliés par des frontons aux formes compliquées simulant des tours, comme ceux de Ticul ; il y en a des triples, au décor travaillé, comme ceux de **Muna**.

Église St-François-d'Assise, à **Oxcutzab** – *Visite de 7 h à 13 h et de 16 h à 20 h (sans interruption les dimanches et jours fériés).* On remarque ses clochers-murs en forme de tours, les ornements de sa façade et le double arc mauresque qui conduit à l'ancien cimetière.

★ **Ex hacienda de Yaxcopoil** – *1 h. 33 km à l'Ouest de Mérida par la route 180 jusqu'à Umán, puis au Sud la route 261. Visite de 8 h à 18 h (de 9 h à 13 h le dimanche). 30 pesos. ☎ (9) 927 26 06.* Sous les vice-rois, de vastes domaines se développèrent au Yucatán. Au début, c'étaient des fermes d'élevage et de culture du maïs. Au 19e s. elles se tournèrent vers la culture de l'agave blanc, mais celle-ci prit fin lorsque les haciendas furent divisées en terrains communaux en 1935 et que les fibres synthétiques eurent fait leur apparition sur le marché. Yaxcopoil, « l'endroit des peupliers verts », est un exemple caractéristique de ces pôles de développement. La propriété, fondée au 17e s., était l'une des plus grandes par ses dimensions et sa richesse. Devenue aujourd'hui un musée, on y visite la **maison de maître**, la chapelle, le potager, les écuries, la noria, la fabrique renfermant les machines pour le traitement industriel de l'agave, les magasins, les ateliers, le bureau de paye, l'école et l'infirmerie. Ces bâtiments étaient indispensables au fonctionnement en autarcie de la hacienda.

★★★ **Uxmal** – *3 h. 80 km au Sud-Ouest de Mérida par la route 180 jusqu'à Umán, puis la route 261. Uxmal se situe 16 km après Muna. Voir p. 350.*

La route PUUC★

Yucatán

Calle 60, entre les rues 59 et 57, Mérida, ☎ (9) 924 92 90

Sur l'une des rares hauteurs de la péninsule, presque cachées par la forêt basse emplie de senteurs et d'oiseaux, se trouvent les ruines d'importants centres cérémoniels, construits entre les années 600 et 900 après J.-C., époque de l'apparition du style architectural Puuc, propre à la région de ce nom *(voir Uxmal)*. Ce style a inspiré des artistes pour des œuvres récentes, notamment la décoration du palais des Beaux-Arts de Mexico.

SITES ARCHÉOLOGIQUES *1 jour 1/2*

Circuit de 38 km au départ d'Uxmal.

★★★ **Uxmal** – *Voir p. 350.*

★ **Kabah** – *23 km à l'Est d'Uxmal par la route 261 jusqu'à Santa Elena, (15 km), puis vers le Sud sur 8 km. Visite de 8 h à 17 h. 17 pesos. ☎ (9) 944 00 33.* Par ses dimensions, c'est le deuxième centre cérémoniel de la zone Puuc. Son nom signifie « le seigneur à la main forte et puissante ». Cet ensemble situé en bord de route se caractérise par l'abondante décoration de ses façades. Dans la partie Est se trouvent trois groupes de constructions très proches les unes des autres.

Codz Pop – *Premier édifice à droite, de l'autre côté de la route.* Construit sur une vaste plate-forme à trois niveaux, cet édifice semblable à un palais, dont le nom signifie « la natte enroulée » et que l'on appelle aussi le **palais des Masques**, possède l'une des

Détail du Codz Pop

façades★★★ les plus extraordinaires de toute l'aire maya. Version baroque du style Puuc, il se distingue par la qualité et l'abondance (plus de 100) des masques de Chac, dieu de la pluie, représenté avec un long nez en trompe ou en crochet. La répétition de ce caractère, que l'on associe à la foudre, est une envoûtante invocation à la pluie. Il reste sur le toit des vestiges de faîtie ajouré, et devant l'édifice ceux d'une **citerne** (chultún) toujours utilisée. Sur le côté Est du bâtiment, deux curieuses statues coiffées de panaches sculptés portent des pagnes et des colliers de perles. Les jambages de l'entrée du côté gauche sont ornés de scènes de combat en relief.

Palais – *Au Nord-Est du Codz Pop.* Sur une haute esplanade quadrangulaire à l'excellente acoustique, cet édifice à deux niveaux présente encore quelques vestiges du faîte. Il est entouré de constructions en mauvais état.

Troisième maison (Temple des Colonnes) – *300 m à l'Est du Palais.* Par un sentier en forêt, on arrive à cet édifice dont la frise est ornée de colonnes. Devant le bâtiment, une citerne à deux bouches servait à recueillir et stocker l'eau de pluie.

Revenir sur ses pas et traverser la route.

Cette partie du centre cérémoniel est partiellement détruite, mais en avançant sur 200 m environ on découvre une **arche★** majestueuse de 10 m de haut, qui marquait probablement le début du *sacbé* de 18 km reliant Kabah à Uxmal.

Sayil – *9 km au Sud de Kabah. Parcourir 5 km et tourner à gauche. Visite de 8 h à 17 h. 17 pesos. ☎ (9) 944 00 33.* Ces terres rouges, oasis de silence, ont été habitées entre les années 700 et 1000 après J.-C. Leur nom en langue maya signifie « maison des fourmis ». À demi envahi par la forêt, le **Palais★**, élégant édifice à trois étages, compte près de 50 appartements à double chambre. La frise du deuxième étage est ornée d'une alternance de colonnettes et de masques du dieu Chac, et de deux représentations, flanquées de reptiles fantastiques, du dieu Amuxincab, dieu du miel dans la région Puuc connu aussi comme le « dieu Descendant » car ayant la tête en bas. Un chemin vers le Sud mène à des ruines dont seul le **Mirador** a conservé son faîtie.

Xlapak – *5 km de Sayil. Visite de 8 h à 17 h. 12 pesos. ☎ (9) 944 00 33.* Ce petit site, dont le nom signifie « murs attachés », a connu une époque de splendeur entre les années 600 et 1000. Principale construction encore debout, le **Palais** est assez similaire à deux autres temples contigus. Il se compose de neuf pièces voûtées. La décoration se concentre sur la frise des entrées, ornée de trois rangées de masques de Chac superposés. Au centre de la façade Sud on voit deux masques de ce dieu au long nez, sensiblement plus grands que ceux de la façade Nord.

★**Labná** – *4 km de Xlapak. Visite de 8 h à 17 h. 17 pesos. ☎ (9) 944 00 33.* Les traces les plus anciennes de l'occupation de Labná, « la vieille maison » en langue maya, remontent aux débuts de l'ère chrétienne. Mais ses édifices principaux furent élevés entre 750 et 1000. Il est probable que la cité ait fait partie d'une grande alliance politique ayant pour capitale Uxmal ou Sayil. Un large **sacbé** bien conservé mène aux différents édifices.

★**Palais** – *Premier bâtiment à gauche.* Il rappelle celui de Sayil, bien qu'il soit plus grand. C'est un bâtiment à deux niveaux et 67 pièces, avec sept cours intérieures et plusieurs escaliers qui offrent des vues intéressantes. Dans l'angle Ouest de l'édifice, devant un masque de Chac, on voit une tête de serpent tenant entre ses mâchoires un visage humain, ce qui symboliserait l'astronomie ou le monde souterrain. Le masque de Chac qui orne la façade Nord-Ouest est la plus grande représentation de ce dieu découverte à ce jour. Sur le toit, la citerne est toujours en service.

Mirador – *Au fond, à gauche du sacbé.* Ce temple conserve encore son fragile faîte. Dans l'angle Sud-Ouest reste la partie inférieure d'une figure qui semblerait être un guetteur, ce qui confirmerait qu'il s'agissait d'une tour de guet.

★★★**Arc** – *À droite du mirador.* Cette arche élégante à l'abondante décoration est l'un des arcs mayas les plus représentatifs. Elle marquait vraisemblablement l'entrée de la résidence d'une famille de haut rang. Des niches accueillaient des figures humaines assises, dont il ne subsiste que les panaches de plumes. Dans l'angle Nord-Ouest veille un masque de Chac.

AUTRE CURIOSITÉ

★★**Grutas de Loltún** – *1 h 1/2. 19 km au Nord-Est de Labná. Visite guidée (1 h) à 9 h 30, 11 h, 12 h 30, 14 h, 15 h et 16 h. 37 pesos. ☎ (9) 944 00 33.* Ces grottes, dont le nom signifie « fleur de pierre », s'étirent sur 2 km. On estime que douze des chambres que l'on y voit furent habitées à partir de 3000 avant J.-C. Là, les anciens Mayas procédaient à des rituels invoquant les mondes inférieurs. Aujourd'hui, les stalactites (qu'ils prenaient pour les larmes de Chac) et les stalagmites sont illuminées en couleurs. On peut voir des peintures rupestres et des sculptures en écoutant des légendes sur les **aluxes**, idoles d'argile figurant des petit lutins, qui, lorsqu'elles sont invoquées, peuvent créer de curieux courants d'air frais à l'intérieur des grottes. Pendant la guerre des castes, les Indiens rebelles se réfugièrent dans ces cavernes profondes, au plafond desquelles, comme autant d'yeux vers l'extérieur, s'ouvrent les trous creusés par les puissantes racines des arbres en quête d'eau.

La route RÍO BEC★

Campeche et Quintana Roo

☎ (9) 816 67 67

Dans le Sud du Campeche et au Quintana Roo, des villes de l'ancienne civilisation maya comme **Becán**, **Chicanná**, **Xpuhil**, **El Hormiguero** et **Calakmul** – qui luttèrent contre Tikal pour la domination de la région à la période classique tardive et constituent aujourd'hui le cœur de la **réserve de la biosphère de Calakmul** – exerçaient leur pouvoir sur de vastes sous-régions culturelles, rangées aujourd'hui, de par leur situation et le style de leur architecture, sous la dénomination **Río Bec**. Dans ce territoire, situé à moins de 100 km de la frontière du Guatemala, plus de 50 sites archéologiques ont été inventoriés, qui furent autant de cités florissantes entre les années 500 à 800 après J.-C. L'**architecture Río Bec** est un mélange des styles du Petén (Guatemala) et Chenes (Nord du Campeche). Elle se caractérise par de hautes tours dotées de faux escaliers qui flanquent les édifices principaux, des structures élevées sur de vastes plates-formes, de grandes constructions aux angles arrondis, des motifs décoratifs cruciformes et des masques du dieu **Itzámná**, appelé aussi le Monstre de la Terre, rappelant un reptile à la gueule ouverte. Malgré la chaleur et la pénurie d'eau dans cette région où poussent les piments, la nature a fait croître une forêt qui a caché pendant plus de 1 200 ans cette grande richesse archéologique.

SITES ARCHÉOLOGIQUES *1 jour*

Le parcours (74 km) commence à Xpuhil, situé à 116 km à l'Ouest de Chetumal par la route 186 et à 290 km au Sud-Est de Campeche par les routes 261 et 186.

Xpuhil – *Visite de 8 h à 17 h. 17 pesos. ☎ (9) 816 91 11.* Parmi les 17 groupes de constructions identifiés, seules quatre grandes structures ont été restaurées. La plus importante, la **structure 1★**, haute de 18 m, se distingue par ses trois tours – exemple atypique de l'architecture Río Bec – et leur périlleuse verticalité. La tour centrale à 11 corps est la mieux conservée. Comme les autres, elle était couronnée d'un faux temple et dotée d'un vaste escalier de 6 m de large, décoré de trois masques fantastiques dont il reste quelques vestiges. Aux côtés inférieurs subsistent encore quelques traces d'ornements en stuc représentant le dieu Chac. De la gauche de la tour Sud s'élève un long et étroit escalier intérieur qui mène à une ouverture située au sommet. Xpuhil signifie « queue de chat », forme que présentent les plantes typiques du lieu.

★**Becán** – *6,5 km à l'Ouest de Xpuhil par la route 186, puis une bifurcation vers le Nord (site à 500 m). Visite de 8 h à 17 h. 20 pesos (entrée libre les dimanches et jours fériés). ☎ (9) 816 91 11.* De la route, on a un aperçu de la grande dimension de l'ancienne cité. Les constructions principales étaient protégées par des fossés profonds de 5 m et larges de 16 m qui entouraient la cité sur un périmètre de 1 890 m. Les sept entrées munies de ponts démontrent la permanence du danger d'invasion qui caractérise la période classique. Becán, dont le nom signifie « canyon formé par l'eau », fut la capitale politique, économique et religieuse de la province appelée aujourd'hui Río Bec. Le site fut découvert en 1934 par deux chercheurs de l'Institut Carnegie, les premières fouilles réalisées entre 1969 et 1971 et les plus importants travaux de restauration entre 1991 et 1994.

Sur la **place A**, l'autel circulaire est associé à Kukulcán, le dieu du vent. Au Sud se dresse la **structure I** dont les tours de 15 m, avec leurs ouvertures de la partie supérieure, étaient sans doute utilisées comme observatoires astronomiques.

Au Nord-Ouest s'ouvre un **passage voûté★** long d'une soixantaine de mètres et couvert d'une fausse voûte qui était une rue de l'ancienne cité. Il mène à la **place B**, que délimite à l'Ouest la **structure VIII**. Les extrémités Nord et Sud de cette monumentale construction sont dotées de deux grandes tours logeant dix chambres obscures de 8 m de haut et destinées probablement à des cérémonies religieuses. L'édifice le plus haut du site avec ses 32 m, la structure IX, au Nord, n'a pas encore été entièrement fouillé. À l'Ouest, au sommet de la **structure X**, se trouve un temple dont la façade est ornée d'une représentation d'Itzmaná. Derrière s'étend le **Jeu de pelote**.

Chicanná – *De Becán, revenir sur la route 186 et continuer vers l'Ouest sur 2 km avant d'emprunter à gauche un chemin de terre sur 500 m. Visite de 8 h à 17 h. 17 pesos (entrée libre les dimanches et jours fériés). ☎ (9) 816 91 11.* Fondée au cours de la période préclassique tardive (300 avant J.-C.-250 après J.-C.), la cité connut son apogée vers 850 après J.-C. Le site fut découvert par un chasseur en 1966. Les archéologues le nommèrent « la maison de la bouche du serpent », Chicanná en langue maya, à cause de la **façade★★** de la structure II, où l'on voit l'une des représentations les plus complètes et les mieux conservées d'Itzmaná. L'ouverture de la porte simule la gueule ouverte d'un serpent, dont les crochets menaçants sortent du linteau. Cette représentation symbolise l'entrée dans les entrailles de cette puissante divinité, créatrice de toutes choses selon la mythologie maya. En haut de l'édifice, les restes du faîte portent des représentations d'idoles et, à côté du masque, quelques inscriptions peintes.

★**Kohunlich** – *Reprendre la route 186 vers Chetumal et parcourir 64 km avant de bifurquer à droite vers Kohunlich (on peut aussi s'y rendre depuis Chetumal (69 km) : prendre la route 186 vers l'Ouest, puis à 60 km un embranchement à gauche). Visite de 8 h à 17 h. 25 pesos. ☎ (9) 832 08 55.* Ces ruines entourées de palmiers à corozo (ivoire végétal) ont été baptisées par les archéologues « colline couverte de corozos ». D'importants liens existaient entre ce centre cérémoniel et la région du Petén, au Guatemala. Les hautes tours de l'**acropole** et les motifs décoratifs sont caractéristiques de l'architecture Río Bec.
À l'extrémité du site, l'édifice principal a été découvert par un chasseur maya dans les années 1960. La façade est décorée de cinq énormes **masques**★★ de 1,5 m en stuc, qui portent encore des traces de peinture rouge. Ils représentent le visage solaire de Kinich Ahau, l'une des divinités les plus importantes du monde maya. Le signe sur ses yeux est le symbole Kin du soleil, du jour et du temps. Près de là, à droite du temple des Masques, subsiste un **jeu de pelote** en excellent état.
À 400 m au Sud on rencontre la **structure des 27 marches**, récemment consolidée (en réalité, il n'y en a que 22). Elle est constituée des vestiges d'un énorme ensemble résidentiel bâti entre 600 et 1200. Du haut, on a une **vue** magnifique sur quelques-uns des 200 édifices repérés sur le site, envahis par une épaisse végétation comme l'était autrefois l'édifice des masques.

TULUM★★

Quintana Roo
ℹ ☎ (9) 884 80 73

Tulum, « clôture » en langue maya, fait probablement référence à la muraille qui entoure le site. Son nom originel, **Zamá**, « aube », s'inspirait certainement de son orientation qui lui permettait de voir chaque jour se lever le soleil.
L'occupation des lieux remonte au postclassique tardif (1200-1521 après J.-C.) : Tulum fut l'une des dernières cités construites et habitées par les Mayas de la péninsule. Conséquence des luttes politiques de l'époque, la cité, édifiée au bord de la mer des Caraïbes, est entourée d'une muraille mesurant 380 m du Nord au Sud. Cette fortification, composée de trois murs, constituait une protection contre l'ennemi et délimitait le secteur cérémoniel. La facilité d'accès à la mer permit à la ville de devenir un important centre d'échanges maritimes avec l'ensemble de l'Amérique centrale, comme en témoignent les objets en obsidienne, en jade et en cuivre que l'on y découvrit.

SITE ARCHÉOLOGIQUE *2 à 3 h*

Visite de 7 h à 17 h. 25 pesos. ✂ ☎ (9) 883 36 71. Le site se trouve à 1 km environ du parking, distance que l'on peut parcourir à pied ou en train (10 pesos).

La **muraille** qui délimite le centre cérémoniel vers le Nord, l'Ouest et le Sud a une épaisseur de 6 m en moyenne et une hauteur de 3 à 5 m. On accède au site par une étroite entrée sur le côté occidental. Il existe quatre autres entrées : deux au Nord et deux au Sud. Passé la muraille, on voit plusieurs tours qui servaient manifestement de tours de guet. De loin en loin, des escaliers donnent accès au chemin de ronde.
À l'intérieur de l'enceinte se trouvent temples, *adoratorios*, tombes, et édifices réservés aux autorités, et quelques plates-formes portant des habitations. Au total, on compte une bonne cinquantaine de structures, dont la plupart sont réparties le long de deux rues orientées Nord-Sud.

Temple des Fresques (Templo de las Pinturas) – *À peu près au centre de la cité, en face de la plate-forme funéraire.* L'une des chambres de ce qui est probablement l'édifice le plus intéressant de Tulum est décorée de fresques et abrite un petit autel. Le corps inférieur présente quatre piliers en façade, des masques aux angles et trois niches avec des sculptures. Dans le corps supérieur, une niche accueille une représentation du « dieu Descendant », que l'on associait apparemment à la planète Vénus.

Le Castillo – *Tournant le dos à la mer.* Bâti sur l'éperon rocheux dominant et la mer et la terre, cet édifice est le plus grand du site. Il fut construit en plusieurs temps. Le temple établi au sommet est formé de deux galeries voûtées dotées de trois entrées et communiquant par une ouverture partagée par deux colonnes en forme de serpent. Sa façade était décorée de sculptures, et ses angles portent encore des vestiges de masques.
De part et d'autre de l'escalier montant au temple, au niveau de l'étage, deux autres petits temples renferment des autels sur lesquels on déposait des offrandes. Derrière le Castillo, on a une **vue**★★★ magnifique sur la mer des Caraïbes.

Temple du dieu Descendant (Templo del Dios Descendente) – *À l'extérieur de l'enceinte, côté Nord.* La niche surmontant la porte de ce petit temple abrite une sculpture en stuc du dieu Descendant, la tête en bas. On suppose que ce dieu, que l'on retrouve sur de nombreux édifices de Tulum, était associé aux enfers.

EXCURSIONS

Cobá – *1/2 journée. 47 km à l'Ouest de Tulum (on peut également venir de Valladolid, à 59 km, par la route 180, puis une bifurcation signalée à droite pour Cobá et Tulum). Visite de 8 h à 18 h. 25 pesos. ☎ (9) 883 36 71.* L'ancien complexe cérémoniel dont le nom signifie « eau agitée par le vent » s'étend sur la rive d'un lac, au cœur d'une épaisse forêt. Le site couvre 70 km², et les principaux ensembles architecturaux se trouvent près des lacs Cobá et Macanxoc. La cité est parcourue d'un extraordinaire réseau de **chemins** (sacbés) qui la relie à d'autres complexes précolombiens, tel Yaxuná près de Chichén Itzá, à 100 km de là.
Le centre religieux se divise en quatre groupes : Cobá, Pinturas, Nohoch Mul et Macanxoc, dispersés dans la forêt et reliés les uns aux autres par des sentiers dont la longueur varie de 200 m à 2 km. Le style architectural de Cobá, qui s'est imposé du classique précoce (300-600 après J.-C.) au classique tardif (900-1000), empreint d'une certaine rusticité, ressemble davantage au style guatémaltèque du Petén qu'à celui de Chichén Itzá. Il est particulièrement repérable dans le groupe Cobá et celui de Nohoch Mul.

Groupe Cobá – Il comprend 43 édifices, dont le plus important est l'église. Élevée au centre d'une place, elle comprend une stèle où l'on procède encore à des offrandes de fleurs et où brûlent des cierges. Les Mayas assurent que cette pierre sculptée représente une vierge appelée Colebí. La pyramide se compose de neuf corps aux angles arrondis ; l'ensemble mesure 24 mètres de hauteur. Le groupe inclut un **jeu de pelote** en excellent état et un grand palais résidentiel.

Groupe Nohoch Mul – *À 2 km du groupe Cobá.* Il doit son nom, « grand monticule » en maya, à sa hauteur (42 m), qui en fait le plus haut au Nord du Yucatán. Il se compose de sept corps aux angles arrondis et de deux volées de marches. L'escalier principal monte jusqu'au sommet, où s'élève un temple orné d'éléments dans le style de celui de la côte Est, c'est-à-dire de niches et de représentations du dieu Descendant. Une centaine de mètres plus loin, une immense stèle du 8ᵉ s. après J.-C. montre un gouvernant maya richement vêtu, portant un sceptre et flanqué de guerriers beaucoup plus petits, liés et agenouillés.

Le Castillo

Muyil – *18 km au Sud de Tulum par la route 306. Visite de 8 h à 17 h. 12 pesos.* À un quart d'heure seulement du site très fréquenté de Tulum, le site archéologique de Muyil offre au visiteur la tranquillité de la forêt qui manque au site précédent. Au bord de la belle lagune de Muyil, cette zone de 450 ha fut habitée dès 300 avant J.-C., mais n'atteignit son apogée que pendant la période classique tardive (600-900).

El Castillo – Ce temple à six corps est la structure la plus élevée du site. Il est consacré à Ixchel, déesse de la fertilité, de la maternité, de la sagesse et de la lune. En 1997, on y découvrit près de 300 figurines de jade, toutes offertes à Ixchel. On suppose que certaines de ces offrandes ont été apportées par la mer de lieux aussi lointains que Belize et Tikal, et que Muyil était alors un important centre cérémoniel dédié à la déesse.

Temple du Prêtre (Templo del Sacerdote) – *À gauche du Castillo.* Il est à deux niveaux. On pense que le premier servait à héberger les prêtres qui célébraient leurs rites dans le petit temple du sommet. Un **sacbé**, dont on voit encore une partie, reliait Muyil et Cobá, distants de plus de 50 km.

Des guides proposent des promenades en bateau de 3 h sur la lagune de Muyil, à l'intérieur de la réserve de la biosphère Sian-Ka'An (100 pesos par personne).

★★ **Réserve de la Biosphère Sian-Ka'An** – *1 jour. 10 km au Sud de Tulum par le chemin de Boca Paila/Punta Allen. Visite guidée (5 h) du lundi au jeudi et le samedi. Réservation indispensable. 360 pesos (visiteurs en voiture), 450 pesos (sans voiture).* ⚠ ✗ ▣ ☎ *(9) 884 95 83.* Cette réserve, dont le nom maya signifie « la porte du ciel », a été inscrite au Patrimoine mondial de l'humanité en 1987 pour la grande diversité d'animaux qui y vivent ; 350 espèces d'oiseaux, des tortues, des jaguars, des singes, des cerfs, des fourmiliers et d'autres espèces en voie d'extinction pourront ainsi être protégés. Sur une superficie de 6 000 km^2, elle couvre aussi un riche éventail de biotopes, allant du récif corallien à la forêt tropicale.
Le village de pêcheurs de **Punta Allen** offre aux visiteurs, sur réservation, la possibilité de pratiquer la pêche sportive ou de faire des promenades en canot. On y organise aussi des randonnées pour découvrir la réserve, qui inclut aussi des ruines mayas comme celles de Muyil.

★★ **Xel-ha** – *1/2 journée. 9 km au Nord de Tulum par la route 307 vers Cancún.* *Voir p. 328.*

Akumal – *1 h. 27 km au Nord de Tulum par la route 307 vers Cancún.* *Voir p. 328.*

UXMAL★★★

Yucatán

Schéma : MÉRIDA (Excursions)

ℹ ☏ (9) 923 96 74

Les imposantes ruines d'Uxmal, un important centre cérémoniel, s'élèvent en d'harmonieux dénivelés dans la région dite **Puuc** (« région montagneuse »), l'une des zones d'Amérique réunissant le plus de sites archéologiques et le domaine d'une forêt basse croissant sur un sol fertile, où l'on cultive aujourd'hui les agrumes.

Uxmal, « trois fois construite », a atteint son apogée entre 600 et 900 après J.-C., époque où furent construits ses grands édifices, pour la plupart ornés de crêtes faîtières et disposés autour de quadrilatères, conformément aux caractères de l'architecture Puuc *(voir : Les Mayas, p. 56, et Le monde maya, p. 336)*.

Ce style, dominant dans la région, se distingue encore par l'arc maya en pointe, les murs lisses à la partie supérieure ornée de frises en stuc, ainsi que par l'abondance des masques de Chac, dieu de la pluie qu'on reconnaît à son nez en trompe.

Le culte omniprésent de ce dieu reflète la préoccupation première des Mayas, peuple d'agriculteurs inquiet de la rareté de la pluie, et ainsi amené à construire des citernes pour stocker l'eau et à manifester un évident respect pour les *cenotes*.

Après une période de prédominance et de prospérité, Uxmal fut abandonné en 1200, probablement à cause d'une guerre civile.

L'exploration des ruines fut entreprise vers 1840 par John Lloyd Stephens et Frederick Catherwood, dont les dessins sont aujourd'hui très recherchés. Les fouilles archéologiques furent entreprises un siècle plus tard, en 1940, sous la direction de Frans Blom. Le site a été inscrit au Patrimoine mondial de l'humanité en 1996.

SITE ARCHÉOLOGIQUE *3 h*

Visite de 8 h à 18 h en été, de 8 h à 17 h en hiver. Les services sont ouverts de 8 h à 22 h. Entrée et spectacle son et lumière : 75 pesos ; spectacle seul : 30 pesos. Entrée libre le dimanche. ✂ ☏ (9) 944 00 33. Il est préférable d'arriver la veille pour assister au spectacle son et lumière.

Pyramide du Devin (Casa del Adivino) – C'est l'un des plus beaux édifices du monde précolombien, conçu sur un plan elliptique et s'élevant à 35 m. La légende veut qu'il ait été construit par un nain qui devint roi après avoir joué sur des instruments de percussion et trouvé la solution de plusieurs énigmes. En montant par l'escalier Est qui est très raide, on parvient à un tunnel récemment percé par les archéologues.

Temple Supérieur – Il constitue la dernière des cinq étapes de construction de la pyramide. Comme l'ensemble de l'édifice, la façade Ouest est minutieusement décorée. D'ici on a une **vue**★★★ magnifique sur l'agencement séduisant des autres bâtiments. En descendant par l'escalier Ouest, on parvient sur le premier palier à un temple avec des bas-reliefs en pierre représentant le visage du dieu Chac. Sur la façade Ouest, la bouche d'un imposant masque zoomorphe forme l'entrée du temple. On peut s'imaginer la frayeur de la population à la vue du prêtre porteur d'un message des dieux sortant par la bouche de cet énorme Chac. En descendant, on découvre la première phase de la construction, une sorte de palais qui faisait partie d'un quadrilatère démoli. On y trouve aussi la **maison des oiseaux**, dont la frise est décorée de représentations d'oiseaux, en liaison avec la récolte du maïs.

Détail de la pyramide du Devin

L'arc maya du Quadrilatère des Nonnes

Quadrilatère des Nonnes (Cuadrángulo de las Monjas) – Il se compose de quatre édifices, situés à différents niveaux autour d'une cour dont l'acoustique est extraordinaire. Il reçut son nom des colonisateurs espagnols, qui pensaient qu'il avait abrité des prêtresses mayas. Dans ce type de construction, le bas des façades est en général lisse et sans ornements, alors que le haut des porches montre une décoration foisonnante qui, avec la répétition de motifs géométriques et zoomorphes porteurs d'un symbolisme fantastique, créent un hallucinant jeu visuel.

Édifice Est – Ici, la frise présente une trame de barres croisées, ou « jalousie », évoquant les écailles d'un reptile et donnant l'impression d'un mouvement ondulant de serpents. L'entrée centrale et les coins du bâtiment sont ornés d'une colonne avec trois masques de Chac ; sur le reste de la frise, six groupes de huit serpents bicéphales, en ordre croissant, sont surmontés de têtes de hiboux, animal symbole de nuit et de mort dans la culture maya.

Édifice Nord – La plate-forme élevée sur laquelle ont été construites ses 26 chambres met en valeur l'importance de l'édifice. La façade présente une frise composée de grecques, de personnages, d'oiseaux et de singes, et des colonnes avec quatre masques de Chac entre lesquelles apparaissent des huttes en feuilles de palmier aux toits stylisés décorés de serpents à deux têtes. Deux annexes, au niveau de la cour, complètent l'ensemble. Sur la gauche, on remarque le temple de Vénus, avec ses piliers monolithiques et sa frise portant des représentations de cette planète.

Édifice Ouest – La partie haute de la façade est ornée d'une véritable mosaïque en pierre où figurent des personnages. On remarque notamment au-dessus de la porte centrale un dignitaire coiffé de plumes assis sur un trône sculpté. Ces sculptures alternent avec des colonnes décorées de trois masques et des huttes en feuilles de palmier, portant sur le toit une représentation de Chac. On a ajouté à une époque plus récente les deux serpents à plumes qui glissent le long de la frise ; la queue à sonnettes se trouve à une extrémité du bâtiment, la tête à la gueule ouverte vomissant des visages humains à l'autre.

Édifice Sud – Comme l'édifice Est, il présente une « jalousie » et des groupes de colonnes, avec des attaches qui représentent peut-être celles qu'employaient les Mayas pour construire leurs cabanes en feuilles de palmier. Des panneaux de « jalousies » servent de fond à des chaumières stylisées surmontées de masques de Chac. Des yeux du dieu jaillissent des ondulations représentant ses larmes, qu'il verse sur les maisons du village. En sortant du quadrilatère par le grand arc, le reste de l'ensemble cérémoniel semble jaillir du sol.

Jeu de pelote – Dans cette enceinte, deux équipes s'affrontaient au cours d'une cérémonie rituelle divinatoire, qui conférait aux joueurs un grand prestige social. On pense qu'ils devaient faire passer la pelote en caoutchouc au travers des anneaux placés le long des édifices latéraux, et sur lesquels on voit des inscriptions et des bas-reliefs de serpents à plumes.

Palais du Gouverneur – Cet édifice de 100 m de long sur 12 de large et 9 de haut s'élève sur une gigantesque plate-forme à trois niveaux. Ses 24 chambres étaient consacrées exclusivement aux cérémonies et à l'administration, fonctions

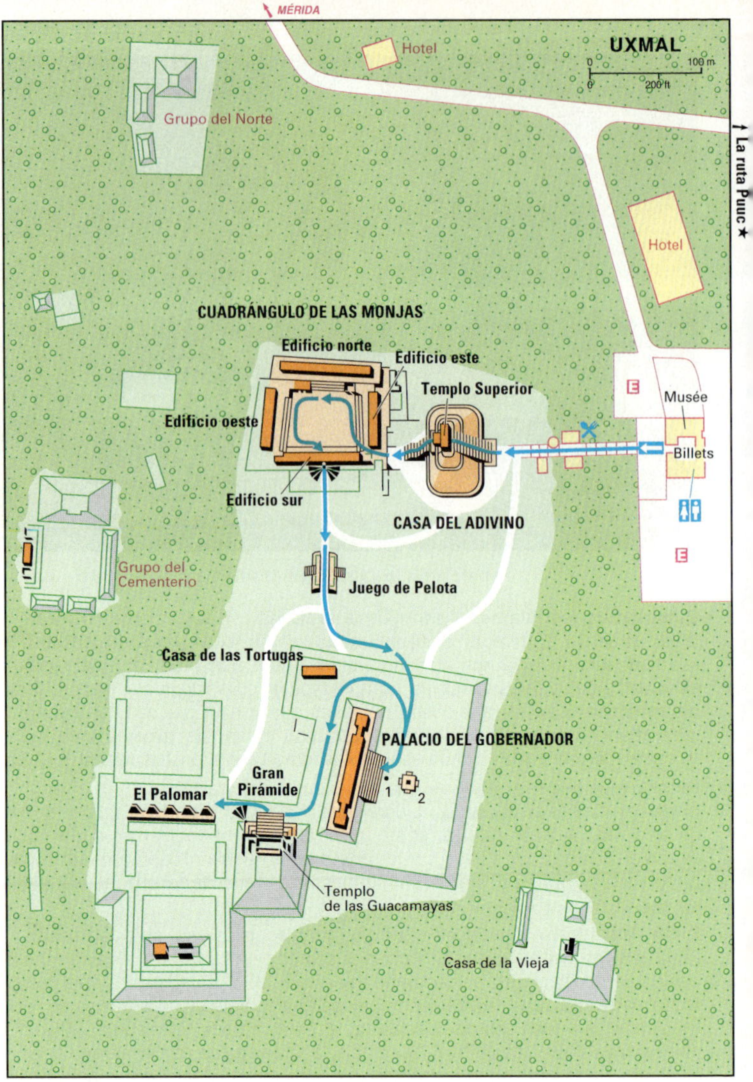

que reflète la façade, superbe exemple de la symétrie et de la précision de l'art maya. La partie basse des murs, lisse et percée par les portes d'entrée, met en valeur la frise bordée de corniches, la supérieure adoptant la forme d'un serpent ondulant. La mosaïque de pierre imite la peau d'une vipère. À cette rigoureuse géométrie s'ajoute la présence obsédante de Chac, le dieu au nez en trompe, qui alterne avec des grecques échelonnées et des compositions en damier et couronne les angles. Au-dessus de la porte centrale, on remarque un dignitaire coiffé d'un panache et une composition trapézoïdale de serpents à deux têtes. D'immenses arcs mayas, murés par la suite, marquent l'entrée de deux passages qui séparent le corps central du palais de ses deux ailes.

Face au palais se situent à l'Est l'**adoratorio du pilori** (**1**), appelé aussi poteau de la flagellation, et un peu plus loin, le **trône du jaguar** (**2**), avec ses deux têtes. Au Sud-Est, à environ 100 m de la plate-forme, s'élève l'ensemble appelé **Pyramide de la Vieille** (Casa de la Vieja).

Maison des Tortues (Casa de las Tortugas) – Ce temple consacré au culte de l'eau se trouve dans l'angle Nord-Ouest de la plate-forme du Gouverneur. La construction, assez simple, se compose de trois pièces centrales, avec des entrées de chaque côté. La corniche supérieure est décorée d'une série de sculptures de tortues, animal associé à la pluie.

Grande Pyramide (Grand Temple) – Au sommet de cette construction de neuf étages échelonnés se dresse le **temple des Aras macao** (Guacamayas), oiseaux associés au culte du Soleil formant le motif principal du décor de la façade. Le temple offre une **vue★★** magnifique du site. La pyramide a été partiellement restaurée.

Groupe du Pigeonnier (El Palomar) – Les ouvertures du faîte de cet ensemble architectural en ruine semble prêtes à accueillir des pigeons, d'où son nom. Comme beaucoup d'autres vestiges du site, ce groupe formé de places quadrangulaires n'a pas encore été entièrement exploré. Comme pour la plupart des édifices d'Uxmal, le faîte était couvert de bas-reliefs en stuc peint.

★★★**Son et Lumière en espagnol** – *D'avril à octobre, à 20 h ; de novembre à mars, à 19 h. Des audiophones (25 pesos) permettent une traduction simultanée en français. ☎ (9) 923 96 74.* Sous les étoiles qu'observaient jadis les Mayas, les pyramides se dressent à nouveau dans toutes leurs couleurs, dues aujourd'hui aux lumières des projecteurs. Au son d'instruments de musique mayas, on revit les anciennes cérémonies d'Uxmal, comme l'incantation à Chac pour obtenir la pluie, « Chac, Chac, Chac... ». On entendra aussi la légende de l'enlèvement de Sac Nicté, fille du roi de Mayapán, par le cacique de Chichén Itzá avant la cérémonie du mariage de cette princesse avec un prince d'Uxmal. Une guerre s'ensuivit, après laquelle Uxmal fut désertée par ses dieux et ses habitants.

EXCURSION

★**La route Puuc** – *1 jour. 23 km d'Uxmal.* *Voir p. 344.*

La Semaine sainte à Zunil

Guatemala

© Robert Frerck/ODYSSEY

LA MAGIE ET LA COULEUR

Au Sud-Est du Mexique et au Nord-Ouest de l'Amérique centrale, le Guatemala, pays au relief abrupt, présente une grande diversité de climats et d'écosystèmes. Cette terre offre au visiteur de splendides richesses naturelles, mais aussi les particularités de ses coutumes, fortement influencées par la présence indienne et ses traditions ancestrales magiques et colorées. Il n'est pas rare d'assister à des cérémonies religieuses, où les volutes de la fumée du copal enveloppent rites et participants dans une ambiance mystique. Les couleurs éclatantes des costumes indigènes contrastent avec le vert des bois et des forêts et la blancheur des nuages accrochés aux montagnes. Les habitants de cette terre ont conservé leurs anciennes coutumes et leur langue. Les Guatémaltèques sont des gens chaleureux, et leur grand sens de l'hospitalité s'exprime dans leur sourire. Le Guatemala est la terre du quetzal, oiseau exotique national, au plumage vert, orange et rouge.

Physionomie du Guatemala

Superficie	108 900 km² distribués en 22 départements.
Population	10 517 448 habitants (statistiques de 1997), dont 23 groupes d'origine maya et un groupe garifuna qui vit dans la zone caraïbe.
Heure officielle	GMT - 6
Langues	Espagnol (langue officielle), 23 dialectes indigènes (le quiché, le cakchiquel et le mam sont les plus importants) ; le groupe garifuna parle créole.
Capitale	Guatemala.
Gouvernement	République fédérale, démocratie parlementaire avec trois pouvoirs, exécutif, législatif et judiciaire.
Religion	Catholicisme ; les ethnies indiennes pratiquent des rites syncrétiques ; protestantisme évangélique.
Climat	Tempéré, avec une moyenne annuelle des températures de 20°C . On atteint 37°C dans les zones côtières, et il peut geler dans les régions montagneuses ; **précipitations** : chiffre variant de 500 à 5 000 mm par an ; **saison des pluies** de mai à octobre (surtout l'après-midi et la nuit).
Économie	Agriculture et tourisme ; principales exportations : café, bananes, maïs, haricots rouges, coton et cacao. Il existe également une importante industrie de confection textile.

Nature et géographie

Sur une superficie de 108 900 km², le Guatemala se compose de deux systèmes montagneux, la **Sierra Madre** et la cordillère des **Cuchumatanes**. La première s'étire parallèlement à la côte pacifique, la deuxième traverse le centre du pays pour aboutir à la mer des Caraïbes.

Le pays est parsemé d'une trentaine de volcans, dont les plus hauts sont le **Pacaya** (2 552 m) au Sud du lac Amatitlán ; le **Agua** (3 765 m), à 16 km de La Antigua Guatemala ; l'**Acatenango** (3 975 m) et le **Fuego** (3 763 m), tous deux situés à l'Ouest de La Antigua. Autour du lac d'Atitlán se dressent le **Tolimán** (3 134 m), l'**Atitlán** (3 536 m) et le **San Pedro** (3 020 m).

Le Guatemala se divise en deux régions hydrographiques déterminées par le système montagneux : l'une se déverse dans l'océan Pacifique, l'autre dans la mer des Caraïbes. Les grandes rivières qui se jettent dans l'océan Pacifique s'appellent Suchiate, Naranjo, Samalá, Michatoya, Paz et los Esclavos. Rejoignent la mer des Caraïbes le Polochic, le río Dulce, le Motagua et le Sarstún. Dans la région du Petén coulent l'**Usumacinta** (frontière naturelle du Mexique), le Pasión, le Salinas et le río Azul, sur lesquels on pratique la pêche et le raft.

Diego Molina /Guatemala Tourist Commision

Quetzal

Flore et faune – La forêt couvre 41 % du territoire, soit 44 600 km² qui se partagent en conifères, peuplements mixtes et latifoliés (arbres à grandes feuilles, qui sont les plus nombreux). On trouve aussi une zone de forêt tropicale, et une de mangrove.

La faune guatémaltèque est très variée et présente beaucoup d'espèces menacées d'extinction, vivant dans des zones protégées. **Lamantins**, **crocodiles** et **loutres** vivent dans la mangrove du río Dulce, dans le département d'Izabal et le biotope Chocón Machacas. **Jaguars** et **pumas** habitent la zone protégée du Petén ; **singes-araignées** et **singes hurleurs**, le Parc national de Tikal, où l'on a répertorié 300 espèces d'oiseaux, du minuscule **colibri** au grand rapace. Les reptiles, en particulier les serpents, peuplent aussi cette partie du Guatemala. Sur la commune de Purulhá (département de Baja Verapaz), existe un parc naturel consacré à la protection du **quetzal**. Le biotope Mario Dary Rivera (1 000 ha) est l'une des forêts de zone humide où l'on trouve une grande diversité de latifoliés et de conifères, ainsi que des orchidées, des mousses et des fougères. La richesse de ses ressources naturelles, la conservation de ses écosystèmes et son climat agréable ont valu au Guatemala le nom de Pays de l'éternel Printemps.

Un peu d'histoire

L'époque précolombienne – Le Guatemala possède des vestiges de la civilisation maya qui remontent à 2000 avant J.-C., mais que les Mayas datent de l'an 3113 avant J.-C. selon leur propre mode de calcul du temps. Cette civilisation a duré près de trente siècles, et a trouvé son apogée à la période classique (100-800 après J.-C.).

La conquête – En 1524, lorsque les Espagnols arrivèrent au Guatemala sous le commandement du capitaine **Pedro de Alvarado**, ils rencontrèrent des peuples héritiers de la culture maya : Quichés, Cakchiquels, Tzutuhiles, Pocomchis, Pokomames, Itzas, Lacandons, Mams et Chortis.
Après avoir pacifié les indigènes du Soconusco, le capitaine Alvarado, connu pour sa cruauté envers les Indiens, livra une terrible bataille contre les Quichés à Quetzaltenango. Plus tard, la capitale du royaume des Cakchiquels fut choisie par le conquistador pour y établir la première colonie espagnole. Mais les Indiens se rebellèrent et les Espagnols durent abandonner la ville, qu'ils avaient déjà renommée Santiago de Guatemala *(voir Guatemala)*.

■ La légende de Tecún-Uman

Une ancienne croyance des Indiens du Guatemala veut qu'un lien spirituel unisse chaque être humain à un animal, appelé *nahual*, sur lequel il faut veiller avec le plus grand soin, car tout mal qui frappe l'un frappera l'autre également. Tel fut le cas pour le héros indien Tecún-Uman, qui mourut la poitrine percée d'une lance au cours d'une terrible bataille contre les conquistadors. La gorge d'un quetzal qui volait dans le voisinage se teignit alors de rouge, et l'oiseau rendit l'âme en même temps que le guerrier.

Période coloniale et indépendance – En 1542 fut créée la **Capitainerie générale du Guatemala**, chargée de gérer toutes les provinces situées entre l'isthme de Tehuantepec et l'isthme du Darién au Panama, c'est-à-dire toute l'Amérique centrale actuelle. En 1564, la Capitainerie fut supprimée et, jusqu'à son rétablissement en 1568, les provinces furent rattachées au vice-royaume de Nouvelle-Espagne.
Deux cents ans plus tard, au 18e s., le roi Charles III d'Espagne accorda quelques libertés commerciales qui entraînèrent l'essor de l'industrie de la toile et de la **cochenille**, utilisée en teinture. Mais à la mort du roi, son fils, Charles IV, revint sur ces réformes. Les nouvelles dispositions freinèrent l'industrie textile naissante, et beaucoup d'habitants se retrouvèrent sans emploi, situation qui provoqua le mécontentement général parmi la population. En même temps, la diffusion des mouvements sécessionnistes en Amérique au début du 19e s. encouragea un esprit de lutte indépendantiste, qui aboutit à l'indépendance le 15 septembre 1821.
Avec l'indépendance, certaines provinces proclamèrent leur autonomie, ce qui engendra un désordre total. Récemment autoproclamé empereur du Mexique, Iturbide tenta d'intégrer l'**ancien royaume du Guatemala** à l'empire mexicain, mais, après la guerre civile qui le renversa en 1823, les provinces du Sud se séparèrent du Mexique pour former les **Provinces Unies de l'Amérique centrale**, tandis que le Chiapas, qui faisait partie du Guatemala, rejoignait le Mexique.

19e siècle – En 1839, les États de la nouvelle fédération se scindèrent en cinq pays indépendants : Guatemala, Salvador, Honduras, Nicaragua et Costa Rica (le Panama restera territoire colombien jusqu'à la fin du 19e s.). De 1839 à 1871, le Guatemala fut gouverné par des conservateurs qui cherchaient à rétablir les anciens systèmes coloniaux. C'est au cours de cette période, dominée par Rafael Carrera et appelée le **Gouvernement des 30 ans**, que fut signé avec l'Angleterre l'accord qui lui cédait le territoire du Belize en échange de la construction d'une route.

Les dictateurs et le 20e s. – La révolution de 1871 mit fin au Gouvernement des 30 ans et amena le début de la **Réforme** sous la direction de Miguel Garcia Granados, qui créa le drapeau et le blason nationaux. Son successeur, **Justo Rufino Barrios**, mit fin aux privilèges requis pour entrer à l'université, expropria les biens de l'Église, supprima les ordres monastiques et promulgua la Constitution de 1879.

Les années qui suivirent furent très agitées : les présidents se succèdent au pouvoir après des coups d'État et se font réélire par la force. Ainsi apparaissent les grands dictateurs **Manuel Estrada Cabrera** (au pouvoir de 1898 à 1920) et le général **Jorge Ubico** (au pouvoir de 1931 à 1944). Ce dernier fut renversé en 1944 par un mouvement populaire lancé par les étudiants et les professeurs de l'université, menés par Jorge Torielo, Francisco J. Arana et Jacobo Arbenz, qui formèrent en 1945 une junte de gouvernement et proclamèrent la nouvelle constitution.

Le gouvernement d'Arbenz – Pour la première fois, le pouvoir est remis pacifiquement en 1950 à un nouveau président, **Jacobo Arbenz**. Son gouvernement se caractérise par une attitude de franche hostilité à l'égard des États-Unis et des sociétés américaines implantées au Guatemala, surtout l'**United Fruit Company**. Deux ans plus tard, il adopte une nouvelle loi agraire très défavorable aux propriétaires terriens. En 1954, Carlos Castillo Armas, un général exilé au Honduras, soutenu par ce pays et les États-Unis, envahit le Guatemala, provoquant la chute d'Arbenz. Castillo Armas prend le pouvoir et abroge la Constitution de 1945 et la loi agraire d'Arbenz.

L'époque moderne – Au cours des décennies 1960 et 1970, le Guatemala vit dans un climat d'insurrection permanent. L'Amérique centrale est secouée par la guerre civile du Salvador, et un peu plus tard, par celle du Nicaragua. Les militaires se succèdent au pouvoir : Fernando Romeo Lucas, Aníbal Guevara et Ríos Montt, jusque vers le milieu des années 1980, où après 30 ans de gouvernement militaire s'instaure un deuxième gouvernement civil, mené par **Vinicio Cerezo**. Ces dernières années, le Pays de l'éternel Printemps a encore une fois été ensanglanté par une guerre civile qui a déchiré les provinces et dont les principales victimes ont été les Indiens, qui représentent 80 % de la population. La répression et les persécutions continuelles ont contraint des milliers d'Indiens et de paysans à se réfugier au Mexique.

Au cours de la dernière décennie du 20e s., plusieurs tentatives de conciliation entre la guérilla et le gouvernement ont eu lieu et, quoique le dialogue ait été rompu de nombreuses fois, la paix a finalement été signée le **29 décembre 1996**, ce qui a permis à des centaines de réfugiés de revenir chez eux.

Culture

Personnalités remarquables – Au nombre des personnages illustres figurent **Bartolomé de las Casas**, grand défenseur des Indiens, ainsi que **Pedro de Betancourt**, un franciscain qui consacra sa vie à aider les plus démunis. L'évêque Francisco Marroquín fonda la première École des lettres espagnoles et légua ses biens afin de créer l'université. Le père **Rafael Landívar** fut l'un des grands poètes du 18e s. On doit à **Quirio Cataño**, un sculpteur renommé, le *Christ d'Esquipulas* (grand centre religieux d'Amérique centrale). Au 19e s., on retiendra en particulier le peintre **Francisco Cabrera** et l'écrivain **José Milla**, auteur de *La Hija del Adelantado*, histoire de Pedro de Alvarado.

Au 20e s. se distinguent en littérature **Miguel Ángel Asturias** (prix Nobel de littérature en 1967), **Luis Cardoza y Aragón** et **Augusto Monterroso** ; dans le monde des arts le peintre **Carlos Mérida** et **Efraín Recinos** (architecte, sculpteur et peintre) ; enfin, il faut citer pour son action humanitaire **Rigoberta Menchú Tum**, qui a obtenu le prix Nobel de la paix en 1992.

Artisanat – L'artisanat est un secteur important de l'économie du pays. Les textiles guatémaltèques sont très réputés à l'étranger, ainsi que la céramique, la vannerie, les chapeaux de palme, et les objets en bois sculpté.

Gastronomie – Tout comme au Mexique, la **tortilla** et le **frijol** forment la base de la nourriture guatémaltèque. Parmi les plats typiques, retenons les **rellenitos**, bananes frites farcies aux haricots doux ou avec une préparation à base de lait et de sucre ; les **chuchitos**, petits pâtés à la viande ou aux herbes comme le *chipilín* ; les **dobladas**, petites tortillas farcies au poulet ou à la viande et aux légumes ; le **fiambre**, une sélection de viandes froides servies avec des légumes, plat que l'on prépare en particulier le jour de la fête des Morts ; le **ponche** aux fruits, élaboré en particulier au moment de Noël ; on prépare aussi l'**atol de elote** et les **tamales de carne**.

Quand se rendre au Guatemala ?

Le climat change suivant l'altitude et la région. La côte et la région Nord sont chaudes toute l'année, alors qu'en altitude le climat est plus tempéré. La température moyenne la plus haute est de 24°C, la plus basse de 13°C. La **saison des pluies** a lieu de juin à octobre. Aux zones les plus humides correspond une végétation tropicale dense. La période de plus grande affluence touristique va de novembre à mai. Les températures sont assez fraîches la nuit. Nous conseillons des **vêtements** légers en coton pour la journée, et pour le soir une veste ou un pull en laine légers.

Avant le départ

Les ressortissants de l'UE et du Canada doivent être en possession d'un **passeport** valide et de leur billet de retour. Pour les ressortissants d'autres pays, ainsi que pour les séjours de plus de 30 jours, un **visa** peut être nécessaire. Les formalités d'entrée changent constamment et sans préavis. Il vaut mieux consulter l'ambassade ou le consulat du Guatemala de son pays d'origine :
– **Bruxelles** (ambassade) : av. Winston Churchill 185, 1180, ☏ (02) 345 90 47 ;
– **Ottawa** (ambassade) : 130 Albert Street, Suite 1010, Ontario K1P 5G4, ☏ (613) 233 71 88 ;
– **Paris** (ambassade) : 73, rue de Courcelles, 75008, ☏ 01 42 27 78 63 ;
– **Genève** (consulat) : rue du Vieux-Collège 10bis, 1204, ☏ (022) 311 99 45 ;
– **Lausanne** (consulat) : rue du Midi 14, case postale 1002, 1003, ☏ (021) 323 42 23.
Les bureaux d'information touristique du Guatemala à l'étranger sont rares. Français et Suisses peuvent organiser leur voyage en s'adressant à l'**Office du tourisme du Guatemala** à **Paris** (même adresse et même numéro de téléphone que l'ambassade), tandis que Belges et Canadiens se tourneront directement vers les ambassades du Guatemala.
Pour résoudre certaines difficultés sur place, les représentations diplomatiques au Guatemala peuvent apporter une aide efficace :
– **ambassade du Canada** : 13ª calle 8-44, Zona 10, Ciudad de Guatemala, ☏ 333 61 02 ou 363 43 48 ou 363 42 08 (services consulaires) ;
– **ambassade de France** : Edificio Marbella, 16ª calle 4-53, Zona 10, Ciudad de Guatemala, ☏ 337 22 07 ;
– **consulat de Belgique** : 15ª calle « A » 14-44, Zona 10, Ciudad de Guatemala, ☏ 333 61 04 ;
– **consulat de Suisse** : Edificio Seguros Universales, 4ª calle 7-73, Zona 9, Ciudad de Guatemala, ☏ 331 37 25.
Attention : des activités de guerilla ont été enregistrées dans certaines régions du Guatemala. Il est indiqué de consulter les autorités locales avant de s'aventurer dans des contrées reculées.
Les **vaccins** ne sont pas obligatoires, mais dans certaines régions la malaria est endémique (moins de 1 500 m d'altitude). Pour circuler dans la forêt tropicale, on recommande l'application d'un produit éloignant les **insectes**, avec une formule à base de DEET. Bien que l'eau soit potable à Guatemala, il vaut mieux ne boire que de l'eau minérale en bouteille.
Les touristes soumis à un traitement médicamenteux permanent ont intérêt à se munir de la quantité de pilules nécessaire pour toute la durée de leur séjour.

Comment s'y rendre

En avion – **Aéroport International La Aurora** : 7 km au Sud de Guatemala. Le bureau d'information touristique se trouve près du bureau de l'immigration ☏ 331 42 56 *(du lundi au vendredi de 6 h à 21 h ; samedi et dimanche de 8 h à 20 h)* ; bureau de change *(tous les jours de 6 h à 19 h)* ; agences de location de voitures. Transport pour le centre-ville : autobus au premier niveau *(toutes les 30 mn, 1 quetzal)*, taxis *(40 quetzals)*. Certains vols internationaux desservent l'**aéroport de Santa Elena**, dans la région du Petén (location de voiture possible). Certains aéroports accueillent des **lignes aériennes locales** : Aeroquetzal, ☏ 337 34 69 ; Inter Grupo Taca ☏ 361 21 44 ; Aerovías ☏ 334 79 35 ; Tapsa ☏ 331 48 60 ; Tikal Jets ☏ 332 50 70 ; Mayan World ☏ 339 15 19. Un grand nombre de vols charters existe également. Liaisons **Guatemala et Belize** : Aviateca ☏ 334 77 22, avec escale au Salvador, et Aerovias ☏ 334 79 35. Il est recommandé d'arriver en avance à l'aéroport. Au départ, tous les passagers acquittent une **taxe** d'aéroport de 50 quetzals.

En voiture – Départ du **Mexique** par San Cristobal de las Casas et Tapachula, péninsule du Yucatán, ou via le **Belize**. L'autoroute Panaméricaine relie le Mexique au Salvador en traversant le Guatemala. Un grand nombre d'autoroutes relient le Honduras, le Salvador et le Guatemala.

En bateau – Un grand nombre de compagnies de navigation internationales font escale à Puerto Barrios sur la mer des Caraïbes et à Puerto Quetzal, sur l'océan Pacifique.

Transports locaux

En voiture et en taxi – Les autoroutes importantes sont goudronnées et en général bien entretenues. L'INGUAT *(voir plus loin)* vend des cartes indiquant la situation des **stations-service**. Sur les voies de moindre circulation, les pompes à essence sont rares ; il est recommandé d'emporter carburant, eau et outillage de base. Les chemins peu fréquentés sont recouverts de gravier, ce qui rend la circulation difficile, surtout à la saison des pluies. La route qui relie Guatemala à la région du Petén est assez difficile et le trajet en autocar peut durer jusqu'à 24 h. Il est recommandé de ne pas rouler de nuit. Les compagnies **Avis, Budget, Dollar, Hertz, National** ont des agences à Guatemala. Dans les grandes villes et les zones touristiques, des compagnies locales louent aussi des voitures ; il est recommandé de réserver à l'avance. Les conducteurs doivent être en possession d'un permis de conduire en règle et d'une carte de crédit ; les prix commencent à *40 $US par jour, kilométrage illimité + taxe de 10 %.* **Taxis** de Guatemala : Taxis jaunes ☎ 332 15 15 ; Corporación Blanco Rotativo ☎ 444 09 50. On peut également les louer à l'heure.

En bus – Guatemala possède un important réseau de bus, qui sont toujours pleins. Les autocars desservant d'autres régions partent toujours très tôt le matin. Il existe également des navettes de première classe reliant la ville aux sites touristiques. Contactez l'Inguat pour connaître les itinéraires et les horaires *(voir plus loin)*.

En train – La voie ferrée du Pacifique va de Guatemala à Tecún Uman, près de la frontière du Mexique. Il existe une autre voie qui relie Puerto Barrios sur la côte caraïbe. Les prix sont modestes, mais les trains ne sont pas très confortables et la durée du trajet peut être plus longue qu'en autocar.

Informations générales

Information touristique – S'adresser à l'**Institut guatémaltèque du Tourisme (INGUAT)** 7ª avenida 1-17, Zona 4, Centro Cívico, 01004 Guatemala, CA ☎ 331 13 33 *(du lundi au vendredi de 8 h à 16 h, le samedi de 8 h à 13 h)*, pour toute information sur les hôtels, le transport, les achats, les loisirs, les voyagistes et les agences de voyages. L'INGUAT diffuse également des brochures touristiques.

Hébergement – Au Guatemala existe un grand choix d'établissements, des chaînes d'hôtels internationales dans Guatemala et les zones touristiques aux petits établissements familiaux dans les grandes villes. À l'intérieur du pays, l'hébergement est un peu plus modeste, de la pension de famille à la paillote. Dans les zones retirées, l'eau et l'électricité sont parfois coupées de 22 h à 6 h. Dans les hôtels, on doit acquitter une taxe d'hébergement de 20 %. Pour obtenir une liste des établissements, se mettre en rapport avec l'Inguat *(ci-dessus)*. Le paiement par carte de crédit est surtout limité aux grandes villes. Il est possible de **camper** dans tout le pays.

Change – La monnaie officielle du Guatemala est le **quetzal** (en décembre 2000, le taux de change était approximativement de 7,77 quetzals pour 1 USD), divisé en 100 centavos. Les banques, telles la Banco del Quetzal, la Lloyd's Bank et la Banco Internacional de Guatemala *(ouverts du lundi au vendredi de 9 h à 15 h ; quelques agences sont ouvertes jusqu'à 18 h ou 20 h et le samedi de 9 h à 12 h 30)* acceptent les devises étrangères et les chèques de voyage. Les compagnies aériennes, les hôtels et les restaurants à Guatemala acceptent les cartes de crédit (MasterCard/EuroCard, Visa, American Express, Dinner's Club) et les chèques de voyage (agent d'American Express : Banco del Café, av. de la Reforma 9-00, ☎ 234 74 63). Dans l'intérieur du pays, il est recommandé d'emporter de la monnaie locale. La plupart des biens et services sont majorés d'une TVA de 10 %. Les hôtels appliquent une **taxe** d'hébergement de 20 % *(voir ci-dessus)*. Dans les restaurants, il est recommandé de laisser un **pourboire** de 10 % pour le service.

Visites guidées – Les circuits en groupe sont le meilleur moyen de visiter le pays. Ils sont de plus faciles à mettre sur pied. Clark Tours du Guatemala (Guatemala) ☎ 339 28 88 organise des visites de certaines régions en autocar climatisé avec des guides parlant anglais. Unitours Guatemala (Guatemala) ☎ 231 41 66 organise des visites des sites archéologiques et parcs naturels, ainsi que des promenades en bateau sur les rivières, où les touristes peuvent pratiquer la pêche ; les guides sont polyglottes. Un voyage en canot au **biotope de Monterrico** permet de découvrir les **oiseaux** de la mangrove et des lagunes. Au Nord de cette région se trouve la **station thermale** d'Iztapa. On peut aussi plonger dans l'histoire en faisant des **randonnées** à pied : Antigua Tours (La Antigua) ☎ 832 01 40 *(du lundi au samedi ; espagnol et anglais ; 15 $US. sur réservation)*. On peut se rendre à Flores en avion et se rendre ensuite par la route jusqu'au Parc national de **Tikal** *(les hôtels sont nombreux à Flores, mais il y en a peu à Tikal)*. Le transport en autocar ou mini-van peut s'organiser sur place. Les hôtels sont nombreux à Flores, mais il y en a peu à Tikal. Réservez à l'avance, surtout pendant la saison touristique (de novembre à mai). De là, on accède aisément à d'autres sites archéologiques : s'adresser aux agences de voyages locales ou se renseigner à son hôtel. Far Horizons, PO Box 91900, Albuquerque NM 87199, ☎ 343 94 00 (ou 800 552 45 75 depuis le Canada) ou *www.farhorizon.com* propose des **visites guidées**.

Loisirs – Les amateurs pourront s'adonner au ski nautique, à la baignade et à la promenade en bateau. Dans les montagnes du centre, on peut pratiquer le raft et explorer des **grottes**. Pour faire du raft sur le Montagua et le Cabón, on peut avoir recours aux services d'un guide depuis la capitale. La meilleure saison pour visiter le pays est de novembre à mai. Maya Expeditions, 15 calle 1-91, Zone 10, Cd. Guatemala, Guatemala. CA ☎ 363 49 55, est le spécialiste du raft et de l'ascension de volcans et organise des circuits d'un week-end ou de plusieurs jours, avec transport, hébergement, guide et équipement. Les spécialistes de tourisme vert proposent une variété de services, y compris du raft et des expéditions en **kayak** dans la forêt tropicale (1 à 5 jours). Se renseigner et réserver auprès de Área Verde Expeditions, 4e av. Sur, 8, La Antigua, ☎ 832 38 63.

Numéros utiles – Police ☎ 120 ; Pompiers/Ambulance ☎ 123 ; Assistance (locale) ☎ 124 ; Standard international ☎ 171.

Jours fériés

Nouvel An
Jeudi saint
Vendredi saint
Fête du Travail
Fête de l'Armée (30 juin)
Fête de l'Indépendance (15 septembre)
Fête de la Révolution (20 octobre)
Fête des Morts (1er novembre)
Veille de Noël
Noël
Veille du Nouvel An

Six jours au Guatemala

1er jour

Guatemala – Vols au départ de Mexico, de Cancún, de Belize City et d'autres aéroports internationaux.

2e et 3e jours

Tikal – 548 km au Nord de Guatemala, dans le département du Petén. Des liaisons aériennes sont assurées de Guatemala (30 mn), de Cancún ou du Belize, ainsi que d'autres aéroports internationaux.

4e et 5e jours

La Antigua Guatemala – 45 km à l'Ouest de Guatemala, dans le département de Sacatepéquez. Des autocars de tourisme partent de Guatemala.

6e jour

Lac d'Atitlán – 80 km de La Antigua Guatemala, dans le département de Sololá. Des autocars de tourisme partent de Guatemala.

Certaines villes sont pourvues de restaurants servant des menus internationaux. Il y a plusieurs restaurants chinois à Guatemala, du fait de l'influence économique de cette communauté.

Le Patrimoine mondial au Guatemala

Au Guatemala, les sites culturels et naturels inscrits sur la liste du Patrimoine mondial de l'UNESCO sont :

Ville de La Antigua Guatemala

Site archéologique de Tikal

Site archéologique de Quiriguá

Signalons également à titre indicatif qu'un site du **Honduras** proche du Guatemala est inscrit sur cette même liste :

Site archéologique de Copán

Musique et danse traditionnelles – Chacun des 23 groupes ethniques qui composent la majeure partie de la population guatémaltèque possède ses danses traditionnelles. Les représentations ont lieu en général les jours de fête ou à l'occasion de cérémonies religieuses. De même, chaque groupe indien porte un costume particulier qui le distingue des autres ethnies, avec une tenue spéciale pour les jours de fête.
Au Centre culturel Miguel Angel Asturias (Guatemala), le **ballet** de l'Institut guatémaltèque du Tourisme présente les danses traditionnelles de tout le pays. L'un des instruments incontournable de la musique traditionnelle est la **marimba**. Il y a aussi la musique populaire, tropicale ou moderne, que diffusent les radios du pays.

La ANTIGUA GUATEMALA★★★

ANTIGUA – Sacatepéquez

34 168 habitants

ℹ Palacio de los Capitanes Generales, Plaza Central ☎ 832 07 63

Cette ville magnifique a été inscrite au Patrimoine mondial de l'humanité en 1979. Ses majestueuses constructions, aujourd'hui en ruine, font ressortir la beauté de la vallée et des trois volcans (Agua, Fuego et Acatenango) qui l'entourent en formant un magnifique **cadre★** naturel.

Un peu d'histoire – C'est la troisième capitale établie par les Espagnols après l'inondation catastrophique d'Almolonga, le 11 septembre 1541. Fondée en 1543, baptisée **Ciudad de Santiago de los Caballeros de Guatemala** en 1566, la ville fut continuellement ravagée par des catastrophes naturelles ; d'où peut-être la solidité de ses constructions et l'orgueil de ses habitants. Après les épidémies de peste, les tremblements de terre, les éruptions volcaniques et les inondations, un séisme finit par la détruire définitivement en 1773. Condamnée alors à l'abandon, elle fut remplacée par une nouvelle capitale : Ciudad Guatemala *(voir ce nom)*. Mais ses habitants revinrent peu à peu redonner vie à la cité, dont l'atmosphère coloniale en fait aujourd'hui l'un des endroits les plus touristiques du Guatemala.

45 km à l'Ouest de Guatemala par l'av. Roosevelt, qui devient ensuite la Panaméricaine CA-1 ; au km 29, prendre le pont sur la droite en direction de San Lucas Sacatepéquez, et poursuivre jusqu'à La Antigua.

★PLAZA MAYOR ET ABORDS *1/2 journée*

Plaza Mayor – Au centre de cette esplanade carrée plantée d'arbres s'élève la **fontaine du comte de la Gomera** (ou des **Sirènes** – **1**), qui la fit construire pour rappeler une légende populaire selon laquelle les filles d'un roi avaient refusé d'allaiter leurs enfants. Alors, le roi ordonna qu'elles soient liées à un poteau au milieu d'un point d'eau, où elles moururent de faim et de soif. Sur la fontaine, quatre sirènes tenant leurs seins entre les mains approvisionnent la ville en eau.

Mercado de Artisanía – *6ª av. Sur et 4ª calle Poniente, à une rue de la plaza Mayor. Ouvert de 10 h à 18 h.* Les visiteurs de La Antigua s'y retrouvent pour découvrir toutes sortes d'objets d'artisanat, allant des tissus aux sculptures, en passant par les jouets et les articles en cuir, dans un magnifique déploiement de formes et de couleurs.

Palacio de los Capitanes Generales – *Au Sud de la plaza Mayor. Visite de 8 h à 17 h.* Cette construction à double arcade de solides colonnes toscanes fut la résidence des représentants du roi aux 17ᵉ et 18ᵉ s. Aujourd'hui, les bureaux de l'administration départementale en occupent l'étage, et l'Office de tourisme le rez-de-chaussée.

Palacio del Ayuntamiento – *Au Nord de la plaza Mayor.* Construit en 1743, ce palais où siégea le Conseil municipal présente, comme le palais des Capitaines généraux, une double arcade de pierre. Ce robuste édifice a aussi servi de prison. C'est également ici que s'établit la première imprimerie du royaume du Guatemala. Il abrite aujourd'hui les services municipaux et ceux de la police touristique. Le petit **musée Santiago** *(au rez-de-chaussée ; visite de 9 h à 16 h, avec interruption de 12 h à 14 h le week-end ; fermé le lundi ; contribution à l'appréciation des visiteurs ; ☎ 832 28 68)* présente une collection d'armes, de peinture, sculpture et mobilier de l'époque coloniale. À côté se trouve le **musée du Livre Ancien** *(mêmes horaires de visite ; 10 quetzals)* où sont exposés quelques originaux de livres du 16ᵉ au 18ᵉ s. et des fac-similés d'ouvrages imprimés au Guatemala. Dans cette collection figure le premier livre sorti des presses guatémaltèques et le matériel universitaire de l'époque. Le musée expose également un **fragment** original du *Catholicon* imprimé par Gutenberg en 1460.

Catedral metropolitana – *À l'Est de la plaza Mayor. Visite de 9 h à 12 h et de 14 h à 17 h. 2 quetzals. ☎ 832 09 09.* Visible de la plaza Mayor, ce temple fut inauguré en 1680. La façade baroque de mortier blanc a le style caractéristique des églises de La Antigua, avec des colonnes unies et un clocher-mur reconstruit après le tremblement de terre de 1773.
On voit à l'arrière les ruines de la cathédrale, dont il reste les colonnes de la coupole et ses **pendentifs★** décorés d'anges sculptés, ainsi que quelques vestiges qui donnent une idée de la beauté de l'édifice. Il est possible de visiter les catacombes dans le sous-sol des ruines.

★★**Museo de Arte Colonial** (**M**) – *5ª calle Oriente 5, au Sud de la cathédrale. Visite de 9 h à 16 h, avec interruption de 12 h à 14 h le week-end ; fermé le lundi. 25 quetzals. ☎ 832 04 29.* Le musée occupe l'ancienne université St-Charles-Borromée, fondée en 1767. L'édifice a conservé son magnifique **patio★** avec ses arcades de style mudéjar, associées à des éléments baroques caractéristiques de La Antigua, comme les colonnes à bossages. Le musée expose des peintures religieuses du 18ᵉ s. et des sculptures des 17ᵉ et 18ᵉ s. On admire en particulier quatre magnifiques **tableaux★** représentant la présentation de Jésus à Hérode, son arrivée devant Pilate, sa condamnation à la crucifixion et une scène de la Passion. La salle 6 abrite une remarquable **collection★** de tableaux de Cristóbal de Villalpando.

Les volcans du Guatemala

Outre sa richesse culturelle, le Guatemala dispose entre autres atouts naturels de 32 spectaculaires volcans comptant au nombre des 324 foyers éruptifs du pays. Parmi les plus connus, citons le **Pacaya**, qui culmine à 2 552 m et présente une cheminée secondaire appelée « pic Mackenney », actuellement en activité.
Non moins dignes d'admiration sont l'**Acatenango** (3 976 m), à la limite des départements de Chimaltenango et Sacatepéquez, le **Fuego** (3 763 m), aux explosions impressionnantes et que l'on ne peut gravir parce qu'il est couvert de lave, et l'**Agua**, ou Hunapú, d'une altitude de 3 766 m.
Il en est d'autres, tout aussi majestueux, bien que moins connus, comme le **San Pedro**, l'**Ipala**, situé dans le département de Jutiapa et dont le cratère est occupé par un lac aux eaux de couleur verte, le **Suchitán** et le **Tecuamburro**, qui fait partie d'un groupe de trois volcans comprenant aussi le **Miraflores** et la **Soledad**, qui vaut le détour pour sa végétation et les fumerolles sulfureuses qui enveloppent ses flancs.
L'ascension de ces volcans requiert une bonne condition physique et il est recommandé, pour des raisons de sécurité, de s'y rendre en groupe avec guide, en passant par une agence spécialisée. La plupart de ces agences se trouvent à La Antigua.

★ANCIEN COUVENT DES CAPUCINES ET ABORDS *2 h 1/2*

Ex convento de Capuchinas – *2ª av. Norte, entre les rues 2ª Poniente et 1e Poniente. Visite de 9 h à 17 h. 10 quetzals.* Le monastère Notre-Dame-du-Pilier-de-Saragosse, construit en 1736 par le grand architecte de La Antigua Guatemala, Diego de Porres, fut le dernier couvent de femmes de la ville. À l'intérieur s'ouvre une cour circulaire à arcades, autour de laquelle se trouvent les cellules des religieuses ; sa forme et sa fonction lui valaient d'être appelée jadis Tour de la Retraite. Une deuxième cour avec une fontaine centrale et des arcades à colonnes toscanes formait le cloître principal. Dans la rue suivante, en allant vers l'Ouest, on rencontre les ruines de l'**église Ste-Thérèse.**

El Carmen – *3ª av. Norte, entre les rues 2ª Poniente et 3ª Poniente. Visite de 9 h à 17 h.* La **façade★** de l'**église du Carmel**, dont les deux registres sont ornés de groupes de colonnes, est l'un des plus beaux exemples du style baroque de La Antigua. Les colonnes du deuxième registre conservent encore une décoration bigarrée avec des motifs végétaux.

Ex Convento de Santa Catalina – *5ª av. Norte, entre les rues 2ª Poniente et 1ª Poniente. Visite de 9 h à 17 h.* Le couvent fut construit en 1613 et l'église en 1647. Quelques années plus tard, comme il accueillait un grand nombre de religieuses, les autorités ecclésiastiques demandèrent la fermeture de la rue afin de le relier à la propriété située en face. Les riverains ayant refusé, on construisit une arche avec un passage. Du bâtiment original ne subsistent que quelques pans de murs et cette **arche** avec son horloge, qui est illuminée la nuit et baigne les rues voisines d'une agréable lumière orangée.

La Merced – *6ª av. Norte et calle Poniente. Visite en semaine de 6 h 30 à 12 h 30 et de 15 h à 20 h, le dimanche de 6 h 30 à 19 h 30.* Construite en 1546, l'**église de la Merci** fut agrandie à trois vaisseaux en 1688. Détruite en 1717, restaurée en 1765, elle fut à nouveau ravagée en 1773 par un tremblement de terre. Sa magnifique **façade★★** baroque ornée de feuilles de vigne en stuc blanc contraste avec le jaune des murs. À l'intérieur au plan en croix latine, les colonnes montrent des chapiteaux rectangulaires. Dans l'abside, les arcs et la base de la petite coupole polylobés sont décorés de motifs végétaux. Les retables baroques ont été démontés et transportés dans l'église du même nom à Guatemala.
À gauche de l'entrée, une façade similaire donne accès à l'ancien couvent, où se trouve une immense **fontaine★★** ornée d'un monument de style baroque et d'anges à la base du bassin.

★**Hotel Casa Santo Domingo** – *3ª calle Oriente 28.* ✗ ☎ *832 01 40.* Ce magnifique hôtel occupe l'ancien couvent St-Dominique, détruit par le tremblement de terre de 1773. À la réception se trouve une **anda** du 18e s. (massif plateau de bois servant à porter les statues au cours des processions de la Semaine sainte), la statue d'un archange et un retable baroque. Depuis ce qui était autrefois le jardin, on accède aux catacombes, où l'on apprend comment on veillait et enterrait les moines. La chapelle souterraine dite du Calvaire abrite une belle crucifixion en **haut-relief**, les autres personnages étant peints sur le mur. Le soir, quand l'hôtel est illuminé aux bougies, il se crée une ambiance mystique qui ramène à l'époque coloniale.

Museo Arqueológico – *Visite de 9 h à 16 h. 10 quetzals (incluant l'accès aux ruines du couvent et l'entrée au musée Colonial).* Le musée se trouve en face des ruines de l'ancien couvent et présente des pièces de céramique et des sculpture mayas provenant de la côte Sud, des hauts plateaux et des plaines du Guatemala. On retiendra notamment deux **encensoirs★** du style de Teotihuacán en forme d'homme à grande coiffe. On admirera encore des vases et des coupes polychromes, ainsi que des figurines de terre cuite et des verres aux couleurs vives. À côté du musée, la **Casa de la Cera** permet au visiteur d'assister à la fabrication de bougies.

Museo Colonial – *Visite* de 9 h à 18 h. Ce musée abrite une merveilleuse collection d'œuvres coloniales guatémaltèques, avec des sculptures sur bois, des pièces d'argenterie et des peintures néohispaniques. On remarquera notamment une **statue de l'archange saint Michel★**, datant probablement du 17e ou 18e s., en bois incarnat et revêtu d'argent ajouré.

ÉGLISE ST-FRANÇOIS ET ABORDS *1/2 journée*

Casa Popenoe – *5a calle Oriente et 1a av. Sur. Visite de 14 h à 16 h. 5 quetzals.* Cette maison rassemble du mobilier et divers objets, ainsi qu'une cuisine et un beau pigeonnier qui permettent de restituer l'ambiance d'une maison de La Antigua des 17e et 18e s. Elle fut acquise en 1929 par le docteur Wilson Popenoe, qui la fit restaurer pour permettre au public de visiter une demeure aristocratique d'époque. Les travaux de restauration ont été poursuivis par les occupants actuels, familiers du docteur.

Ex convento de Santa Clara – *6a calle Oriente et 2a av. Sur. Visite de 9 h à 17 h. 10 quetzals.* Ce couvent fut fondé par des religieuses de Puebla, au Mexique. La construction débuta en 1699 et l'église fut consacrée en 1734. Malgré le séisme de 1773, certaines parties sont demeurées intactes, tels la **façade★** et le cloître, avec son joli **jardin★** et sa fontaine centrale.

Hospital de San Pedro – *6a calle Oriente et 3a av. Sur. Visite de 8 h à 12 h et de 15 h à 18 h.* Cet hôpital, fondé en 1663, doit son nom au frère Pedro de Betancourt, qui y recueillait et soignait les indigents. Le bâtiment est toujours utilisé comme hôpital.

San Francisco – *Calle de los Pasos et 7a calle Oriente. Visite de 6 h à 17 h 30.* Cette église entourée d'une muraille crénelée fut construite en 1579. Le **porche** Ouest est remarquable par ses magnifiques colonnes torses à bossages. Du parvis, on admire la façade principale, ponctuée de 12 niches. L'intérieur *(accès par une porte latérale)* abrite de splendides **retables★★** baroques avec des ornements polylobés dorés à la feuille. Dans la chapelle repose le corps de Pedro de Betancourt, moine vénéré par les habitants de La Antigua.

Calle de los Pasos – *Elle va de l'église St-François au Calvaire.* Le long de cette voie qu'emprunte la procession de la montée au Calvaire pendant la Semaine sainte s'élèvent sept des quatorze **reposoirs** jalonnant le chemin de croix. Ouverts uniquement en cette occasion, on peut y voir des scènes de la Passion du Christ. Dans la rue se trouvent également l'église et le couvent St-Philippe Neri (ou École du Christ), l'**église de la Recouvrance** (17e s.) et, à son extrémité, l'**église du Calvaire**, où s'achève la procession.

Ancien couvent Ste-Claire et église St-François

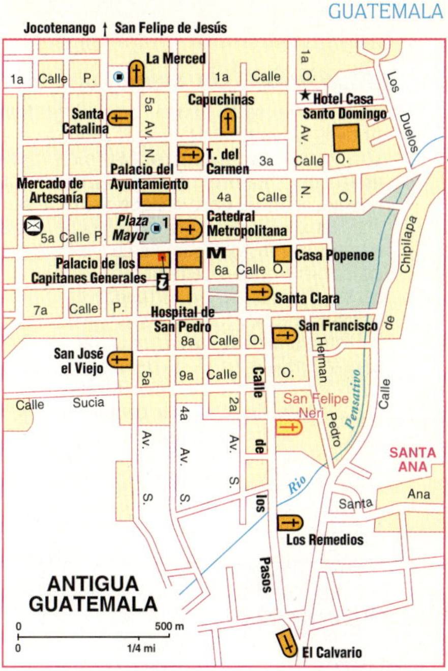

San José el Viejo – *5ª avenida Sur, entre le callejón de San José et 9ª calle Oriente. Visite de 9 h à 17 h.* Avec ses petites dimensions, cette église terminée en 1761 est représentative de l'architecture antisismique de La Antigua. La façade porte des colonnes cannelées et à bossages et des pilastres, également à bossages. Le portail montre un tympan en creux bordé de moulures. Le clocher-mur est percé d'une fenêtre éclairant le *coro* et de deux ouvertures pour les cloches.

EXCURSIONS

Jacotenango – *2 h. 2 km au Nord-Ouest de La Antigua par la calle Ancha de los Herreros.* Cette petite ville dont les habitants sont par tradition maçons ou éleveurs de porcs a été fondée en 1541 par des Indiens après la destruction de la ville d'Almolonga, seconde capitale du Guatemala. Sur la place, l'église **Notre-Dame-de-l'Assomption** élevée au 17e s. possède une belle façade baroque et de remarquables colonnes torses, dont quatre à bossages. Remarquez la fenêtre octogonale du coro. Jacotenango était le point d'arrivée de la malle-poste venant de Nouvelle-Espagne (Mexique) ; c'était aussi une étape obligée pour les dignitaires de l'Église à leur arrivée à la Capitainerie générale de l'ancien royaume du Guatemala.

San Felipe de Jesús – *2 h. 700 m au Nord-Ouest de Jacotenango.* C'est un agréable village avec un marché, où l'on pourra acheter des produits artisanaux et goûter aux spécialités guatémaltèques, comme l'**atol de elote**, les **rellenitos** et les **dobladas**. Autour des cuisines ambulantes se réunissent visiteurs et paroissiens de l'église St-Philippe.

Lac d'ATITLÁN★★

Sololá

Calle Santander, Edificio Rincón Sai, Panajachel ☎ 762 13 92

À 1 560 m d'altitude, ce lac de 125 km² est l'un des endroits les plus attrayants du Guatemala. L'entonnoir de roches cristallines s'est formé il y a plus de 85 000 ans, à la suite d'une éruption volcanique qui effaça toute trace de vie du Sud-Est du Mexique jusqu'au Costa Rica. Au cours des siècles, l'eau s'est accumulée dans ce bassin, descendant de volcans nouvellement formés : Tolimán, Atitlán et San Pedro. Aujourd'hui, le lac est entouré de douze villages, parmi lesquels on retient Santa Catarina Palopó, Santiago Atitlán, San Lucas Tolimán, San Pedro La Laguna et Panajachel. Tous ces villages offrent un magnifique **panorama★★** sur le lac, où la silhouette des volcans se détache sur l'azur limpide du ciel. Il faut voir ici en été les couchers de soleil aux splendides nuances orangées.

Les costumes de la région sont particulièrement pittoresques avec leurs vifs coloris, en particulier la **coiffure** des femmes **cakchiquel**, faite d'une bande de tissu de 10 m de long.

CURIOSITÉS

Panajachel – *1 journée. 80 km à l'Ouest de La Antigua par la route de Guatemala ; après environ 9 km, prendre à San Lucas l'embranchement vers Chimaltenango, direction Los Encuentros, puis la direction du village de Sololá. Panajachel se trouve 9 km après Sololá sur cette même route.* Cette paisible bourgade accueille la plupart des hôtels et restaurants « internationaux » de la région du lac d'Atitlán. Tout en profitant de la tranquillité de l'endroit, on peut acheter des objets d'artisanat sur les marchés ou auprès des marchands ambulants. Le soir, on peut aller danser dans une discothèque ou prendre un verre dans un bar. Il est possible également de louer un canot ou d'emprunter une navette pour découvrir les villages qui bordent le lac.

■ Maximón, un saint hors série

Le culte de saint Simon, surnommé Maximón ou Maximom à Santiago Atitlán, remonte au 19e s. et continue à être pratiqué. L'un des saints les plus joyeux du Guatemala, Maximón se distingue par son beau nez aquilin et sa petite stature. Sa statue sculptée dans le bois est habillée de ce que la population lui offre chaque Semaine sainte ; Maximón porte jusqu'à cinq chapeaux superposés, des mouchoirs, des sacs et des chemises. Dans la tradition syncrétiste, il semble être le seul saint à se voir offrir de l'eau-de-vie, de la bière et des cigares, en échange de quelque secours en matière de santé, d'amour ou de fortune.
Les autochtones communiquent avec Maximón à travers une confrérie, grâce à l'intervention d'un *sanjorín*, ou sorcier, qui obtient par ses prières les faveurs sollicitées. Les requêtes sont formulées dans la maison de la confrérie choisie, dans une ambiance mystique, dans un nuage de fumée de copal à laquelle se mêlent bougies, fleurs, fruits et divers ornements envoûtant les solliciteurs. Maximón est aussi entouré des autres représentants de la confrérie, qui s'emploient à consoler les âmes en peine.
Cette saisissante tradition se perpétue grâce à l'intérêt qu'y porte la communauté Tzutuhil, qui habite Santiago Atitlán, et au respect des touristes qui assistent en silence à cette cérémonie.

EXCURSIONS

De Chichicastenango à San Francisco el Alto *3 jours*

Chichicastenango – *37 km au Nord de Panajachel. Revenir à Los Encuentros et prendre la route nationale 15 vers Chichicastenango.* Chef-lieu du département de Quiché, Chichicastenango est relié par une route moderne qui traverse un merveilleux **cadre★★★** de montagnes toujours vertes. La place centrale est le lieu de rencontre des Indiens de cette agglomération et de ceux de villages plus éloignés, comme Santiago Atitlán, qui viennent y vendre leurs produits. C'est un endroit animé, plein de couleurs et de bruit. Le **marché★★** de Chichicastenango *(jeudi et dimanche de 8 h à 16 h)* est le plus grand du Guatemala et l'un des plus renommés. Dans l'église **St-Thomas** *(visite de 7 h à 18 h)* se pratiquent des **rites★★** syncrétiques des cultures maya et espagnole, auxquels on peut assister si l'on manifeste une attitude d'un extrême respect.

Quetzaltenango – *94 km à l'Ouest de Chichicastenango. Revenir à Los Encuentros et prendre la Panaméricaine (CA-1) vers Huehuetenango sur 60 km jusqu'à Cuatro Caminos et bifurquer vers Quetzaltenango, qui se trouve à 14 km (sur la route nationale 1).* Cette ville qui a donné son nom au département est également connue sous le nom maya de **Xela**. Dans sa grande vallée, les habitants conservent encore les traditions de la population maya-quiché. La place principale, le **Parque Centroamérica**, est environnée de jardins bien ordonnés où s'élève un hémicycle aux colonnes stylisées. D'importants édifices bordent le parc : la **cathédrale**, dont il ne reste plus que la façade, la **Maison de la Culture** *(visite de 8 h à 12 h et de 14 h à 18 h ; ☎ 761 49 31)*, qui abrite aussi l'Office de tourisme, et le **Pasaje Enríquez**.

Lac d'Atitlán

© Edward Thomas

Marché de Chichicastenango

San Andrés Xecul – *14 km au Nord-Est de Quetzaltenango. Revenir vers Cuatro Caminos ; à la station-service, tourner à gauche, emprunter la piste en terre et poursuivre sur 3 km pour gagner l'église de San Andrés.* Dans ce petit village du département de Totonicapán se trouve une église du 16e s., dont la **façade**★★ est probablement un exemple unique de l'art des Indiens. On y voit des saints, des anges, des fleurs et des plants de maïs, dans une fantaisie de couleurs où se détachent le bleu, le vert et le rouge contrastant avec le jaune des murs. Bien que ce style soit très particulier, il n'est pas sans rappeler celui de l'église de Tonantzintla, dans l'État de Puebla au Mexique.

San Francisco el Alto – *22 km au Nord-Est de San Andrés Xecul. Revenir à Cuatro Caminos, prendre la Panaméricaine (CA-1) vers Huehuetenango et tourner à droite au panneau Totonicapán-San Francisco el Alto. Poursuivre 1 km dans cette direction.* San Francisco est un petit village tranquille qui s'anime le vendredi, jour où les Indiens viennent nombreux vendre leurs produits sur le **marché**★ *(de 3 h à 12 h)*. Il se divise en sections et on y trouve un peu de tout, animaux, épices, ou meubles. L'**église** du 16e s. a été restaurée récemment *(visite de 6 h à 12 h et de 15 h à 19 h ; les jours de marché, accès au toit : 1 quetzal)*. Du toit de l'église, on admire la **vue**★ du paysage de cette région de l'Ouest du Guatemala.

Zunil et Abaj Takalik *1 journée*

Zunil – *14 km au Sud-Est de Quetzaltenango. Prendre la route nationale 9S, dite « de la terre chaude ». Zunil se trouve après Amolonga.* Au milieu d'un superbe **paysage**★ de montagnes auréolées de nuages, ce village à majorité indienne montre la **façade** blanche de son église *(visite de 8 h à 12 h et de 14 h à 18 h)*, finement ornée sur ses deux registres de colonnes torses à bossages et à motifs végétaux, de niches parées de

© Fernando Garcia Aguinaco

Église de San Andrés Xecul

sculptures et d'un foisonnement complexe de courbes et de rinceaux. Dans l'intérieur assez austère, on voit au maître-autel un **retable** baroque, ainsi qu'une très grande **croix**★ d'argent repoussé.

★**Abaj Takalik** – *Au Sud de Zunil par la route CITO en direction de Retalhuleu (50 km) ; en arrivant à Retalhuleu, prendre la première rue à droite et rejoindre la Panaméricaine 2 (CA-2) ; continuer sur 14 km et tourner à droite jusqu'à l'entrée du village d'El Asintal (4 km) ; rouler 4 km sur la piste 6W. En arrivant à l'entrée du site, tourner à gauche et continuer sur 500 m. On peut également s'y rendre au départ de Guatemala par la route CA-2 (200 km). Visite de 7 h à 17 h 30 ; 25 quetzals ; ☎ 331 13 33, poste 206.* Son nom en langue quiché signifie « pierre levée ». C'est l'un des sites archéologiques les plus importants du pays, où l'on a découvert des vestiges des cultures olmèque et maya. Les constructions sont de deux styles : préclassique moyen (800-300 avant J.-C.) avec des édifices en terre (jeu de pelote), et préclassique tardif (300 avant J.-C. à 250 après J.-C.) avec des constructions en terre et galets qui correspondent à l'époque florissante d'Abaj Takalik.
Les édifices composant la partie Sud du groupe central datent du préclassique tardif. La pyramide principale, la **structure cérémonielle 12**, est bordée de monolithes zoomorphes ou anthropomorphes de style **olmèque**, en forme de crapauds ou de têtes de jaguars, et de style maya, comme l'**autel 8** et la **stèle 5** (126 après J.-C.), qui représentent des personnages debout, séparés par une colonne de glyphes. Parmi d'autres, le **monument 67** montre un personnage sortant de la gueule d'un jaguar. Le parcours mène aux vestiges de la **structure 10**, un temple aujourd'hui protégé par un toit de palmes. Sur la base Sud-Est, on découvre le **monument 99** en forme de tête humaine dotée d'oreillettes, appelé « baby face » par les anthropologues. Sur la base centrale à l'Ouest, on découvre l'**autel 28**, avec une tête de mort sur laquelle apparaissent deux empreintes de pieds. Peut-être figure-t-elle un personnage en train de passer de la lumière à l'obscurité ; les empreintes symboliseraient son cheminement. Un peu plus loin, la structure Nim-Ja, « grande maison », sans doute la demeure d'un haut dignitaire, abrite le **monument 93**, à visage humain et corps de jaguar, tourné vers l'Ouest.
À quelques mètres à l'Ouest du site, de récentes découvertes archéologiques ont eu lieu dans la zone appelée « El Escondite », une enceinte cérémonielle consacrée à l'eau.

CIUDAD GUATEMALA★

GUATEMALA – Guatemala

823 301 habitants

ℹ 7a av. 1-17, Centro Civico (zona 4) ☎ 331 13 33, poste 206

Fondée il y a plus de deux siècles, Guatemala est la ville la plus peuplée et le centre politique et économique du pays. À la différence d'autres États d'Amérique latine, les Indiens en costume traditionnel cohabitent ici avec les métis qui forment la grande majorité de la population.
Cette ville de contrastes a survécu aux catastrophes naturelles qui se sont abattues sur la région, comme le tremblement de terre de 1976 qui a obligé à la reconstruire.

Un peu d'histoire

Les deux premières capitales – Après la conquête de la région, les Espagnols choisirent en 1524 le chef-lieu du territoire cakchiquel, **Iximché**, pour y installer la première capitale du Guatemala. Les révoltes indiennes les contraignirent à rechercher un site plus paisible pour bâtir une nouvelle ville ; ils jetèrent alors leur dévolu sur la vallée d'Almolonga et y implantèrent en 1527 la capitale de l'ancien royaume du Guatemala. Mais en 1541 Valle de Almolonga, en raison de sa situation à l'Ouest du volcan Agua, eut à subir une terrible inondation qui obligea ses habitants à l'abandonner.

La Antigua et l'actuelle capitale – En 1543, les Espagnols fondèrent dans la vallée de Panchoy Santiago de Guatemala (aujourd'hui La Antigua Guatemala), où se développa la société coloniale. Elle devint le centre administratif du pays et connut une période artistique florissante. En 1773, cette troisième capitale du Guatemala, située elle aussi dans une zone fortement sismique, fut entièrement détruite par un tremblement de terre. La menace de nouvelles catastrophes amena les autorités à interdire la ville. Les habitants se divisèrent alors en deux factions, d'un côté les *terronistas*, partisans de la reconstruction de la capitale, et de l'autre les *translacionistas*, qui ne possédaient rien ou dont les propriétés avaient été hypothéquées, et qui proposaient donc d'installer la capitale ailleurs. Ces derniers l'emportèrent, et la quatrième et dernière capitale du pays fut fondée le 2 janvier 1776 dans la Valle de la Ermita, sur décision du roi d'Espagne Charles III, qui lui donna le nom de **Nueva Guatemala de la Asunción**.

Guatemala est divisée 19 arrondissements (zonas) urbains qui servent de référence dans les indications de direction.

PLAZA DE LA CONSTITUCIÓN ET ABORDS *1/2 journée*

Plaza de la Constitución – Cette place rectangulaire où les arbres sont rares est pendant la semaine le lieu de passage de nombreux Guatémaltèques. Le dimanche, c'est un festival de couleurs quand les marchands exposent leurs beaux tissus colorés et que les femmes déambulent dans leurs **vêtements** de toile typiques. À l'Ouest, le **Parque Centenário** fut le cadre de la signature de l'acte d'Indépendance en 1821.

Palacio Nacional – *Au Nord de la place. Visite de 9 h à 17 h.* Achevé en 1943 par Rafael Pérez de León, ce bâtiment dans les tons de vert est un exemple d'éclectisme. Remarquez le blason sculpté du Guatemala arborant le quetzal, l'oiseau national, ainsi que les cinq fenêtres rondes représentant les pays de l'ancienne fédération des Provinces-Unies d'Amérique centrale.
L'intérieur renferme de beaux **vitraux** du grand artiste guatémaltèque Julio Urruela, illustrant l'histoire de la Création selon la tradition maya. On peut aussi visiter la salle du Protocole, dont la pièce maîtresse est un candélabre en cristal de Bohême, avec quatre oiseaux quetzals en or qui marquent les points cardinaux. Le palais abrite également un musée dont les 18 salles sont consacrées à l'expression plastique, tant guatémaltèque qu'étrangère.

Catedral Metropolitana – *À l'Est de la place. Visite du mardi au vendredi de 8 h à 12 h et de 15 h à 19 h.* La cathédrale de style néoclassique fut édifiée entre 1781 et 1815 et ses tours entre 1863 et 1868. L'intérieur renferme des peintures coloniales, et – au dire des habitants – la plus vieille cloche de la ville, appelée familièrement *la Chepona* (la ventrue).
Pour commémorer les accords de paix signés en décembre 1996 et en l'honneur de monseigneur Gerardi, assassiné en 1998, les douze colonnes du parvis ont été dotées de plaques de marbre portant les noms de quelques-unes des victimes de la guerre civile.

Cathédrale métropolitaine

Mercado Central – *Derrière la cathédrale, entre les 8ª et 9ª av. Ouvert de 8 h à 19 h (13 h le dimanche). Fermé le lundi.* Construit en 1869 sur l'ancien cimetière de la ville, il a été très endommagé par le tremblement de terre de 1976. On l'a alors démoli et reconstruit sous terre. Ne manquez pas de passer par le secteur des légumes, des fruits et de la viande, ainsi que ceux des plats préparés et de l'artisanat.

La Merced – *Angle de 11ª av. et 5ª calle. Visite de 8 h à 12 h et de 15 h à 18 h.* De style néoclassique, l'**église de la Merci** abrite des **retables★** baroques provenant de l'église homonyme de La Antigua Guatemala, récupérés après le tremblement de terre de 1773. Le style baroque **« antigüeño »** (style spécifique à La Antigua) de ces œuvres, où le travail complexe des formes combine lignes droites et courbes, est absolument remarquable. La chaire, qui présente également des formes mixtilignes colorées, est surmontée d'une couronne en bois doré.

Santo Domingo – *Angle de 12ª av. et 10ª calle. Visite de 8 h à 12 h et de 15 h à 18 h.* De style néoclassique à façade rose et blanche, l'**église St-Dominique** fut construite en 1792. L'intérieur abrite des statues du 18ᵉ s. et une collection de **tableaux★** de Zurbarán représentant des scènes bibliques. Le monastère a été détruit par les séismes de 1917 et 1918.

San Miguel de Capuchinas – *Angle de 10ª av. et 10ª calle. Visite du lundi au vendredi de 9 h à 12 h et de 15 h à 18 h, le samedi de 7 h 30 à 12 h et de 15 h 30 à 19 h, le dimanche de 9 h à 19 h 45.* Inaugurée le 7 août 1789, l'**église St-Michel des Capucines** se détache des édifices qui l'entourent par sa belle **façade** baroque aux étranges colonnes à bossages, uniques dans la ville. On voit à l'intérieur des **retables★★** baroques restaurés, de style « antigüeño », où abondent les formes polylobées et les colonnes serliennes ou galbées.

Palacio de la Policia – *Angle de 6ª av. et 14ª calle.* Cet immeuble à quatre étages à allure de forteresse est doté de deux tours et d'une arcature de style mudéjar, couronnées de créneaux pointus de style arabe.

CENTRO CÍVICO *1 h*

Centro civicó – *7ª av. (zona 4).* Ce complexe réunit l'hôtel de ville (**PM**), le bâtiment du Crédit hypothécaire national, la Banque du Guatemala et l'Institut guatémaltèque de Sécurité sociale (IGSS). La partie supérieure des façades est décorée de bas-reliefs dus à Carlos Mérida, Guillermo Grajeda Mena et Dagoberto Vásquez, artistes guatémaltèques de renom. Dans cette même rue se trouve le bâtiment de l'**Institut guatémaltèque du Tourisme (INGUAT)**.

Centro Cultural Miguel Ángel Asturias – *24ª calle 3-81 (zona 1). Ouvert uniquement pendant les spectacles. ☎ 232 40 42/44.* Une partie du centre culturel a été construite sur le terrain occupé auparavant par le fort St-Joseph. Conçu par l'architecte et artiste Efraín Recinos, l'ensemble réunit le Grand Théâtre, le Théâtre de Poche (Cámara) et le théâtre en plein air. Sa forme de navire le distingue des édifices voisins.

ZONAS 9 ET 10 *3 h*

Torre del Reformador – *Angle de 7ª av. et 2ª calle (zona 9).* Inspirée de la tour Eiffel, cette tour de 85 m qui domine un important carrefour a été inaugurée le 19 juillet 1935 à l'occasion du centenaire du réformateur Justino Rufino Barrios. On a placé dans sa partie supérieure une cloche offerte en 1986 par le gouvernement belge.

★★ **Museo Popol Vuh** – *6ª calle Final (université Francisco Marroquín ; zona 10). Visite de 9 h à 17 h (13 h le samedi). Fermé le dimanche. 15 quetzals. ☎ 361 23 11.* Ce musée abrite une importante collection d'objets précolombiens et d'art colonial. Dans la salle consacrée à la période préclassique, on voit, entre autres, une stèle provenant du site archéologique de Kaminal Juyú, et une sculpture surnommée *el barrigón* (le ventru). Dans la partie réservée à la période classique se trouvent un encensoir cylindrique à trois pointes, un pot à base circulaire avec un rebord, une **maquette** de l'acropole Nord de Tikal, montrant sa construction et les couleurs des autels, ainsi qu'un **vase polychrome** muni d'un couvercle, dans le style chamá. La salle du postclassique présente diverses **urnes funéraires★★★** en provenance de Nebaj, San Juan Cotzal et Chajul dans le département de Quiché, et de Zaculeu et Huehuetenango. Au centre de la vitrine, la grande urne fermée d'un couvercle en forme de tête de jaguar est l'une des pièces les plus représentatives de la période classique tardive. La **salle coloniale★** présente une collection de couronnes, de bannières à l'image du Christ et de plaques ornementales en argent, de belles sculptures religieuses du 18e s., des croix processionnelles en argent et un **retable** baroque du 18e s. dédié à la Vierge de l'Assomption.

★ **Musée Ixchel** – *6ª calle Final (université Francisco Marroquín ; zona 10). En face du musée Popol Vuh. Visite de 8 h 10 à 17 h 50 (de 9 h 10 à 12 h 50 le samedi). Fermé le dimanche, ainsi que les 1er janvier, Semaine sainte, 30 juin, 15 août, 15 septembre, 20 octobre, 1er novembre, 24 décembre (après-midi), 25 et 31 décembre. 15 quetzals. 🍴 ☎ 331 37 39.* La visite débute par la projection d'une vidéo de 15 mn sur les textiles guatémaltèques. Le musée renferme un riche ensemble de costumes des différentes ethnies indiennes du Guatemala, ainsi qu'une collection d'art populaire. En fin de visite, on peut voir une exposition d'aquarelles de **Carmen Pettersen**, qui a su rendre tout l'éclat des costumes indigènes.

Museo Paiz de Arte Contemporáneo – *7ª av. 8-35 (zona 9). Visite de 9 h à 17 h (14 h le dimanche). Fermé le lundi. ☎ 334 10 40.* Tous les ans, la Fondation Paiz organise un concours d'art et fait exposer ici les œuvres des lauréats. Outre des travaux de jeunes artistes guatémaltèques, on voit des œuvres d'Efraín Recinos, Grajeda Mena et Carlos Mérida.

LA AURORA (zona 13) *3 h*

Museo Nacional de Arqueología e Historia – *Édifice 5, Finca La Aurora (zona 13). Visite de 9 h à 16 h (avec interruption de 12 h à 13 h30 le week-end). Fermé le lundi. 30 quetzals. ☎ 472 04 89.* Ce musée, fondé en 1931, rassemble la plus importante **collection**★★ de pièces précolombiennes d'Amérique centrale parmi lesquelles on remarquera particulièrement celles provenant des sites archéologiques de Kaminal Juyú, Santa Rosa, Malacatán et Uaxactún.

La salle dédiée à la période classique renferme de magnifiques **encensoirs**★ de Guastlán et un autel des sacrifices, de même qu'un **vase**★ anthropomorphe. Dans la salle suivante, consacrée à la côte Sud, on admirera des figures féminines, ainsi qu'un **visage**★ d'homme et la partie supérieure d'un encensoir présentant une femme, provenant de Santa Ana Mixtán. Dans la salle située en façade, on découvre une **maquette** de Tikal, un tombeau et différents ustensiles de céramique découverts sur le site.

Après la salle de la côte Sud, admirez le **linteau**★ du temple I d'El Zotz (département du Petén), qui a été restitué par le musée des Beaux-Arts de Denver et qui date de la période classique (550-650 après J.-C.).

Le musée possède en outre une précieuse collection de **stèles mayas★** et une **salle de jades★**, où sont exposés des masques reconstitués de façon hypothétique à partir de fragments, ainsi que des bijoux de différentes contrées du pays. Sur le côté gauche de cette salle se trouve le magnifique **trône 1★** rapporté de Piedras Negras.

Museo de Arte Moderno – *Édifice 6, Finca La Aurora (zona 13). Visite du mardi au vendredi de 9 h à 16 h. 10 quetzals. ☎ 472 04 67.* Cet édifice de style néo-classique renferme des œuvres d'artistes modernes parmi les plus importants du Guatemala. L'exposition permanente couvre trois périodes : de 1900 à 1950, de 1950 à 1970 et de 1970 à aujourd'hui. Remarquez les murals ***Glorification du Quetzal*** de Carlos Mérida, et ***Le Peintre*** d'Efraín Recinos. Le musée expose également des sculptures en plâtre, pierre ou bois, comme ***La Grande Musique*** et ***Quetzal à cheval*** d'Efraín Recinos, ainsi que le très beau ***Christ archaïque*** de Guillermo Grajeda Mena.

Mercado de Artesanías – *11ª av. (zona 13). Ouvert de 8 h à 18 h (de 9 h à 13 h le dimanche). Fermé le lundi. ☎ 232 40 42/44.* À proximité du quartier des musées, on vend les productions des artisans dans des boutiques colorées groupées autour d'une petite place. Dans une explosion de couleurs, on trouvera ici tissus, céramiques, sculptures sur bois et articles de sellerie typiques du pays.

AUTRES CURIOSITÉS *1 h*

★**Église de Yurrita** – *Ruta 6, 8-52 (zona 4). Visite de 8 h à 12 h et 14 h à 16 h. Fermé le lundi.* Cette église, consacrée à Notre-Dame de Douleur, a été édifiée en 1928 en action de grâces par la famille Yurrita, après l'éruption du volcan Santa María. C'est une construction assez particulière, unique dans la ville par son aspect éclectique, mêlant les styles Art nouveau, mudéjar et gothique. On remarque surtout les tours aux balcons coniques ornés de coquilles et de statues. Les portes en bois sculpté représentent des bâtiments historiques de La Antigua. On y voit aussi les figures de Pedro de Alvarado et de Pedro de Betancourt.
Une imagination débridée s'est exprimée à l'**intérieur★** : les portes latérales sont de style mudéjar et le deuxième niveau est orné de balcons de pierre taillée en bossages à facettes.

Mapa en Relieve – *Av. Simeón Cañas Final. Hípódromo del Norte (zona 2).* Une grande maquette à l'échelle (1 809 m²) présente le relief tourmenté du Guatemala. Inaugurée en 1905, elle a nécessité 18 mois de travail sous la direction de l'ingénieur Claudio Urrutia, inventeur, géographe et scientifique, à qui on doit aussi la conception de l'avenida de la Reforma et l'observatoire national.

EXCURSIONS

Las Verapaces – *Au Nord-Est de Guatemala.* Territoire indigène depuis la nuit des temps, les Verapaces étaient le royaume du groupe kekchí, qui résista férocement aux assauts des Espagnols. Néanmoins, Bartolomé de Las Casas parvint à évangéliser et à pacifier la région et la rebaptisa Vera-paz ou « paix véritable ». Cette zone, connue depuis lors sous le nom de Verapaces (pluriel de Verapaz), englobe les départements de Baja Verapaz et Alta Verapaz.
Riche en spiritualité et en coutumes, la région dispose également d'espaces naturels dignes d'intérêt, comme le **biotope Mario Dary Rivera** (biotope du quetzal), dans la région de Purulhá, où l'on a su conserver l'habitat de ce bel oiseau menacé d'extinction. En outre, le parc naturel, d'une superficie de 1 253 ha abrite plus de 80 espèces d'oiseaux.
Intéressantes aussi, les **grottes de Lanquín**, à 59 km au Nord-Est de Cobán, où l'on découvrira de capricieuses formations rocheuses et un affluent du **río Cahabón**, fort prisé des amateurs de raft.

Cobán – *214 km au Nord de Guatemala.* Cobán est une ville importante tant pour son artisanat et ses activités commerciales que pour les plantations de caféiers qui l'entourent, autrefois propriétés des descendants d'immigrants allemands installés au Verapaz au 19ᵉ s.
En dépit de l'influence européenne des planteurs de café, Cobán – et les Verapaces d'une manière générale – conserve son caractère ancestral. Il n'en est pour preuve que son festival folklorique national, qui se tient chaque année fin juillet et dont l'un des clous est le concours de beauté indigène, ou **Rabín Ahau**, qui signifie en kekchí « la Fille du roi ». Accompagnées d'un cortège qui fait revivre les cérémonies et danses traditionnelles, les reines indigènes de toutes les régions et ethnies du pays participent à ce concours.

★**Semuc Champey** – *73 km à l'Est de Cobán.* Ses beaux bassins d'eau de couleur émeraude, alimentés par de petites cascades formées par le río Cahabón, en font un lieu que beaucoup considèrent comme le paradis des Verapaces.

La Democracia – *Quitter Guatemala au Sud-Est par la Centroamericana 9 (CA–9) en direction d'Escuintla, puis prendre à droite la Centroamericana 2 (CA-2) vers Mazatenango ; continuer jusqu'à l'embranchement pour Siquinalá et poursuivre jusqu'au panneau « La Democracia », où l'on tourne à gauche (RD-2) ; plus loin, à la bifurcation Siquinalá/La Democracia, virer à gauche ; dans le village, prendre la troisième rue à gauche pour parvenir au parc archéologique.* L'attraction principale du village est le parc archéologique Santos Toruño, où, sous des toits rudimentaires, on découvre 12 **statues★** de facture indigène, d'origine olmèque semble-t-il. Plusieurs d'entre elles ont été trouvées en 1967 sur le site de Monte Alto, d'où elles furent transportées jusqu'au parc. Pour certains, ces pièces appartiendraient à une culture antérieure (préclassique primaire) ou contemporaine de la civilisation olmèque (préclassique moyen à tardif), parfois appelée **culture Monte Alto** ; on retrouve ce style de sculpture depuis la côte pacifique du Guatemala jusqu'à Santa Leticia au Salvador, ainsi qu'à Copán et, surtout, dans la partie centrale d'Escuintla et Kaminal Juyú, à Guatemala.
Ces figures massives représentent des personnages assis, les jambes croisées et les bras reposant sur le ventre, apparemment nus, bien que chez certains, l'on reconnaisse des colliers ou des pectoraux. Bien que l'on ne sache pas exactement ce qu'ils symbolisent, on suppose qu'il s'agit de manifestations ou allégories d'une déesse spécifique. On notera également les têtes aux yeux fermés, dont certaines sont plus élaborées que d'autres, mais qui ressemblent d'une manière générale aux têtes géantes olmèques découvertes à La Venta, dans l'État mexicain de Veracruz.
À côté du parc, se trouve le **Musée archéologique** *(visite de 8 h à 12 h et de 14 h à 17 h ; 10 quetzals)*, qui expose des objets de céramique, des pièces d'obsidienne, des fuseaux, des sceaux et des vases trouvés aux alentours du site.

El Baúl – *23 km au Nord de La Democracia. De La Democracia, revenir à l'embranchement pour Siquinalá et suivre la direction de Mazatenango jusqu'à Santa Lucía Cotzumala ; après être entré dans le village, prendre à gauche la calle 5, jusqu'à l'av. 3, où l'on tourne à droite ; après le pont enjambant la rivière, prendre la route d'El Baúl ; au panneau « Ingenio El Baúl », continuer et présenter au garde une pièce d'identité.* Sur le site de l'actuelle sucrerie, on a trouvé plus de 70 pièces archéologiques qui sont aujourd'hui exposées ici. Parmi celles-ci, on portera une attention particulière à deux stèles, dont l'une dénommée **stèle 1★**, qui présente, outre une colonne de glyphes indiquant en maya l'année 37 après J.-C., un personnage doté d'une coiffure et surmonté d'une divinité enveloppée de nuages en volutes, ainsi qu'un beau **jaguar★** accroupi. Les autres pièces exposées sont des têtes humaines et zoomorphes, des banquettes décorées et d'autres pierres ouvragées. La stèle 1 comporte l'une des inscriptions les plus anciennes de la Méso-Amérique, d'où son attribution au style Izapa, qui regroupe une grande partie des sculptures de la période préclassique tardive de la côte du golfe, d'Abaj Takalik et de Kaminal Juyú. Ce style tire son nom d'un site de Tapachula, au Chiapas, qui connut une époque très florissante au préclassique tardif, ce dont témoignent de grandes structures regroupées autour d'une série de places qui couvraient une superficie de 3,6 km².

Carlos Quezada García
Le jaguar d'El Baúl

★★★ **Copán** – *Excursions régulières depuis le Guatemala ; voir carte p. 359.* Ce site archéologique hondurien, apparenté à celui de Quiriguá, se trouve à 13 km de la frontière guatémaltèque. Tout comme Tikal, Copán était un grand centre cérémoniel qui pouvait réunir jusqu'à 20 000 personnes ; c'est peut-être cette importante population qui a causé le déclin de la ville par épuisement des ressources de la forêt qui l'entoure.
Inscrite au Patrimoine mondial de l'humanité en 1980, Copán a été qualifiée d'« Athènes du monde maya ». Le site se compose de trois ensembles : le groupe principal, la zone résidentielle d'El Bosque et la zone résidentielle des Sépultures.

■ Maria Ticún et le roi Ticún

À quelques kilomètres de la sucrerie d'El Baúl, sur le chemin qui ramène à Santa Lucía à travers les plantations de canne à sucre, on remarquera un petit mamelon avec deux arbres immenses et deux pierres cérémonielles mayas, l'une gravée et l'autre sculptée, qui représentent, respectivement, María Ticún et le **roi Ticún**★, connu aussi comme le Seigneur du Monde. Les indigènes comme les métis lui offrent des fleurs, de l'encens, du chocolat et même de l'eau-de-vie pour solliciter quelque faveur par l'intermédiaire d'un chaman ou guérisseur. Tout comme la cérémonie célébrée devant la pierre **Pascual Abaj**, un peu en dehors de Chichicastenango, il s'agit là d'une de ces traditions qui perpétuent la culture indigène au Guatemala et auxquelles il convient d'assister avec le respect le plus profond.

Carlos Quezada García

Offrandes au roi Ticún

On ne peut actuellement visiter que le groupe principal, qui comprend lui-même la grand-place et l'Acropole. Sur la **grand-place**, on admire de belles **stèles**★★. Remarquez également, dans une autre partie de l'ensemble, l'**escalier aux Hiéroglyphes**★★, impressionnante réalisation jalonnée de statues de dirigeants dont les faits d'armes sont évoqués par les glyphes sculptés sur les contremarches.
Sur l'**Acropole**, à l'Est, face au temple 16 se dresse l'**autel Q** (763 après J.-C.), l'un des monuments historiques les plus marquants de Copán ; 16 figures assises représentent la succession des gouvernants de la cité sur une période de près de quatre siècles.

QUIRIGUÁ★

Izabal

☎ 331 13 33, poste 206

Après avoir traversé une bananeraie, on arrive au site de Quiriguá, inscrit au Patrimoine mondial de l'humanité en 1985, qui renferme de magnifiques stèles d'une hauteur surprenante, uniques dans le monde maya.

Un peu d'histoire – Ce site archéologique a connu une période de splendeur à la fin de la période classique. Quiriguá est longtemps resté sous la domination de la grande cité de Copán (Honduras), qu'elle finit par conquérir. Dans les deux sites, on trouve la trace des noms des dirigeants des deux villes sur les stèles. Par exemple, ce fait assez curieux : sur la stèle L de Quiriguá, Humo Jaguar, le 12e dirigeant de Copán, est représenté comme protecteur du gouverneur de Quiriguá ; six ans après, en 737 après J.-C., les descendants du roi de Quiriguá envahissent Copán et décapitent le successeur d'Humo Jaguar. Par cette victoire, Quiriguá obtint l'autonomie tant attendue et connut une période d'explosion artistique, au cours de laquelle furent taillées ces magnifiques stèles à la gloire du roi qui avait libéré la cité du joug de Copán.
Quiriguá ne fut découvert que vers 1840 par trois Guatémaltèques, les frères Peyés. Frederick Catherwood et John Stephens y effectuèrent ensuite des fouilles une restauration partielle fut entreprise à partir de 1930 par l'université de Pennsylvanie.

210 km de Guatemala par la route Centroamericana 9 (CA-9) ; au panneau d'entrée du village de Quiriguá, tourner à droite et emprunter un chemin de terre sur 4 km.

SITE ARCHÉOLOGIQUE *1/2 journée*

Visite de 7 h 30 à 17 h. 25 quetzals.

Dans ce parc très bien conservé se trouvent des **stèles★★★** qui datent du classique tardif. Ces monolithes sont abondamment sculptés sur leurs quatre faces. Les sculptures avant et arrière représentent un dirigeant ou un roi, celles des côtés portent des glyphes relatant des événements historiques. Les personnages barbus sculptés sur les stèles sont particulièrement curieux. La sculpture sur pierre a atteint un haut niveau de sophistication à Quiriguá, où les artistes sont parvenus à maîtriser la technique du haut-relief.

Sur le site on découvre neuf stèles, six autels et sept figures zoomorphes richement sculptées.

★★ **Stèle E** – Probablement la plus haute du monde maya (10,63 m), elle date de 711 après J.-C. Sur la partie avant, on voit un personnage arborant une toque et, sur la partie arrière, un dirigeant avec un sceptre.

Stèle T – La plus ancienne du site (692 après J.-C.) est aussi la plus petite. Le travail de la pierre est assez rudimentaire, et le visage représenté est plus arrondi.

Autels – Certains d'entre eux, tels L et M, représentent des formes zoomorphes. Mais l'un d'eux, proche de l'entrée de la place principale, montre un personnage qui semble démembré.

Place principale – Place quadrangulaire bordée de constructions en pierre. Les temples ont perdu leurs voûtes, mais ils laissent clairement imaginer leur fonction et ont conservé des décorations en stuc polychrome.

Jeu de Pelote – Ses vestiges se trouvent sur l'une des places ; on le reconnaît aux escaliers qui flanquent trois de ses côtés.

EXCURSIONS

Castillo de San Felipe et Livingston

2 jours. 47 km au Nord de Quiriguá, sur la rive Nord du río Dulce. De Quiriguá, reprendre la Centroamericana CA-9 en direction de La Ruidosa ; là, bifurquer vers la localité de Río Dulce.

★★ **Castillo de San Felipe** – *2 h. À Río Dulce, franchir le pont et prendre la première rue à gauche ; continuer 4 km sur la piste en suivant les indications. Visite de 8 h à 17 h. 10 quetzals. ☎ 331 13 33, poste 206.* Cette forteresse s'élève sur les rives du **río Dulce★**, rivière de 30 km de long qui relie le lac Izabal, le plus grand du Guatemala, au golfe du Honduras. Bâti en 1652, cet édifice à allure de château fort servait à parer les attaques des pirates anglais, qui le brûlèrent en 1686. Après sa reconstruction, les attaques se succédèrent jusqu'à ce qu'Espagnols et Anglais mettent fin à la piraterie.

La forteresse de pierre possède magasins, canons, pont-levis, cour centrale, et deux grosses tours d'où l'on a une très belle vue sur **Río Dulce**.

Livingston – *1 jour 1/2. Du château St-Philippe, revenir au pont de Río Dulce, d'où partent les transbordeurs pour Livingston (300 quetzals environ ; traiter directement avec les patrons des bateaux). On peut aussi s'y rendre au départ du Castillo de San Felipe (44 km au Nord-Est en passant le río Dulce) ou bien de Puerto Barrios par la baie d'Amatique (25 km au Nord-*

Monument à Quiriguá
par Frederick Catherwood

Ouest). Livingston se trouve tout près de la mer des Caraïbes. Elle est peuplée pour l'essentiel de **Garifunas** *(voir p. 404)*, issus du métissage d'Indiens des Caraïbes et d'Africains qui parlent le créole, langue mélodieuse résultant du mélange de l'anglais, de l'espagnol et du hollandais.
Construites dans le style caraïbe, les maisons sont en bois, peintes de couleurs vives et couvertes de palmes. Il y a peu de voitures et les rues sont étroites. Le soir, la bourgade offre un grand nombre de distractions. Dans les bars et les restaurants, on écoute la musique garifuna, par exemple le **punta rock**. De Livingston, on peut faire des excursions à **Playa Blanca**, à la cascade des **Siete Altares** ou au **biotope Chocón Machacas**, dans la zone appelée El Golfete où le Dulce s'élargit. Pendant le voyage de retour sur la rivière, on voit défiler un inoubliable **paysage★** de palétuviers, où vivent de nombreux oiseaux.

TIKAL★★★

Petén

ℹ ☏ 926 06 69 et 331 13 33, poste 206

La région du Petén, où se trouve Tikal, recèle la **Réserve de la biosphère Maya** et ses 1 844 900 ha de territoire protégé. Tikal, où ont été élevées les plus belles pyramides de cette civilisation, est l'une des villes les plus importantes du monde maya, inscrite au Patrimoine mondial de l'humanité en 1979. Le département du Petén renferme d'autres sites archéologiques de moindre importance, comme Uaxactún, Yaxha, Nakun, Río Azul et El Mirador. Les deux premiers ne présentent pas de difficultés d'accès, mais il n'en est pas de même pour les autres, surtout à la saison des pluies *(voir Les Mayas, p. 56 et encadré p. 336)*.

Un peu d'histoire

Naissance et splendeur – Vers l'an 800 avant J.-C., les Mayas s'installèrent dans cette zone du Petén, probablement à cause de l'abondance du silex, qui leur permettait de fabriquer des pointes de flèches et des couteaux. Dès leur établissement, ils entreprirent d'édifier des constructions cérémonielles. En 200 avant J.-C., ils construisirent l'ensemble de l'Acropole Nord. Au début de l'ère chrétienne, la Grande Place avait déjà l'aspect qu'on lui voit actuellement. En 250 après J.-C., Tikal était une importante cité commerçante, culturelle et religieuse de 100 000 habitants. Dans les années 500, la ville fut envahie par le seigneur Agua, qui venait de la zone du Caracol, aujourd'hui au Belize. Dans les années 700, grâce au seigneur **Ah Cacao**, la ville retrouva sa puissance militaire et connut une époque de splendeur. Certaines stèles du site archéologique commémorent ce roi, qui fit construire la Grande Place. Vers 900 après J.-C., le déclin de la culture maya entraîna aussi celui de cette grandiose cité.

Fouilles archéologiques – Le site ne fut découvert qu'en 1848, au cours de la première expédition officielle menée par Modesto Méndez, Ambosio Tut et le dessinateur Eusebio Lara, qui a reproduit plusieurs stèles et linteaux.
En 1877, le docteur Gustav Bernoulli se rendit à Tikal, dont il rapporta des linteaux en bois sculpté provenant des portes des temples I et IV, qui furent ensuite expédiés à Bâle.

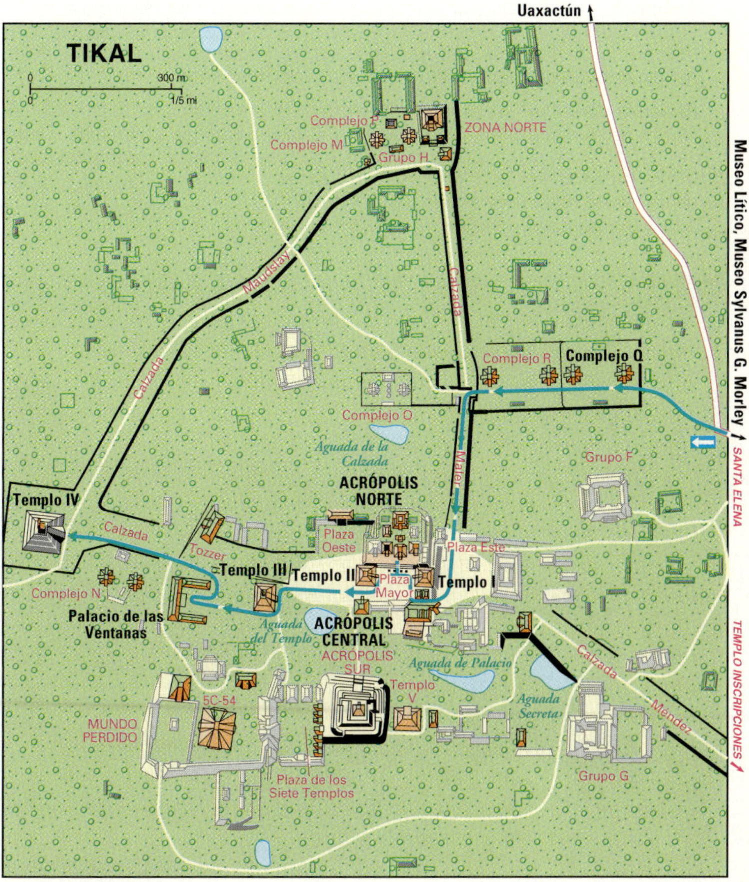

En 1895 et en 1904, l'Allemand Teobert Maler explora le site à la demande du musée Peabody de l'université de Harvard. Plus tard, Sylvanus G. Morley y vint à plusieurs reprises effectuer un relevé des inscriptions des monuments. En 1956, le musée de l'université de Pennsylvanie inaugura un programme d'une durée de onze ans consacré à l'étude et aux fouilles de Tikal. À partir de 1965, avec la création du Projet national de Tikal, les recherches et la restauration des édifices furent financées par le gouvernement guatémaltèque.

Liaisons aériennes depuis Guatemala ; s'adresser à une agence de tourisme.

SITE ARCHÉOLOGIQUE *2 jours*

Visite de 5 h à 17 h. 50 quetzals. ☎ 926 06 69.

Sur 16 km², la cité de Tikal comprend 3 000 constructions différentes, temples, palais, plates-formes et chaussées, édifiées au cours des périodes préclassique, classique et postclassique. C'est à partir de la période classique, en particulier le classique tardif, que Tikal connut son apogée.

Complexe Q – On découvre ici des pyramides jumelles, ainsi qu'un faux arc derrière lequel se dressent la **stèle 22★** et l'**autel 10**. Le personnage sculpté sur la stèle – qui conserve encore sa couleur d'origine – a été mutilé au cours de la période postclassique. Sur l'autel apparaît un personnage attaché, probablement un prisonnier.

Temple I – *Sur la Grande Place.* Tourné vers l'Ouest, il a été édifié au 8e s. et mesure 500 m de périmètre et 52 m de hauteur. On l'appelle **temple du Jaguar** à cause d'un motif gravé sur l'un des linteaux. La toiture qui, comme sur d'autres monuments, couvre le temple couronnant la pyramide est faite d'un assemblage de blocs de pierre adoptant la forme, à peine perceptible, d'un personnage assis, flanqué de serpents et de volutes. Ce temple renfermait la tombe du roi Ah Cacao, dans un espace voûté de 4,5 m sur 2,4 m et 4 m de haut, où l'on a trouvé 180 pièces de jade, des perles, des céramiques, des objets en albâtre et 90 outils en os. Certains de ces objets sont exposés au musée Sylvanus G. Morley *(voir plus loin)*.

Temple II – *En face du temple I.* On l'appelle aussi **temple des Masques**, car de nombreux motifs de ce type ornent sa façade. Il y en avait deux autres, aujourd'hui effacés, de chaque côté de l'escalier et un, en forme de visage, sur le faîte. Le temple, qui devait mesurer 42 m de haut, s'élève à 38 m.

Acropole centrale – L'ensemble fait environ 215 m de long d'Est en Ouest et se compose d'édifices qu'on appelle « palais », plus petits que les temples. Disposés sur différents niveaux, ils correspondent à diverses étapes de construction, car les Mayas superposaient leurs édifices à des bâtiments antérieurs. L'acropole est dotée de six cours, reliées entre elles par des escaliers et des passages qui ne sont pas tous accessibles aux visiteurs.

La Grande Place et les temples I (à gauche) et II (à droite)

Acropole Nord – Elle se dresse sur une plate-forme d'environ un hectare, à 12 m au-dessus de la Grande Place. Tout comme l'Acropole centrale, elle se compose d'une grande variété d'édifices – dont des temples –, construits sur des structures antérieures remontant à 200 avant J.-C. La configuration actuelle de cette partie de Tikal date de 250 après J.-C. Sur la plate-forme, sur le côté gauche d'un escalier d'accès à l'un des temples, on voit un **grand masque★★** extraordinaire représentant un visage humain au long nez, que l'on peut approcher en empruntant un escalier mécanique.

Temple III – *À l'Ouest de l'Acropole Nord.* Une scène figurant sur un linteau intérieur lui a fait attribuer son autre nom de **temple du Prêtre-Jaguar**. Haut de 55 m, en partie couvert par la végétation, il fut construit au cours de la période classique tardive, vers 810 après J.-C. L'accès, assez difficile, se fait par le côté Est.

Palais des Fenêtres (Palacio de las Ventanas) – *Dans le complexe des palais, à gauche du temple III.* Dans la partie supérieure de ce palais, on voit une galerie aux voûtes échelonnées, et, dans les chambres reliées entre elles, des bancs.

Temple IV – En empruntant la chaussée Tozzer, on parvient au pied de la structure la plus haute de Tikal, appelée **temple du Serpent à Deux Têtes** à cause du motif représenté sur un linteau. Cet édifice du classique tardif s'élève sur 64,5 m à partir de la plate-forme. Il a été construit en 741 après J.-C. dans le même style que les temples I et II. L'accès au sommet s'effectue par des marches en bois astucieusement placées. Du sommet s'offre une merveilleuse **vue★★** sur la forêt qui s'étend comme un gigantesque tapis vert et sur les faîtes du temple III à droite, des temples I et II au fond.

Le temple V et l'Acropole Sud se trouvent au Sud de l'Acropole centrale. Pour y accéder, il faut emprunter un sentier qui traverse la jungle. Il est donc recommandé de prendre un guide, ou de ne pas s'écarter du chemin.

Museo Litico – *À l'entrée du site. Visite de 9 h à 17 h.* Le **Musée lithique** expose des stèles retrouvées à Tikal ou provenant de sites voisins. L'une des plus élaborées, la **stèle 16★★**, représente Ah Cacao, que l'on désigne aussi du nom de seigneur « A ». Ce monolithe provient du temple I. Devant la stèle, l'**autel 5★★** montre deux personnages, debout derrière une plate-forme ; entre eux sont gravés un crâne, des ossements et 31 glyphes. Remarquez aussi la stèle sculptée en pierre rose rapportée du site d'El Ceibal, qui représente un personnage debout, un bâton à la main, arborant une élégante coiffure.

Museo Sylvanus G. Morley – *À droite du Musée lithique. Visite de 9 h à 17 h (16 h le week-end). 10 quetzals. ☎ 331 1333, poste 206.* Si le Musée lithique est consacré au travail de la pierre dans le monde maya, celui-ci n'expose que les céramiques découvertes à Tikal. Les plus remarquables sont les poteries polychromes de la vitrine 7, ainsi qu'un **encensoir** du « dieu du sacrifice et de la guerre » et un **vase polychrome** doté d'un couvercle. La vitrine 13 présente une collection de **poteries polychromes** provenant de la tombe d'Ah Cacao et ornées de personnages vêtus à la mode maya. Remarquez l'unique stèle (455 après J.-C.) représentant le dirigeant Cielo Tormentoso, richement habillé ; la face arrière est gravée d'inscriptions et chaque côté d'un personnage.

© Robert Frerck/Odyssey

EXCURSIONS *1 jour 1/2*

Isla de Flores – *65 km de Tikal.* Flores, le chef-lieu du département, se trouve sur une petite presqu'île du lac Petén Itzá. C'est ici que logent et se restaurent les visiteurs se rendant à Tikal. Des bateaux font la navette avec les villages voisins ou le zoo.

Zoológico Petencito – *Dans l'île d'El Petencito, 3 km au Nord-Est de Flores. Visite de 8 h30 à 17 h. 10 quetzals. ☎ 926 06 69.* Ce zoo abrite des animaux originaires de la région. C'est également un centre éducatif, où les enfants apprennent à respecter l'environnement. En été, ils peuvent se baigner dans un étang.

Uaxactún et Ceibal *6 h*

Accessible uniquement en véhicule 4x4 ; éviter la saison des pluies.

Outre la majestueuse Tikal, de nombreux sites archéologiques mayas ont peu à peu été retrouvés dans la forêt du Petén et certains de leurs édifices ont été restaurés, comme à Uaxactún et El Ceibal.

Uaxactún – *25 km au Nord de Tikal.* Ce site se trouve sur le territoire même du village du même nom et est divisé en deux par une piste d'atterrissage. Le premier ensemble, à l'Est, comprend le **groupe E**, avec une place principale sur laquelle se dresse une **pyramide** désignée **E-VII**, dont les escaliers sont flanqués de têtes de jaguars. Les fouilles furent entamées en 1926, année où l'on découvrit un grand visage de stuc très bien conservé. On pense que la pyramide portait un temple de bois et de paille, car on trouva sur la plate-forme inférieure quatre trous profonds pour planter des poteaux. Sur la gauche s'élève un autre groupe de constructions, dont l'une présente un faîte de couleur sombre qui contraste avec la blancheur de l'édifice.
À 900 m du village, après avoir traversé la piste d'atterrissage, on trouve la deuxième partie du complexe archéologique, avec la place Ouest, où sont exposées des stèles et des pierres taillées, et le **groupe A**, qui comprend deux pyramides : l'une avec un faîte, l'autre avec un couronnement de colonnes.
Derrière la première pyramide du groupe A se trouve un autre ensemble de constructions disposées dans un espace semi-circulaire et, derrière cet ensemble, une pyramide avec un faîte de couleur noire.

El Ceibal – *81 km au Sud-Ouest de Flores ; on y accède en longeant le río de la Pasión.* Ce site, classé parc archéologique en 1985, a été découvert en 1892 par Federico Artes. Il porta tout d'abord le nom d'un oiseau blanc de la région : Saxtanquiqui. En 1895, Teobert Maler visita les ruines et leur donna le nom d'El Ceibal, en raison de l'abondance de fromagers *(ceibas)* en cet endroit. En 1914, Sylvanus G. Morley se rendit aussi sur le site, mais ce furent le musée d'Archéologie Peabody et la Faculté d'ethnologie de l'université de Harvard qui, entre 1964 et 1968, réalisèrent des fouilles et redressèrent des stèles.
Pendant la période préclassique tardive, El Ceibal était la cité la plus grande et la plus puissante de la région à l'Ouest du río de la Pasión, car sa situation géographique facilitait les échanges commerciaux et les activités politico-militaires. Le site est composé d'un centre cérémoniel d'une superficie de 1 km^2, réparti sur trois collines élevées séparées par de profondes cuvettes.
Le **groupe A**, le plus grand du centre cérémoniel, comporte trois places. À l'Ouest de la place Sud se dresse l'immense **édifice A-24**, de type pyramidal. La place centrale est séparée de la place Sud par les édifices A-7 et A-8. Au centre de la place s'élève l'édifice A-3, flanqué de quatre stèles marquant les points cardinaux, une cinquième stèle se trouvant au centre, sur la plate-forme supérieure.
Le sentier qui prolonge le chemin venant de la rivière mène à la **structure 79**, restaurée, connue sous le nom d'observatoire, face à laquelle se trouve un autel avec une tête de jaguar. La forêt demeure maîtresse des lieux et il reste beaucoup de structures à sauver ; néanmoins, la taille des stèles d'El Ceibal témoigne de l'organisation et de l'importance que connut en son temps ce site.

Le littoral de l'île d'Ambergris

Belize

© Fernando García Aguinaco

Panorama naturel et social

Au Sud de la péninsule du Yucatán, à l'Est du Guatemala, se niche au cœur du monde maya le Belize, aux étonnantes ressources naturelles. Dans ce petit pays appartenant à la fois à l'Amérique centrale et aux Caraïbes, la société présente, tout comme la flore et la faune, une extraordinaire diversité. Perdues dans sa forêt, s'élèvent les trois constructions les plus hautes du pays, trois pyramides érigées par les Mayas. En face de ses côtes, caressées par les eaux bleues des Caraïbes, des dizaines d'îles dessinent un labyrinthe paradisiaque d'où l'on souhaiterait ne plus jamais sortir. Dans ce pays, où se rencontrent les influences naturelles et sociales les plus diverses, le visiteur en quête d'aventure rencontre des possibilités infinies.

Physionomie du Belize

Superficie	22 965 km², dont 688 km² d'îles et 386 km de côtes.
Population	238 500 habitants
Heure officielle	GMT : -6
Langues	anglais (officiel), espagnol (de plus en plus populaire), maya, garifuna et dialecte créole.
Capitale	Belmopan
Districts	Belize, Cayo, Corozal, Orange Walk, Stann Creek et Toledo.
Gouvernement	Démocratie parlementaire, présidée par le premier ministre. L'Assemblée Nationale est formée de deux chambres : la chambre des représentants (29 membres), et celle des sénateurs (8 membres).
Religions	Catholiques (62 %), protestants (30 %) ; la liberté de culte est respectée.
Climat	Subtropical humide. Températures entre 24°C et 29°C. **Précipitations** : 4 250 mm par an dans le Sud, et 1 250 mm dans le Nord ; **époque des pluies** : de juin à octobre.
Économie	Agriculture et tourisme ; **principales exportations** : agrumes, sucre, banane et bois.

Nature et géographie

Avec 280 km de long et 109 de large, le Belize est à peu près aussi grand que la Belgique. Son relief, généralement plat, compose un paysage de terres basses tropicales. Une vingtaine de rivières aux eaux cristallines traversent son impressionnante forêt vierge, ses bois de conifères et ses savanes. Une abondante végétation couvre les pentes de **Mountain Pine** à l'Ouest et des **monts Maya** le long de la côte Sud, où s'élève le **pic Victoria** (1 120 m), point culminant du pays.
À quelque 20 km de la côte du Belize, bordée sur presque toute sa longueur de mangroves, s'étend sur 298 km une **barrière de corail** considérée comme la deuxième du monde après celle de l'Australie, mais à peu près de la même importance que celles de Cuba et de Floride. De part et d'autre émergent près de 200 îlots rocheux, les **« cayes »** (prononcer kize) ; certains sont couverts de mangroves, tandis que les autres forment autant d'îles paradisiaques de sable blanc et de palmiers.
À l'Est de la barrière de corail, on trouve trois **atolls** coralliens du type plature récifale (et non du type plus connu de l'anneau entourant un lagon), immenses récifs tabulaires formés par les dépôts calcaires des coraux accumulés au cours de milliers d'années. Ils sont parsemés d'îlots d'une incroyable beauté, de lagons qui communiquent avec la mer par d'étroits chenaux, et habités par une riche faune marine. Tout ceci fait du Belize l'un des endroits les plus fascinants du monde pour la plongée sous-marine.

Jaguar

La forêt – Le bois précieux provenant de ses forêts tropicales fut jusque dans les années 1950 le principal produit d'exportation du Belize, qui a su préserver 75 % de sa forêt. Le pays est parvenu à cette situation, exceptionnelle pour l'Amérique centrale où, aux dires des écologistes, il ne subsiste actuellement que 10 % des forêts dans l'ensemble des autres pays, en procédant à une exploitation forestière sélective, principalement de l'acajou et du cedro, un arbre du genre *cedrela* dont le bois rouge est utilisé notamment pour la fabrication des boîtes à cigares.
Aujourd'hui, en comptant les bois de conifères et les forêts de marais, la jungle couvre 70 % du territoire du Belize et constitue avec la barrière de corail, les cayes et les atolls, le principal attrait touristique du pays.
Sur près de la moitié de la superficie du Belize, on compte une quarantaine de réserves protégées. Certaines sont des pionnières au niveau mondial et des modèles en matière de protection de l'environnement.

Flore et faune – À l'exception de son drapeau et de son hymne national, les emblèmes du Belize sont issus de la forêt : l'**orchidée noire** est l'une des 72 variétés présentes, et l'**acajou**, l'une des 700 essences indigènes ; le **toucan** est l'une des 533 espèces d'oiseaux qui sillonnent les ciels clairs du Belize ; le **tapir** et le **jaguar** sont deux des 155 mammifères qui, avec les 107 espèces de reptiles, peuplent silencieusement la couverture végétale du pays, où cohabitent jusqu'à 4 000 variétés de plantes à fleurs. Sous la mer, le paysage n'est pas moins fascinant : ce sont de véritables jardins multicolores où l'on rencontre jusqu'à 50 variétés de coraux, des **dauphins** joueurs, de majestueuses **raies manta**, des **requins** inoffensifs que l'on peut approcher, d'agiles **barracudas** qui filent en zigzaguant et de paisibles **tortues de mer**, sans oublier les 400 espèces de poissons.

Un peu d'histoire

Connu sous le nom de Honduras britannique jusqu'en 1973, l'origine de son appellation actuelle n'est pas claire. Trois versions principales s'affrontent : une transformation des expressions mayas **Belikin** « chemin vers l'Est », ou **Belize**, « eaux boueuses » ; la déformation du nom de Peter Wallace, un pirate écossais qui aurait été le premier à chercher refuge dans les récifs du Belize ; ou encore l'évolution des mots espagnols *bella isla*, belle île, qui font référence à ses îlots rocheux.

Les Mayas – Au Nord du Belize se trouve le site maya de Cuello, qui remonte à 2500 avant J.-C., et qui est l'un des plus anciens du monde maya. Selon les archéologues, 3 000 ans après, au cours de la période classique (100 à 800 après J.-C.), le territoire qui comprend actuellement le Belize fut le centre de la civilisation maya. La plupart des nombreux centres cérémoniels situés au Belize ont connu leur apogée à cette époque, alors que la population comptait un million de Mayas, quatre fois plus que le nombre actuel d'habitants. À la fin de l'époque classique, cette région traversa une période de décadence générale, mais certains sites demeurèrent occupés, même après l'arrivée des Espagnols.

Espagnols, pirates et esclaves – Du fait de la densité de la forêt, de la rareté des mines et de la présence des récifs qui présentaient un danger pour leurs embarcations, les Espagnols ne débarquèrent que tardivement dans cette région qu'ils ne parvinrent jamais à contrôler.
En revanche, pour les pirates anglais des 17e et 18e s., ces récifs constituaient une base idéale pour aller piller en pleine mer les galions espagnols. Ces flibustiers établirent leurs colonies dès le milieu du 18e s., malgré la résistance des Mayas et des Espagnols. Utilisant les esclaves africains comme main-d'œuvre, ils se lancèrent dans l'exploitation vers l'Angleterre d'un fructueux marché des bois précieux, qui servaient à l'élaboration de teintures pour l'industrie textile et à la fabrication de meubles.
Les querelles incessantes entre Anglais et Espagnols pour la domination de ce territoire se prolongèrent jusqu'en 1798, année de la **bataille de St. George's Caye**, qui solda la défaite des Espagnols. Au cours de cette bataille, commémorée le 10 septembre, les esclaves jouèrent un rôle décisif : ils constituaient à l'époque près de la moitié de la population du territoire. L'autre moitié était faite d'esclaves libérés ; 10 % seulement de la population était d'origine européenne.
Au 19e s., le territoire du Belize devint officiellement colonie britannique et reçut en 1884 le nom de Honduras britannique, qu'il conserva jusqu'en 1973 pour prendre alors celui de Belize.

Une nation en devenir – Le Mexique a reconnu la souveraineté anglaise sur le territoire vers la fin du 19e s. quand, pour obtenir la reconnaissance du gouvernement britannique et la cessation de vente d'armes aux Indiens du Yucatán révoltés pendant la guerre des castes, le président mexicain Porfirio Díaz signa des traités établissant les frontières entre le Mexique et le Honduras britannique. Le Guatemala en revanche revendiqua la possession de ce territoire, même après l'indépendance du Belize en 1981, et ne le reconnut qu'en 1991. En 1961, un gouvernement ministériel fut instauré et des élections organisées, et on alla même jusqu'à modifier le sens de circulation

des véhicules, abandonnant la conduite à gauche des Britanniques pour adopter la conduite à droite qui prévaut dans le reste du monde. Cette année-là, le **cyclone Hattie** s'abattit sur Belize City, qui était alors la capitale. C'est la raison principale du transfert, dix ans plus tard, de l'administration à Belmopan, ville fondée en 1971.
Le 21 septembre 1981, le Belize obtint l'indépendance et devint membre du Commonwealth. La reine d'Angleterre, représentée par un gouverneur général, demeure à titre symbolique le chef de l'État.

Société et économie

Depuis ses origines, le Belize est un pays d'immigration. Trois groupes de Mayas y coexistent (Kekchí, Mopán et Yucatèques), ainsi que les Bélizéens d'origine africaine, créole et garifuna. Ici cohabitent métis, Chinois, Britanniques, Américains et communautés mennonites. À l'inverse de ses voisins, le Belize, n'ayant pas eu à subir de violents conflits intérieurs, accueille un nombre élevé de réfugiés des guerres

d'Amérique centrale. De ce fait, les métis sont devenus le groupe ethnique majoritaire (44 % d'après le recensement de 1991), avant les Créoles (30 %), les Mayas (11 %) et les Garifunas (7 %).

Si l'agriculture constitue la base de l'activité économique, le tourisme prend une importance croissante et entre pour 18 % dans le PIB. Le patrimoine culturel et naturel du pays attire 260 000 visiteurs par an, à peu près autant que d'habitants. Une autre source de revenus non négligeable pour le Belize est l'apport des devises expédiées à leurs familles par les Bélizéens qui travaillent aux États-Unis.

Culture

Artisanat – Dans l'ensemble du pays, les visiteurs peuvent acheter tout un éventail de productions artisanales. Parmi les plus recherchées, les ardoises taillées à la main, les reproductions de reliques mayas, les sculptures en bois de *zeracote*, les paniers tressés en latanier, les meubles en bois exotique, les poupées de chiffon et tambours de bois fabriqués par les Garifunas, les chapeaux de paille, les tissus mayas et les tee-shirts peints à la main ou sérigraphiés.

Gastronomie – La base des repas au Belize se compose de **riz** et de **haricots rouges**. Ce plat est généralement accompagné de bananes frites, de poulet rôti et de salade de chou. Les poissons et fruits de mer sont présents en abondance, en particulier le bigorneau et la langouste. Sur la côte Sud, les produits de la mer sont cuisinés au lait de coco. L'**escabeche** (soupe à l'oignon au poulet), les **tamales**, les **garnachas** (omelettes frites à la viande et au piment) et les **empanadas** farcies sont autant de plats métis. Parmi les spécialités les plus exotiques figurent l'**iguane** (en saison), la **tortue** (les plus communes sont les tortues d'eau douce *Bucatora* ou *Hickatee*), le **tatou** et le *gibnutk*, une variété d'agouti dont la chair « délicieuse » a été servie à la reine Élisabeth lors d'une de ses visites au Belize. Les sauces piquantes sont réputées. On trouve aussi un grand nombre de restaurants chinois.

Musique traditionnelle et danses – Connu au-delà même de l'Atlantique, le **punta rock** est un rythme basé sur la musique traditionnelle garifuna, caractérisé par le son des carapaces de tortues et des tambours garifunas (réalisés dans une seule pièce de bois). Le musicien le plus connu à l'étranger est **Andy Palacio**. Les rythmes de la **soca** et du **calypso** sont également répandus ; le reggae résonne partout, et à toute heure. Dans le Nord du Belize, on écoute aussi la musique de groupes mexicains. Métis et Mayas jouent de la musique **marimba** dans leurs communautés. Les **danses garifunas** sont spectaculaires et séduisantes. Depuis 1993, il existe un Ballet national, qui se produit également à l'étranger.

Cinq jours au Belize

Jour 1

Récifs coralliens du Nord : Ambergris Caye – À 70 mn par bateau ou à 15 mn par avion de Belize City. Faites les excursions à la **réserve marine Hol Chan**, à l'**allée des requins** (Shark Ray Alley) et à **Caye Caulker**.

Jour 2

Lamanai – Excursion possible à partir de Belize City et de San Pedro (Ambergris Caye).

Jour 3

Belize City – Itinéraire incluant le pont tournant, le musée de la Résidence (Government House Museum), la cathédrale St. John et le quartier de Fort George. Faites l'excursion au zoo du Belize.

Jour 4

Côte méridionale : presqu'île de Placencia – À 1 h par avion de Belize City. Faites l'excursion au **Parc national de Laughing Bird Caye** ; au retour, visitez **Placencia Village**.

Jour 5

Réserve du bassin de Cockscomb – À 63 km/39,3 miles de Placencia.

Dangriga – À 42 km/26 miles de Cockscomb.

Quand visiter le Belize ?

Le climat est subtropical, et les vents dominants des Caraïbes maintiennent la température annuelle moyenne autour de 26 °C. Le taux d'humidité moyen est de 85 %. La saison des pluies s'étend de mai à octobre, avec des températures moyennes de 22 à 30 °C ; les précipitations peuvent être fortes, mais brèves. La période d'affluence touristique va de novembre à mai. La région se trouve sur la route des cyclones ; les orages se produisent surtout d'août à octobre. L'eau est potable dans les grands complexes touristiques ; on recommandera de ne consommer que de l'eau en bouteille pour le voyage dans le reste du pays.

Avant de partir

Les ressortissants de l'Union européenne et du Canada doivent être en possession d'un **passeport** en cours de validité et d'un billet de retour. Pour les citoyens d'autres pays et pour les séjours dépassant trente jours, un **visa** peut être nécessaire. Le Belize ne disposant pas de représentation diplomatique dans de nombreux pays, toute précision à propos des formalités à accomplir pour un voyage au Belize peut être obtenue auprès des ambassades ou consulats de Grande-Bretagne :
à **Bruxelles** : Ambassade de Grande-Bretagne, rue d'Arlon 85, 1040, ☎ (02) 287 62 11 ;
à **Genève** : Consulat de Grande-Bretagne, rue de Vermont 37-39, 1211 Genève 20, ☎ (022) 918 24 00 ;
à **Montréal** : Consulat honoraire du Belize, c/o Bloomfield & Associates, Suite 1720, 1080 Cote Beaver Hall, Québec H2Z 1S8, ☎ (514) 871 47 41 ;
à **Paris** : Consulat de Grande-Bretagne, 16, rue d'Anjou, 75008, ☎ 01 44 51 31 01 ou 01 42 66 38 10.
Sur place, il n'y a également que peu de représentations diplomatiques étrangères :
– **consulat honoraire de Belgique** : Discovery Expeditions Belize Ltd, 126 Freetown Road, Belize City, ☎ (2) 307 48 ;
– **consulat du Canada** : 85 North Front Street, Belize City, ☎ (2) 337 22 ;
– **consulat honoraire de France** : ☎ (2) 303 99 ;
Les **vaccins** ne sont pas obligatoires, mais le paludisme existe dans les régions situées à moins de 400 m d'altitude. Avant de circuler dans la forêt, il convient de s'enduire d'une lotion éloignant les moustiques contenant la formule DEET.

Comment se rendre au Belize ?

En avion – **Aéroport International Philip Goldson** : 16 km au Nord-Ouest de Belize City. Il n'y a pratiquement pas de liaisons permanentes directes avec les grandes capitales européennes et américaines, et il faut obligatoirement transiter par les États-Unis (liaisons quotidiennes avec Houston et Miami) ou le Mexique (4 liaisons hebdomadaires avec Cancún et Chetumal). Les compagnies desservant le Belize sont Mexicana (de Cancún et Chetumal), American Airlines (Miami), Continental Airlines (Houston), Taca International Airlines (Houston et Miami). Le trajet jusqu'au centre-ville en taxi dure 15 mn, pour 30 BZ$. **Liaison entre le Belize et le Guatemala** : Tropic Air *(☎ (2) 456 71)* et Maya Island Air *(☎ (2) 523 36, 311 40 et 353 71)*.
En quittant le Belize, tout visiteur doit s'acquitter à l'aéroport ou à la frontière d'une **taxe** de 30 BZ$.

En autocar – Des liaisons sont assurées depuis Cancún, Mérida, Campeche et Playa del Carmen pour Chetumal, d'où l'on peut se rendre à Belize City par autocar *(3 h 1/2, 10 BZ$)* : Venus Bus Lines *(☎ (2) 733 54 – toutes les heures de 4 h à 10 h 30)* et Batty Brothers Bus Service *(☎ (2) 720 25 – 12 liaisons quotidiennes entre 4 h et 18 h 30 ; 9 BZ$, ou 12 BZ$ en première classe)*. Les passagers doivent descendre à la frontière. De Santa Elena (Guatemala) : Línea Dorada *(☎ (502) 926 00 70 – tous les jours à 5 h ; trajet 5 h ; 20 USD)*. Pour les lignes partant de Belize City ou de Caulker à destination de Flores et Tikal, au Guatemala, et de Chetumal et Playa del Carmen, au Mexique, se renseigner sur place aux gares maritimes.

En voiture – Du Mexique, on y accède par Corozal Town, et du Guatemala par Benque Viejo. L'assurance automobile est obligatoire, et peut être souscrite à n'importe quel point de la frontière.

Par bateau – On peut rejoindre Punta Gorda tous les jours à partir de Puerto Barrios (Guatemala) et les samedis, dimanches et lundis à partir de Livingston (Guatemala) *(25 BZ$ – réservations et horaires : ☎ (7) 228 70)*.

Transports locaux

En voiture et taxi – Les routes dites Northern Highway et Western Highway sont bien entretenues. Les villes les plus importantes sont reliées par des routes asphaltées, qui peuvent se dégrader pendant les fortes précipitations. Il est recommandé d'utiliser des véhicules 4x4 pour voyager au Sud de Belize City et pour emprunter d'autres routes que les deux principales. Les agences **Avis**, **Budget**, **Hertz** et **National** à Belize City ne proposent que des véhicules 4x4 *(à partir de 126 BZ$ par jour, kilométrage illimité, plus 15 % de taxes et assurances ; il est recommandé de réserver)*.
Les conditions de circulation peuvent être difficiles, surtout sur les routes Hummingbird Highway, Southern Highway et sur le Camino Manatee. On ne trouve aisément de **carburant** que sur les grandes routes et dans les principales localités. La conduite de nuit est déconseillée. La brochure *Emory King's Driver's Guide to Beautiful Belize* est une aide précieuse pour parcourir le pays. On trouve des taxis dans les villes et les sites touristiques ; on les reconnaît à leurs plaques vertes. Les tarifs sont réglementés par le gouvernement. Les **taxis** ne disposant pas de compteurs, il est recommandé de demander une estimation du prix de la course au chauffeur avant la prise en charge *(une course dans Belize City coûte 5 BZ$ par personne)*.

En autocar – Un service régulier est assuré entre les villes principales et les frontières du Mexique et du Guatemala par les compagnies Venus Bus Lines *(☎ (2) 733 54)* dans la partie Nord du pays, Batty Brothers Bus Service *(☎ (2) 720 25)* dans les parties Nord et Ouest, Novelo's Bus Service *(☎ (2) 773 72 et (9) 320 54)* dans l'Ouest, Z-line Bus Service *(☎ (2) 739 37)* et James Bus Service *(☎ (7) 220 49)* dans la partie Sud.

Les distances données pour les excursions dans les chapitres consacrés au Belize sont indiquées à la fois en miles (mi), en conformité avec le système de mesure anglo-saxon qu'applique le Belize, et en kilomètres pour une meilleure compréhension des touristes européens.

Si vous circulez avec un véhicule de location, sachez aussi que l'unité de mesure pour l'approvisionnement en essence est le gallon américain (3,79 l).

Informations générales

Informations touristiques – **Belize Tourist Board** (Office du tourisme du Belize) New Central Bank Building, Cabourel Lane, PO Box 325, Belize City, Belize CA *(www.travelbelize.org ; ☎ (2) 319 13 ; ouvert du lundi au jeudi de 8 h à 12 h et de 13 h à 17 h, le vendredi de 8 h à 17 h 30)* donne des renseignements sur l'hébergement, le transport, les achats, les loisirs, les voyagistes et les agences de voyages. Depuis le Canada, ☎ (800) 624 06 86.

Hébergement – Les hôtels proposent des chambres propres avec salle de bains individuelle. Certains sont climatisés, mais la plupart disposent simplement de ventilateurs. Les hôtels de luxe sont rares à l'extérieur de Belize City et de certaines zones touristiques. À l'intérieur du pays et sur la côte, on trouve de petites chambres d'hôtes et des auberges, dont certaines très pittoresques. Dans les hôtels, le prix des chambres est majoré d'une taxe de 7 % et de 6 à 10 % pour le service. Entre décembre et mars, il est recommandé de réserver. Les cartes de crédit ne sont pratiquement pas acceptées dans les hôtels. Pour obtenir la liste des établissements, contactez l'Office du tourisme du Belize *(voir plus haut)* ou la Belize Hotel Association, 4 Fort Street, Belize City *(☎ (2) 301 16)*. Le camping est autorisé sur la côte et dans les îles, mais pas sur les plages mêmes.

Monnaie, change et paiement – Le **dollar bélizéen** (BZ$) a une parité de change fixe de 2 BZ$ pour 1 USD. Atlantic Bank Ltd., Scotia Bank, Barclays Bank et Belize Bank *(ouvertes du lundi au jeudi de 8 h à 13 h, le vendredi de 8 h 30 à 16 h 30)* proposent des services de change à Belize City. Les grandes succursales de Barclays et de Scotia Bank, ainsi que les principales stations d'essence – à Belize City essentiellement – disposent de distributeurs automatiques (ATM) où l'on peut retirer de l'argent en dollars bélizéens. Il est préférable de se munir de dollars bélizéens, mais on peut aussi régler en dollars américains. La plupart des hôtels, restaurants, magasins et voyagistes acceptent les chèques de voyage. Les cartes de crédit *(American Express, Master Card-Eurocard, Visa)* ne sont acceptées que dans les grands établissements. Un supplément de 5 % peut être prélevé pour le règlement par carte. Agent d'American Express : Global Travel, 41 Albert Street, Belize City *(☎ (2) 771 85)*. La plupart des restaurants et des hôtels incluent le service dans la note, mais dans le cas contraire, le pourboire est habituellement de 10 à 15 %.

Visites – Le circuit organisé est la meilleure option pour découvrir le pays et nombre de ses sites, généralement difficiles à trouver. Les agences de voyages locales, ainsi que les voyagistes, proposent des forfaits incluant transport, hébergement et activités. La plupart des îlots coralliens sont accessibles par des **bateaux taxis**. Ceux pour San Pedro (île d'Ambergris) et l'île Caulker partent du terminal maritime de Belize City *(☎ (2) 319 69)*. **Belize City – San Pedro** : départs à 9 h, 12 h et 15 h ; 75 mn ; 25 BZ$; retours à 8 h, 11 h 30 et 14 h 30, ainsi qu'à 16 h 30 le week-end. **Belize City – Caye Caulker** : départs à chaque heure et demie de 9 h à 17 h ; 45 mn ; 15 BZ$; retours de 6 h 45 à 15 h, ainsi qu'à 17 h le week-end. Pour visiter les **autres îles**, on peut louer un bateau avec son capitaine. Henry Menzies Travel & Tours, Box 210, Corozal District *(☎ (4) 237 25 et 234 14)* propose des **circuits organisés à l'intérieur** du Belize, ainsi que des voyages en minibus bien équipé aux **sites archéologiques** du Guatemala. Discovery Expeditions Belize Ltd. *(☎ (2) 307 48)* propose des voyages à partir de Belize City, San Pedro et San Ignacio. Pour obtenir une liste plus complète des agences, contactez l'Office du tourisme du Belize *(voir plus haut)* ou la Belize Tour Operators Association *(☎ (2) 305 15)*.

Loisirs – On peut pratiquer diverses activités, comme le bateau, la nage avec masque et tuba, la plongée, le surf, le canoë ou le kayak. Les **plongeurs** confirmés désireux d'explorer des sites sous-marins le long des récifs de corail et des atolls choisiront auprès d'Out Island Divers *(☎ (2) 739 37)* des sorties à la journée, des sorties de nuit ou des voyages de quatre jours. L'île d'Ambergris compte plusieurs clubs de plongée, entre autres Hustler Tours *(☎ (2) 625 38)* et Blue Hole Dive Center *(☎ (2) 629 82)*. La **pêche** est un autre passe-temps agréable : se renseigner auprès des hôtels ou contacter directement les pêcheurs. On peut faire en haute mer des prises abondantes. Sur la plupart des plages, il est possible de louer des équipements de plongée et d'arranger des sorties par l'intermédiaire des agences de plongée. Les excursions à l'intérieur du pays, les randonnées dans la nature et les promenades à bicyclette sont également très appréciées. Le Belize est aussi riche en grottes, mais on ne les explorera qu'avec un guide expérimenté.

Numéros utiles au Belize – Police ☎ 911. Pompiers/Ambulances ☎ 90. Renseignements téléphoniques (locaux) ☎ 113.

Jours fériés

Nouvel An

Baron Bliss Day (9 mars) (fête du baron Bliss)

Vendredi saint

Lundi de Pâques

Fête du Travail

Commonwealth Day (24 mai) (fête du Commonwealth)

St. George's Caye Day (10 septembre) (commémoration de la bataille)

Independence Day (21 septembre) (fête nationale)

Colombus Day (12 octobre) (fête de Christophe Colomb)

Garifuna Settlement Day (19 novembre) (commémoration de l'arrivée des Garifunas)

Noël

Boxing Day (26 décembre) (lendemain de Noël)

BELIZE CITY

District de Belize

52 700 habitants

ℹ New Central Bank Building, Gabourel Lane ☎ (2) 319 13

En bord de mer, à l'embouchure du Belice se situe la plus grande ville de ce petit pays d'Amérique centrale, seul pays de langue et de culture britanniques dans la région. Bien qu'ayant perdu son statut de capitale au profit de Belmopan en 1971, après les dégâts causés par le cyclone Hattie en 1961, Belize City reste le pôle économique et culturel de cette jeune nation indépendante. Malgré les ouragans et les incendies qui ont ravagé la ville, la plupart de ses maisons sont des constructions en bois, typiques des Caraïbes, peintes en blanc, avec des toits rouges et d'agréables vérandas où les habitants se protègent de la chaleur des tropiques et saluent les passants.

On voit les plus jolies maisons dans **Albert Street** et **Regent Street**, considérées comme le centre de la ville, ainsi que dans le **quartier de Fort George**, au Nord de Haulover Creek, la rivière qui traverse la ville.

CURIOSITÉS *5 h*

Pont tournant – *Sur l'Haulover Creek.* Ce pont, qui date de 1900, est le seul au monde qu'on manœuvre manuellement pour laisser passer les bateaux qui circulent sur la rivière. Deux fois par jour, à 5 h 30 et 17 h 30, si des bateaux attendent le passage, un groupe d'hommes actionne la manivelle qui fait lentement tourner le pont.

Dans une rue de Belize City

Court House – *Regent Street, deux rues au Sud du pont tournant.* On accède par un escalier à deux rampes à cet élégant bâtiment aux colonnes de fer forgé. Le **palais de Justice** fut reconstruit après la destruction en 1918 par un incendie de l'édifice d'origine. La tour est dédiée à la mémoire du gouverneur William Hart Bennetles, qui fut tué par la chute de la hampe du drapeau au cours de l'incendie.

Government House Museum – *Au Sud de Regent Street, face à l'embouchure de la rivière. Visite du lundi au vendredi de 8 h 30 à 16 h 30. 5 BZ$. ☎ (2) 732 55.* Cette **demeure★★** du 19e s. érigée sur le front de mer est recouverte de bois suivant le style typique des Caraïbes. De 1815 à 1993, elle a accueilli les gouverneurs successifs qui ont veillé aux intérêts de la Couronne britannique. Réaménagée en musée, elle expose une partie du mobilier et des ustensiles d'origine, ainsi que des photographies témoignant de l'importance de cette résidence dans la vie sociale, économique et politique du pays.

St John's Cathedral – *Albert Street, face au musée de la Résidence. Visite de 9 h à 12 h et de 14 h à 16 h. Fermé l'après-midi le samedi et le dimanche. 5 BZ$. ☎ (2) 721 37.* Cathédrale protestante construite par des esclaves au début du 19e s., elle fut le témoin du couronnement de trois rois de la tribu indigène des Mosquitos, établie sur la côte du Honduras et du Nicaragua.

Maritime Museum et Terminal – *North Front Street, 89. Passer le pont tournant en direction du Nord, puis prendre à droite. Visite de 9 h à 17 h. 4 BZ$. ☎ (2) 319 69.* Construction blanche en bois, l'ancienne caserne de pompiers héberge aujourd'hui le **musée de la Marine**. Un terminal reçoit les bateaux assurant les liaisons avec les îles Caulker, St. George et d'Ambergris.
En face, le bureau de poste occupe une construction traditionnelle de bois, le **Paslow Building**.

Fort George District – *À l'Est du musée de la Marine.* Au Nord du port, ce quartier présente des bâtiments de toute beauté, comme les pensions **Colton House** et **Fort Street Guest House**, face à laquelle se trouve le **centre d'artisanat** (National Handicraft Center – *visite de 8 h à 17 h (13 h le samedi) ; fermé le dimanche ; ☎ (2) 336 36*). On y voit aussi le **fort George**, un môle situé face à l'hôtel Radisson, ainsi que le **phare Baron Bliss**, au pied duquel repose l'aristocrate anglais Victor Bliss, bienfaiteur du Belize.
Au Nord, sur Gabourel Lane, près de l'ancienne prison, l'**ambassade des États-Unis** est un beau bâtiment de bois qui a une longue histoire, puisqu'il a été fabriqué en Nouvelle-Angleterre (États-Unis) en 1866, pour être assemblé ici.

EXCURSIONS

★**Community Baboon Sanctuary** – *2 h. 42 km/26,2 mi à l'Ouest par la Northern Highway ; après 21,5 km/13.5 mi, prendre à gauche un chemin asphalté, traverser Burrell Boom et continuer vers l'Ouest par un chemin de terre. Visite de 8 h à 17 h. 10 BZ$. ✗ ⚠ ☎ (2) 772 13.* Des singes hurleurs, appelés *baboons* (babouins) au Belize, peuplent les branches des arbres de cette forêt. Pour protéger cette espèce, que les anciens Mayas considéraient comme sacrée et qui compte aujourd'hui jusqu'à 2 000 individus, la **réserve** fut instaurée en 1985 avec le soutien des communautés de la région. Un bref passage par la forêt ôtera au visiteur le moindre doute quant aux auteurs des hurlements que l'on entend de loin.

★ **Altun Ha** – *2 h. 54 km/34 mi au Nord par la Northern Highway. Au terme de 32 km/20 mi, prendre la Old Northern Highway à droite, parcourir 19 km/12 mi, bifurquer à gauche et continuer sur 3 km/2 mi. Visite de 9 h à 17 h. 10 BZ$. ☏ (2) 772 13.* Les ruines de ce centre religieux de la période classique entourent deux places et comprennent deux temples du haut desquels la vue court sur les cimes de l'épaisse forêt environnante : le **temple du Tombeau Vert**, où des pièces de jade ont été découvertes, et le **temple du Dieu du Soleil★**, la construction la plus élevée du site (18 m). C'est dans l'une des sept tombes de ce temple qu'a été trouvée, en 1968, la célèbre tête de jade de 15 cm de haut représentant Kinich Ahau, le dieu du soleil. Cette souriante sculpture, conservée par le ministère d'Archéologie, n'est visible qu'à l'occasion d'expositions temporaires. Mais on peut la voir dans le coin supérieur gauche des billets de banque du Belize, tout comme on peut reconnaître le temple sur l'étiquette de la Belikin, la populaire bière locale.

Crooked Tree Wildlife Sanctuary – *1/2 journée. 55 km/34 mi au Nord-Ouest par la Northern Highway, où l'on parcourt 51 km/31,5 mi avant de prendre à gauche. Visite de 8 h à 17 h. 8 BZ$. ✗ ⚠ ☏ (2) 350 04.* Près du tranquille petit village de **Crooked Tree**, abrité sous de grands arbres, on découvre cette **réserve ornithologique** destinée aux espèces endémiques et aux migrateurs, qui s'y rassemblent en grand nombre entre novembre et avril.

★ **Belize Zoo** – *2 h. 46 km/29 mi à l'Ouest par la Western Highway. Visite de 8 h 30 à 16 h 30. Fermé les Vendredi saint et 21 septembre. 15 BZ$. ✗ ⚠ ☏ (8) 130 04.* Sur son vaste domaine couvert d'une végétation abondante, ce parc zoologique héberge plus de 100 animaux originaires du Belize. Des notices expliquent leurs habitudes et leur mode de vie. À noter plus particulièrement le tapir, le toucan et la panthère, dont une noire, animaux nationaux du Belize.

BELMOPAN

District de Cayo
6 550 habitants
ℹ ☏ (2) 732 55

Belmopan se situe au centre géographique du pays, entre San Ignacio et Belize City. Elle a été fondée en 1971 pour être la capitale, dix ans après que le cyclone Hattie eut dévasté Belize City. Ses bâtiments abritent les ministères et autres services gouvernementaux, et sa population est essentiellement constituée de personnel administratif et de réfugiés d'autres pays d'Amérique centrale. Celle que l'on a appelée « une capitale moderne pour une nation en devenir » n'a cependant jamais supplanté la ville très animée de Belize City.
Aux portes de la ville commence la route **Hummingbird Highway★**, qui traverse 88 km de paysages splendides, dont les monts Maya, avant d'atteindre la côte Sud.

LE LONG D'HUMMINGBIRD HIGHWAY

Guanacaste National Park – *2 h. 2 km/1,4 mi au Nord, au croisement d'Hummingbird Highway et de Western Highway ; 36 km à l'Est de San Ignacio. Visite de 8 h à 17 h. 5 BZ$. ☏ (2) 350 04.* Deux sentiers d'une longueur totale de 3 km parcourent ce petit parc national, créé en 1990 pour préserver plus de 100 espèces endémiques d'oiseaux. Il doit son nom au gigantesque **arbre Guanacaste★**, âgé de 150 ans, qui se trouve dans la partie Sud-Ouest du parc.

★ **Blue Hole National Park** – *2 h. 18 km/11 mi au Sud. Visite de 8 h à 17 h. 8 BZ$. ⚠ ☏ (2) 350 04.* C'est une vaste étendue de forêt (230 ha) peuplée d'une faune abondante. Dans cette zone protégée, une grotte, **St Herman's Cave★**, était utilisée comme site sacré par les anciens Mayas. À 2 km de celle-ci, un **bassin naturel★** à l'eau bleu saphir donne son nom au parc.

Five Blues Lake National Park – *4 h. Après le Parc national, parcourir environ 17 km/11 mi vers le Sud et prendre à gauche un chemin de terre sur 7 km/4,3 mi. Visite de 8 h à 16 h. 8 BZ$. ⚠ ☏ (2) 319 13.* Avant de partir, il convient de se renseigner sur l'état du chemin. Déclaré parc national en 1991, ce lieu tient son nom des différentes tonalités de bleu du lac, auquel on peut accéder par plusieurs sentiers à travers la forêt *(prendre une carte au poste d'information situé à 200 m de route)*. Au centre du lac (4 ha), qui est en réalité un *cenote* dont la voûte s'est effondrée, on trouve sur une petite île une grande quantité d'orchidées. Les collines calcaires qui entourent le lac recèlent des grottes que l'on peut aussi visiter. La réserve naturelle (1 717 ha), gérée par une communauté, compte 277 espèces d'oiseaux et les cinq espèces de félins sauvages existant au Belize.

District de CAYO★★

☎ (9) 242 36

Cette région montagneuse est restée isolée jusqu'à la construction dans les années 1940 de la route qui relie désormais ce district à Belize City. Auparavant, il fallait parfois jusqu'à 21 jours de voyage le long du Belice, utilisé au flottage des bois précieux jusqu'au port d'où ils étaient exportés.
Aujourd'hui à moins de deux heures de Belize City, cette région aux sommets boisés, équipée d'agréables **auberges** à bungalows, offre des attraits de toutes sortes, comme les ruines mayas – dont un grand nombre est encore inexploré –, des rivières où l'on peut nager et pagayer et des prairies où l'on peut se promener à cheval. On peut également rejoindre la zone archéologique de Tikal au Guatemala, dont la frontière est à 15 km au Sud-Ouest de San Ignacio.

Les sites décrits sont repérés sur la carte p. 388.

SAN IGNACIO ET ENVIRONS *1 jour*

San Ignacio – *107 km/70 mi à l'Ouest de Belize City.* Après avoir franchi le **pont d'Hawksworth**, étroit pont suspendu qui enjambe la rivière Macal, on rejoint au cœur du district cette petite ville tranquille aux maisons colorées. Pendant des générations, elle fut le principal centre de commerce pour les cargaisons d'acajou et de chicle (gomme de sapotillier utilisée pour le chewing-gum), bases de l'économie de cette région. Aujourd'hui elle accueille de nombreux touristes qui trouvent dans **Burns Avenue**, sa rue principale, des hôtels bon marché, des agences d'excursions et des restaurants.

Green Iguana Conservation Project – *À l'hôtel San Ignacio, 400 m à l'Ouest de la ville. Visite guidée (1 h) de 8 h à 16 h. 10 BZ$. ☎ (9) 220 34.* À l'intérieur de cette réserve privée, on peut visiter un centre d'élevage des iguanes créé pour protéger ce reptile menacé d'extinction et pour sensibiliser la population à ce problème. Le visiteur peut voir les couveuses et toucher les jeunes iguanes, que l'on libère pour la plupart dans la région.

★**Cahal Pech** (**A**) – *1,6 km/1 mile au Sud de San Ignacio par Buena Vista Road. Visite de 9 h à 17 h. 5 BZ$. ☎ (9) 242 36.* Sur une colline d'où l'on a une vue magnifique sur la forêt, on découvre les ruines restaurées d'un site de type acropole, occupé entre 1000 avant J.-C. et 800 après J.-C.

Centro de visitantes – *À 150 m du site. Visite de 9 h à 16 h 30 (12 h le dimanche). Fermé le lundi. 5 BZ$.* Le centre d'accueil fournit des informations touristiques, mais sert aussi de musée et abrite une intéressante **collection**★ de pièces de céramique provenant de divers endroits du Belize, notamment de Cahal Pech.

★**El Pilar Archaeological Reserve for Maya Flora and Fauna** (**B**) – *17 km/12,5 mi au Sud-Est de San Ignacio ;* après *Bullet Tree Village, franchir le pont, tourner à gauche et poursuivre sur 12km/7,5mi. Visite de 8 h à 17 h. ☎ (8) 221 06.* Dans cette zone, décrétée réserve archéologique en 1998, des structures mayas immergées dans une magnifique forêt invitent le visiteur à faire revivre en imagination l'ancien centre administratif occupé par les Mayas pendant 13 siècles, de 250 avant J.-C. jusqu'à 1000 après J.-C. Le parcours emprunte tout un réseau de sentiers et nous fait comprendre comment les Mayas exploitaient la forêt sans lui porter préjudice. On peut encore rencontrer ou entendre un grand nombre d'oiseaux et d'animaux. On prendra le temps de s'asseoir sur l'un des bancs confortables pour épier et écouter la forêt, peut-être aux endroits mêmes où se tenaient les anciens gouvernants pour observer le coucher et le lever du soleil. En parvenant au pied des 12 structures principales ou sur les 15 places mayas, on éprouvera peut-être la même émotion que les archéologues au moment où ils découvrirent le site. Le défi à relever aujourd'hui est d'obtenir que cette réserve, avec l'aide de la communauté, serve de modèle à la fois pour la protection de l'environnement et pour la préservation de la culture maya, tant ancienne que contemporaine.

★★**Xunantunich** (**C**) – *12,5 km/7.6 mi à l'Ouest de San Ignacio (traversée de rivière par transbordeur à 11 km de San Ignacio). Visite de 9 h à 17 h (16 h le week-end). 10 BZ$. ☎ (8) 221 06.* Après avoir traversé le Mopán par un **transbordeur** manœuvré à la main, on arrive en pleine forêt sur un plateau où subsistent les ruines d'un très important centre religieux de la période classique. Il a probablement été vassal du site voisin d'El Naranjo, qui se trouve aujourd'hui au Guatemala. Autour de trois places se répartissent les principales structures, construites entre 600 et 1000 après J.-C.

★★**El Castillo** – *Au Sud des trois places principales.* D'une hauteur de 40 m, couronné par des restes de créneaux, ce temple est le second du Belize par la hauteur. Sa partie supérieure présente les traces d'une grande **frise**★★ qui ornait à l'origine les quatre côtés de la pyramide, avec des figures de dirigeants, des masques et des symboles des astres. On en voit aujourd'hui des fragments du côté Est, et une réplique du côté Ouest. Depuis le sommet, on contemple la forêt qui s'étend à perte de **vue**★.

Chaa Creek Natural History Center (**D**) – *13 km/7,8 mi au Sud-Ouest de San Ignacio ; parcourir 7,7 km/4,8 mi après Benque Viejo Road et tourner à gauche (signalisation). Visite guidée (1 h) de 7 h à 16 h. 10 BZ$.* ✗ ⚠ ☎ *(9) 120 10.* Sur le domaine de l'hôtel Chaa Creek Cottages, une cabane sur la colline héberge ce centre d'information sur l'histoire naturelle et archéologique de la région, le premier de ce type au Belize. Le centre organise des visites guidées d'un **élevage de morphos bleus★**, superbes papillons typiques des forêts du Belize.
Les excursions d'une journée au départ de San Ignacio mises sur pied par Chaa Creek Inland Expeditions comprennent une promenade dans la **réserve naturelle de Chaa Creek** (132 ha). Celle-ci renferme quatre enclaves mayas et est habitée de singes hurleurs et d'oiseaux migrateurs. Le retour à San Ignacio se fait en canoë par la rivière Macal *(120 BZ$ par personne, 178 BZ$ avec randonnée à cheval ; les deux options incluent le déjeuner et le transport depuis San Ignacio).*

★**Ix Chel Farm Rainforest Medicine Trail** – *200 m à l'Est du centre d'histoire naturelle de Chaa Creek. Visite de 8 h à 12 h et de 13 h à 17 h. 11,50 BZ$.* ☎ *(9) 238 70.* Sur le domaine de la ferme Ix Chel, ce parcours suit les berges de la rivière Maca et traverse la forêt, à la découverte des usages et des **propriétés médicinales** de plus de 35 plantes, dont un grand nombre a été découvert par le chaman maya Elijio Pani (1891-1996).

Les curiosités suivantes se trouvent sur le chemin de la réserve forestière de Mountain Pine Ridge.

★**Barton Creek Cave** (**E**) – *25,5 km/15,6 mi à l'Est de San Ignacio par la Western Highway, puis Chiquibul Road à droite ; parcourir 7,8 km/4,8 mi et prendre à gauche un chemin praticable uniquement en véhicule 4x4. Visite de 8 h à 17 h. 5 BZ$, plus le prix de l'excursion (se munir d'un canoë et de lampes de poche à fort éclairage). Se renseigner à l'hôtel ou dans l'une des agences de voyages de San Ignacio.* ☎ *(2) 319 13.* Au long du parcours d'environ 1,6 km dans l'immense **grotte de Barton Creek**, on admirera de grandes stalactites et stalagmites qui se sont formées au fil des derniers millénaires. Quelques-unes des stalactites, où logent de minuscules chauves-souris, descendent jusqu'à la surface de la rivière. On découvrira également les vestiges d'une sépulture maya. Il suffit d'éteindre les lampes de poche pour s'imaginer comment les anciens Mayas parcouraient cette grotte à la lumière de simples flambeaux.

Green Hills Butterfly Centre (**F**) – *23,5 km/14,8 mi au Sud-Est de San Ignacio. On peut s'y rendre de la grotte de Barton Creek en revenant sur Chiquibul Road, que l'on prend à gauche, ou directement de San Ignacio par Buena Vista Road. Visite guidée de Noël à la Semaine sainte de 8 h à 17 h ; hors saison, sur rendez-vous (2 personnes au minimum). 5 BZ$.* ☎ *(9) 233 10.* Le **centre de papillons de Green Hills** permet de voir, dans une chaumière sympathique abritant des plantes de la région, jusqu'à 20 espèces différentes de papillons qui vivent cachés en forêt et que l'on ne peut donc y observer.

★**Mountain Equestrian Trails** (**G**) – *Le chemin d'accès au centre se trouve presque en face de Green Hills. Réservation obligatoire.* ✗ ☎ *(8) 231 80.* Des randonnées à cheval en compagnie de guides parlant anglais, espagnol et allemand sont proposées sur 96 km de pistes sillonnant la réserve privée de Slate Creek. Les promenades, conçues pour les débutants comme pour les experts en équitation, peuvent durer de quatre heures à plusieurs journées. On pourra au passage explorer des grottes et des sites archéologiques et admirer la faune et la flore de secteurs qu'il est impossible d'atteindre en voiture. De la réception, qui dispose d'un bar, d'un restaurant et d'une salle commune, on jouit d'un vaste panorama sur la réserve forestière de Mountain Pine Ridge.

★MOUNTAIN PINE RIDGE FOREST RESERVE *1 jour*

23 km/17 mi au Sud-Est de San Ignacio par la Western Highway, puis Chiquibul Road.

Sur un sol granitique rouge, la forêt tropicale se transforme en un bois de conifères. Les pins et le brouillard envahissent cette réserve arborée cernée par l'exubérante forêt. Cascades, rivières et immenses grottes calcaires sont accessibles en véhicule 4x4 ou bien à cheval.
Dans cette région montagneuse, on trouvera quelques-unes des **auberges★★** les plus agréables et les plus fréquentées du Belize. Certaines sont très luxueuses, comme Blancaneaux Lodge, propriété du célèbre réalisateur Francis Ford Coppola. La présence d'un camp d'entraînement dans cette réserve unique, autrefois exploitée par les forestiers, explique le passage de véhicules militaires britanniques.

Hidden Valley Falls (**H**) – *Emprunter Chiquibul Road ; 6 km/3,6 mi après la guérite, bifurquer à gauche et parcourir 11 km/7 mi avant de tourner à gauche ; continuer sur 4,5 km/3 mi.* Dans le domaine de 7 200 ha de l'hôtel Hidden Valley Inn, un belvédère permet d'admirer cette gigantesque chute de 480 mètres, la plus haute du pays, que l'on appelle aussi **cascade des Mille pieds**. D'ici, par temps clair, on aperçoit Belmopan.

Río On Pools (**J**) – *Revenir à la guérite et poursuivre sur Chiquibul Road ; au bout de 18,5 km/11,5 mi, bifurquer à droite sur 400 m.* Dans le lit du río On, rivière la plus importante du domaine, se sont formés des **bassins naturels**, où il fait bon se baigner pendant la saison sèche, quand l'eau est limpide.

★**Río Frío Cave** (**K**) – *Reprendre Chiquibul Road vers le Sud : à 4,4 km/3,6 mi, on arrive à la station forestière Douglas D'Silva ; tourner à droite et continuer sur 2 km. Accessible 24 h/24. ☎ (9) 232 80.* Le río Frío court dans cette impressionnante **grotte** de 800 m de long formée dans le calcaire et ouverte à ses deux extrémités. En saison sèche, on peut nager dans les nappes d'eau bleue qui se forment sous les stalactites de la grotte.

★★CARACOL *1 journée*

De la guérite d'entrée de la réserve forestière, poursuivre sur Chiquibul Road vers le Sud : après 23 km/14 mi, on arrive à la station forestière Douglas D'Silva ; prendre alors à gauche, parcourir 16 km/10 mi jusqu'au río Macal, puis continuer sur 19 km/12 mi vers le Sud-Ouest. Visite de 8 h à 17 h. 10 BZ$. ☎ (8) 221 06. Il est recommandé de ne visiter ce site que pendant la saison sèche et de se renseigner sur l'état du chemin à San Ignacio. Des excursions au site sont organisées à San Ignacio.

Dans le parc national **Chiquibul Forest Reserve** s'étendent les ruines d'une immense ville maya, qui sont restées dissimulées pendant un millénaire sous une épaisse forêt. Le site, découvert en 1939 par un marchand de bois qui recherchait l'acajou et le cèdre, n'a révélé son importance qu'après des décennies de fouilles rigoureuse. En 1986, on découvrit sur un **jeu de pelote** un autel sculpté du 7e s. décrivant la victoire de Caracol sur Tikal. Après cette bataille, survenue en 562 après J.-C., Caracol domina la région du Petén pendant un peu plus d'un siècle et la population du centre urbain et religieux atteignit le chiffre de près de 150 000 habitants *(voir Les Mayas, p. 56, et l'encadré p. 336)*.
Les registres hiéroglyphiques trouvés après 10 ans d'exploration ont fourni de précieux renseignements sur Caracol, dont le nom maya d'origine serait Ox Witz Ha (« lieu des trois collines ») selon l'interprétation faite à partir d'un glyphe emblématique étudié récemment.
Ces inscriptions ont été découvertes sur des stèles ou des panneaux retraçant les grands événements de la vie de la classe dominante. Elles permettent d'identifier la grande dynastie qui régna sur la cité de 331 à 859 après J.-C. et assura la conquête de Tikal et de Naranjo (tous deux au Guatemala), cette dernière étant intervenue en 1636. La découverte dans les zones résidentielles d'os portant des inscriptions laisse supposer qu'une grande partie de la population de Caracol savait écrire et lire.
Cette immense cité, aujourd'hui submergée par une forêt gigantesque peuplée entre autres de perruches, est caractérisée par le réseau complexe des **sacbés**, d'une longueur de 60 km, qui reliaient différents ensembles architecturaux et des zones agricoles dans un rayon de 5 km. La cité couvrait un territoire de quelque 177 km², dont 17 seulement ont été cartographiés. On n'a enregistré jusqu'à présent que 5 000 des 36 000 structures que le site compterait.
La visite se limite au centre de la cité, qui s'étend sur un plateau à 500 m d'altitude. On commencera par le **centre d'accueil**, qui présente quelques pièces de céramique et des photos des objets les plus importants trouvés sur le site.

Groupe B – *Première place que l'on voit dans la partie septentrionale de Caracol.* C'est le plus important ensemble architectonique du site. On y trouve **Caana★**, complexe dont le nom maya signifie « lieu céleste » et qui domine la place du haut de ses 43 m ; c'est la réalisation humaine la plus élevée de tout le Belize. Constitué de quatre ensembles résidentiels et de trois religieux, il fut reconstruit à plusieurs reprises et la version finale fut achevée après l'an 800 de notre ère. Les salles situées au milieu de l'édifice servirent d'habitations. Au sommet se trouve une place aux dimensions réduites, délimitée par de petites pyramides ; dans celle située à l'Est, on a découvert quatre tombes, l'une renfermant la dépouille d'une femme, des boucles d'oreilles de jade et des vases de céramique. Du haut de ces structures, on jouit d'une **vue★★** impressionnante sur la forêt et le reste du site.

Acropole centrale – *Entre les groupes A et B.* Cet ensemble résidentiel comprend deux temples, deux palais et un édifice funéraire. On trouva dans ce dernier un tombeau royal renfermant quatre dépouilles.

Groupe A – *Au Nord-Ouest de l'Acropole.* La répartition des édifices donne à croire qu'il s'agissait d'un **observatoire astronomique.** À l'Est, on distingue une plate-forme regroupant quatre édifices, dont le **temple du Linteau de bois**. Il doit ce nom à ses poutres, encore conservées, dont l'une porte la date de la construction : le 1er s. après J.-C. Ce temple est l'un des plus anciens de Caracol. La première construction remonte à 300 avant J.-C. et a été utilisée jusqu'à l'abandon de la cité par ses habitants, en 1100 après J.-C. Au centre de l'édifice, on trouva un coffre de pierre avec un masque datant de 70 après J.-C. À l'intérieur du coffre, un morceau d'étoffe reposait sur 684 g de mercure liquide ; y était enveloppée une boucle d'oreille de jadéite et une coquille contenant un autre masque de jadéite sur un lit de cinabre. En face de l'édifice A2, dans la partie occidentale de la place du groupe A, s'élève la **stèle 22**, qui comporte le texte hiéroglyphique le plus long du Belize.

COROZAL TOWN

District de Corozal

7 960 habitants

☎ (4) 231 76

139 km/87 mi au Nord de Belize City. Bourgade tranquille aux maisons de bois colorées, qui s'étend en bord de mer à 14 km seulement de la frontière mexicaine, elle fut fondée en 1849 par des Indiens fuyant le Yucatán après la tuerie de Bacalar, pendant la guerre des castes. L'industrie du sucre naissante et déjà prospère bénéficia de cette main-d'œuvre de réfugiés, devenus d'efficaces cultivateurs. Cette activité, avec celle de l'extraction du chicle du sapotillier, a prédominé dans la région jusqu'en 1955, quand le **cyclone Janet** a modifié la vie et la physionomie du village. Le cyclone, et aussi les fluctuations du prix du sucre, ont entraîné une diversification des cultures.

CURIOSITÉS *1 jour*

Corozal Tourism and Cultural Centre – *Coronation Park. À deux rues de Santiago Ricalde Central Park, sur Costera Street. Ouvert de 9 h à 16 h 30. Fermé le lundi. 3 BZ$. ☎ (4) 231 76.* Ce pittoresque **édifice★** en bois construit en 1886 a été occupé par un marché jusqu'en 1959. Aujourd'hui, le centre culturel dispense des renseignements touristiques et reçoit des expositions temporaires. Il présente aussi une collection d'objets liés à l'histoire de Corozal. La statue de **saint Narcisse** attire l'attention, ainsi qu'une collection de **bouteilles anciennes** retrouvées dans la mer. Appelées *chaparras*, ces bouteilles autrefois jetées à la mer une fois vides constituent aujourd'hui un objet d'ornement typique du Belize.

Mural du City Hall – *Au Sud du parc Santiago Ricalde. Hôtel de ville ouvert de 8 h à 17 h (16 h 30 le vendredi) ; fermé le week-end. ☎ (4) 220 72.* Cette œuvre réalisée en 1953 par Manuel Villamor Reyes et repeinte en 1986 raconte l'histoire de Corozal. Une des scènes représente le massacre de Bacalar (1848), qui fut suivi de la fuite hors du Mexique de nombreux Indiens.

Santa Rita – *1,5 km au Nord-Ouest de Corozal, derrière les entrepôts de Coca-Cola. Visite de 9 h à 17 h. 10 BZ$. ☎ (8) 221 06.* Ce site archéologique montre les vestiges d'une construction qui faisait partie d'une ancienne cité maya, occupée entre 2000 avant J.-C. et 1550 après J.-C., et qui a probablement donné naissance à la ville de Chetumal, au Mexique. L'essentiel de cet ancien centre de commerce est enfoui sous la ville.

EXCURSION

★**Cerros** – *2 h. À 15 mn en bateau de la pointe Sud de la baie de Corozal. Visite de 9 h à 17 h. 5 BZ$. ☎ (8) 221 06.* Sur la côte, on découvre les vestiges des trois temples principaux de cet important marché du jade et de l'obsidienne, actif entre 300 avant J.-C. et 100 après J.-C.

LAMANAI★★★

District d'Orange Walk

☎ (2) 319 13

La pittoresque **promenade★★** en bateau sur la New River jusqu'à Lamanai permet d'apercevoir de minuscules chauves-souris et de petits oiseaux de couleur jaune qui se posent sur les feuilles flottant à la surface de l'eau. On profitera aussi de la diversité de la forêt, on pourra même en goûter les fruits sucrés. Avec un peu de chance, le spectacle inclura crocodiles, tortues et lamantins.

De Belize City, prendre la Northern Highway sur 83,5 km/52 mi pour parvenir à Toll Bridge, d'où partent les bateaux vers Lamanai (2 h de traversée). Des excursions sont organisées à partir de Belize City et San Pedro (île d'Ambergris). On peut également s'y rendre par un chemin de terre, en traversant Orange Walk Town et San Felipe.

SITE ARCHÉOLOGIQUE *1 jour*

Visite de 8 h à 17 h (16 h le week-end). 10 BZ$. ☎ (8) 221 06.

Les ruines de cet ancien centre religieux, dont le nom signifie « crocodile sous l'eau », occupent les berges de la **New River** au cœur d'une haute forêt pleine de parfums et de fruits exotiques et troublée par les appels des singes hurleurs et les acrobaties des singes-araignées. Les constructions que l'on y voit encore ont été érigées entre 100 et 900 après J.-C. En dépit du déclin de la majorité des sites Mayas en 900 après J.-C., Lamanai fut occupé pendant 10 siècles encore, jusqu'au 19e s., bien après l'arrivée des Espagnols à la recherche de l'or *(voir Les Mayas, p. 56, et l'encadré p. 336)*.

Musée – Dans une petite cabane sont exposées des figurines trouvées sur le site, pour la plupart en céramique, datant d'une période antérieure à notre ère.

Temple du Masque – Élevé entre les 3e et le 4e s., il doit son nom à l'énorme **masque**★★ de 4 m de haut taillé dans le calcaire qui se trouve sur la droite de l'escalier central. On a découvert dans la tombe de ce temple 87 pièces de jade.

Structure recouverte (ou N 10-43) – Le temple le plus haut de Lamanai était probablement consacré au culte du soleil, car la partie frontale de la construction présente des restes de masques de Kinich Ahau, dieu du soleil. D'une hauteur de 34 m, c'est le troisième du pays. De son sommet, on a une **vue**★★ impressionnante sur le lac, la forêt et les montagnes guatémaltèques et mexicaines. Face au temple s'étendent les ruines du **jeu de pelote**, que l'on appelait ici **pok-ta-pok** ; on y trouve encore des traces de mercure, qui aurait servi, de même que l'obsidienne, comme miroir pour intensifier le reflet des astres.

★**Stèle 9** – *À l'Est du jeu de pelote.* Cette pierre taillée montre un dirigeant dont le visage émerge de la gueule ouverte de son géniteur céleste, le crocodile. Cet animal était la principale figure sacrée de Lamanai, probablement la dernière cité que les anciens Mayas aient abandonnée.

NORTHERN CAYES★★★

Les « CAYES » SEPTENTRIONAUX – District de Belize

☎ (2) 319 13

Longeant la côte du Belize sur 300 km, la **barrière de corail**★★★ la plus étendue de l'hémisphère Nord est inscrite depuis 1996 au Patrimoine mondial de l'Humanité. Elle protège un archipel formé par des centaines de *cayes* (îles) éparpillés sur les eaux bleues de la mer des Caraïbes. Nombre d'entre eux ont l'aspect idéal d'îles paradisiaques : loin de tout, ils étirent de belles plages de sable blanc bordées de palmiers. Au-delà de cette barrière, des atolls formés par des récifs millénaires abritent une vie marine extraordinaire, avec plus de 50 types de coraux et 400 espèces différentes de poissons. Certaines de ces îles constituent des sites de plongée réputés, en particulier au Nord-Ouest de Belize City, où le panorama des fonds sous-marins va des bancs de poissons exotiques, des coraux et des formations géologiques jusqu'aux requins et aux épaves. Le soleil, la mer, la musique, les fruits de mer, un hamac et la gentillesse des Bélizéens, tout invite à visiter et à savourer ce paradis. Des hôtels sur les îles éloignées et des bateaux équipés de tous les services autorisent des villégiatures de plusieurs jours dans l'archipel.

★★AMBERGRIS CAYE

Cette île de 32 km de long est séparée de la péninsule du Yucatán par un chenal qui marque la frontière du Belize avec le Mexique. Une abondante végétation, où domine la mangrove, borde les **plages**★★ tranquilles de l'île, où l'on peut entendre le fracas sourd des vagues contre la barrière de corail.

★★**San Pedro** – *1 jour. 56 km au Nord-Est de Belize City (70 mn en bateau, 15 mn en avion).* L'unique localité de l'île se blottit à son extrémité Sud. Fondé au milieu du 19e s. par des émigrants des côtes du Yucatán qui fuyaient la guerre des castes, ce paisible village de pêcheurs est devenu le rendez-vous des plongeurs du monde entier et la principale destination touristique du Belize. C'est de ses innombrables **quais** que l'on part au petit jour pour les différents récifs.
Des voiturettes de golf – moyen de transport le plus utilisé avec la bicyclette – circulent dans les rues sableuses du village, où l'on remarquera le cimetière en bord de mer et la charmante architecture caraïbéenne de l'**hôtel Barrier Reef**, l'un des plus anciens de San Pedro. On trouvera également des magasins, des restaurants et des agences de voyages. Celles-ci organisent des excursions, le plus souvent d'une journée, vers les différents centres d'intérêt du pays ; aussi peut-on séjourner à San Pedro et profiter de sa **vie nocturne** détendue. Plusieurs **hôtels** sont implantés aux extrémités du village ; pour rejoindre les plus isolés, au Nord, on doit traverser un canal au moyen d'un **bac** rustique et marcher ou longer la **plage** à bicyclette.

★**Ambergris Museum and Cultural Centre** – *1 h. Island Plaza, Barrier Reef Drive. Visite de 14 h à 20 h. Fermé le dimanche. Visites guidées en espagnol. 5 BZ$. ☎ (2) 626 05.* Ce joli musée se trouve dans la rue principale de San Pedro ; il présente un panorama complet d'Ambergris : sa formation géologique, l'île aux temps des Mayas et à l'époque où elle servait de refuge aux pirates. On y retrace aussi la fondation de San Pedro, qui, de propriété d'une seule famille, devint l'important centre touristique que l'on sait. Trois petites salles exposent différents objets (ancienne céramique maya, bouteilles, outils de travail, etc.) pour la plupart donnés ou prêtés par les habitants de San Pedro. On y obtient également des informations touristiques.

Rocky Point – *1 jour. Au Nord d'Ambergris. Pour toute information sur les excursions organisées, s'adresser aux hôtels ou aux centres de plongée. 100 BZ$ (déjeuner compris).* La barrière de corail et l'île d'Ambergris se rejoignent à Rocky Point, un endroit idéal pour pratiquer la pêche sportive. À l'aller, on s'arrête trois fois pour admirer au masque les richesses du monde sous-marin. On déjeune sur la plage de poissons, langoustes ou autres fruits de mer grillés (selon la saison). Au Nord de Rocky Point s'étend une zone protégée appelée **Bacalar Chico National Park and Marine Reserve**, qui abrite de fragiles écosystèmes.

★★ **Hol Chan Marine Reserve** – *1 h. À la pointe Sud de l'île, à 10 mn en bateau à partir de San Pedro. On peut aussi s'y rendre de Caye Caulker. 5 BZ$, plus le prix de l'excursion.* Autour de la barrière de corail, on découvre dans cette réserve sous-marine de 8 km², qui fascinera les amateurs de plongée nocturne, de superbes poissons-perroquets et d'énormes mérous, ainsi que quelques-unes des murènes qui ont élu domicile dans les anfractuosités du corail.

★★★ **Shark Ray Alley** – *2 h. À 20 mn en bateau de San Pedro, ou à 10 mn de la réserve marine d'Hol Chan. On y accède aussi par Caye Caulker. Il est conseillé d'emporter un appareil photo étanche.* Dans cette zone protégée de 2 m de profondeur seulement, on peut nager avec masque et tuba aux côtés d'inoffensifs requins-nourrices et de raies de près d'un mètre d'envergure.

AUTRES ÎLES, ATOLLS ET RÉCIFS

★ **Caye Caulker** – *1 jour. 16 km/10 mi au Sud de San Pedro (25 mn en bateau). De Belize City, des bateaux partent régulièrement pour effectuer en 50 mn la traversée de 32 km.* Au Sud de cette île de 7 km de long et 800 m de large, on découvre un charmant petit **village★**, habité à l'origine par des pêcheurs de coquillages et de langoustes. À côté des empilages de casiers à langoustes, on propose des masques et des palmes aux touristes, de plus en plus nombreux à choisir cette île, plus tranquille et moins chère qu'Ambergris. Aux alentours, plus de 20 sites permettent de plonger avec un tuba ou des bouteilles. Les rues paisibles du village sont bordées de bars et de restaurants animés, et de salles de projection de diapositives sur les richesses naturelles du Belize.

★ **The Cut** – *Au Nord du village.* Ce canal aux eaux cristallines qui coupe l'île en deux a été créé par le cyclone Hattie en 1961. C'est aujourd'hui un site recherché pour la nage avec masque et tuba et pour les bains de soleil.

Caye Caulker Mini Reserve and Resource Centre – *À côté de la piste d'atterrissage. La réserve est ouverte en permanence, mais les visites ont lieu du lundi au vendredi de 8 h à 12 h et de 14 h à 18 h. Contribution à la discrétion du visiteur. ☎ (2) 222 51.* Dans cette petite réserve (60 ares) en bord de mer, on découvrira plus de 20 espèces florales de la région, ainsi que des iguanes, des oiseaux et des crabes. Les caractéristiques des différentes espèces sont expliquées dans un dépliant distribué au centre, qui possède également une bibliothèque riche en documentation sur l'histoire, la culture et les espaces naturels du Belize et met à la disposition du visiteur des ordinateurs avec accès à Internet *(ouvert de 10 h à 12 h, après-midi sur rendez-vous).*

Un îlot pour Robinson : Goff's Caye

Vue plongeante sur le Blue Hole

Swallow Caye et Goff's Caye (The Manatee Tour) – *1 jour. Au Sud de Caye Caulker. Pour toute information sur cette excursion, s'adresser aux hôtels ou aux agences de voyages. 55 BZ$. Au départ de San Pedro : 150 BZ$.* Après un parcours de 35 km (45 mn de Caye Caulker) parmi des îlots couverts de mangrove, on parvient à **Swallow Caye★**, où se trouve une réserve habitée de lamantins, espèce menacée d'extinction. On peut observer depuis le bateau ce paisible mammifère, d'environ 3 m de long, qui se nourrit de plantes aquatiques poussant dans la mangrove et qui peut rester sous l'eau jusqu'à cinq minutes.

★★ **Goff's Caye** – Les eaux transparentes qui entourent cette île minuscule émergeant de la barrière de corail sont idéales pour explorer les fonds sous-marins au masque et au tuba. À l'ombre d'une grande hutte ou de quelques palmiers, le visiteur pourra se reposer sur le sable blanc et savourer la vue sur la mer.

★★★ **Turneffe Islands** – *1/2 journée. 40 km au Sud-Est de San Pedro (1 h en bateau).* Cet archipel de quelque 200 îlots forme comme des atolls incomplets autour de trois **lagons★** d'eau cristalline et constitue un véritable labyrinthe marin. Cela va de l'îlot minuscule, autour duquel viennent se nourrir les lamantins, jusqu'à **Caye Bokel**, avec son phare et ses trois hôtels.

Les courants circulant dans les proches fonds marins pouvant atteindre 300 m, ainsi que l'exubérance de la mangrove assurent une grande richesse en éléments nutritifs qui favorisent la présence d'une abondante faune marine. On peut voir des requins-marteaux solitaires, de majestueuses raies manta, ainsi que des tortues marines et des dauphins. On peut aussi plonger autour de l'épave d'un bateau qui a sombré en 1793.

★★★ **Lighthouse Reef** – *1 jour minimum. 80 km environ au Sud-Est de San Pedro (2 h 1/2 en vedette rapide).* Le plus éloigné des récifs offre aux plongeurs ses attraits sous-marins et une île tropicale de rêve qui abrite une réserve d'oiseaux. Six bateaux y ont fait naufrage. Si l'un d'eux a servi de cible lors d'exercices militaires, il est possible de plonger autour des cinq autres. Sur Northern Caye, une des six îles de l'ensemble, un hôtel accueille surtout des plongeurs.

★★★ **Blue Hole** – *Au centre du récif.* Un magnifique cercle presque parfait de 400 m de diamètre marque l'entrée de cette grotte sous-marine d'une profondeur de 145 m. Son intense couleur bleu a donné son nom à ce « trou », devenu le site le plus célèbre du monde pour la plongée grâce à ses formations géologiques. Il a été exploré par le commandant Cousteau en 1972. Les stalactites que renferme la grotte, dont le plafond s'est effondré il y a des millions d'années, ont permis de déterminer qu'elle a été inondée vers la fin de l'ère glaciaire, lorsque le niveau des océans s'est élevé.

★★★ **Half Moon Caye Natural Monument** – *Dans la partie Sud-Est du récif.* Half Moon Caye est une petite île paradisiaque habitée par une colonie de 4 000 fous à pieds rouges et par 98 autres espèces d'oiseaux a été déclarée parc national en 1982, le premier du Belize. Sur ses **plages★**, deux espèces de tortues de mer menacées d'extinction viennent pondre leurs œufs. Le phare du 19e s. fonctionne aujourd'hui à l'énergie solaire.

Les eaux qui entourent la réserve sont suffisamment claires pour permettre la visibilité jusqu'à 50 m de profondeur, offrant un lieu merveilleux pour la plongée. On peut y faire la rencontre de gigantesques raies manta. Plusieurs circuits offrent la possibilité de passer la nuit sur cette île tropicale idyllique.

RÍO BRAVO Conservation Area★

Zone protégée du RÍO BRAVO – District d'Orange Walk

🛈 ☏ (2) 756 16

Au Nord-Ouest du Belize, cette zone de forêt tropicale protégée est administrée par l'organisation Programme for Belize. On peut apprécier sa richesse naturelle et archéologique grâce à un réseau de **sentiers★★**. On projette de réunir ce domaine avec les réserves de la biosphère Maya au Guatemala et de Calakmul au Mexique, afin de constituer un parc international de 2 millions d'hectares qui serait alors la plus vaste réserve américaine au Nord de l'équateur.

Les sites décrits sont repérés sur la carte p. 388.

CURIOSITÉS

La Milpa Field Station (**L**) – *1 jour minimum. 150 km/94 mi au Nord-Ouest de Belize City. Prendre la Northern Highway jusqu'à Orange Walk, où l'on emprunte à gauche la route de San Felipe ; là, tourner à droite et se diriger au Nord-Ouest vers Blue Creek ; 10 km/6,5 mi après ce village, prendre vers le Sud et poursuivre sur 10,5 km/6,5 mi. Ouvert 24 h/24 h. Il est nécessaire de réserver ou de s'annoncer. 40 BZ$. ☏ (2) 756 16.* De ce campement qui offre un hébergement, la plupart des **sentiers** gagnent en 5 km le **site archéologique La Milpa** *(mêmes conditions de visite que La Milpa Field Station)* encore en cours d'exploration, un des soixante sites mayas que compte la région.

★★★ **Chan Chich Lodge** – *2 jours. À 37 km/23 mi au Sud de La Milpa Field Station se trouve le village de Gallon Jug ; à partir de là, emprunter à l'Ouest le chemin de 8 km/5 mi qui mène à Chan Chich. Ouvert 24 h/24. Il est nécessaire de réserver ou de s'annoncer. ☏ (2) 756 34, 344 19 ou (800) 343 80 09 depuis le Canada.* Au Sud de la région de la zone protégée, dans une réserve privée, se dresse cet hôtel unique au monde, bucolique mais luxueux, enclavé au milieu d'un ancien centre religieux maya. Il est entouré d'une épaisse forêt traversée par de nombreuses rivières et peuplée de plus de 300 espèces d'oiseaux. Un réseau de **chemins★★** couvrant au total 13 km permet d'avoir un aperçu de la diversité de cette forêt. Pour les visiteurs, des excursions sont organisées avec des guides, même la nuit, car c'est à ce moment que l'on peut observer le plus d'animaux. Les cris des singes hurleurs et le bavardage des perroquets vous réveilleront bien avant 6 h !

Chan Chich Lodge

SOUTHERN COAST★★

La CÔTE MÉRIDIONALE – Districts de Stann Creek et de Toledo

ℹ ☎ (2) 319 13

Au pied de la chaîne des **monts Maya** et face à la mer des Caraïbes et de ses merveilleuses **îles**, c'est l'une des régions les plus sauvages, mais aussi les plus attirantes du Belize. De gros villages au charme très particulier, comme **Dangriga**, **Placencia** et la discrète localité qu'est **Punta Gorda**, animent le littoral méridional du Belize. De là partent de fascinantes excursions, tant vers les profondeurs des mers que dans les terres, au cœur de la forêt. On n'y accède que lentement par la Southern Highway, piste en terre d'une longueur totale de 160 km, ou plus rapidement à bord de petits avions, ce qui offre des vues magnifiques.

Les sites décrits sont repérés sur la carte p. 388.

DANGRIGA *2 h*

120 km/75 mi au Sud de Belize City. Prendre la Western Highway jusqu'au village La Democracia (50 km/31 mi de Belize City), bifurquer vers le Sud et poursuivre jusqu'à la Hummingbird Highway que l'on emprunte jusqu'à la côte.

Au bord de la mer apparaît cette petite ville, principalement peuplée de **Garifunas** ou Caraïbes Noirs, fiers descendants d'une population noire qui s'est établie dans cette région au 19e s. Dangriga semble être une copie en réduction de Belize City. On peut apprécier ici le travail des artistes locaux.
À partir de Dangriga, on peut visiter la barrière de corail et les îlots les plus proches, comme **South Water Caye**, qui offre des possibilités d'hébergement *(pour tout renseignement, s'adresser à l'hôtel Pelican Beach Resort ☎ (5) 220 44)*.

★★**Cockscomb Basin Wildlife Sanctuary** – *1 jour. Quitter Dangriga vers l'Ouest : à 7 km/4,5 mi, prendre à gauche la Southern Highway ; au niveau du Maya Centre, 25 km/15,5 mi plus loin, emprunter le chemin à droite ; 10 km/6 mi jusqu'à la réserve Cockscomb. Visite de 8 h à 17 h. 10 BZ$. ✗ ⚠ ☎ (2) 350 04. Il faut procéder à la visite tôt le matin ou dans la soirée pour avoir plus de chances de voir des animaux.* Cette réserve exubérante de forêt tropicale est peuplée de 55 espèces de mammifères, parmi lesquels le silencieux **jaguar** (il est rare de le voir, car il a des habitudes nocturnes), et de 290 espèces d'oiseaux. 26 km de chemins la parcourent, et l'on peut surprendre des cervidés, des singes hurleurs, des colibris et des reptiles et observer une flore abondante. Établie dans le **bassin Cockscomb**, autrefois exploité par les marchands de bois, la **réserve de faune** est traversée par des rivières où l'on peut se baigner et entourée de hautes montagnes, dont le **pic Victoria** (1 120 m), point culminant du Belize.

★★PRESQU'ÎLE DE PLACENCIA *2 jours minimum*

De la réserve Cockscomb, revenir sur la Southern Highway et tourner à droite en direction du Sud ; parcourir 13 km/8 mi, tourner à gauche et poursuivre sur 40 km/25 mi jusqu'à Placencia.

Cette presqu'île de 26 km de long est baignée par la mer et une lagune bordée de mangrove. Refuge des boucaniers au 17e s. et habitée par les pêcheurs depuis le 19e s., c'est aujourd'hui l'un des sites touristiques les plus agréables du Belize. Sur ses **plages** de sable blanc, caressées par la mer des Caraïbes, s'ouvrent des hôtels isolés et tranquilles.

★**Placencia** – Ce sont d'abord ses aimables et souriants habitants qui donnent à ce plaisant village de la pointe Sud de la presqu'île tout son charme. Sa rue principale est une voie exclusivement piétonnière de 1 m de large et de plus de 1 500 m de long. Elle est bordée de constructions typiquement caraïbéennes en bois : maisons d'habitation, restaurants, hôtels, boutiques de souvenirs et bars où, même la nuit, on peut écouter le rythme de la **punta**, de la **soca** ou du **calypso**.
Placencia propose toutes sortes d'activités, des kayaks pour pagayer sur la **lagune** où l'on peut voir des lamantins, aux circuits en mer pour plonger près de la barrière de corail ou pratiquer la pêche sportive.

Mais il y a, plus tranquilles encore que le village, les îles presque vierges de la haute mer où il est possible de passer la nuit, dans des cabanes ou en camping.

★★★**Laughing Bird Caye National Park** – *1 jour. 20 km de la côte (1 h en bateau à partir de Placencia). Ouvert 24 h/24. Il est nécessaire de réserver ou de s'annoncer. 40 BZ$. ☎ (2) 319 13.* Entourée de jardins de coraux et d'une riche faune marine, cette île offre des **plages**★★ magnifiques.

PUNTA GORDA ET ENVIRONS *3 jours au minimum*

Punta Gorda – *2 h. 138 km/86 mi au Sud de Placencia. Revenir vers la Southern Highway, que l'on prend à gauche et que l'on suit jusqu'à son extrémité.* Cette tranquille bourgade, la plus importante du district de Toledo, est située en bord de mer dans la région la plus isolée du Belize. On sera séduit par l'amabilité de la population, composée des ethnies et nationalités les plus diverses, qui vivent en

Les Garifunas

Leur origine remonte au 17e s., lorsque deux bateaux chargés d'esclaves venant d'Afrique s'échouèrent dans les Caraïbes. Certains des esclaves gagnèrent l'île de St-Vincent, où ils trouvèrent refuge auprès des Indiens. De cette fusion est née la culture garifuna, caractérisée par un esprit d'émancipation qui a conduit les Garifunas à se déplacer pendant des années jusqu'à atteindre cette côte. Les autres particularités de cette culture sont ses rituels religieux aux racines africaines, sa nourriture, la musique punta, et ses danses séduisantes. Le meilleur jour pour les découvrir est le 19 novembre, date où les Garifunas commémorent leur première implantation.

© Fernando Garcia Aguinaco

parfaite harmonie : Garifunas, Mayas, créoles, métis, Chinois, Libanais et Anglais. Punta Gorda est un point de départ idéal pour de nombreuses excursions en forêt, jusqu'à des grottes et des rivières, ou en mer. Les jours de marché *(mercredi et samedi)*, ses deux rues principales, Main Street et Front Street, sont toutes bigarrées de vêtements et tissus, d'ustensiles en plastique, de fruits et de légumes que viennent vendre les habitants des nombreux hameaux avoisinants. Le village compte plusieurs hôtels et de bons restaurants.

On trouve le long du bord de mer plusieurs endroits où l'on peut se procurer d'utiles informations touristiques : **Toledo Institute for Development and Environment** (TIDE) *(1 km au Nord du centre ; ouvert du lundi au vendredi de 8 h à 17 h ; ☏ (7) 222 74)*, **Toledo Visitor's Centre** *(quai principal ; ouvert les mardis, mercredis, vendredis et samedis de 7 h à 11 h 30 ; ☏ (7) 224 70) et la maison d'hôtes* **Nature's Way Guesthouse & Restaurant** *(65 Front St ; ☏ (7) 221 19).*

Depuis « PG », comme on désigne souvent la localité, des bateaux partent tous les jours pour le Guatemala ; 25 BZ$; ☏ (7) 228 70.

Joe Taylor Creek – *1/2 journée. Au Nord de Punta Gorda. Excursions à partir de 30 BZ$. ☏ (7) 222 74.* On peut faire sur cette rivière des promenades en kayak sur fond de mangrove, broméliacées et orchidées. À certaines époques de l'année, lorsque l'eau s'agite la nuit, de petites lumières apparaissent dans la rivière, phénomène appelé bioluminescence.

★★ **Sapodilla Cayes** – *1 jour au minimum. 2 h de bateau. De 400 à 600 BZ$. ☏ (7) 222 74. Il est recommandé d'y passer au moins une nuit.* Ce groupe isolé de cinq îlots paradisiaques, considérés parmi les plus beaux du pays, est plus méridional que le territoire du Belize. En fait, sa proximité du Guatemala et du Honduras en fait une destination très prisée des habitants de ces deux pays. La zone maritime qui entoure ces îles, y compris la barrière de corail, se prête parfaitement à la pêche sportive et à la plongée, les fonds pouvant également être admirés avec masque et tuba. À Hunting Caye, l'île principale et la plus grande, on trouve, outre les installations de l'armée bélizéenne, une jolie plage où viennent pondre les tortues de mer. Les autres îles possèdent également des plages de sable blanc et des palmeraies. À Nicolas Caye et Frank's Caye, le développement touristique ne tardera pas à générer de nouveaux complexes hôteliers. À Lime Caye, propriété privée, il est possible de camper.

D'autres îles sont plus proches de Punta Gorda, comme **Moho Caye** et **Snake Cayes**, un groupe de quatre îlots.

Barranco – *3 h. Quitter Punta Gorda par la Southern Highway, parcourir 13,4 km/8,4 mi et prendre à gauche un chemin de terre ; continuer sur 27,6 km/17 mi. Se renseigner avant le départ sur l'état du chemin. On peut également s'y rendre en bateau. ☎ (7) 228 41.* Cet agréable et tranquille village garifuna est situé en bord de la mer. Un parcours guidé et très convivial permet de voir les habitants faire le traditionnel pain de cassave, confectionner les filets de pêche et tailler les canoës. On trouve ici une maison d'hôtes de la Toledo Ecotourism Association (TEA).

Dem Dats Doin Living Resource Centre (**N**) – *2 h. Quitter Punta Gorda par la Southern Highway ; à 21 km/13 mi, suivre, tout droit, le chemin de terre en direction de San Antonio ; au bout de 1,6 km/1 mi, tourner à droite et, 2,4 km/1,5 mi plus loin, à gauche. Visite guidée sur rendez-vous. 10 BZ$. ☎ (7) 224 70.* Depuis 1980, un couple d'Hawaïens travaille cette ferme entièrement autosuffisante. Lors d'une visite guidée, on peut observer comment ils satisfont à leurs besoins fondamentaux, captant par exemple l'eau de pluie et produisant de l'électricité à partir de méthane issu de la décomposition organique. Ils cultivent en outre un jardin botanique et élèvent des porcs.

★**Lubaantun** – *2 h. Quitter Punta Gorda par la Southern Highway ; à 21 km/13 mi, suivre, tout droit, le chemin de terre en direction de San Antonio ; au bout de 1,6 km/1 mi, tourner à droite vers San Pedro Columbia ; à 5 km/3 mi, tourner à gauche et continuer sur 600 m. Suivre les panneaux indiquant Fallen Stones Jungle Lodge. Visite de 8 h à 17 h (16 h le week-end). 5 BZ$. ☎ (8) 221 06.* Situé sur une colline naturelle, entre deux rivières, ce site archéologique fut habité entre 730 et 890 après J.-C. Ce devait être le centre d'une unité politique, religieuse et commerçante d'une superficie de 1 618 km^2, qui comprenait aussi bien des hauts plateaux dans la zone montagneuse que des îles en pleine mer. Il fut découvert en 1875 par des indigènes et on lui donna son nom de « lieu aux pierres tombées » en 1924 car ses places, terrasses et structures, construites sans mortier en joignant

■ Le tourisme vert dans le district de Toledo : la beauté des choses vécues

Voici quelques-unes des activités auxquelles on peut se livrer dans le district de Toledo : préparer des tortillas sur un *comal* (plaque d'argile), visiter une *milpa* (plantation de maïs), apprendre à faire du pain ou des objets d'artisanat, se faire raconter une légende à la tombée de la nuit, danser au rythme des tambours ou de la harpe, ou manger et dormir dans une chaumière maya. Dans cette région, la plus reculée du pays, on trouve au pied des monts Maya – considérés comme l'une des formations géologiques les plus vieilles du monde – tout un chapelet de villages habités par les Garifunas ou par les groupes mayas kekchí et mopán. Bien qu'étant le district le plus pauvre du pays, Toledo posssède un richissime monde végétal et animal. Partant du principe que toute activité touristique qui ne profite pas à la population locale en l'impliquant directement n'est pas digne d'être qualifiée d'écotourisme, la **Toledo Ecotourism Association** (TEA) est parfaitement à la hauteur de sa mission. Dans 13 villages mayas et un garifuna, elle propose une formule qui comprend l'hébergement et la nourriture, ainsi que des visites guidées pour les personnes désireuses de partager la vie de ces communautés, expérience unique et du reste économique. Chaque repas est préparé dans une maison différente ; des membres de la communauté se relaient pour faire office de guides et diverses familles s'occupent à tour de rôle de la maison d'hôtes, dont la rusticité ne peut que séduire. Cette répartition des tâches a pour but de faire bénéficier la plus grande partie de la communauté de cette activité touristique plutôt que d'en faire profiter quelques membres seulement. Par ailleurs, un certain pourcentage des revenus alimente un fonds commun destiné à l'amélioration des conditions de vie de la population et à la préservation de l'environnement. On trouve aux alentours des villages des aires protégées ou susceptibles de le devenir, qui comptent maintes richesses : forêt vierge, grottes autrefois habitées par les anciens Mayas, sites archéologiques certes modestes, mais non dépourvus d'intérêt, rivières et cascades qui ne demandent qu'à être découvertes.

En 1997, au Salon du Tourisme de Berlin, la TEA s'est vu décerner le prix « To Do » dans la catégorie « Tourisme socialement responsable ».

Pour de plus amples informations, s'adresser directement à la TEA *(65 Front Street, PO Box, Punta Gorda, Belize, ☎ (7) 221-9)* ou à Nature's Way Guest House, à Punta Gorda.

Lubaantun

des pierres taillées de façon à s'emboîter les unes dans les autres, étaient largement éboulées. On notera la forme de quelques-unes de ces pierres, ainsi que les angles arrondis des pyramides. Au sommet de la plus haute, qui s'élève à 12 m au-dessus de la place, on remarquera deux superbes arbres, un poivrier et un spécimen de l'espèce appelée « bâton nu ». À l'extrême Sud se trouve un jeu de pelote, où l'on découvrit en 1915 trois marqueurs de scores qui ont été transférés par la suite au musée Peabody de Boston, aux États-Unis.

Fallen Stones Butterfly Ranch and Jungle Lodge – *2 h. À 200 m du parking de Lubaantun, prendre un chemin vers le Nord sur 1,7 km/1,1 mi. Visite guidée de 7 h à 12 h et de 13 h à 15 h. 10 BZ$. ✗ ☎ (7) 221-67.* Situé au sommet d'une colline, cet hôtel de luxe offre une vue splendide des monts Maya et du Guatemala. Un chemin à travers une forêt touffue mène en 10 mn à l'**élevage de papillons**.

★**Blue Creek Cave** (**O**) – *1/2 journée. Quitter Punta Gorda par la Southern Highway ; à 21 km/13 mi, suivre, tout droit, le chemin de terre en direction de San Antonio ; au bout de 6,7 km/4,2 mi, tourner à gauche et poursuivre sur 9,1 km/5,7 mi ; laisser la voiture et longer la rivière pendant 20 mn. Il est nécessaire de se faire accompagner d'un guide équipé d'une lampe de mineur. On pourra avoir recours aux services d'Ignacio Coc : pour le contacter, il suffira de lui laisser un message au centre téléphonique de Punta Gorda ☎ (7) 222 74.* Les eaux transparentes de la rivière Blue Creek, riche en poissons, proviennent de cette vaste grotte dont on ignore encore les dimensions exactes et à l'intérieur de laquelle on peut nager.
Sur le chemin qui mène à la grotte, on trouvera l'auberge **Blue Creek Lodge**, dont le réseau de passerelles et de plates-formes suspendues à la hauteur de la cime des arbres, à quelque 15 m au-dessus de la rivière et du sol, vous donnera les sensations d'un aventurier.

★**Nim Li Punit** – *1 h. Reprendre la Southern Highway bers le Nord ; à 38,7 km/24 mi de Punta Gorda, tourner à gauche et poursuivre sur 700 m. Visite du lundi au vendredi de 8 h à 17 h, le week-end de 8 h30 à 16 h. 5 BZ$. ☎ (8) 221 06.* Au pied des monts Maya, ce site archéologique date de la période classique tardive (600-900 après J.-C.). Son importance réside dans la quantité et la taille des **stèles**★ qui y ont été trouvées. On en verra quelques-unes au centre d'accueil, telle la **stèle 14**, qui représente un individu portant une grande coiffure, figure qui donna son nom au site, lequel signifie « grand chapeau ». Nim Li Punit comprend trois places et un jeu de pelote. Le groupe le plus intéressant est celui du Sud, où fut découverte la majorité des stèles et qui aurait servi d'observatoire.

Index

Acapulco *Gro*................ Villes, curiosités et régions touristiques. *États de situation (Carte des États et abréviations p. 84).*

Vélasco (José Maria) ..... Noms historiques ou célèbres et termes faisant l'objet d'une explication.

Cet index est présenté en trois parties : **Mexique, Guatemala** et **Belize.**

Bien que toutes les curiosités isolées (monts, lacs, îles, etc.) soient répertoriées à leur propre nom, les **sites archéologiques** font en outre l'objet d'un index particulier, comme les curiosités de la ville de **Mexico**.

A

Acapulco *Gro* 273
Acatepec *Pue* 140
Acatzingo *Pue* 157
Acolman *Méx* 167
Actopan *Hgo* 148
Africam Safari *Pue* 156
Agua Azul *Chis* 302
Aguascalientes *Ags* 181
Aguilar, Jerónimo de 49
Ajijic *Jal* 190
Akumal *Q Roo* 328
Álamos *Son* 214
Alarcón, Juan Ruiz de 313
Alta Vista *Zac* 252
Álvarez Pineda, Alfonso 49
Anáhuac, Mesa de 43
Angahuan *Mich* 307
Angangueo *Mich* 287
Ángeles, baie de los *BC* 221
Antigua *Ver* 263
Aquismón *SLP* 235
Arcos del Padre Tembleque *Hgo* .. 147
Atlatlahucan *Mor* 144
Atlihuetzía *Tlax* 172
Atlixco *Pue* 155
Atotonilco (sanctuaire) *Gto* 204
Audience 50
Aztèques 56
Aztlán, île d' 58
Azuela, Mariano 68

B

Bacalar *Q Roo* 328
Bahuichivo-Cerocahui,
gare de *Chih* 212
Balamkanché, grotte de *Yuc* 334
Barra de Navidad *Jal* 199
Barragán, Luis 65
Los Barriles *BCS* 232
Basaseáchi, cascade de *Chih* 208
Basse-Californie 43, 219
Basse-Californie du Sud 226
Becán *Camp* 346
Benito Juárez *Oax* 297
Bernal *Qro* 161
Bilbao, dunes de *Coah* 242
Boca del Río *Ver* 263
Bonampak *Chis* 319
Borda, José de la 313
Buena Vista *BCS* 230
Bufadero, baie de *Mich* 308
Bufadora, La *BC* 221
Buñuel, Luis 70
Bustamante *NL* 239

C

Cabrera, Miguel 63
Cacahuamilpa, grottes de *Gro* 316
Cacaxtla-Xochitécatl *Tlax* 135
Cadereyta *Qro* 161
Caletilla de Mexcalhuacan *Mich* 308
Californie, presqu'île de Basse- 218
Callejoneada 247
Calpan *Pue* 140
Campeche *Camp* 321
Cancún *Q Roo* 325
Cañón del Sumidero
(parc national) *Chis* 318
Cantona *Pue* 157
Cárdenas, Lázaro 53
Carranza, Venustiano 52
Cataviña *BC* 221
Catemaco *Ver* 264
Celestún *Yuc* 342
Cempoala *Ver* 263
Cenote 43, 320
Chac 60
Chacahua, lagunas de
(parc national) *Oax* 277
Chapingo (Université) Mex 132
Chetumal *Q Roo* 328
Chiapa de Corzo *Chis* 317
Chicanná *Camp* 346
Chichén Itzá *Yuc* 330
Chiconcuac Mex 132
Chichimèques 58
Chihuahua *Chih* 207
Chihuahua-Pacífico,
chemin de fer *Chih-Sin* 210
Chinkultic *Chis* 311

Cholula *Pue* 139
Ciudad Juárez *Chih* 217
Ciudad Valles *SLP* 233
Clausell, Joaquín 64
Clavé, Pelegrín 64
Coatepec *Ver* 270
Cobá *Q Roo* 348
Cobre, barranca del *Chih* 210
Coixtlahuaca *Oax* 299
Cola de Caballo, cascade *NL* 240
Colima *Col* 200
Comalcalco *Tab* 267
Concá, mission de *Qro* 162
Concepción, baie *BCS* 229
Concordia *Sin* 216
Contreras, Jesús 64
Copala *Sin* 216
Cordero, Juan 64
Coronel, Pedro 65
Coronel, Rafael 65
Cortés, Hernán 49, 67
Cortés, Martín 50
Coyuca, laguna de *Gro* 275
Cozumel *Q Roo* 326
Creel *Chih* 211
Cuatro Ciénegas,
pozas (mares) de *Coah* 242
Cuauhtinchán *Pue* 156
Cuernavaca *Mor* 141
Cuetzalan *Pue* 157
Cuevas, José Luis 65
Cuilapan de Guerrero *Oax* 298
Cuitzeo *Mich* 288
Cuivre, ravins du *Chih* 210
Cumbres de Monterrey
(parc national) *NL* 239
Cuyutlán *Col* 199

D

Dainzú *Oax* 296
Danzón 260
Décade Tragique 52
Desierto de los Leones (parc national)
DF 133
Díaz del Castillo, Bernal 67
Díaz, Porfirío 52
Divisadero *Chih* 212
Durango *Dgo* 213
Dzibanché *Q Roo* 329
Dzibilchaltún *Yuc* 340

E – F

Edzná *Camp* 324
Ensenada *BC* 220
Epazoyucan *Hgo* 147
Este, cap del *BCS* 231
Eyipantla *Ver* 264
Felguérez, Manuel 65
Fernández de Lizardi, José Joaquín 68
Fuentes, Carlos 68

G – H

García, grottes de *NL* 240
Gedovius, Germán 64
Goitia, Francisco 64
Golondrinas, grotte de las *SLP* 235
González de León, Teodoro 65
Gorda, sierra *Qro* 162
Grijalva, Juan de 49
Guadalajara *Jal* 184
Guadalupe Hidalgo, traité de 51
Guadalupe, ancien
couvent de *Zac* 251
Guanajuato *Gto* 191
Guaymas *Son* 214
Guelaguetza 290
Guelatao *Oax* 297
Guerre des castes 320, 335
Guerrero, général Vicente 298
Guerrero Negro *BCS* 227
Guzmán, Nuño Beltrán de ... 184, 283
Henequén 320, 336
Hermosillo *Son* 214
Hernández de Córdoba, Francisco . 49
Herrán, Saturnino 64
Hidalga, Lorenzo de la 64
Hidalgo y Costilla, Miguel 50
Hidalgo del Parral *Chih* 208
Hierve el Agua *Oax* 279
Huamantla *Tlax* 173
Huaquechula *Pue* 156
Huasca *Hgo* 147
Huasteca Potosina *SLP* 233
Huatulco, baies de *Oax* 276
Huaxtèques 56, 233, 254
Huayapan *Oax* 295
Huejotzingo *Pue* 140
Huerta, Victoriano 52
Huitzilopóchtli 60

I – J

Iguala, accord d' 50
Indépendance, guerre d' 50
Irapuato *Gto* 198
Iturbide, Agustín de 50
Itzcuintli 56
Ixmiquilpan *Hgo* 148
Ixtapa *Gro* 275
Ixtapan de la Sal *Méx* 176
Ixtlán de Juárez *Oax* 297
Izamal *Yuc* 342
Jalpan, mission de *Qro* 162
Juana Inés de la Cruz, Sor 50, 67
Juárez, Benito 51

K

Kabah *Yuc* 344
Kahlo, Frida 64, 126
Kinichná *Q Roo* 329
Kino *Son* 214
Kohunlich *Q Roo* 347
Kukulkán 60

L

Labná *Yuc* 345
Lacandon, forêt *Chis* 318
Lagos de Montebello
(parc national) *Chis* 312
Lagos de Moreno *Gto* 197
Lambityeco *Oax* 296
Landa, mission de *Qro* 162
Landesio, Eugenio 64
Lara, Agustín 70
Las Casas,
Bartolomé de 67, 308, 358
Legorreta, Ricardo 65
León *Gto* 197
Libres *Pue* 157
Linares *NL* 239
Loltún, grottes de *Yuc* 345
Loreto *BCS* 229
Loreto, baie de *BCS* 229

M

Madero, Francisco 52
Magdalena, baie *BCS* 230
Malinalco *Méx* 145
La Malinche 49
La Malinche (parc national) *Tlax* .. 173
Mama *Yuc* 343
Mani *Yuc* 343
Manilla, Manuel 64
Manzanilla *Mich* 308
Manzanillo *Col* 199
Mariachis 189
Maruata, baie de *Mich* 308
Matanchén, baie de *Nay* 205
Maximilien d'Autriche,
empereur du Mexique 51
Mayapán *Yuc* 342
Mayas 56, 300, 336
Mazamitla *Jal* 190
Mazatlán Sin 215
Mazunte *Oax* 277
Mérida *Yuc* 336
Metepec *Méx* 175
Metztitlán *Hgo* 147
Mexicali *BC* 220
Mexico 84
Alameda Central 106
Alcázar 112
Archivo General de la Nación 109
Auditorium Alfonso Caso 129
Auditorium national 119
Azcapotzalco (ancien couvent) 132
Cárcamo 113
Casa de los Azulejos 103
Casa de la Primera Imprenta 99
Casa del Risco 127
Casino Español 104
Castillo de Chapultepec 111
Cathédrale 94
Centre historique 94
Centro Nacional de las Artes 126
Chapultepec, bois de 110
Churubusco (quartier) 126
Cité universitaire 128
Ancien collège de San Ildefonso 102
Condesa, callejón de la 103
Coyoacán (quartier) 124
Cucuilco (site archéologique) 130
Delegación de Coyoacán 126
Ancienne douane 100
Église (Iglesia ou Templo) 97
– de la Enseñanza 101
– de Guadalupe 122
– de Jesús de Nazareno 97
– Nuestra Señora del Pilar 101
– de La Profesa 103
– de San Diego 126
– San Felipe Neri el nuevo 97
– San Felipe Neri el viejo 97
– de San Francisco 103
– de San Hipólito 108
– de Santiago 122
– de San Juan Bautista 125
– de San Juan de Dios 108
– de la Santa Veracruz 107
– de la Santisima 99
– de Santo Domingo 100
Escuela Nacional de Artes Plásticas 99
Feria 112
Francisco Sosa, avenida 124
Gran Hotel de la Ciudad de México 97
Grand Temple 97
Guadalupe (basilique) 122
Haute Cour de justice 96
Hospital de Jesús 97
Ancien hôtel des comtes
de San Mateo Valparaiso 97
Hotel de Cortés 108
Insurgentes, avenida 123
Jardin botanique (Chapultepec) 111
Jardin botanique
(Cité universitaire) 129
Jardín del Centenario 125
Jardín Hidalgo 125
Madero (avenida) 102
Musée 96
– de la Acuarela Mexicana 125
– de Antropologia 114
– de Arte 105
– de Arte Carrillo Gil 128
– de Arte Moderno 111
– de la Basílica de Guadalupe 122
– del Caracol (Galeria de Historia) 111
– de la Caricatura 102
– de El Carmen 127
– Casa del Risco 127
– del Chopo 121
– de la Ciudad de México 96
– du Costume indigène 103
– de las Culturas 99
– de Culturas Populares 126
– Diego Rivera/Anahuacalli 127
– Dolores Olmedo Patiño 131
– de l'Enfant (Papalote) 113
– de la Estampa 107
– Estudio Diego Rivera 128
– Franz Mayer 107
– Frida Kahlo 126
– Galerie d'Histoire 111
– de Historia 112
– de Historia Natural 113
– de las Intervenciones 126
– José Luis Cuevas 99
– de la Luz (Lumière) 102
– Manuel Tolsá 105
– de la Médecine mexicaine 100
– du Ministère des Finances 99
– Mural Diego Pivera 107
– del Niño (Papalote) 113
– philatélique 105
– Pinacoteca Virreinal 107
– del Recinto Parlamentario 96
– de la Revolución Mexicana 120
– Rufino Tamayo 111
– de San Carlos 120
– Soumaya 128
– Tecnológico 112
– des Templo Mayor 98
– Universitario Contemporáneo de Arte 129
– Universum 130

Palacio de Bellas Artes 106
Palacio de Correos 104
Palacio de Iturbide 103
Palacio de Minería 105
Palacio Nacional 96
Ancien palais de l'Archevêché 99
Ancien palais de l'Inquisition 100
Plaza 94
– de la Conchita 126
– de la Constitución 94
– Manuel Tolsá 104
– de San Jacinto 127
– de la Santa Veracruz 107
– de Santo Domingo 100
– de las Tres Culturas 121
Rectoría 128
Reforma, paseo de la 119
Sagrario Metropolitano 96
San Ángel (quartier) 127
San Cosme (quartier) 120
Secretaría de Educación Pública 101
Stade olympique 129
Tecpan 122
Templo Mayor 97
Tlalpan (quartier) 130
Tlatelolco (quartier) 121
Torre Latinoamericana 102
Villa de Guadalupe 122
Xochimilco (quartier) 131
El Zócalo 94
Zoológico 111
Micos, cascades de *SLP* 234
Mina *NL* 239
Mineral del Monte *Hgo* 147
Misol-Ha (cascade) *Chis* 303
Mitla *Oax* 278
Mixtèques 56
Moctezuma II, empereur aztèque ... 49
Moncayo, José Pablo 70
Monte Albán *Oax* 280
Montebello, lacs de *Chis* 312
Monterrey *NL* 235
Morelia *Mich* 283
Morelos, José María 50
Mujeres (île) *Q Roo* 326
Mulegé *BCS* 228
Murillo, Gerardo 64
Muyil *Q Roo* 348

N – O

Nanciyaga *Ver* 264
Nevado de Toluca,
parc national *Méx* 177
Noche triste 49
Nogueras *Col* 200
Noreña, Miguel 64
Nuevo Vallarta *Nay* 201
Oaxaca *Oax* 291
Obregón, Álvaro 52
Ocotepec *Mor* 143
O'Gorman, Juan 64
Ojuela, pont d' *Coah* 244
Olmèques 56, 254, 265
Órganos, sierra de *Zac* 252
Orizaba, pic d' 43
Orozco, José Clemente 64
Ortiz de Domínguez, Josefa .. 50, 159
Oxcutzcab *Yuc* 344

P

Pachuca *Hgo* 146
Palenque *Chis* 300
Paquimé *Chih* 216
Paricutín (volcan) *Mich* 308
Parras de la Fuente *Coah* 243
Pátzcuaro *Mich* 303
Paz, La *BCS* 230
Paz, Octavio 68
Pellicer, Carlos 68
Peñita de Jaltemba *Nay* 201
El Pípila 191
Playa Azul *Mich* 308
Playa del Carmen *Q Roo* 327
Playas de Rosarito *BC* 220
Ponce, Manuel M. 70
Popocatépetl 43
Posada, Guadalupe 64
Progreso *Yuc* 340
Puebla *Pue* 149
Puerto Ángel *Oax* 277
Puerto Escondido *Oax* 277
Puerto Vallarta *Jal* 200
Pulmo, cap *BCS* 233
Punta Allen *Q Roo* 349
Purépechas 55
Puuc (région) 344, 350

Q – R

La Quemada *Zac* 251
Querétaro *Qro* 158
Querétaro, conspiration de 50
Quetzalcóatl 60
Quiroga, Vasco de 283
Ramírez Vázquez, Pedro 65
Rancho Nuevo (grottes) *Chis* 312
Rangel *Mich* 308
Real de Catorce *SLP* 245
Réforme, guerre de la 51
Revueltas, Silvestre 70
Rinçón de Guayabitos *Nay* 201
Río Bec (architecture) 346
Río Bec (région) *Camp.*
et Q. Roo 346
Rivas Mercado, Antonio 65
Rivera, Diego 64, 126, 127, 128, 192
Ruelas, Julio 64
Ruiz de Alarcón, Juan 67

S

Sacbé 327
Sahagún, frère Bernardino de 67
Saltillo *Coah* 242
San Andrés Tuxtla *Ver* 266
San Blas *Nay* 205
San Cristóbal de las Casas *Chis* 308
San Felipe *BC* 220
San Francisco Javier,
mission de *BCS* 230

San Francisco, sierra de *BCS* 227
San Gervasio Q Roo 327
San Ignacio *BCS* 228
San Ignacio, laguna de *BCS* 228
San José del Cabo *BCS* 231
San José el Mogote *Oax* 298
San José Vista Hermosa,
Ex Hacienda de Mor 142
San Juan Chamula *Chis* 310
San Juan Parangaricutiro,
ruines de *Mich* 308
San Lucas, cap *BCS* 231
San Luis Potosí *SLP* 242
San Miguel de Allende *Gto* 201
San Miguel Tequixtepec *Oax* 300
San Quintín, baie de *BC* 221
Santa Ana del Valle *Oax* 298
Santa Anna,
Antonio López de 51, 269
Santa Clara del Cobre *Mich* 306
Santa Cruz Tlaxcala *Tlax* 172
Santa Inés Zacatelco *Tlax* 172
Santa María del Oro,
lagune de *Nay* 205
Santa María del Río *SLP* 245
Santa María el Tule *Oax* 295
Santa Rosalía *BCS* 228
Santiago Tuxtla *Ver* 263
Sayil *Yuc* 345
Serra, frère Junípero 162
Sian-Ka'An (réserve
de la biosphère) *Q Roo* 349
Sierra, Justo 68
Sierra el Campanario
(zone protégée) *Mich* 288
Sierra Chincua (zone protégée)
Mich 288
Sierra Norte *Oax* 297
Siqueiros, David Alfaro 64, 142
Sites archéologiques
– Alta Vista 254
– Becán 346
– Bonampak 319
– Cacaxtla 135
– Cantona 157
– Cempoala 263
– Chicanná 346
– Chichén Itzá 330
– Chinkultic 311
– Cholula 139
– Cobá 348
– Comalcalco 267
– El Consuelo 234
– Cucuilco 130
– Dainzú 296
– Dzibanché 329
– Dzibilchaltún 340
– Edzná 324
– Kabah 344
– Kinichná 329
– Kohunlich 347
– Labná 345
– Lambityeco 296
– Malinalco 145
– Mayapán 342
– Mexico-Tenochtitlán 98
– Mitla 278
– Monte Albán 280
– Muyil 348
– Palenque 300
– Paquimé 214
– La Quemada 251
– El Rey 326
– San Gervasio 327, 328
– Sayil 345
– Tenam Puente 312
– Teotenango 175
– Teotihuacán 163
– Tepozteco 143
– Toniná 312
– Los Torils 205
– Tula 177
– Tulum 347
– Uxmal 350
– La Venta 265
– Xlapak 345
– Xochicalco 178
– Xochitécati 138
– Xpuhil 346
– Las Yácatas 307
– Yagul 297
– Yaxchilán 318
– Yohualichan 158
Sombrerete *Zac* 252
Sumidero, canyon du *Chis* 318

T

El Tajín *Ver* 255
Tamasopo, cascades de *SLP* 234
Tamayo, Rufino 64
Tampico *Tamps* 246
Tamuín *SLP* 234
Tamul, cascade de *SLP* 234
Tanchachín *SLP* 234
Tancoyol, Misión de *Qro* 163
Tarahumaras 210
Taxco *Gro* 313
Taxco Viejo *Gro* 313, 316
Tecali de Herrera *Pue* 156
Tecamachalco *Pue* 156
Tecolutla (plage) *Ver* 259
El Tecuán (parc naturel) *Dgo* 211
Tehuantepec,
isthme de *Oax* 43, 299
Tenam Puente *Chis* 312
Teotenango Méx 175
Teotihuacán *Méx* 163
Teotitlán del Valle *Oax* 296
Tepeapulco *Hgo* 147
Tepeyanco de las Flores *Tlax* 171
Tepic *Nay* 204
Tepic *Nay* 204
Teposcolula *Oax* 301
Tepotzotlán *Méx* 168
Tepoztlán *Mor* 143
Tequesquitengo, lac de Mor 142
Tequila *Jal* 190
Tequila 190
Tequisquiapan *Qro* 161
Tezontle 63
Tijuana *BC* 219
Tilaco, mission de *Qro* 163
Tlacochahuaya *Oax* 295
Tlacolula de Matamoros *Oax* 297
Tlacotalpan *Ver* 262
Tlahuicas 313
Tláloc 60
Tlaxcalancingo *Pue* 140
Tlayacapan *Mor* 144
Tochimilco *Pue* 155
Todos Santos (île) *BC* 221
Toledo, Francisco 289
Tolsá, Manuel 63

Toluca *Méx* 173
Tonantzintla *Pue* 139
Tonatico *Méx* 176
Toniná *Chis* 312
Los Toriles *Nay* 205
Torreón *Coah* 241
Totonaques 56, 254
Tresguerras, Francisco Eduardo 64
La Trinidad *Tlax* 172
Tula *Hgo* 177
Tulum *Q Roo* 347
Tupátaro *Mich* 306
Tuxpán (plage) *Ver* 259
Tuxtla Gutiérrez *Chis* 316
Tuxtlas *Ver* 263
Tzintzuntzan *Mich* 306

U – V

Uruapan *Mich* 307
Uxmal *Yuc* 350
Calladolid, conspiration de 50
Valladolid *Yuc* 335
Valle de Bravo *Méx* 177
Valle de los Gigantes *BC* 220
El Vallecito *BC* 220
Vasconcelos, José 68
Vasconcelos, José 87
Velasco, José María 64
Veracruz *Ver* 259
Villa, Francisco
« Pancho » 52, 207, 209
Villa Escalante *Mich* 306
Villahermosa *Tab* 265
Voladores 256

X

Xalapa *Ver* 268
X'Caret *Q Roo* 327
Xel-Ha *Q Roo* 328
Xico *Ver* 272
Xicohténcatl 169
Xicohténcatl,
roi tlaxcaltèque 49
Xilitla *SLP* 235
Xiloxoxtla *Tlax* 172
Ximeno y Planes, Rafael 63
Xlapak *Yuc* 345
Xochicalco *Mor* 178
Xpuhil *Camp* 346

Y – Z

Yácatas Las *Mich* 307
Yagul *Oax* 297
Yáñez, Agustín 68
Yanhuitlán *Oax* 299
Yauhquemecan *Tlax* 173
Yaxchilán *Chis* 318
Yaxcopoil (ancienne hacienda)
Yuc 344
Yecapixtla *Mor* 145
Yohualichan *Pue* 158
Yucatán 43
Yucatán, presqu'île du 320
YUMKA' *Tab* 267
Yuriria *Gto* 198
Zacango,
parc zoologique de *Méx* 175
Zacatecas *Zac* 247
Zapata, Emiliano 52
Zapotèques 56
Zempoala, Lagunas de *Mor* 142
Zihuatanejo *Gro* 276
Zinacantepec *Méx* 176
Zinancantán *Chis* 311
Zipolite *Oax* 277
Zona Aromática *Oax* 277
Zona del Silencio *Coah* 242
Zoofari *Mor* 143
Zuazua *NL* 239

Guatemala

Abaj Takalik 370
Alvarado, Pedro de 357
Antigua Guatemala, La 364
Arbenz, Jacobo 358
Atitlán, lac d' 367
El Baúl 375
Betancourt, Pedro de 358
El Ceibal 382
Cerezo, Vinicio 358
Chichicastenango 368
Cobán 374
Copán Hondura 375
Democracia La 375
Estrada Cabrera, Manuel 358
Flores (île et localité) 382
Guatemala (État) 355
Guatemala (ville) 370
Jocotenango 367
Lanquín, grottes de 374
Livingston 377
Mario Dary Rivera (biotope) 374
Panajachel 367
Quetzaltenango 368
Quiriguá 376
Río Dulce (fort) 377
Rufino Barrios, Justo 357
San Andrés Xecul 369
San Felipe (fort) 377
San Felipe de Jesús 367
San Francisco el Alto 369
Sites archéologiques ....
– Abaj Takalik 370
– El Ceibal 382
– Copán 375
– Quiriguá 377
– Tikal 380
– Uacaxtún 382
Tecún Umán, légende de 357
Tikal 379
Uaxactún 382
Ubico, Jorge 358
Las Verapaces 374
Zunil 369

Belize

Altun Ha 394
Ambergris Caye 399
Barranco 405
Barton Creek (grotte) 396
Belize City 392
Belize Zoo 394
Belmopan 394
Blue Creek Cave 406
Blue Hole National Park 394
Cahal Pech 395
Caracol 397
Caulker, caye (île) 400
Cayo, District de 395
Cerros 398
Chaa Creek Natural
History Centre 396
Cockscomb Basin
Wildlife Sanctuary 403
Community Baboon Sanctuary
(réserve des singes hurleurs) 393
Corozal Town 398
Crooked Tree Wildlife Sanctuary
(réserve ornithologique) 394
Dangriga 403
Dem Dats Doin Living Resource
Centre 405
Five Blues
Lake National Park 394
Garifunas 404
Goff's Caye 401
Green Hills Butterfly Centre 396
Guanacaste National Park 394
Hol Chan Marine Reserve 400
Hummingbird Highway 394
Lamanai 398
Laughing Bird Caye
National Park 403
Lighthouse Reef 401
Lubaantun 405
Mountain Equestrian Trails 396
Mountain Pine Ridge
(réserve forestière) 396
Nim Li Punit 406
Northern Cayes 399
El Pilar
(réserve archéologique) 395
Placencia 403
Placencia, presqu'île de 403
Punta Gorda 403
Río Bravo Conservation Area 402
Rocky Point 400
San Ignacio 395
San Pedro 399
Sapodilla Cayes 404
Shark Ray Alley 400
Sites archéologiques ....
– Altun Ha 394
– Cahal Pech 395
– Caracol 397
– Cerros 398
– Lamanai 398
– Lubaantun 405
– Nim Li Punit 406
– El Pilar 395
– Santa Rita 398
– Xunantunich 395
Swallow Caye 401
Turneffe Islands 401
Xunantunich 395